Saul Friedländer

Das Dritte Reich und die Juden

SAUL FRIEDLÄNDER

Das Dritte Reich und die Juden

Erster Band

Die Jahre der Verfolgung 1933–1939

Aus dem Englischen übersetzt von Martin Pfeiffer

VERLAG C.H.BECK MÜNCHEN

Der Übersetzung liegt folgende Ausgabe zugrunde:
Saul Friedländer, Nazi Germany and the Jews.
Vol. I: The Years of Persecution, 1933–1939.
Harper Collins Publishers, New York

Die Deutsche Bibliothek – CIP-Einheitsaufnahme

Friedländer, Saul:
Das Dritte Reich und die Juden / Saul Friedländer. Aus dem Engl.
übers. von Martin Pfeiffer. – München : Beck
Einheitssacht.: Nazi Germany and the Jews ⟨dt.⟩
Bd. 1. Die Jahre der Verfolgung : 1933–1939. – 1998
ISBN 3 406 43506 8

ISBN 3 406 43506 8

Für die deutsche Ausgabe:

Satz: Fotosatz Janß, Pfungstadt
Druck und Bindung: Ebner, Ulm
Gedruckt auf säurefreiem, alterungsbeständigem Papier
(hergestellt aus chlorfrei gebleichtem Zellstoff)
Printed in Germany

Für Omer, Elam und Tom

Ich möchte kein Jude in Deutschland sein.
Hermann Göring, 12. November 1938

Inhalt

Erster Teil

Ein Anfang und ein Ende

Zweiter Teil

Die Einkreisung

Anhang

Danksagung

Bei meiner Arbeit an diesem Buch ist mir vielfältige Hilfe zuteil geworden. Die Familie Maxwell Cummings, Montreal, und der 1939 Club, Los Angeles, haben an der Universität Tel Aviv und an der University of California, Los Angeles, Lehrstühle gestiftet, welche die Durchführung dieses Projekts erleichterten. Kurze Aufenthalte am Humanities Research Institute der University of California, Irvine (1992), und am Getty Center for the History of Art and the Humanities, Los Angeles (1996), verschafften mir das unschätzbarste Privileg, das es gibt: freie Zeit. Während all dieser Jahre habe ich aus den umfangreichen Beständen und der großzügigen Unterstützung, welche mir die Wiener Library an der Universität Tel Aviv, die University Research Library an der University of California, Los Angeles, die Archive des Leo Baeck Institute in New York sowie die Bibliothek und die Archive des Instituts für Zeitgeschichte in München boten, vielfältigen Nutzen gezogen.

Freunde und Kollegen waren so liebenswürdig, das Manuskript in Teilen oder als Ganzes zu lesen, und einige von ihnen haben es durch seine verschiedenen Entwicklungsstadien hindurch verfolgt. Sie alle gaben mir viele gute Ratschläge. An der University of California, Los Angeles, möchte ich Joyce Appleby, Carlo Ginzburg und Hans Rogger danken; an der Universität Tel Aviv meinen Freunden, Kollegen und Mitherausgebern von *History and Memory*, insbesondere Gulie Ne'eman Arad für ihr bemerkenswertes Urteil und für die ständige Unterstützung bei diesem Projekt, und ebenso Dan Diner und Philippa Shimrat. Desgleichen möchte ich Omer Bartov (Rutgers), Philippe Burrin (Genf), Sidra und Yaron Ezrahi (Jerusalem) und Norbert Frei (München) Dank sagen. Darüber hinaus bin ich meinen Forschungsassistenten Orna Kenan, Christopher Kenway und Gavriel Rosenfeld sehr zu Dank verpflichtet. Natürlich gilt die übliche Formel: Alle Fehler in diesem Buch sind die meinen.

Der verstorbene Amos Funkenstein konnte leider nicht das gesamte Manuskript lesen, aber ich habe meine vielen Gedanken und Zweifel bis fast zum Ende mit ihm geteilt. Er hat mir viel Ermutigung gegeben, und ihm, meinem engsten Freund, gegenüber habe ich unendlich viel mehr als eine gewöhnliche Dankesschuld; ich vermisse ihn mehr, als ich sagen kann.

Aaron Asher und Susan H. Llewellyn trugen beide zur Bearbeitung dieses Buches bei, welches das erste ist, das ich ganz auf englisch geschrieben habe. Die deutsche Ausgabe dieses Buches verdankt viel der engagierten Übersetzung von Dr. Martin Pfeiffer, dem ich bei dieser Gelegenheit danken möchte. Ebenso danken möchte ich Dr. Volker Dahm für seine aufmerksame Lektüre des Textes und vor allem Ernst-Peter Wieckenberg, meinem Lektor bei Beck. Auf Grund meiner über dreißigjährigen Erfahrung mit Buchveröffentlichungen weiß ich die unentbehrliche Hilfe des Lektors zu schätzen. Ernst-Peter Wieckenberg gehört mit Sicherheit zu den besten, mit denen ich je zusammengearbeitet habe, und ich bin ihm für seine ständige Beratung und Umsicht außerordentlich dankbar.

Seit nunmehr 37 Jahren gibt mir Hagith die Warmherzigkeit und die Unterstützung, die für alles, was ich tue, lebenswichtig sind. Diese Unterstützung war niemals entscheidender als in der langen Zeit, die ich mit der Abfassung dieses Buches verbracht habe. Vor Jahren habe ich unseren Kindern Eli, David und Michal ein Buch gewidmet; dieses Buch hier ist unseren Enkeln gewidmet.

Einleitung

Die meisten Historiker meiner Generation, die kurz vor Beginn der NS-Zeit geboren sind, erkennen explizit oder implizit: Wer sich in die Ereignisse jener Jahre hineingräbt, der entdeckt nicht nur eine kollektive Vergangenheit wie jede andere, sondern auch entscheidende Elemente seines eigenen Lebens. Aus dieser Einsicht ergibt sich keineswegs Einigkeit darüber, wie wir das NS-System definieren, wie wir seine innere Dynamik bestimmen, wie wir seinen zutiefst verbrecherischen Charakter wie auch seine äußerste Banalität angemessen wiedergeben oder wo und wie wir es schließlich in einem breiteren historischen Rahmen ansiedeln sollen.[1] Doch trotz unserer Kontroversen teilen viele von uns, glaube ich, bei der Schilderung dieser Vergangenheit ein Gefühl persönlicher Betroffenheit, das unseren Forschungen eine besondere Dringlichkeit verleiht.

Für die nächste Historikergeneration – und mittlerweile auch für die, die nach ihr kommt – stellen, wie für den größten Teil der Menschheit, Hitlers Reich, der Zweite Weltkrieg und das Schicksal der Juden Europas keine Erinnerung dar, an der sie teilhaben. Und doch scheint paradoxerweise die zentrale Stellung dieser Ereignisse im heutigen historischen Bewußtsein viel ausgeprägter zu sein als vor einigen Jahrzehnten. Tendenziell entwickeln sich die laufenden Debatten mit nicht nachlassender Heftigkeit, wenn Fakten in Frage gestellt und Beweise in Zweifel gezogen werden, wenn Interpretationen und Bemühungen um Gedenken in Widerspruch zueinander treten und wenn Aussagen über historische Verantwortung in regelmäßigen Abständen in die Öffentlichkeit getragen werden. Es könnte sein, daß in unserem Jahrhundert des Völkermords und der Massenkriminalität die Vernichtung der Juden Europas, abgesehen von ihrem spezifischen historischen Kontext, von vielen als der höchste Maßstab des Bösen wahrgenommen wird, an dem sich alle Grade des Bösen messen lassen. In diesen Debatten spielen die Historiker eine zentrale Rolle. Für meine Generation mag der Umstand, daß sie zu gleicher Zeit an der Erinnerung an diese Vergangenheit und an ihrer gegenwärtigen Wahrnehmung teilhat, eine beunruhigende Spannung hervorrufen; er kann jedoch auch Einsichten befördern, die auf anderem Wege nicht zugänglich wären.

Eine historische Darstellung des Holocaust zu schaffen, in der sich die Praktiken der Täter, die Einstellungen der umgebenden Gesellschaft und die Welt der Opfer in einem einzigen Rahmen behandeln lassen, bleibt eine gewaltige Herausforderung. Einige der bekanntesten historischen Interpretationen dieser Ereignisse haben sich vor allem auf die Verfolgungs- und Todesmaschinerie der Nazis konzentriert und dabei der Gesellschaft im weiteren Sinne, dem allgemeineren europäischen und weltweiten Umfeld oder dem sich wandelnden Schicksal der Opfer selbst nur geringe Aufmerksamkeit geschenkt; andere haben sich, und das geschah weniger häufig, deutlicher auf die Geschichte der Opfer konzentriert und nur eine eingeschränkte Analyse der NS-Politik und ihres Umfeldes geliefert.[2] Die vorliegende Arbeit versucht einen Bericht zu geben, in dem zwar die politischen Maßnahmen der Nationalsozialisten das zentrale Element bilden, in dem aber zugleich die umgebende Welt sowie die Einstellungen, die Reaktionen und das Schicksal der Opfer einen untrennbaren Bestandteil dieser sich entfaltenden Geschichte bilden.

In vielen Arbeiten sind die Opfer dadurch, daß man implizit von ihrer generellen Hoffnungslosigkeit und Passivität ausging oder von ihrer Unfähigkeit, den Lauf der zu ihrer Vernichtung führenden Ereignisse zu ändern, in ein statisches und abstraktes Element des historischen Hintergrundes verwandelt worden. Zu häufig vergißt man, daß sich die Einstellungen und die Politik der Nazis ohne Kenntnis vom Leben und nicht zuletzt von den Gefühlen der jüdischen Männer, Frauen und Kinder selbst nicht vollständig beurteilen lassen. Daher wird hier in jedem Stadium der Beschreibung der sich entfaltenden politischen Maßnahmen der Nationalsozialisten und der Einstellungen der Gesellschaften Deutschlands und Europas, wie sie sich auf die Entwicklung dieser Politik auswirkten, dem Schicksal, den Verhaltensweisen und bisweilen den Initiativen der Opfer große Bedeutung beigemessen. Schließlich sind ihre Stimmen unverzichtbar, wenn wir zu einem Verständnis für diese Vergangenheit gelangen wollen.[3] Denn ihre Stimmen sind es, die das offenbaren, was man wußte und was man wissen *konnte;* ihre Stimmen waren die einzigen, die sowohl die Klarheit der Einsicht als auch die totale Blindheit von Menschen vermittelten, die mit einer völlig neuen und zutiefst entsetzlichen Realität konfrontiert waren. Die ständige Gegenwart der Opfer in diesem Buch ist nicht nur an und für sich historisch wesentlich, sie soll auch dazu dienen, das Handeln der Nationalsozialisten in eine richtige, umfassende Perspektive zu rücken.

Es ist ziemlich leicht zu erkennen, welche Faktoren den historischen Gesamtrahmen prägten, in dem der von den Nationalsozialisten verübte Massenmord stattfand. Sie bestimmten die Methoden und das Ausmaß der «Endlösung»; sie trugen auch zum allgemeinen Klima der Zeit bei, das den Weg zu den Vernichtungen begünstigte. Es mag genügen, wenn ich hier die ideologische Radikalisierung erwähne – mit glühendem Nationalismus und rabiatem Anti-Marxismus (später Anti-Bolschewismus) als ihren wichtigsten Triebfedern –, welche in den letzten Jahrzehnten des 19. Jahrhunderts hervortrat und nach dem Ersten Weltkrieg (und der russischen Revolution) ihren Höhepunkt erreichte; die neue Dimension massenweisen industriellen Mordens, die dieser Krieg eingeführt hatte; die zunehmende technische und bürokratische Kontrolle, wie sie von modernen Gesellschaften ausgeübt wird; und die anderen wichtigen Faktoren der Moderne selbst, die ein beherrschender Aspekt des Nationalsozialismus waren.[4] Doch wie entscheidend diese Bedingungen auch dafür waren, den Boden für den Holocaust zu bereiten – und als solche sind sie ein untrennbarer Teil dieser Geschichte –, sie bilden dennoch nicht für sich allein die notwendige Kombination von Elementen, die den Gang der Ereignisse von der Verfolgung zur Vernichtung bestimmten.

Im Hinblick auf diesen Prozeß habe ich die persönliche Rolle Hitlers und die Funktion seiner Ideologie bei der Genese und der Durchführung der antijüdischen Maßnahmen des NS-Regimes hervorgehoben. Dies sollte jedoch keineswegs als eine Rückkehr zu früheren simplistischen Interpretationen verstanden werden, mit ihrer ausschließlichen Betonung der Rolle (und der Verantwortung) des obersten Führers. Doch im Laufe der Zeit sind die gegenteiligen Interpretationen, so scheint mir, zu weit gegangen. Der Nationalsozialismus wurde nicht hauptsächlich von dem chaotischen Zusammenprall konkurrierender Feudalherrschaften in Bürokratie und Partei angetrieben, und die Planung seiner antijüdischen Politik wurde auch nicht vorwiegend den Kosten-Nutzen-Rechnungen von Technokraten überlassen.[5] Bei all seinen wichtigen Entscheidungen war das Regime von Hitler abhängig. Insbesondere in seinem Verhältnis zu den Juden wurde Hitler von ideologischen Obsessionen getrieben, die alles andere als die kalkulierten Manöver eines Demagogen waren; das heißt, er führte einen ganz spezifischen Typ von völkischem Antisemitismus an seine extremsten und radikalsten Grenzen. Ich bezeichne diesen charakteristischen Aspekt seiner Weltanschauung als «Erlösungsantisemitismus»; dieser ist verschieden, wiewohl abgeleitet von anderen Varianten antijüdischen Hasses, die im gesamten christlichen Europa verbreitet waren, und er ist gleichfalls verschieden von den gewöhnlichen Arten des deutschen und europäischen rassischen Antisemitismus. Diese erlösende Dimension, diese Synthese aus einer mörderischen Wut und einem «idealistischen» Ziel, die der Führer der Nationalsozialisten und der harte Kern der Partei miteinander teilten, führte zu Hitlers schließlicher Entscheidung, die Juden zu vernichten.[6]

Aber Hitlers politisches Handeln war nicht allein von Ideologie geprägt, und die hier gebotene Interpretation geht der Interaktion zwischen dem Führer und dem System nach, in dem er agierte. Der NS-Führer fällte seine Entscheidungen nicht unabhängig von den Organisationen der Partei und des Staates. Seine Initiativen waren vor allem in der Frühphase des Regimes nicht nur von seiner Weltanschauung geprägt, sondern auch von den Auswirkungen interner Zwänge, vom Gewicht bürokratischer Beschränkungen, bisweilen vom Einfluß der öffentlichen Meinung in Deutschland und sogar von den Reaktionen ausländischer Regierungen und der öffentlichen Meinung im Ausland.[7]

In welchem Umfang hatten die Partei und die Massen an Hitlers ideologischer Obsession teil? Unter der Parteielite war der «Erlösungs»antisemitismus eine verbreitete Erscheinung. Neuere Untersuchungen haben auch gezeigt, daß ein derart extremer Antisemitismus in den Behörden, die für die Durchführung der antijüdischen Politik eine zentrale Stellung einnehmen sollten – wie etwa Reinhard Heydrichs Sicherheitsdienst der SS (der SD) –, nicht ungewöhnlich war.[8] Was die sogenannten Parteiradikalen angeht, so waren sie häufig von dem sozialen und ökonomischen Ressentiment motiviert, das seinen Ausdruck in extremen antijüdischen Initiativen fand. Mit anderen Worten, innerhalb der Partei und manchmal, wie wir sehen werden, auch außerhalb gab es Zentren eines kompromißlosen Antisemitismus, die über genügend Macht verfügten, um den Druck von Hitlers eigener Vehemenz weiterzugeben und zu verbreiten. Doch unter den traditionellen Eliten und in weiteren Kreisen der Bevölkerung lagen antijüdische Einstellungen mehr im Bereich eines stillschweigenden Einverständnisses oder einer mehr oder weniger ausgeprägten Willfährigkeit.

Obwohl sich der größte Teil der deutschen Bevölkerung schon einige Zeit vor dem Kriege über die immer härteren Maßnahmen, die gegen die Juden ergriffen wurden, völlig im klaren war, gab es nur kleine Bereiche, in denen abweichende Meinungen vertreten wurden (und dies nahezu ausschließlich aus wirtschaftlichen und spezifischen religiös-ideologischen Gründen). Anscheinend hielt sich jedoch die Mehrheit der Deutschen, auch wenn sie zweifellos von verschiedenen Formen des traditionellen Antisemitismus beeinflußt war und die Absonderung der Juden ohne weiteres akzeptierte, von der weitverbreiteten Gewalttätigkeit gegen sie zurück und drang weder auf ihre Vertreibung aus dem Reich noch auf ihre physische Vernichtung. Nach dem Angriff auf die Sowjetunion, als die totale Vernichtung beschlossen worden war, handelten (im Unterschied etwa zu den hochmotivierten SS-Einheiten) die Hunderttausende von «gewöhnlichen Deutschen», die sich aktiv an den Morden beteiligten, nicht anders als die ebenso zahlreichen und «gewöhnlichen» Österreicher, Rumänen, Ukrainer, Balten und sonstigen Europäer, welche zu bereitwilligsten Handlangern der Mordmaschinerie wurden, die in ihrer Mitte im Gange war. Doch waren die deutschen und österreichischen Mörder, ob sie sich dessen bewußt waren oder nicht, auch von der erbarmungslosen antijüdischen Propaganda des Regimes indoktriniert, die in jeden Winkel der Gesellschaft drang und deren Parolen sie, hauptsächlich im Zusammenhang mit dem Krieg im Osten, zumindest teilweise verinnerlicht hatten.[9]

Wenn ich betone, daß Hitler und seine Ideologie eine entscheidende Wirkung auf den Kurs des Regimes hatten, dann will ich damit keineswegs sagen, daß Auschwitz ein vorherbestimmtes Resultat von Hitlers Machtergreifung war. Die antijüdischen politischen Maßnahmen der dreißiger Jahre müssen in ihrem Rahmen verstanden werden, und selbst Hitlers mörderische Wut und die Tatsache, daß er den politischen Horizont nach den extremsten Optionen absuchte, lassen nicht darauf schließen, daß es in den Jahren vor dem deutschen Einmarsch in die Sowjetunion Planungen für eine totale Vernichtung gab. Doch zugleich kann kein Historiker das Ende des Weges vergessen. So wird hier auch das Schwergewicht auf diejenigen Elemente gelegt, von denen wir aus der Rückschau wissen, daß sie bei der Entwicklung zu dem verhängnisvollen Ergebnis eine Rolle gespielt haben. Die Geschichte NS-Deutschlands sollte nicht nur aus der Perspektive der Kriegsjahre und ihrer Greuel geschrieben werden, aber der dunkle Schatten, den die Dinge werfen, die in dieser Zeit geschahen, verfinstert die Vorkriegsjahre so sehr, daß ein Historiker nicht so tun kann, als beeinflußten die späteren Ereignisse nicht die Gewichtung des Materials und die Einschätzung des Gesamtablaufs dieser Geschichte.[10] Die vom NS- Regime begangenen Verbrechen waren weder ein bloßes Ergebnis eines zusammenhanglosen, unwillkürlichen und chaotischen Ansturms beziehungsloser Ereignisse noch eine vorherbestimmte Inszenierung eines dämonischen Drehbuchs; sie waren das Resultat konvergierender Faktoren, Ergebnis des Wechselspiels von Intentionen und unvorhergesehenen Ereignissen, von wahrnehmbaren Ursachen und Zufall. Allgemeine ideologische Zielsetzungen und taktische politische Entscheidungen verstärkten sich gegenseitig und blieben, wenn sich die Umstände änderten, immer für radikalere Schritte offen.

Grundsätzlich folgt in dieser zweibändigen Darstellung die Erzählung dem chronologischen Ablauf der Ereignisse: ihrer Vorkriegsentwicklung in diesem, ihrer monströsen Zuspitzung während des Krieges im folgenden Band. Dieser zeitliche Gesamtrahmen hebt Kontinuitäten hervor und läßt den Kontext wesentlicher Veränderungen erkennen; er ermöglicht es auch, innerhalb einer festliegenden chronologischen Spanne die Erzählung zu verschieben. Derartige Verschiebungen ergeben sich aus den Veränderungen der Perspektive, die mein Ansatz verlangt, aber sie rühren auch von einer anderen Entscheidung her: völlig verschiedene Ebenen der Realität nebeneinanderzustellen – beispielsweise Diskussionen und Entscheidungen über antijüdische Politik auf höchster Ebene und daneben Szenen routinemäßiger Verfolgung –, und zwar mit dem Ziel, ein Gefühl der Entfremdung zu erzeugen, welches der Neigung entgegenwirkt, mittels nahtloser Erklärungen und standardisierter Wiedergaben diese bestimmte Vergangenheit zu «domestizieren» und ihre Wirkung abzuschwächen. Dieses Gefühl der Entfremdung scheint mir die Art und Weise zu reflektieren, in der die unglücklichen Opfer des Regimes zumindest während der dreißiger Jahre eine absurde und zugleich bedrohliche Realität wahrnahmen, eine durch und durch groteske und bedrückende Welt hinter der Fassade einer noch bedrückenderen Normalität.

Von dem Augenblick an, in dem die Opfer von dem Prozeß verschlungen wurden, der zur «Endlösung» führte, begann – nach einer kurzen Spanne verstärkten Zusammenhalts – ihr kollektives Leben zu zerfallen. Bald darauf verschmolz diese kollektive Geschichte mit der Geschichte der Verwaltungs- und Mordmaßnahmen, die zu ihrer Vernichtung führten, und mit deren abstrakter statistischer Darstellung. Die einzige konkrete Geschichte, die sich bewahren läßt, bleibt diejenige, die auf persönlichen Erzählungen beruht. Vom Stadium des kollektiven Zerfalls bis zu dem des Abtransports und des Todes muß diese Geschichte, damit sie überhaupt geschrieben werden kann, als die zusammenhängende Erzählung individueller Schicksale dargestellt werden.

Zwar spreche ich von meiner Historikergeneration und von den Einsichten, die uns wegen unserer besonderen Stellung in der Zeit potentiell zu Gebote stehen, aber ich kann das Argument nicht übergehen, daß eine persönliche emotionale Beteiligung an diesen Ereignissen einen rationalen Zugang zum Schreiben von Geschichte ausschließt. Man hat die «mythische Erinnerung» der Opfer dem «rationalen» Verstehen anderer gegenübergestellt. Gewiß möchte ich keine alten Debatten wieder aufleben lassen, sondern nur den Standpunkt vertreten, daß deutsche und jüdische Historiker ebenso wie diejenigen mit jedem beliebigen anderen Hintergrund ein gewisses Maß an «Übertragung» angesichts dieser Vergangenheit nicht vermeiden können.[11] Eine derartige Beteiligung beeinflußt zwangsläufig das Schreiben von Geschichte. Doch das Maß an Objektivität, das der Historiker braucht, wird dadurch nicht ausgeschlossen, sofern ein hinreichendes Bewußtsein für die eigene Situation vorhanden ist. Möglicherweise ist es sogar schwieriger, das Gleichgewicht in der anderen Richtung zu bewahren; zwar könnte ein ständig selbstkritischer Blick die Auswirkungen der Subjektivität verringern, aber er könnte auch zu anderen, nicht geringeren Risiken führen, nämlich zu übermäßiger Zurückhaltung und lähmender Vorsicht.

Die Verfolgungs- und Vernichtungstaten der Nazis wurden von gewöhnlichen Menschen begangen, die in einer modernen Gesellschaft lebten und handelten, welche der unseren nicht unähnlich ist, in einer Gesellschaft, die sie ebenso hervorgebracht hatte wie die Methoden und Werkzeuge zur Durchführung ihrer Handlungen; die Ziele dieser Handlungen dagegen wurden von einem Regime, einer Ideologie und einer politischen Kultur formuliert, die alles andere als gewöhnlich waren. Diese Beziehung zwischen dem Ungewöhnlichen und dem Gewöhnlichen, die Verschmelzung der auf weite Strecken gemeinsamen mörderischen Potentialitäten der Welt, die auch die unsere ist, mit der eigentümlichen Besessenheit des apokalyptischen Feldzugs der Nationalsozialisten gegen den Todfeind, den Juden, verleiht der «Endlösung der Judenfrage» sowohl universelle Bedeutung als auch historische Besonderheit.

ERSTER TEIL

EIN ANFANG UND EIN ENDE

1.

Der Weg ins Dritte Reich

I

Der Exodus jüdischer und linker Künstler und Intellektueller aus Deutschland begann in den ersten Monaten des Jahres 1933, fast unmittelbar nach der Machtübernahme durch Adolf Hitler am 30. Januar. Der Philosoph und Literaturkritiker Walter Benjamin verließ am 18. März Berlin, um sich nach Paris zu begeben. Zwei Tage später schrieb er an seinen Kollegen und Freund Gershom Scholem, der in Palästina lebte: «Zumindest kann ich gewiß sein ..., keinem Impuls der Panik gefolgt zu sein. ... Es gibt unter den mir näher stehenden niemand, der das anders beurteilt.»[1] Der Romancier Lion Feuchtwanger, der die Sicherheit der Schweiz erreicht hatte, vertraute seinem Schriftstellerkollegen Arnold Zweig an: «Es war zu spät für mich, in Deutschland noch irgend etwas zu retten. So muß ich wohl alles ... verlorengeben.»[2]

Die Dirigenten Otto Klemperer und Bruno Walter wurden zur Flucht gezwungen. Walter wurde der Zugang zu seinem Leipziger Orchester verwehrt, und als er im Begriff stand, ein Sonderkonzert der Berliner Philharmoniker zu dirigieren, wurde ihm mitgeteilt, nach vom Propagandaministerium ausgestreuten Gerüchten würde der Saal der Philharmonie niedergebrannt werden, wenn er sich nicht zurückzöge. Walter verließ das Land.[3] Hans Hinkel, der neue Leiter des Amtlichen Preußischen Theaterausschusses, der auch für die «Entjudung» des kulturellen Lebens in Preußen verantwortlich war, erklärte in der *Frankfurter Zeitung* vom 6. April, Klemperer und Walter seien von der musikalischen Bühne verschwunden, weil es nicht möglich sei, sie vor der «Stimmung» eines deutschen Publikums zu schützen, das seit langem von «jüdischen Kunstbankrotteuren» provoziert worden sei.[4]

Bruno Walters Konzert wurde nicht abgesagt: Richard Strauss dirigierte es.[5] Dies veranlaßte wiederum Arturo Toscanini dazu, Anfang Juni zu erklären, aus Protest werde er nicht bei den Bayreuther Festspielen dirigieren. Propagandaminister Joseph Goebbels vermerkte lakonisch in seinem Tagebuch: «Toscanini hat Bayreuth abgesagt.»[6]

Dieselbe öffentliche «Stimmung» muß die Dresdener Oper dazu veranlaßt haben, ihren musikalischen Direktor Fritz Busch zu verjagen, der selbst kein Jude war, dem aber vorgeworfen wurde, er pflege zu viele

Kontakte mit Juden und habe zu viele jüdische Künstler zu Auftritten eingeladen.[7] Andere Methoden wurden ebenfalls angewendet: Als die Hamburger Philharmonische Gesellschaft ihr Programm zur Feier des 100. Geburtstags von Johannes Brahms veröffentlichte, wurde ihr mitgeteilt, Reichskanzler Hitler sei bereit, die Schirmherrschaft über die Feierlichkeiten zu übernehmen, sofern sämtliche jüdischen Künstler (darunter der Pianist Rudolf Serkin) vom Programm verschwänden. Das Angebot wurde bereitwillig angenommen.[8]

Der Drang zur «Entjudung» der Künste produzierte sein eigenes Maß an Verwirrung. So berichtete am 1. April eine Lübecker Zeitung, in der Kleinstadt Eutin habe es beim letzten Konzert der Wintersaison insofern eine Überraschung gegeben, «als anstelle des ausgezeichneten Cellisten der Kieler städtischen Kapelle, John de J., Professor Hofmeier Klaviersoli vortrug. Wie wir hören, war festgestellt worden, daß John de J. Jude sein sollte.» Bald darauf kam jedoch ein Telegramm von de J. an Hofmeier: «Behauptung unwahr. Einwandfreie Urkunden.» Am 5. Mai verkündete Kreisleiter S., der deutsche Bürger niederländischer Abstammung de J. sei ebenso wie mehrere Generationen seiner Vorfahren evangelischer Christ.[9]

Die Erleichterung darüber, daß jemand kein Jude war, muß enorm gewesen sein. In seiner nur geringfügig literarisierten Darstellung der Karriere des Schauspielers und späteren Intendanten des Staatlichen Schauspielhauses in Berlin Gustav Gründgens, der ein Schützling Görings war, beschrieb Klaus Mann diese ganz eigentümliche Euphorie: «Angenommen aber sogar, die Nazis blieben an der Regierung: was hatte er, Höfgen [Gründgens], schließlich von ihnen zu fürchten? Er gehörte keiner Partei an, er war kein Jude. Vor allem dieser Umstand – daß er kein Jude war – erschien Hendrik mit einem Mal ungeheuer tröstlich und bedeutungsvoll. Was für ein unverhoffter und bedeutender Vorteil, man hatte es früher gar nicht so recht bedacht! Er war kein Jude, also konnte ihm alles verziehen werden.»[10]

Wenige Tage nach den Reichstagswahlen vom 5. März erhielten alle Mitglieder der Sektion für Dichtkunst der Preußischen Akademie der Künste einen vertraulichen Brief von dem Dichter Gottfried Benn, der die Frage enthielt, ob sie in Anbetracht der «veränderten geschichtlichen Lage» bereit seien, Mitglieder der übergeordneten Akademie der Künste und Wissenschaften zu bleiben; in diesem Falle hätten sie sich jeder Kritik an dem neuen deutschen Regime zu enthalten. Überdies hatten die Mitglieder durch Unterzeichnung einer Loyalitätserklärung die richtige «nationalkulturelle» Einstellung zu bekunden. Neun der 27 Mitglieder der Sektion für Dichtkunst antworteten ablehnend, darunter Alfred Döblin, Thomas Mann, Jakob Wassermann und Ricarda Huch. Thomas

Manns Bruder Heinrich war wegen seiner linken politischen Ansichten bereits ausgestoßen worden.[11]

Max von Schillings, der neue Präsident der Preußischen Akademie, übte Druck auf die «arische» Dichterin Ricarda Huch aus, sie möge nicht zurücktreten. Es kam zu einem Briefwechsel, und in ihrer letzten Entgegnung schrieb Huch im Hinblick auf den Ausschluß von Heinrich Mann und den Rücktritt Alfred Döblins, der Jude war: «Sie erwähnen die Herren Heinrich Mann und Dr. Döblin. Es ist wahr, daß ich mit Herrn Heinrich Mann nicht übereinstimme, mit Herrn Döblin tat ich es nicht immer, aber doch in manchen Dingen. Jedenfalls möchte ich wünschen, daß alle nicht-jüdischen Deutschen so gewissenhaft suchten, das Richtige zu erkennen und zu tun, so offen, ehrlich und anständig wären, wie ich ihn immer gefunden habe. Meiner Ansicht nach konnte er angesichts der Judenhetze nicht anders handeln, als er getan hat. Daß mein Verlassen der Akademie keine Sympathiekundgebung für die genannten Herren ist, trotz der besonderen Achtung und Sympathie, die ich für Herrn Dr. Döblin empfinde, wird jeder wissen, der mich persönlich oder aus meinen Büchern kennt. Hiermit erkläre ich meinen Austritt aus der Akademie.»[12]

Der in Wien lebende Schriftsteller Franz Werfel, der Jude war, sah die Dinge anders. Er war durchaus bereit, die Erklärung zu unterzeichnen, und am 19. März telegraphierte er wegen der erforderlichen Formulare nach Berlin. Am 8. Mai teilte Schillings Werfel mit, er könne kein Mitglied der Akademie bleiben; zwei Tage später waren einige von Werfels Büchern unter denen, die öffentlich verbrannt wurden. Im Sommer 1933, als der Reichsverband deutscher Schriftsteller gegründet war (der dann im November in die Reichskulturkammer [RKK] eingegliedert wurde), versuchte es Werfel noch einmal: «Ich bitte Sie, zur Kenntnis zu nehmen, daß ich czechoslowakischer Staatsbürger bin», schrieb er, «und meinen Wohnsitz in Wien habe. Zugleich möchte ich erklären, daß ich jeglicher politischen Organisation und Tätigkeit immer fern stand und fern stehe. Als Angehöriger der deutschen Minorität in der Czechoslowakei, der seinen Wohnsitz in Österreich hat, unterstehe ich den Gesetzen und Vorschriften dieser Staaten.» Selbstverständlich bekam Werfel nie eine Antwort.[13] Möglicherweise wollte der Schriftsteller den Verkauf seines neuen Romans *Die vierzig Tage des Musa Dagh* sicherstellen; in ihm wird die Geschichte der Vernichtung der Armenier durch die Türken während des Ersten Weltkriegs erzählt. Ende 1933 erschien das Buch tatsächlich im Reich, wurde aber schließlich im Februar 1934 verboten.[14]

Albert Einstein hielt sich am 30. Januar 1933 zu einem Besuch in den Vereinigten Staaten auf. Er brauchte nicht lange, um zu reagieren. In Ostende, wo er die Geschehnisse in Deutschland als eine «seelische Krankheit der Massen» bezeichnete, beendete er seine Rückreise und setzte nie wieder einen Fuß auf deutschen Boden. Die Kaiser-Wilhelm-Gesellschaft enthob ihn seiner Stellung; die Preußische Akademie der Wissenschaften schloß ihn aus. Seine Staatsbürgerschaft wurde ihm aberkannt. Einstein war kein Deutscher mehr. Prominente Stellung und Ruhm schützten niemanden. Max Reinhardt wurde aus der Leitung des Deutschen Theaters, das «dem deutschen Volke übergeben» wurde, vertrieben und floh aus dem Reich. Max Liebermann, mit 86 Jahren möglicherweise der bekannteste deutsche Maler der damaligen Zeit, war zu alt, um auszuwandern, als Hitler an die Macht kam. Als ehemaliger Präsident und nunmehr, 1933, Ehrenpräsident der Preußischen Akademie der Künste trug er die höchste deutsche Auszeichnung, den Orden Pour le Mérite. Am 7. Mai erklärte Liebermann seinen Austritt aus der Akademie. Wie der Maler Oskar Kokoschka in einem Leserbrief an die *Frankfurter Zeitung*, der veröffentlicht wurde, aus Paris schrieb, hielt es keiner von Liebermanns Kollegen für nötig, ein Wort der Anerkennung oder des Mitgefühls zu äußern.[15] Isoliert und verfemt starb Liebermann 1935; nur drei «arische» Künstler nahmen an der Beerdigung teil. Seine Ehefrau überlebte ihn. Als im März 1943 die Polizei mit einer Bahre eintraf, um die bettlägerige 85jährige zum Abtransport in den Osten abzuholen, beging sie Selbstmord, indem sie eine Überdosis Veronal schluckte.[16]

So peripher es in der Rückschau aussehen mag, der kulturelle Bereich war der erste, aus dem Juden (und «Linke») in großem Umfang vertrieben wurden. Schillings' Brief wurde unmittelbar nach den Reichstagswahlen vom März 1933 abgeschickt, und die Veröffentlichung des Interviews mit Hinkel fand vor der Verabschiedung des Berufsbeamtengesetzes vom 7. April statt, von dem noch die Rede sein wird. So hatten sich die neuen Herrscher Deutschlands, noch bevor sie ihre ersten systematischen antijüdischen Ausschließungsmaßnahmen in Gang setzten, gegen die exponiertesten Vertreter des «jüdischen Geistes» gewandt, der von nun an ausgelöscht werden sollte. Im allgemeinen waren die wichtigeren antijüdischen Maßnahmen, welche die Nazis von da an in den verschiedenen Bereichen ergriffen, nicht nur Terrorakte, sondern auch symbolische Aussagen. Diese Doppelfunktion brachte die Allgegenwart der Ideologie im System zum Ausdruck: Ihre Dogmen mußten in ritueller Weise immer wieder geltend gemacht werden, wobei die Verfolgung ausgewählter Opfer einen Teil des ablaufenden Rituals darstellte. Mehr noch: die Doppelbedeutung der Initiativen des Regimes erzeugte bei einem großen Teil der Bevölkerung eine Art gespaltenes Bewußtsein. So konnte es sein, daß manche mit der Brutalität der Entlassungen jüdischer Intellektueller aus ihren Stellungen nicht einverstanden waren, aber begrüßten, daß das deutsche Kulturleben vom «übermäßigen Einfluß» der Juden gereinigt wurde. Selbst einige der gefeiertsten deutschen Exilschriftsteller wie Thomas Mann waren zumindest eine Zeitlang gegen diese Art doppelter Wahrnehmung der Ereignisse nicht immun.

Mann, selber kein Jude, aber mit einer Jüdin verheiratet, befand sich nicht in Deutschland, als die Nationalsozialisten an die Macht kamen, und er kehrte nicht zurück. In einem Brief an Einstein vom 15. Mai sprach er davon, wie schmerzlich ihm schon allein der Gedanke an das Exil sei: «Damit ich in diese Rolle gedrängt würde, mußte wohl wirklich ungewöhnlich Falsches und Böses geschehen, und falsch und böse ist denn auch meiner tiefsten Überzeugung nach diese ganze ‹Deutsche Revolution›.»[17] Einige Monate später äußerte sich der Autor des *Zauberbergs* in einem Brief an seinen einstigen Freund, den ultranationalistischen Literaturgeschichtler Ernst Bertram, der zu einem überzeugten Anhänger des neuen Regimes geworden war, nicht weniger deutlich: «‹Wir werden sehen›, schrieb ich Ihnen vor Jahr und Tag, und Sie antworteten trotzig: ‹Gewiß, das werden wir.› Haben Sie angefangen zu sehen? nein, denn mit blutigen Händen hält man Ihnen die Augen zu, und nur zu gern lassen Sie sich den ‹Schutz› gefallen. Die deutschen Intellektuellen – verzeihen Sie das rein sachlich gemeinte Wort – werden sogar die allerletzten sein, die zu sehen anfangen, denn zu tief, zu schändlich haben sie sich eingelassen und bloßgestellt.»[18] Doch tatsächlich gab es in Manns Einstellungen immer noch viel Zwiespältiges: Um sicherzustellen, daß seine Bücher in Deutschland weiterhin veröffentlicht und verkauft wurden, vermied er es mehrere Jahre lang sorgfältig, sich deutlich gegen die Nazis auszusprechen. Und anfangs behandelten ihn einige NS-Organisationen wie der Nationalsozialistische Deutsche Studentenbund ebenfalls vorsichtig: Thomas Manns Bücher wurden bei dem berüchtigten Autodafé vom 10. Mai 1933 nicht verbrannt.[19]

Die (im besten Falle) ambivalente Einstellung Manns, insbesondere zu den Juden, tritt in dieser ersten Phase in seinen Tagebucheintragungen zutage: «Aber geht dennoch Bedeutendes und Groß-Revolutionäres vor in Deutschland?» schrieb er am 4. April 1933. «Die Juden ... Daß die übermütige und vergiftende Nietzsche Vermauschelung Kerr's ausgeschlossen ist, ist am Ende kein Unglück; auch die Entjudung der Justiz am Ende nicht.»[20] Immer wieder leistete er sich derartige Bemerkungen, aber seine stärksten Ressentiments brachte Mann vielleicht in der Tagebucheintragung vom 15. Juli 1934 zum Ausdruck: «Dachte an den Widersinn, daß ja die Juden, die man in Deutschland entrechtet und austreibt, an den geistigen Dingen, die sich in dem politischen System [des Nationalsozialismus] gewissermaßen, sehr fratzenhaft natürlich, ausdrücken, starken Anteil haben und zum guten Teil als Wegbereiter der antiliberalen Wendung zu betrachten.»[21] Als Beispiele erwähnte Mann den Dichter Karl Wolfskehl, ein Mitglied des esoterischen literarischen und intellektuellen Kreises um den Dichter Stefan George, und insbesondere den Münchener Exzentriker Oskar Goldberg. Es besteht eine gewisse Diskrepanz zwischen Ausdrücken wie «starken Anteil», «zum guten Teil» und «Wegbereiter der antiliberalen Wendung» und diesen beiden marginalen Beispielen.[22] Er ging noch weiter. «Überhaupt glaube ich, daß viele Juden [in Deutschland] mit ihrer neuen Rolle als geduldete Gäste, die an nichts teilhaben, bis auf die Steuern freilich, in tiefster Seele einverstanden sind.»[23] Klar, unzweideutig und öffentlich sollte Manns Anti-Nazi-Position erst zu Anfang des Jahres 1936 werden.[24]

Manns Haltung veranschaulicht die Allgegenwart des gespaltenen Bewußtseins und erklärt so die Leichtigkeit, mit der Juden aus dem kulturellen Leben vertrieben wurden. Mit Ausnahme einiger mutiger Persönlichkeiten wie Ricarda Huch gab es in diesem Bereich – und auch anderswo – keine Macht, die sich dem entgegenstellte.

Hitler hatte im Hinblick auf alles Jüdische mit Sicherheit kein gespaltenes Bewußtsein. Doch zumindest 1933 beugte er sich Winifred Wagner (der aus England stammenden Witwe von Richard Wagners Sohn Siegfried, die in Bayreuth die bestimmende Kraft war): «Erstaunlicherweise», so schreibt Frederic Spott zu Recht, «ließ es Hitler in diesem Jahr sogar zu, daß die Juden Alexander Kipnis und Emanuel List in seiner Gegenwart sangen.»[25]

II

Drei Tage vor den Reichstagswahlen im März brachte die Hamburger Ausgabe der jüdischen Zeitung *Israelitisches Familienblatt* unter der Schlagzeile «Wie wählen wir am 5. März?» einen bezeichnenden Artikel. «[Es gibt] viele Juden», hieß es da, «die das wirtschaftliche Programm der heutigen Rechten billigen, die aber nicht die Möglichkeit haben, sich ihr anzuschließen, da diese Parteien in völlig unlogischer Weise ihre wirtschaftlichen und politischen Ziele mit einem Kampf gegen das Judentum ... verkoppelt haben.»[26]

Am 30. Januar 1933 fand im Berliner Café Leon eine Sitzung statt, bei der es um Fragen der Förderung des jüdischen Handwerks ging. Die Nachricht von Hitlers Ernennung zum Reichskanzler wurde kurz vor Beginn der Veranstaltung bekannt. Unter den anwesenden Vertretern jüdischer Organisationen und politischer Bewegungen nahm nur der zionistische Rabbi Hans Tramer auf die Nachricht Bezug und bezeichnete das Ereignis als große Veränderung; alle anderen Redner hielten sich an ihr angekündigtes Thema. Tramer «machte mit seiner Rede gar keinen Eindruck. Das ganze Publikum hielt das für Schwarzmalerei. Es gab keinerlei Echo.»[27] Der Vorstand des Central-Vereins deutscher Staatsbürger jüdischen Glaubens schloß am selben Tage eine öffentliche Erklärung in eben diesem Sinne: «Im übrigen gilt heute ganz besonders die Parole: Ruhig abwarten.»[28] Ein Leitartikel in der Zeitung des Vereins vom 30. Januar aus der Feder Ludwig Holländers, des Vorsitzenden der Organisation, war im Ton ein wenig beunruhigter, zeigte aber im Prinzip dieselbe Haltung: «Auch in dieser Zeit werden die deutschen Juden ihre Ruhe nicht verlieren, die ihnen das Bewußtsein untrennbarer Verbundenheit mit allem wirklich Deutschen gibt. Weniger denn je werden sie ihre innere Haltung zu Deutschland von äußeren Angriffen, die sie als unberechtigt empfinden, beeinflussen lassen.»[29]

Im großen ganzen gab es unter der überwältigenden Mehrheit der annähernd 525 000 Juden, die im Januar 1933 in Deutschland lebten, kein erkennbares Gefühl von Panik oder auch nur von Dringlichkeit.[30] Im Laufe der Wochen hofften Max Naumanns Verband Nationaldeutscher Juden und der Reichsbund jüdischer Frontsoldaten auf nichts Geringeres als die Integration in die neue Ordnung. Am 4. April richtete Leo Löwenstein, der Vorsitzende des Frontsoldatenbundes, eine Eingabe an Hitler und legte eine Aufstellung nationalistisch orientierter Vorschläge in bezug auf die Juden Deutschlands bei sowie ein Exemplar des Gedächtnisbuches, das die Namen der 12 000 deutschen Soldaten jüdischer Abstammung enthielt, die im Weltkrieg für Deutschland gefallen waren. Ministerialrat Wienstein antwortete am 14. April, der Reichskanzler habe ihn beauftragt, den Empfang des Briefes und des Buches «ergebenst zu bestätigen». Hans Heinrich Lammers, der Chef der Reichskanzlei, empfing am 28. eine Abordnung der Frontkämpfer,[31] aber damit hörten die Kontakte auf. Bald bestätigte Hitlers Büro Eingaben der jüdischen Organisation nicht mehr. Wie der Central-Verein glaubten die Zionisten weiterhin, daß sich die anfänglichen Umwälzungen durch eine Neubehauptung jüdischer Identität oder einfach durch Geduld überwinden ließen; die Juden waren der Ansicht, daß die Verantwortung der Macht, der Einfluß der konservativen Regierungsmitglieder und eine wachsame Außenwelt auf alle Tendenzen der Nazis zu Exzessen einen mäßigenden Einfluß ausüben würden.

Selbst nachdem am 1. April die Nationalsozialisten jüdische Geschäfte boykottiert hatten, erklärten einige bekannte deutsch-jüdische Persönlichkeiten wie der Rabbiner Joachim Prinz, es sei unvernünftig, eine gegen die NSDAP gerichtete Position einzunehmen. Prinz war der Auffassung, «daß eine Auseinandersetzung mit der ‹Neuordnung› in Deutschland, die das Ziel hat, ‹den Menschen Brot und Arbeit zu geben, ... weder beabsichtigt noch möglich ist›».[32] Diese Erklärung mag lediglich taktischer Natur gewesen sein, und man darf nicht vergessen, daß viele Juden unschlüssig waren, wie sie reagieren sollten. Manche Exzentriker gingen erheblich weiter. So erklärte noch im Sommer 1933 Felix Jacoby, Historiker an der Kieler Universität, in der Einführung zu seiner Vorlesung über den römischen Dichter Horaz: «Als Jude befinde ich mich in einer schwierigen Lage. Aber als Historiker habe ich gelernt, geschichtliche Ereignisse nicht unter privater Perspektive zu betrachten. Ich habe seit 1927 Adolf Hitler gewählt und preise mich glücklich, im Jahr der nationalen Erhebung über den Dichter des Augustus lesen zu dürfen. Denn Augustus ist die einzige Gestalt der Weltgeschichte, die man mit Adolf Hitler vergleichen kann.»[33] Dies war jedoch eher ein Ausnahmefall.

Für einige Juden war es eine Quelle der Zuversicht, daß der alte, geachtete Reichspräsident Paul von Hindenburg immer noch als Staatsoberhaupt amtierte; gelegentlich schrieben sie ihm über ihre Notlage. «Ich war 1914 verlobt», schrieb Frieda Friedmann, eine Berlinerin, am 23. Februar an Hindenburg. «Mein Verlobter fiel 1914. Zwei meiner Brüder, Max und Julius Cohn, fielen im Jahre 1916 und 1918. Mein letzter Bruder Willy kam erblindet ... aus dem Felde zurück. ... Alle haben das Eiserne Kreuz für Verdienst am Vaterland. Jetzt jedoch ist es in unserem Vaterlande so gekommen, daß auf der Straße öffentlich Broschüren gehandelt werden ‹Juden raus!›, öffentliche Aufforderungen zu Pogromen und Gewalttaten gegen die Juden. Ist die Judenhetze Tapferkeit oder Feigheit, wenn es im deutschen Staat bei 60 Millionen Menschen 1 % Juden gibt?» Hindenburgs Büro bestätigte umgehend den Empfang des Briefes, und der Präsident ließ Frieda Friedmann wissen, daß er entschieden gegen Exzesse eingestellt sei, die an Juden verübt wurden. Der Brief wurde an Hitler weitergeleitet, und der schrieb an den Rand: «Die Behauptungen dieser Dame sind ein Schwindel! Es ist selbstverständlich nicht eine Aufforderung zum Progrom [sic] erfolgt!»[34]

Schließlich waren sich die Juden ebenso wie ein beträchtlicher Teil der deutschen Gesellschaft überhaupt insbesondere vor den Reichstagswahlen vom 5. März 1933 nicht sicher, ob sich die Nationalsozialisten an der Macht halten würden oder ob ein konservativer Militärputsch gegen sie noch möglich war. Manche jüdischen Intellektuellen warteten mit einigermaßen ungewöhnlichen Vorhersagen auf. «Die Prognose», schrieb Martin Buber am 14. Februar an den Philosophen und Pädagogen Ernst Simon, «hängt vom Ausgang der bevorstehenden Kämpfe zwischen den Regierungsgruppen ab. Es ist anzunehmen, daß eine Verschiebung des Machtverhältnisses zugunsten der Nationalsozialisten auch bei proportionaler Stärkung ihrer parlamentarischen Basis gegenüber den Deutschnationalen nicht zugestanden werden wird. In diesem Fall werden entweder die Hitlerleute trotzdem in der Regierung bleiben; dann werden sie in den Kampf gegen das Proletariat vorgeschickt und dadurch ihre Partei gespalten und vorerst ungefährlich gemacht.

Oder sie treten aus. ... Solange die gegenwärtige Koalition noch andauert, ist an eigentliche Judenhetzen oder Judengesetzgebungsakte nicht zu denken, nur an administrative Unterdrückung; eine antijüdische Legislative käme nur bei einer Machtverschiebung zugunsten der Nationalsozialisten in Betracht, die aber wie gesagt kaum zu erwarten ist; Judenhetzen kommen in Betracht für die Zeit zwischen einem Austritt der Nat. Soz. aus der Regierung und einer Erklärung des Ausnahmezustands.»[35]

III

Die politischen Hauptopfer des neuen Regimes und seines Terrorsystems waren zumindest in den ersten Monaten nach der Machtübernahme nicht Juden, sondern Kommunisten. Nach dem Reichstagsbrand vom 27. Februar führte die antikommunistische Jagd zur Verhaftung von fast 10000 Parteimitgliedern und Sympathisanten und zu ihrer Inhaftierung in neugeschaffenen Konzentrationslagern. Dachau war am 20. März eingerichtet worden und wurde am 1. April von SS-Chef Heinrich Himmler offiziell eingeweiht.[36] Im Juni wurde SS-Gruppenführer Eicke Kommandant des Lagers, und ein Jahr später wurde er zum «Inspekteur der Konzentrationslager» ernannt: Unter der Ägide Himmlers war er zum Architekten der Lebens- und Todes-Routine der Lagerinsassen in Hitlers neuem Deutschland geworden.

Nach den Massenverhaftungen, die auf den Reichstagsbrand folgten, war es klar, daß die «kommunistische Bedrohung» nicht mehr existierte. Doch die Versessenheit des neuen Regimes auf Repression – und Innovation – ließ nicht nach; ganz im Gegenteil. Eine Verordnung des Reichspräsidenten vom 28. Februar hatte Hitler bereits Ausnahmebefugnisse verliehen. Zwar gelang es den Nationalsozialisten nicht, bei den Wahlen vom 5. März die absolute Mehrheit zu gewinnen, aber ihre Koalition mit der ultrakonservativen Deutschnationalen Volkspartei (DNVP) errang sie. Einige Tage später, am 23. März, begab sich der Reichstag seiner Funktionen, indem er das Ermächtigungsgesetz verabschiedete, das dem Reichskanzler uneingeschränkte legislative und exekutive Vollmachten gab. Das Tempo der Veränderungen, die nun folgten, war atemberaubend. Die Länder wurden gleichgeschaltet; im Mai wurden die Gewerkschaften aufgelöst und durch die Deutsche Arbeitsfront ersetzt; Mitte Juli gab es im Reich dann keine andere politische Partei mehr als die NSDAP. Die Unterstützung der Bevölkerung für diese Sturzflut von Aktivitäten und diese ständige Machtdemonstration wuchs lawinenartig an. In den Augen einer rasch zunehmenden Zahl von Deutschen war eine «nationale Wiedergeburt» im Gange.[37]

Man hat oft gefragt, ob die Nationalsozialisten über konkrete Ziele und präzise Pläne verfügten. Ungeachtet interner Spannungen und sich wandelnder Umstände wurden in den meisten Bereichen kurzfristige Ziele systematisch verfolgt und rasch erreicht. Doch die Endziele des Regimes, die Leitlinien der langfristigen Politik, wurden nur in Umrissen bestimmt, und konkrete Schritte zu ihrer Umsetzung wurden nicht formuliert. Doch diese vage formulierten langfristigen Ziele waren nicht nur als eine Art Richtlinien entscheidend, sondern auch als Indikatoren für grenzenlose Ambitionen und Erwartungen: Für Hitler und seine Clique waren sie Gegenstand echten Glaubens; sie mobilisierten die Energien der Partei und verschiedener Sektoren der Bevölkerung; und sie waren Ausdruck des Glaubens an die Richtigkeit des Weges.

Antijüdische Gewalttaten nahmen nach den Märzwahlen zu. Am 9. nahmen SA-Leute im Berliner Scheunenviertel Dutzende von osteuropäischen Juden fest. Diese Ostjuden, traditionell die erste Zielscheibe deutschen Judenhasses, waren auch die ersten, die als Juden in Konzentrationslager abtransportiert wurden. Am 13. März erzwang die örtliche SA in Mannheim die Schließung jüdischer Geschäfte; in Breslau wurden jüdische Anwälte und Richter im Gerichtsgebäude tätlich angegriffen; und in Gedern in Hessen brach die SA in jüdische Häuser ein und schlug «unter dem Beifall einer rasch anwachsenden Menschenmenge» die Bewohner zusammen. Die Liste vergleichbarer Vorfälle ist lang.[38] Es gab auch Morde. Im Bericht des Regierungspräsidenten von Niederbayern von Ende März heißt es: «Am 15. ds. Mts., früh gegen 6 Uhr, erschienen in einem Kraftwagen mehrere Männer in dunkler Uniform vor der Wohnung des israelitischen Güterhändlers Otto Selz in Straubing. Selz wurde von ihnen in Nachtkleidern aus der Wohnung geholt und in einem Kraftwagen entführt. Etwa um 9.30 wurde Selz in einem Wald bei Weng, Bezirksamt Landshut, erschossen aufgefunden. Der Kraftwagen soll aus der Richtung München-Landshut gekommen und auf der gleichen Strecke wieder zurückgefahren sein. Er war mit sechs Uniformierten besetzt und trug das Zeichen: II A. ... Mehrere Landleute wollen bei einigen Insassen des Wagens die rote Armbinde mit dem Hakenkreuz bemerkt haben.»[39] Am 31. März schickte Innenminister Wilhelm Frick an alle örtlichen Polizeireviere eine telegraphische Warnung, kommunistische Agitatoren, die in SA-Uniformen verkleidet seien und SA-Autokennzeichen benutzten, würden die Schaufensterscheiben jüdischer Geschäfte einschlagen und die Gelegenheit nutzen, um Unruhe zu stiften.[40] Bei derartigen Anschuldigungen gegen die Kommunisten handelte es sich um die übliche Desinformation der Nazis. Am 1. April berichtete das Polizeirevier Göttingen, das den am 28. März an jüdischen Geschäften und der örtlichen Synagoge angerichteten Schaden untersuchte, man habe zwei Mitglieder der kommunistischen Partei und einen Sozialdemokraten gefaßt, die im Besitz von Nazi-Uniformteilen gewesen seien; die Zentrale in Hildesheim wurde informiert, die Verhafteten seien diejenigen, welche antijüdische Aktionen begangen hätten.[41]

Ein großer Teil der ausländischen Presse behandelte die Gewalttaten der Nationalsozialisten ausführlich. Der *Christian Science Monitor* dagegen äußerte Zweifel an der Richtigkeit der Berichte über Nazigreuel und rechtfertigte später die Vergeltung gegen «Leute, die Lügen gegen Deutschland verbreiteten». Und Walter Lippmann, damals der prominenteste politische Kommentator in Amerika und selbst Jude, fand Worte des Lobes für Hitler und konnte sich einen Seitenhieb gegen die Juden nicht verkneifen. Abgesehen von diesen bemerkenswerten Ausnahmen nahmen die meisten amerikanischen Zeitungen hinsichtlich der antijüdischen Verfolgungsmaßnahmen kein Blatt vor den Mund.[42] Jüdische und nichtjüdische Proteste mehrten sich. Eben diese Proteste nahmen die Nationalsozialisten zum Vorwand für den berüchtigten Boykott jüdischer Geschäfte am 1. April 1933. Zwar wurde die Anti-Nazi-Kampagne in den Vereinigten Staaten bei einer Kabinettssitzung am 24. März in einiger Ausführlichkeit diskutiert,[43] aber die endgültige Entscheidung zugunsten des Boykotts wurde wahrscheinlich bei einer Zusammenkunft von Hitler und Goebbels am 26. März in Berchtesgaden getroffen. Doch schon Mitte März hatte Hitler es einem Komitee unter dem Vorsitz von Julius Streicher, dem Gauleiter von Franken und Herausgeber des *Stürmers*, der bösartigsten antijüdischen Zeitung der Partei, gestattet, die Vorbereitungen dafür in Angriff zu nehmen.

Tatsächlich war der Boykott schon von dem Augenblick an vorhersehbar gewesen, in dem die Nationalsozialisten an die Macht kamen. Von der Möglichkeit war in den beiden vorangegangenen Jahren,[44] als kleine jüdische Läden zunehmend schikaniert und jüdische Angestellte auf dem Arbeitsmarkt immer mehr diskriminiert worden waren, oft die Rede gewesen.[45] Unter den Nationalsozialisten wurde ein großer Teil der Agitation für antijüdische ökonomische Maßnahmen von einer bunt zusammengewürfelten Koalition von «Radikalen» initiiert, die teils der Nationalsozialistischen Betriebszellenorganisation (NSBO) unter der Leitung von Reinhold Muchow angehörten, teils dem Kampfbund für den gewerblichen Mittelstand Adrian von Rentelns oder verschiedenen Abteilungen der SA, die von Otto Wagener, einem Ökonomen und früheren geschäftsführenden Stabschef der SA, zu diesem Zweck mobilisiert wurden. Ihr gemeinsamer Nenner war das, was Gregor Strasser, die frühere Nummer Zwei in der Partei, einmal als «die antikapitalistische Sehnsucht»[46] bezeichnet hatte; der einfachste Weg, auf dem sie diese zum Ausdruck bringen konnten, war bösartiger Antisemitismus.

Derartigen Parteiradikalen werden wir in jedem wichtigen Stadium antijüdischer Politik bis hin zum Kristallnacht-Pogrom vom November 1938 begegnen. Im April 1933 lassen sie sich als Mitglieder der verschiedenen wirtschaftlichen Interessengruppen der Partei identifizieren, aber es gab unter ihnen auch Juristen wie Hans Frank (den künftigen Generalgouverneur des besetzten Polen) und Roland Freisler (den künftigen Präsidenten des Volksgerichtshofes) und Rassenfanatiker wie Gerhard Wagner und Walter Groß – von Streicher, Goebbels, der SA-Führung und, vor allen anderen, Hitler ganz zu schweigen. Doch in ihrer besonderen Rolle als Pressure-group bestanden die Radikalen hauptsächlich aus «alten Kämpfern» – aus SA-Mitgliedern und einfachen Parteiaktivisten, die mit dem Tempo der nationalsozialistischen Revolution, mit der Dürftigkeit der ihnen zugefallenen Beute und mit dem häufig privilegierten Status von Parteigenossen, die in der Staatsbürokratie Schlüsselstellungen innehatten, unzufrieden waren. Die Radikalen waren eine veränderliche, aber beträchtliche Kraft aus mißvergnügten Parteimitgliedern, die nach verstärkten Aktionen und nach dem Primat der Partei über den Staat lechzten.[47]

Der Einfluß der Radikalen sollte jedoch nicht überschätzt werden. Sie zwangen Hitler nie dazu, Maßnahmen zu ergreifen, die er nicht ergreifen wollte. Wenn ihre Forderungen als zu weitgehend betrachtet wurden, verwarf man ihre Initiativen. Die antijüdischen Beschlüsse vom Frühjahr 1933 erleichterten es dem Regime, die Gewalttätigkeit der SA in vom Staat kontrollierte Bahnen zu lenken;[48] für die Nationalsozialisten waren diese Maßnahmen natürlich auch um ihrer selbst willen willkommen.

Am 29. März unterrichtete Hitler das Kabinett über den geplanten Boykott von Geschäften in jüdischem Besitz und erklärte den Ministern, er selbst habe ihn gefordert. Er beschrieb die Alternative als spontane Gewalttaten der Bevölkerung. Ein zugelassener Boykott, so fügte er hinzu, würde gefährliche Unruhe vermeiden.[49] Die deutschnationalen Minister machten Einwendungen, und Präsident Hindenburg versuchte einzugreifen. Hitler verwarf jede mögliche Zurücknahme, aber zwei Tage später (am Tage vor dem geplanten Boykott) erwähnte er die Möglichkeit einer Verschiebung bis zum 4. April – falls die britische und die amerikanische Regierung auf der Stelle ihren Widerstand gegen die antideutsche Agitation in ihren Ländern erklärten; anderenfalls würde die Aktion am 1. April stattfinden, gefolgt von einer Wartephase bis zum 4. April.[50]

Am Abend des 31. erklärte sich die britische wie auch die amerikanische Regierung bereit, die erforderliche Erklärung abzugeben. Außenminister Konstantin Freiherr von Neurath gab jedoch bekannt, es sei zu spät für einen Kurswechsel; er sprach dann von Hitlers Entscheidung für eine eintägige Aktion, gefolgt von einer Wartephase.[51] In Wirklichkeit wurde die Möglichkeit, den Boykott am 4. April wieder aufzunehmen, nicht mehr in Erwägung gezogen.

Mittlerweile war vor allem in den Vereinigten Staaten und in Palästina die jüdische Führung in einem Zwiespalt: Sollte sie massenhafte Proteste und einen Gegenboykott gegen deutsche Waren unterstützen oder sollte aus Furcht vor weiteren «Vergeltungsmaßnahmen» gegen die Juden in Deutschland eine Konfrontation vermieden werden? Göring hatte eine Reihe von namhaften Vertretern der deutschen Juden zu sich bestellt und sie nach London geschickt, wo sie gegen die geplanten antideutschen Demonstrationen und Initiativen intervenieren sollten. Zugleich telegraphierten am 26. März Kurt Blumenfeld, der Präsident der Zionistischen Vereinigung für Deutschland, und Julius Brodnitz, der Präsident des Central-Vereins, an das American Jewish Committee in New York: «Wir protestieren kategorisch gegen Abhaltung Montagmeeting Radio und sonstiger Demonstrationen Stop Verlangen unbedingt energische Bemuehungen zur Einwirkung auf Unterlassung deutschfeindlicher Kundgebungen.»[52] Durch Beschwichtigung der Nazis hoffte die besorgte deutsch-jüdische Führung dem Boykott zu entgehen.

Die Leitung der jüdischen Gemeinschaft in Palästina entschied sich ungeachtet des Drucks der öffentlichen Meinung ebenfalls für Vorsicht. Sie schickte ein Telegramm an die Reichskanzlei, in dem sie versicherte, «daß keine autorisierte Körperschaft in Palästina einen Handelsboykott gegen Deutschland erklärt habe oder zu erklären beabsichtige».[53] Die führenden Persönlichkeiten der amerikanischen Juden waren sich nicht einig; die meisten jüdischen Organisationen in den Vereinigten Staaten waren gegen Massendemonstrationen und wirtschaftliche Aktionen, hauptsächlich aus Furcht davor, den Präsidenten und den Außenminister in Verlegenheit zu bringen.[54] Zögernd und unter dem Druck von Gruppen wie den Jewish War Veterans entschied sich der American Jewish Congress schließlich anders. Am 27. März fanden in mehreren amerikanischen Städten Protestversammlungen statt, an denen sich auch Führer der Kirchen und der Arbeiterbewegung beteiligten. Was den Boykott deutscher Waren anging, so breitete er sich als emotionale Basisbewegung aus, die im Laufe der Monate zunehmend institutionelle Unterstützung fand, zumindest außerhalb Palästinas.[55]

Goebbels' Erregung war nicht zu bezähmen. In seiner Tagebucheintragung für den 27. März schrieb er: «Ich diktiere einen scharfen Aufsatz gegen die Greuelhetze der Juden. Schon seine Ankündigung läßt die ganze Mischpoke [sic; jiddisch für «Familie»] zusammenknicken. Man muß solche Methoden anwenden. Großmut imponiert den Juden nicht.» 28. März: «Ich telephoniere mit dem Führer. Der Boykottaufruf wird heute veröffentlicht. Panik unter den Juden!» 29. März: «Ich versammle meine Referenten um mich und entwickle ihnen die Organisation des

Boykotts.» 30. März: «Der Boykott ist in der Organisation fertig. Wir brauchen jetzt nur auf einen Knopf zu drücken, dann läuft er an.»[56] 31. März: «Viele lassen die Köpfe hängen und sehen Gespenster. Sie meinen, der Boykott würde zum Krieg führen. Wenn wir uns wehren, können wir nur Achtung gewinnen. Wir halten in kleinem Kreise eine letzte Besprechung ab und beschließen, daß der Boykott morgen in aller Schärfe beginnen soll. Er wird einen Tag durchgeführt und dann von einer Pause bis Mittwoch abgelöst. Geht die Hetze im Ausland zu Ende, dann wird er abgestoppt, im anderen Falle beginnt dann der Kampf bis aufs Messer.»[57] 1. April: «Der Boykott gegen die Weltgreuelhetze ist in Berlin und im ganzen Reich in voller Schärfe entbrannt. Das Publikum», fügte Goebbels hinzu, «hat sich überall solidarisch erklärt.»[58]

Im Prinzip hätte der Boykott der jüdischen Bevölkerung ernsthafte wirtschaftliche Schäden zufügen können, denn 1933 waren, wie Avraham Barkai schreibt, «über 60 Prozent aller jüdischen Erwerbstätigen ..., ähnlich wie 1925 und auch schon 1907, im Sektor Handel und Verkehr konzentriert, die überwältigende Mehrheit davon im Wareneinzelhandel. Auch die im Sektor Industrie und Handwerk aufgeführten Juden waren zum größten Teil Inhaber mittelständischer Betriebe und Handwerker.»[59] In Wirklichkeit stieß die Aktion der Nazis jedoch sogleich auf Probleme.[60]

Die breite Bevölkerung stand dem Boykott oft gleichgültig gegenüber und hatte manchmal sogar ein Interesse daran, in «jüdischen» Läden zu kaufen. Dem *Völkischen Beobachter* vom 3. April zufolge versuchten in Hannover einige Käufer, sich mit Gewalt Zugang zu einem in jüdischem Besitz befindlichen Laden zu verschaffen.[61] In München führten wiederholte Ankündigungen über den bevorstehenden Boykott bei in jüdischem Besitz befindlichen Läden in den letzten Märztagen (die Öffentlichkeit wußte noch nicht, wie lange der Boykott dauern würde) zu so regen Geschäften, daß der *Völkische Beobachter* die «Unvernunft eines Teiles des Publikums» beklagte, «das sein sauer verdientes Geld den Volksfeinden und hinterlistigen Verleumdern geradezu aufdrängte».[62] Am Tage des Boykotts blieben viele jüdische Geschäfte geschlossen oder schlossen früh. Große Scharen von Zuschauern blockierten in den Geschäftsvierteln des Stadtzentrums die Straßen, um sich den Ablauf der Ereignisse anzusehen: Sie waren passiv, aber sie zeigten keineswegs die Feindseligkeit gegenüber den «Volksfeinden», welche die Parteiagitatoren erwartet hatten.[63] Martha Appel, die Frau eines Dortmunder Rabbiners, bestätigt in ihren Memoiren eine ähnlich passive und gewiß nicht feindselige Einstellung bei den Menschenmengen auf den Straßen im Geschäftsviertel dieser Stadt. Sie berichtet sogar, sie habe viele Äußerungen der Unzufriedenheit mit dieser Initiative der Nationalsozialisten gehört.[64] Diese Atmosphäre scheint in den meisten Teilen des Reiches verbreitet gewesen zu sein. Der zweimonatliche Polizeibericht in der bayerischen Stadt Bad Tölz ist knapp und eindeutig: «Das einzige jüdische Geschäft ‹Cohn› am Fritzplatz hier wurde nicht boykottiert.»[65]

Zum Mangel an Begeisterung in der Bevölkerung kam erschwerend hinzu, daß sich eine Vielzahl unvorhergesehener Fragen einstellte: Wie sollte ein «jüdisches» Unternehmen definiert werden? Durch seinen Namen, durch das Judentum seiner Geschäftsleitung oder durch jüdische Kontrolle über sein Kapital oder Teile davon? Wenn das Unternehmen geschädigt würde, was würde dann, in einer Zeit der wirtschaftlichen Krise, mit seinen arischen Angestellten geschehen? Was würden, etwa bei einer Vergeltung durch das Ausland, die allgemeinen Konsequenzen dieser Aktion für die deutsche Wirtschaft sein?

Auch wenn der Aprilboykott einige Zeit lang gedroht hatte, war er doch ganz eindeutig eine improvisierte Aktion. Er mag das Ziel verfolgt haben, die antijüdischen Initiativen der SA und anderer Radikaler zu kanalisieren; deutlich zu machen, daß langfristig die Basis jüdischer Existenz in Deutschland zerstört werden würde; oder, naheliegender, nach Art der Nationalsozialisten auf ausländische Proteste gegen die Behandlung der deutschen Juden zu reagieren. Welches auch die verschiedenen Motivationen gewesen sein mögen, Hitler praktizierte eine Form der Führung, die für seine antijüdischen Aktionen der nächsten Jahre charakteristisch werden sollte: Er bestimmte gewöhnlich einen *scheinbaren* Kompromißkurs zwischen den Forderungen der Parteiradikalen und den pragmatischen Vorbehalten der Konservativen, wodurch er in der Öffentlichkeit den Eindruck erweckte, er selbst stehe über den Details der Operation.[66] Eine derartige Zurückhaltung war offensichtlich taktischer Natur; im Falle des Boykotts war sie vom Zustand der Wirtschaft und von der Furcht vor internationalen Reaktionen diktiert.[67]

Für einige in Deutschland lebende Juden hatte der Boykott trotz seines prinzipiellen Scheiterns unerwartete und unangenehme Konsequenzen. Ein solcher Fall war der des Arthur B., eines polnischen Juden, der am 1. Februar mit seiner Kapelle von «vier deutschen Musikern (darunter eine Frau)» angestellt worden war, um im Café Corso in Frankfurt am Main zu spielen. Einen Monat später wurde B.s Vertrag bis zum 30. April verlängert. Am 30. März wurde B. von der Besitzerin des Cafés gekündigt, weil er Jude war. B. wandte sich an das Arbeitsgericht in Frankfurt, um die Zahlung des ihm für den Monat April geschuldeten Geldes zu erreichen. Die Besitzerin, so argumentierte er, hatte, als sie ihn einstellte, gewußt, daß er polnischer Jude sei. Sie sei mit der Leistung der Kapelle zufrieden gewesen und habe daher kein Recht, ihn fristlos und ohne Zahlung zu entlassen. Das Gericht wies seine Klage ab und erlegte ihm die Kosten auf; es entschied, daß die durch jüdische Hetze gegen Deutschland geschaffenen Umstände – die dazu geführt hatten, daß einige Gäste die Entlassung des Kapellmeisters verlangt und Drohungen von der zuständigen Gauführung überbracht hatten, das Café Corso werde als jüdisches Unternehmen boykottiert werden, falls Arthur B. noch weiter dort tätig sein sollte – der Beklagten erheblichen Schaden hätten zufügen können und daher einen hinlänglichen Grund für die Entlassung darstellten. «Ob die Beklagte bereits bei dem Engagement wußte, daß der Kläger ein Jude war, ist unerheblich», schloß das Gericht, «da die nationale Revolution mit ihren für das Judentum einschneidenden Folgen erst nach der Einstellung des Klägers erfolgte und die Beklagte damals gar nicht wissen konnte, daß die Zugehörigkeit des Klägers zur jüdischen Rasse späterhin noch eine so bedeutende Rolle spielen sollte.»[68]

Die Möglichkeit weiterer Boykottaktionen blieb offen. «Wir geben Ihnen hiermit davon Kenntnis», hieß es in einem Brief des Zentralkomitees der Boykottbewegung in München an die Gauleitung Hannover Süd, «daß das ... Zentralkomitee zur Abwehr der jüdischen Greuel- und Boykotthetze (Zentralkomitee der Boykottbewegung) nach wie vor weiterarbeitet. Die Tätigkeit dieser Dienststelle soll sich jedoch mehr im Stillen abspielen. Wir bitten Sie um Beobachtung und Meldung von Korruptionsfällen und anderen wirtschaftlichen Vorgängen, bei welchen Juden eine üble Rolle spielen. Ihre Kreisleitungen bzw. Ortsgruppen wollen Sie dann in geeigneter Form mit obigem Sachverhalt bekannt machen. Der letzten intern-parteilichen Anordnung des stellvertretenden Führers, Pg. Hess, gemäß sollen Verlautbarungen des Zentralkomitees vorher vorgelegt werden.»[69]

Zugleich wurde es allerdings Hitler selbst zunehmend klar, daß das jüdische Wirtschaftsleben nicht offen beeinträchtigt werden durfte, jedenfalls so lange nicht, wie die deutsche Wirtschaft in einer prekären Lage war. Eine Furcht vor ökonomischer Vergeltung durch das Ausland, ob von den Juden inszeniert oder als Ausdruck echter Empörung über die Verfolgungen durch die Nazis, verband die Nationalsozialisten mit ihren konservativen Verbündeten und zwang zu zeitweiliger Mäßigung. Als im Sommer 1934 Hjalmar Schacht die Leitung der Reichsbank verlassen hatte, um Wirtschaftsminister zu werden, wurde die Nichteinmischung in jüdische Geschäftstätigkeit quasi offiziell vereinbart. So ergab sich eine potentielle Quelle der Spannung zwischen Parteiaktivisten und den oberen Rängen von Partei und Staat.

Wie die deutsche kommunistische Zeitschrift *Rundschau*, die mittlerweile in der Schweiz erschien, schrieb, wurden nur die kleineren jüdischen Geschäfte – also die ärmeren Juden – durch den Boykott der Nationalsozialisten geschädigt. Große Unternehmen wie das in Berlin ansässige Verlagsimperium Ullstein oder in jüdischem Besitz befindliche Banken – also das jüdische Großkapital – wurden angeblich überhaupt nicht in Mitleidenschaft gezogen.[70] Was hier lediglich als Äußerung marxistischer Orthodoxie erschien, war zum Teil wahr, denn wenn man eine jüdische Warenhauskette wie Tietz geschädigt hätte, dann hätte das deren 14000 Angestellte arbeitslos machen können.[71] Genau aus diesem Grund billigte Hitler persönlich die Bewilligung eines Kredits an Tietz, um dessen aktuelle finanzielle Schwierigkeiten zu lindern.[72]

Bei Ullstein, einem der größten Verlage in Deutschland (er hatte ein eigenes Druckhaus und gab Zeitungen, Zeitschriften und Bücher heraus), richtete die in dem Unternehmen tätige NS-Betriebszelle am 21. Juni einen Brief an Hitler, in dem sie die katastrophalen Folgen eines heimlichen fortgesetzten Boykotts für die Beschäftigten der jüdischen Firma schilderte: «Der Verlag Ullstein, der am Tage des offiziellen Boykotts als lebenswichtiger Betrieb vom Boykott ausgenommen war», schrieb der Zellenleiter an Hitler, «hat z. Zt. besonders stark durch die Boykott-Bewegung zu leiden. Die Belegschaft ist zu einem großen Teil in der Partei, zum noch größeren Teil in der Zelle organisiert. Diese Belegschaft wird mit jedem Tag über die wöchentlich und monatlich vorgenommenen Entlassungen erregt und ersucht mich dringend, bei den zuständigen Stellen vorstellig zu werden, damit nicht die Existenz vieler Tausender braver Volksgenossen gefährdet wird. Die Verlagserscheinungen sind z. T. bis über die Hälfte der früheren Auflagenziffern zurückgegangen. Mir werden täglich geradezu haarsträubende Boykottfälle gemeldet. Z. B. wird seit langer Zeit die Aufnahme des Leiters der Ullstein-Agentur Freienwalde in die Partei mit der Begründung verweigert, daß er als Angestellter des Verlages ein Schädling der Bewegung wäre.»[73]

Dies war auch so schon kompliziert genug, aber die kommunistische *Rundschau* hätte noch mehr Anlaß zum Grübeln gehabt, wenn sie von den vielen Widersprüchen in den Einstellungen großer deutscher Banken und Aktiengesellschaften gegenüber antijüdischen Maßnahmen gewußt hätte. Zunächst einmal gab es Überbleibsel der Vergangenheit. So saßen im März 1933, als Hans Luther als Präsident der Reichsbank durch Schacht abgelöst wurde, im achtköpfigen Arbeitsausschuß der Bank immer noch drei jüdische Bankiers und unterzeichneten die Genehmigung seiner Ernennung.[74] Diese Situation blieb nicht mehr sehr lange bestehen. Infolge des Drängens von Schacht und des ständigen Drucks der Partei vertrieben die Banken des Landes Juden aus ihren Vorständen; so wurden beispielsweise Oskar Wassermann und Theodor Frank aus dem Vorstand der Deutschen Bank entlassen.[75] Symptomatisch für ein gewisses Maß an Unbehagen über diesen Schritt ist, daß die Entlassungen mit (natürlich nie erfüllten) Versprechungen einer möglichen Wiederbeschäftigung verknüpft wurden.[76]

In den ersten Jahren des Regimes gibt es jedoch Anzeichen für eine ziemlich unerwartete Mäßigung und sogar Hilfsbereitschaft von seiten der Großunternehmen bei ihrem Umgang mit nichtarischen Firmen. Ein Drängen auf Geschäftsübergabe und sonstige Formen rücksichtsloser Ausnutzung des geschwächten Status der Juden kamen hauptsächlich von kleineren oder mittleren Unternehmen und zumindest bis Herbst 1937 viel weniger aus den höheren Rängen der Wirtschaft.[77] Einige große Gesellschaften behielten sogar jahrelang jüdische leitende Angestellte in ihren Diensten. Doch es wurden gewisse Vorsichtsmaßnahmen ergriffen. So wurden bei der I. G. Farben, obwohl die meisten jüdischen Vorstandsmitglieder des Chemiegiganten noch eine Zeitlang blieben, die engsten jüdischen Mitarbeiter des Präsidenten Carl Bosch wie Ernst Schwarz und Edmund Pietrowski auf Positionen außerhalb des Reiches versetzt, der eine nach New York, der andere in die Schweiz.[78]

Sehr exponierte Juden mußten natürlich gehen. Innerhalb von wenigen Monaten wurde der Bankier Max Warburg aus einem Aufsichtsrat nach dem anderen ausgeschlossen. Als er aus dem Aufsichtsrat der Hamburg-Amerika-Linie vertrieben wurde, wurden die Würdenträger, die sich zu seiner Verabschiedung versammelt hatten, Zeugen einer seltsamen Szene. Da angesichts der Umstände anscheinend niemand anders eine Abschiedsrede parat hatte, hielt der jüdische Bankier selbst eine Ansprache: «Zu unserem großen Bedauern», so begann er, «haben wir davon Kenntnis nehmen müssen, daß Sie den Entschluß gefaßt haben, aus dem Aufsichtsrat der Gesellschaft auszuscheiden, ja, diesen Entschluß als unwiderruflich bezeichneten», und er schloß nicht weniger passend: «Und nun wünsche ich Ihnen, lieber Herr Warburg, einen ruhigen Lebensabend, Glück und Segen in ihrer Familie.»[79]

IV

Als die Nationalsozialisten an die Macht kamen, konnten sie im Prinzip auf die Ziele ihrer antijüdischen Politik zurückgreifen, wie sie im 25-Punkte-Programm vom 24. Februar 1920 niedergelegt waren. Die Punkte 4, 5, 6 und 8 behandelten konkrete Aspekte der «Judenfrage». Punkt 4: «Staatsbürger kann nur sein, wer Volksgenosse ist. Volksgenosse kann nur sein, wer deutschen Blutes ist, ohne Rücksichtnahme auf Konfession. Kein Jude kann daher Volksgenosse sein.» Punkt 5: «Wer nicht Staatsbürger ist, soll nur als Gast in Deutschland leben können und muß unter Fremdengesetzgebung stehen.» Punkt 6: «Das Recht, über Führung und Gesetze des Staates zu bestimmen, darf nur dem Staatsbürger zustehen.» Punkt 8: «Jede weitere Einwanderung Nichtdeutscher ist zu verhindern. Wir fordern, daß alle Nichtdeutschen, die seit 2. August 1914 in Deutschland eingewandert sind, sofort zum Verlassen des Deutschen Reiches gezwungen werden.» Punkt 23 verlangte, daß die Kontrolle der deutschen Presse ausschließlich in deutschen Händen liegen sollte.[80]

Nichts in diesem Programm verwies darauf, wie diese Ziele erreicht werden sollten, und das Scheitern des Boykotts vom April 1933 ist ein gutes Beispiel dafür, daß Deutschlands neue Herren auf ihre neuen Aufgaben ganz und gar nicht vorbereitet waren. Doch zumindest in ihrer antijüdischen Politik wurden die Nationalsozialisten bald Meister der Improvisation; indem sie die Hauptpunkte ihres Programms von 1920 als kurzfristige Ziele übernahmen, lernten sie sie immer systematischer zu verfolgen.

Am 9. März übermittelte Staatssekretär Hans Heinrich Lammers ein Ersuchen des Reichskanzlers an Innenminister Frick. Dieser wurde von Hitler aufgefordert, die Anregung von Staatssekretär Paul Bang vom Reichswirtschaftsministerium in Erwägung zu ziehen, wonach gegenüber den osteuropäischen Juden «eine bewußt völkische Gesetzgebung» zu verfolgen sei: Verbot weiterer Einwanderung, Aufhebung von Namensänderungen, die nach 1918 stattgefunden hatten, und Ausweisung einer gewissen Anzahl derjenigen, die nicht eingebürgert worden waren.[81] Innerhalb einer Woche reagierte Frick, indem er an alle Länder einen Runderlaß sandte:

«Zur Einleitung einer völkischen Politik ist erforderlich:

1. Die Zuwanderung von Ostjuden abzuwehren,
2. Ostjuden, die sich ohne Aufenthaltserlaubnis in Deutschland befinden, zu entfernen,
3. Ostjuden nicht mehr einzubürgern.»[82]

Bangs Vorschläge standen in Einklang mit den Punkten 5 (über Einbürgerung) und 8 (über Einwanderung) des Parteiprogramms von 1920. Überdies hatten schon 1932 sowohl der deutschnationale Innenminister Wilhelm Freiherr von Gayl als auch der Nationalsozialist Helmut von Nicolai konkrete Vorschläge zu den osteuropäischen Juden formuliert,[83] und einen Monat bevor Frick seine Richtlinien ausgab, hatte das preußische Innenministerium bereits die Initiative ergriffen, um einen Erlaß zurückzunehmen, der zuvor an die Polizei gerichtet worden war, um die Vertreibung von Ostjuden zu vermeiden, die von der Polizei «feindlicher Aktivitäten» beschuldigt worden waren, aber seit langem in Deutschland gelebt hatten.[84] Am 14. Juli 1933 wurden diese Maßnahmen durch das Gesetz über den Widerruf von Einbürgerungen und die Aberkennung der deutschen Staatsangehörigkeit verschärft, das den Widerruf von Einbürgerungen forderte, die zwischen dem 9. November 1918 und dem 30. Januar 1933 erfolgt waren.[85]

Die gegen die sogenannten Ostjuden ergriffenen Maßnahmen wurden durch die Gesetze vom April 1933 in den Schatten gestellt.[86] Das erste von ihnen – wegen seiner Definition des Juden das grundlegendste – war das Gesetz zur Wiederherstellung des Berufsbeamtentums vom 7. April. Dieses Gesetz zielte in seiner allgemeinsten Intention darauf, die gesamte Regierungsbürokratie umzugestalten, um ihre Loyalität gegenüber dem neuen Regime sicherzustellen. Seine Ausschließungsmaßnahmen, die für mehr als zwei Millionen staatlicher und städtischer Beschäftigter galten, waren gegen die politisch Unzuverlässigen, hauptsächlich Kommunisten und andere Gegner der Nationalsozialisten, und gegen die Juden gerichtet.[87] Paragraph 3 des Gesetzes, der dann später als «Arierparagraph» bezeichnet wurde, lautet: «1. Beamte, die nicht arischer Abstammung sind, sind in den Ruhestand zu versetzen.» (In Absatz 2 waren Ausnahmen aufgezählt, die später noch behandelt werden.) Am 11. April definierte die erste Verordnung zu diesem Gesetz «nichtarisch» folgendermaßen: «Als nicht arisch gilt, wer von nichtarischen, insbesondere jüdischen Eltern oder Großeltern abstammt. Es genügt, wenn ein Elternteil oder ein Großelternteil nicht arisch ist.»[88]

Zum ersten Mal seit der Vollendung der Emanzipation der deutschen Juden im Jahre 1871 hatte eine Regierung per Gesetz eine Diskriminierung der Juden neu eingeführt. Bis zu diesem Zeitpunkt hatten die Nationalsozialisten die extremste antijüdische Propaganda entfesselt und Juden unter der Annahme, daß sie sich irgendwie als Juden identifizieren ließen, mißhandelt, boykottiert und getötet, aber es war noch keine förmliche Entrechtung, die auf einer ausschließenden Definition basierte, in die Wege geleitet worden. Die Definition als solche war – ganz gleich, welches ihre genauen Kriterien in Zukunft sein sollten – die notwendige Ausgangsbasis aller Verfolgungen, die danach kommen sollten.[89]

Wilhelm Frick war am Zustandekommen des Berufsbeamtengesetzes unmittelbar beteiligt; dieselbe Gesetzgebung hatte er dem Reichstag schon im Mai 1925 vorgeschlagen. Am 24. März 1933 legte er das Gesetz dem Kabinett vor. Am 31. März oder am 1. April intervenierte Hitler wahrscheinlich zugunsten des Vorschlags. Die Atmosphäre, in der sich der Boykott abspielte, trug zweifellos zur schnellen Ausarbeitung des Textes bei. Obwohl der Rahmen des Gesetzes sehr weit gefaßt war, stellte die antijüdische Regelung seinen eigentlichen Kern dar.[90]

Die Definition der jüdischen Abstammung im Beamtengesetz war die allgemeinste und umfassendste, und die Bestimmungen zur Einschätzung jedes Zweifelsfalles waren so streng wie möglich. In den Details des Gesetzes finden wir Spuren des antisemitischen und völkischen Eifers von Achim Gercke, dem Spezialisten für Rassenforschung im Innenministerium,[91] einem Mann, der in seiner Studentenzeit in Göttingen mit einiger Unterstützung von Hochschullehrern und Verwaltung damit begonnen hatte, eine Kartei aller in Deutschland lebenden Juden – definiert durch die Rassentheorie, also nach jüdischen Vorfahren – aufzustellen.[92] Für Gercke beschränkten sich die antijüdischen Gesetze nicht auf ihren unmittelbaren und konkreten Gegenstand; sie hatten auch eine «erzieherische» Funktion: Durch sie wird «das ganze Volk ... über die Judenfrage aufgeklärt, lernt begreifen, daß die Volksgemeinschaft eine Blutsgemeinschaft ist, erfaßt zum ersten Male den Rassegedanken und wird von der allzu theoretischen Behandlung der Judenfrage abgelenkt und vor die tatsächliche Lösung gestellt.»[93]

Die Zahl der Juden in der Beamtenschaft war im Jahre 1933 klein. Infolge der Intervention Hindenburgs (auf eine Petition des Reichsbundes Jüdischer Frontsoldaten hin, die auch von dem alten Feldmarschall August von Mackensen unterstützt wurde) fielen Kriegsteilnehmer und Beamte, deren Väter oder Söhne im Ersten Weltkrieg gefallen waren, nicht unter das Gesetz. Darüber hinaus waren Beamte, die am 1. August 1914 bereits im Staatsdienst gewesen waren, ebenfalls freigestellt.[94] Alle anderen wurden zwangspensioniert.

Die Gesetzgebung über jüdische Rechtsanwälte veranschaulicht noch deutlicher als der ökonomische Boykott, wie Hitler zwischen widersprüchlichen Forderungen von seiten der radikalen Nationalsozialisten einerseits und seiner Verbündeten aus der DNVP andererseits lavierte. Ende März hatten schon im ganzen Reich tätliche Angriffe gegen jüdische Juristen stattgefunden. In Dresden wurden jüdische Richter und Anwälte aus ihren Büros und sogar während der Verhandlungen aus Gerichtssälen geholt und meistens zusammengeschlagen. Der *Vossischen Zeitung* zufolge (die in der *Jüdischen Rundschau* vom 28. März zitiert wird) drang in Gleiwitz in Schlesien «eine größere Zahl junger Burschen ... in das Gerichtsgebäude ein und mißhandelte mehrere jüdische Rechtsanwälte. Der 70jährige Justizrat Kochmann wurde ins Gesicht geschlagen, andere Anwälte mit Faustschlägen traktiert. Eine jüdische Assessorin wurde von Justizbeamten in Schutzhaft genommen. Die Gerichtsverhandlungen mußten unterbrochen werden. Polizei besetzte schließlich das Gebäude, um weitere Störungen zu verhindern.»[95] In ganz Deutschland gab es Dutzende von ähnlichen Vorfällen. Gleichzeitig verkündeten örtliche Nazigrößen wie der bayerische Justizminister Hans Frank und der preußische Justizminister Hanns Kerrl aus eigener Initiative Maßnahmen zur sofortigen Entlassung aller jüdischen Anwälte und Beamten.

Der Staatssekretär im Justizministerium Franz Schlegelberger meldete Hitler, diese örtlichen Initiativen ließen eine völlig neue Situation entstehen und verlangten eine rasche Gesetzgebung, um einen neuen, einheitlichen juristischen Rahmen zu schaffen. Schlegelberger wurde von seinem Minister, dem DNVP-Mitglied Franz Gürtner, unterstützt.

Das Justizministerium hatte eine Verordnung vorbereitet, die jüdischen Anwälten die Zulassung aberkannte – auf derselben Grundlage, aber auch mit denselben Ausnahmen hinsichtlich Kriegsteilnehmern und ihren Angehörigen sowie langer Dienstjahre wie unter dem Beamtengesetz. Auf der Kabinettssitzung vom 7. April sprach sich Hitler eindeutig für Gürtners Vorschlag aus. Er vertrat die Auffassung, «daß man im Augenblick ... nur das Notwendige regeln solle».[96] Die Verordnung wurde am selben Tage verabschiedet und am 11. April veröffentlicht.

Infolge der Ausnahmen waren die anfänglichen Auswirkungen des Gesetzes relativ glimpflich. Von den 4585 Rechtsanwälten, die in Deutschland praktizierten, durften 3167 (oder fast 70 Prozent) ihre Arbeit fortsetzen; 336 jüdische Richter und Staatsanwälte von insgesamt 717 wurden ebenfalls im Amt belassen.[97] Im Juni 1933 stellten Juden immer noch mehr als 16 Prozent aller praktizierenden Anwälte in Deutschland.[98] Diese Statistik sollte jedoch nicht falsch interpretiert werden. Auch wenn jüdische Anwälte immer noch praktizieren durften, wurden sie aus dem Deutschen Anwaltsverein ausgeschlossen und nicht in dessen Jahrbuch, sondern in einem besonderen Verzeichnis aufgeführt; alles in allem arbeiteten sie ungeachtet der Unterstützung durch einige arische Institutionen und Individuen unter einem «Boykott durch Furcht».[99]

Die Agitation der NS-Kader gegen jüdische Ärzte blieb nicht weit hinter den Angriffen auf jüdische Juristen zurück. So versuchte beispielsweise dem *Israelitischen Familienblatt* vom 2. März zufolge Arno Hermann, ein SS-Arzt, eine Patientin davon abzubringen, einen jüdischen Arzt namens Ostrowski zu konsultieren. Das ärztliche Ehrengericht, vor dem Ostrowskis Klage verhandelt wurde, verdammte die Initiative Hermanns. Daraufhin startete Leonardo Conti, der neuernannte NS-Kommissar für besondere Verwendung im preußischen Innenministerium, in einem vom *Völkischen Beobachter* veröffentlichten Artikel einen heftigen Angriff gegen den Spruch des Ehrengerichts. Im Namen des Primats von «innerster Überzeugung» und «Weltanschauung» vertrat Conti die Auffassung, «jeder nicht entarteten Frau muß und wird es im Innersten widerstreben, sich von einem jüdischen Frauenarzt behandeln zu lassen; das hat nichts mit Rassenhaß zu tun, sondern das ist eine ärztliche Forderung, daß ein Band des Verstehens vom seelenverwandten Arzt zum Patienten sich schlingen muß».[100]

Hitler war mit Ärzten noch vorsichtiger als mit Rechtsanwälten. In der Kabinettssitzung vom 7. April meinte er, Maßnahmen gegen sie müßten verschoben werden, bis es gelungen sei, eine umfassende Aufklärungskampagne zu organisieren.[101] In diesem Stadium waren jüdische Ärzte aus Kliniken und Krankenhäusern, die von der staatlichen Krankenkasse betrieben wurden, erst de facto ausgeschlossen, wobei einige sogar weiterhin dort praktizieren durften. So waren Mitte 1933 fast 11 Prozent aller praktizierenden deutschen Ärzte Juden. Hier sieht man ein weiteres Beispiel für Hitlers Pragmatismus im konkreten Fall: Tausende jüdischer Ärzte bedeuteten Zehntausende deutscher Patienten. Die Beziehungen zwischen diesen Ärzten und einer sehr großen Zahl von Patienten zu stören hätte unnötige Unzufriedenheit hervorrufen können. Hitler zog es vor abzuwarten.

Am 25. April wurde das Gesetz gegen die Überfüllung deutscher Schulen und Hochschulen verabschiedet. Es richtete sich ausschließlich gegen nichtarische Schüler und Studenten.[102] Das Gesetz beschränkte die Aufnahme neuer jüdischer Schüler und Studenten in jeder einzelnen deutschen Schule oder Universität auf 1,5 Prozent der Gesamtzahl neuer Bewerber, wobei die Gesamtzahl jüdischer Schüler oder Studenten in jeder Institution 5 Prozent nicht übersteigen durfte. Kinder von Frontsoldaten aus dem Ersten Weltkrieg und solche, die aus Mischehen stammten, welche vor der Verabschiedung des Gesetzes geschlossen waren, fielen nicht unter die Quote. Die Absicht des Regimes wurde in der Presse sorgfältig erklärt. So hieß es in der *Deutschen Allgemeinen Zeitung* vom 27. April: «Ein Volk von Selbstachtung kann vor allem seine höheren Tätigkeiten nicht in so weitem Maße wie bisher durch Fremdstämmige vornehmen lassen. ... Die Zulassung eines im Verhältnis zum Volksganzen zu großen Anteils Fremdstämmiger würde als Anerkennung der geistigen Überlegenheit anderer Rassen gedeutet werden können, die mit Entschiedenheit abzulehnen ist.»[103]

Die Aprilgesetze und die Ergänzungsverordnungen, die nun folgten, zwangen mindestens zwei Millionen Staatsbedienstete und Zehntausende von Rechtsanwälten, Ärzten, Studenten und vielen anderen, nach angemessenen Beweisen für ihre arische Abstammung zu suchen; derselbe Prozeß verwandelte Zehntausende von Priestern, Pastoren, Gemeindebeamten und Archivaren in Menschen, die lebenswichtige Zeugnisse einwandfreier Blutsreinheit recherchierten und lieferten; wohl oder übel wurden diese Menschen zum Teil einer völkischen bürokratischen Maschinerie, die mit dem Nachforschen, Überprüfen und Aussondern begonnen hatte.[104]

Nicht selten kamen die unwahrscheinlichsten Fälle zum Vorschein, und die Menschen, um die es dabei ging, verfingen sich in dem bizarren, aber unerbittlichen bürokratischen Prozeß, der von der neuen Gesetzgebung ausgelöst worden war. So stiftete in den nun folgenden sechs Jahren das Gesetz vom 7. April Unheil im Leben eines gewissen Karl Berthold, der am Versorgungsamt in Chemnitz angestellt war.[105] Nach einem Brief des Amtes in Chemnitz vom 17. Juni 1933, der an das Hauptversorgungsamt in Dresden gerichtet war, «wurde festgestellt, daß bei dem Kanzleiangestellten Karl Berthold der Verdacht besteht, daß er *möglicherweise* von Vaters Seite *nicht* arischer Abstammung ist.»[106] Der Brief verwies darauf, Berthold sei aller Wahrscheinlichkeit nach der illegitime Sohn eines jüdischen Zirkus«künstlers» namens Carl Blumenfeld und einer arischen Mutter, die vor sechzehn Jahren gestorben war. Am 23. Juni unterbreitete das Dresdener Amt den Fall dem Arbeitsministerium mit der Bemerkung, unzweideutige dokumentarische Beweise stünden nicht zur Verfügung, Bertholds äußere Erscheinung zerstreue nicht den Verdacht nichtarischer Abstammung, andererseits dürfe aber die Tatsache, daß er im Hause seines Großvaters mütterlicherseits «im christlichen, streng militärisch nationalen Sinne» erzogen worden sei, «zu Gunsten des B. sprechen, so daß die Eigenschaften der nicht arischen Rasse, falls er väterlicherseits belastet wäre, durch die Erziehung ausgeglichen sein dürften.»[107]

Am 21. Juli reichte das Arbeitsministerium Bertholds Akte (zu der mittlerweile 17 beigeheftete Dokumente gehörten) an das Innenministerium weiter und bat um rasche Begutachtung. Am 8. September gab Achim Gercke, der Spezialist des Ministeriums für Rassenforschung, sein Gutachten ab: Die Vaterschaft Carl Blumenfelds wurde bestätigt, aber Gercke konnte nicht umhin zu erwähnen, daß Blumenfeld allen verfügbaren Daten zufolge bei der Empfängnis von Karl Berthold erst 13 Jahre alt gewesen sein mußte: «Die Unmöglichkeit dieser Tatsache kann nicht angenommen werden», schrieb Gercke, «da bei den Juden die Geschlechtsreife früher einsetzt und ähnliche Fälle bekannt sind.»[108]

Es dauerte nicht lange, bis das Hauptamt in Dresden von Gerckes Berechnungen in Kenntnis gesetzt wurde und selbst einige simple Rechnungen anstellte. Am 26. September 1933 schrieb das Dresdener Amt an das Arbeitsministerium und wies darauf hin, daß, da Berthold am 23. März 1890 – als Blumenfeld noch nicht 13 Jahre alt war – geboren war, die Empfängnis des Kindes zu einem Zeitpunkt stattgefunden haben müsse, «in dem der Artist Carl Blumenfeld erst 11½ Jahre alt war. Es fällt aber schwer anzunehmen», hieß es weiter in dem Brief aus Dresden, «daß ein 11½ Jahre alter Junge mit einem damals 25 Jahre alten Mädchen ein Kind gezeugt haben soll.» Das Dresdener Amt verlangte, daß man das Offensichtliche anerkannte: Karl Berthold war nicht Carl Blumenfelds Kind.[109] Natürlich wurde diese Auffassung verworfen.

Bertholds Geschichte, die sich mit ihren Höhen und Tiefen bis 1939 fortsetzte, ist in vieler Hinsicht gleichnishaft; sie wird sporadisch immer wieder auftauchen, bis hin zu der paradoxen Entscheidung, die Bertholds Schicksal besiegelte.

Als Denunziationen in Massen eingingen, kam es dazu, daß auf allen Ebenen der Beamtenschaft Untersuchungen angestellt wurden. Es bedurfte einer persönlichen Intervention Hitlers, um Nachforschungen nach den Vorfahren von Leo Killy, einem Ministerialrat der Reichskanzlei, dem man vorwarf, er sei Volljude, ein Ende zu machen. Killys Familienpapiere reinigten ihn von jedem Verdacht, zumindest in den Augen Hitlers.[110] Die Verfahrensweisen wechselten: Fräulein M., die lediglich den Wunsch hatte, einen Beamten zu heiraten, wollte sich hinsichtlich ihrer arischen Abstammung versichern, da der Name ihrer Großmutter, Goldmann, gewisse Zweifel aufwerfen konnte. Die Untersuchung wurde in Professor Otmar von Verschuers Abteilung für Erblehre im Kaiser-Wilhelm-Institut für Anthropologie, menschliche Erblehre und Eugenik in Berlin durchgeführt. Eine der Fragen, die Verschuers Spezialisten beantworten mußten, lautete: «Läßt sich Fräulein M. als nichtarisch in dem Sinne beschreiben, daß sie auf Grund ihrer seelischen Einstellung, ihrer Umgebung oder ihrer äußeren Erscheinung von einem Laien als solche erkannt werden kann?» Die «genetische Untersuchung», die auf Fotos von Fräulein M.s Verwandten und auf Aspekten ihrer eigenen körperlichen Erscheinung basierte, erbrachte überaus positive Resultate. Der Bericht schloß sämtliche Zeichen jüdischen Wesens aus. Zwar hatte Fräulein M. «eine schmale, hohe und gebogen vorstehende Nase», aber er kam zu dem Schluß, daß sie diese Nase von ihrem Vater (nicht von der mit dem Namen Goldmann belasteten Großmutter) geerbt hatte und somit rein arisch war.[111]

Im September 1933 wurde es Juden verboten, Bauernhöfe zu besitzen oder Landwirtschaft zu treiben. In demselben Monat wurde unter der Kontrolle des Propagandaministeriums die Reichskulturkammer gegründet, was es Goebbels ermöglichte, die Beteiligung von Juden am kulturellen Leben des neuen Deutschland einzuschränken. (Ihre systematische Vertreibung, die sich dann nicht nur auf Schriftsteller und Künstler richtete, sondern auch auf Inhaber wichtiger Unternehmungen im kulturellen Bereich, wurde aus wirtschaftlichen Gründen bis 1935 aufgeschoben.)[112] Ebenfalls unter der Ägide von Goebbels' Propagandaministerium wurde Juden die Zugehörigkeit zum Journalistenverband untersagt, und am 4. Oktober wurde es ihnen verboten, als Zeitungsherausgeber tätig zu sein. Die deutsche Presse war gesäubert. (Genau ein Jahr später erkannte Goebbels jüdischen Herausgebern und Journalisten das Recht zur Berufstätigkeit zu, aber dies nur im Rahmen der jüdischen Presse.)[113]

Im Rassedenken der Nationalsozialisten bezog die deutsche Volksgemeinschaft ihre Stärke aus der Reinheit ihres Blutes und aus ihrer Verwurzelung in der heiligen deutschen Erde. Eine derartige Rassereinheit war die Voraussetzung für überlegenes Kulturschaffen und für die Errichtung eines machtvollen Staates, welcher den Sieg im Kampf um das Überleben als Rasse und um Herrschaft garantierte. Von Anfang an verwiesen daher die Gesetze von 1933 auf die Ausschließung der Juden aus allen Schlüsselbereichen dieser utopischen Vision: das waren die

Staatsverwaltung (das Berufsbeamtengesetz), die biologische Gesundheit der Volksgemeinschaft (das Ärztegesetz), das soziale Gefüge der Gemeinschaft (die Ausschließung jüdischer Rechtsanwälte), die Kultur (die Gesetze über Schulen, Universitäten, die Presse, die Kulturschaffenden) und schließlich die heilige Erde (das Bauerngesetz). Von diesen Gesetzen war das Berufsbeamtengesetz das einzige, das in diesem frühen Stadium in vollem Umfang angewendet wurde, aber die symbolischen Aussagen, welche diese Gesetze machten, und die ideologische Botschaft, die sie vermittelten, waren unmißverständlich.

Sehr wenige deutsche Juden spürten, was die NS-Gesetze an nacktem, langfristigem Terror mit sich bringen würden. Zu diesen wenigen gehörte Georg Solmssen, Vorstandssprecher der Deutschen Bank und Sohn eines orthodoxen Juden. In einem an den Vorsitzenden des Aufsichtsrats der Bank gerichteten Brief vom 9. April wies Solmssen darauf hin, daß selbst der nichtnazistische Teil der Bevölkerung die neuen Maßnahmen als «selbstverständlich» betrachtete, und fügte hinzu: «Ich fürchte, wir stehen noch am Anfange einer Entwicklung, welche zielbewußt, nach wohlaufgelegtem Plane auf wirtschaftliche und moralische Vernichtung aller in Deutschland lebenden Angehörigen der jüdischen Rasse, und zwar völlig unterschiedslos, gerichtet ist. Die völlige Passivität der nicht zur nationalsozialistischen Partei gehörigen Klassen, der Mangel jedes Solidaritätsgefühls, der auf Seite derer zu Tage tritt, die bisher in den fraglichen Betrieben mit jüdischen Kollegen Schulter an Schulter gearbeitet haben, der immer deutlicher werdende Drang, aus dem Freiwerden von Posten selbst Nutzen zu ziehen, und das Totschweigen der Schmach und des Schams, die unheilbar allen denen zugefügt wurden, die, obgleich schuldlos, von heute auf morgen die Grundlagen ihrer Existenz vernichtet sehen – alles dies zeigt eine so hoffnungslose Lage, daß es verfehlt wäre, den Dingen nicht ohne jeden Beschönigungsversuch ins Gesicht zu sehen.»[114]

Zwischen den Äußerungen der extremsten antisemitischen Programme deutscher Konservativer zu Anfang des Jahrhunderts und den Maßnahmen der Nationalsozialisten in den ersten Jahren des neuen Regimes bestand eine gewisse Übereinstimmung. In seiner Untersuchung über das deutsche Beamtentum hat Hans Mommsen auf die Ähnlichkeit zwischen dem «Arierparagraphen» des Berufsbeamtengesetzes vom April 1933 und dem sogenannten Tivoli-Programm der Konservativen Partei von 1892 verwiesen.[115] Der erste Absatz dieses Programms lautete: «Wir bekämpfen den vielfach sich vordrängenden und zersetzenden jüdischen Einfluß auf unser Volksleben. Wir verlangen für das christliche Volk eine christliche Obrigkeit und christliche Lehrer für christliche Schüler.»[116]

Mit anderen Worten, die Konservativen verlangten den Ausschluß der Juden von allen Regierungspositionen und von jedem Einfluß auf deutsche Bildung und Kultur. Und was die Hauptstoßrichtung der bevorstehenden Nürnberger Gesetze von 1935 angeht – Absonderung der Juden nach rassischen Kriterien und Unterwerfung der jüdischen Gemeinschaft als solcher unter ein «Fremdenrecht» –, so waren solche Forderungen schon von radikalen konservativen Antisemiten erhoben worden; insbesondere Heinrich Claß, der Vorsitzende des Alldeutschen Verbandes, hatte in einem berüchtigten Pamphlet mit dem Titel *Wenn ich der Kaiser wär'*, das 1912 erschienen war, solche Forderungen erhoben. So brachte, auch wenn das, was zum Handlungsprogramm der Nationalsozialisten werden sollte, ihre Schöpfung war, die Gesamtentwicklung der deutschen Rechtsparteien in den Weimarer Jahren eine Reihe von antijüdischen Parolen und Forderungen hervor, welche die extrem nationalistischen Parteien (insbesondere die DNVP) mit den Nationalsozialisten teilten.

Die konservative Staatsverwaltung hatte zu jüdischen Fragen manchmal Positionen der Nationalsozialisten vorweggenommen. Das Außenministerium beispielsweise versuchte schon einige Zeit vor der Machtergreifung durch die Nationalsozialisten, den NS-Antisemitismus zu verteidigen. Nach Januar 1933 intensivierten leitende Beamte des Ministeriums mit dem Segen von Staatssekretär Bernhard Wilhelm von Bülow und Außenminister Neurath diese Bemühungen.[117] Im Frühjahr 1933 wurde die antijüdische Propagandatätigkeit im Außenministerium dadurch unterstützt, daß man ein neues Referat Deutschland einrichtete, dem speziell diese Aufgabe übertragen wurde.

Im preußischen Innenministerium beteiligte sich Staatssekretär Herbert von Bismarck von der DNVP mit nicht geringerer Heftigkeit an dem antijüdischen Kreuzzug als NS-Minister Frick. Offenbar gereizt durch die vor kurzem veröffentlichte Biographie seines Großonkels Otto, des Eisernen Kanzlers, die von Emil Ludwig (der eigentlich Emil Ludwig Kohn hieß) verfaßt war, verlangte Bismarck, jüdischen Autoren solle die Verwendung von Pseudonymen untersagt werden. Überdies werde, wie es Bismarck formulierte, «der Nationalstolz empfindlich verletzt durch diejenigen Fälle, in denen Juden mit ostjüdischen Namen sich besonders schöne deutsche Familiennamen beigelegt haben, wie z. B. Harden, Olden, Hinrichsen u. ä. Ich halte es für dringend geboten, eine Überprüfung der vorgenommenen Namensänderungen mit dem Ziele vorzunehmen, in Fällen dieser Art die Änderung wieder rückgängig zu machen.»[118]

Am 6. April 1933 begann – auf eine Initiative hin, die ihren Ursprung wahrscheinlich im preußischen Innenministerium hatte – ein kurzfristig eingerichtetes Komitee mit der Arbeit an einem Entwurf für ein Gesetz zur Regelung der Stellung der Juden. Wiederum waren die Deutschnationalen in dem achtköpfigen Ausschuß stark vertreten. Ein Exemplar des Entwurfes, das im Juli 1933 an den Leiter des Referats Deutschland im Außenministerium geschickt wurde, blieb in den Archiven der Wilhelmstraße erhalten. Der Entwurf schlägt die Ernennung eines «Volkswarts» zur Behandlung jüdischer Angelegenheiten vor und verwendet den Begriff «Judenrat» bei der Definition der zentralen Organisation, welche die Juden Deutschlands bei ihren Verhandlungen mit den Behörden, insbesondere mit dem Volkswart, vertreten sollte. Bereits in dem Entwurf sind viele der diskriminierenden Maßnahmen enthalten, die dann später ergriffen werden sollten,[119] auch wenn diese Initiative zum damaligen Zeitpunkt zu nichts führte. So stimmte zumindest streckenweise die Politik der Nationalsozialisten gegen die Juden mit den antisemitischen Programmen überein, die von den deutschen Konservativen mehrere Jahrzehnte vor Hitlers Machtergreifung aufgestellt worden waren.[120]

Und doch war die Beschränkung der ökonomischen Maßnahmen gegen die Juden auch eine konservative Forderung, und sämtliche in die Aprilgesetze eingeführten Ausnahmen waren von der prominentesten konservativen Gestalt, die es gab, von Präsident Hindenburg, angeregt worden. Hitler wußte ganz genau, wie wesentlich verschieden sein eigener antijüdischer Trieb von dem traditionellen Antisemitismus des alten Feldmarschalls war, und in seiner Antwort auf Hindenburgs Ersuchen vom 4. April, das sich auf Ausnahmen von den Ausschließungen von Juden aus dem öffentlichen Dienst bezog, beschränkte er sich auf die üblichen gemäßigten antijüdischen Argumente der moderaten Sorte von Konservativen, zu der Hindenburg gehörte. Tatsächlich war dies Hitlers erste längere Aussage über die Juden, seit er Kanzler geworden war.

Zu Beginn seines Briefes vom 5. April gebrauchte Hitler das Argument einer jüdischen «Überflutung». Im Hinblick auf den öffentlichen Dienst argumentierte der NS-Führer, die Juden seien, als fremdländisches Element und als ein geschicktes Volk, in Regierungsstellungen gelangt und gäben «hier das Senfkorn für eine Korruption ab ..., von deren Umfang man heute noch keine annähernd genügende Vorstellung besitzt». Die internationale jüdische «Greuel- und Boykotthetze» dränge zu Maßnahmen, die ihrem Wesen nach defensiver Natur seien. Dennoch versprach Hitler, daß Hindenburgs Forderung hinsichtlich der jüdischen Frontkämpfer erfüllt werden würde. Dann ging er zu einem seltsam warnenden Finale über: «Überhaupt soll ja das erste Ziel dieses Reinigungsprozesses nur sein, ein gewisses gesundes und natürliches Verhältnis wiederherzustellen, und zweitens aus bestimmten staatswichtigen Stellen Elemente zu entfernen, denen man nicht Sein oder

Nichtsein des Reiches anvertrauen kann. Denn es wird sich in den nächsten Jahren nicht vermeiden lassen, dafür zu sorgen, daß gewisse Vorgänge, die der übrigen Welt aus höheren Staatsgründen nicht mitgeteilt werden können, auch tatsächlich verschwiegen bleiben.»[121]

Erneut benutzte Hitler in vollem Umfang einige der Hauptdogmen des konservativen Antisemitismus, als da waren: die Überrepräsentation von Juden in einigen Schlüsselbereichen des gesellschaftlichen und beruflichen Lebens, ihre Stellung als nichtassimiliertes und daher fremdländisches Element in der Gesellschaft, der unheilvolle Einfluß ihrer (liberalen oder revolutionären) Aktivitäten, insbesondere nach dem November 1918. Weimar, so pflegten die Konservativen lautstark zu behaupten, war eine «Judenrepublik». Eigens für den Feldmarschall und preußischen Grundbesitzer hatte Hitler nicht zu erwähnen vergessen, daß im alten preußischen Staat die Juden kaum Zugang zum öffentlichen Dienst gehabt hatten und daß das Offizierskorps von ihnen freigehalten worden war. Es lag eine gewisse Ironie darin, daß wenige Tage nach Hitlers Brief an Hindenburg der alte Feldmarschall selbst eine Anfrage von Prinz Carl von Schweden, dem Präsidenten des Schwedischen Roten Kreuzes, über die Lage der Juden in Deutschland zu beantworten hatte. Der Text von Hindenburgs Brief nach Schweden wurde in Wirklichkeit von Hitler diktiert, wobei der erste Entwurf, der von Hindenburgs Büro angefertigt worden war, erheblich abgeändert wurde (jedes Eingeständnis von Gewaltakten gegen Juden wurde unterschlagen, und das Standardthema der Überschwemmung des Reiches durch Juden aus dem Osten wurde stark hervorgehoben).[122] So sandte der Reichspräsident mit seiner eigenen Unterschrift einen Brief, der nicht sehr von dem verschieden war, den Hitler am 5. April an ihn gerichtet hatte. Bald aber war dann Hindenburg nicht mehr da, und diese Quelle des Ärgers war Hitler nicht mehr im Wege.

V

Im März 1933 untersagte die Stadt Köln Juden die Benutzung städtischer Sportanlagen.[123] Vom 3. April an mußten in Preußen Anträge von Juden auf Namensänderung dem Justizministerium vorgelegt werden, «um die Verschleierung der Abstammung zu verhindern».[124] Am 4. April schloß der deutsche Boxer-Verband alle jüdischen Boxer aus.[125] Am 8. April sollten alle jüdischen Dozenten und Assistenten an Universitäten des Landes Baden unverzüglich entlassen werden.[126] Am 18. April entschied der Gauleiter von Westfalen, daß einem Juden das Verlassen des Gefängnisses nur gestattet werden würde, wenn die beiden Personen, die das Gesuch auf Entlassung unter Stellung einer Kaution eingereicht hätten, oder der Arzt, von dem das medizinische Gutachten stammte, bereit wären, an seiner Stelle ins Gefängnis zu gehen.[127] Am 19. April wurde der Gebrauch des Jiddischen auf Viehmärkten in Baden verboten.[128] Am 24. April wurde die Verwendung jüdischer Namen zum Buchstabieren im Telefonverkehr untersagt.[129] Am 8. Mai verbot es der Bürgermeister von Zweibrücken Juden, auf dem nächsten Jahrmarkt Stände zu mieten.[130] Am 13. Mai wurde die Änderung jüdischer Namen in nichtjüdische verboten.[131] Am 24. Mai wurde die restlose Arisierung der Deutschen Turnerschaft angeordnet, wobei die vollständige arische Abstammung aller vier Großeltern gefordert wurde.[132] Während im April jüdische Ärzte aus Einrichtungen der staatlichen Krankenversicherung ausgeschlossen worden waren, erging im Mai an Einrichtungen der privaten Versicherung die Anordnung, medizinische Ausgaben für die Behandlung durch jüdische Ärzte nur dann zu vergüten, wenn die Patienten selbst Nichtarier waren. Getrennte Listen jüdischer und nichtjüdischer Ärzte sollten bis zum Juni fertig sein.[133]

Am 10. April hatte der Staatspräsident und Minister für Kultus- und Bildungswesen von Hessen vom Bürgermeister der Stadt Frankfurt verlangt, das Heinrich-Heine-Denkmal solle von seinem Standort entfernt werden. Am 18. Mai antwortete der Bürgermeister, «daß die Broncefigur in der Nacht vom 26.–27.4. 1933 gewaltsam von ihrem Sockel heruntergeworfen wurde. Die leicht beschädigte Plastik ist entfernt und im Keller des Völkermuseums gelagert worden.»[134]

Tatsächlich verging im Frühjahr 1933, wie man der Stuttgarter Stadtchronik entnehmen kann, kaum ein Tag, an dem nicht auf die eine oder andere Weise irgendein Aspekt der «Judenfrage» in Erscheinung trat. Am Vorabend des Boykotts verließen mehrere bekannte ortsansässige jüdische Ärzte, Rechtsanwälte und Industrielle das Land.[135] Am 5. April beging der Sportler und Geschäftsmann Fritz Rosenfelder Selbstmord. Sein Freund, das Flieger-As des Weltkriegs Ernst Udet, flog über den Friedhof, um einen Kranz abzuwerfen.[136] Am 15. April verlangte die NSDAP die Streichung von Berthold Heymann, einem früheren württembergischen Minister, der Sozialdemokrat (und Jude) war, aus der Wählerliste.[137] Am 20. April verhandelte das Stuttgarter Schöffengericht in Abwesenheit gegen den Chefarzt am Marienhospital, Dr. Caesar Hirsch. Einer seiner Angestellten sagte aus, er habe erklärt, er werde nicht nach Nazideutschland zurückkehren, «da er in einem solchen Vaterland nicht mehr leben könne».[138] Am 27. April demonstrierten in der Königsstraße 300 Menschen gegen die Eröffnung einer Filiale der in jüdischem Besitz befindlichen Schuhfirma Etam.[139] Am 29. April wurde ein jüdischer Tierarzt, der seinen Dienst im Schlachthaus wieder aufnehmen wollte, von mehreren Fleischern bedroht und «in Gewahrsam» genommen.[140] Und so ging es weiter, Tag für Tag.

In seiner Studie über die NS-Machtergreifung in der Kleinstadt Northeim bei Hannover (die bei ihm Thalburg heißt) schildert William Sheridan Allen eindrücklich das sich wandelnde Schicksal der 120 Juden der Stadt. Zumeist kleine Geschäftsleute, hatten sie und ihre Familien sich weitgehend assimiliert und waren seit Generationen ein untrennbarer Bestandteil der Gemeinde gewesen. Im Jahre 1932 hatte ein jüdischer Herrenausstatter das 230. Jubiläum der Gründung seines Ladens gefeiert.[141] Allen berichtet von einem Bankier namens Braun, der große Anstrengungen unternahm, um seine deutschnationale Haltung zu bewahren und die zunehmend beleidigenden Maßnahmen, die von den Nationalsozialisten ergriffen wurden, zu übersehen: «Auf den besorgten Rat, er solle doch Thalburg verlassen, erwiderte er: ‹Wohin soll ich gehen? Hier bin ich der Bankier Braun. Überall sonst wäre ich der Jude Braun.›»[142]

Andere Juden in Thalburg waren nicht so zuversichtlich. Innerhalb weniger Monate war das Ergebnis für alle dasselbe. Einige zogen sich aus den verschiedenen Vereinen und gesellschaftlichen Organisationen, denen sie angehört hatten, zurück; andere erhielten unter unterschiedlichen Vorwänden Kündigungsschreiben. «So klärte sich», wie Allen es formuliert, «die Stellung der Juden in Thalburg rasch, bestimmt bis Ende des ersten halben Jahres von Hitlers Regime. ... Der neue Zustand wurde zu einem Teil des alltäglichen Lebens; man hatte sich mit ihm abgefunden. Die Thalburger Juden wurden einfach aus der Gemeinde im ganzen ausgeschlossen.»[143]

Für die junge Hilma Geffen-Ludomer, das einzige jüdische Kind im Berliner Vorort Rangsdorf, bedeutete das Gesetz gegen die Überfüllung deutscher Schulen und Hochschulen eine totale Veränderung. Die «nette, nachbarschaftliche Atmosphäre» endete «abrupt. ... Plötzlich hatte ich keine Freunde mehr. Ich hatte keine Freundinnen mehr, und viele Nachbarn hatten Angst, mit uns zu reden. Manche von den Nachbarn, die wir besuchten, sagten zu mir: ‹Komm nicht mehr, weil ich Angst habe. Wir sollen keinen Kontakt zu Juden unterhalten.›» Lore Gang-Saalheimer, die 1933 elf Jahre alt war und in Nürnberg lebte, konnte in ihrer Schule bleiben, da ihr Vater vor Verdun gekämpft hatte. Trotzdem «kam es immer öfter vor, daß nichtjüdische Kinder zu mir sagten: ‹Nein, ich kann nicht mehr mit dir von der Schule nach Hause gehen. Ich kann mich nicht mehr mit dir sehen lassen.›»[144] «Mit jedem Tag der Naziherrschaft», schrieb Martha Appel, «wurde die Kluft zwischen uns und unseren Mitbürgern weiter. Freunde, mit denen wir lange Jahre hindurch freundschaftlich verbunden waren, kannten uns nicht mehr. Plötzlich stellten wir fest, daß wir eben doch anders waren als sie.»[145]

Bei der allgemeinen Volkszählung im Juni 1933 wurden deutsche Juden wie alle anderen Bürger nach ihrer religiösen Zugehörigkeit und

Nationalität definiert und gezählt, aber ihre Erfassungskarten enthielten mehr Details als die von anderen Bürgern. Nach der offiziellen *Statistik des Deutschen Reiches* bezweckte die Sonderzählung «einen Überblick über die biologischen und sozialen Verhältnisse des Judentums im Deutschen Reich, soweit es nach der Frage der Religionszugehörigkeit erfaßt werden konnte». Eine Ausdehnung der Auszählung «auf das im Deutschen Reich ansässige Judentum (der Rasse nach)» war noch nicht möglich.[146]

VI

Das Gesetz zur Verhütung erbkranken Nachwuchses wurde am 14. Juli 1933 erlassen, an dem Tage, an dem alle politischen Parteien mit Ausnahme der NSDAP formell zu existieren aufhörten und das Gesetz gegen die Ostjuden (Aberkennung der Staatsbürgerschaft, Beendigung der Einwanderung und so fort) in Kraft trat. Das neue Gesetz ermöglichte die Sterilisierung aller Personen, bei denen angeblich erbliche Krankheiten wie Schwachsinn, Schizophrenie, manisch-depressives Irresein, angeborene Epilepsie, Veitstanz, angeborene Blindheit, angeborene Taubheit und starker Alkoholismus festgestellt worden waren.[147]

Die Entwicklung, die zu dem Gesetz vom Juli 1933 führte, machte sich bereits in der Weimarer Zeit bemerkbar. Unter den Eugenikern verloren die Vertreter einer «positiven Eugenik» an Boden, und die «negative Eugenik» – mit ihrem Schwergewicht auf der Ausschließung, also hauptsächlich der Sterilisierung der Träger von zu Behinderungen führenden Erbkrankheiten – gewann selbst in offiziellen Institutionen die Oberhand: So beherrschte ein Trend, der sich vor dem Ersten Weltkrieg in den westlichen Ländern in großem Umfang abgezeichnet hatte, zunehmend die deutsche Szene.[148] Wie in so vielen anderen Bereichen war der Krieg von entscheidender Bedeutung: Wurden nicht die Jungen und die körperlich Tauglichen auf dem Schlachtfeld niedergemetzelt, während die Behinderten und die Untauglichen geschützt wurden? War nicht die Wiederherstellung des genetischen Gleichgewichts ein bedeutendes national-völkisches Gebot? Das ökonomische Denken fügte seine eigene Logik hinzu: Die sozialen Kosten für den Unterhalt geistig und körperlich Behinderter, deren Fortpflanzung die Belastung nur noch vergrößern würde, wurden als unerschwinglich betrachtet.[149] Diese Denkweise war weitverbreitet und keineswegs eine Domäne der radikalen Rechten. Zwar wurde in dem Entwurf eines Sterilisierungsgesetzes, der im Juli 1932 der preußischen Regierung vorgelegt wurde, noch die *freiwillige* Sterilisierung in Fällen erblicher Defekte betont,[150] aber der Gedanke der *zwangsweisen* Sterilisierung verbreitete sich anscheinend.[151] Der entscheidende Wandel fand jedoch mit der Machtergreifung statt.

Die neue Gesetzgebung wurde von unermüdlichen Aktivisten wie Arthur Gütt gefördert, der nach Januar 1933 die Gesundheitsabteilung der NSDAP mit detaillierten Denkschriften eindeckte. Es dauerte nicht lange, und Leonardo Conti ließ Gütt auf eine leitende Stellung im Reichsinnenministerium berufen.[152] Der grundlegende Unterschied zwischen den von Gütt vorgeschlagenen und im Gesetz zur Verhütung erbkranken Nachwuchses verankerten Maßnahmen und der gesamten früheren Gesetzgebung über die Sterilisierung war in der Tat das Element des Zwanges. In Paragraph 12 Absatz 1 des neuen Gesetzes war bestimmt, daß eine Sterilisierung, sobald sie beschlossen war, «auch gegen den Willen des Unfruchtbarzumachenden» durchgeführt werden konnte.[153] Diese Unterscheidung gilt für die meisten Fälle und auf der offiziellen Ebene. Es sieht jedoch so aus, als seien selbst vor 1933 in einigen psychiatrischen Institutionen Patienten ohne ihre eigene Einwilligung oder die ihrer Familien sterilisiert worden.[154] Zwischen Mitte 1933 und Ende 1937 wurden etwa 200 000 Menschen sterilisiert.[155] Bis zum Kriegsende war diese Zahl auf 400 000 angewachsen.[156]

Vom Beginn der Sterilisierungspolitik bis zur scheinbaren Beendigung der Euthanasie im August 1941 – und bis zum Beginn der «Endlösung» etwa um dieselbe Zeit – entwickelten sich die politischen Maßnahmen gegen die Behinderten und die Geisteskranken einerseits und die Juden andererseits gleichzeitig und parallel. Diese beiden Politiken hatten jedoch verschiedene Ursprünge und verschiedene Ziele. Während Sterilisierung und Euthanasie ausschließlich darauf zielten, die Reinheit der Volksgemeinschaft zu fördern, und durch Kosten-Nutzen-Rechnungen unterstützt wurden, war die Absonderung und Vernichtung der Juden – obwohl gleichfalls ein rassischer «Reinigungsprozeß» – hauptsächlich ein Kampf gegen einen aktiven, schreckenerregenden Feind, von dem man meinte, er gefährde das bloße Überleben Deutschlands und der arischen Welt. So wurde zusätzlich zu dem Ziel der rassischen Säuberung, welches mit dem der Sterilisierungs- und Euthanasiekampagne identisch war, und im Kontrast zu ihm der Kampf gegen den Juden als eine Konfrontation von apokalyptischen Ausmaßen gesehen.

2.

Einverstandene Eliten, bedrohte Eliten

I

Am Samstag, dem 25. März 1933, trafen in Niederstetten, einer südwestdeutschen Kleinstadt, etwa 30 SA-Männer aus Heilbronn ein. Sie brachen in die wenigen jüdischen Häuser der Gegend ein, schleppten die Männer ins Rathaus und schlugen sie brutal zusammen, während die örtlichen Polizisten am Eingang des Gebäudes Wache hielten. Die Szene wiederholte sich an diesem Morgen im benachbarten Creglingen, wo die 18 jüdischen Männer, die sich in der Synagoge befanden, ebenfalls im Rathaus zusammengetrieben wurden. Dort führten die Mißhandlungen zum Tod des 67jährigen Hermann Stern und einige Tage später des 53jährigen Arnold Rosenfeld.

Im Sonntagsgottesdienst am Tage darauf wurde Hermann Umfrid, der Pastor der lutherischen Kirche von Niederstetten, deutlich. Seine Predigt war sorgfältig formuliert: Sie begann mit den üblichen Ausdrükken des Vertrauens auf das neue Regime und einigen negativen Bemerkungen über die Juden. Dann wandte sich Umfrid jedoch den Geschehnissen des Vortages zu: «Nur die Obrigkeit darf strafen, und alle Obrigkeit hat über sich die Obrigkeit Gottes und darf Strafe nur handhaben gegen die Bösen und nur wenn gerechtes Gericht gesprochen ist. Was gestern in dieser Stadt geschah, das war nicht recht. Helfet alle, daß der Ehrenschild des deutschen Volkes blank sei!» Als die Angriffe gegen Pastor Umfrid begannen, wagte es keine örtliche, regionale oder nationale Institution der Kirche, ihm zu Hilfe zu kommen oder auch nur die schüchternsten Einwände gegen Gewalttaten an Juden zu äußern. Im Januar 1934 forderte der Kreisleiter Umfrid auf, sein Amt niederzulegen. Zunehmend gepeinigt von dem Gedanken, daß möglicherweise nicht nur er, sondern auch seine Frau und ihre vier Töchter in ein Konzentrationslager abtransportiert werden würden, beging der Geistliche Selbstmord.

Acht Jahre und acht Monate später, am 28. November 1941 um 14.04 Uhr, verließ der erste Transport von Juden den Bahnhof Niederstetten. Eine zweite Gruppe bestieg den Zug im April 1942 und die dritte und letzte im August desselben Jahres. Von den 42 Juden, die aus Niederstetten abtransportiert wurden, überlebten nur drei.[1]

Der Boykott der jüdischen Geschäfte war der erste große landesweite Test für die Einstellung der christlichen Kirchen zur Lage der Juden unter der neuen Regierung. Der Historiker Klaus Scholder schreibt: «Kein Bischof, keine Kirchenleitung, keine Synode wandte sich in den entscheidenden Tagen um den 1. April öffentlich gegen die Verfolgung der Juden in Deutschland.»[2] In einer Radioansprache, die am 4. April 1933 in die Vereinigten Staaten ausgestrahlt wurde, rechtfertigte Bischof Otto Dibelius, der prominenteste deutsche protestantische Geistliche, die Aktionen des neuen Regimes; er leugnete selbst, daß in den Konzentrationslagern irgendwelche Brutalitäten vorkämen, und behauptete, der Boykott – den er als vernünftige Verteidigungsmaßnahme bezeichnete – verlaufe in «Ruhe und Ordnung».[3] Seine Sendung war keine einmalige Verirrung. Wenige Tage später schickte Dibelius an alle Pastoren seiner Provinz ein vertrauliches österliches Sendschreiben: «Meine lieben Brüder! Für die letzten Motive, aus denen die völkische Bewegung hervorgegangen ist, werden wir alle nicht nur Verständnis, sondern volle Sympathie haben. Ich habe mich trotz des bösen Klanges, den das Wort vielfach angenommen hat, immer als Antisemiten gewußt. Man kann nicht verkennen, daß bei allen zersetzenden Erscheinungen der modernen Zivilisation das Judentum eine führende Rolle spielt.»[4]

Die Reaktion der katholischen Kirche auf den Boykott war nicht grundlegend anders. Am 31. März bat auf Vorschlag des Berliner Geistlichen Bernhard Lichtenberg Oskar Wassermann, der Direktor der Deutschen Bank in Berlin und Präsident der Arbeitsgemeinschaft der Konfessionen für den Frieden, Adolf Johannes Kardinal Bertram, den Vorsitzenden der Deutschen Bischofskonferenz, er möge gegen den Boykott Einspruch erheben. Bertram, der selber vor einer Intervention zurückscheute, befragte daraufhin andere führende deutsche Prälaten nach ihrer Meinung, wobei er hervorhob, der Boykott sei Teil eines Wirtschaftskampfes, der mit unmittelbaren Kircheninteressen nichts zu tun habe. Aus München telegraphierte Kardinal Faulhaber an Bertram: «Aussichtslos. Würde verschlimmern. Übrigens schon Rückgang.» Für Erzbischof Conrad Gröber aus Freiburg bestand das Problem nur darin, daß konvertierte Juden unter den boykottierten Kaufleuten ebenfalls in Mitleidenschaft gezogen wurden.[5] Unternommen wurde nichts.

In einem Brief, den Faulhaber etwa um dieselbe Zeit an den vatikanischen Staatssekretär Eugenio Kardinal Pacelli, den nachmaligen Papst Pius XII., richtete, schrieb er: «Uns Bischöfen wird zur Zeit die Frage vorgelegt, warum die katholische Kirche nicht, wie sooft in der Kirchengeschichte, für die Juden eintrete. Das ist zur Zeit nicht möglich, weil der Kampf gegen die Juden zugleich ein Kampf gegen die Katholiken werden würde und weil die Juden sich selber helfen können, wie der schnelle Abbruch des Boykotts zeigt. Ungerecht und schmerzlich ist bei diesem Vorgehen gegen die Juden besonders die Tatsache, daß auch solche, die seit zehn und zwanzig Jahren getauft und gute Katholiken sind, sogar solche, deren Eltern schon katholisch waren, gesetzlich noch als Juden gelten und als Ärzte oder als Rechtsanwälte ihre Stelle verlieren sollen.»[6]

Dem Geistlichen Alois Wurm, dem Begründer und Herausgeber der Zeitschrift *Seele*, der die Frage stellte, warum die Kirche nicht offen erklärte, daß Menschen nicht wegen ihrer Rasse verfolgt werden könnten, antwortete der Münchener Kardinal weniger zurückhaltend: «Für die kirchlichen Oberbehörden bestehen weit wichtigere Gegenwartsfragen; denn Schule, der Weiterbestand der katholischen Vereine, Sterilisierung sind für das Christentum in unserer Heimat noch wichtiger.» Man dürfe annehmen, so der Münchener Kardinal, daß die Juden sich selber helfen. Es bestehe kein Anlaß, «der Regierung Grund zu geben, um die Judenhetze in eine Jesuitenhetze umzubiegen».[7]

Gegenüber Robert Leiber, einem Jesuiten, der später der Beichtvater von Pius XII. werden sollte, war Erzbischof Gröber nicht entgegenkommender: «Ich habe mich für konvertierte Juden ohne weiteres eingesetzt, ohne aber bisher ... etwas zu erreichen. Ich befürchte, daß uns der Kampf gegen Juda teuer zu stehen kommt.»[8]

Das Hauptproblem für die Kirchen war ein dogmatisches, insbesondere was den Status von konvertierten Juden und die Verbindungen zwischen Judentum und Christentum anging. Besonders zugespitzt hatte sich diese Debatte im Protestantismus, als die NS-freundliche Glaubensbewegung Deutsche Christen 1932 ihre «Richtlinien» veröffentlichte. «Das wesentliche Thema» war eine Art «rassebewußter Glaube an Christus; Rasse, Volk und Nation als Teil einer gottgegebenen Lebensordnung.»[9] Punkt 9 der «Richtlinien» beispielsweise lautet: «In der Judenmission sehen wir eine schwere Gefahr für unser Volkstum. Sie ist das Eingangstor fremden Blutes in unseren Volkskörper. ... Wir lehnen die Judenmission in Deutschland ab, solange die Juden das Staatsbürgerrecht besitzen und damit die Gefahr der Rassenverschleierung und -bastardisierung besteht. ... Insbesondere ist die Eheschließung zwischen Deutschen und Juden zu verbieten.»[10]

Die Bewegung der Deutschen Christen war auf fruchtbarem Boden herangewachsen, und es war kein Zufall, daß sie in den Kirchenwahlen von 1932 ein Drittel der Stimmen erhielt. Das traditionelle Bündnis zwischen dem deutschen Protestantismus und dem deutschen nationalistischen Autoritarismus reichte zu tief, als daß es die Herausbildung einer entschiedenen und sofort gegensteuernden Kraft gegen die Eiferer, die darauf aus waren, das Christentum von seinem jüdischen Erbe zu säubern, gestattet hätte. Selbst diejenigen protestantischen Theologen, die in den zwanziger Jahren bereit gewesen waren, sich auf einen Dialog mit Juden einzulassen – die beispielsweise an Zusammenkünften teilgenommen hatten, welche unter der Ägide von Martin Bubers Zeitschrift *Der Jude* veranstaltet wurden –, brachten jetzt bösartiger als zuvor die Standardvorwürfe von «pharisäischen» und «legalistischen» Manifestationen des jüdischen Geistes zum Ausdruck. Buber schrieb als Antwort auf einen besonders beleidigenden Artikel von Oskar A. H. Schmitz, der 1925 unter dem Titel «Wünschenswerte und nichtwünschenswerte Juden» in *Der Jude* erschienen war: «Ich habe dabei wieder einmal ... gemerkt, daß es eine Grenze gibt, jenseits deren für mich die Möglichkeit des Entgegnens aufhört und nur noch die der ‹tatsächlichen› Berichtigung verbleibt. Ich kann wider einen Gegner kämpfen, der mir durchaus entgegen steht; ich kann nicht wider einen Gegner kämpfen, der auf einer anderen Ebene steht.»[11] Im Laufe der Jahre wurden solche Entgegnungen seltener, und der deutsche Protestantismus öffnete sich zunehmend der Verheißung einer nationalen Wiedergeburt und eines positiven Christentums, wie sie der Nationalsozialismus verkündete.

Der ideologische Feldzug der deutschchristlichen Bewegung schien starken Auftrieb dadurch erhalten zu haben, daß am 27. September 1933 Ludwig Müller, ein glühender Anhänger des NS-Regimes, zum Reichsbischof gewählt wurde – also zu einer Art Koordinator des Führers für alle wichtigen Fragen, die sich auf die protestantischen Kirchen bezogen. Doch genau diese Wahl und eine zunehmende Kontroverse über Pastoren und Kirchenmitglieder jüdischer Abstammung ließen eine sich verbreiternde Kluft in der evangelischen Kirche entstehen.

In Anwendung des Berufsbeamtengesetzes verlangte die Generalsynode der Altpreußischen Union die Zwangspensionierung von Pastoren, die jüdischer Abstammung oder mit Juden verheiratet waren. Dieser Initiative folgten schnell die Synoden von Sachsen, Schleswig-Holstein, Braunschweig, Lübeck, Hessen-Nassau, Thüringen und Württemberg.[12] Im Frühherbst 1933 schien die allgemeine Übernahme des sogenannten Arierparagraphen im gesamten Reich eine ausgemachte Sache zu sein. Zugleich trat jedoch ein gegenläufiger Trend in Erscheinung, wobei eine Gruppe führender Theologen eine Aussage über «Das Neue Testament und die Rassenfrage» herausbrachte, in der jede theologische Rechtfertigung für die Übernahme des Paragraphen eindeutig verworfen wurde, und zu Weihnachten 1933 gründeten zwei Pastoren, Dietrich Bonhoeffer und der als Weltkriegsheld weithin bewunderte Martin Niemöller, eine oppositionelle Organisation, den Pfarrernotbund, dessen Anhängerzahl von ursprünglich 1300 innerhalb von wenigen Monaten auf 6000 anwuchs. Eine der ersten Initiativen des Bundes bestand darin, einen Protest gegen den Arierparagraphen zu formulieren: «In solcher Verpflichtung bezeuge ich, daß eine Verletzung des Bekenntnisstandes mit der Anwendung des Arierparagraphen im Raum der Kirche Christi geschaffen ist.»[14] So wurde die Bekennende Kirche geboren.

Doch die Standhaftigkeit der Bekennenden Kirche in der Judenfrage beschränkte sich darauf, für die Rechte der nichtarischen Christen einzutreten. Und selbst in diesem Punkt machte es Martin Niemöller beispielsweise in seinen im November 1933 veröffentlichten «Sätzen zur Arierfrage» völlig deutlich, daß allein theologische Erwägungen ihn dazu veranlaßten, seinen Standpunkt zu beziehen. Wie er 1937 in seinem Prozeß wegen Kritik am Regime erklären sollte, waren ihm die Juden «unsympathisch und fremd».[15] «Diese Erkenntnis [daß man es mit der christlichen Gemeinschaft ernst nehmen muß]», schrieb Niemöller in den «Sätzen», «verlangt von uns, die wir als Volk unter dem Einfluß des jüdischen Volkes schwer zu tragen gehabt haben, ein hohes Maß von Selbstverleugnung, so daß der Wunsch, von dieser Forderung [eine einzige Gemeinde mit den bekehrten Juden aufrechtzuerhalten] dispensiert zu werden, begreiflich ist.» Es könne «die Frage ... nur so aufgefaßt werden, daß wir ... von den Amtsträgern jüdischer Abstammung heute um der herrschenden ‹Schwachheit› willen erwarten dürfen, daß sie sich die gebotene Zurückhaltung auferlegen, damit kein Ärgernis gegeben wird. Es wird nicht wohl getan sein, wenn heute ein Pfarrer nichtarischer Abstammung ein Amt im Kirchenregiment oder eine besonders hervortretende Stellung in der Volksmission einnimmt.»[16]

Die Haltung Dietrich Bonhoeffers wandelte sich im Laufe der Jahre, aber selbst bei ihm blieb eine tiefe Ambivalenz hinsichtlich der Juden im allgemeinen bestehen. «Die staatlichen Maßnahmen gegen das Judentum stehen für die Kirche in einem ganz besonderen Zusammenhang», erklärte er im Hinblick auf den Aprilboykott. «Niemals ist in der Kirche Christi der Gedanke verloren gegangen, daß das ‹auserwählte Volk›, das den Erlöser der Welt ans Kreuz schlug, in langer Leidensgeschichte den Fluch seines Tuns tragen muß.»[17] So ist es gerade eine theologische Auffassung von den Juden, die einige von Bonhoeffers Verlautbarungen geprägt zu haben scheint. Selbst sein Freund und Biograph Eberhard Bethge konnte sich der Schlußfolgerung nicht entziehen, daß in Bonhoeffers Schriften «ein theologischer Anti-Judaismus vorhanden ist».[18] «Theologischer Anti-Judaismus» war in der Bekennenden Kirche nicht ungewöhnlich, und einige ihrer angesehensten Persönlichkeiten wie etwa Walter Künneth zögerten nicht, nazistische und jüdische Interpretationen der «jüdischen Auserwähltheit» als auf Rasse, Blut und Volk beruhend miteinander gleichzustellen und der christlichen Auffassung von der Erwählung durch Gottes Gnade entgegenzusetzen.[19] Derartige Vergleiche sollten Mitte der dreißiger Jahre und danach in christlichen Polemiken gegen die Nationalsozialisten erneut auftauchen.

Der «Arierparagraph» richtete sich nur gegen 29 von 18 000 Pastoren; elf von ihnen wurden von der Liste gestrichen, weil sie im Ersten Weltkrieg gekämpft hatten. Bis 1939 wurde der Paragraph nie zentral durchgesetzt; seine Anwendung hing von regionalen Kirchenbehörden und örtlichen Gestapobeamten ab.[20] Aus der Sicht der Kirchen drehte sich die eigentliche Diskussion um Prinzipien und Dogmen, und das schloß nichtkonvertierte Juden aus. Als im Mai 1934 in Barmen die erste Synode der Bekennenden Kirche stattfand, wurde nicht ein einziges Wort über die Verfolgungen verloren: Diesmal wurden nicht einmal die konvertierten Juden erwähnt.[21]

Oberflächlich betrachtet, hätte die Haltung der katholischen Kirche gegenüber dem neuen Regime fester sein müssen als die der Protestanten. Die katholische Hierarchie hatte in den letzten Jahren der Republik ein gewisses Maß an Feindseligkeit gegenüber der Hitlerbewegung bekundet, aber diese Haltung war einzig und allein von Kircheninteressen und von den wechselnden politischen Geschicken der katholischen Zentrumspartei bestimmt gewesen. Die Einstellung vieler deutscher Katholiken zum Nazismus war vor 1933 zutiefst zwiespältig: «Viele katholische Publizisten ... wiesen auf die antichristlichen Elemente im nationalsozialistischen Programm hin und erklärten diese als unvereinbar mit der katholischen Lehre. Aber gleichzeitig sprachen sie vom gesunden Kern des Nationalsozialismus, der anerkannt werden müsse: die Aufwertung der Religion und die Liebe zum Vaterland, seine Bedeutung als Bollwerk gegen den atheistischen Bolschewismus.»[22] Die generelle Einstellung der katholischen Kirche zur Judenfrage in Deutschland und anderswo läßt sich als ein «gemäßigter Antisemitismus» definieren, der für den Kampf gegen «übermäßigen jüdischen Einfluß» in der Wirtschaft und im kulturellen Leben eintrat. So fand Generalvikar Mayer aus Mainz, «daß Hitler in *Mein Kampf* den schlechten Einfluß der Juden in Presse, Theater und Literatur ‹angemessen geschildert› habe. Es sei jedoch unchristlich, andere Rassen zu hassen und Juden und Ausländer durch eine diskriminierende Gesetzgebung zu benachteiligen; das habe nur Repressalien von anderen Ländern zur Folge.»[23]

Bald nach seiner Machtergreifung und darauf bedacht, ein Konkordat mit dem Vatikan zu unterzeichnen, versuchte Hitler, etwaige katholische Kritik an seiner antijüdischen Politik zu neutralisieren und die Beweislast der Kirche zuzuschieben. Am 26. April empfing er als Abgesandten der Bischofskonferenz, die gerade tagte, Bischof Wilhelm Berning aus Osnabrück. Die Judenfrage stand nicht auf Bernings Tagesordnung, aber Hitler sorgte dafür, daß sie auf der seinen auftauchte. Nach einem von dem Assistenten des Bischofs abgefaßten Protokoll sprach Hitler «mit Wärme und Ruhe, hie und da temperamentvoll», ohne ein Wort gegen die Kirche und unter Anerkennung der Bischöfe:

«Man hat mich wegen Behandlung der Judenfrage angegriffen. Die katholische Kirche hat 1500 Jahre lang die Juden als die Schädlinge angesehen, sie ins Ghetto gewiesen usw., da hat man erkannt, was die Juden sind. In der Zeit des Liberalismus hat man diese Gefahr nicht mehr gesehen. Ich gehe zurück auf die Zeit, was man 1500 Jahre lang getan hat. Ich stelle nicht die Rasse über die Religion, sondern ich sehe die Schädlinge in den Vertretern dieser Rasse für Staat und Kirche, und vielleicht erweise ich dem Christentum den größten Dienst; deswegen ihre Zurückdrängung vom Studium und den staatlichen Berufen.»[24] Das Protokoll verzeichnet keine Antwort von Bischof Berning.

Anläßlich der Ratifizierung des Konkordats im September 1933 schickte Kardinalstaatssekretär Pacelli eine Note an den deutschen Geschäftsträger, in der die prinzipielle Position der Kirche definiert wurde: «Bei der Gelegenheit erlaubt sich der Heilige Stuhl noch ein Wort einzulegen für diejenigen deutschen Katholiken, die selbst vom Judentum zur christlichen Religion übergetreten sind oder von solchen zum katholischen Glauben übergetretenen Juden in erster oder entfernterer Generation abstammen und die jetzt aus den der Reichsregierung bekannten Gründen gleichfalls unter gesellschaftlichen und wirtschaftlichen Schwierigkeiten leiden.»[25] Im Prinzip sollte dies die durchgängige Position der katholischen und der protestantischen Kirche sein, auch wenn sich beide in der Praxis den Maßnahmen des NS-Regimes gegen konvertierte Juden unterwarfen, als diese rassisch als Juden definiert wurden.

Die dogmatische Konfrontation, auf die sich die katholische Hierarchie verlegte, hatte es hauptsächlich mit der religiösen Verbindung von Judentum und Christentum zu tun. Diese Position fand einen frühen Ausdruck in fünf Predigten, die Kardinal Faulhaber in der Adventszeit 1933 hielt. Faulhaber erhob sich über die Abgrenzung von Katholiken und Protestanten, als er erklärte: «Wir reichen den getrennten Brüdern die Hand, um gemeinsam mit ihnen die Hl. Bücher des Alten Testamentes zu verteidigen.» In den Worten Scholders: «Faulhabers Predigten richteten sich nicht gegen den praktischen, politischen Antisemitismus der damaligen Zeit, sondern gegen dessen Prinzip, den rassischen Antisemitismus, der in die Kirche einzudringen versuchte.»[26] Ohne Zweifel war dies die Intention der Predigten und die Hauptstoßrichtung von Faulhabers Argumentation, aber die sorgfältigen Unterscheidungen, die der Kardinal vornahm, konnten seine Zuhörer über seine Einstellung und die der Kirche zu den unter ihnen lebenden Juden in die Irre führen.

«Um volle Klarheit zu schaffen und jedes Mißverständnis auszuschließen», erklärte Faulhaber, «mache ich im voraus drei Unterscheidungen. Wir müssen erstens unterscheiden zwischen dem Volke Israel vor dem Tode Christi und nach dem Tode Christi. Vor dem Tode Christi, die Jahre zwischen der Berufung Abrahams und der Fülle der Zeiten, war das Volk Israel Träger der Offenbarung. ... Nur mit diesem Israel der Vorzeit werden meine Adventspredigten sich befassen.» Der Kardinal beschrieb dann, wie Gott Israel, nachdem es Christus nicht anerkannt habe, verworfen habe, und er fügte Worte hinzu, die feindselig gegenüber den Juden klingen konnten, welche die Offenbarung Christi nicht anerkannten: «Die Tochter Sion erhielt den Scheidebrief, und seitdem wandert der ewige Ahasver ruhelos über die Erde.» Darauf folgte Faulhabers zweites Thema:

«Wir müssen zweitens unterscheiden zwischen den Hl. Schriften des Alten Testaments und den Talmudschriften des nachchristlichen Judentums. ... Die Talmudschriften sind Menschenwerk, nicht vom Geiste Gottes eingegeben. Die Kirche des Neuen Bundes hat nur die heiligen Schriften des vorchristlichen Israel, nicht aber den Talmud als Erbschaft übernommen.»

«Wir müssen drittens auch innerhalb der alttestamentlichen Bibel unterscheiden zwischen dem, was vorübergehenden Wert hatte, und dem, was ewigen Wert haben sollte. ... Für unser Thema handelt es sich um jene religiösen, sittlichen und sozialen Werte des Alten Testamentes, die auch im Christentum ihren Wert behalten.»[27]

Kardinal Faulhaber selbst hat später betont, er habe in seinen Adventspredigten nur den Wunsch verfolgt, das Alte Testament zu verteidigen, und nicht zu zeitgenössischen Aspekten der Judenfrage Stellung nehmen wollen.[28] Tatsächlich verwendete er in den Predigten einige der verbreitetsten Klischees des traditionellen religiösen Antisemitismus. Ironischerweise interpretierte ein Bericht des Sicherheitsdienstes der SS die Predigten als Intervention zugunsten der Juden, wobei er sowohl ausländische Zeitungskommentare als auch die Zeitung des jüdischen Central-Vereins zitierte, in welcher der Rabbiner Leo Baerwald aus München geschrieben hatte: «Wir haben den demütigen Stolz, daß der Welt durch uns die Offenbarung geschenkt ward.»[29]

Die Erörterung des Konkordats mit dem Vatikan stand als Punkt 17 auf der Tagesordnung der Kabinettssitzung vom 14. Juli. Dem Protokoll zufolge lehnte der Reichskanzler jede Diskussion über die Einzelheiten der Vereinbarung ab. «Er vertrat die Auffassung, daß man hierbei nur den großen Erfolg sehen dürfte. Im Reichskonkordat wäre Deutschland eine Chance gegeben und eine Vertrauenssphäre geschaffen, die beim vordringlichen Kampf gegen das internationale Judentum besonders bedeutungsvoll wäre.»[30]

Diese Bemerkung läßt sich kaum als bloßer politischer Trick interpretieren, der dazu dienen sollte, die anderen Regierungsmitglieder davon zu überzeugen, daß das Konkordat ohne Diskussion angenommen werden müsse, denn der Kampf gegen das Weltjudentum hatte auf dem Programm der konservativen Minister sicher keine Priorität. So eröffnet eine beiläufige Bemerkung einen ungewöhnlichen Einblick in Hitlers Gedanken; sie verweist wieder auf die Spur seiner Obsession: den «vordringlichen Kampf» gegen eine globale Gefahr – das Weltjudentum. Überdies betrachtete Hitler tatsächlich das Bündnis mit dem Vatikan als einen Faktor von besonderer Bedeutung in diesem Kampf. Ist es nicht möglich, daß der NS-Führer glaubte, die traditionelle antijüdische Einstellung der christlichen Kirchen würde auch ein stillschweigendes Bündnis gegen den gemeinsamen Feind zulassen oder zumindest dem Nationalsozialismus den Vorteil einer «Vertrauenssphäre» in dem «vordringlichen Kampf» bieten? War es nicht in Wirklichkeit dies, was Hitler zu Bischof Berning sagte? Für einen Augenblick, so scheint es, verbanden sich hier die gängigen Verfahren der Politik mit den Zwängen des Mythos.

II

Der an Universitätsprofessoren gerichtete Fragebogen traf bei Hermann Kantorowicz, Professor für Rechtsphilosophie und Rechtsgeschichte an der Universität Kiel, am 23. April 1933 ein. Auf die Frage nach der rassischen Abstammung seiner Großeltern antwortete er: «Da zu einer Rückfrage, in welchem Sinne das Wort Rasse verwendet wird, keine Zeit ist, beschränke ich mich auf folgende Erklärung: Die Rassezugehörigkeit im wissenschaftlichen (anthropologischen) Sinn vermag ich nicht mehr festzustellen, da meine 4 Großeltern sämtlich seit langem verstorben sind und m. E. die erforderlichen Messungen usw. s. Z. nicht vorgenommen wurden. Ihre Rasse im volkstümlichen (sprachlichen) Sinne war, da sie sämtlich Deutsch als Muttersprache sprachen, die deutsche, also eine indogermanische oder arische. Ihre Rasse im Sinne der 1. Durchführungsverordnung zum Gesetz v. 7. April 1933 § 2 Abs. 1 Satz 3 war die jüdische Religion.»[31] Man kann sich fragen, was auf den Beamten, der den ausgefüllten Fragebogen erhielt, größeren Eindruck machte: der Sarkasmus oder die Gründlichkeit?

Es war einigermaßen überflüssig, Kantorowicz den Fragebogen zu übersenden, denn Erziehungsminister Bernhard Rust hatte ihn unter Berufung auf Paragraph 3 des Gesetzes zur Wiederherstellung des Berufsbeamtentums bereits am 14. April entlassen, zusammen mit einer Reihe anderer, hauptsächlich jüdischer Professoren. Sechzehn prominente Namen aus dieser Gruppe wurden in der *Deutschen Allgemeinen Zeitung* vom selben Tage abgedruckt.[32] Im Jahre 1933 wurden dann etwa 1200 jüdische Professoren und Dozenten entlassen.[33]

In Göttingen, wo einige der berühmtesten Mitglieder der Fakultäten für Theoretische Physik und Mathematik Juden waren (oder, in einem Falle, eine jüdische Ehefrau hatten), entschied sich jeder der drei Hauptbetroffenen für eine andere Reaktion: Nobelpreisträger James Franck schickte einen offenen Rücktrittsbrief (der in der *Göttinger Zeitung* abgedruckt wurde), gedachte aber in Deutschland zu bleiben; Max Born (der dann nach dem Krieg ebenfalls einen Nobelpreis, für Physik, erhielt) verließ die Universität stillschweigend, und Richard Courant entschied sich dafür, die Ausnahmeklauseln des Gesetzes zu nutzen, um seine Stellung zu behalten. Innerhalb von wenigen Monaten emigrierten jedoch alle drei.[34] In seinem Brief erklärte Franck, er wolle von der ihm als Weltkriegskämpfer angebotenen Vergünstigung keinen Gebrauch machen, denn, so schrieb er, «wir Deutsche jüdischer Abstammung werden wie Fremde und Feinde des Vaterlandes behandelt». Francks Brief führte dazu, daß 42 seiner Göttinger Kollegen eine öffentliche Erklärung abgaben, in der sie die Äußerung des jüdischen Physikers als «Sabotageakt» beschrieben und die Hoffnung zum Ausdruck brachten, «daß die Regierung die notwendigen Reinigungsmaßnahmen beschleunigt durchführen» werde.[35]

In Tübingen konvergierten alte Traditionen und neue Impulse reibungslos. Die Zahl der jüdischen Fakultätsmitglieder, die entlassen wurden, war ausgesprochen gering – aus einem einfachen Grunde: Kein Jude war je an dieser Universität zum ordentlichen Professor berufen worden, und auf den niederen Rangen gab es nur sehr wenige Juden. Gleichwohl wurden alle entlassen, die man entlassen konnte. Hans Bethe, ein künftiger Träger des Nobelpreises für Physik, wurde wegen seiner jüdischen Mutter vertrieben; der Philosophieprofessor Traugott Konstantin Oesterreich wurde unter dem Vorwand entlassen, er sei politisch unzuverlässig, in Wirklichkeit aber deshalb, weil seine Frau jüdischer Abstammung war. Dasselbe Schicksal ereilte beinahe den nichtjüdischen Kunsthistoriker Georg Weise. Der Verdacht, daß Weises Ehefrau Jüdin sei, führte zu seiner Entlassung, bis dann unanfechtbare urkundliche Beweise für Frau Weise-Andreas arische Abstammung beigebracht wurden und zu Weises Wiedereinsetzung führten.[36]

Was in Freiburg geschah, erscheint paradigmatisch. Am 1. April veröffentlichte *Der Alemanne*, die örtliche NS-Zeitung, Listen jüdischer Ärzte, Zahnärzte und so fort, die boykottiert werden sollten; einige Tage später brachte dieselbe Zeitung eine Liste von jüdischen Mitgliedern der Medizinischen Fakultät der Universität (die Liste war vom Leiter der psychiatrischen Abteilung zur Verfügung gestellt worden). Inzwischen, am 6. April, ordnete Robert Wagner, der Reichsstatthalter in Baden, unter Vorwegnahme von in Berlin bevorstehenden Entscheidungen die Entlassung von jüdischen Beamten an. Am 10. April fuhr eine Abordnung von Dekanen und Professoren der Freiburger Universität nach Karlsruhe, um sich für den Bürgermeister von Freiburg einzusetzen, der von Entlassung aus politischen Gründen bedroht war. Bei der Besprechung im Ministerium wurde die Delegation daran erinnert, daß Entlassungen jüdischer Fakultätsmitglieder prompt durchgeführt werden müßten. Wie aus Notizen hervorgeht, die der für Universitätsangelegenheiten zuständige Beamte angefertigt hatte, wurde «seitens der Professoren ... loyale Durchführung des Erlasses zugesichert». Und so geschah es. Am selben Tage wies der Rektor die Dekane aller Fakultäten an, sämtliche Fakultätsmitglieder jüdischen Glaubens oder jüdischer Abstammung zu entlassen und zur Bestätigung ihre Unterschriften unter den Entlassungsmitteilungen zu fordern. Am 12. April wurde dem Ministerium in Karlsruhe mitgeteilt, die Anweisung sei «bis 10 Uhr früh in den Kliniken Freiburgs restlos durchgeführt». Der vollständige Text der Mitteilung an die jüdischen Mitglieder der medizinischen Fakultät lautete folgendermaßen: «Laut Verfügung des akademischen Rektorats teile ich Ihnen in Bezug auf die ministerielle Verfügung A Nr. 7642 mit, daß Sie bis auf weiteres beurlaubt sind. Der Dekan: (gez.) Rehn.»[37]

In Heidelberg, wo die Zahl der Professoren jüdischer Abstammung besonders bedeutend war, gab es von seiten des Akademischen Senats und des Rektors Verzögerungsversuche, die aber vergeblich blieben. Zu Beginn des Sommersemesters 1933 lehrten immer noch 45 «Nichtarier»; im August desselben Jahres waren nur noch 24 übrig (diejenigen, welche in den Genuß der verschiedenen Ausnahmeklauseln kamen).[38] Organisierte oder individuelle Proteste wurden nicht verzeichnet.

Die Haltung einiger der privilegierten nichtarischen Gelehrten war oft zwiespältig – oder schlimmer. Am 25. April hatte die Verwaltung der Kaiser-Wilhelm-Gesellschaft in Berlin vom Innenministerium die Mitteilung erhalten, daß alle jüdischen und halbjüdischen Abteilungsleiter und Angestellten zu entlassen seien; Institutsdirektoren waren von dieser Maßnahme ausgenommen. Fritz Haber, ein Jude und Nobelpreisträger, der drei seiner vier Abteilungsleiter und fünf von seinen 13 Angestellten zu entlassen gehabt hätte, trat am 30. April zurück. «Die anderen Direktoren – auch die jüdischen – kamen der Anordnung nach, ihre jüdischen Angestellten zu melden.»[39] Unter denen, die sich auf diese Weise fügten, waren die Juden Jakob Goldschmidt und Otto Meyerhof sowie der Halbjude Otto Warburg die prominentesten. Für den Genetiker Goldschmidt «war der Nazismus dem Bolschewismus vorzuziehen», und Otto Warburg meinte anscheinend, das Regime werde das Jahr 1934 nicht überdauern,[40] eine Überzeugung, die ihn nicht daran hinderte, seine Stellung die ganze NS-Zeit hindurch beizubehalten. Warburgs Fall war allerdings seltsam. Seine Krebsforschung wurde von den Nationalsozialisten – anscheinend sogar von Hitler selbst – so hoch geschätzt, daß er 1941, als wegen seiner halbjüdischen Abstammung die Möglichkeit einer Entlassung erörtert wurde, auf Görings Anweisung in einen Vierteljuden verwandelt wurde.[41] Was Meyerhof angeht, so versuchte er anscheinend, einige seiner jüdischen Angestellten zu schützen – und wurde von seinem Mitdirektor Professor Richard Kuhn denunziert.[42] Er emigrierte 1938.

Man kann daher wohl durchaus sagen, daß der Professor für Alte Geschichte Ulrich Kahrstedt, als er im Januar 1934 zum Jahrestag der Gründung des Deutschen Reiches forderte, «nicht zu meckern, weil in einem jüdischen Geschäft eine Fensterscheibe eingeschlagen» oder «die Tochter des Viehhändlers Levi nicht in die Studentenschaft aufgenommen» worden sei,[43] sich eine Untertreibung erlaubte, nicht nur im Hinblick auf die allgemeine Situation der Juden in Deutschland, sondern auch auf ihre Lage an den Universitäten.[44]

Es gab einige sanfte Petitionen zugunsten jüdischer Kollegen, so etwa das Lob, das die Heidelberger medizinische Fakultät ihren jüdischen Mitgliedern zollte: «Wir können nicht übersehen, daß das deutsche Judentum teilhat an großen Leistungen der Wissenschaft, und daß aus ihm große ärztliche Persönlichkeiten hervorgegangen sind. Gerade als Ärzte fühlen wir uns verpflichtet, innerhalb aller Erfordernisse von Volk und Staat den Standpunkt wahrer Menschlichkeit zu vertreten und unsere Bedenken geltend zu machen, wo die Gefahr droht, daß verantwortungsbewußte Besinnung durch rein gefühlsmäßige oder triebhafte Gewalten verdrängt werde ...»[45] Diese sorgfältige Erklärung war allerdings atypisch, da die medizinischen Fakultäten deutscher Universitäten einen viel höheren Anteil an Parteimitgliedern aufwiesen als andere Disziplinen.[46] Und in seiner Einstellung gegenüber Juden unterschied sich Heidelberg nicht grundlegend von den anderen deutschen Universitäten.[47]

Im April 1933 traten zwölf Professoren aus verschiedenen Fachgebieten für ihren jüdischen Kollegen, den an der Münchener Universität lehrenden Philosophen Richard Hönigswald, ein; ihr an das bayerische Erziehungsministerium gerichteter Brief wurde vom Dekan der Münchener Philosophischen Fakultät unterstützt. Das Ministerium holte zusätzliche Gutachten ein und erhielt eine Reihe negativer Antworten, darunter auch eine von Martin Heidegger, und Hönigswald wurde entlassen.[48]

Einige individuelle Interventionen sind wohlbekannt geworden. Es gab beispielsweise Max Plancks (erfolglose) Intervention bei Hitler für die Wiedereinstellung von Fritz Haber[49] und paradoxerweise die Intervention Heideggers gegen die Entlassung von Siegfried Thannhauser und Georg von Hevesy. Die Entlassung derart hervorragender Wissenschaftler, so erklärte Heidegger den badischen Behörden, würde im

Ausland negative Konsequenzen haben und Deutschlands Außenpolitik beeinträchtigen.[50]

Heidegger war im April 1933 Rektor der Freiburger Universität geworden. Hinsichtlich der Präsenz von Juden im deutschen akademischen Leben hatte er sich bereits früher zu Wort gemeldet. In einem Brief vom 20. Oktober 1929 an Victor Schwörer, den stellvertretenden Präsidenten der Notgemeinschaft der Deutschen Wissenschaft, hatte der Philosoph festgestellt, die einzig existierende Option sei, entweder systematisch «unser» deutsches intellektuelles Leben zu stärken oder es «der wachsenden Verjudung im weiteren und engeren Sinne endgültig auszuliefern».[51] Als Heideggers Mathematikprofessor Alfred Löwy im April 1933 als Jude zwangspensioniert wurde, wünschte ihm der neuernannte Rektor, daß er «das Harte und Schwere, das solche Zeiten der Wende mit sich führen, überwinden» möge.[52] Fast genau dieselben Worte gebrauchte Elfride Heidegger in ihrem Brief vom 29. April 1933 an Malvine Husserl, die Frau des jüdischen Mentors ihres Mannes, des Philosophen Edmund Husserl; sie fügte jedoch hinzu, das Berufsbeamtengesetz sei zwar hart, aber vom deutschen Standpunkt aus gesehen vernünftig.[53]

Kurz vor ihrer Abreise aus Deutschland im Sommer 1933 hatte Hannah Arendt in ihrem möglicherweise deutlichsten Brief an ihren Lehrer und Geliebten Heidegger geschrieben, sie habe Gerüchte über seine immer distanziertere, ja feindselige Haltung gegenüber jüdischen Kollegen und Studenten gehört. Der Ton seiner Antwort, wie sie von Elżbieta Ettinger paraphrasiert wird (dies war dann sein letzter Brief an Arendt bis nach Kriegsende), ist einigermaßen entlarvend: Jüdischen Studenten stellte er «großzügig seine Zeit zur Verfügung, obwohl dies störend für seine eigene Arbeit sei, bis hin zu seinen eigenen Bemühungen um Stipendien für sie und seine Bereitschaft, ihre Dissertationen mit ihnen zu besprechen. Wer kommt in einer Notlage zu ihm? Ein Jude. Wer besteht darauf, dringend über seine Dissertation sprechen zu wollen? Ein Jude. Wer schickt ihm ein umfangreiches Werk, damit er es sofort rezensiere? Ein Jude. Für wen hat er ein Stipendium in Rom in die Wege geleitet? Für einen Juden!!»[54]

Am 3. November gab Heidegger bekannt, «jüdischen oder marxistischen» Studenten würde ebenso wie allen anderen, die nach den neuen Gesetzen als «nichtarisch» eingestuft wurden, wirtschaftliche Unterstützung versagt werden.[55] Am 13. Dezember bemühte er sich um finanzielle Hilfe für einen Band mit hitlerfreundlichen Reden deutscher Professoren, der weltweit verbreitet werden sollte; er schloß seine Bitte mit einer Zusicherung: «Es bedarf keines besonderen Hinweises, daß Nichtarier auf dem Unterschriftenblatt nicht erscheinen sollen.»[56] Am 16. dieses Monats schrieb er an den Leiter des NS-Dozentenbundes in Göttingen über Eduard Baumgarten, einen seiner ehemaligen Studenten und Kollegen: Baumgarten habe «sehr lebhaft mit dem früher hier tätig gewesenen und nunmehr hier entlassenen Juden Fränkel verkehrt». Zugleich weigerte sich Heidegger, die Betreuung von Doktorarbeiten jüdischer Studenten fortzusetzen, und verwies sie an Martin Honecker, einen Professor für christliche Philosophie.[57]

Heideggers Einstellung zu Husserl bleibt unklar. Zwar ist es seinem Biographen Rüdiger Safranski zufolge nicht wahr, daß Heidegger Husserl den Zugang zum Philosophischen Institut untersagte, aber er brach tatsächlich jeden Kontakt zu ihm – wie zu allen anderen jüdischen Kollegen und Schülern – ab und tat nichts, um Husserls zunehmende Isolierung zu mildern. Als Husserl starb, war Heidegger krank. Wäre er sonst zur Beerdigung gekommen, zusammen mit dem Historiker Gerhard Ritter, dem einzigen «arischen» Fakultätsmitglied, das es für angebracht hielt, dies zu tun?[58] In der 1944 erschienenen 5. Auflage seines magnum opus *Sein und Zeit* wurde die Widmung an Husserl auf Ersuchen des Verlages fortgelassen, aber Heideggers Danksagung an seinen jüdischen Mentor, die in einer Fußnote erschien, blieb stehen. Die Widersprüche sind zahlreich, wobei der möglicherweise seltsamste von ihnen das Lob ist, das Heidegger Mitte der dreißiger Jahre für Spinoza fand, sowie seine Erklärung, wenn Spinozas Philosophie jüdisch sei, dann sei die ganze Philosophie von Leibniz bis Hegel auch jüdisch.[59]

Am 22. April 1933 sandte Heidegger eine dringende Bitte an Carl Schmitt, den damals bei weitem renommiertesten deutschen Politik- und Rechtstheoretiker, in der er ihn beschwor, sich nicht von der neuen Bewegung abzuwenden. Die Bitte war überflüssig, denn Schmitt hatte seine Wahl bereits getroffen. Ebenso wie Heidegger hatte er – und das war anscheinend die erste Regel, an die man sich halten mußte – aufgehört, Briefe von jüdischen Studenten, Kollegen und anderen Gelehrten zu beantworten, mit denen er zuvor in enger Verbindung gestanden hatte. (In Schmitts Fall ist eines der auffälligen Beispiele das abrupte Ende, das er seinem Briefwechsel mit dem jüdischen politischen Philosophen Leo Strauss setzte.[60]) Und um sicherzugehen, daß es über seine Position kein Mißverständnis gab, fügte Schmitt in die neue (1933 erschienene) Ausgabe seines Buches *Der Begriff des Politischen* einige regelrecht antisemitische Bemerkungen ein.[61] Auf jeden Fall sollte die antijüdische Haltung Schmitts entschieden unverblümter, extremer und bösartiger sein als die des Freiburger Philosophen.

Im Sommersemester 1933 beteiligte sich Schmitt ebenso wie Heidegger an einer von Heidelberger Studenten organisierten Vortragsreihe. Heidegger sprach über «Die Universität im Neuen Reich»; das Thema Schmitts lautete «Das neue Staatsrecht». Vor ihnen sprach in derselben Reihe Dr. Walter Groß, der Leiter des Rassenpolitischen Amtes der NSDAP, und zwar über das Thema «Arzt und Volk». Am 1. Mai war Heidegger in Freiburg Parteimitglied Nr. 3-125-894 geworden; am selben Tage trat Schmitt in Köln als Mitglied Nr. 2-098-860 der Partei bei.[62]

Hannah Arendt verließ das Land und erreichte über Prag und Genf Paris; dort begann sie bald, für eine zionistische Organisation zu arbeiten, die junge Emigranten auf ihre Zukunft in Palästina vorbereitete. Der Hauptgrund dafür, daß sie so früh emigrierte, war, wie sie später sagte, mehr als alles andere das Verhalten ihrer arischen Freunde wie etwa Benno von Wieses, der, ohne irgendwelchem äußeren Druck ausgesetzt zu sein, sich begeistert den Idealen und Normen des neuen Systems verschrieb.[63] Doch ihre Kritik an Heidegger blieb im allgemeinen gedämpft.

Die Reaktionen jüdischer Intellektueller auf die Maßnahmen des neuen Regimes und auf die neuen Einstellungen von Kollegen und Freunden variierten von einer Person zur anderen. Innerhalb dieses breiten Spektrums waren die Juden, die seit langem militante deutsche Nationalisten gewesen waren, sich aber anders als Felix Jacoby nicht für totale Blindheit gegenüber den Aktionen des Regimes entschieden, in einer eigentümlichen Lage. Am 20. April schickte Ernst Kantorowicz, Professor für mittelalterliche Geschichte an der Universität Frankfurt, einen Brief an den hessischen Minister für Wissenschaft und Erziehung, der in bezeichnender Weise die große Langsamkeit, Zögerlichkeit und das Bedauern – trotz der strengen neuen NS-Politik – zum Ausdruck bringt, mit denen sich solche Juden aus ihren früheren Positionen zurückzogen. «Obwohl ich», schrieb Kantorowicz, «als Kriegsfreiwilliger vom August 1914, als Frontsoldat während der Dauer des Krieges, als Nachkriegskämpfer gegen Polen, Spartakus und Räterepublik in Posen, Berlin und München eine Dienstentlassung wegen meiner jüdischen Abstammung nicht zu gewärtigen habe; obwohl ich auf Grund meiner Veröffentlichungen über den Staufen-Kaiser Friedrich den Zweiten für meine Gesinnung gegenüber einem wieder national gerichteten Deutschland keines Ausweises von vorgestern, gestern und heute bedarf; obwohl meine jenseits aller Zeitströmungen und Tagesereignisse begründete, grundsätzlich positive Einstellung gegenüber einem national regierten Reich auch durch die jüngsten Geschehnisse nicht hat ins Wanken kommen können, und obwohl ich ganz gewiß keine Störungen meiner Lehrtätigkeit seitens der Studenten zu erwarten habe, sodaß eine etwaige Rücksichtnahme auf den ungestörten Lehrbetrieb der Gesamt-Universität damit für mich entfällt, so sehe ich mich als Jude dennoch gezwungen, aus dem Geschehenen die Folgerungen zu ziehen und im kommenden Sommer-Semester meine Lehrtätigkeit ruhen zu lassen.»[64] Kantorowicz reichte nicht seinen Rücktritt ein; er zog lediglich seine Vorlesungsankündigung für das nächste Semester zurück. Das bedeutete, er würde abwarten, bis sich die Politik des neuen nationalen Deutschland änderte.

Während sich die Einstellung der Mehrzahl der «arischen» Universitätsprofessoren als «gebildete Judäophobie»[65] definieren ließ, hatte sich unter den Studenten ein radikaler Typ von Judenfeindschaft festgesetzt. Einige österreichische Studentenverbindungen, denen deutsche folgten, hatten bereits gegen Ende des 19. Jahrhunderts Juden auf rassischer Grundlage ausgeschlossen – das heißt, selbst getaufte Juden wurden nicht aufgenommen.[66] Michael Kater führt einen Teil des extremen studentischen Antisemitismus auf Konkurrenz zurück – hauptsächlich in den lukrativen Bereichen Jura und Medizin, in denen der Anteil jüdischer Studenten wie auch der Anteil von Juden in den entsprechenden Berufen tatsächlich hoch lag. Auf jeden Fall traten die meisten deutschen Studentenverbindungen in den frühen Jahren der Weimarer Republik dem Deutschen Hochschulring bei, einer Organisation mit offen völkischen und antisemitischen Zielen, die bald die Kontrolle über die studentische Politik übernahm.[67] Bedingung für die Mitgliedschaft in diesem Ring war rein arische Abstammung, wobei Volksdeutsche aus Österreich oder dem Sudetenland aufgenommen wurden, obwohl sie keine deutschen Staatsbürger waren. Bis in die Mitte der zwanziger Jahre beherrschte der Ring die Universitäten, dann trat an seine Stelle der Nationalsozialistische Deutsche Studentenbund.[68] Und seit dem Ende der zwanziger Jahre wurden Demonstrationen und tätliche Angriffe von rechtsgerichteten Studenten gegen ihre Feinde an deutschen Universitäten zu einer verbreiteten Erscheinung.[69]

Bald gerieten Professoren wie Theodor Lessing, Günther Dehn, Emil Julius Gumbel, Hans Nawiasky und Ernst Cohn, die zu offen pazifistisch oder antinationalistisch eingestellt waren, unter Beschuß.[70] Gumbel wurde aus Heidelberg vertrieben, noch bevor die NSDAP an die Macht kam. Im Jahre 1931 gewannen die Nationalsozialisten eine Mehrheit in der Deutschen Studentenschaft; dies war die erste landesweite Vereinigung, die unter ihre Kontrolle geriet. Binnen kurzem stellte ein ganzer Trupp junger Intellektueller seine Energie und seine Fähigkeiten der Partei und ihrer Politik zur Verfügung.[71]

Nach dem Januar 1933 nahmen Studentengruppen ähnlich wie die SA die Dinge selbst in die Hand. Reichsstudentenführer Oskar Stabel verkündete kurz vor dem Boykott vom 1. April, an diesem Tage würden studentische Streikposten an den Eingängen zu den Vorlesungssälen und Seminarräumen jüdischer Professoren postiert werden, um alle vom Betreten «abzubringen».[72] So geschah es beispielsweise an der Technischen Hochschule Berlin. Später stellten sich nationalsozialistische Studenten mit Fotoapparaten auf dem Podium von Vorlesungssälen auf, um Aufnahmen von Studenten zu machen, die Lehrveranstaltungen von Juden besuchten.[73] Stark ermutigt wurde diese Art von studentischer Agitation durch eine heftig antijüdische Rede, die Erziehungsminister Rust am 5. Mai im Auditorium der Berliner Universität hielt, und durch Kommentare zu dieser Rede wie den in der offiziellen *Preußischen Zeitung:* «Wissenschaft bedeutet für einen Juden nicht eine Aufgabe, nicht eine Verpflichtung, nicht einen Bereich für schöpferische Gestaltung, sondern ein Geschäft und ein Mittel zur Zerstörung der Kultur seiner Wirtsvölker. So kam es, daß die wichtigsten Lehrstühle deutsch genannter Hochschulen mit Juden besetzt wurden. Man räumte ihnen für ihre Schmarotzertätigkeit Forscherstellen ein und belohnte sie mit Nobelpreisen.»[74]

Anfang April 1933 richtete die Deutsche Studentenschaft eine Abteilung für Presse und Propaganda ein. Deren allererste Maßnahme, die am 8. April beschlossen wurde, sollte als Reaktion auf die «schamlose Hetze» des Weltjudentums gegen Deutschland die «öffentliche Verbrennung jüdischen zersetzenden Schrifttums» durch Universitätsstudenten sein. Zwischen dem 12. April und dem 10. Mai sollte eine «Informations»kampagne durchgeführt werden; die öffentlichen Verbrennungen sollten am letzten Tag der Kampagne um 18 Uhr auf dem Gelände der Universitäten beginnen.

Die berüchtigten zwölf Thesen, welche die Studenten zur rituellen Deklamation bei den Verbrennungen vorbereiteten, waren nicht ausschließlich gegen Juden und den «jüdischen Geist» gerichtet: Zu den weiteren Zielscheiben gehörten der Marxismus, der Pazifismus und die «seelenzerfasernde Überschätzung des Trieblebens» (das heißt, «die Freudsche Schule und ihre Zeitschrift *Imago*»). Es war eine Rebellion des Deutschen gegen den «undeutschen Geist». Doch die Hauptstoßrichtung der Aktion blieb im wesentlichen antijüdisch; in den Augen der Organisatoren war sie dazu bestimmt, die antijüdische Aktion vom wirtschaftlichen Bereich (dem der Boykott vom 1. April gegolten hatte) auf das gesamte Feld der deutschen Kultur auszudehnen.

Am 13. April wurden die Thesen an Universitätsgebäuden und Anschlagtafeln in ganz Deutschland angeschlagen. These 7 lautete: «Wenn der Jude deutsch schreibt, lügt er»; er solle künftig gezwungen sein, Bücher, die er in deutscher Sprache veröffentliche, als «Übersetzungen aus dem Hebräischen» zu bezeichnen.[75]

Am Abend des 10. Mai fanden in den meisten Universitätsstädten Deutschlands exorzistische Rituale statt. In Berlin wurden mehr als 20 000 Bücher verbrannt, und in allen anderen großen deutschen Städten jeweils zwei- bis dreitausend.[76] In Berlin wurde an der Staatsoper ein riesiges Feuer entzündet, und Goebbels war einer der Redner. Im Anschluß an die Reden wurden in Berlin wie in den anderen Städten von der Menge Parolen gegen die geächteten Autoren rezitiert, während die giftigen Bücher (von Karl Marx, Ferdinand Lassalle, Sigmund Freud, Maximilian Harden und Kurt Tucholsky sowie vielen anderen) stapelweise in die Flammen geschleudert wurden. «Die großen Scheinwerfer auf dem Opernplatz», schrieb die *Jüdische Rundschau*, «leuchten auch in die Verschlungenheit unserer Existenz und unseres Schicksals hinein. Nicht nur Juden, auch Männer rein deutschen Blutes wurden angeklagt. Sie werden einzeln nach ihren Handlungen beurteilt. Bei Juden aber bedarf es keiner individuellen Gründe; da gilt der alte Spruch, ‹Der Jude wird verbrannt.›»[77]

Die NS-Studenten beschränkten ihre Aktivitäten nicht darauf, die Vorlesungen jüdischer Professoren zu stören und «gefährliche» Bücher zu verbrennen. Sie versuchten, auf allen Ebenen ihren Willen durchzusetzen, wenn es darum ging, Lehrer anzustellen oder sie, als Frontkämpfer, wieder in ihr Amt einzusetzen. Am 6. Mai richtete der Führer des NS-Studentenbundes an der Technischen Fachhochschule in Hildburghausen einen alles andere als unterwürfigen Brief an den thüringischen Erziehungsminister in Weimar. Den Studenten war mitgeteilt worden, daß ein jüdischer Lehrer namens Bermann wieder eingestellt werden sollte. Nachdem der Studentenführer die Berechtigung von Bermanns Anspruch, im Ersten Weltkrieg als Frontsoldat in vorderster Linie gekämpft zu haben, in Zweifel gezogen hatte, fuhr er fort: «Die Erregung unter den Studierenden ist sehr stark, da alleine 40% aktiv im Nationalsozialistischen Deutschen Studentenbund stehen und es mit ihrer Gesinnung nicht vereinbaren können, sich von fremdrassigen Dozenten unterrichten zu lassen. Der Nationalsozialistische Deutsche Studentenbund richtet die dringende Bitte an die nat. soz. Thür. Regierung, von der Wiedereinstellung des besagten jüdischen Studienrates absehen zu wollen.»[78] Ob Bermann wieder eingestellt wurde oder nicht, ist nicht bekannt, aber selbst hartgesottene Nazis betrachteten den studentischen Aktivismus als irgendwie peinlich. «Durch den Staatsminister des Innern, Pg. Fritsch, ist mir mitgeteilt worden», schrieb der Kreisführer Mitteldeutschland am 12. August an Manfred von Killinger, den Ministerpräsidenten von Sachsen, «daß das Staatsministerium mit den Zuständen an der Universität Leipzig unzufrieden ist. ... Seit 3 Monaten kämpfe ich mit aller Schärfe und äußerster Konsequenz gegen jede Radikalisierung der Universität. Ihrem Wunsche folgend habe ich deshalb den nationalsozialistischen Studenten jeden Boykott eines Professoren ... untersagt.»[79]

Manchmal hatten Studenten selber das Gefühl, daß sie zu weit gegangen waren: Sie hatten sogar H. G. Wells und Upton Sinclair auf die schwarze Liste gesetzt. Das Außenministerium war in Harnisch, weil zu den Autoren, deren Werke am 10. Mai vor der Krolloper verbrannt worden waren, auch der damals berühmte Befürworter der europäischen Einheit, Richard Graf von Coudenhove-Kalergi, gehörte. Der Studentenführer Gerhard Gräfe vertraute einem Briefpartner an, er habe dementiert, daß Coudenhove-Kalergis Schriften verbrannt worden seien, aber in Zukunft werde man Vorsichtsmaßnahmen ergreifen müssen.[80] Solche Vorbehalte nahmen auch andere Formen an: In seinen Tagebucheintragungen für 1933 erwähnte Victor Klemperer, ein jüdischer Romanistikprofessor an der Technischen Hochschule Dresden, der als Weltkriegskämpfer von der Entlassung ausgenommen worden war, mehrere Male, die eifrigste Teilnehmerin an seinem Seminar sei die Führerin der Nazi-Studentenzelle der Universität gewesen.[81]

Ein Vergleich zwischen den Einstellungen der Kirchen und denen der Universitäten zu den antijüdischen Maßnahmen, die das Regime 1933 ergriff, läßt neben einigen (sehr) geringfügigen Unterschieden grundlegende Ähnlichkeiten zutage treten. Zwar waren sowohl in den Kirchen als auch an den Universitäten vorbehaltlose Verfechter des Nationalsozialismus als ganzen eine kleine Minderheit, aber diejenigen, welche die von dem neuen Regime eingeläutete nationale Wiedergeburt guthießen, waren eindeutig in der Mehrheit. Diese Mehrheit war geeint durch ein konservativ-nationalistisches Glaubensbekenntnis, das mit den wesentlichen Idealen, die das Regime in seinen Anfängen proklamierte, ohne Schwierigkeiten konvergierte. Was aber die Haltung der Kirchen auszeichnete, war das Vorhandensein gewisser spezifischer Interessen, bei denen es um die Bewahrung einiger Grundsätze des christlichen Dogmas ging. Die Juden als Juden wurden ihrem Schicksal überlassen, aber sowohl die protestantische als auch die katholische Kirche versuchten, den Vorrang solcher fundamentalen Glaubenssätze wie der Überwindung der Rasse durch die Taufe und der Heiligkeit des Alten Testaments aufrechtzuerhalten. (Später waren dann die privaten Einstellungen von Katholiken und von Mitgliedern der Bekennenden Kirche zur Verfolgung der Juden sogar kritisch, vor allem auf Grund von zunehmenden Spannungen zwischen ihnen und dem Regime.) Nichts dergleichen stand bei Universitätsprofessoren einer Hinnahme der antijüdischen Akte des Regimes im Wege. Im Prinzip war die deutsche akademische Elite darauf bedacht, ohne Behinderung durch staatliche Eingriffe Wissenschaft zu treiben, aber wie wir sahen, hatten andere Werte und Einstellungen in den zwanziger und den frühen dreißiger Jahren bei ihr weit größeres Gewicht. Die begeisterte «Selbstgleichschaltung» der Universitäten demonstrierte, daß es keine grundsätzliche Opposition gab, sondern eher ein erhebliches Maß von Konvergenz zwischen dem inneren Kern des Glaubens der Mandarine und der Haltung des Nationalsozialismus, wie sie sich zu Anfang öffentlich darstellte. In einem derartigen Kontext war die Motivation dafür, sich für jüdische Kollegen und Studenten einzusetzen, minimal. Die Konsequenzen eines derart umfassenden moralischen Zusammenbruchs sind offenkundig. In vielerlei Hinsicht waren die Elitegruppen eine Brücke zwischen dem nationalsozialistischen Extremismus und den größeren Teilen der deutschen Gesellschaft; damit rückt ihre bereitwillige Preisgabe der Juden ihre Einstellungen und Reaktionen in ein verhängnisvolles historisches Licht.

Als Pastor Umfrid den Angriff auf die Juden seiner Stadt kritisierte, trat keine kirchliche Autorität für ihn ein; als jüdische Geschäfte boykottiert wurden, war keine religiöse Stimme zu vernehmen; als Hitler seine Schmährede gegen die Juden vom Stapel ließ, gab Bischof Berning keine Antwort. Als jüdische Kollegen entlassen wurden, äußerte kein deutscher Professor öffentlichen Protest; als die Zahl der jüdischen Studenten drastisch reduziert wurde, regte sich in keiner Universitätskommission und bei keinem Fakultätsmitglied Widerstand; als im ganzen Reich Bücher verbrannt wurden, brachte kein Intellektueller in Deutschland und auch niemand sonst im Lande offen irgendwelche Scham zum Ausdruck. Ein solcher totaler Zusammenbruch ist mehr als ungewöhnlich. Im Laufe der ersten Monate des Jahres 1933 muß Hitler gesehen haben, daß er auf die echte Unterstützung von Kirche und Universität rechnen konnte; was auch immer an Opposition möglicherweise existierte, sie würde nicht geäußert werden, solange unmittelbare institutionelle Interessen und grundlegende Dogmen nicht bedroht wurden. Die konkrete Situation der Juden war ein Test dafür, wie weit sich jedes echte moralische Prinzip zum Schweigen bringen ließ; auch wenn die Situation später komplizierter werden sollte, war das Resultat des Tests in dieser frühen Phase klar.

III

Während Deutschlands intellektuelle und geistliche Eliten dem neuen Regime ihre ausdrückliche oder stillschweigende Unterstützung zusicherten, versuchten die führenden Gestalten der jüdischen Gemeinschaft, ihre Bedrückung hinter einer Fassade der Zuversicht zu verbergen: Trotz aller Schwierigkeiten war die Zukunft des jüdischen Lebens in Deutschland noch nicht unwiderruflich bedroht. Ismar Elbogen, einer der prominentesten jüdischen Historiker der damaligen Zeit, brachte wahrscheinlich die damals am meisten verbreitete Einstellung zum Ausdruck, als er schrieb: «Man kann uns zum Hungern verurteilen, aber nicht zum Verhungern!»[82] Dies war der Geist, der bei der Gründung der Reichsvertretung der deutschen Juden herrschte, die auf Initiative des Vorsitzenden und des Rabbiners der Essener Gemeinde im Jahre 1933 offiziell in die Wege geleitet wurde.[83] Diese Vertretung blieb dann die Dachorganisation lokaler und landesweiter jüdischer Vereinigungen bis 1938; an ihrer Spitze standen die ganze Zeit der Berliner Rabbiner Leo Baeck, der angesehene Vorsitzende des Allgemeinen Rabbinerverbandes in Deutschland und ein renommierter Gelehrter,[84] und der Laienführer Otto Hirsch. Trotz des Widerstandes «nationaldeutscher Juden», ultraorthodoxer religiöser Gruppierungen und bisweilen der zionistischen Bewegung spielte die Reichsvertretung in den Angelegenheiten des deutschen Judentums eine bedeutende Rolle, bis sie nach einer Übergangszeit in den Jahren 1938/39 in die Reichsvereinigung der Juden in Deutschland, eine von der Gestapo sehr scharf kontrollierte Organisation, überführt wurde.

In der Reichsvertretung gab es kein größeres Gefühl des Druckes als bei den meisten einzelnen Juden in Deutschland. Noch Anfang 1934 sprach sich Otto Hirsch gegen «übereilte» Emigration aus: Er glaubte an die Möglichkeit, im neuen Deutschland ein würdiges jüdisches Leben aufrechtzuerhalten.[85] Daß Alfred Hirschberg, die prominenteste Persönlichkeit des Central-Vereins, «jede Notwendigkeit, sich über das Utopia einer Neuansiedlung [in Palästina] zu verbreiten», leugnete, war typisch, aber daß eine Publikation der zionistischen Pionierorganisation die unvorbereitete Einwanderung in Erez Israel als «Verbrechen gegen den Zionismus» definierte, kommt überraschend, vielleicht wegen des heftigen Tons dieser Äußerung.[86]

Nicht alle deutsch-jüdischen Führer legten eine derartige Unbekümmertheit an den Tag. Einer, der hartnäckig die sofortige Auswanderung verlangte, war Georg Kareski, der Leiter der rechten [revisionistischen] Staatszionistischen Organisation. Kareski, eine lautstark agierende, aber randständige Persönlichkeit selbst innerhalb des deutschen Zionismus, war bereit, den Exodus der Juden aus Deutschland notfalls in Zusammenarbeit mit der Gestapo und dem Propagandaministerium zu organisieren. Vielleicht hat er wirklich das taktische Ziel verfolgt, seine eigene Autorität im deutschen Judentum geltend zu machen, indem er seine Zusammenarbeit mit den Nazis ausnutzte,[87] aber sein Gefühl der Dringlichkeit war real und vorahnungsvoll.

Selbst als die Monate vergingen, gewannen die führenden Gestalten des deutschen Judentums im allgemeinen keinen großen Einblick in die kompromißlos antijüdische Haltung der Nationalsozialisten. So machte im August 1933 Werner Senator, der aus Palästina nach Deutschland zurückgekehrt war, um Direktor des neugegründeten Zentralausschusses für Hilfe und Aufbau zu werden, in einer an das American Joint Distribution Committee gerichteten Denkschrift den Vorschlag, einen Dialog zwischen den Juden und den Nationalsozialisten in Gang zu bringen. Seiner Ansicht nach sollte ein derartiger Dialog «zu einer Art Konkordat führen, ähnlich den Vereinbarungen zwischen der römischen Kurie und den europäischen Staaten».[88]

Keine römische Kurie und kein Konkordat wurden in der «Denkschrift zur Judenfrage», welche die Vertreter der orthodoxen Juden am 4. Oktober an Hitler sandten, als Beispiele bemüht. Die Unterzeichner machten den Reichskanzler darauf aufmerksam, wie ungerecht es sei, das Judentum mit dem marxistischen Materialismus zu identifizieren, wie unfair, einer ganzen Gemeinschaft die Fehler einiger ihrer Mitglieder zuzurechnen, und wie schwach die Verbindung zwischen dem alten jüdischen Volk und den modernen, entwurzelten, ultrarationalistischen jüdischen Schriftstellern und Journalisten sei. Die orthodoxen Juden mißbilligten die gegen Deutschland gerichtete Greuelpropaganda, und ihre Delegierten erinnerten Hitler an die jüdischen Opfer im Ersten Weltkrieg. Die Verfasser des Briefes waren davon überzeugt, daß die neue Regierung nicht die Vernichtung des deutschen Judentums im Sinne hatte, aber falls sie in diesem Punkte unrecht hätten, verlangten sie, daß man ihnen dies mitteilte. Wiederum verlangten die Vertreter der orthodoxen Juden, ausgehend von der Annahme, daß dies nicht das Ziel des Regimes sei, den Juden Deutschlands möge ein Lebensraum innerhalb des Lebensraums des deutschen Volkes zur Verfügung gestellt werden, wo sie «ungefährdet und nicht geschmäht» ihre Religion ausüben und ihren Berufen nachgehen konnten. Die Denkschrift wurde zu den Akten gelegt, bevor sie Hitlers Schreibtisch auch nur erreichen konnte.[89]

1933 verließen 37 000 der ungefähr 525 000 Juden in Deutschland das Land; in den vier darauffolgenden Jahren blieb die jährliche Zahl der Auswanderer weit unter diesem Wert (1934 waren es 23 000, 1935 21 000, 1936 25 000 und 1937 23 000).[90] 1933 gingen etwa 73 Prozent der Emigranten nach Ländern in Westeuropa, 19 Prozent nach Palästina, und 8 Prozent entschieden sich für ein Land in Übersee.[91] Ein solcher scheinbarer Mangel an Eifer, ein Land zu verlassen, in dem Absonderung, Demütigung und ein ganzes Arsenal von Verfolgungsmaßnahmen von Tag zu Tag schlimmer wurden, war zu allererst auf die Unfähigkeit des größten Teils der jüdischen Führung und hauptsächlich der gewöhnlichen deutschen Juden zurückzuführen, einen im wesentlichen unvorhersehbaren Gang der Ereignisse zu begreifen. «Ich glaube nicht», schrieb Klaus Mann in seiner Autobiographie, «daß sich die Einsichten des Kaufmanns Moritz Cohn grundlegend von denen seines Nachbarn, des Kaufmanns Friedrich Müller, unterscheiden.»[92] Die meisten Juden gedachten dem Unwetter in Deutschland zu trotzen. Überdies waren die materiellen Schwierigkeiten der Auswanderung beträchtlich, besonders in einer Phase wirtschaftlicher Unsicherheit; sie zog einen sofortigen und schwerwiegenden materiellen Verlust nach sich: Besitz von Juden wurde zu immer niedrigeren Preisen verkauft, und die Auswanderungssteuer – die von der Regierung Brüning 1931 eingeführte «Kapitalfluchtsteuer», die auf Vermögen von 200000 Reichsmark und höher erhoben wurde, wurde von den Nationalsozialisten auf eine Abgabe ausgeweitet, der Vermögen von 50000 Reichsmark und darüber unterlagen – war mörderisch. Die völlig willkürlichen Wechselkurse der Reichsbank für den Ankauf von Devisen durch Emigranten dezimierte die ständig schrumpfenden Vermögen noch zusätzlich: So wechselten bis 1935 jüdische Auswanderer ihre Markguthaben zu 50 Prozent ihres Wertes, dann zu 30 Prozent und schließlich, am Vorabend des Krieges, zu 4 Prozent.[93] Zwar wollten die Nationalsozialisten die Juden Deutschlands loswerden, aber ihnen war daran gelegen, sie zunächst mit immer härteren Methoden ihres Besitzes zu berauben.

Nur in einem Fall wurden die wirtschaftlichen Bedingungen der Auswanderung etwas erleichtert. Das Regime förderte nicht nur zionistische Aktivitäten im Reichsgebiet,[94] vielmehr wurden auch konkrete ökonomische Maßnahmen ergriffen, um die Ausreise von Juden nach Palästina zu vereinfachen. Das sogenannte Haavarah-Abkommen (hebr. haavarah: Übertragung), das am 27. August 1933 zwischen dem Reichswirtschaftsministerium und zionistischen Vertretern aus Deutschland und Palästina abgeschlossen wurde, ermöglichte jüdischen Emigranten den indirekten Transfer eines Teils ihres Vermögens und erleichterte den Export von Waren aus Nazideutschland nach Palästina.[95] Infolge dieses Abkommens wurden etwa 100 Millionen Reichsmark nach Palästina transferiert, und die meisten der 60000 deutschen Juden, die in den Jahren 1933–39 in diesem Lande eintrafen, konnten sich dadurch eine minimale Grundlage für ihre materielle Existenz sichern.[96]

Die Wirtschaftsvereinbarung und ein gewisses Maß an Zusammenarbeit bei der Vereinfachung jüdischer Auswanderung aus Deutschland – und in den Jahren 1938 und 1939 aus dem angeschlossenen Österreich und dem von den Deutschen besetzten Böhmen und Mähren – nach Palästina hatten natürlich rein instrumentellen Charakter. Die Zionisten hatten keinen Zweifel über die bösartigen Absichten der Nationalsozialisten hinsichtlich der Juden, und die Nationalsozialisten betrachteten die Zionisten zuallererst als Juden. Über den Zionismus selbst waren sich überdies NS-Ideologie und NS-Politik von Anfang an uneins: Zwar standen sie wie alle anderen extremen Antisemiten in Europa dem Zionismus wohlwollend gegenüber, weil sie ihn als Mittel ansahen, um die Juden zum Verlassen Europas zu verlocken, aber sie betrachteten die 1897 in Basel gegründete Zionistische Organisation auch als Schlüsselelement der jüdischen Weltverschwörung – ein jüdischer Staat in Palästina war danach eine Art Vatikan, der das jüdische Ränkeschmieden in der ganzen Welt koordinierte. Solche notwendigen, aber unheiligen

Kontakte zwischen Zionisten und Nationalsozialisten setzten sich dennoch bis zum Beginn des Krieges (und noch darüber hinaus) fort.

Einer der Hauptvorteile, den das neue Regime aus dem Haavarah-Abkommen zu ziehen hoffte, war eine Bresche in dem gegen Deutschland gerichteten Wirtschaftsboykott der ausländischen Juden. Die Befürchtungen der Nationalsozialisten hinsichtlich eines nennenswerten jüdischen Boykotts waren in Wirklichkeit im Grunde gegenstandslos, aber die zionistische Politik reagierte auf das, was die Deutschen zu erreichen hofften. Die zionistischen Organisationen und die Führung des Jischuw (der jüdischen Gemeinschaft in Palästina) distanzierten sich von jeder Form von Massenprotest oder Boykott, um keine Hindernisse für die neuen Vereinbarungen zu schaffen. Selbst vor dem Abschluß des Haavarah-Abkommens nahm eine derartige «Kooperation» manchmal bizarre Formen an. So wurde Anfang 1933 Baron Leopold Itz Edler von Mildenstein, ein Mann, der wenige Jahre später Leiter des Judenreferats des Sicherheitsdienstes (der von Reinhard Heydrich geleiteten nachrichtendienstlichen Abteilung der SS) werden sollte, zusammen mit seiner Ehefrau eingeladen, eine Rundreise durch Palästina zu unternehmen und eine Artikelserie für Goebbels' Zeitschrift *Der Angriff* zu schreiben. Und so kam es, daß die Mildensteins in Begleitung von Kurt Tuchler, einem führenden Mitglied der Berliner zionistischen Organisation, und dessen Frau jüdische Siedlungen in Erez Israel besuchten. Die überaus positiven Artikel erschienen ordnungsgemäß unter dem Titel «Ein Nationalsozialist fährt nach Palästina», und zur Erinnerung an diesen Anlaß wurde eine spezielle Medaille geprägt, die auf der einen Seite ein Hakenkreuz und auf der anderen einen Davidsstern trug.[97]

Sieht man die Dinge aus der Perspektive des Jahres 1933 und im Lichte der Interessen, welche die Nationalsozialisten damals hatten, dann sah die Artikelserie im *Angriff* vielleicht weniger seltsam aus, als sie heute erscheint. Dasselbe läßt sich über die Denkschrift sagen, welche die Führer der zionistischen Organisation für Deutschland am 22. Juni 1933 an Hitler schickten. Wie Francis Nicosia schreibt, schien diese Denkschrift «ein gewisses Maß an Sympathie für die völkischen Grundsätze des Hitler-Regimes zum Ausdruck zu bringen und stellte fest, daß der Zionismus mit diesen Grundsätzen ... in Einklang zu bringen sei».[98] Diese Vereinbarkeit wurde ganz klar definiert: «Der Zionismus glaubt, daß die Wiedergeburt des nationalen Lebens eines Volkes, wie sie sich nun in Deutschland auf christlicher und nationaler Grundlage vollzieht, auch für das jüdische Volk kommen wird. Auch für das jüdische Volk müssen Abstammung, Religion, gemeinsames Schicksal und ein Sinn für Einzigartigkeit von entscheidender Bedeutung für seine Existenz sein. Dies erfordert die Ausschaltung des ichsüchtigen Individualismus der liberalen Zeit und seine Ersetzung durch einen Sinn für die Gemeinschaft und die kollektive Verantwortung.»[99] Verlangt wurde weiterhin für die Juden ein Platz in dem auf dem Rassenprinzip basierenden Gesamtsystem, das der Nationalsozialismus errichtet hatte, damit auch sie in der ihnen zugewiesenen Sphäre einen fruchtbaren Beitrag zum Leben des Vaterlandes leisten konnten.[100]

Im Sommer 1933 stattete einer der bedeutendsten zionistischen Führer in Palästina, der in Deutschland geborene Arthur Ruppin, dem NS-Rassentheoretiker Hans F. K. Günther an der Universität Jena einen Besuch ab. «Die Juden seien nicht minderwertiger als die Arier, sondern nur anders, versicherte Günther. Daher müsse für das Judenproblem eine ‹faire Lösung› gefunden werden. Der Professor sei äußerst freundlich gewesen, notierte Ruppin anschließend befriedigt.»[101] So waren die anfänglichen Reaktionen einiger zionistischer Führer auf die neue deutsche Situation trotz rascher Einsicht in den abgrundtiefen Haß der Nationalsozialisten auf die Juden nicht negativ. Es gab eine weitverbreitete Hoffnung, daß die NS-Politik der Förderung jüdischer Auswanderung aus Deutschland große Möglichkeiten für den Jischuw bot. Ein Strom wichtiger Besucher kam aus Palästina angereist, um sich die Zustände in Deutschland anzusehen. Der linkszionistische Führer Moshe Belinson schrieb an Berl Katzenelson, den Herausgeber der Zeitung *Davar*, des wichtigsten Blattes der Arbeiterpartei: «Die Straßen sind mit mehr Geld gepflastert, als wir uns in der Geschichte unserer zionistischen Unternehmungen jemals erträumt haben. Hier bietet sich eine Gelegenheit zu Aufbau und blühendem Erfolg, wie wir sie noch nie gehabt haben oder je haben werden.»[102]

Gedämpft wurden die zionistischen Hoffnungen durch praktische Besorgnisse, es könnte zu übermäßigen Einwandererzahlen kommen. «Damit die Einwanderung nicht die Siedlungen, die in Palästina schon existieren, wie Lava überflutet», erklärte Ruppin auf dem im Sommer 1933 in Prag abgehaltenen Zionistenkongreß, «muß sie in einem gewissen prozentualen Verhältnis zur angesiedelten Bevölkerung stehen.»[103] Dies blieb die Politik für mehrere Jahre danach, und noch einige Zeit nach der Verabschiedung der Nürnberger Rassengesetze im Jahre 1935 dachten sowohl die deutschen Zionisten als auch die Führer des Jischuw immer noch an ein jährliches Kontingent von 15 bis 20000 deutsch-jüdischen Emigranten und an eine Auswanderung, die sich über eine Periode von 20 bis 30 Jahren erstreckte.[104]

Ganz gleich, welche praktischen Schritte ins Auge gefaßt wurden, die zionistische Rhetorik war klar: Palästina war die einzig mögliche Zuflucht und Lösung. Für einige der deutschen Juden, die sich bei ihrer Ankunft im Land Israel plötzlich mit einer neuen und unerwarteten Realität konfrontiert sahen, war das nicht selbstverständlich. Der Romancier Arnold Zweig, ein langjähriger Linkszionist, der im Sommer

1933 eingetroffen war, faßte seine Gefühle über seine neue Heimat in einem Tagebucheintrag vom 31. Dezember zusammen: «In Palästina. In der Fremde.»[105]

Einige Führer der deutschen Juden glaubten 1933 immer noch, die Nationalsozialisten würden sich von einer objektiven Darstellung der jüdischen Beiträge zur deutschen Kultur gebührend beeindrucken lassen. Wenige Monate nach dem Regimewechsel begann Leopold Ullstein, ein jüngeres Mitglied der Verlegerfamilie, ermutigt von Max Warburg und Leo Baeck, mit den Vorbereitungen für eine umfassende Studie, die in diese Richtung zielte. Innerhalb eines Jahres lag ein stattlicher Band vor, dessen Veröffentlichung aber im Dezember 1934 verboten wurde. «Der unbefangene Leser», verkündete der Gestapo-Bericht, «muß bei der Lektüre des Werkes den Eindruck gewinnen, daß die gesamte Deutsche Kultur bis zur nationalsozialistischen Revolution nur von den Juden getragen worden sei. Der Leser erhält ein ganz falsches Bild über die wahre Betätigung, insbesondere die zersetzende Tätigkeit der Juden in der Deutschen Kultur. Hinzu kommt, daß sattsam bekannte jüdische Schieber und Spekulanten dem Leser als das Opfer ihrer Zeit dargestellt werden und ihre schmutzige Tätigkeit auch noch beschönigt wird. ... Ferner werden Juden, die als Staatsfeinde hinreichend bekannt sind ..., als hervorragende Träger der ‹Deutschen Kultur› dargestellt.»[106] Jüdische Kultur für Juden war dagegen etwas anderes, und während Ullstein ein unzeitgemäßes Unternehmen anvisiert hatte, präsentierte ein anderer Berliner Jude, Kurt Singer, der frühere stellvertretende Direktor der Städtischen Oper Berlin, eine Idee anderer Art: die Gründung eines «Kulturbundes deutscher Juden».

Singers Kulturbund entsprach den Bedürfnissen der Nationalsozialisten. Als ein Plan einer autonomen kulturellen Betätigung von Juden und (ausschließlich) für Juden den neuen preußischen Behörden vorgelegt wurde, erhielt er die Billigung Görings. Praktisch wurde er auf der Seite der Nationalsozialisten von demselben Hans Hinkel kontrolliert, der bereits mit der «Entjudung» des kulturellen Lebens in Preußen beauftragt worden war. Nach außen hin sah der Kulturbund wie ein sehr zweckmäßiges Unternehmen aus, das die Probleme lösen sollte, die sowohl für das Regime als auch für die Juden durch die Vertreibung von annähernd 8000 jüdischen Schriftstellern, Künstlern, Musikern und darstellenden Künstlern aller Art sowie ihren Mitarbeitern und Agenten aus dem deutschen Kulturleben geschaffen worden waren.[107] Abgesehen von der Arbeit, die er gab, und von der beruhigenden psychologischen Funktion, die er für einen Teil der jüdischen Gemeinschaft erfüllte, bot der Kulturbund auch der umgebenden Gesellschaft eine einfache Möglichkeit, jedes etwaige Gefühl von Peinlichkeit abzuwehren: «Arier, welche die antisemitischen Maßnahmen des Regimes verabscheuten, konnten sich damit trösten, daß es den jüdischen Künstlern zumindest gestattet wurde, in den von ihnen gewählten Berufen tätig zu bleiben.»[108]

Der Kulturbund spielte noch eine weitere, unsichtbare, aber nicht weniger reale Rolle, die in die Zukunft wies: Als erste jüdische Organisation unter der direkten Überwachung durch einen Nazi-Aufseher war er Vorbote des Nazi-Ghettos, in dem ein Anschein innerer Autonomie die totale Unterordnung einer ernannten jüdischen Führung unter die Diktate ihrer Herren verschleierte. Von einer ganzen Reihe von jüdischen Intellektuellen wurde der Kulturbund begrüßt, da er einer Gemeinschaft im Belagerungszustand vermeintlich die Gelegenheit zu einem neuen jüdischen kulturellen und spirituellen Leben bot.[109] Dieses fortwährende Mißverstehen der wahren Bedeutung der Situation wurde noch durch den Ehrgeiz einiger seiner Gründer verschlimmert: ein kulturelles Leben von solcher Qualität zu schaffen, daß es den Deutschen eine Lektion erteilen würde. Der Literaturkritiker Julius Bab faßte das alles mit außerordentlicher Naivität zusammen, als er in einem Brief vom Juni 1933 schrieb: «Es bleibt doch eine bittere Sache – ein Ghettounternehmen, das wir freilich so gut machen wollen, daß sich die Deutschen schämen müssen.»[110] Babs Aussage konnte auch bedeuten, daß sich die Deutschen schämen würden, weil sie die Träger einer so hohen Kultur so schäbig behandelten.

Sporadisch informierte nun Hinkel seine Schützlinge über Werke, deren Aufführung Juden nicht mehr gestattet war. Auf dem Theater waren deutsche Sagenstoffe und Aufführungen von Werken aus dem deutschen Mittelalter und der deutschen Romantik untersagt. Eine Zeitlang war die klassische Periode zugelassen, aber Schiller wurde 1934 verboten und Goethe 1936. Von ausländischen Dichtern war Shakespeare erlaubt, aber Hamlets Monolog – «Sein oder nicht sein» – war verboten: Auf einem jüdischen Theater im Dritten Reich hätten die Worte «Des Mächt'gen Druck, des Stolzen Mißhandlungen» subversiv klingen können, und daher führten sie zum Ausschluß der ganzen Rede.[111] Selbstverständlich durften die Werke von Richard Wagner und Richard Strauss trotz der Anhänglichkeit deutscher Juden an die Stücke dieser Komponisten nicht von Juden aufgeführt werden. Beethoven wurde ihnen 1937 verboten, Mozart dagegen mußte bis zum darauffolgenden Jahr, als der Anschluß stattgefunden hatte, warten.[112]

Ungeachtet solcher zunehmenden Einschränkungen waren die Aktivitäten des Kulturbundes in Berlin und bald darauf dann auch in allen großen deutschen Städten bemerkenswert. Mehr als 180000 Juden aus allen Teilen Deutschlands wurden aktive Mitglieder der Vereinigung. In seinem ersten Jahr inszenierte der Kulturbund 69 Opernaufführungen und 117 Konzerte, und in der Zeit von Mitte 1934 bis Mitte 1935 waren es 57 Opernaufführungen und 358 Konzerte.[113] Zum Opernrepertoire gehörten unter anderem Werke von Mozart, Offenbach, Verdi, Johann Strauss, Donizetti, Rossini, Tschaikowski und Saint-Saëns. Zwar war die Auswahl der aufgeführten Werke, abgesehen von den ideologischen und finanziellen Beschränkungen, im wesentlichen traditionell, aber 1934 organisierte der Frankfurter Kulturbund ein Konzert zu Ehren von Arnold Schönbergs 60. Geburtstag, und die Kölner Zweigorganisation veranstaltete eine Aufführung von Paul Hindemiths Kinderoper *Wir bauen eine Stadt* – die sie in Palästina ansiedelte.[114]

Im Prinzip sollten die Juden zunehmend mit «jüdischen Werken» gefüttert werden. Doch selbst dieses Prinzip stellte den Nazi-Geist nicht immer zufrieden. Am 26. Oktober 1933 schickte Rainer Schlösser, Reichsdramaturg im Propagandaministerium, eine Empfehlung an Hinkel, Aufführungen von Emil Bernhards (Emil Cohns) Stück *Die Jagd Gottes* zu verbieten, denn es sei «eine Art ‹Trost des Judentums›, eine Art ‹Herzstärkung› für Juden». Überdies spielte die Handlung vor dem Hintergrund der Mißhandlung von Juden durch Kosaken: «Mit wem die erwähnten Kosaken identifiziert werden, kann man sich denken.»[115]

Den jüdischen Zuschauern muß teilweise bewußt gewesen sein, daß die Aktivitäten des Kulturbundes auf sie beruhigend wirken sollten. Dennoch wurden Kulturbund-Theater wie das in der Berliner Charlottenstraße zu einem geistigen Rettungsanker. Die Straßenbahnschaffner kannten ihr Publikum; «Charlottenstraße», riefen sie aus, «jüdische Kultur – alles aussteigen!»[116]

«Das Ziel unserer Bühne», erklärte der Direktor des Theaterbetriebes des Rhein-Ruhr-Kulturbundes in der Ausgabe seiner Zeitschrift vom November/Dezember 1933, «ist es, allen die Freude und die Ermutigung zur Bewältigung des Lebens zu bringen, indem wir sie an den ewigen Werten der Dichtung teilnehmen lassen oder die Probleme unserer Zeit erörtern, aber auch leichte Stücke zeigen und sie nicht verwerfen. Wir beabsichtigen, die Verbindung zur deutschen Heimat zu halten und gleichzeitig ein Bindeglied zu unserer großen jüdischen Vergangenheit und zu einer lebenswerten Zukunft zu bilden.»[117]

IV

Ende 1933 waren sich viele Millionen von Menschen innerhalb und außerhalb von Deutschland über die systematische Politik der Absonderung und Verfolgung, die das neue deutsche Regime gegen seine jüdischen Bürger in Gang gesetzt hatte, im klaren. Doch wie bereits zu Beginn festgestellt, war es vielleicht für die meisten Menschen, Juden ebenso wie Nichtjuden, unmöglich, sich eine deutliche Vorstellung von den Zielen und Grenzen dieser Politik zu machen. Unter den Juden Deutschlands gab es Besorgnis, aber keine Panik und kein weitverbreitetes Gefühl der Dringlichkeit. Es läßt sich schwer abschätzen, welche Bedeutung die deutsche Gesellschaft auf ihren verschiedenen Ebenen einem Problem beimaß, das auf keiner Prioritätenliste stand. Politische Stabilisierung, die Zerschlagung der Linken, wirtschaftliche Besserung, nationale Wiedergeburt und internationale Unsicherheiten waren im Bewußtsein vieler sicher mehr präsent als die verschwommenen Umrisse der Judenfrage; für die meisten Deutschen standen die Probleme und Herausforderungen des täglichen Lebens in Zeiten politischen Wandels und wirtschaftlichen Umbruchs vorrangig im Mittelpunkt des Interesses, unabhängig davon, wie weit sie sich auch über andere Probleme im klaren gewesen sein mögen. Vor diesem Hintergrund muß Hitlers Obsession in der Judenfrage betrachtet werden.

In einem bemerkenswerten Bericht, den Sir Horace Rumbold, der britische Botschafter in Berlin, am 11. Mai 1933 an Außenminister Sir John Simon sandte, beschrieb er den Ablauf eines Gesprächs mit Hitler, nachdem er auf die Verfolgung der Juden zu sprechen gekommen war: «Die Erwähnung der Behandlung der Juden führte dazu, daß sich der Kanzler in einen Zustand großer Erregung hineinsteigerte. ‹Ich werde nie zulassen›, rief er, so als rede er zu einer Versammlung unter freiem Himmel, ‹daß für deutsche Bürger zweierlei Recht existiert. Es gibt ein gewaltiges Maß an Arbeitslosigkeit in Deutschland, und ich muß beispielsweise junge Leute rein deutscher Abstammung von höherer Bildung fernhalten. Es gibt nicht genug Stellen für die reinblütigen Deutschen, und die Juden müssen mit den anderen leiden. Wenn die Juden aus dem Ausland einen Boykott deutscher Waren organisieren, dann werde ich dafür sorgen, daß das die Juden in Deutschland trifft.› Diese Äußerungen wurden mit großer Heftigkeit vorgebracht. Nur seine Erregung, die ich nicht noch verstärken wollte, hinderte mich daran, darauf hinzuweisen, daß es tatsächlich zweierlei Maßstäbe für die Behandlung deutscher Bürger gab, insofern diejenigen, die jüdischer Rasse waren, diskriminiert wurden.» Am Ende der Botschaft kam Rumbold auf das Problem zurück: «Mein Kommentar zu dem Vorangehenden ist, daß Herr Hitler selbst für die antijüdische Politik der deutschen Regierung verantwortlich ist und daß es verfehlt wäre anzunehmen, es handle sich dabei um die Politik seiner ungezügelteren Männer, mit deren Kontrolle er Schwierigkeiten habe. Jeder, der Gelegenheit gehabt hat, sich seine Äußerungen zum Thema Juden anzuhören, kann nicht umhin, genau wie ich zu erkennen, daß er in diesem Punkt ein Fanatiker ist.»[118]

Der amerikanische Generalkonsul in Berlin gelangte zu derselben

Schlußfolgerung. «Einer der unglücklichsten Aspekte der Situation», schrieb George S. Messersmith am 1. November 1933 an Außenminister Cordell Hull, «ist, daß Herr Hitler, wie ich es bereits in früheren Berichten dargelegt habe und dies hier erneut tue, unerbittlich ist und sich nicht überzeugen läßt und die eigentliche Spitze der antijüdischen Bewegung darstellt. Bei einer ganzen Reihe von Themen kann er vernünftig sein, aber in diesem Punkt kann er nur leidenschaftlich und vorurteilsvoll sein.»[119]

Im Laufe des Jahres 1933 brachte Hitler seine fixe Idee von der jüdischen Gefahr nicht in größeren öffentlichen Verlautbarungen zum Ausdruck, aber daß sie immer da war, gleichsam im Hintergrund lauernd, läßt sich in seinen Bemerkungen über das Konkordat wahrnehmen, im letzten Teil des Briefes an Hindenburg, in der Diskussion mit Bischof Berning und auch in Ausbrüchen wie denen, über die von ausländischen Diplomaten berichtet wurde. Ebenso offenkundig ist jedoch, daß sich der neue Kanzler noch nicht sicher über den Spielraum war, den ihm die schwankende politische und wirtschaftliche Lage bot. Internationale Reaktionen beunruhigten ihn durchaus. Wie er es am 6. Juli 1933 auf einer Reichsstatthalterkonferenz formulierte, war für Deutschland zur damaligen Zeit die gefährlichste Front die äußere: «Wir dürfen sie nicht reizen, wenn es nicht notwendig ist, sich mit ihr zu befassen. Die Judenfrage wieder aufzurollen, heißt die ganze Welt wieder in Aufruhr bringen.»[120] Ganz eindeutig war die unsichere wirtschaftliche Situation des Reiches, wie bereits festgestellt, auch ein bedeutender Faktor bei seinen Entscheidungen. Nachdem Hitler den stümperhaften Wirtschaftsminister Alfred Hugenberg und seinen unfähigen Nachfolger Kurt Schmitt losgeworden war, ernannte er am 30. Juli 1934 Hjalmar Schacht, den konservativen «Hexenmeister», zum Minister und Herrn über die Wirtschaft des Reiches. Aus praktischen ökonomischen Gründen bestand Schacht darauf, keine größeren Eingriffe in jüdische Geschäftstätigkeit zuzulassen.[121] Im allgemeinen unterstützte Hitler bis zur neuen Übergangsphase 1936–37 die Position Schachts. Schließlich berücksichtigte Hitler in einigen Punkten wie der Frage der jüdischen Ärzte die öffentliche Meinung in Deutschland: Mit anderen Worten, er erkannte die Notwendigkeit zu taktischem Pragmatismus im Hinblick auf kurzfristige antijüdische Maßnahmen, und so mußte seine Politik zumindest eine Zeitlang den bereits existierenden antijüdischen Programmen der Konservativen nahe bleiben.

Das Ausmaß, in dem Hitler zwischen seinem Haß auf die Juden und dem Wunsch nach radikalem Handeln einerseits und der Notwendigkeit taktischer Zurückhaltung andererseits hin- und hergerissen wurde, kam deutlich in der Kabinettssitzung vom 14. Juli zum Ausdruck, auf der er erklärte, das Konkordat mit dem Vatikan werde dem Reich bei seinem Kampf gegen das Weltjudentum helfen. Als im Zuge der Erörterung von Kriterien für die weitere Ausübung des Anwaltsberufs durch Juden mehrere Minister vorschlugen, die Identifizierung von Frontkämpfern sollte auf der Zugehörigkeit zu Kampftruppen basieren, protestierte Hitler: «Das jüdische Volk insgesamt würde abgelehnt. Daher müßten alle Juden entfernt werden. Eine Ausnahme könnte man nur bei den Juden machen, die am blutigen Kampf teilgenommen hätten. Nur die Teilnahme an einer Kampfhandlung, nicht aber der Aufenthalt in der Kampfzone wäre entscheidend. Daher müßte eine Beratungsstelle oder ein Prüfungshof zur Nachprüfung der Eintragung in die Kriegsstammrolle vorgesehen werden.»[122] Wie aber sollte diese Notwendigkeit eines fortwährenden Kampfes gegen die Juden beispielsweise in der Sphäre der Wirtschaft ihren Ausdruck finden, ohne zu den gefährlichen Ergebnissen zu führen, über die sich Hitler völlig im klaren war? Als dieses Thema auf derselben Kabinettssitzung angeschnitten wurde, ließ der Reichskanzler eine Erklärung vom Stapel, die ganz klar das Dilemma bloßlegte, vor dem er stand. «Der Reichskanzler führte aus, daß die Juden der Welt jetzt einen stillen Boykott gegen Deutschland führten, ohne daß ein Staat hiergegen etwas unternehme. Es müßte bedacht werden, daß der jüdische Boykott nur das Mittel dazu wäre, um die politische Leitung Deutschlands zu beseitigen. Daher hätten die Juden in Deutschland in erster Linie die Folgen dieser Boykottbewegung zu tragen. Es wären zweifellos zuviel Betriebe vorhanden. Daher müßte mit dem Eingehen einiger Betriebe gerechnet werden. Zu diesen sollten vor allem die gegnerischen, jüdischen Betriebe gehören, so daß hier paritätische Behandlung verfehlt wäre.»[123] Mit anderen Worten, man mußte jüdische Unternehmungen diskriminieren – bis zu einem gewissen Grade: Innerhalb der Kategorie der Betriebe, die zu verschwinden hatten, waren die jüdischen die ersten auf der Liste. Eine derartige Aussage ließ sich auf vielerlei Weise deuten.

Daß Hitler die Judenfrage auch manipulierte, um bestimmte allgemeinpolitische Ziele zu erreichen, ist nicht unmöglich. Auch wenn der Wirtschaftsboykott gegen jüdische Geschäfte zumindest offiziell aufhören mußte, wies die drohende Parteirhetorik klar darauf hin, daß die Juden von nun an als potentielle Geiseln betrachtet wurden, deren Schicksal von der Haltung der Außenwelt gegenüber dem neuen Deutschland abhängen würde. Eine derartige Benutzung der Juden blieb dann übrigens die ganzen dreißiger Jahre hindurch ein bedrohliches Thema und fand ihren gewalttätigsten Ausdruck nach dem Kristallnacht-Pogrom vom November 1938 und in den letzten Friedensmonaten, besonders in Hitlers Reichstagsrede vom Januar 1939. Überdies ermöglichten der Boykott vom April 1933 und die anderen frühen antijüdischen Maßnahmen eine gewisse Abfuhr der aufgestauten Gewalttätigkeit, die bei den «Parteiradikalen» gärte. In den darauffolgenden Monaten und Jahren, besonders aber im Jahre 1935, benutzte Hitler durchgängig seine antijüdische Politik als Sicherheitsventil gegen ein Aufbauen ideologischer oder materieller Ressentiments bei den einfachen Parteimitgliedern und dem extremeren Teil seiner Untergebenen.

Gab es schließlich, soweit es das erste Jahr des Regimes betrifft, irgendwelche Hinweise darauf, daß Hitler – über eine allgemeine ideologische Besessenheit und über kurzfristige Taktik hinaus – bereits weitere systematische Schritte gegen die Juden in Deutschland erwog? Es sieht in der Tat so aus, daß der Gedanke der Einführung einer grundlegenden juristischen Unterscheidung zwischen deutschen (arischen) Bürgern und den in Deutschland lebenden Juden – eine Hauptforderung vieler Konservativer in der Vergangenheit und ein Punkt auf dem Programm der NSDAP – seit den ersten Tagen seiner Regierung sowohl auf der Tagesordnung der konservativen Beamtenschaft stand als auch in Hitlers Überlegungen eine Rolle spielte.

Der erste Entwurf eines neuen Staatsbürgerschaftsgesetzes entstand anscheinend Ende Mai 1933 im Innenministerium und wurde im darauffolgenden Monat der Expertenkommission für Bevölkerungs- und Rassenpolitik des Ministeriums zugeleitet.[124] Diese Bemühungen führten zu keinen unmittelbaren Ergebnissen, aber Hitler erwog offenbar ähnliche Pläne für die Zukunft. So erklärte er am 28. September auf einer Besprechung mit dem Innenminister und den Reichsstatthaltern: «Ihm, dem Reichskanzler, wäre es lieber gewesen, wenn man schrittweise zu einer Verschärfung in der Behandlung der Juden in Deutschland hätte kommen können, indem man zunächst ein Staatsbürgerrecht geschaffen und dann hiervon ausgehend die Juden allmählich schärfer angefaßt hätte. Der von den Juden angezettelte Boykott habe ihn jedoch zu sofortigen, schärfsten Gegenmaßnahmen gezwungen.»[125]

Wie wir sehen werden, verlor Hitler selbst in der Atmosphäre der Ungewißheit nach seiner Machtergreifung seine ideologischen Ziele im Hinblick auf die Juden wie auch in bezug auf die anderen Themen, die den Kern seiner Weltanschauung bildeten, nicht aus den Augen. Zwar vermied er öffentliche Aussagen über die Judenfrage, aber er konnte sich nicht völlig beherrschen. In seiner Abschlußrede auf dem Nürnberger Parteitag am 1. September 1933, der als der Parteitag des Sieges bezeichnet wurde, verstieg er sich in seinen programmatischen Auslassungen über die rassischen Grundlagen der Kunst zu abfälligen Bemerkungen über die Juden: «Es ist das Zeichen der grauenhaften geistigen Dekadenz der vergangenen Zeit, daß sie von Stilen redeten, ohne ihre rassischen Bedingtheiten zu erkennen. ... Jede klar ausgeprägte Rasse hat ihre eigene Handschrift im Buche der Kunst, sofern sie nicht, wie z. B. das Judentum, ohne eigene künstlerisch produktive Fähigkeit ist.»[126] Und die Funktion einer Weltanschauung definierte Hitler in seiner Ansprache folgendermaßen: «Weltanschauungen ... sehen in der Erreichung der politischen Macht nur die Voraussetzung für den Beginn der Erfüllung ihrer eigentlichen Mission. Schon im Worte ‹Weltanschauung› liegt die feierliche Proklamation des Entschlusses, den Handlungen eine bestimmte Ausgangsauffassung und damit sichtbare Tendenz zugrunde zu legen. Eine solche Auffassung kann richtig oder falsch sein; sie ist der Ausgangspunkt für die Stellungnahme zu allen Erscheinungen und Vorgängen des Lebens und damit ein bindendes und verpflichtendes Gesetz für jedes Wirken.»[127] Mit anderen Worten, eine Weltanschauung, wie Hitler sie bestimmte, war ein quasi-religiöser Rahmen, der kurzfristige politische Ziele mit umfaßte. Der Nationalsozialismus war nicht bloß ein ideologischer Diskurs; er war eine politische Religion, welche die totale Hingabe verlangte, die man einem religiösen Glauben schuldete.[128]

Die «sichtbare Tendenz» einer Weltanschauung setzte die Existenz von «Endzielen» voraus, von denen man ungeachtet ihrer allgemeinen und schemenhaften Formulierung glaubte, daß sie die Ausarbeitung und Durchführung kurzfristiger Pläne leiteten. Vor Herbst 1935 machte Hitler weder in der Öffentlichkeit noch im privaten Gespräch Andeutungen darüber, was das Endziel seiner antijüdischen Politik sein könnte. Doch viel früher, als unreifer politischer Agitator, hatte er in seinem berüchtigten ersten politischen Text, dem Brief über die «Judenfrage», den er am 16. September 1919 an einen gewissen Adolf Gemlich gerichtet hatte, das Ziel einer systematischen antijüdischen Politik definiert. Kurzfristig mußten die Juden ihrer Bürgerrechte beraubt werden: «Das letzte Ziel aber muß unverrückbar die Entfernung der Juden überhaupt sein.»[129]

3.

Der Erlösungsantisemitismus

I

Am Nachmittag des 9. November 1918 nahm sich Albert Ballin, der jüdische Gründer und Vorsitzende der Hamburg-Amerika-Linie, das Leben. Deutschland hatte den Krieg verloren, und der Kaiser, der ihm freundschaftlich verbunden gewesen war und seinen Rat geschätzt hatte, war gezwungen worden, abzudanken und nach Holland zu fliehen, während in Berlin die Republik ausgerufen wurde. Am 13., zwei Tage nach dem Waffenstillstand, wurde Ballin in Ohlsdorf, einem Vorort von Hamburg, begraben. «Mitten in der Revolution», schreibt Ballins Biograph, «hielt die Stadt den Atem an, um ihrem vornehmsten Bürger die letzte Ehrung zu erweisen. Aus Amerongen übermittelte der Ex-Kaiser Frau Ballin telegraphisch sein Beileid.»[1]

Ballins Leben und Tod waren nur ein Beispiel für die paradoxe Existenz der Juden Deutschlands während des Zweiten Reiches. Manche hatten bemerkenswerte Erfolge erzielt, aber man hielt sie sich vom Leibe; viele fühlten sich «in Deutschland zu Hause», aber sie wurden als Fremde wahrgenommen; fast alle waren loyale Bürger, aber sie riefen Argwohn hervor. So unterzeichnete zwei Jahre vor dem Zusammenbruch, am 11. Oktober 1916, als sich die militärische Lage zu einer völligen Pattsituation entwickelt hatte, der preußische Kriegsminister eine Verfügung, mit der er eine Zählung aller Juden in den Streitkräften anordnete, «um festzustellen, ... wie viele wehrpflichtige Juden in jeder Einheit der deutschen Truppen dienten».[2] Das Kriegsministerium erklärte, «fortgesetzt liefen ... aus der Bevölkerung Klagen darüber ein, daß eine unverhältnismäßig große Zahl wehrpflichtiger Angehöriger des israelitischen Glaubens vom Heeresdienst befreit sei oder aber es verstanden habe, eine Verwendung außerhalb der vordersten Front zu finden».[3] Die Zählung wurde am 1. November 1916 abgehalten.

Seit Beginn des Krieges waren die Juden Deutschlands wie alle anderen Deutschen in die Armee eingetreten; sehr bald wurden einige von ihnen Offiziere. Insbesondere für das kastenartige preußische Offizierskorps war dies eine bittere Pille, und Offiziersorganisationen wandten sich an antisemitische Gruppen, um nach Wegen zu suchen, wie man diesen Beförderungen ein Ende bereiten könnte.[4] Eine Welle von Gerüchten, die ihren Ursprung sowohl innerhalb als auch außerhalb der Streitkräfte hatten, beschrieb die Juden als Soldaten, denen es an Tüchtigkeit und Mut mangele, und erhob den Vorwurf, Juden entzögen sich in großer Zahl dem Fronteinsatz und ließen sich auf Büroposten in der Etappe nieder, indem sie reihenweise in die «Kriegswirtschaftsfirmen» gingen, die zur Beschaffung von Rohstoffen und Proviant gegründet worden waren.[5]

Der Industrielle Walther Rathenau, der Jude war, hatte in der Tat die Leitung der neuen Kriegsrohstoffabteilung im Kriegsministerium übernommen, und auf die Initiative Ballins sowie der Bankiers Max Warburg und Carl Melchior (die ebenfalls Juden waren) wurde die Zentral-Einkaufs-Gesellschaft gegründet, die über ein Netz von Kriegsgesellschaften ausländische Lebensmittel beschaffen sollte. Nach Ansicht extrem nationalistischer Deutscher wurden diese Firmen zu Werkzeugen jüdischer Spekulation und Ausbeutung der Nation in ihrer Zeit der Gefahr: «Die Kriegsgewinnler waren zunächst einmal hauptsächlich Juden», schrieb General Erich Ludendorff in seinen Memoiren. «Sie erlangten einen beherrschenden Einfluß in den Kriegsgesellschaften ..., die ihnen Gelegenheit boten, sich auf Kosten des deutschen Volkes zu bereichern und von der deutschen Wirtschaft Besitz zu ergreifen, um eines der Machtziele des jüdischen Volkes zu erreichen.»[6] In seinem Buch *Mein Kampf* verpackte Hitler das alles in seinen typischen Stil: «Die allgemeine Stimmung [in der Armee] war miserabel. ... Die Kanzleien waren mit Juden besetzt. Fast jeder Schreiber ein Jude und jeder Jude ein Schreiber. ... Noch schlimmer lagen die Dinge bei der Wirtschaft. Hier war das jüdische Volk tatsächlich ‹unabkömmlich› geworden. Die Spinne begann, dem Volke langsam das Blut aus den Poren zu saugen. Auf dem Umwege über die Kriegsgesellschaften hatte man das Instrument gefunden, um der nationalen und freien Wirtschaft nach und nach den Garaus zu machen.»[7]

Infolge der Berufsstruktur der jüdischen Bevölkerung waren etwa 10 Prozent der Direktoren der Kriegsgesellschaften Juden,[8] aber fortgesetzte antijüdische Attacken veranlaßten Matthias Erzberger, einen Abgeordneten der katholischen Zentrumspartei, eine Untersuchung im Reichstag zu verlangen.[9] Er wurde von einer Koalition von Liberalen und Konservativen unterstützt. Selbst einige Sozialdemokraten beteiligten sich.[10] In dieser Atmosphäre verkündete das preußische Kriegsministerium seinen Beschluß, die «Judenzählung» durchzuführen.

Die Juden reagierten, aber nur zurückhaltend. Warburg, der damals bereits einer der einflußreichsten Juden im kaiserlichen Deutschland war, traf im März 1917 mit Kriegsminister Stein zusammen, um ihn um die Abgabe einer Erklärung zu bitten, daß die Juden ebenso tapfer kämpften wie andere Deutsche. Stein lehnte ab, und um diejenigen jüdischen Züge hervorzuheben, die er am wenigsten leiden konnte, hielt er Warburg einen Vortrag über Heinrich Heine.[11]

Die Ergebnisse der Zählung wurden während des Krieges nicht veröffentlicht, vorgeblich aus Rücksicht auf die Juden, da sie von Beamten des Kriegsministeriums als «verheerend» bezeichnet wurden.[12] Unmittelbar nach dem Waffenstillstand ließ der Judenhasser General Wrisberg an den radikalen antisemitischen Deutschvölkischen Schutz- und Trutzbund Pseudo-Ergebnisse durchsickern, die dann in großem Umfang für eine antijüdische Propaganda verwendet wurden.[13] Erst zu Beginn der zwanziger Jahre erwies eine systematische Untersuchung des Materials das Unternehmen als die «größte statistische Ungeheuerlichkeit, deren sich eine Behörde jemals schuldig gemacht hat».[14] Eine detaillierte Analyse machte deutlich, daß die jüdische Beteiligung an Fronteinsätzen der der allgemeinen Bevölkerung entsprach, mit einer minimalen Abweichung, die durch Altersaufbau und Beschäftigungsstruktur bedingt war. Der Schaden war dennoch angerichtet.

Ernst Simon, der sich freiwillig zum Militär gemeldet hatte, um die Gemeinschaft mit der deutschen Nation zu suchen, spürte, daß die Judenzählung mehr war als die Initiative einiger böswilliger Beamter. Sie war «realer Ausdruck einer realen Stimmung: daß wir fremd waren, daß wir daneben standen, besonders rubriziert und gezählt, aufgeschrieben und behandelt werden müßten».[15] Im Sommer 1916 schrieb Walther Rathenau an einen Freund: «Je mehr Juden in diesem Kriege fallen, desto nachhaltiger werden ihre Gegner beweisen, daß sie alle hinter der Front gesessen haben, um Kriegswucher zu treiben. Der Haß wird sich verdoppeln und verdreifachen.»[16]

Nach fast zwei Jahrzehnten relativer Ruhe war die Judenfrage während der Reichstagswahlen von 1912, die dann bald als «Judenwahlen» bezeichnet wurden, erneut mit voller Gewalt im deutschen politischen Leben aufgebrochen.[17] Das tatsächliche politische Problem war das Anwachsen der Linken. Da sich jedoch die Juden – die zu den Konservativen (wie auch umgekehrt) in Opposition standen und von der Haltung enttäuscht waren, welche die Nationalliberalen ihnen gegenüber einnahmen – den Progressiven und insbesondere den Sozialdemokraten zuwandten, wurden sie mit der linken Gefahr identifiziert.[18]

Die Wahlen brachten das Verschwinden der antisemitischen Splitterparteien und stellten für die konservative Rechte einen herben Rückschlag dar. Die Sozialdemokraten gingen aus ihnen als stärkste Partei auf der deutschen politischen Bühne hervor und konnten die Zahl ihrer Reichstagssitze von 53 auf 110 mehr als verdoppeln. Von den 300 Kandidaten, für die sich Organisationen ausgesprochen hatten, in denen Juden eine bedeutende Stellung einnahmen, wurden 88 gewählt.[19] Diese

Ergebnisse bewiesen, daß die Mehrzahl der Wähler nicht offen intensive antijüdische Gefühle hegte, aber die Reaktion der Rechten war anders und kam auf der Stelle. Für die rechtsgerichtete Presse war offenkundig geworden, daß jüdisches Geld und jüdischer Geist die Kontrolle über die «goldene» und die «rote» Internationale, diese beiden gefährlichsten Feinde der deutschen Nation, ausübten. Selbst eine Publikation, die der lutherischen Kirche so nahe stand wie der *Christlichsoziale Reichsbote*, bezeichnete die Arbeiter, die für die Sozialdemokraten stimmten, als von «jüdischer Hetzpeitsche aufgestachelte vaterlandslose Gesellen», hinter denen als «Drahtzieher das jüdisch-internationale Großkapital» stehe.[20]

In der gesamten extremen Rechten breitete sich jetzt hektische Betriebsamkeit aus, und etwa 20 neue ultranationalistische und rassistische Organisationen wurden auf der politischen Bühne aktiv. Einige von ihnen wie der Reichshammerbund und der Germanenorden waren Zusammenschlüsse von bereits vorher existierenden Gruppen.[21] Von den größeren Gruppen ist die Entwicklung des Alldeutschen Verbandes besonders aufschlußreich. In seinem bereits erwähnten Pamphlet von 1912, *Wenn ich der Kaiser wär'*, entwarf Heinrich Claß, der Präsident des Verbandes, ein ausgearbeitetes Programm zur vollständigen Vertreibung der Juden aus dem deutschen öffentlichen Leben – das heißt, aus öffentlichen Ämtern, aus den intellektuellen Berufen und aus Banken und Zeitungen. Die Juden sollten das Recht auf Grundbesitz verlieren. Die Einwanderung von Juden sollte verboten und alle Juden, die keine Staatsbürger waren, sollten deportiert werden. Diejenigen, welche Bürger waren, sollten unter Fremdenrecht gestellt werden. Als Jude gelten sollte, wer am 18. Januar 1871, dem Tag der Ausrufung des Deutschen Reiches, der jüdischen Religionsgemeinschaft angehört hatte, wie auch alle Abkömmlinge solcher Personen, selbst wenn nur ein Großelternteil Jude war.[22]

Wenige Monate später wurde dem Kronprinzen, dem ältesten Sohn Wilhelms II., durch Konstantin von Gebsattel, ein weiteres Mitglied des Verbandes, eine Denkschrift übermittelt; darin wurden dieselben Maßnahmen gegen die Juden vorgeschlagen und dazu ein «Staatsstreich», um dem Parlamentarismus in Deutschland ein Ende zu bereiten. Der Kronprinz – der dann später Mitglied der SS wurde – war von Gebsattels Denkschrift «beeindruckt» und übermittelte sie sowohl seinem Vater als auch Kanzler Theobald von Bethmann Hollweg. Der Kaiser, selbst eine eigenartige Mischung aus traditionellem Konservatismus und rechtsradikalen Anschauungen,[23] tat die Sache ab. Er hielt Gebsattel für einen «seltsamen Schwärmer», die Alldeutschen, die für solche Pläne eintraten, für «gefährliche Leute» und die Idee, die Juden aus dem öffentlichen Leben auszuschließen, für «geradezu kindlich»; Deutschland würde sich von den Kulturnationen abschneiden. Der Kanzler äußerte sich dem Kronprinzen gegenüber ehrerbietiger, aber nicht weniger negativ.[24]

Der Verband gegen die Überhebung des Judentums wurde am 11. Februar 1912 aus den Überresten der alten antisemitischen Parteien und verschiedenen anderen antisemitischen Organisationen gegründet. Sein Ziel war es, unter nationalistischem Vorzeichen eine Massenbewegung zur Erzielung politischen Wandels zu schaffen. «Eine ihrer höchsten Prioritäten war es, die jüdische ‹Rasse› aus dem öffentlichen Leben der Nation auszuschließen. Die Gründung des Verbandes, die ganz eindeutig mit den Wahlen von 1912 in Verbindung stand, war nur ein weiterer Beweis dafür, wie entschlossen sich die neue Rechte gegen ‹Juda› zu ‹verteidigen› gedachte.»[25]

II

Gegen Ende des 19. und zu Beginn des 20. Jahrhunderts stellten die Juden nie mehr als etwa ein Prozent von Deutschlands Gesamtbevölkerung. Zwischen der Jahrhundertwende und 1933 ging dieser Anteil leicht zurück. Die jüdische Gemeinschaft dagegen nahm dadurch an Exponiertheit zu, daß sie sich allmählich in den Großstädten konzentrierte, sich an bestimmte Berufe hielt und eine zunehmende Anzahl von leicht zu identifizierenden Ostjuden aufnahm.[26]

Verstärkt wurde die allgemeine Sichtbarkeit der Juden in Deutschland dadurch, daß sie in den «sensiblen» Bereichen Geschäftsleben und Finanzen, Journalismus und Kultur, Medizin und Justiz relativ stark vertreten waren, und schließlich auch dadurch, daß sie sich an liberalen und linken politischen Aktivitäten beteiligten. Die soziale Diskriminierung, der die Juden ausgesetzt waren, und ihr Streben nach Aufstieg und Anerkennung machen ihre Handlungsmuster leicht erklärbar. Diese Muster, die als jüdischer Wille zur Subversion und Beherrschung interpretiert wurden, führten ihrerseits zumindest in einem Teil der deutschen Gesellschaft zu weiterer Feindseligkeit und Ablehnung.

Von den 52 Privatbanken, die es zu Beginn des 19. Jahrhunderts in Berlin gab, waren 30 in jüdischem Besitz. Später bat Bismarck die Rothschilds, ihm einen Privatbankier zu empfehlen (das sollte dann Gerson Bleichröder sein), und Kaiser Wilhelm I. wählte sich den Bankier Moritz Cohn. Als um die Jahrhundertwende viele Privatbanken zu Aktiengesellschaften wurden, hielten Juden häufig einen beherrschenden Anteil der Aktien oder waren als Direktoren der neuen Unternehmen tätig. Betrachtet man die Bankiersaristokratie der Warburgs, der Arnholds, der Friedländer-Fulds, der Simons, der Weinbergs und so fort und daneben solche Finanzmagnaten wie die Kaufhausbesitzer Abraham Wertheim und Leonhard und Oskar Tietz, den Gründerzeit-Elektroindustriellen Emil Rathenau, den Verleger Rudolf Mosse und den Großreeder Albert Ballin, dann wird offensichtlich, daß Juden in der Finanzwelt des kaiserlichen Deutschland eine hervorragende und exponierte Stellung einnahmen.[27]

Die spezielle Funktion der jüdischen Wirtschaftselite im 19. Jahrhundert hatte in ihrer entscheidenden Rolle bei der Mobilisierung und Konzentration von Kapital durch die Entwicklung der Berliner Börse[28] und in der Verknüpfung der noch relativ provinziellen deutschen Wirtschaft mit den Weltmärkten bestanden.[29] Im Gegensatz zu dem, was manchmal behauptet worden ist, nahm die zentrale Stellung des «jüdischen» Bankwesens in der Weimarer Zeit nicht ab.[30] Doch es gab keine Korrelation zwischen jüdischer Wirtschaftstätigkeit und irgendeiner Art von dauerhaftem politischem Einfluß in der deutschen Gesellschaft.

Die Kultur war möglicherweise der sensibelste Bereich. Eine aufschlußreiche Debatte wurde im März 1912 durch einen Artikel ausgelöst, der von Moritz Goldstein, einem jungen jüdischen Intellektuellen, verfaßt und unter dem Titel «Deutsch-jüdischer Parnass» in der Zeitschrift *Kunstwart* veröffentlicht worden war. «Wir Juden», schrieb Goldstein, «verwalten den geistigen Besitz eines Volkes, das uns die Berechtigung und die Fähigkeit dazu abspricht.»[31] Goldstein räumte den jüdischen Einfluß auf die Presse und in der literarischen Welt ein und betonte dann erneut die unüberwindliche Kluft zwischen den jüdischen «Verwaltern» der deutschen Kultur, welche glaubten, sie sprächen für die Deutschen und zu ihnen, und den Deutschen selbst, die eine derartige Anmaßung als unerträglich empfanden. Was war dann der Ausweg? Der Zionismus war, so meinte Goldstein, für Menschen seiner Herkunft und seiner Generation keine Alternative. In emotionaler und äußerst emphatischer Manier forderte er statt dessen einen Akt des Mutes auf seiten der Juden Deutschlands: daß sie trotz ihrer tiefen Gefühle für Deutschland und für alles Deutsche und trotz ihrer jahrhundertelangen Anwesenheit im Lande der Wirtsgesellschaft den Rücken kehren und aufhören müßten, ständig erneuerte und ständig unerwiderte Liebe zu schwören.[32] Auf der kulturellen Ebene sollten sich Juden jetzt jüdischen Fragen zuwenden, nicht nur um ihrer selbst willen, sondern zur Schaffung «eines neuen Typus Jude, neu nicht im Leben, sondern in der Literatur».[33] Goldsteins Schluß war ebenso emotional wie der übrige Artikel: «Wir fordern Achtung vor einer Tragik, die wir hier mit schwerem Herzen vor aller Welt aufgedeckt haben.»[34]

Goldsteins scharfe Diagnose und zugleich tränenreiche Klage veranlaßte den Herausgeber des *Kunstwarts*, Ferdinand Avenarius, dazu, in der Augustnummer einen langen Kommentar unter dem Titel «Aussprachen mit Juden» zu veröffentlichen. «Wir sind keine Antisemiten», schrieb er. «Wir wissen, daß es Arbeiten gibt, für welche die Juden besser befähigt sind denn wir, und glauben, daß wir für andre besser befähigt sind denn sie, wir hoffen, daß bei ernstem Willen beiderseits ein friedliches Miteinander möglich wäre, aber wir sind überzeugt, daß dies auf die jetzige Weise nicht lange mehr geht.» Avenarius forderte eine Art «Verständigung» zwischen «Führern hüben und drüben, um schwere Kulturkämpfe zu vermeiden, hoffen aber bei der wachsenden Erregung der Geister [Avenarius beschrieb nicht näher, welcher] nicht auf baldigen breiten Erfolg.»[35] Das Problem war klar, das «wir» und «sie» noch klarer. Doch im Hinblick auf die grundlegenden Fakten (wenn auch offensichtlich nicht im Hinblick auf ihre Interpretation) waren Goldstein und (implizit) Avenarius beide nicht völlig im Unrecht.

Was die Presse angeht (mit Ausnahme der großen Zahl konservativer und speziell christlicher Zeitungen und Zeitschriften sowie der meisten Regionalblätter), so gab es auf nationaler Ebene in puncto Besitz, herausgeberischer Verantwortung und bedeutenden kulturellen oder politischen Kommentars eine starke jüdische Präsenz. Zum Verlagsimperium von Rudolf Mosse gehörten das *Berliner Tageblatt*, die *Morgenzeitung*, die *Volkszeitung* und das *Börsenblatt*. Die Familie Ullstein besaß das *Neue Berliner Tageblatt*, die *Abendpost*, die *Illustrierte Zeitung* und die *B. Z. am Mittag*, «die erste deutsche Zeitung, die vollständig im Straßenverkauf abgesetzt wurde».[36] Die Zeitung mit der höchsten Auflage, die *Morgenpost*, gehörte ebenfalls Ullstein, wie schließlich auch die *Vossische Zeitung*, «die älteste Zeitung Berlins».[37] Von den drei bedeutendsten Verlegern, die vor 1914 den größten Anteil der Tagespresse auf sich vereinigten – Mosse, Ullstein und Scherl –, waren die beiden ersten Juden.[38] Die relative Bedeutung dieser drei Verleger änderte sich in den zwanziger Jahren dann dadurch etwas, daß Scherl vom ultrarechten Alfred Hugenberg aufgekauft wurde und sich dessen Pressebeteiligungen in der Folgezeit rasch ausweiteten.

Die Chefredakteure und die wichtigsten Leitartikelschreiber der einflußreichsten Tageszeitungen (wie etwa Theodor Wolff, Chefredakteur des *Berliner Tageblatts*, Georg Bernhard, Chefredakteur der *Vossischen Zeitung*, und Bernhard Guttmann, der einflußreiche Berliner Korrespondent der *Frankfurter Zeitung*) waren Juden, ebenso wie Dutzende von anderen politischen Kommentatoren, Kulturkritikern und Satirikern in einem breiten Spektrum von Tageszeitungen und Zeitschriften.[39]

Unter den Buchverlegern waren Mosse und Ullstein bedeutende Gestalten und ebenso Samuel Fischer, der 1886 in Berlin seinen Verlag gründete. Fischer, der in der Geschichte der neueren deutschen Literatur ebenso wichtig ist wie beispielsweise Random House oder Scribner's in den Vereinigten Staaten, brachte unter anderem Thomas Mann, Gerhart Hauptmann und Hermann Hesse heraus.[40]

Neben jüdischen Verlegern und Chefredakteuren gab es eine zuverlässige Gruppe von jüdischen Lesern, Theater- und Konzertbesuchern. Ein Streben nach Bildung hatte die jüdische Bourgeoisie in die selbsternannte (und begeisterte) Trägerin deutscher Kultur verwandelt. Über die erste Aufführung von Gerhart Hauptmanns Stück *Die versunkene Glocke* vermerkte Baronin Hildegard von Spitzemberg in ihrem Tagebuch: «Das Haus war bis auf den letzten Platz gefüllt mit Juden und Judengenossen und den Vertretern der Presse und Literatur, Harden, Sudermann, Erich Schmidt, Fontane, Pietsch, welch letztere aber bedenklich die Köpfe schüttelten und nicht in den frenetischen Beifall der Anhänger des Dichters einstimmten.»[41] Fontane und Pietsch waren keine Juden.

Noch extremer war die Situation möglicherweise in Österreich-Ungarn. Gegen Ende des 19. Jahrhunderts besaßen Juden mehr als 50 Prozent der großen Banken im österreichischen Teil des Habsburgerreichs und hatten fast 80 Prozent der Schlüsselstellungen im Bankwesen inne.[42] Im ungarischen Teil war die jüdische ökonomische Präsenz, welche die volle Unterstützung der ungarischen Aristokratie genoß, sogar noch verbreiteter. «Vor allem unter den großen Pressezaren hatten Juden eine hervorragende Stellung. Die meisten führenden Zeitungen Wiens waren in ihrem Besitz, wurden von ihnen herausgegeben und brachten in großem Umfang Beiträge von ihnen. Auch wenn seine Worte etwas übertrieben waren, war es doch bezeichnend, daß Harry Wickham Steed, der Korrespondent der Londoner *Times* in der österreichischen Hauptstadt, schreiben konnte, ‹wirtschaftlich, politisch und in ihrem allgemeinen Einfluß sind sie [die Juden] ... das bedeutsamste Element in der Monarchie›.»[43]

In den ersten Jahrzehnten des 19. Jahrhunderts konnte die harmonische Assimilierung der Juden an die deutsche Gesellschaft wie in anderen Ländern West- und Mitteleuropas – später offiziell ermöglicht durch die vollständige Emanzipation von 1869 und 1871 – vielen als annehmbare Aussicht erscheinen.[44] Mehr als alles andere wollten die Juden selbst ihre Aufnahme in die deutsche Bourgeoisie; dieses kollektive «Projekt» war zweifellos ihr vorrangiges Ziel.[45] Weltliche Führer und aufgeklärte Rabbiner wurden nie müde, die Wichtigkeit von Bildung und Sittlichkeit hervorzuheben.[46] Auch wenn die große Mehrheit der Juden das Judentum nicht völlig aufgab, führten die kollektiven Bemühungen um Anpassung zu tiefgreifenden Umgestaltungen jüdischer Identität sowohl im religiösen Bereich als auch in einer Vielzahl säkularer Ziele und Einstellungen.[47] Der moderne deutsche Jude schuf jedoch – ob bewußt oder nicht – eine charakteristische Subkultur, die, obwohl sie auf Integration zielte, zu einer neuen Form der Trennung führte.[48] Verstärkt wurde die religiös-kulturelle Besonderheit dadurch, daß die Gesellschaft als ganze schon allein auf das Tempo des sozialen und ökonomischen Aufstiegs der Juden zunehmend negativ reagierte. Wirtschaftlicher Erfolg und zunehmende Exponiertheit ohne politische Macht riefen zumindest teilweise ihre eigene Nemesis hervor. In seiner Biographie Gerson Bleichröders, des Bankiers Bismarcks, erwähnt Fritz Stern die Verschiebung der Einstellungen seit den siebziger Jahren des 19. Jahrhunderts: «Tatsächlich hatten sich in seinen [Bleichröders] mittleren Lebensjahren die deutsche und die jüdische Gesellschaft zu dem seit Jahrhunderten ruhigsten, am wenigsten gestörten Einvernehmen zusammengefunden; im vorgerückten Alter [er starb 1893] erlebte er die erste organisierte Absage an dieses Einvernehmen, und gerade sein Erfolg wurde als Rechtfertigung der Absage verwertet.»[49]

Man kann dem Historiker Thomas Nipperdey ohne weiteres darin zustimmen, daß der deutsche Antisemitismus am Vorabend des Ersten Weltkriegs im Vergleich zu dem in Frankreich, Österreich oder Rußland sicher nicht der extremste war. Man kann ebenso seiner Aussage folgen, daß der Antisemitismus vor 1914 sowohl in seinem historischen Kontext als auch aus der Perspektive späterer Ereignisse («im Zeichen von Auschwitz») bewertet werden sollte.[50] Seine damit zusammenhängende Behauptung, die Juden Deutschlands selbst hätten den Antisemitismus jener Jahre als nebensächliches Problem betrachtet, als ein Überbleibsel früherer Diskriminierung, das im Laufe der Zeit verschwinden würde, ist weniger überzeugend.[51] Jede Lektüre zeitgenössischer Zeugnisse macht deutlich, daß Juden zu den Einstellungen der breiten Gesellschaft ihnen gegenüber unterschiedliche Auffassungen hatten. Es bedarf nur eines Zeugnisses wie der Klage von Moritz Goldstein, um zu zeigen, daß sich einige deutsche Juden durchaus darüber im klaren waren, daß sich die Kluft zwischen ihnen und der Gesellschaft als Ganzer vertiefte.

Dies traf nicht nur in Deutschland zu. Zwei in gleicher Weise bemerkenswerte literarische Darstellungen Österreichs vor dem Weltkrieg, Stefan Zweigs *Die Welt von gestern* und Arthur Schnitzlers *Der Weg ins Freie,* bieten gegensätzliche Einschätzungen der Frage, wie die Juden ihre eigene Lage wahrnahmen. Für Zweig war der Antisemitismus praktisch nicht existent; für Schnitzler stand er im Mittelpunkt des Bewußtseins und der Existenz seiner Gestalten. Auf jeden Fall war das Vorhandensein des Vorkriegs-Antisemitismus unabhängig von seiner relativen Stärke eine notwendige Bedingung für die massive antijüdische Feindseligkeit, die sich während der Kriegsjahre und dann zunehmend nach der Niederlage von 1918 in ganz Deutschland verbreitete. Überdies lieferte die Vorkriegsszene auch einige der ideologischen Dogmen, der politischen Forderungen und institutionellen Rahmenbedingungen, die den Nachkriegs-Antisemitismus mit seinen frühen Strukturen und Nahzielen ausstatteten.

Betrachtet man die umfassendere europäische Szene, dann waren die Errungenschaften, die politischen Einstellungen und kulturellen Optionen von Juden am Ende des 19. Jahrhunderts die von Mitgliedern einer identifizierbaren Minderheit und entstammten zum Teil der eigentümlichen historischen Entwicklung dieser Minderheit. Doch zuallererst waren diese Errungenschaften und Optionen die von Individuen, deren Ziel diejenige Art von Erfolg war, die zur Integration in die Gesamtgesellschaft führte. Für den Antisemiten dagegen stellte sich die Situation völlig anders dar: Jüdisches Streben und jüdischer Erfolg, ob real oder eingebildet, wurden als das Verhalten einer ausländischen und feindseligen Minderheitsgruppe wahrgenommen, welche kollektiv agierte, um die Mehrheit auszubeuten und zu beherrschen.

Solange es lediglich einigen wenigen Juden unter dem Patronat von Königen und Fürsten gelang, die gesellschaftliche Leiter zu erklimmen, hemmten ihre beschränkte Zahl, die Funktion, die sie erfüllten, und der Schutz, der ihnen gewährt wurde, die Ausbreitung von Feindseligkeit. Als die Emanzipation, wie es Hannah Arendt in etwas anderen Worten festgestellt hat,[52] den sozialen Aufstieg einer großen Zahl von Juden in einem Kontext ermöglichte, in dem ihre gesellschaftliche Funktion ihre Besonderheit verlor und in dem die politische Macht sie nicht mehr stützte, wurden sie zunehmend zur Zielscheibe verschiedener Formen sozialen Ressentiments. Der moderne Antisemitismus wurde von diesem Zusammentreffen von zunehmender Exponiertheit und zunehmender Schwäche geschürt.

Ein gemeinsamer Auslöser verschiedener Formen eines nichtrassischen antijüdischen Ressentiments war zweifellos die bloße Existenz der jüdischen Besonderheit. Liberale verlangten, die Juden sollten im Namen universalistischer Ideale das vollständige Verschwinden ihrer spezifischen Gruppenidentität akzeptieren; Nationalisten dagegen verlangten ein derartiges Verschwinden zugunsten einer höheren partikularistischen Idee, der des modernen Nationalstaats. Auch wenn die Mehrheit der Juden mehr als versessen darauf war, auf dem Weg zur kulturellen und sozialen Assimilation eine weite Strecke zurückzulegen, lehnten die meisten von ihnen ein völliges kollektives Verschwinden ab. Wie gemäßigt also auch jüdischer Partikularismus sein mochte, er machte sich seine liberalen Unterstützer zu Feinden und erboste seine nationalen Gegner. Jüdische Sichtbarkeit in hochsensiblen Bereichen verschärfte das Ärgernis, das in der Besonderheit lag.

Rassische Antisemiten behaupteten gleichfalls, ihr antisemitischer

Feldzug beruhe auf der Besonderheit der Juden. Während jedoch für den nichtrassischen Antisemiten eine solche Besonderheit durch ein vollständiges Assimiliertwerden und Verschwinden der Juden als solcher gänzlich ausgelöscht werden konnte und *sollte*, vertrat der rassische Antisemit die Auffassung, der Unterschied sei unauslöschlich, er liege im Blut. Für den nichtrassischen Antisemiten war eine Lösung der «Judenfrage» innerhalb der Gesamtgesellschaft möglich; für den rassischen Antisemiten war wegen der gefährlichen rassischen Einwirkung jüdischer Präsenz und Gleichheit die einzige Lösung die (juristische und wo möglich physische) Ausschließung aus der Gesamtgesellschaft. Dieses wohlbekannte Grundmuster sollte durch zwei Aspekte der modernen antijüdischen Szene erweitert werden, die von vielen Historikern entweder kaum erwähnt oder, von anderen, als allumfassend betrachtet werden: das Überleben des traditionellen religiösen Antisemitismus und die damit verbundene Ausbreitung von Verschwörungstheorien, in denen die Juden immer eine zentrale Rolle gespielt haben.

Ob die christliche Feindschaft gegenüber den Juden mit Unterbrechungen auftrat oder nicht, ob die Juden selbst zur Verschärfung dieser Feindschaft beitrugen oder nicht,[53] ändert nichts an der Tatsache, daß das Christentum die Juden in Dogma, Ritual und Praxis mit einem anscheinend unauslöschlichen Stigma brandmarkte. Dieses Stigma war weder von der Zeit noch durch die Ereignisse beseitigt worden, und im gesamten 19. sowie in den ersten Jahrzehnten des 20. Jahrhunderts behielt der christliche religiöse Antisemitismus in Europa und ganz allgemein in der westlichen Welt zentrale Bedeutung.

In Deutschland entstammten christliche antijüdische Einstellungen abgesehen von den allgemeinen Motiven des christlichen Antisemitismus auch der besonderen Situation der Kirchen während der gesamten Kaiserzeit. Deutsche Katholiken waren von der jüdischen Unterstützung für die Nationalliberalen aufgebracht, die in Bismarcks antikatholischer Kampagne nach 1870, dem Kulturkampf, dessen Verbündete waren;[54] konservative Protestanten waren fest auf den christlichen Charakter des Zweiten Reiches eingeschworen, und selbst liberale Protestanten begaben sich bei ihrem Versuch, das Christentum zu rationalisieren, in Konfrontationen mit liberalen Juden, die bemüht waren, den heidnischen Kern der christlichen Religion aufzuzeigen.[55] Schließlich erwies sich in Deutschland, Frankreich und Österreich die politische Ausnutzung christlicher antijüdischer Themen zumindest eine Zeitlang als erfolgreich, wenn es darum ging, Wähler der unteren Mittelklasse anzusprechen.

Für einige Historiker ist die Eingewurzeltheit und schon allein die Dauerhaftigkeit des christlichen Antijudaismus die einzige Basis aller Formen des modernen Antisemitismus gewesen. Jacob Katz beispielsweise sieht den modernen Antisemitismus lediglich «als eine Fortsetzung der vormodernen Ablehnung des Judentums durch das Christentum, selbst wenn er jede Verbindung damit bestritt oder sich sogar als feindselig zum Christentum bekannte». Aus der Sicht von Katz waren alle Ansprüche auf einen Antisemitismus, der jenseits der «jüdisch-christlichen Trennung» stünde, «nichts als eine Absichtserklärung. Kein Antisemit, selbst wenn er antichristlich war, verzichtete je auf den Gebrauch jener antijüdischen Argumente, die in der Ablehnung von Juden und Judentum durch frühere christliche Zeiten wurzelten.»[56] Diese Interpretation ist übertrieben, aber die Auswirkungen des religiösen Antijudaismus auf andere moderne Formen des Antisemitismus werden auf verschiedene Weise deutlich. Erstens war es weiterhin so, daß sich infolge der frühen Prägung durch christlichen Religionsunterricht und christliche Liturgie sowie durch Alltagsausdrücke, die aus der allgegenwärtigen und fortwährenden Präsenz der verschiedenen Konfessionen des christlichen Glaubens stammten, ein riesiger Vorrat von nahezu automatischen antijüdischen Reaktionen ansammelte. Zweitens verdankte schon allein der Begriff «Außenseiter», mit dem der moderne Antisemitismus den Juden belegte, seine Hartnäckigkeit nicht nur der jüdischen Besonderheit als solcher, sondern auch der Tiefe ihrer religiösen Wurzeln. Was immer sich sonst noch über den Juden sagen ließ, er war zuallererst der «andere», der Christus und die Offenbarung verschmäht hatte. Vielleicht die stärkste Wirkung des religiösen Antijudaismus war schließlich die aus dem Christentum ererbte Doppelstruktur des antijüdischen Bildes. Einerseits war der Jude ein Paria, der verachtete Zeuge des triumphalen Vormarschs des wahren Glaubens; andererseits erschien seit dem späten Mittelalter im volkstümlichen Christentum und in chiliastischen Bewegungen ein entgegengesetztes Bild, das des dämonischen Juden, welcher Ritualmorde begeht, sich gegen das Christentum verschwört, der Vorbote des Antichristen und der mächtige und geheimnisvolle Abgesandte der Kräfte des Bösen ist. Dieses Doppelbild kommt in einigen wesentlichen Aspekten des modernen Antisemitismus wieder zum Vorschein. Und seine bedrohliche und okkulte Dimension wurde zum ständig wiederkehrenden Thema der wichtigsten Verschwörungstheorien der westlichen Welt.

Der christliche Wahn einer jüdischen Verschwörung gegen die christliche Gemeinde war vielleicht selbst eine Wiederbelebung der heidnischen Vorstellung, daß die Juden Feinde der Menschheit seien, die insgeheim gegen den Rest der Welt agierten. Einer populären mittelalterlichen christlichen Legende zufolge versammelte sich «in regelmäßigen Abständen eine geheime rabbinische Synode mit Teilnehmern aus ganz Europa, um festzulegen, welche Gemeinde mit der Begehung eines Ritualmordes an der Reihe war».[57] Seit dem 18. Jahrhundert verwiesen neue Verschwörungstheorien auch auf die Bedrohung durch eine Reihe von nichtjüdischen Geheimgruppen wie Freimaurern, Illuminaten und Jesuiten. In der Landschaft der Moderne gewann das paranoide politische Denken eine gewisse Dauerhaftigkeit. «Das Charakteristische am paranoiden Stil», schreibt Richard Hofstadter, «ist nicht, daß seine Vertreter hier und dort in der Geschichte Verschwörungen oder Komplotte sehen, sondern daß sie eine ‹riesige› oder ‹gigantische› Verschwörung als *die Triebkraft* in historischen Ereignissen ansehen. Die Geschichte *ist* eine Verschwörung, in Gang gesetzt von dämonischen Kräften von fast transzendenter Macht, und was man anscheinend braucht, um sie zu besiegen, sind nicht die üblichen Methoden des politischen Kompromisses, sondern ein regelrechter Kreuzzug.»[58]

In dieser Schar geheimer Kräfte waren die Juden die Verschwörer par excellence, die Drahtzieher, die sich hinter allen anderen Geheimgruppen verbargen, welche lediglich ihre Werkzeuge waren. In der berüchtigten geheimen Doppelbedrohung durch «Juden und Freimaurer» wurden letztere als Instrumente der ersteren gesehen.[59] Mit anderen Worten, jüdische Verschwörungen standen ganz an der Spitze der Verschwörungshierarchie, und ihr Ziel war nichts Geringeres als die totale Unterwerfung der Welt. Die zentrale Stellung der Juden in diesem wahnhaften Universum läßt sich nur durch dessen Verwurzelung in der christlichen Tradition erklären.

Wie jeder andere nationale Antisemitismus am Ende des 19. Jahrhunderts und in den Jahren vor dem Ersten Weltkrieg war der Antisemitismus im kaiserlichen Deutschland, wie ich schon ausgeführt habe, sowohl durch beherrschend christliche und moderne europäische Tendenzen als auch durch die Auswirkungen spezifischer historischer Umstände bestimmt, bei denen noch verschiedene weitere Aspekte hervorgehoben werden sollten:

Ganz allgemein muß beispielsweise bei der Unterscheidung zwischen französischen und deutschen Formen der nationalen Integration eine strukturelle Dimension betont werden, wobei die Relevanz einer derartigen Unterscheidung, was antijüdische Einstellungen angeht, deutlich hervortritt. Seit der Französischen Revolution hatte das französische Modell nationaler Integration einen auf der Grundlage universeller Prinzipien, denen der Aufklärung und der Revolution, vom Staat geförderten und durchgeführten Prozeß impliziert. Seit der romantischen Revolution war das deutsche Modell nationaler Integration von der Idee der Nation als geschlossener ethnisch-kultureller Gemeinschaft, die vom Staat unabhängig war und bisweilen im Gegensatz zu ihm stand, abgeleitet und auf sie gegründet worden. Während das französische Modell die *Konstruktion* der nationalen Identität mittels eines zentralisierten Bildungssystems und aller anderen dem Staat zur Verfügung stehenden Sozialisationsmitteln beinhaltete, postulierte das deutsche Modell häufig die Existenz ererbter Charakteristika, die zu einer vorab existierenden organischen Gemeinschaft gehörten.[60]

Über eine vom Staat gelenkte Sozialisation und im Namen der universellen Werte der säkularen Republik konnte ein Jude Franzose werden, und das nicht nur auf einem rein formalen Niveau. (Dies trotz intensiv feindseliger Reaktionen von seiten jenes nicht unbedeutenden Teils der französischen Gesellschaft, der die Revolution, den republikanischen Staat und somit die Juden ablehnte, welch letztere als Ausländer, die mit dem Staat im Bunde standen, und als Träger der säkularen, subversiven Werte des sozialen Umsturzes und der Moderne identifiziert wurden.) Dagegen war für eine Gruppe, deren erkennbare Besonderheit aus der Sicht der Gesamtgesellschaft in fremdem ethnisch-kulturellem – und zunehmend: rassischem – Boden verwurzelt zu sein schien, die deutsche Volksgemeinschaft grundlegend verschlossen, und der Jude wurde von dieser Gemeinschaft ohne Rücksicht auf formale Emanzipation und Gleichheit von Bürgerrechten häufig auf Distanz gehalten. Eine etwas andere (aber hiermit nicht unvereinbare) Interpretation hat darauf verwiesen, daß in Frankreich die rechtliche Emanzipation eine vorrangige Erwartung allmählicher jüdischer Assimilierung (auch mittels des französischen Erziehungssystems und seiner universalistischen Werte) beinhaltete, während in Deutschland eine weitverbreitete Position die war, daß der Prozeß der Assimilierung mit bürokratischen Mitteln durchgesetzt und überwacht und die vollständige Emanzipation erst am Ende dieses Prozesses gewährt werden sollte. Im Laufe der Zeit wurde in Deutschland der Erfolg der jüdischen Assimilation zunehmend in Frage gestellt. Daher konnten, selbst nachdem den Juden Deutschlands die vollständige Emanzipation gewährt worden war, Antisemiten aller Schattierungen – und sogar Liberale – die Ansicht vertreten, die vollständige Assimilation sei nicht wirklich erreicht worden und die Resultate der Emanzipation seien problematisch.[61]

Zusätzlich verschärft wurde die Lage in Deutschland durch Entwicklungen, die für die zweite Hälfte des 19. Jahrhunderts charakteristisch waren und vor allem mit den verschiedenen Aspekten eines extrem raschen Modernisierungsprozesses zu tun hatten. Der Ansturm der deutschen Modernisierung schien dadurch, daß er die Gesellschaftsstrukturen des Landes völlig verwandelte und seine bestehenden Hierarchien bedrohte, geheiligte kulturelle Werte und die organischen Bande der Gemeinschaft zu gefährden;[62] gleichzeitig ließ er offenbar den auf andere Weise nicht zu begreifenden gesellschaftlichen Aufstieg der Juden zu, die so als die Förderer, Träger und Nutznießer dieser Modernisierung gesehen wurden. Die jüdische Bedrohung erschien jetzt als das Eindringen eines fremden Elements in das innerste Gefüge der Volksgemeinschaft und zugleich als eine im Zuge dieses Eindringens stattfindende Förderung nicht der Moderne als solcher (die von der deutschen Gesellschaft mehrheitlich begeistert begrüßt wurde), sondern der Übel der Moderne.

In diesem Kontext gewinnen andere Entwicklungen, die für Deutschland eigentümlich sind, ihre volle Bedeutung. Erstens fuhr nach dem Aufstieg und Niedergang der deutschen antisemitischen Parteien im letzten Viertel des 19. Jahrhunderts antijüdische Feindseligkeit fort, sich in der deutschen Gesamtgesellschaft über eine Vielzahl anderer Kanäle zu verbreiten: durch Wirtschafts- und Berufsverbände, nationalistische politische Organisationen, weithin einflußreiche kulturelle Gruppen. Die rasche Zunahme solcher institutionalisierten Verbreitung antijüdischer Einstellungen gleichsam ins Innere der Gesellschaft fand in anderen größeren west- oder mitteleuropäischen Ländern nicht – oder zumindest nicht in derartigem Umfang – statt. Zweitens wurde in Deutschland systematisch eine umfassende antisemitische Ideologie entwickelt; sie ermöglichte es, daß ein mehr oder weniger diffuses antijüdisches Ressentiment vorgefertigte intellektuelle Rahmenkonzepte und Formeln übernahm, die in den kommenden Krisenjahren ihrerseits extremere ideologische Konstrukte fördern sollten. Eine solche spezifische Ideologisierung des deutschen Antisemitismus war in zweierlei Weise besonders im Hinblick auf den rassischen Antisemitismus erkennbar. In seiner vorwiegend biologischen Form benutzte der rassische Antisemitismus die Eugenik und die Rassenanthropologie, um eine «wissenschaftliche» Untersuchung der Rassenmerkmale des Juden in Angriff zu nehmen. Die andere Richtung des rassischen Antisemitismus betonte in ihrer spezifisch deutschen, mystischen Form die mythischen Dimensionen der Rasse und der Heiligkeit des arischen Blutes. Diese zweite Richtung verschmolz mit einer entschieden religiösen Vision, der eines deutschen (oder arischen) Christentums, und führte zu einer Ideologie, die man als «Erlösungsantisemitismus» bezeichnen kann.

III

Während der gewöhnliche rassische Antisemitismus nur *ein* Element im Zusammenhang einer umfassenderen rassistischen Weltanschauung darstellt, ist im Erlösungsantisemitismus der Kampf gegen die Juden der beherrschende Aspekt einer Weltanschauung, in der andere rassistische Themen nur sekundäre Anhängsel sind.

Der Erlösungsantisemitismus ging aus der Furcht vor rassischer Entartung und aus dem religiösen Glauben an Erlösung hervor. Der Hauptgrund der Entartung war das Eindringen der Juden in das deutsche

Gemeinwesen, in die deutsche Gesellschaft und in den deutschen Blutkreislauf. Das Deutschtum und die arische Welt waren auf dem Weg ins Verderben, wenn der Kampf gegen die Juden nicht aufgenommen wurde; dies sollte ein Kampf bis aufs Messer sein. Die Erlösung würde als Befreiung von den Juden kommen – als ihre Vertreibung, wenn möglich ihre Vernichtung.

Dieser neue Antisemitismus ist als untrennbarer Bestandteil der revolutionären Leidenschaft des frühen 19. Jahrhunderts, insbesondere des revolutionären Geistes von 1848, geschildert worden. Man sollte aber betonen, daß sich die wichtigsten Träger der neuen antijüdischen Mystik sämtlich gegen ihre revolutionäre Vergangenheit gewandt hatten; wenn in ihren revolutionären Schriften das Judentum erwähnt wurde, dann geschah das in rein metaphorischem Sinne (hauptsächlich als Vertreter des Mammons oder «des Gesetzes»), und was es in ihrem neuen Antisemitismus noch an revolutionärer Terminologie gab, war als «radikaler Wandel», als «Erlösung» in einem stark religiösen Sinn oder, genauer gesagt, in einem rassisch-religiösen Sinn gedacht.[63]

Verschiedene Themen des Erlösungsantisemitismus kann man in völkischer Ideologie im allgemeinen finden, aber die durchschnittlichen völkischen Zwangsvorstellungen waren gewöhnlich zu realistisch in ihren Zielen, als daß sie sich mit Erlösungsvorstellungen verbunden hätten. Von den völkischen Ideologen näherten sich nur der Philosoph Eugen Dühring und der Bibelkundler Paul de Lagarde dieser Art antisemitischer eschatologischer Weltanschauung. Die Quelle des neuen Trends muß anderswo gesucht werden, an jenem Punkt, an dem sich deutsches Christentum, Neuromantik, der mystische Kult des heiligen arischen Blutes und ultrakonservativer Nationalismus begegneten. Das war der Bayreuther Kreis.

Ich hebe mit Absicht den Bayreuther Kreis und nicht Richard Wagner selbst hervor. Zwar bezog der Erlösungsantisemitismus seine Wirkung aus dem Geist von Bayreuth, und der Geist von Bayreuth wäre ohne Richard Wagner nicht existent gewesen, aber das Ausmaß, in dem er persönlich auf einen apokalyptischen Antisemitismus dieser Sorte festgelegt war, bleibt etwas widersprüchlich. Daß Wagners Antisemitismus nach der Veröffentlichung seiner Schrift *Das Judentum in der Musik* im Jahre 1851 eine konstante und sich verstärkende Obsession war, ist nicht zu bestreiten. Daß der Meister in allen Ecken und Winkeln des neuen Deutschen Reiches jüdische Machenschaften verborgen sah, ist sattsam bekannt. Daß das Erlösungsthema zum Leitmotiv von Wagners Ideologie und Werk in seinen letzten Lebensjahren wurde, ist nicht weniger allgemein anerkannt. Daß schließlich das Verschwinden der Juden eines der zentralen Elemente seiner Erlösungsvision war, scheint auch einwandfrei erwiesen zu sein. Was aber war in Wagners Botschaft der konkrete Sinn eines derartigen Verschwindens? Bedeutete dies die Abschaffung des jüdischen Geistes, das Verschwinden der Juden als besonderer und identifizierbarer kultureller und ethnischer Gruppe, oder implizierte Erlösung die tatsächliche physische Beseitigung der Juden? Diese letztgenannte Interpretation ist unter anderem von Historikern wie Robert W. Gutman, Hartmut Zelinsky und Paul Lawrence Rose vertreten worden.[64] Vor allem letzterer identifiziert Wagners «revolutionären Antisemitismus» und seine vermeintlich exterminatorische Tendenz mit der revolutionären Begeisterung des Komponisten aus dem Jahre 1848.

Im *Judentum in der Musik* bedeutet die Vernichtung des Juden (wie auch die berüchtigten Schlußworte des Pamphlets: «die Erlösung Ahasver's – der Untergang!») aller Wahrscheinlichkeit nach die Vernichtung des jüdischen Geistes. In diesem Finale häuft der Maestro überschwengliches Lob auf den politischen Schriftsteller Ludwig Börne, einen Juden, der in seinen Augen ein Beispiel für die Erlösung von jüdischem Wesen zu «wahrhaften Menschen» durch ein «Aufhören, Jude zu sein,» darstellt.[65] Börnes Beispiel weist augenscheinlich den Weg, der kollektiv eingeschlagen werden soll. Wagners Schriften der späten siebziger und der achtziger Jahre und die Erlösungssymbolik des *Ringes* und besonders des *Parsifal* sind allerdings außerordentlich zweideutig, wann immer direkt oder indirekt das jüdische Thema auftaucht. Ob Erlösung von erotischer Lust, von weltlichem Verlangen, von den Kämpfen um Macht nun durch Selbstvernichtung erreicht wird wie im *Ring* oder durch mystische Reinigung und die Wiedergeburt eines geheiligten germanischen Christentums wie im *Parsifal*, der Jude bleibt das Symbol der weltlichen Verlockungen, welche die Menschheit in Fesseln gefangenhalten. So muß der Erlösungskampf ein totaler Kampf sein, und der Jude muß wie der böse und unerlösbare Klingsor in *Parsifal* verschwinden. In *Siegfried* ist die Anspielung noch direkter: Der germanische Held Siegfried tötet den widerwärtigen Nibelungenzwerg Mime, den Wagner selbst, wie es in Cosima Wagners Tagebüchern heißt, als «Jüdling» identifiziert.[66] Alles in allem war das Verhältnis zwischen Siegfried und Mime, das mit äußerst vielsagendem Symbolismus überladen war, wahrscheinlich als scharfe antisemitische Allegorie auf das Verhältnis zwischen Deutschem und Juden – und auf das letztliche Schicksal des Juden – gedacht.[67] Selbst die Scherze des Meisters wie sein «Wunsch», alle Juden sollten bei einer Vorstellung von Lessings Stück *Nathan der Weise* verbrannt werden,[68] brachte die zugrundeliegende Intensität seiner exterminatorischen Phantasien zum Ausdruck. Und doch blieben Wagners Vorstellungen von den Juden inkonsequent, und die Zahl der Juden in seiner Umgebung, von den Pianisten Carl Tausig und Josef Rubinstein bis zu dem Dirigenten Hermann Levi und dem Impresario Angelo Neumann, ist wohlbekannt. Allerdings war Wagners Verhalten gegenüber Levi häufig offen sadistisch, und Rubinsteins jüdischer Selbsthaß war berüchtigt. Doch diese Juden gehörten zum engen Kreis des Maestros, und Wagner ließ, was noch bedeutsamer ist, Neumann beträchtlichen Spielraum bei der Behandlung von Verträgen und von Aufführungen seiner Werke: Kein konsequent fanatischer Antisemit hätte einen derart massiven Kompromiß zugelassen.

Zwar vertrat Wagner selbst den theoretischen Rassismus des französischen Essayisten Arthur de Gobineau, aber die intellektuellen Grundlagen des Erlösungsantisemitismus wurden, besonders nach dem Tode des Meisters, unter der Herrschaft seiner Witwe Cosima, vorwiegend von den anderen Bayreuthern gepflegt: durch Hans von Wolzogen, Ludwig Scheemann und vor allem den Engländer Houston Stewart Chamberlain. In einer klassischen Studie über den Bayreuther Kreis definiert Winfried Schüler die spezielle Bedeutung Bayreuths in der antisemitischen Bewegung und den entscheidenden Beitrag Chamberlains hierzu: «Es gehört zum Wesen antisemitischer Ideologien, daß sie sich eines mehr oder weniger ausgeprägten Freund-Feind-Schemas bedienen. Was dem Antisemitismus Bayreuths gleichwohl ein unverkennbar eigenes Gesicht verleiht, ist die Entschiedenheit, mit der der Gegensatz von Germanentum und Judentum nachgerade zum zentralen Thema der Weltgeschichte erhoben wird. In Chamberlains *Grundlagen* [seinem 1899 erschienenen magnum opus *Die Grundlagen des 19. Jahrhunderts*] findet dieses dualistische Geschichtsbild seine prägnanteste Formulierung.»[69]

In Einklang mit Bayreuths oft wiederholtem Leitmotiv forderte Chamberlain die Geburt einer deutschchristlichen Religion, eines Christentums, das von seinem jüdischen Geist gesäubert war, als einzige Grundlage für eine Erneuerung. Mit anderen Worten, die Erlösung des arischen Christentums würde nur durch die Beseitigung des Juden erreicht werden. Doch selbst hier ist nicht völlig klar, ob der erlösende Kampf gegen die Juden nur gegen den jüdischen Geist geführt werden sollte. Im Anschluß an die Feststellung, im 19. Jahrhundert seien in einem Chaos von Mischvölkern die beiden einander gegenüberstehenden «reinen» Rassen die Juden und die Deutschen, schreibt Chamberlain in den letzten Zeilen von Band 1: «Kein humanitäres Gerede kann die Tatsache beseitigen, daß dies einen Kampf bedeutet. Wo der Kampf nicht mit Kanonenkugeln geführt wird, findet er geräuschlos im Herzen der Gesellschaft statt. ... Mehr als andere ist gerade dieser stumme Kampf ein Kampf auf Leben und Tod.»[70] Chamberlain wußte wahrscheinlich selber nicht, was er im Hinblick auf konkretes Handeln hiermit meinte, aber er lieferte zweifellos die systematischste Formulierung dessen, was er als den grundlegenden Kampf betrachtete, der den Lauf der Weltgeschichte prägte.

Drei Jahre nach dem Erscheinen von Chamberlains *Grundlagen* mußte die *Frankfurter Zeitung* einräumen, das Werk habe «mehr Gärung verursacht als jede andere Erscheinung auf dem Buchmarkt in den letzten Jahren».[71] Bis zum Jahre 1915 waren von dem Buch mehr als 100 000 Exemplare verkauft, und es wurde viel darauf Bezug genommen. Im Laufe der Jahre wurde Chamberlain, der 1908 Eva, die Tochter von Richard und Cosima Wagner, geheiratet hatte, immer mehr von der «Judenfrage» besessen. In Nachtgesichten, so berichtete er, sah er sich von Juden entführt und zum Tode verurteilt.[72] «Mein Rechtsfreund in München, der meine Geschäfte führt und ein sehr erfahrener Mann ist», informierte er einen alten Bekannten, «sagt mir, kein Mann lebe, den die Juden so hassen wie mich!»[73] Der Krieg und mehr noch die frühen Jahre der Weimarer Republik trieben seine Obsession bis an ihre äußersten Grenzen. Hitler besuchte ihn 1923 in Bayreuth: Dem mittlerweile gelähmten Propheten des Erlösungsantisemitismus wurde das übergroße Glück zuteil, dem Erlöser Deutschlands von den Juden zu begegnen – und ihn als solchen zu erkennen.[74]

IV

Die Auswirkungen des Weltkriegs und der Oktoberrevolution auf die Gemüter waren stärker als die jedes anderen Ereignisses seit der Französischen Revolution. Massensterben, erschütternde politische Umwälzungen und Visionen künftiger Katastrophen schürten die allgegenwärtige apokalyptische Stimmung, die sich über Europa legte.[75] Jenseits von nationalistischer Wut kristallisierten sich in vielen Ländern die Hoffnungen, die Befürchtungen und Haßgefühle von Millionen entlang der wichtigsten politischen Frontlinie, die sich dann durch die Geschichte der darauffolgenden Jahrzehnte zog: Furcht vor der Revolution einerseits, Forderung nach ihr andererseits. Diejenigen, welche die Revolution fürchteten, identifizierten deren Führer häufig mit den Juden. Jetzt war der Beweis für die jüdische Weltverschwörung unwiderleglich: Das Judentum stand im Begriff, alle bestehende Ordnung zu zerstören, das Christentum zu vernichten und seine eigene Herrschaft durchzusetzen. In ihrem 1921 erschienenen Buch *World Revolution* fragte die englische Historikerin Nesta Webster: «Wer sind ... die Urheber des Komplotts? ... Was ist ihr letzliches Ziel bei dem Wunsch, die Zivilisation zu vernichten? Was hoffen sie damit zu gewinnen? Es ist dieses scheinbare Fehlen eines Motivs, diese scheinbar ziellose Zerstörungskampagne, die von den Bolschewisten in Rußland durchgeführt wird, die viele Leute dazu veranlaßt hat, an die Theorie einer jüdischen Verschwörung zur Zerstörung des Christentums zu glauben.»[76] Webster gehörte zu diesen

Gläubigen und auf seine Weise damals auch Thomas Mann. «Wir sprachen auch von dem Typus des russischen Juden, des Führers der revolutionären Weltbewegung», schrieb Mann am 2. Mai 1918 in seinem Tagebuch über ein Gespräch mit Ernst Bertram, «dieser sprunghaften Mischung aus jüdischem Intellektual-Radikalismus und slawischer Christus-Schwärmerei.» Er fügte hinzu: «Eine Welt, die noch Selbsterhaltungsinstinkt besitzt, muß mit aller aufbietbaren Energie und standrechtlichen Kürze gegen diesen Menschenschlag vorgehen.»[77]

Die explosivste ideologische Mischung, die im Deutschland der Nachkriegszeit präsent war, war eine Verschmelzung von ständiger Furcht vor der Roten Gefahr mit einem aus der Niederlage geborenen nationalistischen Ressentiment. Die beiden Elemente waren anscheinend miteinander verwandt, und die chaotischen Ereignisse, welche die ersten Monate der nachkaiserlichen Zeit kennzeichneten, schienen die schlimmsten Befürchtungen zu bestätigen und die Flammen des Hasses zu schüren.

Zwei Monate nach Deutschlands Niederlage versuchten die linksextremen revolutionären Spartakisten in Berlin die Macht zu ergreifen: Die Erhebung scheiterte, und am Abend des 15. Januar 1919 wurden ihre Hauptführer Karl Liebknecht und Rosa Luxemburg, die wahrscheinlich verraten worden waren, in ihrem Versteck in Berlin-Wilmersdorf festgenommen.[78] Sie wurden in das Hotel Eden, das Hauptquartier der Garde-Kavallerie-Schützen-Division, gebracht und dort von einem Hauptmann Pabst verhört. Liebknecht wurde als erster hinausgeführt, in einem Auto in den Tiergarten gebracht und «auf der Flucht erschossen». Rosa Luxemburg, die bereits im Eden brutal zusammengeschlagen worden war, wurde halbtot hinausgezerrt, von einem Auto in ein anderes verfrachtet und dann erschossen. Ihre Leiche wurde in den Landwehrkanal geworfen, wo sie bis zum März blieb. Ein Militärgericht sprach die meisten der direkt an den Morden beteiligten Offiziere frei (nur zwei von ihnen wurden zu minimalen Haftstrafen verurteilt), und Verteidigungsminister Gustav Noske, ein Sozialdemokrat, unterzeichnete pflichtschuldigst diese unwahrscheinlichen Urteile. Rosa Luxemburg und ihre engsten Gefährten unter den Berliner Spartakisten, Leo Jogiches und Paul Levi, waren Juden.

Die bedeutende Stellung von Juden unter den Führern der Revolution in Bayern gab dem ohnehin schon leidenschaftlichen antisemitischen Haß der Rechten zusätzliche Nahrung, und Gleiches galt für die Rolle, die sie bei den Berliner Spartakisten spielten. Kurt Eisner, der jüdische Führer der Unabhängigen Sozialdemokratischen Partei Deutschlands (USPD), war es, der die Dynastie der Wittelsbacher stürzte, die Bayern jahrhundertelang seine Herrscher gegeben hatte. In seiner kurzen Amtszeit als Ministerpräsident machte sich Eisner zusätzliche Feinde, indem er belastendes Archivmaterial veröffentlichte, das sich auf Deutschlands Verantwortung für den Ausbruch des Krieges bezog, und an das deutsche Volk appellierte, es möge mithelfen, verwüstete Gebiete auf feindlichem Territorium wieder aufzubauen, was einfach als Forderung interpretiert wurde, die Deutschen zu versklaven, «von Kindern bis zu Greisen, die dann für die vom Kriege zerstörten Gebiete Steine würden schleppen müssen».[79]

Am 21. Februar wurde Eisner von Anton Graf von Arco-Valley, einem rechtsgerichteten Jurastudenten, ermordet. Nach einer kurzen Interimsregierung aus Mehrheitssozialisten wurde die erste der beiden Räterepubliken gegründet. Tatsächlich war nur eine Minderheit unter den Führern der bayerischen Republiken jüdischer Abstammung, aber einige ihrer exponiertesten Gestalten konnten als Juden identifiziert werden.[80]

Die verbitterte rechte Meinung warf diesen jüdischen Führern vor, sie seien für die schwerwiegendste Greueltat verantwortlich, die die Roten begangen hatten: die Geiselerschießung im Keller des Luitpold-Gymnasiums in München. Bis auf den heutigen Tag ist der genaue Ablauf der Ereignisse unklar. Anscheinend wurden am 26. April 1919 sieben Aktivisten der radikalen antisemitischen Thule-Gesellschaft, darunter deren Sekretärin, Gräfin Heila von Westarp, im Büro der Organisation festgenommen. Zwei Offiziere der bayerischen Armee und ein jüdischer Künstler namens Ernst Berger wurden den sieben Thule-Mitgliedern beigegeben. Am 30. April, als in München die Nachricht eingetroffen war, daß die konterrevolutionäre Freiwilligeneinheit, das Freikorps von Franz Freiherr Ritter von Epp, in Starnberg gefangene Rote umgebracht habe, befahl der Kommandeur der roten Truppen, ein ehemaliger Matrose namens Rudolf Egelhofer, die Erschießung der Geiseln. Diese Exekutionen, eine isolierte Greueltat, wurden zur sprichwörtlichen Illustration des jüdisch-bolschewistischen Terrors in Deutschland; wie der britische Historiker Reginald Phelps schreibt, erklärt dieser Geiselmord weitgehend «die leidenschaftliche Welle von Antisemitismus, die sich verbreitete, weil man annahm, die Tat stelle die Rache ‹jüdisch-sowjetischer Führer› ... an antisemitischen Feinden dar». Selbstverständlich änderte die Tatsache, daß Egelhofer und «alle, die direkt mit der Erschießung zu tun hatten», keine Juden waren, nicht das mindeste an dieser Sicht der Dinge.[81]

Die Auswirkungen der Lage in Berlin und Bayern wurden durch revolutionäre Agitation in anderen Teilen Deutschlands verstärkt. Wie der nazifreundliche französische Historiker Jacques Benoist-Méchin schreibt, waren Revolutionäre mit jüdischem Hintergrund bei anderen regionalen Erhebungen nicht weniger aktiv: «In Magdeburg [ist es] Brandeis; in Dresden Lipinsky, Geyer und Fleißner; an der Ruhr Markus und Levinsohn; in Bremerhaven und Kiel Grünewald und Cohn; in der Pfalz

Lilienthal und Heine.»[82] Wichtig ist hier nicht die Richtigkeit jedes Details, sondern die weitverbreitete Einstellung, die in solchen Äußerungen tatsächlich zum Ausdruck kam.

Diese Ereignisse in Deutschland wurden in Verbindung mit gleichzeitigen Umwälzungen in Ungarn wahrgenommen: der Gründung der Räterepublik Béla Kuns und der Tatsache, daß die «jüdische» Präsenz dort noch massiver war als in Berlin und München. Der britische Mitteleuropa-Historiker R. W. Seton-Watson notierte im Mai 1919: «Antisemitische Gefühle nehmen in Budapest ständig zu (was nicht überraschend ist angesichts der Tatsache, daß nicht nur die gesamte Regierung mit zwei Ausnahmen sowie 28 der 36 Ministerialkommissare Juden sind, sondern auch ein großer Teil der Offiziere der Roten).»[83] Einige von diesen Revolutionären wie etwa der berüchtigte Tibor Szamuely waren in der Tat ausgesprochen unheimliche Gestalten.[84] Schließlich schien die starke Überrepräsentation von Führern jüdischer Herkunft unter den Bolschewisten selbst einer These Beweiskraft zu verleihen, die zu einem allgegenwärtigen Mythos geworden war, der sich in der gesamten westlichen Welt verbreitete und ein Echo fand.[85]

Darin, daß sich Juden in großer Zahl der revolutionären Linken anschlossen, lag nichts Geheimnisvolles. Diese Männer und Frauen gehörten zu der Generation von frisch emanzipierten Juden, die den Rahmen der religiösen Tradition aufgegeben und sich den Ideen und Idealen des Rationalismus und meist dem Sozialismus (oder Zionismus) zugewandt hatten. Ihre politischen Präferenzen erklärten sich sowohl aus der Diskriminierung, der sie vorwiegend in Rußland, aber auch in Mitteleuropa ausgesetzt gewesen waren, als auch aus der Anziehungskraft der sozialistischen Botschaft der Gleichheit. In der neuen sozialistischen Welt würde die gesamte leidende Menschheit erlöst werden, und damit würde das jüdische Stigma verschwinden: Es war zumindest für einige dieser «nichtjüdischen Juden»[86] eine Vision eines säkularisierten Messianismus; sie mag wie ein fernes Echo der Botschaft der Propheten geklungen haben, die sie nicht mehr anerkannten. Tatsächlich standen sie fast alle im Namen eines revolutionären Universalismus allem Jüdischen geradezu feindselig gegenüber. Keinesfalls repräsentierten sie die politischen Tendenzen der großen Mehrheit der mittel- und westeuropäischen jüdischen Bevölkerungen, die politisch liberal waren oder den Sozialdemokraten nahestanden; nur ein Bruchteil war entschieden konservativ. Die Deutsche Demokratische Partei beispielsweise, der die meisten deutschen Juden nahestanden, war der Inbegriff der liberalen Mitte der politischen Szene.[87] Ein großer Teil dieser Dinge wurde von der nichtjüdischen Öffentlichkeit ignoriert. Besonders in Deutschland brauchte der aufgehäufte Haß des nationalistischen Lagers einen Vorwand und eine Zielscheibe für seine Ergüsse. Und so stürzte er sich auf die revolutionären Juden.

Rosa Luxemburg und die jüdischen Führer in Bayern repräsentierten die Bedrohung durch die jüdische Revolution. Für die Nationalisten bewies die Ernennung einer Anzahl von jüdischen Ministern und anderen hohen Beamten des Weimarer Staates, daß die verhaßte Republik tatsächlich in jüdischen Händen lag; die Rechte konnte auf Hugo Haase, Otto Landsberg, Hugo Preuss, Eugen Schiffer, Emanuel Wurm und Oskar Cohn sowie auf Walther Rathenau, den exponiertesten aller jüdischen Minister, verweisen.[88] Rosa Luxemburg war am 15. Januar 1919 ermordet worden; Walther Rathenau, der kaum sechs Monate zuvor zum Außenminister ernannt worden war, wurde am 25. Juni 1922 umgebracht.

Rathenaus Mörder – Erwin Kern (24 Jahre alt) und Hermann Fischer (26), beide Mitglieder eines Freikorps, das sich Brigade Ehrhardt nannte, und ihre Komplizen Ernst Werner Techow (21), dessen Bruder Gerd (16) und Ernst von Salomon, ebenfalls ein ehemaliges Freikorpsmitglied – waren, so Salomon, «junge Leute aus guter Familie».[89] Bei dem Prozeß gegen sie erklärte Techow, Rathenau sei einer der Weisen von Zion.[90]

Der kanonische Text der Theoretiker der jüdischen Verschwörung, die *Protokolle der Weisen von Zion*, wurde um 1895 auf Befehl von Pjotr Ratschkowski, dem Leiter des Pariser Büros der zaristischen Geheimpolizei Ochrana, heimlich fabriziert.[91] Die *Protokolle* bestanden aus Elementen zweier Werke aus den sechziger Jahren des 19. Jahrhunderts, eines französischen, gegen Napoleon III. gerichteten Pamphlets und eines deutschen antisemitischen Romans, *Biarritz*, den ein gewisser Hermann Gödsche geschrieben hatte.[92] Das ganze Gebräu sollte die Ausbreitung des Liberalismus im Russischen Reich bekämpfen. Ratschkowski hielt sich lediglich an die reichhaltige Tradition, weltweite Verschwörungen den Juden zuzuschreiben.

Bis zum Ausbruch der Russischen Revolution blieben die *Protokolle* unbekannt. Doch der Zerfall des zaristischen Regimes und das Verschwinden der Romanows und dann der Dynastien der Hohenzollern und der Habsburger verliehen diesem mysteriösen Text, der von flüchtenden «Weißen» aus Rußland westwärts getragen wurde, auf einmal eine völlig neue Bedeutung. In Deutschland, wo Auszüge aus den *Protokollen* 1919 in der völkischen Publikation *Auf Vorposten* erschienen, wurden sie jetzt als konkreter Beweis für die Existenz dunkler Kräfte betrachtet, die für die Niederlage der Nation im Kriege und für das revolutionäre Chaos, die Demütigung und die Versklavung durch die Sieger in der Nachkriegszeit verantwortlich waren. In den Jahren vor Hitlers Machtergreifung erschienen 33 deutsche Auflagen, und nach 1933 kamen unzählige weitere heraus.[93]

Den verschiedenen Versionen der *Protokolle*, die im Laufe der Jahrzehnte in einer Vielzahl von Sprachen erschienen, ist ein im wesentlichen identischer Kern gemeinsam, der aus angeblichen Gesprächen besteht, welche die «Weisen von Zion» bei 24 Geheimtreffen geführt haben. In naher Zukunft werden die Weisen, so geht daraus hervor, vor keinem gewaltsamen Mittel zurückschrecken, um die Kontrolle über die Welt zu erlangen. Seltsamerweise ist die totale Macht nicht dazu bestimmt, zu einem strengen Despotismus zu führen, der nur den Juden nutzen soll. Das höchste Ziel wird als die Etablierung eines gerechten und sozial orientierten Weltregimes beschrieben. Die Menschen würden sich über solch eine wohltätige Regierung freuen, und ihre Zufriedenheit würde das Fortbestehen des Reiches Zion auf Jahrhunderte und Aberjahrhunderte sicherstellen.

Der letzte Teil der *Protokolle* liest sich wie ein Rezept für ein totalitäres Utopia – genau das, wonach sich viele in dieser Periode ökonomischer Unsicherheit und politischer Krise sehnten. Warum flößte dann dieses Büchlein so viel Furcht und Abscheu ein? Der Haß auslösende Effekt der *Protokolle* beruhte einfach auf dem bloßen Gedanken einer *jüdischen* Herrschaft über die christliche Welt. Die Weisen planten die Zerstörung des Christentums. Und ebenso war die Zerstörung der traditionellen Eliten und schon allein der Gedanke an eine Revolution für die der Ober- und Mittelklasse entstammende Mehrheit der Leser der *Protokolle* schreckenerregend. Eine 1920 erschienene amerikanische Ausgabe beispielsweise brachte die Machenschaften der Weisen von Zion ganz eindeutig in Zusammenhang mit der bolschewistischen Gefahr.[94]

In einem Artikel unter der Schlagzeile «Die jüdische Gefahr, ein beunruhigendes Pamphlet – Forderung nach Untersuchungen» fragte die Londoner *Times* vom 8. Mai 1920: «Was sind diese ‹Protokolle›? Sind sie echt? Wenn ja, welche böswillige Versammlung hat diese Pläne ausgeheckt und sich hämisch über ihre Niederschrift gefreut? Sind sie eine Fälschung? Wenn ja, woher kommt der unheimliche Ton der Prophetie, einer Prophetie, die sich zum Teil erfüllt hat, zum Teil auf dem Wege der Erfüllung weit fortgeschritten ist?»[95] Ein Jahr später korrigierte sich die *Times* und erklärte, die *Protokolle* seien in der Tat eine Fälschung. Dennoch hatte der Artikel vom Mai 1920 auf eine Furcht verwiesen, die tief im Innern vieler Menschen verborgen lag: davor, daß sie geheimen Kräften, die im Dunklen lauerten, zum Opfer fallen könnten. So verschärften die *Protokolle* die in jenen Jahren der Krise und der Katastrophe vorherrschende Paranoia bis zum äußersten. Wenn die jüdische Bedrohung übernational war, dann mußte der Kampf gegen sie ebenfalls global werden und durfte keine Kompromisse machen. So schien in einer Atmosphäre, die mit konkreten Bedrohungen und imaginären Vorzeichen aufgeladen war, der Erlösungsantisemitismus mehr denn je Antworten auf die Rätselfragen der Zeit zu bieten. Und für die antijüdischen wahren Gläubigen verlangte der endgültige Kampf um Erlösung den bedingungslosen Fanatismus eines Mannes, der den Weg weisen und sie zum Handeln führen konnte.

V

«Erschienen sind antisemitische Mittelständler und jüngere Studenten. ... Es sprach Herr Adolf Hitler.» Die *Münchner Post* beschrieb eine im Frühjahr 1920 abgehaltene Versammlung der ehemaligen Deutschen Arbeiter-Partei (DAP), die sich jetzt in NSDAP umbenannt hatte. «[Er benahm] sich mehr wie ein Komiker. ... Sein coupletartiger Vortrag enthielt in jedem dritten Satz den Refrain: Schuld sind die Hebräer. ... Eines ist anzuerkennen: Herr Hitler gestand es selbst ein, daß seine Rede von Rassenhaß diktiert sei. Als der Redner die Frage aufwarf, wie man sich der Juden erwehren solle, gaben Zurufe aus der Versammlung die Antwort: ‹Aufhängen! Totschlagen!›»[96]

Zwar lehnte Hitler in dem (bereits zitierten) Brief an Adolf Gemlich den emotionalen Antisemitismus ab und beharrte auf einem rationalen, systematischen Kurs, um die totale Beseitigung der Juden zu erreichen, aber sein eigener Stil in den ersten Jahren seiner antijüdischen Agitation stand den demagogischen Techniken anderer völkischer Redner sehr nahe, und seine Argumente reichten nicht weit über die üblichen völkischen Geschichtsinterpretationen hinaus.[97] «Was ist denn aus der Stadt des gutmütigen Wiener geworden?» fragte er am 27. April in einer Rede mit dem Titel «Politik und Judentum», und zur Antwort rief er aus: «Ein zweites Jerusalem!» Der Polizeibericht erwähnt an diesem Punkt «lebhaften Beifall».[98] Nichts davon lief jedoch auf eine detaillierte Darstellung von Hitlers antijüdischem Glaubensbekenntnis hinaus. Ein größerer Versuch hierzu wurde erstmals am 13. August 1920 in einer dreistündigen Rede im Münchener Hofbräuhaus gemacht. Das angekündigte Thema lautete: «Warum sind wir Antisemiten?»[99]

Gleich zu Anfang erinnerte Hitler seine Hörer daran, daß seine Partei an der Spitze eines Kampfes gegen die Juden stehe, der für die Arbeiter und ihre grundlegenden Probleme von unmittelbarer Bedeutung sei. Es folgten lange Ausführungen über das Wesen schöpferischer Arbeit. Auf umständliche Weise vertrat Hitler den Standpunkt, daß Arbeit, nicht als aufgezwungene Notwendigkeit, sondern als schöpferische Aktivität betrachtet, zum eigentlichen Symbol und zum Wesen der nordischen Rasse geworden sei, wobei ihre höchste Form die Errichtung des Staates sei. Das brachte ihn zu «dem Juden» zurück.

Indem er die Bibel, ein Buch, von dem «mindestens eines sicher ist, daß es kein Antisemit geschrieben hat», zum Ausgangspunkt seiner Argumentation machte, behauptete Hitler, für den Juden sei Arbeit Strafe:

Der Jude sei nicht zu schöpferischer Arbeit in der Lage und daher nicht fähig, einen Staat aufzubauen. Arbeit sei für ihn nur die Ausbeutung der Leistungen anderer. Ausgehend von diesem Postulat behauptete Hitler dann den parasitischen Charakter der jüdischen Existenz in der Geschichte: Durch die Jahrtausende hindurch hätten das Leben des Juden und sein rassisches Streben, die anderen Völker der Erde zu kontrollieren, die parasitische Unterminierung der Lebensmöglichkeiten der Wirtsvölker, die Ausbeutung der Arbeit anderer für die eigenen Rasseinteressen des Juden bedeutet. Der absolute Charakter des rassischen Imperativs war unbestreitbar, und Hitler stellte ihn in absoluten Worten dar: «Und bei dem allen müssen wir sehen, daß es hier keine guten und keine bösen Juden gibt, es arbeitet hier jeder ganz genau der Bestimmung seiner Rasse entsprechend, denn die Rasse oder wollen wir lieber sagen Nation und was damit zusammenhängt, Charakter usw., liegt, wie der Jude selbst erklärt, im Blut, und dieses Blut zwingt jeden einzelnen, entsprechend diesen Grundsätzen zu handeln. ... Er ist ein Jude, er arbeitet nur von dem Gedanken durchglüht: Wie bringe ich mein Volk zum Herrenvolk empor?»[100]

In diesem entscheidenden Augenblick des Kampfes war die nationalsozialistische Partei auf den Plan getreten. Eine neue Hoffnung war aufgekommen, «daß endlich der Tag kommt, an dem unsere Worte schweigen und die Tat beginnt».[101]

Wie der Historiker Eberhard Jäckel hervorgehoben hat, erschien der ganze Umfang von Hitlers Antisemitismus erst in seinem Buch *Mein Kampf*,[102] in dem die volle Gewalt der apokalyptischen Dimension des antijüdischen Kampfes ihren Ausdruck fand. Das war möglicherweise ein Ergebnis von Hitlers unabhängiger Entwicklung; es war wahrscheinlich das Resultat des ideologischen Einflusses von einem Mann, dem Hitler entweder Ende 1919 oder Anfang 1920 begegnete: dem Schriftsteller, Zeitungsherausgeber, Pamphletschreiber, Drogensüchtigen und Alkoholiker Dietrich Eckart.

Eckarts ideologischer Einfluß auf Hitler und die praktische Hilfe, die er ihm zwischen 1920 und 1923 bei mehreren entscheidenden Anlässen zukommen ließ, sind oft erwähnt worden. Hitler selbst hat Eckarts Wirkung nie geleugnet: «Wir sind heute alle einen Schritt weitergekommen, darum merken wir nicht, was er damals war: ein Polarstern», sagte er von ihm und fügte hinzu: «Ich war damals stilistisch noch ein Säugling.»[103] *Mein Kampf* war den beim Putsch von 1923 getöteten Kameraden Hitlers und Dietrich Eckart (der am Heiligabend 1923 bei Berchtesgaden gestorben war) gewidmet.

Das berüchtigte «Zwiegespräch» zwischen Eckart und Hitler, *Der Bolschewismus von Moses bis Lenin: Zwiegespräch zwischen Adolf Hitler und mir*, das einige Monate nach Eckarts Tod erschien, wurde von Dietrich

Eckart allein und wahrscheinlich sogar ohne Hitlers Wissen geschrieben.[104] Für einige Historiker ist das *Zwiegespräch* der Ausdruck von Hitlers fundamentaler ideologischer Haltung zur Judenfrage;[105] für andere gehört der Text viel mehr Eckarts als Hitlers Denkweise an.[106] Doch ganz gleich, wer der Verfasser des Pamphlets gewesen sein mag: «Alles, was wir von Eckart und Hitler wissen, verleiht dem Dokument Glaubwürdigkeit als eine Darstellung der Beziehung und der Ideen, die sie miteinander teilten.»[107]

Die Themen des *Zwiegesprächs* treten ganz deutlich in *Mein Kampf* zutage, wann immer sich Hitlers Rhetorik auf die metahistorische Ebene erhebt. Was in dem *Zwiegespräch*, ja schon allein in seinem Titel, sofort auffällt, ist, daß der Bolschewismus nicht mit der Ideologie und der politischen Kraft identifiziert wird, die 1917 in Rußland an die Macht kam; vielmehr ist der Bolschewismus das zerstörerische Wirken des Juden durch die Zeitalter hindurch. Tatsächlich ist in den frühen Jahren von Hitlers Karriere als Agitator – und dazu gehört die Abfassung des Textes von *Mein Kampf* – der politische Bolschewismus, auch wenn er immer als eines der Werkzeuge anerkannt wird, die von den Juden zur Erlangung der Weltherrschaft benutzt werden, *nicht* eine von Hitlers zentralen Obsessionen: Er ist ein wesentliches Thema nur insofern, als die Juden, von denen er sich herleitet, *das* wesentliche Thema sind. Mit anderen Worten, die revolutionäre Phase von 1919 steht in Hitlers Propaganda nicht im Vordergrund. So entspricht die Einschätzung des Nationalsozialismus primär als Panikreaktion auf die Bedrohung durch den Bolschewismus, wie sie beispielsweise der Historiker Ernst Nolte vertreten hat, nicht dem, was wir über Hitlers frühe Laufbahn wissen.

Das *Zwiegespräch* ist von der apokalyptischen Dimension beherrscht, die der jüdischen Bedrohung beigemessen wird. Eckarts Pamphlet ist gewiß eine der extremsten Darstellungen des Juden als der Kraft des Bösen in der Geschichte. Ganz am Ende des Textes faßt «er» (d. h. Hitler) das letzte Ziel des Juden zusammen: «‹Es ist wohl so› meinte er, ‹wie du [Eckart] einmal geschrieben hast: man kann den Juden nur verstehen, wenn man weiß, wohin es ihn letzten Endes drängt. Über die Weltherrschaft hinaus, zur *Vernichtung* der Welt.›»[108] Diese Vision eines Weltendes infolge des Wirkens des Juden taucht fast Wort für Wort in *Mein Kampf* wieder auf: «Siegt der Jude mit Hilfe seines marxistischen Glaubensbekenntnisses über die Völker dieser Welt, dann wird seine Krone der Totentanz der Menschheit sein, dann wird dieser Planet wieder wie einst vor Jahrmillionen menschenleer durch den Äther ziehen.»[109]

Am Ende des zweiten Kapitels von *Mein Kampf* kommt die berüchtigte Glaubensaussage: «So glaube ich heute im Sinne des allmächtigen Schöpfers zu handeln: Indem ich mich des Juden erwehre, kämpfe ich für das Werk des Herrn.»[110] Bei Eckart und bei Hitler, wie er dann vom

Jahre 1924 an sein Glaubensbekenntnis formulierte, fand der Erlösungsantisemitismus seinen endgültigen Ausdruck.

Manche Historiker haben Hitlers ideologische Auslassungen in ein geschlossenes und äußerst kohärentes System verwandelt, in eine (für sich betrachtet) zwingende Weltanschauung; andere haben die Bedeutung der ideologischen Äußerungen, sei es als System oder auch nur als Leitlinien des politischen Handelns, völlig abgetan.[111] Hier wird der Standpunkt vertreten, daß Hitlers Weltanschauung, wenn auch in sehr allgemeiner Form, auf die Ziele seiner Handlungen hindeutete und so etwas wie Leitlinien für konkrete kurzfristige politische Initiativen lieferte. Ihre antijüdischen Themen, die in Anhäufungen zwanghafter Ideen und Bilder dargeboten wurden, hatten die innere Konsequenz von Obsessionen, und zwar der paranoiden Art. In derartigen Systemen gibt es per definitionem keine Schlupflöcher. Überdies war Hitlers Weltanschauung, obwohl sie völlig auf politische Propaganda und politisches Handeln ausgerichtet war, dennoch der Ausdruck eines fanatischen Glaubens. Die Kombination von totalem Glauben und einer Sehnsucht nach Mobilisierung der Massen und radikaler Aktion führte naturwüchsig zur Darstellung der Weltanschauung in einfachen und ständig wiederholten Sätzen, für die ein Beweis nicht mittels intellektueller Konstrukte geboten wurde, sondern mittels zusätzlicher apodiktischer Erklärungen, die durch einen ständigen Strom gewaltsamer Bilder und emotional aufgeladener Metaphern verstärkt wurden. Ob diese antijüdischen Aussagen originell waren oder bloß das Wiederkäuen früherer und gängiger antisemitischer Themen (was sie in der Tat waren), ist im Grunde gleichgültig, da ihre Wirkung von Hitlers persönlichem Ton und von dem individuellen Stil herrührte, in dem er seine metapolitischen und politischen Glaubensvorstellungen präsentierte.

Soll man daher Hitlers antijüdische Obsessionen unter dem Gesichtspunkt individueller Pathologie analysieren? Dies ist eine Spur, die häufig verfolgt worden ist,[112] hier aber nicht aufgenommen wird. Es mag genügen, wenn man sagt, daß alle derartigen Interpretationen gewöhnlich äußerst spekulativ und oft reduktionistisch wirken. Überdies gab es ähnliche antijüdische Bilder, ähnliche Drohungen und eine ähnliche Bereitschaft zu Gewalt von Anfang an bei Hunderttausenden von Deutschen, die der extremen Rechten und später dem radikalen Flügel der NSDAP angehörten. Wenn es «Pathologie» gab, dann war sie kollektiv. Mehr als mit der Verfassung eines Individuums müssen wir uns mit der Sozialpathologie von Sekten auseinandersetzen. Für eine Sekte ist es allerdings ungewöhnlich, daß sie zu einer modernen politischen Partei wird, und für ihren Führer und seine Anhänger ist es noch ungewöhnlicher, daß sie ihren ursprünglichen Fanatismus beibehalten, wenn sie an die Macht gelangt sind. Dennoch war dies der unwahrscheinliche

Gang der Ereignisse. Und dieser Weg, der in Bereiche unbegreiflichen menschlichen Verhaltens führen sollte, hat einen gut dokumentierten Anfangspunkt, der im vollen Licht der Geschichte vor uns liegt: die Reihen einer kleinen extremistischen Partei im Bayern der Nachkriegszeit, die nach dem Scheitern ihres 1923 unternommenen Putschversuchs in der neuen Atmosphäre erhöhter politischer Stabilität, wie sie in der deutschen Republik herrschte, zur Vergessenheit verurteilt zu sein schien.

Hitler wiederholte unerbittlich seine Geschichte von dem durch den Juden verursachten Untergang und von der Erlösung durch einen totalen Sieg über den Juden. Für den künftigen Führer waren die verhängnisvollen Bestrebungen des Juden eine allumfassende verschwörerische Aktivität, die sich durch die gesamte Spanne der abendländischen Geschichte zog. Die Struktur von Hitlers Erzählung war nicht nur ihrem expliziten Inhalt inhärent; sie war auch das Wesen der impliziten Botschaft, die diese Erzählung vermittelte. Obwohl Hitler vorgab, eine historische Analyse zu liefern, wurde der Jude in seiner Beschreibung enthistorisiert und in ein abstraktes Prinzip des Bösen verwandelt, welches einem nicht weniger metahistorischen Widerpart entgegentrat, der in seinem Wesen und in seiner Rolle im Laufe der Zeiten genauso unwandelbar war: der arischen Rasse. Während der Marxismus den Konflikt zwischen sich wandelnden historischen Kräften betonte, wurde im Nationalsozialismus und insbesondere in der Weltanschauung Hitlers die Geschichte als die Konfrontation eines unveränderlichen Guten mit einem unveränderlichen Bösen betrachtet. Das Ergebnis ließ sich nur in religiösen Begriffen vorstellen: Verdammnis oder Erlösung.

Hitlers Vision des jüdischen Feindes hatte noch eine weitere Ebene: Der Jude war sowohl eine übermenschliche Kraft, welche die Völker der Welt ins Verderben trieb, als auch eine untermenschliche Ursache von Ansteckung, Zerfall und Tod. Das erste Bild, das der übermenschlichen Kraft, wirft eine Frage auf, die sowohl in *Mein Kampf* als auch in Hitlers Reden unbeantwortet bleibt: Warum leisteten die Völker der Welt keinen Widerstand, warum waren sie jahrhundertelang durch die Machenschaften des Juden in den Untergang getrieben worden, ohne sich erfolgreich zu wehren? Deutlich stellen wird sich diese Frage viele Jahre später, in Zusammenhang mit Hitlers Reichstagsrede vom 30. Januar 1939, als er die Vernichtung der Juden für den Fall «prophezeite», daß sie erneut die Völker Europas in einen Krieg treiben sollten. Wie *kam* es, daß die Nationen der Welt nicht in der Lage waren, diesen Machenschaften zu widerstehen?

Diese Vision beinhaltet eine betäubte, hypnotisierte Masse von Völkern, die der jüdischen Verschwörung auf Gedeih und Verderb ausgeliefert sind. Sie sind das hilflose Vieh, das von hohnlachenden jüdischen rituellen Schlächtern in den Schlußszenen des Films *Der ewige Jude* getötet wird, dessen Produktion in den Jahren 1939–40 von Goebbels initiiert und überwacht wurde. Doch wie Hitler in *Mein Kampf* ausgiebig zeigte, weicht das Bild einer übermenschlichen Kontrolle regelmäßig dem zweiten, der Vorstellung von untermenschlichen Bedrohungen durch Ansteckung, durch mikrobielle Infektion und die Ausbreitung von Pest. Das sind die Scharen von keimtragenden Ratten, die dann später in einer der abstoßendsten Szenen des *Ewigen Juden* erscheinen. Bilder von übermenschlicher Macht und von untermenschlicher Pest sind konträre Repräsentationen, aber Hitler schrieb beide ein und demselben Wesen zu, so als habe eine unaufhörlich sich wandelnde und unaufhörlich ihre Form ändernde Kraft eine ständig die Stoßrichtung wechselnde Offensive gegen die Menschheit gestartet.

Viele von den Bildern nicht nur in Hitlers Vision vom Juden, sondern auch im Antisemitismus der Nazis allgemein scheinen in solchen beständigen Verwandlungen zu konvergieren. Diese Bilder sind das unverzerrte Echo vergangener Darstellungen des Juden als einer unaufhörlich sich wandelnden und unaufhörlich dieselbe bleibenden Gestalt, eines lebenden Toten, entweder gespenstischen Wanderers oder gespenstischen Ghettobewohners. So wird die alldurchdringende jüdische Bedrohung tatsächlich formlos und unrepräsentierbar; als solche führt sie zu dem entsetzlichsten aller Wahngebilde: einer Bedrohung, die überall lauert, die, obwohl sie alles durchdringt, eine unsichtbare Trägerin des Todes ist, wie Giftgas, das sich über die Schlachtfelder des Weltkriegs legte.

Die letzte größere *geschriebene* Mitteilung von Hitlers antijüdischer Obsession war der zweite Band von *Mein Kampf*, der 1927 erschien. Ein weiteres Buch Hitlers, das 1928 abgeschlossen wurde, blieb Manuskript:[113] Es war politisch sicherer, die Gewalttätigkeit der Ansichten des Führers, besonders zu internationalen Angelegenheiten, nicht zu offenbaren, da er sich jetzt den Anschein eines Staatsmanns gab. In seinen Reden dagegen war Hitler weniger zurückhaltend.

In einem Artikel vom 5. November 1925 berichtete die *Braunschweigische Landeszeitung* unter der Schlagzeile «Hitler in Braunschweig» über eine Rede, die der NS-Führer auf einer Parteiversammlung in der Konzerthalle der Stadt gehalten hatte. Nach Erwähnung einiger der Themen der Rede hieß es in dem Bericht: «Dann zog Hitler in der bekannten Form und in der üblichen Weise über die Juden her. Man weiß ja, was die Nationalsozialisten gegen diese Staatsbürger einzuwenden haben, und man kann es sich deshalb ersparen, darüber zu berichten, was Hitler zu diesem Thema zu sagen hatte.»[114]

Der Verfasser des Artikels hätte es nicht knapper oder wahrheitsgetreuer formulieren können. Eine ähnliche Bemerkung erschien am 5. Mai 1926 in dem Bericht der *Mecklenburger Nachrichten* über eine Rede, die Hitler zwei Tage zuvor in Schwerin gehalten hatte.[115] Der Hagel von Beleidigungen und Drohungen gegen die Juden war eher noch massiver als in der Vergangenheit. Zu dieser Zeit fehlt in kaum einer der Reden Hitlers die Art von antisemitischer Rhetorik, die in den frühen Reden und in *Mein Kampf* aufgebaut wurde. Es ist, als habe das Scheitern des Putsches von 1923, als habe die Inhaftierung und die zeitweilige Auflösung der NSDAP zu einer gesteigerten Wut geführt oder als hätten die Bedürfnisse der politischen Agitation die ständige Wiederholung der aggressivsten Parolen verlangt, die sich nur auftreiben ließen. Die Börsenjuden und das internationale jüdische Kapital wurden Seite an Seite mit blutrünstigen jüdischen Revolutionären ins Feld geführt; die Themen jüdische Rassenschande und jüdische Verschwörung, um die Welt zu kontrollieren, wurden den rasenden Gläubigen der Partei mit derselben sofortigen Wirkung eingeflößt. Um seinen Attacken Durchschlagskraft zu verleihen, benutzte Hitler jeden rhetorischen Trick, selbst die ziemlich ungewöhnliche Methode, bekannte jüdische Witze zu erzählen, um die Verderbtheit der jüdischen Seele zu veranschaulichen.[116]

Doch selbst in der Zeit nach seiner Inhaftierung in Landsberg wußte Hitler, wann immer politische Zweckmäßigkeit Vorsicht bei der Verwendung grober antijüdischer Ausbrüche gebot, das Thema zu vermeiden. Als er am 28. Februar 1926 vor dem Hamburger Nationalclub von 1919, einer konservativ-nationalistischen Vereinigung, sprach, unter deren größtenteils der Oberschicht angehörenden Mitgliedern sich eine Reihe ehemaliger hochrangiger Offiziere befand, vermied er es einfach, die Juden zu erwähnen.[117] Man wird an die «Zurückhaltung» seiner späteren Rede vor dem Deutschen Industrieclub in Düsseldorf erinnert. Doch was Hitler antrieb, war sein antijüdischer Haß, und was Anstrengung erforderte, war die kalkulierte Zurückhaltung. Für Hitler war der Kampf gegen die Juden die unveränderliche Basis und der zwanghafte Kern seines Verständnisses von Geschichte, Politik und politischem Handeln.

Manchmal wurde die antijüdische Einstellung in unerwarteter Form neu formuliert. So erklärte Hitler einem Polizeibericht zufolge am 18. Dezember 1926 auf einer Rede in München, «gerade für den Nationalsozialisten habe das Weihnachtsfest erhöhte Bedeutung, denn Christus sei der größte Vorkämpfer im Kampfe gegen den jüdischen Weltfeind gewesen. Christus sei nicht der Friedensapostel gewesen, den erst die Kirche aus ihm gemacht habe, sondern er sei die größte Kampfnatur gewesen, die je gelebt hat. Die Lehre Christi sei für Jahrtausende grundlegend gewesen für den Kampf gegen den Juden als Feind der Menschheit. Das Werk, welches Christus angefangen habe, aber nicht beenden konnte, werde er (Hitler) zu Ende führen. Der Nationalsozialismus sei nichts anderes als eine praktische Befolgung der Lehre Christi.»[118]

Die Reden, die Hitler im entscheidenden Jahr 1932 gehalten hat, liegen bei Drucklegung dieses Buches noch nicht publiziert vor, aber die meisten Schmähreden der Jahre 1927–31 sind jetzt verfügbar:[119] In ihnen herrschte weiterhin der antisemitische Haß vor. Manchmal war wie in Hitlers scharfer Polemik gegen die Bayerische Volkspartei (BVP) in der Münchener Rede vom 29. Februar 1928, nicht sehr lange vor den Reichstagswahlen vom Mai, das Gift des Agitators aus den frühen zwanziger Jahre wieder voll und ganz da, und die Juden standen immer im Mittelpunkt, weil die BVP den Antisemitismus verworfen hatte. Die Themen waren dieselben; die rhetorischen Tricks waren dieselben; die rasenden Reaktionen der Masse waren dieselben: Sprecher und Zuhörer dürsteten nach Gewalt – gegen dasselbe Volk, die Juden.[120]

Bei den Reichstagswahlen von 1928 errangen die Nationalsozialisten nur 2,6 Prozent der Stimmen (6,1 Prozent in Bayern, 10,7 Prozent in München): Der Durchbruch sollte erst noch kommen. Die antijüdische Agitation ging weiter. «Wir sehen», rief Hitler in seiner Rede vom 31. August 1928 aus, «daß in Deutschland die Verjudung fortschreitet in der Literatur, beim Theater, in der Musik und im Film, daß unsere Ärzteschaft verjudet, unser Richterstand, daß an unseren Universitäten immer mehr und mehr Juden auftreten, und es wundert mich nicht, daß ein Prolet hergeht und sagt: Was kümmert das mich? Verwunderlich ist es, daß es aber nationale bürgerliche Menschen gibt, die sagen: Das interessiert uns nicht, diesen Antisemitismus verstehe ich nicht. *Sie werden ihn verstehen, wenn ihre Kinder unter der Knute des jüdischen Aufsichtsbeamten schmachten* [Hervorhebung im Original].»[121]

Nach dem atemberaubenden Erfolg der NSDAP bei den Wahlen vom September 1930 und während der fast zweieinhalb Jahre, die nun folgten, bis Hitler Reichskanzler wurde, tauchte das Thema Juden in seinen Reden zwar nicht mehr so häufig auf, aber es verschwand nicht. Und wenn Hitler, wie beispielsweise in einer Rede am 25. Juni 1931, von den Juden sprach, dann enthielten solche Äußerungen alle unheilverkündenden Vorhersagen der früheren Jahre. Im ersten Teil der Rede beschrieb Hitler, wie die Juden die germanische Führung in Rußland vernichtet und das Land in ihre Gewalt gebracht hätten. Bei anderen Nationen spielte sich derselbe Prozeß unter dem Deckmantel der Demokratie ab. Doch das Finale war direkter und bedrohlicher: «Die Parteien der Mitte sagen, es bricht alles zusammen, wir erklären, was ihr als Zusammenbruch anseht, ist das Werden einer neuen Zeit. Nur eine Frage ist gegen diese Zeit: Geht diese Zeit aus vom deutschen Volk ... oder sinkt diese Zeit hinüber zu einem anderen Volk, wird der Jude tatsächlich heute der Weltherr, organisiert er sein Leben, wird er in der Zukunft die Völker beherrschen, das ist die große Frage, die entschieden wird, so oder so.»[122]

Für den auswärtigen Gebrauch stimmte Hitler einen weit weniger apokalyptischen, weit gemäßigteren Ton an. In einem Interview, das er Mitte Oktober 1930 der Londoner *Times* gab, versicherte er dem Korrespondenten, man dürfe ihn nicht mit irgendwelchen Pogromen in Verbindung bringen. Er wolle lediglich «Deutschland für die Deutschen»; seine Partei habe nichts gegen «anständige Juden», aber wenn sich die Juden mit dem Bolschewismus identifizierten – und dazu neigten viele unglücklicherweise –, dann würde er sie als Feinde betrachten.[123] Übrigens brachte Hitler in Artikeln, die um die gleiche Zeit veröffentlicht wurden, seine Überzeugung zum Ausdruck, daß immer wiederkehrende Berichte über die Zunahme des Antisemitismus in der Sowjetunion und Interpretationen des Konflikts zwischen Stalin und Trotzki als Kampf zwischen einem Antisemiten und einem Juden grundlos und absurd seien: «Stalin braucht jedenfalls selbst nicht beschnitten zu sein, seine Mitarbeiter bestehen aber zumindest zu neun Zehnteln aus lauter waschechten Hebräern. Sein Handeln ist die Fortsetzung der restlosen Entwurzelung des russischen Volkes zu dessen vollkommener Unterwerfung unter die Judendiktatur.»[124]

Was immer Hitler über die jüdische Diktatur in der Sowjetunion schreiben mochte, in Deutschland ließen sich einige Leute durch den scheinbaren ideologischen Wandel, der in dem *Times*-Interview zum Ausdruck kam, täuschen. Am 18. Oktober 1930 schrieb Arthur Mahraun, selbst kein Philosemit und der Führer des konservativen Jungdeutschen Ordens, der Jugendbewegung der neugegründeten Deutschen Staatspartei, in der Zeitschrift seiner Organisation: «Adolf Hitler hat auf den Antisemitismus verzichtet – das steht nunmehr unumstößlich fest. Aber offiziell vorerst nur dem Ausland gegenüber, vor allem an die Adresse der Börsenleute der City und Wallstreet. Die nationalsozialistischen Anhänger im Inland jedoch werden weiter mit antisemitischen Phrasen beschwindelt.»[125] Ließ sich Mahraun wirklich durch Hitlers taktische Verlautbarungen in die Irre führen?

Hitlers teilweise Zurückhaltung in dieser Zeit wurde von seinen Untergebenen mehr als wettgemacht.[126] Das schlagendste Beispiel war der neue Berliner Gauleiter Joseph Goebbels mit seinem wöchentlich (später täglich) erscheinenden Blatt *Der Angriff*, einer Zeitung, die ihren Namen gewiß verdiente: Gegen ihre wichtigste Zielscheibe, die Juden, war sie skrupellos und erbarmungslos. Als Symbol für die üblen Machenschaften und den Machtmißbrauch der Juden wählte Goebbels Dr. Bernhard Weiss, den stellvertretenden Präsidenten der Berliner Polizei, den der Gauleiter «Isidor» nannte. Dutzende von Anti-Isidor-Artikeln erschienen vom Mai 1927 (als die Polizei zeitweilig die Nazipartei in Berlin verbot) bis zum Vorabend der Machtergreifung; zusätzliche Schlagkraft erhielten die Artikel durch die Karikaturen Hans Schweitzers (Pseudonym: «Mjölnir»). Ein Band mit den ersten dieser Artikel von Goebbels wurde 1928 zusammen mit den Karikaturen als *Das Buch Isidor* veröffentlicht.[127]

Am 15. April 1929 richtete *Der Angriff* seine Aufmerksamkeit auf den unerklärten Tod eines kleinen Jungen in der Nähe von Bamberg. Goebbels' Blatt erklärte, man könnte wohl aussichtsreich ermitteln, «wenn man sich dazu die Frage vorlegen würde, welche in Deutschland befindliche ‹Religionsgemeinschaft› schon seit Jahrhunderten im Verdachte steht, daß sich in ihren Reihen Fanatiker befinden, die das Blut christlicher Kinder zu rituellen Zwecken gebrauchen».[128] Ein Berliner Gericht wies die gegen den *Angriff* erhobene Verleumdungsklage mit dem Argument ab, die Goebbelssche Zeitung habe nicht behauptet, die jüdische Gemeinschaft als solche unterstütze Mord, und wenn das Wort «Religionsgemeinschaft» in Anführungszeichen gesetzt sei, so bedeute dies lediglich, daß sich der Verfasser des Artikels nicht sicher sei, ob die Juden eine Religionsgemeinschaft seien.[129] In den entscheidenden Monaten, die Hitlers Machtergreifung vorangingen, lief die antijüdische Propaganda der Nationalsozialisten ohne Unterbrechung weiter.[130]

VI

Am 19. November 1930 führte das hebräische Theater Habimah im Würzburger Stadttheater S. Anskis Stück *Der Dybbuk* auf. Eine Gruppe von Nazis in der Menge versuchte erfolglos, die Vorstellung zu unterbrechen. Beim Verlassen des Theaters wurden die vorwiegend jüdischen Zuschauer von den Nazis angegriffen, und mehrere Juden wurden schwer verletzt. Als die Angreifer vor Gericht gestellt wurden, wies der Richter die Anklagen ab und behauptete, die Demonstranten hätten «nicht aus gemeiner, niedriger, verbrecherischer Gesinnung gehandelt».[131] Der Würzburger Bürgermeister erklärte, die Polizei habe nicht eingegriffen, weil sie sicher gewesen sei, daß die Demonstration «lediglich» das Ziel verfolgt habe, eine Vorstellung zu verhindern.[132] Zwar waren tätliche Angriffe dieser Art in den Weimarer Jahren nicht häufig, aber ein pogromähnliches antijüdisches Randalieren, das am 5. November 1923 im Berliner Scheunenviertel begann, dauerte mehrere Tage.[133]

Wenn sich auch keine direkte Linie zwischen diesen Entwicklungen und den Ereignissen nach 1933 ziehen läßt, sind die hier beschriebenen Trends doch Teil eines historisch relevanten Hintergrundes. Trotzdem sollte dieser Blick auf den Antisemitismus nicht zu einer verzerrten Wahrnehmung der deutschen Szene – und insbesondere der Lage der Juden in Deutschland – vor 1933 führen. Der jüdische Einfluß, den die Antisemiten wahrnahmen, war ein Mythos, aber für die große Mehrheit der Juden in Deutschland eröffnete die Weimarer Republik den Weg zu sozialem Fortschritt und sogar zu einer bedeutenderen Rolle im deutschen Leben. Das Anwachsen des Antisemitismus war real, aber real waren auch – zumindest eine Zeitlang – eine kraftvolle Renaissance der jüdischen Kultur in Deutschland[134] und bis zum Einsetzen der Krise in den Jahren 1929–30 eine umfassende Anerkennung der Juden im liberalen und linken Sektor der deutschen Gesellschaft. Auf der Rechten dagegen breitete sich der Antisemitismus immer weiter aus, und in der Schlußphase der Republik erzielte er auch außerhalb der Bereiche der radikalen und selbst der traditionellen Rechten Wirkung.

Keine politische Gruppe teilte die rabiaten antijüdischen Positionen der Nationalsozialisten, aber selbst in den Jahren der Stabilisierung, zwischen 1924 und 1929, waren extreme antisemitische Themen in der politischen Propaganda des nationalistischen Lagers, insbesondere in der der Deutschnationalen Volkspartei (DNVP), deren völkischer Flügel besonders aggressiv war, nichts Ungewöhnliches. Ende 1922 verließen die extremsten antisemitischen Reichstagsabgeordneten der DNVP, Wilhelm Henning, Reinhold Wulle und Albrecht von Gräfe, die Partei, um ihre eigene politische Organisation zu gründen. Doch während der Debatten, die über diese Abspaltung geführt wurden, bekräftigte Oskar Hergt, einer der Führer der DNVP und früherer Finanzminister von Preußen, gleichwohl, daß der Antisemitismus weiterhin eine grundlegende politische Verpflichtung der Partei sei.[135] Für den französischen Journalisten Henri Béraud, der in den dreißiger Jahren selber ein extremer Antisemit werden sollte, schien der Judenhaß der deutschen Rechten völlig außer Kontrolle zu sein. «Wir können uns in Frankreich gar nicht vorstellen», schrieb Béraud 1926 in einem Bericht aus Berlin, «wie der Antisemitismus deutscher Reaktionäre aussehen kann. Er ist weder eine Meinung noch ein Gefühl, noch nicht einmal eine körperliche Reaktion. Er ist eine Leidenschaft, eine richtige Zwangsvorstellung von Süchtigen, die bis zum Verbrechen gehen kann.»[136]

Im Jahre 1924 führte der Bankrott der Brüder Heinrich und Julius Barmat, zweier polnischer Juden, die sich 1918 in Deutschland niedergelassen hatten, zu einer großangelegten antisemitischen und antirepublikanischen Attacke der Rechten. Den Brüdern Barmat wurde vorgeworfen, sie hätten als Gegenleistung für verschiedene finanzielle Zuwendungen an sozialdemokratische Politiker Kredite von der staatlich geförderten Postsparkasse erhalten. Angesichts der politischen Verflechtungen der Affäre gelang es den rechtsgerichteten Parteien, einen Untersuchungsausschuß einzusetzen, was zum Rücktritt mehrerer Minister und Reichstagsabgeordneter sowie zu nachfolgender Anklageerhebung gegen sie führte. Doch die Hauptzielscheibe der rechten Kampagne war Reichspräsident Friedrich Ebert, dem man vorwarf, er habe den Barmats geholfen, eine ständige Aufenthaltsgenehmigung zu erhalten, und er habe sogar in den Jahren unmittelbar nach dem Kriege nebenbei bei ihren Lebensmitteleinfuhr-Transaktionen mitgemischt.[137] Eine ähnliche Situation gab es 1929 in kleinerem Rahmen bei dem Bankrott der Brüder Sklarek.[138] Diesmal war der Bürgermeister von Berlin das Hauptopfer, und die politische Konsequenz war ein Beitrag zum starken Abschneiden der NSDAP bei den örtlichen Wahlen jenes Jahres.[139]

Bald beschränkten die politischen Parteien die Anzahl ihrer jüdischen Reichstagsmitglieder – mit Ausnahme der Sozialdemokraten, die bis ganz zum Schluß auf ihrer Reichstagsliste etwa zehn Prozent Juden behielten. Eine bezeichnende Illustration des Sinneswandels findet sich bei der Kommunistischen Partei Deutschlands: 1924 waren unter den 64 Reichstagsabgeordneten der Partei noch sechs Juden; 1932 war kein einziger mehr übrig.[140] Die Kommunisten zögerten nicht, antisemitische Parolen zu verwenden, wenn sie sich von derartigen Parolen Wirkungen bei potentiellen Wählern erhofften.[141]

Der bedeutsamste politische Ausdruck des allgemeinen Meinungsklimas war die Verwandlung der Deutschen Demokratischen Partei (DDP); sie war oft als die «Judenpartei» bezeichnet worden, weil Juden unter ihren Gründern eine prominente Stellung einnahmen, weil die Zahl der Juden unter ihren Wählern groß war und weil sie zumindest eine Zeitlang Themen aufgriff, die mit den Positionen der «jüdischen Presse» identifiziert wurden.[142] Bei den Wahlen vom Januar 1919 bekam die DDP 18,5 Prozent der Stimmen, was sie zur erfolgreichsten liberalen Mittelschichtpartei machte.[143] Dieser Erfolg war nicht von Dauer. Gustav Stresemanns DVP attackierte die konkurrierende DDP fortwährend als «jüdisch», und infolgedessen ging die DDP kontinuierlich zurück. Innerhalb der Partei selbst übten Persönlichkeiten, die mit der «liberalen» Rechten verbunden waren, offene Kritik an der Identifizierung der Partei mit jüdischen Wählern und jüdischem Einfluß.[144] Im Jahre 1930 verschwand die DDP als solche; an ihre Stelle trat die Deutsche Staatspartei. Die Führung dieser Gruppe bestand meistens aus Protestanten, und einige ihrer Gliederungen wie etwa die Jugendbewegung Jungdeutscher Orden nahmen keine Juden auf. Die Wähler der DDP waren die der Weimarer Republik positiv gegenüberstehenden liberalen Mittelklassen gewesen; der Wandel im Namen und in der Politik der Partei spiegelte wider, was man in diesen liberalen Kreisen der Mittelklasse als wahltaktisch nützliche Einstellung zum «jüdischen Problem» sah.

Doch weder die «Entjudung», wie sie die Staatspartei vertrat, noch die Feindseligkeit der DVP nutzte diesen Parteien das geringste. Während die DDP bei den Wahlen von 1928 25 Sitze errang und die DVP 45, und während die DDP bei den Wahlen von 1930 immer noch 20 Sitze bekam und die DVP 30, schrumpfte die DDP bei den Wahlen vom Juli 1932 auf vier Sitze und die DVP auf sieben.[145] Der Niedergang der liberalen Parteien in der Weimarer Republik ist gründlich analysiert worden, und man hat den ihr zugrundeliegenden sozialen Wandel genau bestimmt.[146] Im Hinblick auf die sich verändernde Lage der Juden in Deutschland bedeutete er, daß ihre wichtigste politische Basis (sieht man von den Sozialdemokraten ab) einfach verschwunden war.

Der «verderbliche» Einfluß von Juden auf die deutsche Kultur war das meistverbreitete Thema des Antisemitismus von Weimar. Auf diesem Terrain trafen sich die konservative deutsche Bourgeoisie, die traditionelle akademische Welt, die Mehrheitsmeinung in der Provinz – kurz, alle diejenigen, welche «deutsch fühlten» – mit den radikaleren Antisemiten.

Die Rolle von Juden in der Kultur der Weimarer Zeit – in der modernen deutschen Kultur überhaupt – ist sehr eingehend diskutiert worden; und wie wir sahen, beschäftigte dieses Thema nicht nur Antisemiten, vielmehr stellte es häufig auch eine Quelle des Nachdenkens für Juden selbst, zumindest für einige von ihnen, dar. In seinem ersten Buch über dieses Thema hat der Historiker Peter Gay gezeigt, welche Rolle der frühere «Außenseiter» (hauptsächlich der Jude) in der deutschen Kultur der zwanziger Jahre gespielt hat;[147] später kehrte er seine Position um und vertrat die Ansicht, objektiv gebe es nichts, was jüdische von nichtjüdischen Beiträgen zur deutschen Kultur unterschieden habe, und soweit es insbesondere um den deutschen Modernismus gehe, seien die Juden weder mehr noch weniger «modern» als ihre deutsche Umgebung gewesen.[148]

Ein derartiges Herunterspielen der jüdischen Dimension könnte durchaus einen Teil des Kontextes verfehlen, der den antisemitischen Schwadroneuren der zwanziger Jahre ihre Munition lieferte.[149] Die Situation, die beispielsweise Istvan Deak in seiner Untersuchung über die Linksintellektuellen von Weimar beschreibt, scheint der Realität und ebenso dem, was die allgemeine Wahrnehmung war, näher zu kommen. Nach einem Überblick über den beherrschenden Einfluß von Juden in der Presse, im Verlagswesen, beim Theater und beim Film wendet sich Deak der Kunst und der Literatur zu: «Viele von Deutschlands besten Komponisten, Musikern, Malern, Bildhauern und Architekten waren Juden. Ihr Anteil an der Literaturkritik und an der Literatur war enorm: praktisch alle großen Kritiker und viele Romanciers, Lyriker, Dramatiker und Essayisten in der Weimarer Republik waren Juden. Eine neuere amerikanische Untersuchung hat gezeigt, daß von den 65 führenden deutschen ‹Expressionisten› und ‹Neo-Objektivisten› 31 Juden waren.»[150] Deaks Darstellung erfordert ihrerseits eine gewisse Differenzierung, denn schließlich wurde die kulturelle Szene in den zwanziger Jahren von solchen Gestalten wie Thomas Mann, Gerhart Hauptmann, Bertolt Brecht, Richard Strauss und Walter Gropius beherrscht; aber zweifellos wurde im Bewußtsein des Mittelschichtpublikums, ob von der extremen oder der gemäßigten Rechten, alles «Gewagte», «Moderne» oder «Schockierende» mit den Juden identifiziert. Als daher im Dezember 1919 kurz nach dem Tode des (nichtjüdischen) Frank Wedekind sein «sexuell freizügiges» Stück *Schloß Wetterstein* in München aufgeführt wurde, zögerte die politische Rechte nicht, es als jüdischen Schund zu bezeichnen. Die Polizei warnte, die Aufführung des Stückes würde zu einem Pogrom führen,[151] und tatsächlich wurden bei der letzten Vorstellung im Publikum Juden und Menschen, die «jüdisch aussahen», zusammengeschlagen.[152] In einem Polizeibericht heißt es dazu: «Man kann ohne weiteres verstehen, daß ein Deutscher, der noch einigermaßen deutsch fühlt und der nicht moralisch und sittlich verdorben ist, die öffentliche Darbietung von Stücken Wedekinds mit größtem Abscheu betrachtet.»[153] Jüdische Autoren und Künstler waren vielleicht keine extremeren Modernisten als ihre nichtjüdischen Kollegen, aber der Modernismus als solcher gedieh in einer Kultur, in der die Juden eine zentrale Rolle spielten. Für diejenigen, die den Modernismus als Ablehnung aller geheiligten Werte und Normen betrachteten, waren die Juden die Träger einer massiven Bedrohung.

Bedrohlicher als kulturelle Modernität war jedoch die linksgerichtete Kultur in all ihren Aspekten. Nur wenige Monate nach Kriegsende waren jüdische Revolutionäre leicht zu findende Zielscheiben der Konterrevolution. Nach der Ermordung Rathenaus spielte (mit Ausnahme des sozialdemokratischen Finanzministers Rudolf Hilferding) kein Jude mehr eine nennenswerte Rolle in der Weimarer Politik. Andererseits waren linke politische, soziale und kulturelle Kritik und Innovation häufig «jüdisch». «Wenn kulturelle Beiträge von Juden in einem groben Mißverhältnis zu ihrer numerischen Stärke standen», schreibt Deak, «dann war ihre Beteiligung an linksintellektuellen Aktivitäten noch überproportionaler. Sieht man von der orthodoxen kommunistischen Literatur ab, in der es eine Mehrheit von Nichtjuden gab, dann waren die Juden für einen großen Teil der linken Literatur in Deutschland verantwortlich. Die *Weltbühne* war in dieser Hinsicht nicht einzigartig; in den anderen linksintellektuellen Magazinen waren Juden die

Verleger, Herausgeber und zu einem großen Teil Autoren. Juden spielten eine entscheidende Rolle in der Friedensbewegung und in der Frauenbewegung sowie in den Kampagnen für sexuelle Aufklärung.»[154]

Die Polemik über die Rolle der Juden in der Kulturszene tobte und wurde um so bösartiger, je mehr die NS-Bewegung an Stärke zunahm und je näher die Republik ihrem Ende kam. Eines der extremsten Foren der Rechten war der 1928 gegründete Kampfbund für deutsche Kultur des Nazi-Ideologen Alfred Rosenberg; er gewann weitreichenden Einfluß, indem er seine Reihen einer Vielzahl von antirepublikanischen, antilinken und antijüdischen Elementen öffnete – von Mitgliedern des Bayreuther Kreises bis zu konservativen Katholiken wie Othmar Spann, von fanatischen antisemitischen Literaturspezialisten wie Adolf Bartels bis zu Alfred Heuss, dem Herausgeber der *Zeitschrift für Musik*. Manchmal aber fanden die Debatten in neutralerem Rahmen statt oder wurden sogar von jüdischen Organisationen initiiert. So lud 1930 Max Naumanns Verband Nationaldeutscher Juden den rechtsgerichteten Literaturkritiker Paul Fechter zu einem Vortrag über «Die Kunstszene und die Judenfrage» ein. Fechter nahm kein Blatt vor den Mund. Er warnte seine Zuhörer, der Antigermanismus linker jüdischer Intellektueller sei eine wesentliche Quelle des zunehmenden Antisemitismus, und die Deutschen würden eine Fortdauer dieses Zustandes nicht lange dulden. Nationale Juden und nationale Deutsche, so meinte Fechter, sollten gemeinsam handeln, um solchen antinationalen jüdischen intellektuellen Attacken entgegenzutreten. Mehr auf Umwegen machte er Andeutungen über die übermäßige Präsenz von Juden in deutscher Kunst, deutscher Literatur und deutschem Theater. Auch dies ließ sich, obwohl das nicht ausgesprochen wurde, als eine Quelle zunehmender antijüdischer Gefühle verstehen: «Ich fühle mich ... verpflichtet, es auszusprechen», erklärte Fechter, «daß eine Menge von deutschen Autoren, Malern, Dramatikern heute mit dem Gefühl herumgeht, daß für das Deutsche auf den deutschen Bühnen, dem deutschen Buchmarkt, in dem deutschen Kunsthandel, wenn überhaupt, viel schwerer Platz zu finden ist als für anderes.»[155]

Fechters Vortrag wurde 1931 in der Januarausgabe von Rudolf Pechels *Deutscher Rundschau* mit folgendem Kommentar des Herausgebers veröffentlicht: «Wir geben [den Vortrag] hier wieder, weil er eine der Quellen für das schon damals fühlbare, gefährliche Anwachsen des Antisemitismus, das die zweite Hälfte dieses Jahres 1930 dann offen erwiesen hat, aufzeigte und Wege andeutete, auf denen man dieser Gefahr allein vielleicht noch begegnen kann.»[156] Es folgte eine erbitterte Auseinandersetzung. In diesem Kontext richtete der Romancier Jakob Wassermann, dessen autobiographischer Essay *Mein Weg als Deutscher und*

Jude möglicherweise der stärkste Ausdruck der Qual war, die deutsche Juden angesichts der anschwellenden Flut des Antisemitismus empfanden, an Rudolf Pechel die Frage: «Helfen Wohlverhaltungsmaßregeln gegen ‹Juda verrecke›?»[157]

Einer der bemerkenswerteren jüdischen Beiträge zu der Debatte war der von Arthur Prinz, der 1931 in der Aprilausgabe der Zeitschrift unter dem Titel «Zur Entgiftung der Judenfrage» erschien. Im Anschluß an die Frage, warum radikale jüdische Journalisten und Literaten in Deutschland eine derart heftige antisemitische Wut provozieren konnten, wagte Prinz eine Antwort, die tief in die Beziehungen zwischen Deutschen und Juden eindrang: «Diese Sorte Journalismus und Literatur wären unmöglich ohne den tiefen alten Mangel an gesundem Staats- und Nationalgefühl in Deutschland, der nach dem unglücklichen Ausgang des Krieges verhängnisvoll zu werden droht und durch den übersteigerten Nationalismus der äußersten Rechten gewiß nicht ‹kompensiert› wird. Die Agitation entwurzelter deutscher Juden ist Gift in einem dafür ganz besonders disponierten Körper, und eben dies ist ein Hauptgrund des maßlosen Judenhasses.»[158]

Betrachtet man die weiteren Bereiche der deutschen Gesellschaft in der Phase, in der sie auf den politischen Wendepunkt des Jahres 1933 zusteuerte, dann gibt es kein Verfahren, die Stärke ihrer antijüdischen Einstellungen klar abzuschätzen. Beispielsweise fand der Jüdische Frauenbund seine Verbündeten in dem viel größeren Bund Deutscher Frauenvereine (BDF) bei ihrem gemeinsamen Kampf um feministische Fragen, aber jeder Hinweis auf jüdische Identität war für die deutsche Frauenorganisation nicht akzeptabler als für die umgebende Gesellschaft. Wie es eine Historikerin formuliert, die sich mit dem BDF beschäftigt hat, reichten die Einstellungen in diesem Bund «von liberaler Ungeduld mit jüdischer Eigenart bis hin zu verdecktem oder offenem Antisemitismus».[159] Und was den Charakter dieses Antisemitismus angeht, so ist eine seiner nuanciertesten Bewertungen immer noch die plausibelste: «Gängiger und verbreiteter als regelrechter Haß auf die Juden oder Sympathie für sie war ... ein gemäßigter Antisemitismus, jenes unbestimmte Gefühl des Unbehagens angesichts von Juden, das nicht annähernd so weit ging, ihnen schaden zu wollen, das aber dazu beigetragen haben mag, etwaige Aversionen, welche die Deutschen sonst gegen die Nazis hätten empfinden können, zu neutralisieren.»[160]

Anfang August 1932 verhandelte Hitler mit dem Erzintriganten General Kurt von Schleicher, der damals noch ein enger Vertrauter von Reichspräsident Hindenburg war und zu diesem Zeitpunkt noch nicht als kurzzeitiger letzter Reichskanzler der Weimarer Republik (November 1932–30. Januar 1933) amtierte, über die Bedingungen für seine Ernennung zum Reichskanzler. Am 10. dieses Monats brachen in der Kleinstadt Potempa in Oberschlesien fünf SA-Männer bei Konrad Pieczuch, einem prokommunistischen Arbeiter, ein und trampelten ihn zu Tode. «Eine derartige Brutalität legte dem Weg der Nazis an die Macht erneut ein ernsthaftes Hindernis in den Weg.»[161] Hitler hatte anscheinend geglaubt, ihm würde jetzt die höchste Stellung angetragen werden; was Hindenburg vorschlug, als sie schließlich zusammentrafen, war nicht mehr als das Vizekanzleramt. Die Begegnung war kühl verlaufen, und im offiziellen Kommuniqué war der NS-Führer abschätzig behandelt worden. Hitler war zutiefst gedemütigt und wütend. Genau zu diesem Zeitpunkt, am 22. August, verurteilte das Gericht in Beuthen die fünf SA-Männer zum Tode. Die Verkündung des Urteils führte zu tumultuarischen Szenen im Gerichtssaal; draußen wurden jüdische und «sozialistische» Läden angegriffen. Hitler reagierte mit einem Wutausbruch. Er telegraphierte an die verurteilten Mörder: «Meine Kameraden! Angesichts dieses ungeheuerlichsten Bluturteils fühle ich mich mit Euch in unbegrenzter Treue verbunden. Euere Freiheit ist von diesem Augenblick an eine Frage unserer Ehre, der Kampf gegen eine Regierung, unter der dieses möglich war, unsere Pflicht.»[162]

«Die Juden sind schuld», donnerte Goebbels im *Angriff*: «Die Juden sind schuld, die Strafe naht. ... Es wird die Stunde kommen, da der Staatsanwalt andere Aufgaben zu erfüllen hat, als die Verräter am Volk vor der Wut des Volkes zu beschützen. Vergeßt es nie, Kameraden! Sagt es euch hundertmal am Tage vor, so daß es euch bis in eure tiefsten Träume verfolgt: Die Juden sind schuld! Und sie werden dem Strafgericht, das sie verdienen, nicht entgehen.»[163]

In einem Augenblick totaler Frustration hatte Hitler seine sorgsam aufgebaute Fassade der Respektabilität aufgegeben und einer erbarmungslosen und mörderischen Wut freien Lauf gelassen. Dennoch sprach er sich in diesen selben Wochen im Sommer und Herbst 1932 weiterhin gegen die Anwendung von Gewalt zum Sturz des Regimes aus, und er verhandelte und lavierte weiter, um sein Ziel zu erreichen.[164] Was hier mit unheimlicher Klarheit zum Vorschein kommt, ist eine Persönlichkeit, in der kalte Berechnung und blinde Wut koexistierten und nahezu gleichzeitig Ausdruck finden konnten. Fügt man ein drittes Ingrediens – Hitlers ideologischen Fanatismus – hinzu, dann ergibt sich die Möglichkeit eines Einblicks in das psychologische Gefüge, das zu den entscheidendsten Entschlüssen des NS-Führers führte, auch im Hinblick auf die Juden.

Ideologischer Fanatismus und pragmatische Berechnung standen bei Hitlers Entscheidungen ständig in Wechselwirkung zueinander. Die ideologische Obsession war unerschütterlich, aber taktische Erwägungen waren nicht weniger zwingend. Manchmal jedoch brach sich – von einem Hindernis, einer Bedrohung, einer Niederlage ausgelöst – das dritte Element, die ungezügelte Wut, Bahn und fegte alle praktischen Erwägungen beiseite. Dann explodierte, von der Gewalt des ideologischen Fanatismus gespeist, der mörderische Zorn in einem grenzenlosen Drang nach Zerstörung und Tod.

4.

Das neue Ghetto

I

«Zelle 6: ca. 5 m hoch, Fenster ca. 40 × 70 cm in 4 Meter Höhe, dadurch Eindruck eines Kellerraumes. ... Holzpritsche mit Strohsack und 2 Dekken, Holzschemel, Wasserkanne, Schüssel, Seife, Handtuch. Kein Spiegel, keine Zahnbürste, kein Kamm, keine Bürste, kein Tisch, kein Buch vom 12. Januar [1935] bis zu meinem Weggang am 18. September; keine Zeitung vom 12. Januar bis 17. August; kein Bad und keine Brause vom 12. Januar bis 10. August; kein Verlassen der Zelle, abgesehen von Verhören, vom 12. Januar bis 1. Juli. Arrest in dunkler Zelle vom 16. April bis 1. Mai, dann vom 15. Mai bis 27. August, also 119 Tage.»[1]

Dies schrieb der Würzburger Weinhändler Leopold Obermayer über seine erste Haftzeit in Dachau in einem siebzehnseitigen Bericht vom 10. Oktober 1935, den er an seinen Rechtsanwalt hinausschmuggeln konnte. Das Schriftstück wurde von der Gestapo beschlagnahmt und nach dem Kriege in deren Würzburger Akten gefunden. Obermayer hatte als Jurist in Frankfurt promoviert; er war praktizierender Jude und Schweizer Bürger. Am 29. Oktober 1934 hatte er sich bei der Würzburger Polizei darüber beklagt, daß seine Post geöffnet wurde. Zwei Tage später wurde er, nachdem man ihn auf das Polizeipräsidium vorgeladen hatte, verhaftet. Von da an wurde er zu einem besonderen Fall für den örtlichen Gestapochef Josef Gerum, einen «alten Nazikämpfer», der selbst unter seinen Kollegen einen schlechten Ruf hatte. Gerum warf Obermayer vor, er verbreite Anschuldigungen gegen das neue Regime. Kurz darauf fand man in Obermayers Bankschließfach Nacktfotos von seinen Liebhabern. Ein Jude und dazu ein Homosexueller: das war für Gerum allerdings ein lohnender Fang.

In seinem Bericht kommt Obermayer viele Male auf den grenzenlosen Haß zu sprechen, den seine Peiniger auf die Juden hatten; sie versicherten ihm, er werde niemals freigelassen werden, und versuchten, ihn zum Selbstmord zu treiben. Warum brachten sie ihn nicht um? In ihrer Darstellung von Obermayers Geschichte geben Martin Broszat und Elke Fröhlich dafür keine eindeutige Erklärung; es sieht jedoch so aus, als sei die Ermordung eines Schweizer Bürgers, auch wenn er Jude war, im Jahre 1935 noch nicht leichthin vollzogen worden, um so mehr, als das

Schweizer Konsulat in München und später die Gesandtschaft in Berlin von der Inhaftierung Obermayers wußten; insbesondere das Justizministerium war wegen der Möglichkeit einer schweizerischen Intervention besorgt.[2]

Beim Verhör wurde Obermayer dazu gedrängt, Einzelheiten über seine Liebhaber preiszugeben; er weigerte sich und wurde zusammengeschlagen. Am 15. Mai, als er erneut zum Verhör ins Büro des Lagerkommandanten geführt wurde, fragte er einen SS-Mann namens Lang, der eben gerade damit gedroht hatte, ihn zu erschießen, ob er denn gar kein Gefühl hätte. Lang antwortete, nein, für Juden hätte er keines. Obermayer beschwerte sich beim Kommandanten, SS-Oberführer Deubel, über seine Behandlung. «Da sagte der SS-Truppführer, der am Fenster stand: ‹Sie sind ja auch kein Mensch, sondern ein Tier!› Ich sagte resp. begann den Satz: ‹Auch Friedrich der Große ...› Bevor ich noch weitersprechen konnte, bekam ich von diesem Truppführer einen Faustschlag ins Gesicht, daß mein mittlerer Zahn im Oberkiefer sich lockerte und ich aus Mund und Nase zu bluten anfing. Auch Lang schlug wieder auf mich ein. Der Truppführer: ‹Sie Judenschwein, wollen sich mit Friedrich dem Großen vergleichen!›» Die weitere Vergeltung folgte auf dem Fuße: unbeleuchtete Zelle, kein Strohsack auf der Holzpritsche, die Arme hinter dem Rücken zusammengebunden, die Handschellen bis zu 36 Stunden nicht geöffnet, so daß Obermayer, wie er schrieb, sein Bedürfnis in der Hose verrichten mußte.[3]

Mitte September 1935 wurde Obermayer von Dachau in ein gewöhnliches Gefängnis in Ochsenfurt verlegt, wo ein gerichtliches Verhör stattfinden sollte. In der Zwischenzeit war Obermayers Rechtsanwalt Rosenthal, ein Jude, ebenfalls verhaftet worden, und in seinem Haus fand Gerum den belastenden Bericht über Obermayers Haftbedingungen in Dachau. Rosenthal wurde freigelassen und verließ später Deutschland: Seine Frau hatte Selbstmord begangen. Das Gericht in Ochsenfurt behielt Obermayer nicht lange. Auf Gerums Drängen wurde der jüdische Homosexuelle am 12. Oktober 1935 wieder nach Dachau gebracht.[4] Obermayer wird uns im folgenden noch begegnen.

Zu dieser Zeit erlebten Deutschland und die Welt eine dramatische Konsolidierung der Macht Hitlers im Inland und auf internationaler Ebene. Die Ermordung von Ernst Röhm und anderen SA-Führern im Juni 1934, in der berüchtigten Nacht der langen Messer, beseitigte selbst die entfernteste Möglichkeit einer alternativen Machtbasis innerhalb der Partei. Unmittelbar nach Hindenburgs Tod machte die Ernennung Hitlers zum Führer und Reichskanzler ihn zur einzigen Quelle der Legitimität in Deutschland. 1935 erreichte Hitlers Popularität neue Höhen: Am 13. Januar stimmte eine überwältigende Mehrheit der Saarbevölkerung für die Rückkehr des Gebietes ins Reich. Am 16. März wurden die allgemeine Wehrpflicht und die Gründung der Wehrmacht verkündet. Keine fremde Macht wagte es, auf diese massiven Brüche des Versailler Vertrages zu reagieren; die gemeinsame Front gegen Deutschland, die Großbritannien, Frankreich und Italien im April 1935 in Stresa gebildet hatten, um die Unabhängigkeit Österreichs gegen jeden Annektionsversuch Deutschlands zu verteidigen und den Status quo in Europa zu bewahren, war schon im Juni zerbröckelt, als die Briten ein separates Flottenabkommen mit Deutschland unterzeichneten. Am 17. März dieses Jahres war Hitler in München gewesen, und ein Bericht für die illegale Sozialdemokratische Partei fing die allgemein herrschende Stimmung lebendig ein:

«Begeisterung am 17. März ungeheuer. Ganz München war auf den Beinen. Man kann ein Volk zwingen zu singen, aber man kann es nicht zwingen, mit solcher Begeisterung zu singen. Ich habe die Tage von 1914 miterlebt und kann nur sagen, die Kriegserklärung hatte auf mich nicht den Eindruck gemacht wie der Empfang Hitlers am 17. März. ... Das Vertrauen in politisches Talent und ehrlichen Willen Hitlers wird immer größer, wie überhaupt Hitler wieder im Volk außerordentlich an Boden gewonnen hat. Er wird von vielen geliebt.»[5]

Zwischen 1933 und 1936 wurde so etwas wie eine Balance zwischen dem revolutionär-charismatischen Impuls des Nazismus und den autoritär-konservativen Tendenzen des deutschen Staates vor 1933 gewahrt: «Die Verbindung des autoritären Regierungssystems mit der Massenbewegung des Nationalsozialismus schien trotz zahlreicher Friktionen in wesentlichen Punkten geglückt, damit aber auch die Unzulänglichkeit des obrigkeitsstaatlichen Systems überwunden», schrieb Martin Broszat.[6] In diesem zeitweiligen Bündnis war Hitlers Rolle entscheidend. Für die traditionellen Eliten wurde der neue «Glaube an den Führer» mit der Autorität des Monarchen in Verbindung gebracht. Grundlegende Elemente des kaiserlichen Staates und des nationalsozialistischen Regimes wurden in der Person des neuen Führers verknüpft.[7]

Ein derartiger «Glaube an den Führer» führte auf seiten der Gliederungen von Staat und Partei ganz von selbst zu einem Drang nach Aktion in Übereinstimmung mit den von Hitler erlassenen allgemeinen Richtlinien, ohne daß es ständig spezifischer Befehle von ihm bedurfte. Die Dynamik dieser Interaktion zwischen Basis und Spitze wurde, wie der britische Historiker Ian Kershaw ausgeführt hat, «in den Empfindungen einer routinemäßigen Rede eines Nazifunktionärs aus dem Jahre 1934 geschickt eingefangen»:

«‹Jeder, der Gelegenheit gehabt hat, es zu beobachten, weiß, daß der Führer kaum von oben alles diktieren kann, was er früher oder später zu verwirklichen gedenkt. Im Gegenteil, bisher hat jeder, der im neuen

Deutschland einen Posten hat, am besten gearbeitet, wenn er sozusagen dem Führer zugearbeitet hat. Sehr oft und in vielen Bereichen ist es – auch schon in früheren Jahren – so gewesen, daß Einzelne einfach auf Befehle und Anweisungen gewartet haben. Unglücklicherweise wird dasselbe auch in Zukunft gelten; doch tatsächlich ist es die Pflicht jedes einzelnen, daß er dem Führer in der Weise, die dieser sich wünschen würde, zuzuarbeiten versucht. Jeder, der Fehler macht, wird das bald genug merken. Doch wer wirklich dem Führer nach seinen Richtlinien und auf sein Ziel hin zuarbeitet, wird gewiß sowohl jetzt als auch in Zukunft eines Tages den schönsten Lohn in Gestalt der plötzlichen juristischen Bestätigung seiner Arbeit empfangen.›»[8]

So glaubte die Mehrheit einer Gesellschaft, die sich eben gerade aus Jahren der Krise herausarbeitete, daß das neue Regime Lösungen böte, die auf unterschiedliche, aber miteinander verknüpfte Weise Antworten auf die Ambitionen, die Ressentiments und Interessen ihrer verschiedenen Sektoren geben würden. Dieser Glaube überlebte die Schwierigkeiten der Frühphase (wie etwa die immer noch schleppend funktionierende Wirtschaft) auf Grund eines neuen Zielbewußtseins, einer Reihe von Erfolgen auf der internationalen Bühne und vor allem eines unerschütterlichen Glaubens an den Führer. Als eine seiner Folgeerscheinungen brachte jedoch eben dieser Glaube eine weitverbreitete Zustimmung, ob passiv oder nicht, zu den Maßnahmen gegen die Juden mit sich: Mitgefühl mit den Juden hätte ein gewisses Mißtrauen gegen die Richtigkeit von Hitlers Weg bedeutet, und viele Deutsche hatten sich mit ihren individuellen und kollektiven Prioritäten in dieser Hinsicht endgültig festgelegt. Dasselbe gilt im Hinblick auf den anderen zentralen Mythos des Regimes, den der Volksgemeinschaft. Die Volksgemeinschaft schloß die Juden ausdrücklich aus. Zur Volksgemeinschaft zu gehören hieß, die Ausschließungen anzuerkennen, die sie verfügte. Mit anderen Worten, eine Treue zu «positiven» Dogmen des Regimes, zu mobilisierenden Mythen wie dem Mythos vom Führer und dem von der Volksgemeinschaft genügte, um explizite Einwände gegen antijüdische Maßnahmen (und andere Verfolgungsaktivitäten des Regimes) zu untergraben. Doch wie wir sehen werden, gab es trotz dieser allgemeinen Trends Abstufungen in den Einstellungen der deutschen Gesellschaft zu den «Außenseitern» in ihrer Mitte.

Hitlers taktische Mäßigung bei jeder Frage, die negative wirtschaftliche Konsequenzen haben konnte, zeigt seine bewußte Orientierung an den konservativen Verbündeten. Wenn es aber um symbolische Äußerungen von antijüdischem Haß ging, ließ sich der NS-Führer nur mit Mühe zurückhalten. Im April 1935 erkundigte sich Martin Bormann, damals Stabschef von Rudolf Heß, ob Hitler den Wunsch hätte, die antijüdischen Plakate zu beseitigen, die überall im Reich aus dem Boden schossen. Hitlers Adjutant Fritz Wiedemann teilte Bormann mit, der Führer sei dagegen, sie zu beseitigen.[9] Bald kam die Sache wieder auf den Tisch, als sich Oswald Leewald, der Präsident des Deutschen Olympischen Komitees, darüber beklagte, daß diese Schilder an solchen großen olympischen Stätten wie Garmisch-Partenkirchen zu fortwährender antijüdischer Agitation beitrügen. Von den Olympischen Spielen wird später noch die Rede sein, aber im Hinblick auf die antijüdischen Bekanntmachungen weigerte sich Hitler zunächst, gegen die Initiativen der örtlichen Parteichefs vorzugehen; erst als ihm gesagt wurde, daß sie der Winterolympiade schweren Schaden zufügen könnten, gab er doch den Befehl, die anstößigen Schilder zu entfernen.[10] Schließlich wurde eine umfassende Kompromißlösung gefunden. Am 11. Juni 1935 ordnete das Propagandaministerium an, angesichts der bevorstehenden Olympiade sollten Schilder wie die mit der Aufschrift «Juden unerwünscht» stillschweigend von Hauptstraßen entfernt werden.[11] Das war vielleicht zu viel verlangt, denn wenige Tage vor dem Beginn der Winterolympiade erließ das Büro von Heß die folgende Verfügung: «Um bei Besuchern aus dem Ausland einen schlechten Eindruck zu verhindern, sollen Schilder mit extremem Inhalt abgenommen werden; es genügen Schilder wie: ‹Juden sind hier unerwünscht›.»[12]

II

Am 1. Januar 1935 erhielt Hugo Loewenstein, ein jüdischer Kaufmann aus Tübingen, «im Namen des Führers und Reichskanzlers» eine Medaille für seinen Dienst im Ersten Weltkrieg.[13] Dieselbe Auszeichnung wurde Ludwig Tannhauser, einem jüdischen Geschäftsmann aus Stuttgart, noch am 1. August 1935 verliehen.[14] Doch fast anderthalb Jahre zuvor, am 28. Februar 1934, hatte Reichswehrminister Werner von Blomberg angeordnet, daß der Arierparagraph auf das Militär anzuwenden sei.[15] Als im März 1935 die Wehrmacht gegründet wurde, richteten «nationale» Juden Eingaben an Hitler, um das Recht zu erhalten, in den neuen Streitkräften zu dienen.[16] Es nützte nichts: Am 21. Mai wurde Juden der Militärdienst offiziell verboten.[17] «Mischlingen ersten und zweiten Grades» (diese Kategorien waren im Reichswehrministerium schon vor den Nürnberger Gesetzen in Gebrauch gewesen) konnte es jedoch gestattet werden, im Sinne einer individuellen Ausnahme in den Streitkräften zu dienen.[18]

Früher hatte die Armee versucht, jüdischen Offizieren, die entlassen wurden, zu helfen. Am 16. Mai 1934 hatte sich ein Mitglied des Stabes der Reichswehr an einen chinesischen Diplomaten in Berlin gewandt und ihm den Vorschlag unterbreitet, die chinesische Armee möge Stellen für einige der jüngeren jüdischen Reichswehroffiziere finden. Legationssekretär Tan brachte sein persönliches Interesse an der Idee zum Ausdruck, war aber skeptisch, was die Durchführung anging: Funktionäre der NSDAP hatten bereits Fühlung mit der chinesischen Regierung aufgenommen, um sie von der Einstellung deutsch-jüdischer Offiziere mit der Begründung abzubringen, Juden seien für das deutsche Volk nicht repräsentativ und das Deutsche Reich werde daher von ihrem Wirken im Ausland keinen Nutzen haben.[19]

Goebbels konnte hinter dem Militär nicht weit zurückstehen. Weniger als einen Monat nach Blombergs Anordnung, am 24. März 1934, verkündete der Propagandaminister, prinzipiell würden alle Juden von der Mitgliedschaft in der Reichskulturkammer ausgeschlossen werden. Die Vorbereitungen begannen sofort, und Anfang 1935 wurde mit der Entlassung der verbliebenen jüdischen Mitglieder der verschiedenen Einzelkammern begonnen.[20] Am 15. November 1935 auf der Jahrestagung in Berlin konnte Goebbels – wie man sehen wird, etwas verfrüht – verkünden, die Reichskulturkammer sei jetzt «judenfrei».[21]

Die Erbarmungslosigkeit der Bemühungen zur Ausgrenzung der Juden war unverkennbar. Ideologisch gesehen war die entscheidendste Sphäre die der physischen – d. h. biologischen – Absonderung; lange vor der Nürnberger Gesetzgebung wurden Mischehen und sexuelle Beziehungen zwischen Deutschen und Juden zur Zielscheibe unablässiger, häufig gewaltsamer Angriffe durch die Partei. An der Spitze dieser Kampagne stand die Parteipresse, und der Strom antijüdischer Beschimpfungen, den ein Blatt wie Streichers *Stürmer* verbreitete, blieb nicht ohne Wirkung. Andererseits standen jedoch im Widerspruch zur Hauptstoßrichtung der Parteiagitation einige Bevölkerungsgruppen nicht nur der antijüdischen Gewalttätigkeit ablehnend gegenüber und zögerten, ihre wirtschaftlichen Beziehungen zu Juden zu lösen, sondern sie zeigten bisweilen sogar Mitgefühl mit den Opfern. Abgesehen von derartigem Zögern, die Juden vollkommen abzusondern, stieß die «Säuberung» verschiedener Bereiche des deutschen Lebens von jeder Spur von jüdischer Präsenz auf unzählige andere Schwierigkeiten. So verblieben in dieser Frühphase des Regimes Juden auf die eine oder andere Weise immer noch in verschiedenen Bereichen des deutschen Lebens, auch wenn sich ihre Lage infolge der Parteiagitation im Frühjahr und Sommer 1935 verschlechterte.

Der Begriff Rasse als solcher, definiert als eine Reihe gemeinsamer physischer und seelischer Merkmale, die innerhalb einer Gruppe durch die Kraft der Tradition oder sogar auf irgendeine biologische Weise weitergetragen werden, war von Juden selbst verwendet worden, angefangen von Moses Hess bis hin zu Martin Buber, insbesondere in Bubers 1911 gehaltenen Prager Vorträgen, die als *Drei Reden über das Judentum* veröffentlicht wurden. Dieser Begriff war im Nachkriegsdeutschland nicht verschwunden. So betonte Ludwig Holländer, der Direktor des Central-Vereins, im Februar 1928 in einer Rede über die Probleme, vor denen die deutschen Juden standen, die Juden seien infolge ihrer gemeinsamen Abstammung seit biblischen Zeiten eine Rasse gewesen, äußerte dann freilich Zweifel, ob sich der Rassenbegriff auf den modernen Juden anwenden lasse, und fuhr dennoch fort: «Die Herkunft bleibt, d. h. die rassischen Merkmale sind immer noch vorhanden, wenn auch durch die Jahrhunderte abgeschwächt; sie sind in äußeren wie in seelischen Zügen vorhanden.»[22] 1932 kam es zu einer heftigen innerjüdischen Kontroverse um die Veröffentlichung eines Büchleins des zionistischen Autors Gustav Krojanker mit dem Titel *Zum Problem des neuen deutschen Nationalismus*. Nach Krojankers Ansicht sollte die zionistische Revolte gegen den Liberalismus, die auf einen Willen reagierte, der von den Geboten des Blutes geweckt worden war, ein tiefes Verständnis für die politischen Entwicklungen in Deutschland ermöglichen.[23]

Solche recht extremen Positionen waren die einer kleinen Minderheit, aber sie zeigen den Einfluß des völkischen Denkens auf einige deutsche Juden.[24] Hier und da plädierten einige jüdische Stimmen sogar für «Rassereinheit des jüdischen Stammes» und für Untersuchungen nach den Regeln der «Rassenforschung» zur Gewinnung von umfassenderen und genaueren Informationen über «das Ausmaß der Vermischung zwischen Juden und Christen [*sic*], also zwischen Angehörigen der semitischen und der arischen Rasse».[25] Doch in diesen verschiedenen Aussagen schwang weder der Gedanke einer auf biologischen Kriterien beruhenden rassischen Hierarchie noch der eines Kampfes zwischen Rassen mit.

Es sieht so aus, als habe es jedenfalls zunächst in der Partei einen weitverbreiteten Glauben gegeben, daß es möglich sein werde, wissenschaftliche Rassenkriterien zur Identifizierung des Juden zu entdecken. So machte Wilhelm Frick in einem Brief vom 1. September 1933 an den badischen Innenminister (mit Durchschrift an alle zuständigen Behörden im Reich) deutlich, daß für die Identifizierung des Nichtariers nicht die Religion der Eltern oder Großeltern maßgeblich war, sondern «die Abstammung, die Rasse, das Blut». Das bedeutete, daß sich, selbst wenn die religiöse Zugehörigkeit der Eltern oder Großeltern nicht jüdisch war, ein anderes Kriterium finden ließ.[26] Dies war die Denkrichtung, die den Jenaer Rassenanthropologen Hans F. K. Günther bei seinem Versuch leitete, verschiedene äußerliche physische Merkmale des Juden zu identifizieren, wie sie auch seinen Leipziger Kollegen Paul Reche dazu veranlaßte, seine jahrelange Forschung über rassisch determinierte Blutgruppen zu betreiben. Doch selbst Reche mußte einräumen, daß «bei den Juden keine bestimmte Blutgruppe typisch war».[27] Dieses Scheitern wurde zwar bald von den meisten NS-Wissenschaftlern erkannt,[28] aber es schreckte Publikationen, die sich auf Popularisierung von Wissenschaft spezialisierten, nicht davon ab zu verkünden, an dieser Front seien wie an allen anderen entscheidende Durchbrüche erzielt worden.

In der Ausgabe der *Volksgesundheitswacht* vom Oktober 1934 offerierte ein Doktor Stähle «neue Forschungsergebnisse» zum Thema «Blut und Rasse». Er verfolgte einige Krankheiten, die speziell Juden zugeschrieben wurden (mit dem ironischen Kommentar, dies seien «Speicherungskrankheiten»), wobei er sich vorwiegend auf die Arbeiten eines Leningrader «Wissenschaftlers» namens E. O. Manoiloff bezog. Dieser Russe behauptete, er könne mittels einer chemischen Untersuchungsmethode mit einer Genauigkeit von 90 Prozent jüdisches von russischem Blut unterscheiden. Stähle vermittelte seinen Lesern angemessene Begeisterung: «Bedenken Sie, was es in der letzten Konsequenz für uns bedeuten würde, den Nichtarier mit dem Reagenzglas festlegen zu können. Da hilft dann keine Tarnung mehr, keine Taufe, kein Namenswechsel, kein Staatsbürgerrecht, ja nicht einmal mehr eine wohlgelungene Nasenoperation. Das Blut kann man nicht wechseln.»[29] Stähle war Vorsitzender der regionalen medizinischen Gesellschaft in Württemberg.[30]

Ungeachtet des Optimismus Stähles blieben biologische Kriterien zur Definition des Juden ungreifbar, und die Nationalsozialisten mußten ihren Kreuzzug zur rassischen Reinigung des Volkes auf der Basis der religiösen Zugehörigkeit von Eltern und Großeltern starten.

Fast drei Jahre vor Hitlers Machtergreifung hatten die Nationalsozialisten ohne Erfolg eine Änderung des Gesetzes zum Schutze der Republik gefordert, mit der «Rassenverrat» als ein Verbrechen definiert werden sollte, das mit Gefängnis oder sogar mit der Todesstrafe zu ahnden war. Dieses Verbrechens machte sich schuldig, «wer durch Vermischung mit Angehörigen der jüdischen Blutsgemeinschaft oder farbiger Rassen zur rassischen Verschlechterung und Zersetzung des deutschen Volkes beiträgt oder beizutragen droht».[31]

Im September 1933 machten in einer Denkschrift mit dem Titel «Nationalsozialistisches Strafrecht» der preußische Justizminister Hans Kerrl und sein Unterstaatssekretär Roland Freisler der Partei den Vorschlag, Ehen und außereheliche sexuelle Beziehungen zwischen «Deutschblütigen» und «Angehörigen fremder Blutsgemeinschaften» ebenso zu bestrafen wie «Verletzung der Rassenehre» und «Rassengefährdung».[32] Zum damaligen Zeitpunkt wurde diesen Vorschlägen nicht nachgegangen. Nach der Etablierung des neuen Regimes begann sich die Situation jedoch de facto zu ändern. In zunehmendem Maße griffen Beamte auf das Gesetz zur Wiederherstellung des Berufsbeamtentums zurück, um auf der Grundlage der «allgemeinen nationalen Prinzipien» dieses Gesetzes den Vollzug von Trauzeremonien zwischen Juden und «Deutschblütigen» zu verweigern.[33] Der Druck nahm dermaßen zu, daß Frick am 26. Juli 1935 verkündete, da in naher Zukunft eine offizielle Behandlung der juristischen Gültigkeit von «Ehen zwischen Ariern und Nichtariern» bevorstehe, sollten derartige Ehen «bis auf weiteres verschoben» werden.[34]

Die Verweigerung des Vollzugs von Trauungen war ein leichtes im Vergleich zu der anderen «logischen» Schlußfolgerung, die sich aus der Situation ergab: der Auflösung existierender Mischehen. Das Bürgerliche Gesetzbuch gestattete die Ehescheidung auf Grund von Verfehlungen eines der beiden Partner, aber es war schwierig, die Zugehörigkeit zu einer bestimmten Rasse mit dem Begriff Verfehlung gleichzusetzen.

Paragraph 1333 des Bürgerlichen Gesetzbuches sah jedoch vor, daß eine Ehe angefochten werden konnte, wenn ein Verlobter bei der Eheschließung in Unkenntnis von «persönlichen Eigenschaften» oder Umständen gewesen war, welche, sofern er sie gekannt hätte, die Verbindung verhindert hätten. Auf diesen Paragraphen konnte man sich jedoch nur innerhalb einer Frist von sechs Monaten nach der Hochzeit berufen, und die rassische Identität ließ sich kaum als persönliche Qualität definieren; schließlich ist es unwahrscheinlich, daß sich Ehepartner zum Zeitpunkt ihrer Entscheidung über eine derartige rassische Identität nicht im klaren waren. Dennoch wurde Paragraph 1333 in zunehmendem Maße zur Stütze der von den Nationalsozialisten vorgenommenen juristischen Interpretation, mit der Begründung, daß «Judesein» in der Tat eine persönliche Qualität sei, deren Bedeutung erst infolge der neuen politischen Umstände klar geworden war. Folglich konnte man die Sechs-Monats-Frist von dem Zeitpunkt an rechnen, an dem der Stellenwert des Judeseins zu einem bedeutenden Element im öffentlichen Bewußtsein geworden war, also vom 30. Januar (Hitlers Amtsantritt) oder sogar vom 7. April (Verkündung des Berufsbeamtengesetzes) an.[35]

Da die Gerichte zunehmend ihre Entscheidungen auf die neue Interpretation des Berufsbeamtengesetzes zu gründen begannen, mußten führende NS-Juristen wie Roland Freisler eingreifen, um einen Anschein von Ordnung wiederherzustellen.[36] Erst mit dem Gesetz vom 6. Juli 1938 wurde es tatsächlich möglich, «gemischtrassige» Ehen legal zu annullieren. Die Richter, Rechtsanwälte und Standesbeamten, die sich die Auflösung von Mischehen angelegen sein ließen, waren nicht unbedingt Parteimitglieder; in ihrer Entschlossenheit, die Juden von der Gesellschaft abzusondern, gingen sie über die unmittelbaren Anordnungen der Naziführung hinaus.

Der antijüdische Eifer der Gerichte in Sachen Mischehen wurde durch Initiativen der Polizei und sogar durch Demonstrationen des

Pöbels gegen jede Form von sexuellen Beziehungen zwischen Juden und Ariern verstärkt: «Rassenschande» war die Zwangsvorstellung des Tages. So wurde am 19. August 1935 in Stuttgart ein jüdischer Geschäftsmann unter diesem Vorwurf verhaftet. Als er auf das Polizeirevier gebracht wurde, sammelte sich eine Menschenmenge und demonstrierte gegen den Beschuldigten. Kurz danach verlor, wie es in der *Stadtchronik* heißt, eine jüdische Kaufmannsfrau, die seit 1923 einen Stand auf dem Markt hatte, ihre Genehmigung, weil sie es duldete, daß ihr Sohn ein Verhältnis mit einem nichtjüdischen deutschen Mädchen unterhielt.[37]

Ob die Demonstranten, die sich vor dem Stuttgarter Polizeirevier sammelten, Parteiaktivisten waren, ein von der Partei zusammengetrommelter Mob oder eine zufällige Ansammlung von Deutschen, läßt sich schwer sagen. Die Erregung über Mischehen und Rassenschande, die im Sommer 1935 aus allen Teilen des Reiches gemeldet wurde, liefert keine weiteren Anhaltspunkte. So weist ein Gestapobericht aus Pommern für den Monat Juli 1935 darauf hin, daß am 14. in Stralsund Volksgenossen demonstrierten, «weil hier verschiedene Juden arische Mädchen geheiratet hatten», und am 24. in Altdamm, «weil hier ein Jude mit einer arischen Ehefrau Rassenschande getrieben hatte».[38]

Die Parteipresse scheute keine Mühe, den Zorn der Volksgenossen gegen eine derartige Befleckung anzufachen. Jüdische Rassenschänder müßten kastriert werden, verlangte der *Westdeutsche Beobachter* am 19. Februar 1935. Am 10. April forderte die SS-Zeitschrift *Das Schwarze Korps* drakonische Strafen (bis zu 15 Jahren Gefängnis selbst für den deutschen Partner) für sexuelle Beziehungen zwischen Deutschen und Juden.[39] Alle Aspekte der Hexenjagd, wie sie für die Periode nach der Verabschiedung der Nürnberger Rassengesetze charakteristisch sein sollten, waren bereits erkennbar.

Die Anwesenheit von Juden in öffentlichen Badeanstalten war für die pornographische Phantasie der Nazis ein wichtiges Thema, das in seinem Stellenwert nur von regelrechter Rassenschande übertroffen wurde: Zum Ausdruck kam dabei ein «gesunder» arischer Abscheu beim Anblick des jüdischen Körpers,[40] die Furcht vor möglicher Ansteckung infolge von gemeinsamer Benutzung des Wassers oder eines Zusammentreffens im Beckenbereich und, ganz ausdrücklich, die sexuelle Bedrohung durch jüdische Nacktheit, auf die oft angespielt wurde, wenn von schamlosem Verhalten jüdischer Frauen und regelrechten sexuellen Attacken jüdischer Männer auf deutsche Frauen die Rede war. Wie zu erwarten war, tauchte das Thema in der NS-Literatur auf. So wird in Hans Zöberleins 1937 erschienenem Roman *Der Befehl des Gewissens*, der in den Jahren unmittelbar nach dem Ersten Weltkrieg spielt, die Arierin Berta in einem Freibad in Bayern von Juden belästigt: «Diese Judenschweine richten uns zugrunde», ruft sie aus. «Das ganze Blut versauen sie uns. Und Blut ist das Beste und das Einzige, was wir noch haben.»[41]

In den meisten deutschen Städten wurde die Vertreibung der Juden aus öffentlichen Badeanstalten zu einem vorrangigen Ziel der Partei. In Dortmund beispielsweise kam die Parteipresse immer wieder auf die Gefahr zu sprechen, die von der Anwesenheit von Juden in städtischen Schwimmbädern ausging, bis sie ihr Ziel erreicht hatte, als der Bürgermeister der Stadt am 25. Juli 1935 eine Bekanntmachung erließ: «Aufgrund verschiedener unliebsamer Vorkommnisse und da die überwiegende Mehrzahl unserer deutschen Volksgenossen und Volksgenossinnen sich durch die Anwesenheit von Juden belästigt fühlt, habe ich die Benutzung sämtlicher Frei-, Hallen- und Luftbäder für Juden gesperrt. In den Bädern werden Schilder angebracht mit der Aufschrift: ‹Juden haben in diesen Anlagen keinen Zutritt›.»[42]

In Stuttgart initiierte die Parteipresse eine ähnliche Kampagne, und am 8. Juli berichtete der *NS-Kurier*, in der vorangegangenen Woche hätten mehrere Jüdinnen «ob ihres frechen Betragens» aus den Schwimmbädern der Stadt verwiesen werden müssen. Das Blatt ergriff die Gelegenheit, um darauf hinzuweisen, daß es keine Schilder gebe, mit denen Juden der Zutritt verboten werde. Da sich der Stadtrat über die Frage nicht einig war, wurden in Stuttgart derartige Schilder schließlich erst nach den Olympischen Spielen von 1936 aufgestellt.[43]

Der Prozeß der Ausschließung schien einem feststehenden Muster zu folgen. Manchmal kam es allerdings zu kleinen Schwierigkeiten. Am 1. August 1935 berichtete die bayerische Politische Polizei von einem Vorfall, der sich am 14. Juli im Schwimmbad Heigenbrücken ereignet hatte, als etwa 15 bis 20 junge Leute «durch Sprechchöre die Entfernung der Juden aus dem Schwimmbad verlangt» hatten. Dazu heißt es im Polizeibericht: «Eine erhebliche Anzahl sonstiger Schwimmbadbesucher hatte in diese Sprechchöre miteingestimmt, so daß wohl die überwiegende Zahl der Schwimmbadbesucher die Entfernung der Juden verlangte. Mit Rücksicht auf diese allgemeine Empörung und die zu befürchtenden Unruhen hatte sich der zufällig im Schwimmbad anwesende Kreisleiter der NSDAP, Oberbürgermeister Wohlgemuth von Aschaffenburg, zu dem Bademeister begeben und die Hinausweisung der Juden durch diesen verlangt. Der Bademeister hat das Ersuchen abgelehnt mit der Begründung, daß er nur den Anordnungen der Badeverwaltung Folge zu leisten habe und zudem die Juden als solche auch nicht ohne weiteres erkennen könne. Wegen dieser Ansicht des Bademeisters kam es zwischen Oberbürgermeister Wohlgemuth und dem Bademeister zu einer geringfügigen Auseinandersetzung, die später durch die Badeverwaltung beigelegt wurde. Mit Rücksicht auf dieses Vorkommnis hat der Kur- und Kneippverein unterm Heutigen am Badeeingang eine Tafel mit der Aufschrift angebracht: ‹Juden ist der Zutritt verboten›.»[44]

Von den Zeitungen, die einen ständigen Schwall von antijüdischen Beschimpfungen von sich gaben, war Streichers *Stürmer* die bösartigste; die ununterbrochene Kampagne dieses Blattes und die weite Verbreitung, die es durch öffentliche Aushängung erlangte, mögen auf die gebildete Mittelklasse oder sogar auf gebildete Parteimitglieder abschrekkend gewirkt haben, aber der Zuspruch, den es in der breiten Bevölkerung, bei jüngeren Schülern und in der Hitlerjugend – möglicherweise wegen seiner pornographischen und sadistischen Züge – fand, scheint ziemlich weitreichend gewesen zu sein.

Am 1. Mai 1934 brachte der *Stürmer* seine berüchtigte Sondernummer über jüdischen Ritualmord heraus. Die Titelseite trug die Schlagzeile «Jüdischer Mordplan gegen die nichtjüdische Menschheit aufgedeckt» und wurde von einer über eine halbe Seite reichenden Zeichnung von zwei besonders scheußlich aussehenden Juden geziert, die ein Gefäß hielten, um damit das Blut aufzufangen, das den nackten Leibern engelgleicher christlicher Kinder entströmte, die sie soeben ermordet hatten (einer der Juden hielt ein blutbeflecktes Messer in der Hand). Im Hintergrund stand ein Kreuz. Am nächsten Tage schickte die Reichsvertretung der deutschen Juden ein Telegramm an Reichsbischof Ludwig Müller: «Wir halten uns für verpflichtet, auf die Sondernummer des ‹Stürmer› vom 1. Mai hinzuweisen. Wir haben an den Herrn Reichskanzler folgendes Telegramm gesandt: ‹Der *Stürmer* verbreitet eine Sondernummer, die unter ungeheuerlichen Beschimpfungen und mit grauenerregenden Darstellungen das Judentum des Ritualmordes bezichtigt. Vor Gott und Menschen erheben wir gegen diese beispiellose Schändung unseres Glaubens in feierlicher Verwahrung unsere Stimme.› Wir sind dessen gewiß, daß die tiefe Entrüstung, die wir empfinden, von jedem gläubigen Christen geteilt wird.» Weder von Hitler noch von Reichsbischof Müller kam eine Antwort.[45]

Neben großen Sachen wie Ritualmord befaßte sich der *Stürmer* auch mit banaleren Themen (wobei allerdings das Banale in echter *Stürmer*-Manier immer zum breiteren historischen Panorama hinführte), wie das etwa im Sommer 1935 geschah. In seiner Ausgabe vom August 1935 (Nr. 35) griff das Blatt Streichers eine Geschichte auf, die zuvor das *Reutlinger Tageblatt* gebracht hatte. Sie betraf Dr. R. F., einen jüdischen Chemiker, dem der Vorwurf gemacht worden war, er habe eine Katze zu Tode gequält. Dem *Stürmer* zufolge hatte F. die Katze, um sie zu töten, in einen Sack gebunden, den er dann auf den Zementboden vor seiner Tür warf. «Darauf sprang er mit seinen Füßen auf das arme Tier in dem Sacke ein und führte auf diesem einen wahren Negertanz auf. Als er das Tier, das ob der schamlosen Behandlung durch den Sack durchblutete, so nicht tot bekommen konnte, nahm er ein Brett und schlug mit dessen Kante so lange auf die Katze ein, bis sie tot war.» *Der Stürmer* brachte die Tötung der Katze in Verbindung mit der «Abschlachtung der 75 000 Perser (Buch Esther)» und mit der Ermordung von «Millionen Nichtjuden auf grausamste Art» im zeitgenössischen Rußland. «Was in Deutschland geschehen würde, wenn die Juden noch einmal zur Macht kämen, darüber denkt der sattgewordene Spießer viel zu wenig nach», schloß *Der Stürmer*.[46] Wie zu erwarten war, rief der Artikel im *Stürmer* Reaktionen der Leser hervor. Eine Frau aus München richtete ihren Brief an den Übeltäter: «Die Meinung meiner sämtlichen Kolleginnen und Kollegen geht dahin, daß man es Ihnen um kein Haar besser machen sollte und man so lange auf Sie eintreten und einschlagen sollte, bis Sie verreckt sind. Um solch einen erbärmlichen, ekelhaften, abscheulichen, plattfüßigen und hakelnasigen Saujuden ist es bei Gott nicht schade. ... Verrecken sollten Sie wie ein Wurm.»[47]

Streichers Blatt zögerte nicht, die treuen konservativen Bundesgenossen der Partei zu attackieren, wenn es (gewöhnlich falsche) Informationen irgendwelcher Art darüber erhielt, daß einem Juden Hilfe gewährt worden sei. So mußte am 20. Mai 1935 Justizminister Franz Gürtner selber an Hitler schreiben, um ein Stuttgarter Gericht von dem Vorwurf des *Stürmers* zu reinigen, es habe einem Juden namens David Isak dabei geholfen, seinen Namen in Fritsch zu ändern (sozusagen ein doppelter Skandal, da Fritsch der Name eines der «großen Vorkämpfer der antisemitischen Bewegung in Deutschland» war). Gürtner ging in die Details: Die Isaks waren erwiesenermaßen katholisch-bäuerlicher Abstammung, und ihre Vorfahren ließen sich über mehr als 200 Jahre hinweg in den Kirchenbüchern verfolgen. Anfang 1935 hatte David Isak den Antrag gestellt, seinen Namen in «Rudolf Fritsch» ändern zu dürfen, weil sein jüdisch klingender Name zu zunehmenden Schwierigkeiten bei seiner Arbeit führte. Trotz dieser leicht festzustellenden Fakten hatte *Der Stürmer* eine Verleumdungskampagne gegen das Justizministerium inszeniert, und Gürtner verlangte, daß das Blatt Streichers zu öffentlichem Widerruf gezwungen werden sollte.[48] Einen Monat später setzte der Chef der Reichskanzlei, Hans Lammers, den Minister davon in Kenntnis, daß Hitler sich mit seiner Forderung einverstanden erklärt hatte.[49] Dieser Vorfall hatte weitreichende Folgen: Nun kam es zu langwierigen Auseinandersetzungen in der Verwaltung über jüdische Namen, Namensänderungen und besondere Namen für Juden.

Solche Beschwerden gegen den *Stürmer* mögen Hitler davon überzeugt haben, daß Streichers Blatt dem Ansehen der Partei abträglich sein konnte. Am 12. Juni 1936 schrieb Bormann an den Justizminister, der Entscheidung des Führers zufolge sei der *Stürmer* «kein Organ der NSDAP».[50]

Die breite Masse war angesichts einer derartigen fortwährenden Agitation der Partei anscheinend überwiegend passiv: Gegen regelrechte antijüdische Gewalttätigkeit gab es zwar keinen Widerstand, aber sie stieß oft auf Mißbilligung. Recht aufschlußreich ist ein Vorfall aus dem Frühjahr 1935. Beim polizeilichen Verhör eines Mannes, der verdächtigt wurde, im Rheinland einen jüdischen Friedhof verwüstet zu haben, kam die folgende Geschichte zutage: Der Verdächtige und seine Freunde Groß und Remle hatten sich in Haßloch in einer Wirtschaft getroffen, und als sie von dem örtlichen SS-Führer Strubel gehört hatten, daß «die Juden als Freiwild behandelt werden dürfen», machten sie sich auf den Weg zum Haus des jüdischen Viehhändlers Heinrich Heene. Sie überschütteten Heene und seine Familie mit Beschimpfungen und versuchten dabei erfolglos, in den Hof einzudringen. Die Leute, die sich inzwischen vor Heenes Haus versammelt hatten, leisteten den drei Männern bei ihren Bemühungen, das Tor aufzubrechen, keine Hilfe. «Als Groß sah, daß die anwesenden Leute ihn nicht unterstützten», hieß es weiter in dem Polizeibericht, «schrie er: ‹Was, ihr seid auch Männer und helft nicht mit, das Judenpack herausholen.› Er versuchte nun mit Gewalt, das Hoftor einzudrücken, und trat immer wieder wie wild gegen das Tor. Die Bevölkerung war aber nicht für Groß eingenommen, und man hörte Stimmen laut werden, daß so etwas nicht recht sei.»[51]

Remle, Groß und der Verdächtige waren Parteimitglieder, die ihre Stichworte von dem örtlichen SS-Führer bezogen hatten und die bei einer Gruppe von Anwohnern auf Zeichen des Zögerns stießen, als sie zu Gewalttätigkeiten übergingen. Das bedeutet nicht, daß sporadische (und traditionelle) antijüdische Gewalttätigkeiten überall unbekannt waren.[52] Mindestens in einem Fall, der sich im Frühjahr 1934 in Gunzenhausen (Mittelfranken) ereignete, führte ein solcher Angriff zum Tod zweier ortsansässiger Juden.[53] Doch derartige Vorfälle waren selten.

Die Bauern waren anscheinend nicht gewillt, auf die Dienste des Juden als Kaufmann oder Viehhändler zu verzichten:[54] «Wegen der ökonomischen Vorteile, die sie davon hatten, mit Juden zu handeln, die bar bezahlten und auf Kredit verkauften, zögerten sie [die Bauern], zu den arischen Viehhändlern überzuwechseln, welche die Nazis zu fördern versuchten.»[55] Aus allgemeineren Gründen entschieden sich die Bauern oft dafür, «fast ausschließlich jüdische Geschäfte» aufzusuchen, wie es für den Monat Juni 1935 aus Pommern berichtet wurde, wobei sie erklärten, «daß es beim Juden eben billiger sei und man eine größere Auswahl habe».[56] Wahrscheinlich aus denselben Gründen bevorzugte eine beträchtliche Anzahl von Volksgenossen in Kleinstädten nicht weniger als in Großstädten immer noch jüdische Läden und Geschäfte. Als es in Falkenstein in Sachsen, wie Victor Klemperer in seinem Tagebuch schreibt, Nichtjuden verboten wurde, in den örtlichen jüdischen Läden zu kaufen, fuhren sie ins benachbarte Auerbach, wo sie immer noch in den jüdischen Geschäften einkaufen konnten; Nichtjuden aus Auerbach wiederum fuhren zu demselben Zweck nach Falkenstein. Für größere Einkäufe fuhren Nichtjuden aus beiden Städten nach Plauen, wo es ein jüdisches Warenhaus gab: «Trifft man sich dort, hat man sich nicht gesehen. Stillschweigende Konvention.»[57]

Das größte Ärgernis für die Parteidienststellen war anscheinend die Tatsache, daß selbst Parteimitglieder, manche in voller Uniform, sich nicht davon abschrecken ließen, Geschäfte mit Juden zu machen. So wurde im Frühsommer 1935 das Beharren auf solch verwerflichem Verhalten aus Dortmund, Frankfurt an der Oder, Königsberg, Stettin und Breslau gemeldet.[58] Kurz, während Horden von Parteiaktivisten Juden zusammenschlugen, kauften andere Parteimitglieder treulich in jüdischen Geschäften. Einige Parteimitglieder gingen sogar noch weiter. Einem Bericht des SD zufolge, der am 11. Oktober 1935 an das Kreisgericht der NSDAP in Berlin-Steglitz gerichtet wurde, hatte man sechs Monate zuvor in der Gegend von Bad Polzin gesehen, wie sich der Parteigenosse Hermann Prinz zusammen mit dem Juden Max Ksinski im Teppichhandel betätigte; er hatte bei dieser Gelegenheit sogar das Parteiabzeichen getragen.[59]

Im Sommer 1935, als in zahlreichen deutschen Städten, wie wir sahen, Juden der Zutritt zu Schwimmbädern und anderen Badeanstalten verboten wurde und schon die bloße Anwesenheit von Juden in vielen Kleinstädten und Dörfern nicht gestattet war, entwickelte sich in einigen Ostseebädern, wo *Der Stürmer* an vielen Stellen ausgehängt wurde, eine surrealistische Situation. Anscheinend gehörte eine Reihe von beliebten Pensionen in diesen Badeorten Juden. In Binz beispielsweise besaß ein ungarischer Jude die prominenteste Pension, die einem Gestapobericht zufolge von der örtlichen Bevölkerung boykottiert wurde; da nun geschah es, daß sich dort zu Pfingsten ausgerechnet Gauleiter und Reichsstatthalter Löper einmietete![60] Und um alles noch schlimmer zu machen, wurde die Pension des ungarischen Juden einen Monat später, im Juli, von Offizieren und Matrosen der *Köln* beehrt, als der Kreuzer in Binz zu Besuch war.[61] Diese paradoxe Situation dauerte noch drei Jahre an, bis zum Frühjahr 1938, als der Kurdirektor des Ostseebades Binz mitteilte, «daß die Bemühungen der letzten Monate zum Erfolg geführt» hätten. Alle ehemals in jüdischem Besitz befindlichen Pensionen waren jetzt in arischen Händen.[62]

Der Zusammenprall zwischen der Parteipropaganda gegen Geschäftsbeziehungen mit Juden und den ökonomischen Vorteilen, die solche Beziehungen mit sich brachten, war nur eine Widerspiegelung des widersprüchlichen Charakters der Befehle von oben: einerseits keine Kontakte zwischen Juden und Volksgenossen, andererseits keine Behinderung jüdischer Wirtschaftstätigkeit. Dieser Widerspruch, der von zwei momentan unvereinbaren Prioritäten herrührte – dem fortwährenden Kampf gegen die Juden und dem Bedürfnis, Deutschlands wirtschaftlichen Aufschwung zu fördern –, fand in Berichten örtlicher Behörden wiederholten Ausdruck. Der Präsident des Regierungsbezirks Kassel sprach das Problem in seinem Monatsbericht vom 8. August 1934 sehr direkt an: «Die Judenfrage spielt nach wie vor eine bedeutende Rolle. Im Geschäftsleben treten die Juden weiterhin stärker in Erscheinung. Den Viehhandel beherrschen sie wieder vollkommen. Bei den nationalsozialistischen Organisationen ist die Stellungnahme zur Judenfrage unverändert und steht vor allem hinsichtlich der Behandlung jüdischer Geschäfte öfters im Widerstreit zu den Weisungen des Herrn Reichswirtschaftsministers. Wiederholt mußten ich und die Staatspolizeistelle amtliche Boykottmaßnahmen örtlicher Stellen und örtliche Übergriffe aufheben.»[63]

Solche Widersprüche und Dilemmata waren auf der Ebene der Kleinstädte oft besonders offensichtlich. Am 2. Juli 1935 wurde von Beamten der Stadtgemeinde Laupheim ein Bericht an das württembergische Innenministerium geschickt: «Die Judenfrage ist für Laupheim unter den derzeitigen Verhältnissen mehr und mehr eine Quelle der Unsicherheit für die Gemeindeverwaltung ... geworden. ... Wird in Laupheim ... mit der Bekämpfung der Juden fortgefahren, so muß damit gerechnet werden, daß die ansässigen jüdischen Geschäftsleute so rasch wie möglich abwandern. Die Stadtgemeinde Laupheim hat dadurch weitere starke Ausfälle in ihren Einnahmen zu erwarten und wird zu einer Umlageerhöhung greifen müssen, um ihre Verpflichtungen erfüllen zu können.» Der Verfasser des Berichts glaubte, das Aussterben der älteren Juden und die Auswanderung der jüngeren werde dazu führen, daß sich die Judenfrage innerhalb von 30 Jahren löse. In der Zwischenzeit sollte man die Juden, so meinte er, dort lassen, wo sie lebten, dies um so mehr, als es sich bei ihnen mit wenigen Ausnahmen um eine Gemeinschaft alteingesessener Familien handelte. Sollten jüdische Steuereinnahmen ersatzlos wegfallen, sei «der Abstieg der Stadtgemeinde Laupheim zu einem großen Bauerndorf unvermeidlich».[64]

Diese Spannung zwischen Parteiinitiativen und wirtschaftlichen Erfordernissen wurde ausführlich in einem ganz den Juden gewidmeten Bericht illustriert, der am 3. April 1935 vom SD, Oberabschnitt Rhein, an SS-Gruppenführer Heissmeyer in Koblenz gesandt wurde. Darin wird beschrieben, wie ein «stiller Boykott» gegen die Juden hauptsächlich von der Partei und ihren Untergliederungen initiiert wurde, die in geschlossenen Versammlungen ihre Mitglieder immer wieder aufforderten, nicht bei Juden zu kaufen. Der Bericht verweist dann darauf, «daß der Boykott in den Städten trotz der geringeren Kontrollmöglichkeit schärfer durchgeführt wird als auf dem Lande. Besonders in den katholischen Gegenden kaufen die Bauern nach wie vor größtenteils bei Juden, dies artet sogar teilweise zu einer Anti- Boykottbewegung aus, die ihre Stütze in der katholischen Geistlichkeit findet.»

Der Bericht erwähnt dann den zunehmenden Einfluß des *Stürmers*, der «zum Teil sogar schon in den Schulen als Lehrmittel Verbreitung findet». Wenn aber das Blatt seine Leser offen zum Boykott anstachelte, gab es Gegenmaßnahmen der staatlichen Behörden. Der Bericht schreibt: «Die Juden schließen hieraus, daß der Boykott vom Staat nicht gewünscht wird. Als Folge davon hört man allenthalben Klagen über die jüdische Frechheit, die wieder überhand nimmt.»[65]

III

Manchmal fanden echtes Mitgefühl mit der Notlage der Juden und sogar Hilfsangebote direkte oder indirekte Formen des Ausdrucks. So machte in einem Brief an die *Jüdische Rundschau* die Enkelin des Dichters Hoffmann von Fallersleben, des Verfassers des Deutschlandliedes, das Angebot, jüdischen Kindern ein Haus an der Ostsee zur Verfügung zu stellen.[66] Ein anderes, ziemlich unerwartetes Zeugnis für jüdisches Beharrungsvermögen und arisches Mitgefühl fand Anfang 1935 seinen Weg in die Akten der Göttinger Polizei; es war dies ein von Reinhard Heydrich unterzeichneter Bericht, der an alle Staatspolizeistellen gesandt wurde. Sein Thema: «Auftreten jüdischer Künstler.»

«In letzter Zeit», schrieb Heydrich, «ist die Beobachtung gemacht worden, daß jüdische Künstler beim Auftreten vor der Öffentlichkeit versuchten, sich in versteckter Form mit Maßnahmen der Regierung und der politischen und wirtschaftlichen Lage Deutschlands zu beschäftigen und vor dem meist aus Nichtariern bestehenden Publikum durch Mimik und Tonfall absichtlich zersetzende Kritik zu üben, die darauf abgestellt war, Staat und Bewegung vor der Öffentlichkeit verächtlich zu machen.» Soviel zu jüdischen Künstlern, die sich an ein jüdisches Publikum wandten. Doch es gab noch mehr: «Auch sind Provokationen der staatlichen Behörden dadurch hervorgerufen worden, daß das Einschreiten der Polizei beim unerwünschten Zusammenwirken von arischen und nichtarischen Künstlern zum Gegenstand von Ovationen für nichtarische Künstler gemacht wurde.» Und als sei ihm nachträglich noch etwas eingefallen, fügte Heydrich hinzu: «Das Auftreten nichtarischer Künstler vor arischem Publikum ist grundsätzlich unerwünscht, weil Komplikationen zu befürchten sind.» Kurz, die Gestapo wurde aufgefordert, alle derartigen Auftritte sofort zu unterbinden, auch wenn juristisch gesehen einige Juden von einem derartigen Verbot immer noch ausgenommen waren. Für Heydrich mußten sich nichtarische Künstler auf ein jüdisches Publikum beschränken. Überdies mußten nichtarische Künstler, sofern sie erneut auf die Lage in Deutschland anspielen sollten, verhaftet werden, da «die Einmischung von Nichtariern in deutsche Angelegenheiten keineswegs geduldet wird».[67]

Wiederholte Anweisungen an Parteimitglieder und Beamte, alle weiteren Kontakte zu Juden zu meiden, sind ein indirekter Beweis dafür, daß solche Kontakte noch bis 1935 fortgesetzt wurden, und das nicht nur aus wirtschaftlichen Gründen. Am 7. Juni richtete der Bürgermeister von Lörrach eine strenge Warnung an alle Beschäftigten der Stadt: der Führer hatte Deutschland von der jüdischen Gefahr befreit, und jeder Deutsche, «der noch etwas auf seine völkische Ehre hält», mußte dem Führer für diese Leistung dankbar sein. «Wenn es trotzdem noch vorkommt, daß Deutsche dieser artfremden Rasse ihre Zuneigung bekunden, indem sie mit ihren Angehörigen einen freundschaftlichen Verkehr unterhalten, so zeugt dies von einer Geschmacklosigkeit sondergleichen, die schärfstens gebrandmarkt werden muß.»[68]

Die unterschwellige Tendenz von Mitgefühl mit den verfolgten Juden muß bedeutend genug gewesen sein, um Goebbels dazu zu veranlassen, sich in demselben Monat in einer Rede mit ihr zu befassen. Goebbels attackierte «diejenigen seiner Landsleute, welche ... ‹schamlos› behaupteten, der Jude sei schließlich auch ein Mensch». Nach Ansicht von Robert Weltsch, der damals Herausgeber der *Jüdischen Rundschau* war, «macht Goebbels' Zorn deutlich, daß immer noch eine Flüsterkampagne im Gange war, die auf ein gewisses Maß an Unmut auf seiten der Leute verwies, die Goebbels als bürgerliche Intellektuelle bezeichnete. Das waren die Deutschen, welche der Gauleiter [von Berlin, d. h. Goebbels] warnen wollte.»[69]

Es mag schwer sein, den Beweis zu führen, welchen Erfolg die Rede von Goebbels damit hatte, die «bürgerlichen Intellektuellen» einzuschüchtern, aber sie hatte mit Sicherheit andere Konsequenzen. In ihrer Ausgabe vom 2. Juli 1935 brachte die *Jüdische Rundschau* einen Artikel von Weltsch mit dem Titel «Der Jude ist auch ein Mensch: Ein Argument der Judenfreunde.» Dies war ein subtil ironischer Kommentar zu der Tirade des Ministers, und er führte zum Verbot des Blattes.[70] Nach einigen Wochen und einer Reihe von Verhandlungen wurde ein in Goebbels' Namen geschriebener (aber mit «Jahnke» unterzeichneter) Brief an Weltsch geschickt: «Die ‹Jüdische Rundschau› veröffentlicht in der Nr. 53 vom 9. 7. 1935 einen Artikel ‹Der Jude ist auch ein Mensch›, der sich mit meiner Rede vom 29. 6. 1935 auseinandersetzt, soweit sie die

Judenfrage behandelt. Es wird der von mir abgelehnte Standpunkt der bürgerlichen Intellektuellen, ‹daß der Jude auch ein Mensch sei›, kritisiert, und zwar in dem Sinne, daß der Jude nicht nur *auch* ein Mensch sei, sondern *bewußt* Mensch und *bewußt* Jude sein muß. Ihr Blatt ist wegen dieser Veröffentlichung verboten worden. Das Verbot der Zeitung wird aufgehoben werden; jedoch verwarne ich Sie wegen der Polemik des Artikels auf das schärfste und erwarte, daß ich in Zukunft keinen Anlaß mehr haben werde, Ihre Veröffentlichungen zu beanstanden.»[71]

Warum sollte sich Goebbels die Mühe machen, sich auf diese Manöver hinsichtlich einer Zeitschrift einzulassen, die von Juden für Juden geschrieben wurde? Weltsch erklärt: «Man darf nicht vergessen, daß die jüdischen Zeitungen damals öffentlich verkauft wurden. Der Kurfürstendamm, die vornehme Hauptverkehrsstraße im Berliner Westen, war buchstäblich mit der *Jüdischen Rundschau* gepflastert – sie lag jeden Dienstag und Freitag an allen Kiosken in zahlreichen Exemplaren aus, weil sie einer ihrer Bestseller war, besonders da ausländische Zeitungen verboten waren.»[72] Auch das konnte nicht lange so bleiben. Am 1. Oktober 1935 wurden die öffentliche Auslage und der Verkauf jüdischer Zeitungen verboten.

Während dieser frühen Jahre des Regimes war es schwierig, alle Zeichen jüdischer kultureller Präsenz im deutschen Leben völlig zu unterdrücken. So trug beispielsweise ein Katalog des Verlages S. Fischer aus dem Jahre 1934 auf der Titelseite ein Bild des kürzlich verstorbenen jüdischen Verlagsgründers, und er enthielt auf den folgenden Seiten eine Gedenkrede des Schriftstellers Oskar Loerke. In dem Katalog wurde auch Band 2 von Thomas Manns Tetralogie *Joseph und seine Brüder* angekündigt und ebenso Bücher der jüdischen Autoren Arthur Schnitzler, Jakob Wassermann, Walther Rathenau und Alfred Döblin.[73]

Fritz Habers erster Todestag fiel auf den 29. Januar 1935. Trotz des Widerstandes des Erziehungsministeriums und der Tatsache, daß der Tag der Vorabend der Feierlichkeiten aus Anlaß des zweiten Jahrestags der Machtübernahme durch Hitler war, beschloß Max Planck, unter der Schirmherrschaft der Kaiser-Wilhelm-Gesellschaft für den berühmten jüdischen Naturwissenschaftler eine Gedenkversammlung abzuhalten.

Aus einem Brief, den die Münchener Parteizentrale am 25. Januar abschickte, geht hervor, daß die Gedenkveranstaltung auch von der Deutschen Chemischen Gesellschaft und der Deutschen Physikalischen Gesellschaft getragen wurde. Die Zentrale verbot Parteimitgliedern die Teilnahme, wagte aber anscheinend nicht, sich ausschließlich auf das Argument zu stützen, daß Haber Jude war. So enthielt die Erklärung drei verschiedene Argumente: «Abgesehen davon, daß es bisher noch nicht üblich war, einen solchen Gedenktag schon ein Jahr nach dem Tode eines deutschen Gelehrten zu feiern, ist Prof. Dr. Haber, *der Jude war*, am 1. Oktober 1933 aus seinem Amt wegen seiner eindeutig gegensätzlichen Einstellung zum nationalsozialistischen Staat entlassen worden.»[74] Die Sondergenehmigungen zur Teilnahme, die Erziehungsminister Rust einigen von Habers Kollegen zugesagt hatte, wurden nie ausgestellt. Dennoch fand die Zeremonie statt. Es sprach ein gewisser Oberst Köth, der im Kriege Mitarbeiter von Haber gewesen war, und der Chemiker und nachmalige Nobelpreisträger Otto Hahn hielt die Gedenkrede. Der Saal war bis auf den letzten Platz mit Vertretern der Industrie und mit den Ehefrauen der Akademiker besetzt, denen die Teilnahme untersagt worden war.[75]

Die Kampagne zur Säuberung des deutschen Kulturlebens von jüdischer Präsenz und jüdischem Geist hatte auf der internen Naziebene ihre hochdramatischen Augenblicke. Seit der Gründung der Reichskulturkammer war zwischen Goebbels und Rosenberg ein erbitterter Kampf um die Kontrolle über die Kultur im neuen Reich geführt worden, auch wenn machtpolitisch Rosenberg zu diesem Zeitpunkt bereits ausgespielt hatte. Nachdem Rosenberg im Januar 1934 zum «Beauftragten des Führers für die Überwachung der gesamten geistigen und weltanschaulichen Schulung und Erziehung der NSDAP» ernannt worden war, kam es erneut zu Auseinandersetzungen zwischen ihm und Goebbels; diese erreichten ihren Höhepunkt in dem «Fall Strauss», der sich fast ein Jahr, vom August 1934 bis zum Juni 1935, hinzog.

Rosenberg eröffnete die Feindseligkeiten in einem an Goebbels gerichteten Brief vom 20. August 1934, in dem er warnte, daß das Verhalten von Richard Strauss, dem größten lebenden deutschen Komponisten, Präsidenten der Reichsmusikkammer und Protégé von Goebbels, sich in einen großen öffentlichen Skandal zu verwandeln drohte: Strauss hatte eine Vereinbarung getroffen, daß das Libretto zu seiner Oper *Die schweigsame Frau* von «dem Juden Stefan Zweig» geschrieben werden sollte, der, wie Rosenberg hinzufügte, zugleich «künstlerischer Mitberater eines jüdischen Emigranten-Theaters» in der Schweiz sei.[76] Auf dem Spiel stand nicht nur die ideologische Reinheit: Rosenberg suchte nach jedem möglichen Mittel, die beherrschende Stellung von Goebbels auf dem Gebiet der Kulturpolitik zu unterminieren.

Goebbels, der soeben Hitlers Einwilligung zur Aufführung der Strauss'schen Oper im Frühsommer 1935 in Dresden erhalten hatte, drosch auf den wichtigtuerischen Ideologen ein: Es sei «unwahr, daß Dr. Richard Strauss den Text seiner Oper von einem jüdischen Emigranten schreiben läßt. Wahr dagegen ist, daß der Überarbeiter des Textes, Stefan Zweig, ein österreichischer Jude ist, nicht zu verwechseln mit dem Emigranten Arnold Zweig. ... Es ist demnach auch unwahr, daß der Verfasser des Operntextes künstlerischer Mitarbeiter eines jüdischen Emigranten-Theaters ist. ... Aus den oben behandelten Fragen könnte sich demnach entsprechend Ihrer Befürchtung nur dann ein kultureller Skandal entwickeln, wenn das Ausland sie mit derselben Unbekümmertheit behandelte, wie Sie das mit Ihrem hiermit beantworteten Brief getan haben. Heil Hitler!»[77]

Bald wurde die Kontroverse schriller, als Rosenberg in seiner Antwort Goebbels an den Schutz, den er dem jüdischen Regisseur Curt Goetz angedeihen ließ, und an die Schwierigkeiten, in die er nationalsozialistische Regisseure dadurch brachte, erinnerte. Der letzte Schuß zielte auf Goebbels' Unterstützung für moderne, ja «bolschewistische» Kunst, insbesondere für die Künstler, die der Avantgardegruppe «Der Sturm» angehörten.[78]

Zu Goebbels' Unglück fing die Gestapo im Frühjahr 1935 einen Brief von Strauss an Zweig ab, in dem der Komponist schrieb, er habe sich bereit erklärt, den Präsidenten der Reichsmusikkammer zu mimen, «um Gutes zu tun und größeres Unglück zu verhüten». Als Folge hiervon wurde Strauss von seinem Posten entbunden und durch Peter Raabe, einen begeisterten Nazi, ersetzt. Da Zweig das Libretto verfaßt hatte, wurde *Die schweigsame Frau* nach einigen wenigen Aufführungen verboten.[79]

Die totale Säuberung der Reichsmusikkammer von ihren jüdischen Mitgliedern dauerte jedoch länger, als Goebbels gehofft – und angekündigt – hatte. In Goebbels' Tagebüchern kommt wiederholt seine Entschlossenheit zum Ausdruck, das Ziel der vollständigen Arisierung zu erreichen. Dieser Kampf wurde an zwei Fronten geführt: gegen Personen und gegen Melodien. Die meisten jüdischen Musiker emigrierten in den ersten drei Jahren von Hitlers Regime, aber zum Verdruß der Nationalsozialisten war es schwieriger, jüdische Melodien – d. h. vorwiegend «leichte» Musik – loszuwerden. «Gegenargumente, daß Zuhörer solche Musik häufig verlangten», schreibt Michael Kater, «wurden mit der Begründung zurückgewiesen, daß es die Pflicht ‹arischer› Musiker sei, ihr Publikum durch die stetige Vorführung nicht-jüdischer Programme zu erziehen.»[80]

Überdies ermöglichten, was die leichte Musik anging, verwickelte kommerzielle Beziehungen zwischen emigrierten jüdischen Musikverlegern und ihren Partnern, die sich noch in Deutschland aufhielten, einen stetigen Fluß unerwünschter Partituren und Plattenaufnahmen ins Reich. Musik kam aus Wien, aus London und New York, und erst Ende 1937, als «fremde» Musik offiziell verboten wurde, konnten sich Judenjäger beruhigter fühlen.[81]

Goebbels' herkulische Aufgabe wurde durch die nahezu unüberwindliche Schwierigkeit belastet, die rassische Herkunft aller Komponisten und Librettisten herauszufinden, und durch die Dilemmata, die dadurch geschaffen wurden, daß es bekannte Stücke gab, die durch irgendeine jüdische Verbindung befleckt waren. Selbstverständlich waren die Dienste Rosenbergs und verwandte Organisationen wie auch sogar der SD unvermeidliche Konkurrenten auf diesem Gebiet. Etwas von der Größe der Herausforderung und von der allgemeinen Atmosphäre ist in einem Briefwechsel zu spüren, der im August 1933 zwischen der Münchener Filiale von Rosenbergs Kampfbund für Deutsche Kultur und dem ebenfalls von Rosenberg kontrollierten Reichsverband Deutsche Bühne in Berlin geführt wurde. Die Münchener schrieben am 16. August:

«Die jüdischen Librettisten und Komponisten bildeten in den letzten 15 Jahren einen Ring, durch den kein deutscher Autor zu stoßen vermochte, und wenn er ein noch so gutes Werk präsentierte. Nun sollen die Herrschaften einmal die umgekehrte Seite kennen lernen. Eine Abwehr ist schon deswegen notwendig, weil in ausländischen Zeitungen bereits höhnische Artikel erschienen sind, daß es in Deutschland ohne Juden nicht ginge.

Am Deutschen Theater in München wird gegenwärtig die Operette ‹Sissy›, Text von [Ernst] Marischke, Musik von [Fritz] Kreisler, gegeben. Kreisler hat sich in Prag in einer äußerst abfälligen Weise über unseren Führer ausgesprochen. Wir haben gegen die Aufführung des Werkes scharfen Protest eingelegt, u. a. bei der Reichsleitung der NSDAP zu Händen des Herrn Pg. Hess. Wie wir nun hören, hat sich der Direktor Gruss des Deutschen Theaters bereit erklärt, das Werk abzusetzen, wenn ihm ein anderes dafür präsentiert wird. Wir wären Ihnen dankbar, wenn Sie uns das eine oder andere Werk empfehlen könnten. Nur müßte es sich für eine etwas revuemäßige Aufmachung eignen, weil das Deutsche Theater eigentlich Variété ist und nur Konzession für Revuen besitzt.»[82]

Am 23. August war die Antwort des Reichsverbands Deutsche Bühne nach München unterwegs: Die zuständigen Leute in Berlin wußten bereits von *Sissy* und beschäftigten sich wahrscheinlich mit dem Fall. Andere Dinge mußten aber richtiggestellt werden: In dem Brief aus München waren Franz Lehár und Künnecke allzu schnell von allen jüdischen Verbindungen freigesprochen worden: «Über [die beiden] besteht durchaus noch Unklarheit, insofern nämlich, als die Librettisten dieser beiden Operettenkomponisten fast ausnahmslos Juden sind. Ich beabsichtige in Kürze eine Liste herauszugeben, wo alle die Operetten verzeichnet stehen, deren Komponisten *und* Librettisten keine Juden sind.»[83] Im Dezember desselben Jahres erhielt der Reichsverband Deutsche Bühne eine weitere Anfrage vom Münchener Kampfbund, in der es um die Frage ging, ob Franz Lehár, Robert Stolz, Hans Meisel, Ralph

Benatzky und andere Komponisten Juden seien. Wieder kamen bei Lehár, Stolz und Benatzky die Librettisten zum Vorschein (die anderen Komponisten waren Juden).[84] Hitler hatte, das sollte erwähnt werden, eine besondere Vorliebe für Lehárs Operette *Die lustige Witwe*. War der Librettist des berühmtesten Werkes von Lehár zufällig etwa Jude? Und wenn ja, wußte Hitler das?

In einem Brief an den Preußischen Theaterausschuß vom 9. März 1934 erwähnte Schlösser «den Witz über [Meyerbeers Oper] *Die Hugenotten* (Protestanten und Katholiken erschießen sich, und ein Jude macht Musik dazu). ... Bei der nicht zu verkennenden Empfindlichkeit der breiteren Massen in der Judenfrage muß man m. E. auch solche psychologisch wichtige Tatsache ins Auge fassen.» Gegenüber Offenbach nahm Schlösser dieselbe Haltung ein, erwähnte aber, daß infolge von widersprüchlichen offiziellen Verlautbarungen zu dieser Frage ein Theater in Koblenz «nicht weniger als 3 Operetten von Offenbach ausgegraben» habe.[85]

Alles in allem hielt jedoch die Konfusion der Kulturwalter des neuen Regimes die Entjudung der Musik im Reich nicht auf. Jüdische Interpreten wie Artur Schnabel (der bald nach der Machtergreifung durch die NSDAP emigriert war), Jascha Heifetz und Yehudi Menuhin waren nun im Konzert ebensowenig mehr zu hören wie im Radio; jüdische Dirigenten waren geflohen und die Komponisten Arnold Schönberg, Kurt Weill und Franz Schreker desgleichen. Nach einem gewissen anfänglichen Zögern wurden Mendelssohn, Meyerbeer, Offenbach und Mahler nicht mehr aufgeführt. Das Mendelssohn-Denkmal, das vor dem Leipziger Gewandhaus gestanden hatte, wurde entfernt. Doch das war noch längst nicht alles: Händels alttestamentarische Oratorien verloren ihre ursprünglichen Titel und wurden arisiert, so daß sich *Judas Makkabäus* in *Der Feldmarschall: Ein Kriegsdrama* oder, alternativ dazu, in *Freiheitsoratorium: Wilhelm von Nassau* verwandelte; die erste Version stammte von Hermann Stephani, die zweite von Johannes Klöcking. Drei der größten Mozartopern, *Don Giovanni*, *Die Hochzeit des Figaro* und *Così fan tutte*, bereiteten ein spezielles Problem: Ihr Librettist, Lorenzo Da Ponte, war jüdischer Abstammung. Die erste Lösung war, auf die ursprüngliche italienische Version zu verzichten, aber das half nichts: die gängige deutsche Aufführungsversion war das Werk des jüdischen Dirigenten Hermann Levi. Es gab einen letzten Ausweg: Hastig mußte eine neue Übersetzung in reineres, unbeflecktes Deutsch angefertigt werden. Die neuen deutschen Übersetzungen der Libretti Da Pontes für den *Figaro* und *Così fan tutte* stammten von Siegfried Anheißer, einem Regisseur am Kölner Theater, und bis 1938 waren sie von 76 deutschen Opernhäusern übernommen worden.[86] Als Krönung des Ganzen sollten zwei große Enzyklopädien, *Judentum in der Musik*

A-B-C und *Lexikon der Juden in der Musik*, sicherstellen, daß in Zukunft keine Fehler mehr gemacht würden. Doch selbst Enzyklopädien waren nicht immer ausreichend: Das *Judentum in der Musik* erschien 1935; nach dem Anschluß jedoch waren die neuen Herren Österreichs erstaunt, als sie feststellten, daß der «Walzerkönig» Johann Strauß Juden in seiner Großfamilie hatte, und seine Geburtsurkunde verschwand aus den Wiener Archiven.[87]

Abteilung II 112 des SD (das Judenreferat) hatte gleichfalls ein Auge auf jüdische Musiker, tot oder lebendig. Am 27. November 1936 stellte sie fest, daß im Saal der Berliner Philharmonie unter den bekannten deutschen Komponisten immer noch ein Relief «des Juden Felix Mendelssohn-Bartholdy» angebracht war. Da die Aufführung von Stücken jüdischer Komponisten verboten worden war, «dürfte», so der Schluß des Vermerks, «eine Entfernung des Reliefs unbedingt zweckmäßig sein».[88] Einige Zeit später bemerkte die Abteilung, der jüdische Bassist Michael Bohnen sei «in letzter Zeit wieder im Film aufgetreten». Um seine Adressaten über Bohnen zu informieren, zitierte der anonyme Agent von II 112 die biographische Eintragung über den Sänger in der *Encyclopedia Judaica*.[89]

Was hätte es genutzt, alle unschönen jüdischen Namen aus der deutschen Welt der Kunst hinauszusäubern, wenn die Juden ihre Identität verschleiern konnten, indem sie arische Namen annahmen? Am 19. Juli 1935 unterbreitete Frick (der im Dezember 1934 damit begonnen hatte, gegen Namensänderungen zu kämpfen) als Resultat des Falles, den Gürtner in seiner Beschwerde gegen den *Stürmer* vorgestellt hatte, Hitler einen Entwurf, wonach es Ariern, welche Namen trugen, die gemeinhin als jüdisch galten, gestattet werden sollte, diese zu ändern. Juden würde es im allgemeinen nicht gestattet, ihren Namen zu ändern, es sei denn, ihr Name gebe Anlaß zu Spötteleien und Beleidigungen; in diesem Falle konnte ein anderer jüdischer Name gewählt werden.[90] Am 31. Juli übermittelte Lammers aus Berchtesgaden Hitlers Billigung.[91] Frick ließ es dabei nicht bewenden, und in einer Mitteilung vom 14. August brachte er bei Gürtner die Möglichkeit ins Gespräch, die Abkömmlinge von Juden, die zu Anfang des 19. Jahrhunderts fürstliche deutsche Namen angenommen hatten, zur erneuten Annahme eines jüdischen Namens zu zwingen; dies geschah, so schrieb er, auf Verlangen eines Reichstagsabgeordneten, Prinz von und zu Loewenstein.[92] Anscheinend kam es zu keiner Entscheidung, auch wenn Staatssekretär Hans Pfundtner damals die Reichsstelle für Sippenforschung anwies, Listen deutscher Namen zusammenzustellen, die seit der Emanzipation von Juden gewählt worden waren.[93] Bald sollte sich, wie wir sehen werden, die Strategie ändern: Statt gezwungen zu werden, ihre deutsch klingenden

Namen aufzugeben, sollten die Juden zusätzliche – und offensichtlich jüdische – Vornamen annehmen müssen.

Hans Hinkel kam 1935 in Goebbels' Ministerium, wo er einer der drei Geschäftsführer der Reichskulturkammer wurde. Bald danach kam zu den Titeln, die er bereits trug, eine ungewöhnliche neue Amtsbezeichnung hinzu: «Sonderbeauftragter für die Überwachung der geistig und kulturell tätigen Juden im deutschen Reichsgebiet».[94] Der neue Titel war insofern zutreffend, als sich Hinkel abgesehen von seinen wiederholten Säuberungsrazzien in der RKK jetzt rühmen konnte, er habe mit sanfter Nachhilfe die verschiedenen regionalen jüdischen Kulturbünde dazu veranlaßt, ihre relative Autonomie aufzugeben und zu Mitgliedern eines landesweiten Verbandes mit Sitz in Berlin zu werden. Die entscheidende Versammlung, auf der den Delegierten der Kulturbünde in sehr höflicher, aber unmißverständlicher Form erklärt wurde, Hinkel halte die Gründung einer einzigen Organisation für das ganze Reich für äußerst wünschenswert, fand am 27. und 28. April unter Teilnahme Hinkels und in der stillen Gegenwart von Gestapovertretern in Berlin statt.

Hinkel sprach zu den jüdischen Delegierten, wie er sagte, «im Vertrauen», und jede Enthüllung der Versammlung konnte zu «Unannehmlichkeiten» führen; die Entscheidung über die Bildung einer nationalen Organisation sollte wirklich der «freien Wahl» der Delegierten überlassen werden, aber der einzige Weg zur vernünftigen Lösung einer Vielzahl technischer Probleme bestand darin, eine einheitliche Organisation zu gründen. Kurt Singer, der auf Hinkels Geheiß die Versammlung einberufen hatte, war stark für eine derartige Vereinigung und anscheinend mit Staatssekretär Hinkel einer Meinung. Dieser und Singer leiteten die Versammlung so zügig, daß Singer am Ende der ersten Sitzung (der einzigen, an der Hinkel teilnahm) erklären konnte: «Ich mache hiermit dem Staatssekretär und den Herren von der Staatspolizei die offizielle Meldung, daß sich die anwesenden Delegierten einstimmig auf die Schaffung eines Dachverbandes der jüdischen Kulturbünde im Reich geeinigt haben.»[95]

In einer Rede von 1936 formulierte Hinkel noch einmal das unmittelbare Ziel der NS-Kulturpolitik hinsichtlich der Juden: Sie waren zur Entwicklung ihres eigenen kulturellen Erbes in Deutschland berechtigt, aber nur in völliger Isolierung von der allgemeinen Kultur. Jüdische Künstler «können ungehindert arbeiten, solange sie sich auf die Pflege des jüdischen Kunst- und Kulturlebens beschränken und solange sie nicht – offen, heimlich oder betrügerisch – unsere Kultur zu beeinflussen suchen».[96] Heydrich faßte die Nützlichkeit der Zentralisierung in etwas anderen Worten zusammen: «Die Gründung des Reichsverbandes jüdischer Kulturbünde erfolgte, um sämtliche jüdischen kulturellen Vereinigungen zur leichteren Erfassung und zentralen Überwachung zusammenzufassen.»[97] Alle jüdischen Kulturorganisationen, die dem neuen Reichsverband nicht angehörten, wurden verboten.

IV

Seit Anfang 1935 war unter Parteiradikalen erneut eine intensive antijüdische Hetze aufgetreten, und Unzufriedenheit und Unruhe verbreiteten sich unter den einfachen Parteimitgliedern und unter den SA-Mitgliedern, die immer noch wegen der Ermordung ihres Führers im vorangegangenen Jahr grollten. Fortdauernde wirtschaftliche Schwierigkeiten wie auch das Ausbleiben materieller und ideologischer Kompensationen für die große Zahl von Parteimitgliedern, die weder auf örtlicher noch auf nationaler Ebene Stellungen und Genugtuung finden konnten, führten zu zunehmender Agitation.

Eine erste Welle antijüdischer Vorfälle begann Ende März 1935; in den darauffolgenden Wochen verdichtete Goebbels' *Angriff* die pogromartige Atmosphäre.[98] Ein Hinweis des Innenministeriums auf bevorstehende antijüdische Gesetze und die Ausschließung der Juden aus der neuen Wehrmacht dämpften die wachsende Unruhe nicht.

Die erste Stadt, die antijüdische Unruhen in großem Umfang erlebte, war München, und ein sorgfältig abgefaßter Polizeibericht liefert eine recht präzise Beschreibung des Ablaufs der dortigen Ereignisse. Im März und April wurden jüdische Läden nachts mit Säure besprüht oder mit Inschriften wie «Jude», «Stinkender Jude», «Juden raus» und dergleichen beschmiert. Dem Bericht zufolge kannten die Täter den Streifenplan der Polizei genau und konnten daher in völliger Freiheit agieren. Im Mai begann das Einschlagen von Schaufensterscheiben in jüdischen Geschäften. Der Polizeibericht deutet auf die Beteiligung von Gruppen der Hitlerjugend an einem dieser frühen Vorfälle. Mitte Mai griffen die Täter dann nicht nur bei hellichtem Tage jüdische Läden an, sondern verübten auch Tätlichkeiten gegen deren Besitzer, gegen Kunden und manchmal sogar gegen arische Angestellte.

Am Samstag, dem 25. Mai, nahmen die Unruhen eine neue Dimension an. Im Laufe des Nachmittags hatten sich die Attacken auf jedes identifizierbar jüdische Geschäft in der Innenstadt ausgedehnt. Nach Angaben der Polizei waren die Täter «nicht allein Angehörige der NSDAP und ihrer Gliederungen», sondern zu ihnen gehörten auch «Gruppen sehr zweifelhafter Art». Am Spätnachmittag gab es vor dem Hauptbahnhof Zusammenstöße zwischen der Polizei und einer Ansammlung von etwa 400 Menschen (hauptsächlich österreichischen Nazis, die im SS-Hilfslager in Schleißheim trainierten); bald kam es in anderen Teilen der Stadt zu weiteren derartigen Begegnungen. Etwa um 18 Uhr versuchte eine Menge, das mexikanische Konsulat anzugreifen. Unter den Verhafteten waren, wie sich herausstellte, SS-Männer in Zivil. Erst gegen neun Uhr abends wurde in der bayerischen Hauptstadt wieder ein gewisses Maß an Ordnung hergestellt.[99]

Ein zweiter, größerer Ausbruch, einer, von dem häufiger die Rede ist, ereignete sich Mitte Juli in Berlin, hauptsächlich auf dem Kurfürstendamm, wo elegante Geschäfte, die Juden gehörten, immer noch relativ aktiv waren. Jochen Klepper, ein tiefreligiöser protestantischer Autor, dessen Frau Jüdin war, schrieb am 18./19. Juli in sein Tagebuch: «Antisemitische Ausschreitungen am Kurfürstendamm. ... Die Säuberung Berlins von Juden drohend angekündigt.»[100] Eine Woche später schrieb Klepper erneut über das, was auf dem Kurfürstendamm geschehen war: Jüdische Frauen waren ins Gesicht geschlagen worden; jüdische Männer hatten sich mutig verhalten. «Zu Hilfe kam ihnen niemand, weil jeder die Verhaftung fürchtet.»[101] Am 7. September wurde Klepper, der 1933 wegen seiner jüdischen Frau seine Stellung beim Radio verloren hatte, von dem kürzlich arisierten Verlag Ullstein, bei dem er eine Beschäftigung gefunden hatte, entlassen. An diesem Tage notierte er, daß die Schilder, die Juden den Zutritt zum Schwimmbad verboten, aufgestellt waren und daß selbst in der kleinen Straße, in der er mit seiner Frau spazierenging, an einem der Zäune dieselbe Warnung hing.[102]

Die Geheimberichte der Sozialdemokratischen Partei Deutschlands über die Lage im Reich (die sogenannten SOPADE- Berichte), die in Prag zusammengestellt wurden, beschrieben ausführlich, wie sich während der Sommermonate des Jahres 1935 antijüdische Gewalt in ganz Deutschland ausbreitete. Wie wir sahen, entzündete sich der Zorn der radikalen Nazis vor allem an Juden, die es wagten, öffentliche Schwimmbäder zu benutzen, an jüdischen Läden und Juden auf Marktplätzen und natürlich an jüdischen Rassenschändern. Manchmal wurden die falschen Ziele ausgewählt, wie etwa der Gestapo-Agent aus Berlin, der am 13. Juli im Schwimmbad in Kassel fälschlich für einen Juden gehalten und von SA-Aktivisten zusammengeschlagen wurde.[103] Meistens wurden jedoch keine Fehler gemacht. So fielen beispielsweise am 11. Juli fast 100 SA-Männer über den Viehmarkt in Fulda her (wie schon erwähnt, waren viele Viehhändler Juden) und griffen unterschiedslos sowohl die Händler als auch ihre Kunden an, wodurch einige von ihnen schwere Verletzungen davontrugen. Dazu heißt es im SOPADE-Bericht: «Vieh lief ziellos in den Straßen herum und konnte erst nach und nach eingefangen werden. Ganz Fulda war tagelang in Erregung.» Das *Jüdische Familienblatt* schrieb hintersinnig, die jüdischen Händler hätten Kühe auf den Markt gebracht, die einen ganzen Tag lang nicht gemolken worden waren; das hätte die Bevölkerung erzürnt und sie dazu veranlaßt, sich auf die Seite der leidenden Kühe zu schlagen und ihren jüdischen Peinigern entgegenzutreten.[104]

Druck, Gewalt und Indoktrination blieben nicht ohne Wirkung. Ein SOPADE-Bericht vom August 1935 führt eine eindrucksvolle Liste neuer, auf lokale Initiativen zurückgehender Maßnahmen gegen die Juden auf: «Bergzabern, Edenkoben, Höheinöd, Breunigweiler und andere Orte verbieten Juden den Zuzug und untersagen den Verkauf von Grund und Boden an Juden. ... Bad Tölz, Bad Reichenhall, Garmisch-Partenkirchen und das bayerische Hochland gewähren Juden keinen Zutritt mehr zu den Kuranlagen. In Apolda, Berka, Blankenstein, Sulza, Allstadt und Weimar (1 Kino) ist den Juden der Besuch der Lichtspieltheater verboten.» In Magdeburg durften Juden nicht die Bibliotheken benutzen; und an den Straßenbahnen hingen dort Schilder mit der Aufschrift «Juden unerwünscht!». Der Bericht führt Dutzende von anderen für Juden verbotenen Orten und Aktivitäten auf.[105]

Nicht alle Parteiführer widersetzten sich der Ausbreitung der antijüdischen Gewalttätigkeit. Der für Köln und Aachen zuständige Gauleiter Grohe beispielsweise war für die Intensivierung antijüdischer Aktionen, um «die etwas gedrückte Stimmung in Mittelstandskreisen» zu heben.[106] Dies war jedoch nicht die vorherrschende Position – nicht wegen potentieller negativer Reaktionen bei der Bevölkerung,[107] sondern hauptsächlich deshalb, weil es sich das Regime schlecht leisten konnte, innerhalb und außerhalb von Deutschland den Eindruck zu erwecken, es verliere die Kontrolle über seine eigenen Kräfte, indem es die Ausbreitung ungezügelter Gewalt zuließ, insbesondere angesichts der bevorstehenden Olympischen Spiele. Wiederholte Befehle, von nicht genehmigten antijüdischen Aktionen abzusehen, wurden von Heß und anderen in Hitlers Namen erlassen, aber ohne durchschlagenden Erfolg.

Für Schacht war die Ausbreitung antijüdischer Gewalt besonders unwillkommen. In den USA war der Wirtschaftsboykott gegen deutsche Waren wieder aufgeflackert. Am 3. Mai schickte der Wirtschaftsminister eine Denkschrift mit dem Titel «Betrifft Imponderabilien des Exportes» an Hitler; darin warnte er vor den ökonomischen Konsequenzen der neuen antijüdischen Kampagne. Zumindest nach außen hin stimmte Hitler Schacht völlig zu: Im jetzigen Stadium mußte die Gewalttätigkeit aufhören.[108]

In dieser Atmosphäre wurde von Schacht am 20. August 1935 im Wirtschaftsministerium eine Konferenz einberufen. Unter den Teilnehmern waren Innenminister Frick, Justizminister Gürtner, der preußische Finanzminister Johannes Popitz, der Gauleiter und bayerische Innenminister Adolf Wagner sowie Vertreter des SD, der Gestapo und des Rassenpolitischen Amtes der Partei.[109]

Frick eröffnete die Diskussion mit einer Beschreibung der zusätzlichen, am Parteiprogramm orientierten antijüdischen Gesetzgebung, die sich im Ministerium in Vorbereitung befand. Andererseits sprach er sich mit aller Entschiedenheit gegen die vorherrschenden wilden antijüdischen Attacken aus und empfahl hartes polizeiliches Durchgreifen.[110]

Wagner stimmte zu. Wie Frick war er für weitere juristische Maßnahmen gegen die Juden, er erwähnte aber, daß es in dieser Frage Meinungsunterschiede zwischen Partei und Staat und auch zwischen verschiedenen Abteilungen innerhalb des Staatsapparats selbst gebe. Nicht alles mußte sofort geschehen: seiner Ansicht nach waren zusätzliche Maßnahmen vorwiegend gegen Volljuden zu ergreifen, nicht gegen Mischlinge.[111] Doch Wagner beharrte darauf, daß auf Grund von Forderungen einer Mehrheit der Bevölkerung nach zusätzlichen antijüdischen Maßnahmen neue juristische Schritte gegen die Wirtschaftstätigkeit von Juden ergriffen werden sollten.[112] In diesem Stadium blieben Wagners Forderungen unberücksichtigt.

Der Einsatz ausschließlich juristischer Methoden war offensichtlich die Linie, die auf der Versammlung von dem Konservativen Gürtner verfolgt wurde: Es war gefährlich, wenn man die Radikalen mit dem Eindruck davonkommen ließ, daß sie in Wirklichkeit das durchführten, was die Regierung wollte, wozu sie aber selbst wegen möglicher internationaler Konsequenzen nicht in der Lage war. «Der Grundsatz des Führerstaates», argumentierte Gürtner, «muß demgegenüber durchgesetzt werden.»[113]

Wie nicht anders zu erwarten war, hob Schacht den Schaden hervor, den die antijüdischen Unruhen verursachten, und warnte, die sich entwickelnde Situation könne die ökonomische Basis der Wiederbewaffnung bedrohen. Er stimmte zu, daß das Parteiprogramm durchgeführt werden müsse, meinte aber, daß die Durchführung ausschließlich in einem Rahmen juristischer Vorschriften stattzufinden habe.[114] Schachts Motive waren, wie wir sahen, durch kurzfristige ökonomische Nützlichkeit diktiert. Die Ergebnisse der Versammlung wurden Hitler zur Kenntnis gebracht, und die von Frick entworfenen Maßnahmen wurden in der Zeit von Ende August bis Anfang September weiter ausgearbeitet.[115]

Heydrich, damals Chef des SD und Leiter des zentralen Amts der Gestapo (Gestapa) in Berlin, nahm an der Versammlung teil. In einer Denkschrift an alle Teilnehmer der Besprechung vom 9. September wiederholte er die Punkte, die er auf der Konferenz ausgeführt hatte. In diesem Dokument umriß Heydrich eine Reihe von Maßnahmen, die auf eine weitere Absonderung der Juden und, wenn möglich, auf die Aufhebung ihrer Rechte als Bürger zielten. Alle Juden in Deutschland sollten unter Fremdenrecht gestellt werden. Im Gegensatz zu dem, was oft behauptet wird, wies Heydrich jedoch nicht darauf hin, daß die Auswanderung aller Juden das zentrale Ziel der NS-Politik sein sollte. Nur im letzten Satz der Denkschrift brachte der SD-Chef immerhin die Hoffnung zum Ausdruck, daß die von ihm vorgeschlagenen restriktiven Maßnahmen die Juden dem Zionismus zuführen und ihre Motivation zur Auswanderung stärken würden.[116]

Am 8. August hatten sowohl der *Angriff* als auch der *Völkische Beobachter* unter der Schlagzeile «Recht und Prinzip in der Judenfrage» eine Ankündigung des Chefs der deutschen Ordnungspolizei, SS-Obergruppenführer Kurt Daluege, veröffentlicht, wonach aus der Kriminalstatistik hervorgehe, daß Juden in allen Bereichen des Verbrechens führend seien. Beide Zeitungen beklagten sich später über den Mangel an Aufmerksamkeit für diese Frage in der ausländischen Presse; ausländische Zeitungen, die die Geschichte gebracht hatten, hatten sie als Vorbereitung neuer antijüdischer Maßnahmen interpretiert – besonders bösartige Anschuldigungen, wie der *Angriff* meinte.[117]

V

Am Nachmittag des 15. September 1935 marschierte die Abschlußparade des jährlich stattfindenden Nürnberger Parteitags an Hitler und der obersten Führung der NSDAP vorüber. Der Reichsparteitag der Freiheit ging zu Ende. Um 8 Uhr an diesem Abend wurde im Saal des Nürnberger Kulturbundes eine ungewöhnliche Sitzung des Reichstags eröffnet. Es war das erste und letzte Mal unter Hitlers Herrschaft, daß der Reichstag außerhalb von Berlin zusammentrat. Tagungsort eines Deutschen Reichstages (damals der Versammlung der Reichsstände) war Nürnberg zum letzten Mal im Jahre 1543 gewesen.[118]

In seiner Rede ging Hitler kurz auf die unbeständige internationale Lage ein, die Deutschland dazu gezwungen hatte, mit dem Wiederaufbau einer Armee zu beginnen, um seine Freiheit zu verteidigen. Drohend erwähnte er die litauische Kontrolle über Memel, eine von einer deutschen Bevölkerungsmehrheit bewohnte Stadt. Die Bedrohung, die der internationale Bolschewismus darstellte, wurde nicht vergessen: Hitler warnte, jeder Versuch der Kommunisten, in Deutschland wieder Fuß zu fassen, werde schnell unterdrückt werden. Dann wandte er sich dem Hauptthema seiner Ansprache zu – den Juden:

Die Juden standen hinter der zunehmenden Spannung zwischen den Völkern. Im Hafen von New York hatten sie auf dem Passagierdampfer *Bremen* die deutsche Flagge beleidigt, und sie setzten erneut einen Wirtschaftsboykott gegen Deutschland in Gang. In Deutschland selbst rief ihr provozierendes Verhalten zunehmend Beschwerden von allen Seiten hervor. Hiermit legte Hitler den Hintergrund fest. Dann kam er zu seinem Hauptpunkt: «Soll dieses Vorgehen nicht zu sehr entschlossenen, im einzelnen nicht übersehbaren Abwehraktionen der empörten Bevölkerung führen, bleibt nur der Weg einer gesetzlichen Regelung des Problems übrig. Die deutsche Reichsregierung ist dabei beherrscht von dem Gedanken, durch eine einmalige säkulare Lösung vielleicht doch eine Ebene schaffen zu können, auf der es dem deutschen Volke möglich wird, ein erträgliches Verhältnis zum jüdischen Volk finden zu können. Sollte sich diese Hoffnung nicht erfüllen, die innerdeutsche und internationale jüdische Hetze ihren Fortgang nehmen, wird eine neue Überprüfung der Lage stattfinden.»

Nach der Aufforderung an den Reichstag, die Gesetze zu verabschieden, die Göring jetzt verlesen würde, schloß Hitler seine Ansprache mit einem kurzen Kommentar zu jedem der drei Gesetze: «Das erste und zweite Gesetz tragen eine Dankesschuld an die Bewegung ab, unter deren Symbol Deutschland die Freiheit zurückgewonnen hat, indem es das Programm der Nationalsozialistischen Partei in einem wichtigen Punkt erfüllt. Das dritte ist der Versuch der gesetzlichen Regelung eines Problems, das im Falle des abermaligen Scheiterns dann durch Gesetz zur endgültigen Lösung der Nationalsozialistischen Partei übertragen werden müßte. Hinter allen drei Gesetzen steht die Nationalsozialistische Partei und mit ihr und hinter ihr die Nation.»[119] Die Drohung war unmißverständlich.

Das erste Gesetz, das Reichsflaggengesetz, proklamierte, daß fortan Schwarz, Weiß und Rot die Nationalfarben seien und daß die Hakenkreuzfahne die Nationalfahne sei.[120] Das zweite, das Reichsbürgergesetz, etablierte den grundlegenden Unterschied zwischen «Reichsbürgern», denen die vollen politischen und bürgerlichen Rechte zustanden, und «Staatsangehörigen», die dieser Rechte jetzt beraubt waren. Nur wer deutschen oder artverwandten Blutes war, konnte Bürger sein. Somit hatten die Juden von diesem Augenblick an, was ihre Bürgerrechte anging, tatsächlich einen Status, der dem von Ausländern ähnelte. Das dritte, das Gesetz zum Schutze des deutschen Blutes und der deutschen Ehre, verbot Eheschließungen und außereheliche Beziehungen zwischen Juden und Bürgern deutschen oder artverwandten Blutes. Ehen, die diesem Gesetz zuwider geschlossen wurden, galten als nichtig, auch wenn sie außerhalb von Deutschland geschlossen waren. Juden war es nicht gestattet, in ihren Haushalten weibliche deutsche Hausangestellte unter 45 Jahren zu beschäftigen.[121] Schließlich wurde es Juden verboten, die Reichsflagge zu hissen (ein Verstoß gegen die deutsche Ehre), aber es war ihnen gestattet, ihre eigene Flagge zu zeigen.

Die Präambel zum dritten Gesetz legte seine sämtlichen Implikationen offen: «Durchdrungen von der Erkenntnis, daß die Reinheit des deutschen Blutes die Voraussetzung für den Fortbestand des Deutschen

Volkes ist, und beseelt von dem unbeugsamen Willen, die Deutsche Nation für alle Zukunft zu sichern, hat der Reichstag einstimmig das folgende Gesetz beschlossen, das hiermit verkündet wird.»[122] Unmittelbar hierauf folgte Paragraph 1: «Eheschließungen zwischen Juden und Staatsangehörigen deutschen oder artverwandten Blutes sind verboten.» Die Beziehung der Präambel zum Text des Gesetzes ließ das Ausmaß der rassischen Gefahr erkennen, die der Jude darstellte.

Dem *Völkischen Beobachter* vom 17. September zufolge nahm Hitler auf einer Zusammenkunft mit «führenden Persönlichkeiten der Partei» später am selben Abend «die Gelegenheit wahr, die Bedeutung der neu erlassenen Gesetze zu unterstreichen und darauf hinzuweisen, daß die nationalsozialistische Gesetzgebung die einzige Möglichkeit eröffne, mit den in Deutschland lebenden Juden in ein erträgliches Verhältnis zu kommen. Der Führer betonte insbesondere, daß den Juden in Deutschland nach diesen Gesetzen Möglichkeiten ihres völkischen Eigenlebens auf allen Gebieten eröffnet würden, wie sie bisher in keinem anderen Lande zu verzeichnen wären.»[123] «Im Hinblick darauf», so der Bericht weiter, «erneuerte der Führer den Befehl für die Partei, jede Einzelaktion gegen Juden wie bisher zu unterlassen.»[124]

In einem Interview, das er am 27. November 1935 Hugh Baillie, dem Präsidenten der amerikanischen Nachrichtenagentur United Press, gewährte, brachte Hitler mit ganz eindeutiger Blickrichtung auf das amerikanische Publikum die antijüdischen Gesetze in Zusammenhang mit der Gefahr bolschewistischer Agitation.[125]

Oberflächlich betrachtet, bedeuteten die Nürnberger Gesetze nicht das Ende jüdischen Lebens in Deutschland. «Wir haben ... *gar* kein Interesse daran, die Juden zu zwingen, ihr Geld im Auslande auszugeben», erklärte Goebbels auf einer Versammlung von Propagandaoffizieren, die am Tag nach dem Parteitag in Nürnberg abgehalten wurde. «Sie sollen es hier ausgeben. Man soll sie nicht in *jedes* Bad hineinlassen, aber man soll sagen: Wir haben hier oben an der Ostsee – sagen wir einmal: hundert Bäder; *eins* davon, da kommen die Juden hin, da kriegen sie jüdische Kellner und jüdische Geschäftsdirektoren und jüdische Badedirektoren und da können sie ihre jüdischen Zeitungen lesen, da wollen wir gar nichts von wissen; das soll nicht das *schönste* Bad sein, sondern vielleicht das schlechteste, das wir haben, das geben wir ihnen [Heiterkeit], – und in den *anderen*, da sind wir unter uns. Das halte ich für richtig. Denn wir können ja die Juden nicht wegschieben, sie sind ja da. Wir besitzen keine Insel, auf die wir die –, auf die wir sie transportieren könnten. Wir müssen ja damit rechnen.»[126]

Zwei verschiedene Zeugnisse aus den Tagen nach dem Parteitag berichten von Hitlers eigenen Absichten hinsichtlich der Zukunft der Juden. Nach Aussagen von Fritz Wiedemann, der dann Hitlers Adjutant werden sollte, schilderte der Führer die bevorstehende Situation einem kleinen Kreis von Parteimitgliedern: «Heraus aus allen Berufen, Ghetto, eingesperrt in ein Territorium, wo sie sich ergehen können, wie es ihrer Art entspricht, während das deutsche Volk zusieht, wie man wilde Tiere sich ansieht.»[127] Aus der Perspektive des Jahres 1935 hätte diese territoriale Isolierung der Juden *in* Deutschland stattfinden müssen (das wird durch die Bemerkung über das deutsche Volk als Zuschauer bekräftigt). So wiederholte Goebbels wahrscheinlich das, was er von Hitler gehört hatte. Das zweite Zeugnis lautete ganz anders.

Am 25. September 1935 berichtete Walter Groß, der Leiter des Rassenpolitischen Amtes der Partei, den Regionalleitern seiner Organisation die Interpretation der Nürnberger Gesetze, die ihm Hitler gegeben hatte, und vor allem, wie dieser die nächsten Schritte in der antijüdischen Politik sah.

Es ist bemerkenswert, daß Hitler erneut, nachdem er einen großen Schritt in Übereinstimmung mit seinen ideologischen Zielen getan hatte, darauf zielte, dessen extremste Konsequenzen auf taktischer Ebene zu entschärfen. Bei dem Zusammentreffen mit Groß warnte er die Partei vor Übereilung, sowohl bei der Ausdehnung des Geltungsbereichs der neuen Gesetze als auch im Hinblick auf direkte ökonomische Aktionen gegen die Juden. Für Hitler blieb das Ziel die Beschränkung des jüdischen Einflusses in Deutschland und die Trennung der Juden vom Körper der Nation, «stärkere Auswanderung» aus Deutschland war notwendig. Wirtschaftliche Maßnahmen würden die nächste Stufe darstellen, aber sie durften keine Situation schaffen, die die Juden in eine öffentliche Last verwandeln würde; darum brauchte man sorgfältig kalkulierte Schritte. Was die Mischlinge anging, so favorisierte Hitler ihre Assimilierung im Laufe einiger Generationen – um eine Schwächung des deutschen Kriegspotentials zu verhindern. In den letzten Worten des Gesprächs war der pragmatische Ansatz plötzlich verschwunden; in dem von Groß angefertigten Protokoll heißt es: «An dieser Stelle erklärte er noch, daß er in dem Falle eines Krieges auf allen Fronten bereit zu allen Konsequenzen sei.»[128]

5.

Der Geist der Gesetze

I

Anfang August 1935, wenige Wochen vor dem Nürnberger Parteitag, entschied Hitler, daß sechs jüdische oder zum Teil jüdische Professoren der Universität Leipzig, die bis dahin durch die Ausnahmeklauseln des Beamtengesetzes geschützt worden waren, pensioniert werden mußten. Am 26. August trafen zwei Beamte des sächsischen Erziehungsministeriums zu einer Besprechung in der Reichskanzlei ein; sie wollten klären, ob von nun an *alle* nichtarischen Beamten in den Ruhestand zu versetzen seien. Ministerialrat Wienstein teilte ihnen folgendes mit:

«Grundsätzlich sei nach wie vor von Fall zu Fall zu entscheiden. Bei der Behandlung des Einzelfalles werde jedoch in Betracht zu ziehen sein, daß die Auffassungen über die Behandlung der Nichtarier inzwischen strenger geworden seien. Zur Zeit der Herausgabe des Berufsbeamtengesetzes habe unzweifelhaft die Absicht bestanden, den Nichtariern den in § 3, Abs. 2 BBG umrissenen Schutz uneingeschränkt zu gewähren. Die neuere Entwicklung habe jedoch dahin geführt, daß die Nichtarier einen Anspruch auf Belassung im Dienst auf Grund der angeführten Vorschrift nicht mehr geltend machen könnten. Darüber könne vielmehr, wie Herr Ministerialrat Wienstein wiederholt bemerkte, nur von Fall zu Fall entschieden werden.»[1]

Tatsächlich waren seit einigen Monaten jüdische Professoren, die vorgeblich noch durch die Ausnahmeregelungen geschützt waren, entlassen worden. Victor Klemperer hatte am 30. April in der Post seine Entlassungsurkunde vorgefunden. Sie war über das sächsische Erziehungsministerium geschickt worden und trug die Unterschrift von Reichsstatthalter Martin Mutschmann.[2] Innerhalb von wenigen Monaten gab es im Gefolge des neuen Reichsbürgergesetzes keine Ausnahmen mehr, und alle noch verbliebenen jüdischen Professoren wurden entlassen.

Über den Ursprung der Nürnberger Gesetze hat es viele Diskussionen gegeben: Waren sie das Resultat einer aufs Geratewohl getroffenen Entscheidung oder das Ergebnis eines allgemeinen Plans, der darauf zielte, Schritt für Schritt die Juden aus der deutschen Gesellschaft auszuschließen und sie schließlich vom Territorium des Reiches zu verbannen? Je nachdem, welche Ansicht man vertritt, läßt sich die Art und Weise, in der Hitler sowohl in jüdischen als auch in anderen Angelegenheiten seine Entscheidungen traf, unterschiedlich interpretieren.

Wie wir sahen, hatte Hitler die Idee eines neuen Staatsbürgerschaftsgesetzes seit Beginn seines Regimes im Kopf gehabt. Im Juli 1933 begann eine Beratungskommission für Bevölkerungs- und Rassenpolitik im Innenministerium mit der Arbeit an Entwürfen für ein Gesetz, das dazu gedacht war, die Juden von vollen Bürgerrechten auszuschließen.[3] Seit Anfang 1935 häuften sich die Anzeichen für das Bevorstehen derartiger Veränderungen. In den Frühjahrs- und Sommermonaten dieses Jahres wurden Anspielungen auf sie von verschiedenen führenden Persönlichkeiten in Deutschland – von Frick, Goebbels und Schacht – gemacht; die ausländische Presse, insbesondere die Londoner *Jewish Chronicle* und die *New York Times*, veröffentlichte ähnliche Informationen, und nach Berichten der Gestapo sprachen Führer der deutschen Juden wie der Rabbiner Joachim Prinz offen von einem neuen Staatsbürgerschaftsgesetz, das die Juden in «Staatsangehörige» verwandeln würde; ihre Informationen waren anscheinend durchaus präzise.[4]

Gleichzeitig stießen, wie wir ebenfalls sahen, Mischehen in zunehmendem Maße auf Widerstand bei den Gerichten, was dazu führte, daß Frick im Juli die Formulierung neuer Gesetze auch in diesem Bereich ankündigte. Im selben Monat legte das Justizministerium einen Entwurf für das Verbot von Ehen zwischen Juden und Deutschen vor. Von da an war das Thema Gegenstand laufender Konsultationen zwischen den Ministerien.[5] So wurde, was auch immer der unmittelbare Grund für Hitlers Entscheidung gewesen sein mag, sowohl das Thema der Staatsbürgerschaft als auch das der Mischehen sehr ausführlich auf der Beamtenebene und innerhalb der Partei diskutiert, und verschiedene Anzeichen deuteten darauf hin, daß eine neue Gesetzgebung bevorstand. Als übrigens Goebbels in einem Gespräch das Thema der «Judenüberheblichkeit» anschnitt, bemerkte Hitler kryptisch: «In vielem wird es nun bald Änderung geben.»[6]

Von Historikern, welche die Planlosigkeit der NS-Maßnahmen hervorheben, ist die Auffassung vertreten worden, daß Hitler bis zum 13. September vorgehabt habe, eine große außenpolitische Erklärung über die Lage in Abessinien abzugeben, daß er davon aber im letzten Moment durch Außenminister Neurath abgebracht wurde. Diese Hypothese wird durch keinen Beweis gestützt, mit Ausnahme einer zweifelhaften Zeugenaussage bei den Nürnberger Prozessen, die von Bernhard Lösener, dem «Rassereferenten» des Innenministeriums, stammt. (Bei der Verhandlung lag es in Löseners Interesse zu zeigen, daß es für die Rassengesetze von 1935 keine langandauernde Planung gegeben hatte, denn an einer derartigen Planung wäre er zwangsläufig beteiligt gewesen.)[7]

In seiner Eröffnungsansprache vom 11. September auf dem Nürnberger Parteitag warnte Hitler, der Kampf gegen die internationalen Feinde der Nation würde nicht durch Schwächen der Bürokratie vereitelt werden: Der Wille der Nation – das heißt, der Partei – würde notfalls eintreten, wenn sich bürokratische Unzulänglichkeiten bemerkbar machen sollten. Genau in diesem Sinne beendete Hitler seine Schlußansprache vom 15. September, als er auf die Lösung des Judenproblems einging. Somit lag anscheinend das grundlegende Motiv für die Forcierung der antijüdischen Gesetzgebung darin, sich mit dem spezifischen innenpolitischen Klima, von dem bereits die Rede war, auseinanderzusetzen.

In dem labilen Gleichgewicht, das zwischen der Partei einerseits, der staatlichen Verwaltung und der Reichswehr andererseits existierte, hatte Hitler 1934 den Staatsapparat begünstigt, indem er die SA enthauptete. Außerdem warnte Hitler Anfang 1935, als es zu Spannungen zwischen der Reichswehr und der SS kam, die Partei «vor Übergriffen auf die Armee und bezeichnete die Reichwehr als den ‹einzigen Waffenträger›».[8] Es wurde Zeit, sich der anderen Seite zuzuneigen, besonders da die Unzufriedenheit in den unteren Rängen der Partei zunahm. Kurz, die Nürnberger Gesetze sollten allen kundtun, daß die Rolle der Partei alles andere als ausgespielt war – ganz im Gegenteil. So würde die Masse der Parteimitglieder beruhigt, individuelle Gewaltakte gegen Juden würden durch die Aufstellung klarer «legaler» Richtlinien beendet, und der politische Aktivismus würde auf wohldefinierte Ziele hingelenkt werden. Die Hinzuziehung des Reichstages und des diplomatischen Korps zum Parteitag war als Reverenz an die Partei anläßlich ihrer wichtigsten Jahresfeier gedacht, und das war unabhängig davon, ob es in der Haupterklärung um die Außenpolitik, die deutsche Fahne oder die Judenfrage gehen sollte. Die Vorarbeiten für die Judengesetzgebung waren beendet, und Hitler konnte leicht dazu übergehen, im allerletzten Moment die abschließenden Verfügungen anfertigen zu lassen.

Die Bedingungen, unter denen die Ausarbeitung der Gesetze stattfand, sind aus einem anderen Bericht von Lösener bekannt, und zwar einem, den er 1950 geschrieben hat und in dem die Formulierung der Verordnungen an den letzten beiden Tagen des Parteitages geschildert wird.[9] Lösener hatte keinen Grund, ein falsches Bild dieser beiden hektischen Tage zu zeichnen, mit Ausnahme des Verschweigens der Tatsache, daß bis dahin schon viel Vorarbeit geleistet worden war. Nach Angaben Löseners wurden am Abend des 13. September er und Franz Albrecht Medicus, sein Kollege aus dem Innenministerium, eilig von Berlin nach Nürnberg beordert. Dort wurde ihnen von den Staatssekretären Pfundtner und Stuckart mitgeteilt, daß Hitler, der das Flaggengesetz als ungenügende Basis für eine Einberufung des Reichstages ansah, die Anfertigung eines Gesetzes anordnete, welches Ehen und außereheliche Beziehungen zwischen Juden und Ariern sowie die Beschäftigung arischer Hausgehilfinnen in jüdischen Familien behandelte. Am nächsten Tage verlangte Hitler ein Staatsbürgerschaftsgesetz, das umfassend genug sein sollte, um die spezieller rassenbiologisch ausgerichtete antijüdische Gesetzgebung zu untermauern. Die Partei und insbesondere solche Einzelpersonen wie Gerhard Wagner, schrieb Lösener, bestanden auf der umfassendsten Definition des Juden, einer, die selbst «Vierteljuden» (Mischlinge zweiten Grades) mit Volljuden gleichgesetzt hätte. Hitler selbst verlangte vier Versionen des Gesetzes, die von der engsten (Version D) bis zu der umfassendsten Version (Version A) reichten. Am 15. September um halb drei Uhr nachts erklärte er sich mit den Entwürfen zufrieden.[10]

Hitler entschied sich für Version D. Doch in einem typischen Zug, der diese scheinbare «Mäßigung» zunichte machte und die Tür für weitere Ausweitungen des Geltungsbereichs der Gesetze offen ließ, strich Hitler einen entscheidenden Satz durch, den Stuckart und Lösener in den Text eingefügt hatten: «Dieses Gesetz gilt nur für Volljuden.» Dieser Satz war dazu bestimmt, Mischlinge aus der Gesetzgebung auszuschließen; nun hing auch ihr Schicksal in der Schwebe. Hitler befahl, daß der von Stukkart und Lösener formulierte Satz in den offiziellen Ankündigungen der Gesetze, die das Deutsche Nachrichtenbüro (die offizielle deutsche Nachrichtenagentur) verbreitete, beibehalten werden sollte.[11] Er tat dies wahrscheinlich, um die öffentliche Meinung im Ausland und möglicherweise diejenigen Sektoren der deutschen Bevölkerung zu beschwichtigen, die direkt oder indirekt von den Gesetzen betroffen wurden, aber in allen weiteren Veröffentlichungen des vollständigen Textes sollte der Satz fehlen.

Es gibt einen plausiblen Grund dafür, daß Hitler, wenn er den Plan hatte, die Gesetze auf dem Nürnberger Parteitag zu verkünden, mit dem Auftrag für das Entwerfen der abschließenden Versionen bis zum allerletzten Moment wartete: Seine Methode war die von plötzlichen Schlägen, die dazu bestimmt waren, seine Gegner aus der Fassung zu bringen und sie mit vollendeten Tatsachen zu konfrontieren, von Schlägen, die wirkungsvolle Reaktionen nahezu unmöglich machten, wenn eine größere Krise vermieden werden sollte. Wäre ihm die antijüdische Gesetzgebung Wochen vor dem Kongreß vorgelegt worden, dann hätten technische Einwände aus der Staatsbürokratie den Prozeß behindern können. Entscheidend war das Überraschungsmoment.

In den Tagen und Wochen, die auf Nürnberg folgten, übten Parteiradikale, die der Wagnerschen Linie nahestanden, beträchtlichen Druck aus, um ihre Forderungen hinsichtlich des Status von Mischlingen in die Verordnungen zu den beiden Hauptgesetzen von Nürnberg wieder einzuführen. Hitler selbst sollte die Entscheidung über «Mischlinge ersten Grades» auf einer geschlossenen Parteiversammlung, die für den 29. September in München anberaumt war, verkünden. Die Versammlung fand statt, aber Hitler verschob die Ankündigung seiner Entscheidung.[12] Tatsächlich dauerte die Konfrontation hinsichtlich des Themas Mischlinge zwischen den Parteiradikalen Wagner und Gütt (letzterer gehörte formal dem Innenministerium an) einerseits und den Spezialisten des Innenministeriums Stuckart und Lösener andererseits vom 22. September bis zum 6. November, wobei Hitler von beiden Seiten mehrfach um eine Meinungsäußerung gebeten wurde.[13]

In einem frühen Stadium der Debatte einigten sich beide Seiten darauf, daß Dreivierteljuden (Personen mit drei jüdischen Großeltern) als Juden angesehen werden sollten und daß Vierteljuden (ein jüdischer Großelternteil) Mischlinge waren. Die gesamte Konfrontation konzentrierte sich auf den Status der Halbjuden (zwei jüdische Großeltern). Während die Partei die Halbjuden in die Kategorie der Juden einbeziehen oder zumindest eine offizielle Behörde darüber befinden lassen wollte, wer von ihnen Jude war und wer Mischling, beharrte das Ministerium darauf, sie in die Kategorie der Mischlinge aufzunehmen (zusammen mit den Vierteljuden). Die abschließende Entscheidung, die Hitler traf, stand den Forderungen des Ministeriums viel näher als denen der Partei. Halbjuden waren Mischlinge; nur als Resultat ihrer persönlichen Entscheidung (nicht als Resultat der Entscheidung einer offiziellen Behörde) wurden sie zu Juden – entweder durch die Wahl eines jüdischen Ehepartners oder durch Zugehörigkeit zur jüdischen Religionsgemeinschaft.[14]

Die ergänzenden Verordnungen wurden schließlich am 14. November veröffentlicht. Die Erste Verordnung zum Reichsbürgergesetz definierte als Juden alle Personen, die mindestens drei volljüdische Großeltern hatten oder die zwei jüdische Großeltern hatten und mit einem jüdischen Ehepartner verheiratet waren oder zum Zeitpunkt der Veröffentlichung des Gesetzes der jüdischen Religion angehörten oder die zu einem späteren Datum solche Bindungen eingingen. Mit Wirkung vom 14. November waren die bürgerlichen Rechte von Juden aufgehoben, ihre Wahlrechte beseitigt; jüdische Beamte, die infolge ihres Status als Frontkämpfer oder aus damit zusammenhängenden Gründen ihre Stellungen behalten hatten, wurden zwangspensioniert.[15] Am 21. Dezember verfügte eine zweite Verordnung die Entlassung jüdischer Professoren, Lehrer, Ärzte, Rechtsanwälte und Notare, die im Staatsdienst standen und denen Ausnahmen gewährt worden waren.

Die verschiedenen Kategorien verbotener Eheschließungen wurden in der Ersten Verordnung zum Gesetz zum Schutze des deutschen Blutes und der deutschen Ehre ausgeführt: Untersagt waren Heiraten zwischen einem Juden und einem Mischling mit einem jüdischen Großelternteil; zwischen einem Mischling und einem anderen, von denen jeder einen jüdischen Großelternteil hatte; und zwischen einem Mischling mit zwei jüdischen Großeltern und einem Deutschen (das letztgenannte Verbot konnte durch eine Sondergenehmigung vom Innenminister oder vom Stellvertreter des Führers aufgehoben werden).[16] Mischlinge ersten Grades (zwei jüdische Großeltern) konnten Juden heiraten – und dadurch zu Juden werden – oder untereinander heiraten, in der Annahme, daß sich derartige Paare gewöhnlich entschieden, kinderlos zu bleiben, wie aus dem empirischen Material hervorging, das der Jenaer Professor für Rassenanthropologie, Hans F. K. Günther, gesammelt hatte.[17] Schließlich konnten Bürgerinnen deutschen Blutes, die zur Zeit der Veröffentlichung des Gesetzes in einem jüdischen Haushalt beschäftigt waren, ihre Arbeit nur dann fortsetzen, wenn sie bis zum 31. Dezember 1935 das 45. Lebensjahr vollendet hatten.[18]

In einem Rundschreiben vom 2. Dezember, das an alle zuständigen Parteidienststellen gerichtet war, formulierte Heß noch einmal die wichtigsten Vorschriften der Verordnung vom 14. November, um zu erklären, welche Absicht hinter den Ehebestimmungen stand, die für beide Arten von Mischlingen galten: «Die jüdischen Mischlinge, also die Viertels- und Halbjuden, werden in der Ehegesetzgebung unterschiedlich behandelt. Die Regelung geht von der Tatsache aus, daß die Mischrasse der deutsch-jüdischen Mischlinge in jedem Fall – blutmäßig und politisch – unerwünscht ist und baldigst verschwinden muß.» Nach den Ausführungen von Heß stellte das Gesetz sicher, «daß die deutsch-jüdischen Mischlinge in der jetzigen oder der nächsten Generation entweder der Gruppe der Juden oder der der Staatsangehörigen deutschen oder artverwandten Blutes angehören». Dadurch, daß die Vierteljuden nur vollblütige deutsche Ehepartner heiraten durften, würden sie zu Deutschen werden, und dies werde, so Heß, geschehen, «ohne daß das 65-Millionen-Volk der Deutschen durch die Aufsaugung dieser hunderttausend Viertelsjuden in seiner Erbmasse merklich verändert bezw. verschlechtert werden kann». Die Erklärungen des Stellvertreters des Führers zu den Halbjuden waren etwas gewundener, da es für sie kein absolutes Verbot gab, Deutsche oder Vierteljuden zu heiraten, sofern sie die Genehmigung des Stellvertreters des Führers erhielten. Heß erkannte, daß dieser Aspekt der Gesetzgebung den Wünschen der Partei zuwiderlief, und erklärte lakonisch, die Entscheidung sei aus «politischen Gründen» getroffen worden. Die allgemeine Politik war jedoch die, Halbjuden dazu zu zwingen, ausschließlich Juden zu heiraten und sie so von der jüdischen Gruppe absorbieren zu lassen[19] – ein Beweis für den Wunsch Hitlers (wie er ihn Walter Groß gegenüber formulierte), die Mischlinge verschwinden zu lassen.

Wie viele Menschen waren von den Nürnberger Gesetzen betroffen? Nach einer Statistik, die das Innenministerium am 3. April 1935 vorlegte, lebten damals in Deutschland etwa 750000 Mischlinge ersten und zweiten Grades. In diesem Dokument, das die Unterschrift Pfundtners trug und Hitler von seinem Wehrmachtsadjutanten, Oberst Friedrich Hoßbach, vorgelegt wurde, war nicht klar, wie diese Summe errechnet war. (Tatsächlich räumte das Ministerium ein, daß es kein präzises Verfahren gab, um eine derartige Schätzung abzugeben.) Neben den Mischlingen führte das Dokument auch 475 000 Volljuden auf, die der jüdischen Religion angehörten, und 300000 Volljuden, die ihr nicht angehörten, was eine Gesamtzahl von etwa 1,5 Millionen oder 2,3 Prozent der deutschen Bevölkerung ergab. Eine weitere Zahl war wahrscheinlich auf Hitlers Anforderung hin genannt: In dieser Summe enthalten waren 728000 Männer, davon etwa 328000 im wehrfähigen Alter.[20]

Selbst nach der Verkündung der Gesetze und der ersten ergänzenden Verordnungen im November hatte Rudolf Heß in seinem Rundschreiben falsche Zahlen – er gab die Gesamtzahl der Mischlinge mit 300000 an.[21] Auch diese Zahl war übertrieben.

Neuere Untersuchungen setzen die Zahl der Mischlinge zum Zeitpunkt der Verordnungen mit etwa 200000 an.[22] Eine detaillierte demographische Untersuchung, die von der *C.V.-Zeitung* (der Zeitung des Central-Vereins der deutschen Juden) durchgeführt und am 16. Mai 1935 veröffentlicht worden war, war zu demselben Ergebnis gekommen. Dieser Darstellung zufolge lebten in Deutschland damals etwa 450000 Volljuden (die vier jüdische Großeltern hatten und der jüdischen Religion angehörten). «Nichtjüdische Nichtarier» – unter ihnen konvertierte Volljuden und konvertierte Mischlinge mit ein bis drei jüdischen Großeltern – zählten etwa 250000. Da der Verfasser der Untersuchung 50000 konvertierte Volljuden und 2000 konvertierte Dreivierteljuden in seine Statistik einbezog, ergaben sich nach den Grad-Kategorien der Nürnberger Gesetze folgende Zahlen: Volljuden (im rassischen Sinne): ungefähr 502000 (450000 plus 50000 plus 2000); Halbjuden: 70000 bis 75000; Vierteljuden: 125000 bis 130000; Gesamtzahl der Mischlinge: 195000 bis 205000. (In der Untersuchung des C.-V. waren die Halbjuden alle konvertierte Juden und wären somit nach den Nürnberger Gesetzen nicht als Juden, sondern als Mischlinge ersten Grades gezählt worden.)[23]

II

«Die Judenfrage ist in Deutschland», so hieß es in einem 1936 erschienenen Buch von Lösener und Knost, «die Rassenfrage schlechthin. Wie es dazu gekommen ist», fuhren die Verfasser fort, «braucht hier nicht noch einmal dargestellt zu werden. Hier handelt es sich nur um die jetzt entscheidend angebahnte Lösung der Frage, die eine der Grundvoraussetzungen für den Aufbau des neuen Reiches ist. Nach dem Willen des Führers sind die Nürnberger Gesetze gerade nicht Maßnahmen, die den Rassenhaß züchten und verewigen sollen, sondern solche, die den Beginn einer Befriedung der Beziehungen des deutschen und des jüdischen Volkes bedeuten.» Der Zionismus hatte die richtige Auffassung von der Sache, behaupteten die Autoren, und überhaupt sollte das jüdische Volk, das selbst so sehr darauf bedacht war, die Reinheit seines Blutes über die Jahrhunderte hinweg zu bewahren, Gesetze begrüßen, die dazu bestimmt waren, Blutsreinheit zu verteidigen.[24]

Der wichtigste Kommentar zur «deutschen Rassengesetzgebung», der im selben Jahr erschien, war von Staatssekretär Wilhelm Stuckart (aus dem Innenministerium) und von Hans Globke, einem anderen Beamten aus demselben Ministerium, gemeinsam verfaßt worden; Globkes Leidenschaft für die Identifizierung von Juden anhand ihrer Namen wird uns noch begegnen.[25] Dieser Text läßt kraß einige der – selbst aus der Sicht der Nationalsozialisten – verwirrendsten Aspekte der Nürnberger Gesetze hervortreten. Um die absolute Gültigkeit religiöser Zugehörigkeit als Kriterium für die Identifizierung der Rasse der Abkömmlinge zu veranschaulichen, führten Stuckart und Globke das hypothetische Beispiel einer vollkommen deutschblütigen Frau an, die einen Juden geheiratet hatte und zum Judentum übergetreten war und sich dann, nachdem sie Witwe geworden war, wieder dem Christentum zugewandt und einen vollkommen deutschblütigen Mann geheiratet hatte. Ein Enkel, der von Kindern aus dieser zweiten Ehe abstammte, würde nach dem Gesetz wegen der einstigen religiösen Zugehörigkeit der Großmutter zum Judentum als teiljüdisch gelten. Stuckart und Globke kamen nicht umhin, die folgende Konsequenz zu formulieren: «Zu beachten ist ...: Ein zum Judentum übergetretener Deutschblütiger ist ... für seine eigene Einordnung nach wie vor als deutschblütig anzusehen, lediglich für die arische Einordnung der Enkel gilt er als Volljude.»[26]

Die durch einen solchen zeitweiligen Kontakt mit der jüdischen Religion verursachte rassische Mutation ist mysteriös genug. Doch das Mysterium wird noch verstärkt, wenn man sich daran erinnert, daß in der Eugenik oder Rassenanthropologie der Nationalsozialisten die Wirkung von Umweltfaktoren im Vergleich zu den Folgen der ererbten Eigenschaften als unerheblich betrachtet wurde. Hier jedoch verursacht eine vorübergehende Veränderung in der Umwelt auf mysteriöse Weise die dauerhafteste biologische Verwandlung.[27] Doch wo immer auch ihre Ursprünge liegen mochten, Rassenunterschiede konnten in Fällen von länger anhaltender Vermischung zu schlimmen Konsequenzen führen:

«Die Zuführung artfremden Blutes zu dem eigenen führt daher zu dem Volkskörper schädlichen Veränderungen; denn die Homogenität, das instinktsichere Wollen eines Körpers wird dadurch geschwächt; an seine Stelle tritt eine unsichere, schwankende Haltung in allen entscheidenden Lebenslagen, eine Überschätzung des Intellekts und eine seelische Aufspaltung. Eine Blutmischung erreicht nicht eine einheitliche Verschmelzung beider sich fremder Rassen, sondern hat in der Regel eine Störung des seelischen Gleichgewichts in dem aufnehmenden Teil zur Folge.»[28]

Auf die Septembergesetze folgten zwei Gesetze, welche sich gegen Individuen und Gruppen richteten, die keine Juden waren. Das erste war das Gesetz zum Schutze der Erbgesundheit des deutschen Volkes, das darauf zielte, «fremdrassige» oder rassisch «minderwertige» Gruppen zu registrieren, und die Verpflichtung eines Ehezeugnisses erließ, welches bekräftigte, daß die beiden Partner (rassisch) «ehetauglich» waren.[29] Dieses Gesetz wurde durch die am 14. November erlassene Erste Verordnung zum Gesetz zum Schutze des deutschen Blutes und der deutschen Ehre verstärkt, die es Deutschen auch verbot, Personen «fremden Blutes», welche keine Juden waren, zu heiraten oder sexuelle Beziehungen zu ihnen zu unterhalten. Zwölf Tage später wurde ein Rundschreiben aus dem Innenministerium genauer: Die Gruppen, um die es ging, waren «Zigeuner, Neger und ihre Bastarde».[30]

Für eine normale Existenz im Dritten Reich wurde der Beweis, daß man nicht jüdischer Abstammung war oder sonst einer «minderwertigen» Gruppe angehörte, entscheidend. Und besonders streng waren die Anforderungen für jeden, der den Wunsch hatte, eine Stellung in einer staatlichen Behörde oder bei einer Dienststelle der Partei anzutreten oder zu behalten. Selbst die höheren Schichten der Beamtenschaft, der Partei und der Wehrmacht konnten Nachforschungen nach ihrer rassischen Zugehörigkeit nicht entgehen. Die Personalakte von Generaloberst Alfred Jodl, der bald darauf stellvertretender Stabschef des Oberkommandos der Wehrmacht werden sollte, enthält einen detaillierten Stammbaum in Jodls Handschrift, der im Jahre 1936 seine untadelige arische Abstammung bis zur Mitte des 18. Jahrhunderts nachwies.[31]

Ausnahmen wurden selten gemacht. Der bekannteste Fall war der des Staatssekretärs im Luftfahrtministerium Erhard Milch, eines Mischlings zweiten Grades, der in einen Arier verwandelt wurde. Solche seltenen Vorkommnisse wurden übrigens rasch bekannt, auch in der breiten Bevölkerung. So wurden im Dezember 1937 Vorwürfe gegen einen gewissen Pater Wolpert aus Dinkelsbühl erhoben, weil er in einer Religionsstunde erklärt hatte, General Milch sei jüdischer Abstammung.[32]

In jeder derartigen Angelegenheit lag die endgültige Entscheidung bei Heß und oft bei Hitler selbst. Ob Heß in jedem Einzelfall Hitler zu Rate zog, läßt sich schwer sagen; daß er ihn in besonders spektakulären Fällen konsultierte, ist wahrscheinlich. Beispielsweise ist nicht anzunehmen, daß Heß – wenige Tage nach dem Kristallnacht-Pogrom von 1938 und nachdem Hitler Lammers erklärt hatte, er werde bei Personen jüdischer Abstammung keinen Ausnahmen mehr zustimmen – allein entschied, für Albrecht Haushofer, den Sohn des Geopolitikers Karl Haushofer, einen Mischling zweiten Grades nach den Nürnberger Gesetzen, einen Schutzbrief auszustellen.[33] Manchmal spielten Hitlers hypochondrische Ängste eine Rolle. Man wird sich erinnern, daß der Krebsforscher und «Mischling ersten Grades» Otto Warburg auf Görings Anordnung in einen «Mischling zweiten Grades» verwandelt wurde. Etwas Ähnliches geschah Anfang 1937, als Henri Chaoul, ein Radiologieprofessor an der Friedrich-Wilhelm-Universität in Berlin – der nach der einen Untersuchung von syrischen Maroniten und griechischen Zyprioten abstammte, nach einer anderen, plausibleren «kein Arier im Sinne des Beamtengesetzes» (mit anderen Worten, jüdischer Abstammung) war –, auf Hitlers ausdrückliche Forderung hin vor allen Schwierigkeiten geschützt und zum Direktor eines neugegründeten radiologischen Zentralinstituts in Berlin ernannt wurde.[34]

Wahrscheinlich hörten die Nachforschungen bei der allerhöchsten Parteiführung auf. Gerüchte kannten allerdings keine derartigen Grenzen, und bekanntlich wurden unter anderem sowohl Hitler als auch Heydrich verdächtigt, nichtarische Vorfahren zu verheimlichen. In beiden Fällen erwiesen sich die Gerüchte als unbegründet,[35] aber unter den damaligen Umständen waren solche Andeutungen gewiß dazu bestimmt zu schädigen. Manchmal benutzten verärgerte Parteiführer den Vorwurf nichtarischer Abstammung gegen ihre Rivalen. So schickte im April 1936 Wilhelm Kube, Gauleiter der Kurmark, an die Parteikanzlei einen anonymen Brief (der mit «Einige Berliner Juden» unterzeichnet war), und darin behauptete er, die Frau von Walter Buch, dem Leiter des Parteigerichts, und Bormanns Schwiegermutter seien jüdischer Abstammung. Eine Überprüfung der Vorfahren ergab, daß die Anschuldigungen haltlos waren; Kube gab zu, den Brief geschrieben zu haben, und wurde von Hitler zeitweilig aller seiner Ämter enthoben.[36]

Tatsächlich folgten die neuen Ehegesetze der Denkschrift, die Hans Kerrl und Roland Freisler im September 1933 erstellt hatten, wonach Ehen und außereheliche sexuelle Beziehungen zwischen «Deutschblütigen» und «Angehörigen fremder Blutsgemeinschaften» als «Verbrechen gegen die Rassenehre» angesehen werden sollten. In den ersten drei Jahren des Regimes führten die sehr heftigen Reaktionen einer Reihe asiatischer und südamerikanischer Länder (die den Boykott deutscher Waren einschlossen) neben anderen Gründen dazu, daß die Initiative auf Eis gelegt wurde.[37] Es kann jedoch kein Zweifel daran bestehen, daß die frühen Vorschläge, das dritte Nürnberger Gesetz und die nachfolgenden Ehegesetze als der Ausdruck eines *allgemeinen* rassebiologischen Standpunktes betrachtet werden konnten, ebenso wie die speziell gegen die jüdische Gefahr gerichteten Maßnahmen.

Eine Reihe von Konsultationen, die es Ende 1934 und Anfang 1935 zwischen dem Außenministerium, dem Innenministerium und dem Rassenpolitischen Amt der Partei gab, ließ deutlich die Verflochtenheit dieser Fragen und die zwischen ihnen bestehenden Unterschiede erkennen. Die Wilhelmstraße, die über die Auswirkungen der Ariergesetzgebung auf die auswärtigen Beziehungen des Reiches besorgt war, vertrat den Standpunkt, daß die neuen Gesetze eindeutig auf Juden beschränkt werden sollten und daß andere Nichtarier (wie etwa Japaner und Chinesen) ausgeklammert werden sollten. Für Walter Groß war jede grundsätzliche Veränderung in der Einstellung der Partei zu Rassefragen unmöglich, da sie zum Kernbestand der NS-Weltanschauung gehörte, aber er versprach, die Partei werde vermeiden, die auswärtigen Beziehungen Deutschlands durch irgendwelche unangemessenen Entscheidungen im Inland zu belasten. Die Ersetzung des Begriffes «nichtarisch» durch «jüdisch» wurde für den offiziellen Gebrauch noch nicht als angebracht angesehen: Gegen eine derartige Änderung gab es im Prinzip keinen Einwand, aber es wurde befürchtet, daß die Änderung als «Rückzug» gedeutet werden würde. Auf jeden Fall konnten Ausnahmen in Fällen gemacht werden, in denen die Ariergesetzgebung nichtarische, nichtjüdische Ausländer betraf.[38] Weniger als zwei Wochen vor der Eröffnung des Nürnberger Parteitags, am 28. August 1935, hatte Heß den Wunsch geäußert, daß aus Rücksicht auf die semitischen Völker auf dem Parteitag der Begriff «antisemitisch» durch «antijüdisch» ersetzt werden möge.[39] Für ihn schien die von Lösener und Knost verwendete Formulierung in der Tat entscheidend zu sein: «Die Judenfrage ist in Deutschland die Rassenfrage schlechthin.»

Löseners Bericht über die letzten Phasen, die den Nürnberger Gesetzen vorangingen, weist deutlich darauf hin, daß die Diskussionen am 14. und 15. September nur um die antijüdische Gesetzgebung kreisten; diese war in den vorangegangenen Monaten Gegenstand der Parteiagitation gewesen und sollte es auch in den nachfolgenden Diskussionen sein (einschließlich derjenigen vom 29. September mit Hitlers Zögern und seiner Entscheidung vom 14. November). *Somit standen die Getrenntheit und die Vereinbarkeit der speziellen antijüdischen und der allgemeinen rassischen und eugenischen Tendenzen ganz im Mittelpunkt des NS-Systems.* Der Hauptimpetus für die Nürnberger Gesetze und ihre Anwendung war antijüdisch; doch das dritte Gesetz ließ sich ohne Schwierigkeiten erweitern, um andere rassische Ausgrenzungen abzudecken, und es führte logisch zu der zusätzlichen Rassengesetzgebung vom Herbst 1935. Die beiden ideologischen Trends verstärkten sich gegenseitig.[40]

III

Für den Mischling Karl Berthold, den Angestellten des Versorgungsamtes Chemnitz, dessen Geschichte in Kapitel 1 begann, löste die Gesetzgebung von Nürnberg das Problem seiner Rassereinheit nicht.[41] Am 18. April 1934 erneuerte der Spezialist für Rassenforschung im Innenministerium seine Stellungnahme, die darauf zielte, Berthold aus dem öffentlichen Dienst auszuschließen, wobei er den Standpunkt vertrat, selbst wenn die Einzelheiten hinsichtlich des mutmaßlichen Vaters Carl Blumenfeld unsicher seien, sei Berthold doch mit der Familie Blumenfeld verwandt, und seine Mutter habe erklärt, er sei der Sohn eines gewissen Carl Blumenfeld, eines «jüdischen Künstlers». Seine nichtarische Abstammung war nicht zu bezweifeln.[42]

An diesem Punkt betrat kurz Bertholds Tante, die Schwester seiner Mutter, die Bühne und sagte aus, sein Vater sei ein Arier, der zur Verheimlichung seiner Identität den Namen Carl Blumenfeld angenommen habe. Das Hauptversorgungsamt in Dresden setzte am 30. Juni den Arbeitsminister von dieser neuen Entwicklung in Kenntnis. Ende Juli war der Arbeitsminister bereit, Berthold die Erlaubnis zum Verbleib im öffentlichen Dienst zu geben, und verlangte lediglich die Bestätigung durch den Innenminister. Der Spezialist für «Sippenforschung» im Innenministerium ließ sich nicht so leicht hinters Licht führen. Ein detaillierter Bericht, der am 14. September hinausging, wies darauf hin, daß der Jude Carl Blumenfeld, von dessen Daten die ganze Zeit die Rede gewesen war und dessen Alter es höchst unwahrscheinlich machte, daß er der Vater von Karl Berthold war, tatsächlich ein entfernter Cousin des Zirkusartisten Carl Blumenfeld war, der inzwischen in Amsterdam lebte. Am 5. November übermittelte das Hauptamt in Dresden dem Arbeitsminister noch ein Gesuch von Berthold um erneute Überprüfung des Falles, dem wiederum das Zeugnis von Bertholds Tante beigefügt war. Einige Wochen später wurde, da keine Antwort eingegangen war, eine weitere Petition an den Innenminister gerichtet, diesmal von Bertholds Ehefrau, Frau Ada Berthold. Berthold werde aus seiner Stellung entlassen werden, schrieb sie, wenn bis zum 31. März 1936 keine positive Antwort käme.[43] Eine neue Phase seiner Geschichte nahm nun ihren Anfang.

Die neuen Gesetze konnten im Prinzip eine Klarheit, wie Nazis sie verstanden, in einige Fälle bringen, in denen die Frage nach rassischer Zugehörigkeit bisher widersprüchlich beantwortet worden war. So hatte eine Anfrage der Wohlfahrtsverwaltung der Stadt Stettin vom 26. Oktober 1934 über die Behandlung unehelicher Kinder jüdischer Väter und arischer Mütter weit auseinandergehende Auffassungen auf seiten von Wohlfahrtsämtern in verschiedenen deutschen Großstädten offenbart: In Dortmund wurden solche Kinder als Arier betrachtet und erhielten alle übliche Unterstützung, während die Wohlfahrtsämter in Königsberg, Breslau und Nürnberg sie als «semitisiert» ansahen. Der Direktor des Breslauer Amtes gab folgenden Kommentar ab: «Meiner Ansicht nach ist es sinnlos, gemischtrassige Kinder der deutschen Nation einzuverleiben, da sie selbst bekanntlich keine rassereinen Kinder haben können und Regelungen zur Sterilisierung von Gemischtrassigen noch nicht existieren. Darum sollte man Mischlinge nicht daran hindern, sich der fremden Nation anzuschließen, der sie bereits zur Hälfte angehören. Man sollte sie sogar dazu ermutigen, indem man sie beispielsweise jüdische Kindergärten besuchen läßt.»[44] Die Reaktion aus Nürnberg, dem Hauptquartier Streichers, sollte nicht überraschend kommen: «Eine Mutter, die sich so benimmt», schrieb der dortige Wohlfahrtsdirektor, «ist so stark von jüdischen Ideen beeinflußt, daß vermutlich alle Bemühungen zu ihrer Aufklärung vergeblich sein werden und der Versuch, ihr jüdisches Kind ‹nach den Prinzipien der nationalsozialistischen Führung› zu erziehen, scheitern muß. Denn die nationalsozialistische Weltanschauung, die vom Blut bestimmt ist, kann nur diejenigen gelehrt werden, die deutsches Blut in ihren Adern haben. In diesem Falle sollte man Nietzsches Wort verwirklichen: ‹Was fallen will, das soll man stürzen.›»[45] Nach Verabschiedung der Gesetze müssen diese Kinder alle zu Mischlingen ersten Grades geworden sein.

Die Definition der beiden Grade von Mischlingen in den Nürnberger Gesetzen und in der Ersten Verordnung vom 14. November 1935 erleichterte vorübergehend ihre Situation sowohl hinsichtlich der Bürgerrechte als auch im Hinblick auf den Zugang zu Berufen, die «Volljuden» verschlossen waren. Zumindest im Prinzip wurden junge Mischlinge in Schulen und auf Universitäten wie alle anderen Deutschen aufgenommen. Bis 1940 durften sie alle Fächer (mit Ausnahme von Medizin und Zahnmedizin)[46] studieren. Dies war allerdings nur eine Atempause, und von 1937 an bedrohten verschiedene neue Formen offizieller Verfolgung die berufliche und wirtschaftliche Existenz der Mischlinge, ganz zu schweigen von ihrer zunehmenden gesellschaftlichen Isolierung und schließlich der Bedrohung ihres Lebens. Manchmal jedoch war der Mischlingsstatus selbst nicht frei von Zweideutigkeiten.

Betrachten wir den Fall von Otto Citron, der im Jahre 1937 von der

Universität Tübingen an die Universität Bonn überwechselte. Als er Tübingen verlassen hatte, kamen der dortigen Verwaltung plötzlich Zweifel an der Erklärung des Studenten, daß er eine arische Großmutter habe. War diese Erklärung falsch, dann würde sich Citrons Status ändern, und Tübingen verlangte, man solle in Bonn ein Verfahren gegen den getarnten Juden einleiten. Citrons Antwort auf die Vorwürfe war untadelig. Er hatte *vor* der Verkündung der Nürnberger Gesetze erklärt, seine halbjüdische Großmutter sei Arierin, zu einem Zeitpunkt, als die einzige existierende Unterscheidung die war, die den Arier vom Juden trennte. Das heißt, die Einstufung als Halbjude war eine Kategorie, die vor September 1935 juristisch nicht existierte. Nach der Verabschiedung der Nürnberger Gesetze gab Citron korrekt an, er sei nach seinen beiden anderen Großeltern Halbjude. Da die halbjüdische Großmutter auf der anderen Seite der Familie einen Arier geheiratet hatte, gab Citron wiederum korrekt an, er sei nach den Nürnberger Kriterien auf ihrer Seite zu einem Achtel Jude. Wenn man demnach, so erklärte er, die beiden Seiten der Familie zusammenzählte, war er zu fünf Achteln Jude. Doch «nach den Ausführungsbestimmungen der Nürnberger Gesetze», schrieb Citron, «die ich vor Abgabe eines mündlichen oder schriftlichen Tatbestandes genauestens eingesehen habe, werden die 5/8 Leute zu den Halbariern geschlagen, und es gilt für sie das gleiche. Das nämliche gilt für die 3/8 Leute, sie zählen zu den Viertel- Leuten. Eine Täuschung oder Umgehung der Gesetze lag mir also vollkommen fern.» Der Tübinger Universität blieb nichts anderes übrig, als Citrons Argumentation zu folgen, und sie stellte das gegen ihn angestrengte Verfahren ein.[47]

Tatsächlich war der Fall Citron einigermaßen simpel im Vergleich zu einigen der potentiellen (oder aktuellen) Situationen, die das *Mitteilungsblatt des Reichsverbandes der Nichtarischen Christen* im März 1936 in Form von Fragen und Antworten beschrieb:

«Frage: Was ist zu der Ehe eines Halbariers mit einer Frau zu sagen, die einen arischen Elternteil hat, deren arische Mutter aber zum Judentum übertrat, so daß das Kind jüdisch erzogen wurde? Was ist weiter über die Kinder aus dieser Ehe zu sagen?

Antwort: Die Frau, eigentlich Halbarierin, ist kein Mischling, sondern gilt ohne allen Zweifel als Jüdin im Sinne des Gesetzes, da sie am Stichtag, d. h. am 15. September 1935, der jüdischen Religionsgemeinschaft angehörte; eine nachfolgende Konversion ändert diesen Status in keiner Weise. Der Ehemann – ein Mischling I. Grades – gilt ebenfalls als Jude, weil er eine Frau geheiratet hat, die dem Gesetz nach Jüdin ist. Die Kinder aus dieser Ehe gelten ohnehin als Juden, da sie drei jüdische Großelternteile haben (zwei der Rasse nach, einen der Religion nach). Dies wäre nicht anders gewesen, wenn die Mutter die jüdische Gemeinde vor dem Stichtag verlassen hätte. Sie selbst wäre dann ein Mischling gewesen, aber die

Kinder hätten immer noch drei jüdische Großeltern gehabt. Mit anderen Worten, es ist durchaus möglich, daß Kinder, die als Juden gelten, einer Ehe entstammen, in der beide Partner Halbarier sind.

Frage: Ein Mann hat zwei jüdische Großeltern, eine arische Großmutter und einen halbarischen Großvater; letzterer wurde als Jude geboren und trat erst später zum Christentum über. Ist diese zu 62 Prozent jüdische Person Mischling oder Jude?

Antwort: Der Mann ist Jude nach den Nürnberger Gesetzen wegen des einen Großelternteils, der der jüdischen Religion angehörte; von diesem Großelternteil wird vermutet, daß er Volljude war, und diese Vermutung ist nicht widerlegbar. Somit hat dieser 62prozentige Jude drei volljüdische Großeltern. Wenn dagegen der halbarische Großvater von Geburt an Christ gewesen wäre, wäre er dann kein Volljude gewesen und hätte für diese Berechnung überhaupt nicht gezählt; sein Enkel wäre ein Mischling I. Grades gewesen.»[48]

Eine der größten Hürden, auf die die juristischen Experten bei der Interpretation der Nürnberger Gesetze stießen, war die Definition von «Verkehr». Die grundlegenden Formen des Geschlechtsverkehrs waren nur ein Ausgangspunkt, und beispielsweise Stuckart und Globke ahnten die vielfältigen Perspektiven, die sich aus «beischlafähnlichen Handlungen, z. B. wechselseitiger Onanie» ergaben. Bald wurde in den Augen einiger Gerichte selbst diese erweiterte Interpretation des Verkehrs unzureichend. Das Landgericht Augsburg definierte die Anwendbarkeit der Gesetze in einer Weise, die praktisch sämtliche Einschränkungen der Definition beseitigte. «Da der Gesetzgeber die Reinheit des deutschen Blutes so weit wie irgend möglich sichern will», führte das Gericht aus, «muß somit nach dem Willen des Gesetzgebers auch der regelwidrige außereheliche Geschlechtsverkehr zwischen Juden und Staatsangehörigen deutschen und artverwandten Blutes als verboten und unter Strafe gestellt angesehen werden. Dazu kommt, daß das fragliche Gesetz auch die deutsche Ehre, insbesondere die Geschlechtsehre der Staatsangehörigen deutschen Blutes, schützen will.»[49]

Der Rechtsstreit über diesen Punkt erreichte den Großen Strafsenat des Reichsgerichts, der am 9. Dezember 1935 seine Entscheidung verkündete: «Der Begriff Geschlechtsverkehr im Sinne des Blutschutzgesetzes umfaßt nicht jede unzüchtige Handlung, ist aber auch nicht auf den Beischlaf beschränkt. Er umfaßt den gesamten natürlichen und naturwidrigen Geschlechtsverkehr, also außer dem Beischlaf auch alle anderen geschlechtlichen Betätigungen mit einem Angehörigen des anderen Geschlechts, die nach der Art ihrer Vornahme bestimmt sind, anstelle des Beischlafs der Befriedigung des Geschlechtstriebes zumindest des einen Teils zu dienen.»[50]

Das Reichsgericht ermunterte die örtlichen Gerichte, hinter dem bloßen Buchstaben des Gesetzes die Absicht des Gesetzgebers zu verstehen, und damit öffnete es die Schleusen. Paare wurden selbst dann für schuldig befunden, wenn keine gegenseitige sexuelle Aktivität stattgefunden hatte. Masturbation in Gegenwart des Partners beispielsweise wurde zu einem strafbaren Verhalten: «Es würde dem gesunden Volksempfinden und der zielbewußten deutschen Rassenpolitik widersprechen, solche Ersatzhandlungen schlechthin straflos zu lassen und damit ein neues Mittel und einen neuen Anreiz zu schaffen, die Rassenehre des deutschen Volkes durch widernatürliches Treiben zwischen den beiden Geschlechtern zu verletzen.»[51]

Die Suche nach immer präziseren Einzelheiten aller möglichen Aspekte der Rassenschande läßt sich verstehen nicht nur als eine weitere Illustration für das bürokratische und polizeiliche Denken der Nazis, sondern auch als riesige Leinwand zur Projektion verschiedener «Männerphantasien».[52] In der Phantasie der Nationalsozialisten wurden überdies Juden als Verkörperungen sexueller Potenz und Lust wahrgenommen, etwa wie Schwarze bei weißen Rassisten oder Hexen (und Frauen überhaupt) in den Augen der Inquisition oder einiger puritanischer Kirchenältester. Einzelheiten der Verfehlungen wurden so zu einer Quelle von (gefährlichem) Wissen und von verborgenem Kitzel. Und meist waren die Details allerdings plastisch. So verurteilte am 28. Januar das Bezirksgericht Frankfurt den vierunddreißigjährigen «Volljuden» Alfred Rapp zu zwei Jahren Gefängnis und die «vollblütige Deutsche» Margarete Lehmann zu neun Monaten, und zwar mit folgender Begründung:

Rapp war in einem Herrenbekleidungsgeschäft angestellt, und Lehmann war dort Näherin. Man wußte, daß sie miteinander befreundet waren und sich häufig besuchten. Ihren Aussagen zufolge hatten sie vorher keine sexuelle Beziehung zueinander unterhalten. Am 1. November 1936 gegen halb neun Uhr abends kam Rapp in Lehmanns Wohnung, wo er auch eine Jüdin namens Rosenstock vorfand. Die drei gingen hinaus, um etwas zu trinken, und begaben sich dann in Rosenstocks Wohnung. Rosenstock wurde weggeschickt, um Wein zu kaufen. Wie die Angeklagten angaben, trieben sie dann Oralverkehr. Der Gerichtsbericht führte einige plastische Einzelheiten auf und fügte hinzu: «Diese Darstellung erscheint schon an sich unglaubhaft und zum mindesten unvollständig, da es nach den allgemeinen Lebenserfahrungen ausgeschlossen erscheint, daß ohne weitere zeitlich dazwischenliegende Intimitäten ein Mädchen sich in dieser Weise einem Manne geschlechtlich nähert, selbst wenn es – wie die Lehmann angibt – vorher im Verlaufe von etwa zwei Stunden zwei Glas Wein getrunken hat. Dazu kommt, daß die beiden Angeklagten auch in dem Zimmer der Rosenstock von den Zeugen W. und U. beobachtet worden sind.» Es folgt in dem Bericht diese Szene, wie sie von den Zeugen beobachtet wurde, wiederum in allen Einzelheiten, wie sie nacheinander von beiden bekräftigt wurde: «Die gleiche Wahrnehmung machte auch die Zeugin U., die der Zeuge W. dann ebenfalls durch das Schlüsselloch blicken ließ. Jetzt öffnete W. die nicht verschlossene Türe und trat in das Zimmer. Die beiden Angeklagten versuchten rasch ihre Kleider und Haare in Ordnung zu bringen.»[53]

Für ein Hamburger Gericht traten die Küsse eines impotenten Mannes «an die Stelle des normalen Geschlechtsverkehrs» und führten zu einer zweijährigen Gefängnisstrafe. Therapeutische Massage geriet selbstverständlich bald in Verdacht wie in dem berüchtigten Fall des jüdischen Kaufmanns Leon Abel. Obwohl die «deutschblütige» Masseurin standhaft leugnete, daß Abel bei der einen, einzigen Massagesitzung irgendwelche Zeichen von sexueller Erregung gezeigt hätte, und obwohl Abel selbst im Prozeß das Geständnis zurückzog, das er der Gestapo gegenüber gemacht hatte, verurteilte ihn das Gericht zu zwei Jahren Zuchthaus, weil er «sich die geschlechtliche Befriedigung bei der Massage verschafft» und damit «das Verbrechen der Rassenschande ... vollendet» habe, «gleichgültig ob die Zeugin davon Kenntnis gehabt [habe] oder nicht».[54]

Das Gesetz über weibliche Hausangestellte in jüdischen Familien zeigt, daß man die Rassenschande begünstigende Situationen in Betracht gezogen hatte. Wie aber konnte man alle derartigen potentiellen Situationen vorhersehen? Ständige Wachsamkeit war die einzig mögliche Antwort. Im November 1937 brachte Heß, nachdem er den Innenminister aufgefordert hatte, sein Augenmerk den Möglichkeiten zuzuwenden, die im Gesetz immer noch für die Adoption «vollblütiger» deutscher Volksgenossen durch Juden existierten, ein unmittelbarer bedrohliches Problem zur Sprache. In denjenigen Fällen, in denen ein deutsches Mädchen in einer jüdischen Familie aufwuchs, war es erforderlich, «etwas zum Schutze des deutschen Teils zu unternehmen. ... Es müßte m. E. ein Weg gefunden werden, der hier den gleichen Schutz gewährleistet, wie er ... für die deutschblütige Hausangestellte gegeben ist.»[55]

Tatsächlich wurden alle Aspekte des Alltagslebens und alle beruflichen Aktivitäten, in denen der Kontakt zwischen Ariern und Juden so verstanden werden konnte, als habe er irgendeine sexuelle Konnotation, systematisch identifiziert und verboten. Die Ausschließung der Juden aus Badeanstalten ist bereits diskutiert worden. Im Frühjahr 1936 untersagten die meisten medizinischen Fakultäten ihren jüdischen Studenten, an Arierinnen genitale Untersuchungen vorzunehmen (die Entscheidung über die Anwendung dieser Einschränkungen wurde den Krankenhausdirektoren überlassen, die für die jüdischen Medizinalassistenten im Bereich der Gynäkologie verantwortlich waren).[56]

Wie weit diese zunehmenden Tabus von der breiteren Bevölkerung begrüßt oder nur passiv akzeptiert wurden, läßt sich schwer mutmaßen. Manchmal waren – zweifellos aus ökonomischen Gründen, aber möglicherweise auch in der Absicht, einen symbolischen Protest zum Ausdruck zu bringen – deutsche Frauen jenseits des gebärfähigen Alters bereit, sich der zersetzenden Atmosphäre einer jüdischen Familie auszusetzen. Beispielsweise veröffentlichte die *Frankfurter Zeitung* am 14. November 1935 die folgende Annonce: «Gebildetes katholisches Fräulein über 45 Jahre, perfekt in Haushalt und Küche, sucht in gutem jüdischem Haushalt Stellung, auch halbtags.»[57]

In einer Untersuchung über die fast vollständig erhaltenen Würzburger Gestapo-Akten hat Robert Gellately gezeigt, daß die wichtigste Informationsquelle für Verhaftungen durch die Gestapo ein Strom von Denunzianten war; die Einstellung oder Aktivität, die der Geheimpolizei am häufigsten gemeldet wurde, war «Rassenschande» oder «Freundlichkeit gegenüber Juden».[58] Die Nürnberger Gesetze boten eine Art vager juristischer Basis, die von Denunzianten auf alle mögliche Weise genutzt werden konnte, und in den folgenden Jahren nahm die Zahl der Denunziationen beträchtlich zu. Nach Gellatelys Analyse der Würzburger Gestapo-Akten (die eine kleinere Stadt betreffen, so daß die Zahlen auf nationales Niveau hochgerechnet werden sollten) gab es 1933 zwei Denunziationen wegen Rassenschande und eine wegen freundlichen Verhaltens gegenüber Juden; 1934 eine aus dem erstgenannten und zwei aus dem letztgenannten Grund; 1935 waren es fünf und zwei; 1936 19 und zwölf; 1937 14 und sieben; 1938 14 und 14; 1939 acht und 17. Nach Kriegsbeginn, im September 1939, gingen die Denunziationen zurück, 1943 waren sie auf je eine gefallen, und danach verschwanden sie völlig.[59] Inzwischen gab es in Würzburg – in Deutschland – natürlich keine Juden mehr.

Nach Angaben derselben Quelle kamen etwa 57 Prozent der Denunziationen von Leuten, die keine Parteimitglieder waren, und zwischen 30 und 40 Prozent der Anschuldigungen waren falsch.[60] Manchmal denunzierten Hotelangestellte ein Paar, von denen keiner ein Jude war; andere wurden wegen Informationen über Beziehungen verhaftet, die lange vor 1933 zu Ende gegangen waren. Es gab Fälle von Paaren, deren intime Beziehungen viele Jahre zurücklagen und die jetzt den Geschlechtsverkehr vermieden, und viele Fälle von Frauen, die ihre Bereitschaft erklärten, sich einer medizinischen Untersuchung zu unterziehen, um zu beweisen, daß sie Jungfrauen waren.[61]

Goebbels war mit den Presseberichten über Rassenschande nicht zufrieden. Im März 1936 forderte er die Pressestelle des Justizministeriums auf, bei Rassenschande-Urteilen gegen Juden eine übermäßige Publizität zu vermeiden, da das seiner Ansicht nach antideutschen ausländischen Zeitungen Material in die Hand gebe. Überdies waren die Berichte «häufig derart ungeschickt abgefaßt, daß die Verurteilung vom Leser nicht verstanden und eher sein Mitgefühl mit dem Verurteilten wachgerufen werde».[62]

IV

Paßte sich die öffentliche Meinung nach der Verabschiedung der Nürnberger Gesetze noch weiter an die antijüdischen Maßnahmen des Regimes an? Nach Ansicht des israelischen Historikers David Bankier nahmen die Deutschen die Gesetze mehrheitlich hin, weil sie den Gedanken einer Absonderung der Juden akzeptierten: «Diese Gefühle hat die Potsdamer Gestapo in vollem Umfang registriert. Sie schrieb, daß alle der Meinung sind, es sei jetzt, nachdem sich das Regime stabilisiert hat, für die Partei die Zeit, diese Punkte auf die Tagesordnung zu bringen. Der Kommentator fügt gleichzeitig hinzu, die Bevölkerung hofft, es würden auch andere Punkte des nationalsozialistischen Programms in Angriff genommen, besonders die sozialen Bestimmungen. Auch in Kiel gab es Zustimmung zu den antisemitischen Gesetzen. Die Bevölkerung erwartete dort außerdem eine ähnlich befriedigende Regelung zum Status der Kirchen.»[63]

Wie es in derselben Analyse heißt, waren anscheinend Menschen in verschiedenen Städten und Regionen des Reiches insbesondere deshalb mit dem Gesetz zum Schutze des deutschen Blutes und der deutschen Ehre zufrieden, weil sie meinten, die Durchsetzung des Gesetzes werde dem antijüdischen Terror der vorangegangenen Monate ein Ende setzen. Ruhe würde wiederhergestellt werden und mit ihr der gute Name Deutschlands in den Augen der Welt. Die Menschen glaubten, unter den neuen Gesetzen sei das Verhältnis zu den Juden in Deutschland nunmehr klar definiert: «Das Judentum wird zur nationalen Minderheit gestempelt und erhält bei staatlichem Schutz die Möglichkeit, ein eigenes Kulturleben und sein eigenes völkisches Leben zu entfalten»;[64] das war die allgemeine Ansicht, wie sie aus Berlin berichtet wurde.

Für die Parteiradikalen waren die Gesetze ein eindeutiger Sieg der Partei über die Staatsbürokratie, aber viele betrachteten die neuen Verfügungen als «zu milde». Die Dortmunder Nationalsozialisten beispielsweise hielten die Tatsache, daß die Juden immer noch ihre eigenen Symbole verwenden durften, für ein übermäßiges Zugeständnis. Manche Aktivisten hofften, die Juden würden neue Vorwände zum Handeln liefern, andere verlangten einfach, daß der Anwendungsbereich einiger der Maßnahmen ausgeweitet werden sollte: daß es beispielsweise keiner deutschen Frau, welchen Alters auch immer, gestattet sein sollte, in einer jüdischen (oder gemischt deutsch-jüdischen) Familie – oder auch nur im Haushalt einer alleinstehenden Jüdin – zu arbeiten.[65]

In oppositionellen Kreisen, hauptsächlich unter den (nunmehr im Untergrund arbeitenden) Kommunisten, wurden die Gesetze scharf kritisiert. Einige kommunistische Flugblätter brandmarkten die demagogische Benutzung des Antisemitismus durch die Nazis und verlangten eine geeinte Oppositionsfront; andere forderten die Befreiung politischer Gefangener und die Beendigung antijüdischer Maßnahmen. Daniel Bankier zufolge fuhr jedoch die kommunistische Propaganda der damaligen Zeit trotz seiner Proteste gegen die Nürnberger Gesetze fort, solche altbekannten Standardbehauptungen zu wiederholen wie die, «nur arme Arbeiter würden wegen Rassenschändung verurteilt, während die Nazis reiche Juden nicht belangen würden», und die, «hinter dem Verbot der Beschäftigung deutscher Frauen unter 45 Jahren würden nicht rassische Prinzipien stehen, sondern es handele sich dabei schlicht um einen Entschuldigungsgrund für die Entlassung Tausender von Frauen aus der Arbeit».[66]

Die Kirchen hielten Distanz, mit Ausnahme des streng katholischen Kreises Aachen und einiger Proteste evangelischer Pastoren beispielsweise in Speyer. Die evangelische Kirche wurde auf die Probe gestellt, als Ende September 1935 in Berlin die Preußische Bekenntnissynode zusammentrat: Eine Erklärung, welche Sorge um getaufte wie ungetaufte Juden zum Ausdruck brachte, wurde diskutiert und verworfen, aber ebenso erging es auch einer allzu deutlichen Bekundung der Unterstützung für den Staat. Die Erklärung, auf die man sich schließlich einigte, bekräftigte lediglich erneut die Heiligkeit der Taufe, was Niemöller dazu veranlaßte, seine bösen Ahnungen darüber zum Ausdruck zu bringen, daß in diesem Text das Schicksal getaufter Juden nach der Taufe überhaupt nicht berücksichtigt wurde.[67]

Was nun wieder die Einstellungen der allgemeinen Bevölkerung angeht, so verwiesen NS-Berichte auf Äußerungen der Besorgnis und sogar des Protests von Deutschen, die bei Juden angestellt waren – seien es deutsche Buchhalter, die in jüdischen Firmen arbeiteten, oder Hausmädchen, die in jüdischen Familien beschäftigt waren. Alles in allem aber läßt Bankier wenig Spielraum für Zweideutigkeit und Zweifel: «Zusammengefaßt läßt sich sagen, daß die Mehrheit der Bevölkerung den Nürnberger Gesetzen zustimmte, denn sie identifizierten sich mit der Rassenpolitik, und die Diskriminierung hatte durch sie einen permanenten Rahmen erhalten, wodurch der herrschende Terror beendet wurde und den antisemitischen Aktivitäten präzise Grenzen gesetzt wurden.»[68]

Obwohl seine Fälle weitgehend dieselben sind wie die, die später von Bankier behandelt wurden, hinterläßt die Studie von Otto Dov Kulka, einem anderen israelischen Historiker, den Eindruck eines differenzierteren Bündels von Reaktionen. Auch er erwähnt kommunistischen Widerstand sowie katholische Mißbilligung in einigen Städten wie Aachen und Allenstein und verzeichnet die Kritik einiger protestantischer Pastoren, insbesondere in Speyer. Auch er spricht von Parteiaktivisten, welche die Maßnahmen unzureichend fanden. Zusätzlich kommentiert er die Mißbilligung, die sich bei einem höheren Bürgertum manifestierte, welches unter anderem über die Möglichkeit ökonomischer Vergeltungsmaßnahmen im Ausland besorgt war. Dennoch ist der Gesamteindruck, den diese Studie vermittelt, der, daß die Mehrheit der Bevölkerung mit den Gesetzen zufrieden war, weil sie den Status von Juden in Deutschland klarstellten und, so hoffte man, dem planlosen Durcheinander und der Gewalttätigkeit ein Ende setzen würden. Ein zeitgenössischer Bericht aus Koblenz spiegelt anscheinend die verbreitetsten Reaktionen wider:

«Das Gesetz zum Schutze des deutschen Blutes und der deutschen Ehre wurde größtenteils mit Genugtuung aufgenommen, nicht zuletzt deshalb, weil es psychologisch mehr als die unerfreulichen Einzelaktionen [gegen die Juden] die erwünschte Isolierung des Judentums herbeiführen wird. ... Die Frage, wie weit das jüdische Blut aus dem deutschen Volkskörper ausgeschaltet werden soll, gibt noch zu lebhaften Diskussionen Anlaß.»[69]

Die Bezugnahme auf die Mischlinge ist unverkennbar. So sind sich beide Untersuchungen einig, daß eine Mehrheit der Deutschen mehr oder weniger passiv mit den Gesetzen einverstanden war. Mit anderen Worten, der größte Teil der Bevölkerung liebte keine Gewaltakte, hatte aber nichts gegen die Entrechtung und Absonderung der Juden. Es bedeutete weiter, daß es die neue Situation, da die Absonderung nunmehr juristisch festgeschrieben war, für eine Mehrheit der Bevölkerung dem einzelnen gestattete, sich jeder Verantwortung für die Maßnahmen gegen die Juden zu entledigen. Die Verantwortung für ihr Schicksal war vom Staat übernommen worden.[70]

Es gab Ausnahmen, und Beziehungen zu Juden wurden aufrechterhalten, wie wir bereits im Hinblick auf die Zeit vor den Nürnberger Gesetzen festgestellt haben. Am 3. Dezember 1935 schickte das Gestapa eine allgemeine Anweisung (an alle Staatspolizeistellen), in der es heißt: «In letzter Zeit mehren sich die Anmeldungen jüdischer Unternehmen und ehem. Kapelleninhaber über die Veranstaltungen von Tanzfestlichkeiten in einem solchen Maße, daß es den einzelnen Staatspolizeibehörden nicht immer möglich ist, für eine geordnete Überwachung der Veranstaltungen Sorge zu tragen.» Und dann kommt der interessantere Teil der Nachricht: «Wiederholt konnte festgestellt werden, daß zu diesen Veranstaltungen auch Ariern Zutritt gewährt wurde.»[71]

Es sieht übrigens so aus, als sei die Gestapo bei der Kontrolle jüdischer Veranstaltungen auf immer größere technische Schwierigkeiten gestoßen. Die Erklärung dafür ist möglicherweise einfach: Die Juden reagierten auf die zunehmende Verfolgung und Absonderung, indem sie alle möglichen Formen innerjüdischen Lebens intensivierten, und das erklärt sowohl die Zahl als auch die Vielfalt von Versammlungen, Vorträgen, Tanzveranstaltungen und dergleichen; diese boten ein gewisses Maß an geistiger Gesundheit und Würde, bedeuteten aber für die Gestapo mehr Schwierigkeiten. Schon 1934 beklagte sich die Staatspolizei darüber, daß viele jüdische Versammlungen, insbesondere die des Central-Vereins der deutschen Juden, in Privaträumen stattfanden, was die Kontrolle nahezu unmöglich machte;[72] dann, Ende 1935, wurden jüdische Veranstaltungen angeblich häufig von Samstagen auf Sonntage und auf die christlichen Feiertage verlegt, «offenbar», so die Gestapo, «in der Annahme, daß die Veranstaltungen an diesen Tagen nicht überwacht werden». Versammlungen in Privaträumen waren schwer zu verbieten, aber es wurde ersucht, in der Folgezeit jüdische Veranstaltungen an Sonntagen oder christlichen Feiertagen «nur noch in ausnahmsweisen Fällen zuzulassen».[73] Der Tropfen, der das Faß zum Überlaufen brachte, kam im April 1936: Die Gestapostellen meldeten den zunehmenden Gebrauch der hebräischen Sprache bei öffentlichen jüdisch-politischen Versammlungen. «Eine ordnungsgemäße Überwachung derartiger Versammlungen», schrieb Heydrich, «und die Verhinderung staatsfeindlicher Propaganda wird hierdurch unmöglich gemacht.» Der Gebrauch der hebräischen Sprache in öffentlichen jüdischen Versammlungen wurde daraufhin verboten, aber die Sprache konnte weiterhin bei geschlossenen Veranstaltungen, zu Studienzwecken und zur Vorbereitung der Auswanderung nach Palästina benutzt werden.[74] Übrigens bleiben die Berichte über den Gebrauch des Hebräischen etwas mysteriös, sofern nicht (und das ist sehr unwahrscheinlich) nur Versammlungen der kleinen Minderheit osteuropäischer, orthodoxer (aber nicht ultra-orthodoxer) und begeisterter zionistischer Juden gemeint waren. Bei der überwältigenden Mehrheit der deutschen Juden war jede Art von geläufiger Beherrschung des Hebräischen gleich Null.

Unter denen, welche die Gesetze möglicherweise als nicht extrem genug ansahen, gab es einen harten Kern von Judenhassern, die der Partei nicht angehörten und sogar Feinde des Nationalsozialismus waren: Ihr Haß war derart, daß in ihren Augen selbst die Nazis Werkzeuge der Juden waren. Sie waren nicht notwendig randständige Typen. Adolf Schlatter beispielsweise war ein berühmter Theologieprofessor in Tübingen. Am 18. November 1935 veröffentlichte er eine Broschüre mit dem Titel *Wird der Jude über uns siegen? Ein Wort für die Weihnacht*. Innerhalb von wenigen Wochen waren etwa 50000 Stück verteilt. «Heute», schrieb Schlatter, «kann der Rabbi mit Stolz sagen: ‹Seht, wie sich die Lage in Deutschland geändert hat; freilich werden wir verachtet, jedoch nur unserer Rasse wegen; dafür aber, daß der mit der Weihnacht gepredigte Wahn, der Christus sei gekommen, aus der Öffentlichkeit verschwinde, bemühten wir uns bisher allein; nun aber kämpfen auch solche mit uns, denen die Schulung des Deutschen Volkes anvertraut ist, denen also der Deutsche zum Gehorsam verpflichtet ist.› ... [Es] kann dem Juden nicht bestritten werden, daß im deutschen Bereich die Lage für seine Weltanschauung noch nie so günstig war wie jetzt.»

Doch in den Schlußzeilen von Schlatters Pamphlet lag Hoffnung: «Es ist freilich möglich, daß der Jude zunächst einen machtvollen Sieg über uns gewinnt; aber dieser Sieg wird nicht endgültig sein. Denn den Glauben an Gott hat nicht der Jude in die Welt gebracht, und ebensowenig können die Juden und Judengenossen ihn zerstören. Sie können dies nicht, weil sie nicht ungeschehen machen können, daß der Christus in die Welt gekommen ist.»[75]

Schlatters gegen das Regime gerichteter Judenhaß hatte in NS-Deutschland seine natürlichen Grenzen. Auf den ersten Blick hätten die Möglichkeiten für ein Mitglied der SS größer sein sollen. Bei einer Fahrt als Dritter-Klasse-Passagier im Expreßzug von Halle nach Karlsruhe am 22. Oktober 1935 war SS-Offizier Hermann Florstedt, wie er später aussagte, sehr müde. Da ihm seine Fahrkarte keinen Zutritt zum Schlafwagen ermöglichte, ging er auf der Suche nach einem freien Platz durch die zweite Klasse. Alle Abteile waren voll besetzt, mit Ausnahme von zweien, in denen, so Florstedt, jeweils ein Jude saß. «Ich befand mich in Uniform», schrieb Florstedt in seinem Beschwerdebrief an die Reichsbahndirektion in Berlin, «und hatte kein Verlangen, diese lange Fahrt in einem Abteil mit einem Juden zusammen zu verbringen.» Florstedt fand den Schaffner und verlangte einen Platz in der zweiten Klasse. Der Schaffner führte ihn zu den von den Juden besetzten Abteilen; Florstedt protestierte. «Der Schaffner», schrieb Florstedt, «betrug sich mehr als merkwürdig, er sagte unter anderem, ich hätte ja den Taufschein dieser Herren nicht gesehen, und im übrigen seien für ihn die Juden auch Reisende.»[76]

Anscheinend flößte im Oktober 1935 eine SS-Uniform noch keinen Schrecken ein. Außerdem muß das Bewußtsein, daß er geltenden Verwaltungsvorschriften gehorchte (eine Verfügung vom August 1935 gestattete es Juden ausdrücklich, die öffentlichen Verkehrsmittel zu benutzen),[77] dem Schaffner genug Selbstvertrauen gegeben haben, um so zu antworten, wie er es tat. Die Antwort, auch die Juden seien Reisende, läßt sich auch mit der verbreiteten Meinung («auch der Jude ist ein Mensch») in Verbindung bringen, die Goebbels in seiner Rede vom Juni 1935 attackiert hatte.

In seiner Beschwerde an die Reichsbahndirektion verlangte Florstedt den Namen des Schaffners, da er die Absicht hatte, sich mit ihm «im *Stürmer* zu unterhalten». Der Brief landete auf dem Schreibtisch von Gruppenführer Heißmeyer, dem Leiter des SS-Hauptamtes, der das Verhalten des Bahnbeamten in Schutz nahm und sich für Florstedts Drohung, im *Stürmer* an die Öffentlichkeit zu gehen, nicht erwärmen konnte.

Florstedt wurde bald in die Verwaltung der Konzentrationslager versetzt. In den ersten Kriegsjahren war er stellvertretender Kommandeur von Buchenwald, und im März 1943 wurde er Kommandant des Vernichtungslagers Lublin.[78]

V

«Wir nehmen in diesen Tagen zugleich vom alten Jahr und von einem Jahrhundert Abschied», erklärte die *C. V.-Zeitung* etwa zwei Wochen nach der Verkündung der Nürnberger Gesetze. «Ein Geschichtsabschnitt geht zu Ende.»[79] Doch dieses scheinbare Verständnis dafür, daß sich die Situation drastisch änderte, führte zu keinen durchschlagenden Empfehlungen. Viele deutsche Juden hofften immer noch, die Krise ließe sich *in* Deutschland überstehen und die neuen Gesetze würden einen anerkannten Rahmen für ein abgesondertes, aber gleichwohl erträgliches jüdisches Leben schaffen. Die offizielle Reaktion der Reichsvertretung (die jetzt ihren Namen von «Reichsvertretung der deutschen Juden» in «Reichsvertretung der Juden in Deutschland» ändern mußte) nahm Hitlers Erklärung von der neuen Basis, die durch die Gesetze für die Beziehungen zwischen dem deutschen Volk und den in Deutschland lebenden Juden geschaffen sei, wörtlich und verlangte dementsprechend das Recht zur freien Ausübung ihrer Aktivitäten im Bildungs- und Kulturbereich. Selbst auf individueller Ebene glaubten viele Juden, die neue Situation biete eine akzeptable Basis für die Zukunft. Nach einer Untersuchung von Berichten der Gestapo und des SD über jüdische Reaktionen auf die Gesetze waren in einer bedeutenden Zahl von Gemeinden «die Juden gerade deshalb erleichtert, weil die Gesetze, selbst wenn sie einen permanenten Rahmen der Diskriminierung schufen, die Herrschaft des willkürlichen Terrors beendeten. Es gab eine gewisse Ähnlichkeit in der Art und Weise, wie durchschnittliche Deutsche und durchschnittliche Juden reagierten. Die Deutschen äußerten Zufriedenheit, während die Juden Grund zur Hoffnung sahen. Es war so, wie es der Verfasser des Berichtes formulierte: Die Gesetze definierten abschließend das Verhältnis zwischen Juden und Deutschen. Die Juden werden zu einer nationalen Minderheit *de facto*, welche die Möglichkeit genießt, unter staatlichem Schutz ihr eigenes kulturelles und nationales Leben zu bewahren.»[80]

Der ultrareligiöse Teil der Gemeinschaft begrüßte sogar die neue Lage. Am 19. September 1935 bewillkommnete *Der Israelit*, das Organ des orthodoxen deutschen Judentums, nachdem er seine Unterstützung für den Gedanken von kultureller Autonomie und getrennter Erziehung zum Ausdruck gebracht hatte, ausdrücklich das Verbot von Mischehen.[81] Und was die deutschen Zionisten anging, so hatten sie es, auch wenn sie ihre Aktivitäten beschleunigten, anscheinend nicht besonders eilig, und die Mainstream-Gruppe, Hechaluz, wollte mit der deutschen Regierung über Mittel und Wege zu einer schrittweisen Auswanderung der deutschen Juden nach Palästina im Laufe eines Zeitraums von 15 bis 20 Jahren verhandeln. Wie andere Gruppen der deutschen Juden äußerten sie die Hoffnung, daß in der Zwischenzeit ein autonomes jüdisches Leben in Deutschland möglich sein werde.[82]

Die Juden Deutschlands waren nämlich immer noch mit einer Situation konfrontiert, die einen zwiespältigen Eindruck machte. Über ihre zunehmende Absonderung innerhalb der deutschen Gesellschaft und über den fortwährenden Strom neuer Regierungsentscheidungen, die dazu bestimmt waren, ihnen das Leben in Deutschland beschwerlicher zu machen, waren sie sich durchaus im klaren. Einige Aspekte ihrer Alltagsexistenz stützten jedoch die Illusion, das Endziel der Nationalsozialisten sei die Absonderung und die grundlegenden Mittel der wirtschaftlichen Existenz würden verfügbar bleiben. Beispielsweise gingen trotz des 1933 erlassenen Gesetzes «gegen die Überfüllung deutscher Schulen» und trotz der ständigen Verleumdungen und Attacken, die sich gegen jüdische Kinder richteten, Anfang 1937, wenn auch die Mehrheit der jüdischen Kinder jüdische Schulen besuchte, fast 39 Prozent der jüdischen Schüler immer noch in deutsche Schulen. Im Frühjahr des darauffolgenden Jahres war dieser Anteil auf 25 Prozent zurückgegangen.[83] Wie wir sehen werden, waren viele jüdische Fachleute, die in den Genuß verschiedener Ausnahmeregelungen gekommen waren, immer noch außerhalb der jüdischen Gemeinschaft tätig. Doch es bleibt schwierig, die wirtschaftliche Situation der durchschnittlichen jüdischen Familie, die ein Einzelhandelsgeschäft betrieb oder in einem der verschiedenen Zweige des Handels ihre Existenzgrundlage hatte, genau einzuschätzen.

Im Jahre 1935 zitierte die *Jüdische Rundschau*, in deren Absicht es eigentlich hätte liegen sollen zu zeigen, wie schlimm die Lage war, eine in der *Frankfurter Zeitung* veröffentlichte Statistik, wonach die Hälfte der

Damenoberbekleidungsindustrie immer noch Juden gehörte, wobei die Zahl in Berlin sogar 80 Prozent betrug.[84] Ob diese Zahlen zutreffen oder nicht, die Juden im Reich glaubten immer noch, sie würden in der Lage sein, sich weiterhin ihren Lebensunterhalt zu verdienen; die meisten von ihnen sahen keine materielle Katastrophe vorher.

Doch auch wenn die Auswanderung, wie schon erwähnt, langsam verlief und auch wenn die meisten deutschen Juden immer noch hofften, diese schlimme Periode in Deutschland zu überleben, wurde jedenfalls der Gedanke an das Verlassen des Landes, der zuvor für viele undenkbar gewesen war, nunmehr von allen deutsch-jüdischen Organisationen akzeptiert. Man dachte nicht an eine sofortige Notflucht, aber an einen geordneten Exodus. Ziele in Übersee (der amerikanische Kontinent oder Australien beispielsweise) standen auf der Liste konkreter Möglichkeiten höher als Palästina, aber alle deutsch-jüdischen Zeitungen hätten aus vollem Herzen die Überschrift eines Leitartikels der *Jüdischen Rundschau* akzeptieren können, der an den Völkerbund gerichtet war: «Öffnet die Tore!»[85]

Für die zahlreichen Juden, welche die Möglichkeit einer Auswanderung erwogen, aber immer noch in Deutschland zu bleiben hofften, vertiefte sich die Kluft zwischen öffentlichem und privatem Verhalten: «Wir wollen», so warnten jüdische Frauenorganisationen, «alles vermeiden, was Aufsehen erregt und aufreizend wirkt und was den besten Kulturforderungen widerspricht, in Sprache und Ton, in Kleidung und Auftreten.»[86] Jüdischer Stolz sollte gewahrt werden, aber ohne jede öffentliche Zurschaustellung. Im eingeschlossenen Raum der Synagoge oder der weltlichen jüdischen Versammlungen fanden Äußerungen dieses Stolzes und des aufgestauten Ärgers auf das Regime und die umgebende Gesellschaft gelegentlich Ausdruck. Religiöse Texte wurden als Träger symbolischer Bedeutung und offenkundiger Anspielung gewählt. Eine Auswahl von Psalmen mit dem Titel *Aus Tiefen rufe ich Dich*, die Martin Buber 1936 veröffentlichte, enthielt Verse, die nicht mißzuverstehen waren:

> Rechte für mich, Gott,
> streite meinen Streit!
> vor dem unholden Stamm,
> vom Mann des Trugs und des Falschs
> laß mich entrinnen!

Ein neuer Typ von religiösem Kommentar, der hauptsächlich in Predigten vermittelt wurde – der «neue Midrasch», wie ihn Ernst Simon nannte –, verwob religiöse Themen mit Äußerungen praktischer Weisheit, die auf die Zuhörer eine beruhigende, therapeutische Wirkung ausüben sollten.[87]

Manche Juden zeigten anscheinend gelegentlich weniger öffentliche Demut. Bei einem Aufenthalt in Bad Saarow notierte William L. Shirer, der damals in Berlin stationierte Journalist, der dann bald der dortige CBS-Korrespondent werden sollte, am 21. April 1935 in sein Tagebuch: «Wir haben uns das Osterwochenende freigenommen. Im Hotel sind hauptsächlich Juden, es überrascht uns ein wenig, wie viele von ihnen immer noch unbeschwert und offenbar ohne Angst hier leben. Ich denke, sie sind unzulässig optimistisch.»[88]

Manchmal blieb die Selbstbehauptung erstaunlich stark, selbst unter Juden in den kleinsten Gemeinden. So wurde 1936 in Weißenburg der jüdische Viehhändler Guttmann von dem örtlichen NS-Bauernführer beschuldigt, er habe behauptet, daß er eine offizielle Genehmigung habe, seinen Handel fortzuführen. Obwohl der Jude verhaftet wurde, bestand er weiter auf seinem Recht, sein Geschäft zu betreiben. Der Bericht über den Vorfall schließt mit folgenden Worten: «Guttmann bittet um die Genehmigung, das Dokument zu unterzeichnen, wenn der Sabbat vorüber ist.»[89]

Nach der Verkündung der Nürnberger Gesetze legte die zionistische Führung in Palästina, was die Auswanderung anging, kein größeres Gefühl der Dringlichkeit an den Tag, als es die deutsch-jüdische Gemeinschaft selbst tat. Die Führung in Palästina weigerte sich sogar, Auswanderern, deren Ziel nicht Erez Israel war, irgendwelche Hilfe zukommen zu lassen. Ihre Prioritätenliste verschob sich zunehmend: Die wirtschaftliche Situation des Jischuw verschlechterte sich von 1936 an, während der arabische Aufstand dieses Jahres den Widerstand Großbritanniens gegen jede Zunahme der jüdischen Einwanderung nach Palästina verstärkte. Nach Auffassung einiger örtlicher Zionistenführer waren sogar die leichter zu integrierenden Einwanderer aus Polen im großen ganzen denen aus Deutschland vorzuziehen, mit Ausnahme derjenigen deutschen Juden, die im Rahmen des 1933 geschlossenen Haavarah-Abkommens nennenswerte Geldbeträge oder Vermögenswerte transferieren konnten. So blieb nach 1935 die Zahl der Einwanderungsurkunden, die für deutsche Juden angefordert wurden, im Verhältnis zur Gesamtzahl der von den Briten ausgestellten Papiere dieselbe wie vorher. Dieses Fehlen eines größeren Engagements für die Förderung jüdischer Auswanderung aus Deutschland auf seiten der zionistischen Führung führte zu wachsenden Spannungen im Verhältnis zu einigen jüdischen Führern in der Diaspora.[90]

Als im November 1935 in London eine Gruppe von jüdischen Bankiers zusammenkam, um über die Finanzierung der Auswanderung aus Deutschland zu diskutieren, kam es zu einer offenen Spaltung zwischen Zionisten und Nichtzionisten. Chaim Weizmann, der Präsident der Zionistischen Weltorganisation, war besonders über Max Warburgs Projekt erbittert, mit den Nazis eine Vereinbarung ähnlich dem Haavarah-Abkommen auszuhandeln, um die deutsch-jüdische Auswanderung in andere Länder als Palästina zu bezahlen.[91] Dennoch erörterte Warburg seinen Plan mit Vertretern des Wirtschaftsministeriums. Die Parteiarchive deuten darauf hin, daß die Deutschen weitere Diskussionen an die Bedingung knüpften, daß ein detaillierter Vorschlag vorgelegt werde.[92] Wegen der Publizität, die das Projekt erlangt hatte, und letztlich wegen des Fehlens einer zureichenden Finanzierung wurde nichts aus dem Vorhaben.[93]

VI

«In Bad Gastein. Hitler führt mich in lebhafter Unterhaltung eine große Freitreppe hinunter, weithin sichtbar, unten ist Kurkonzert und Menschengewimmel, und ich denke stolz und glücklich: Nun sehen doch alle Leute, daß es unserm Führer nichts ausmacht, sich mit mir trotz meiner Großmutter Recha in aller Öffentlichkeit zu zeigen.»[94] So lautete der Traum, den ein junges Mädchen erzählte, das von den Nürnberger Gesetzen soeben in einen Mischling zweiten Grades verwandelt worden war.

Eine Frau, die zu einem Mischling ersten Grades geworden war, träumte folgendes: «Ich bin auf einem Schiff mit Hitler zusammen. Das erste, was ich ihm sage, ist: ‹Eigentlich darf ich gar nicht hier sein. Ich habe nämlich etwas jüdisches Blut.› Er sieht sehr nett aus, gar nicht wie sonst, rundes, angenehmes, gütiges Gesicht. Ich flüstere ihm ins Ohr: ‹Ganz groß hättest du werden können, wenn du es so gemacht hättest wie Mussolini, ohne diese dumme Judensache. Es ist ja wahr, daß es sehr üble unter den Juden gibt, aber alle sind doch nicht Verbrecher, das kann man doch wirklich nicht behaupten.› Hitler hört mir ruhig zu, hört sich alles ganz freundlich an. Dann plötzlich bin ich in einem anderen Raum des Schiffes, wo lauter schwarzuniformierte SS-Leute sind. Sie stoßen sich miteinander an, zeigen auf mich und sagen zueinander mit dem höchsten Respekt: ‹Seht mal, das ist die Dame, die dem Chef Bescheid gesagt hat.›»[95]

Die Traumwelt von Volljuden sah oft ganz anders aus als die der Mischlinge. Ein etwa sechzigjähriger jüdischer Rechtsanwalt aus Berlin träumte, er sei im Tiergarten: «Zwei Bänke stehen im Tiergarten, eine normal grün, eine gelb [Juden durften sich damals nur noch auf gelbangestrichene Bänke setzen], und zwischen beiden ein Papierkorb. Ich setze mich auf den Papierkorb und befestige selbst ein Schild an meinem Hals, wie es blinde Bettler zuweilen tragen, wie es aber auch ‹Rassenschändern› behördlicherseits umgehängt wurde: ‹Wenn nötig, mache ich dem Papier Platz.›»[96]

Manche der Tagträume bekannter jüdischer Intellektueller, die jenseits der Reichsgrenzen wohnten, waren gelegentlich nicht weniger phantastisch als die nächtlichen Phantasien der gefangenen Opfer. «Politische Prophezeiungen von mir zu geben liebe ich nicht», schrieb Lion Feuchtwanger am 20. September an Arnold Zweig, «... [aber] durch intensives Studieren der Geschichte bin ich ... zu der, lassen Sie mich sagen, wissenschaftlichen Überzeugung gelangt, daß am Ende die Vernunft über den Unsinn triumphieren muß und daß man den Ablauf eines Wahnsinnsausbruchs wie den in Deutschland nicht für eine Sache halten darf, die mehr als eine Generation überdauert. Abergläubisch wie ich bin, hoffe ich im stillen, daß der deutsche Wahnsinn auch diesmal nicht länger dauern wird als der Kriegswahnsinn [1914–1918]. – Und wir sind schon am Ende des dritten Jahres.»[97]

Dann gab es Stimmen, die einen ganz anderen Klang hatten. Carl Gustav Jung versuchte, bei seiner Suche nach den Merkmalen der deutschen Psyche – und auch nach denen der jüdischen – «tiefer» zu tauchen. Seine Einschätzung, die er im Jahre 1934 niederschrieb, war anders: «Der Jude als relativer Nomade hat nie und wird voraussichtlich auch nie eine eigene Kulturform schaffen, da alle seine Instinkte und Begabungen ein mehr oder weniger zivilisiertes Wirtsvolk zu ihrer Entfaltung voraussetzen. ... Das arische Unbewußte hat ein höheres Potential als das jüdische; das ist der Vorteil und der Nachteil einer dem Barbarischen noch nicht völlig entfremdeten Jugendlichkeit. Meines Erachtens ist es ein schwerer Fehler der bisherigen medizinischen Psychologie gewesen, daß sie jüdische Kategorien, die nicht einmal für alle Juden verbindlich sind, unbesehen auf den christlichen Germanen oder Slawen verwandte. Damit hat sie nämlich das kostbarste Geheimnis des germanischen Menschen, seinen schöpferisch-ahnungsvollen Seelengrund als kindisch-banalen Sumpf erklärt, während meine warnende Stimme durch Jahrzehnte des Antisemitismus verdächtigt wurde. Diese Verdächtigung ist von Freud ausgegangen. Er kannte die germanische Seele nicht, so wenig wie alle seine germanischen Nachbeter sie kannten. Hat sie die gewaltige Erscheinung des Nationalsozialismus, auf den eine ganze Welt mit erstaunten Augen blickt, eines Besseren belehrt?»[98]

Auf Sigmund Freud machte die «gewaltige Erscheinung des Nationalsozialismus» anscheinend keinen Eindruck. Am 23. September 1935 schrieb er an Arnold Zweig: «Wir dachten alle, es sei der Krieg und nicht die Menschen, aber die anderen Völker haben auch Krieg gehabt und sich doch anders benommen. Wir wollten es damals nicht glauben, aber es ist wahr gewesen, was die anderen von den Boches erzählt haben.»[99]

Was Kurt Tucholsky anging, den möglicherweise brillantesten antinationalistischen Satiriker der Weimarer Zeit, der jetzt in seinem schwedischen Exil gefangen saß, so war sein Zorn anders als der Freuds, und seine Verzweiflung war total: «Ich bin im Jahre 1911 ‹aus dem Judentum ausgetreten›», schrieb er am 15. Dezember 1935 an Arnold Zweig, fügte aber sogleich hinzu: «Ich weiß, daß man das gar nicht kann.» Auf vielfache Weise werden Tucholskys Hilflosigkeit und Zorn gegen die Juden gekehrt. Dem unvermeidlichen Schicksal konnte man mit Mut oder mit Feigheit begegnen. Für Tucholsky hatten sich die Juden immer wie Feiglinge verhalten, jetzt mehr als je zuvor. Selbst die Juden in den mittelalterlichen Ghettos *hätten* sich anders verhalten können: «Aber lassen wir die mittelalterlichen Juden – nehmen wir die von heute, die von Deutschland. Da sehen Sie, daß dieselben Leute, die auf vielen Gebieten die erste Geige gespielt haben, das Getto *akzeptieren* – die Idee des Gettos und ihre Ausführung. ... Man sperrt sie ein, man pfercht sie in Judentheater [ein Hinweis auf die Aktivitäten des Kulturbundes] mit vier gelben Flecken vorn und hinten, und sie haben ... nur einen Ehrgeiz: ‹Nun werden wir ihnen mal zeigen, daß wir das bessere Theater haben!› ... Nicht zu begreifen, daß im März 33 der Augenblick gekommen war, in umgekehrter Proportion auszuziehen – also nicht wie heute einer auf zehn, sondern einer hätte da bleiben müssen, und neun hätten gehen müssen, sollen, müssen. ... Und hier ist das, was mich an der deutschen Emigration so abstößt –: es geht alles weiter, wie wenn gar nichts geschehen wäre. Immer weiter, immer weiter – sie schreiben dieselben Bücher, sie halten dieselben Reden, sie machen dieselben Gesten.» Tucholsky wußte, daß er und seine Generation die neue Freiheit nicht sehen würden: «Es gehört dazu ... eine Jugendkraft, die wir nicht mehr haben. Es werden neue, nach uns, kommen. – So aber gehts nicht. Das Spiel ist aus.»[100]

Sechs Tage später beging Tucholsky Selbstmord.

ZWEITER TEIL

DIE EINKREISUNG

6.

Kreuzzug und Kartei

Anfang 1937 ließ Hitler bei einer Besprechung über Kirchenfragen erneut seinen weltgeschichtlichen Visionen freien Lauf: «Führer», schrieb Goebbels in sein Tagebuch, «erklärt das Christentum und Christus. Er [Christus] wollte auch gegen die jüdische Weltherrschaft. Das Judentum hat ihn dann gekreuzigt. Aber Paulus hat seine Lehre umgefälscht und damit das antike Rom unterhöhlt. Der Jude im Christentum. Dasselbe hat Marx mit dem deutschen Gemeinschaftsgedanken, mit dem Sozialismus gemacht.»[1] Am 30. November desselben Jahres klangen die Bemerkungen, die Goebbels in sein Tagebuch notierte, weitaus bedrohlicher: «Lange [mit Hitler] über Judenfrage diskutiert. ... Die Juden müssen aus Deutschland, aus ganz Europa heraus. Das dauert noch eine Zeit, aber geschehen wird und muß das. Der Führer ist fest entschlossen dazu.»[2] Wie die Erklärung, die Hitler im September 1935 Walter Groß gab, bedeutete seine Prophezeiung von 1937 die Möglichkeit eines Krieges: Sie ließ sich nur in einer Kriegssituation erfüllen.

Am 7. März 1936 war die Wehrmacht im Rheinland einmarschiert, und es hatte eine neue Phase in der europäischen Geschichte begonnen. Sie entwickelte sich im Zeichen einer Serie deutscher Vertragsbrüche und Aggressionsakte und führte innerhalb von drei Jahren zum Ausbruch eines neuen Brandes.

Die Entmilitarisierung des linken Rheinufers war durch die Verträge von Versailles und Locarno garantiert worden. Die Garanten des Status quo waren Großbritannien und Italien, während Frankreich dasjenige Land war, das durch den deutschen Schritt direkt bedroht wurde. Nun stellte sich Italien an Deutschlands Seite, weil die Demokratien versucht hatten, im Abessinienkrieg Sanktionen gegen es zu verhängen. Im Prinzip besaß jedoch Frankreich immer noch die stärkste Armee in Europa. Man weiß heute, daß eine militärische Reaktion der Franzosen die deutschen Einheiten dazu gezwungen hätte, sich hinter den Rhein zurückzuziehen – ein Rückschlag mit unvorhersehbaren Konsequenzen für das Hitlerregime. Doch die französische Regierung unter dem radikalsozialistischen Premierminister Albert Sarrault drohte zwar zu handeln, tat aber nichts. Und die Briten drohten nicht einmal; schließlich nahm Hitler lediglich seinen eigenen «Hinterhof» in Besitz, wie man so sagte. Die französische und britische Appeasement-Politik gewann an Boden.

Die Wahlen von 1936 brachten in Frankreich die Mitte-Links-Regierung der Volksfront an die Macht, und für einen großen Teil der französischen Gesellschaft wurde die Bedrohung durch Revolution und kommunistische Machtübernahme zu einer alptraumartigen Zwangsvorstellung. Wenige Monate zuvor hatten die spanischen Wähler eine linke Regierung an die Macht gebracht. Das war ein kurzlebiger Sieg. Im Juli 1936 rebellierten Einheiten der spanischen Armee in Nordafrika unter der Führung von General Francisco Franco gegen die neue republikanische Regierung und setzten nach Spanien über. Der spanische Bürgerkrieg – der zu einem mörderischen Kampf zweier politischer Ideologien werden sollte, auf beiden Seiten von massiven Lieferungen ausländischer Waffen und regulären Truppen sowie Freiwilligen unterstützt – hatte begonnen. Zwischen dem Sommer 1936 und dem Frühjahr 1939 waren die in Spanien gezogenen Kampffronten die Bezugspunkte, an denen sich die ideologischen Konfrontationen der damaligen Zeit explizit und stillschweigend orientierten.

Auf der globalen Bühne wurde der am 25. November 1936 von Deutschland und Japan unterzeichnete Anti-Komintern-Pakt, dem ein Jahr später auch Italien beitrat, zumindest symbolisch zu einem Ausdruck des Kampfes, der sich zwischen den antikommunistischen Regimes und dem Bolschewismus abspielen sollte. In den Ländern Ostmitteleuropas (mit Ausnahme der Tschechoslowakei) und auf dem Balkan waren rechte Regierungen an die Macht gelangt. Zu ihren ideologischen Festlegungen gehörten drei grundlegende Dogmen: Autoritarismus, extremer Nationalismus und extremer Antikommunismus. Vom Atlantik bis zur sowjetischen Grenze hatten sie im allgemeinen noch ein weiteres Element gemeinsam: den Antisemitismus. Für die europäische Rechte waren Antisemitismus und Antibolschewismus häufig identisch.

Ganz eindeutig markiert das Jahr 1936 auch den Beginn einer neuen Phase auf der innenpolitischen Bühne in Deutschland. In der vorangegangenen Periode (1933–36) hatte das Bedürfnis, das Regime zu stabilisieren, ausländische Präventivmaßnahmen abzuwehren und für Wirtschaftswachstum sowie für die Rückkehr zur Vollbeschäftigung zu sorgen, in einigen Bereichen ein relativ gemäßigtes Vorgehen erfordert. 1936 war dann die Vollbeschäftigung erreicht, und die Schwäche der antideutschen Front ließ sich einschätzen. Eine weitere politische Radikalisierung und die Mobilisierung interner Ressourcen waren nunmehr möglich: Himmler wurde zum Chef sämtlicher deutscher Polizeikräfte ernannt und Göring zum Oberherrn eines neuen Vierjahresplans, der das geheime Ziel verfolgte, das Land auf den Krieg vorzubereiten. Der Antrieb zur äußeren und inneren Radikalisierung hing ebenso wie der diesbezügliche Zeitplan möglicherweise mit noch ungelösten Spannungen in der deutschen Gesellschaft selbst zusammen, oder aber er ergab sich vielleicht aus den fundamentalen Bedürfnissen eines Regimes, das nur bei immer hektischeren Aktivitäten und immer spektakuläreren Erfolgen gedeihen konnte.

In dieser Atmosphäre der beschleunigten Mobilisierung gewann die Judenfrage in den Augen der Nazis eine neue Dimension und erfüllte für sie eine neue Funktion. Nun wurden die Juden wieder als weltweite Bedrohung dargestellt, und antijüdische Aktionen ließen sich als Rechtfertigung für die zwangsläufig bevorstehende Konfrontation benutzen. Aus der Sicht des Regimes mußten in einer Zeit der Krise die Juden vertrieben werden, man mußte ihren Besitz zugunsten der deutschen Wiederbewaffnung beschlagnahmen, und ihr Schicksal ließ sich – solange sich einige von ihnen noch in deutschen Händen befanden – benutzen, um die Einstellung des Weltjudentums und der unter seiner Kontrolle stehenden ausländischen Mächte gegenüber NS-Deutschland zu beeinflussen. Vorrangig beherrschten drei wesentliche Handlungslinien die neue Phase des antijüdischen Feldzugs: beschleunigte Arisierung, in zunehmendem Maße koordinierte Bemühungen, die Juden zum Verlassen Deutschlands zu zwingen, und wütende Propagandaaktivitäten, um das Thema jüdische Verschwörung und Bedrohung als Angelegenheit von weltweiter Bedeutung erscheinen zu lassen.

Die beschleunigte Arisierung resultierte zumindest teilweise aus der neuen wirtschaftlichen Situation und der sich in deutschen Geschäfts- und Industriekreisen ausbreitenden Zuversicht, daß man auf die Risiken jüdischer Vergeltung oder deren Auswirkungen keine Rücksicht mehr zu nehmen brauchte. Das Wirtschaftswachstum führte zu einer allmählichen Koordinierung der widersprüchlichen Maßnahmen, die bis dahin zwangsläufig den Kurs der antijüdischen Politik behindert hatten: 1936 konnten Ideologie und Politik immer mehr im Gleichschritt marschieren. Die Einsetzung Himmlers und Görings in ihre neuen Positionen schuf zwei Machtbasen, die für die wirksame Durchführung des neuen antijüdischen Feldzuges unentbehrlich waren. Und doch ließ sich die ökonomische Enteignung der Juden Deutschlands, auch wenn sich die Umrisse der neuen Phase deutlich abzeichneten, erst Anfang 1938 – als im Februar 1938 die konservativen Minister aus der Regierung vertrieben worden waren und vor allem nachdem Ende 1937 Schacht zum Verlassen des Wirtschaftsministeriums gezwungen worden war – radikal durchsetzen. Im Verlaufe des Jahres 1938 sollte etwas folgen, das noch schlimmer war als totale Enteignung: Wirtschaftliche Schikanen und selbst gewalttätige Angriffe wurden nunmehr angewendet, um die Juden zur Flucht aus dem Reich oder aus dem soeben annektierten Österreich zu zwingen. In der zweiten Phase war 1938 der schicksalhafte Wendepunkt.

Die antijüdische Rhetorik, die von 1936 an in Hitlers Reden und Verlautbarungen vorgetragen wurde, nahm verschiedene Formen an. Vorherrschend und am massivsten war ihre Verbindung zur allgemeinen ideologischen Konfrontation mit dem Bolschewismus. Doch die Weltgefahr, wie Hitler sie darstellte, war nicht der Bolschewismus als solcher, mit den Juden, die als seine Werkzeuge agierten. Die Juden waren die Bedrohung, die letztlich *hinter* dem Bolschewismus stand: Die bolschewistische Gefahr wurde von den Juden manipuliert.[3] In seiner Rede auf dem Parteitag 1937 sorgte Hitler, wie wir sehen werden, dafür, daß es in diesem Punkt kein Mißverständnis gab. Doch Hitlers antijüdische Tiraden waren nicht nur ideologisch (antibolschewistisch) in einem konkreten Sinn: Häufig wurde der Jude als der Weltfeind per se beschrieben, als die Gefahr, die vernichtet werden mußte, damit Deutschland (oder die arische Menschheit) nicht durch sie vernichtet würde. In ihrer extremsten Form erschien diese apokalyptische Vision in der Reichstagsrede vom Januar 1939, aber ihr Hauptthema wurde schon im Sommer 1936, in den Leitlinien zum Vierjahresplan, umrissen. Der «Erlösungs»antisemitismus, der Hitlers frühe ideologische Aussagen beherrscht hatte, trat jetzt wieder hervor. Als das konservative Programm zerfiel, breitete sich eine neue Atmosphäre mörderischer Brutalität aus.

Gerade am Beginn dieses sich verdunkelnden Weges errangen die Nationalsozialisten einen ihrer größten Propagandasiege: die erfolgreiche Ausrichtung der Olympischen Spiele 1936. Besucher, die zur Olympiade nach Deutschland kamen, fanden ein Reich vor, das mächtig, ordentlich und zufrieden aussah. So schrieb die amerikanische liberale Zeitschrift *The Nation* am 1. August 1936: «Man sieht nicht, wie jüdische Köpfe abgeschlagen oder auch nur gehörig geprügelt werden. ... Die Menschen lächeln, sie sind freundlich und singen begeistert in Biergärten. Unterkunft und Verpflegung sind gut, billig und reichlich, und niemand wird von raffgierigen Hoteliers und Geschäftsinhabern übers Ohr gehauen. Alles ist schrecklich sauber, und der Besucher hat es alles gern.»[4] Selbst der Präsident der Vereinigten Staaten ließ sich täuschen. Im Oktober desselben Jahres, einen Monat vor den Präsidentenwahlen, wurde Rabbiner Stephen Wise, der Präsident des Jüdischen Weltkongresses, zu einem Treffen mit Roosevelt im Hyde Park eingeladen. Als das Gespräch auf Deutschland kam, zitierte der Präsident zwei Leute, die kürzlich Deutschland «bereist» und ihm berichtet hatten, «die Synagogen seien überfüllt, und es gebe an der Situation gegenwärtig anscheinend nichts besonders Problematisches». Wise versuchte, seinem Gastgeber die Auswirkungen der Olympischen Spiele auf das Verhalten der Nazis zu erklären, aber als er sich verabschiedete, hatte er das Gefühl, daß

Roosevelt die Berichte über die Verfolgung von Juden immer noch für übertrieben hielt.[5]

Schilder, die Juden den Zutritt untersagten, wurden aus olympischen Anlagen und von anderen Orten, an denen man mit Besuchen von Touristen rechnen mußte, entfernt, aber es wurden nur ganz geringfügige ideologische Zugeständnisse gemacht. Die jüdische Hochspringerin Gretel Bergmann aus Stuttgart wurde unter technischen Vorwänden aus der deutschen Mannschaft ausgeschlossen; die Fechtmeisterin Helene Mayer durfte bleiben, weil sie Mischling und somit nach den Nürnberger Gesetzen deutsche Bürgerin war.[6] Nur ein einziger deutscher Volljude, der Eishockeyspieler Rudi Ball, durfte für Deutschland in den Wettbewerb gehen. Doch die Winterspiele zogen damals weit weniger Aufmerksamkeit auf sich als die Sommerspiele.[7]

Die Verhandlungen, die der Olympiade vorangegangen waren, zeigten, daß Hitlers taktische Mäßigung nur auf den immensen Propagandawert zurückzuführen war, den die Spiele für NS-Deutschland besaßen. Als der Führer am 24. August 1935 General Charles Sherrill, ein amerikanisches Mitglied des Internationalen Olympischen Komitees, empfing, war er noch unnachgiebig: Die Juden hatten ein volles Recht auf ihr abgesondertes Leben in Deutschland, aber sie konnten keine Mitglieder der Nationalmannschaft sein. Was die ausländischen Mannschaften anging, so stand es ihnen frei, aufzunehmen wen sie wollten.[8] Schließlich wurden wegen der Drohung eines amerikanischen Boykotts der Olympiade, wie wir sahen, ganz geringfügige Zugeständnisse gemacht, und das gestattete es Deutschland, ungeachtet der kürzlich erfolgten Verabschiedung der Nürnberger Gesetze alle erwarteten Vorteile einzuheimsen.

Die Grenzen des guten Willens, den die Nationalsozialisten anläßlich der Olympiade zu zeigen bereit waren, traten in der privaten Sphäre der Tagebücher ganz offen zutage. Am 20. Juni, unmittelbar vor der Eröffnung der Olympiade, verfiel Goebbels in Begeisterung über den Sieg Max Schmelings gegen Joe Louis beim Kampf um die Weltmeisterschaft im Schwergewicht: «Schmeling hat für Deutschland gefochten und gesiegt. Der Weiße über den Schwarzen, und der Weiße war ein Deutscher.»[9] Seine Eintragung am ersten Tag der Olympiade war nicht ganz so enthusiastisch: «Wir Deutschen erringen eine Goldmedaille, die Amerikaner drei, davon zwei durch Neger. Das ist eine Schande. Die weiße Menschheit müßte sich schämen. Aber was gilt das dort in diesem Lande ohne Kultur.»[10]

Die Winterspiele waren am 6. Februar in Garmisch-Partenkirchen eröffnet worden. Am Tag zuvor war Wilhelm Gustloff, der Vertreter der Nazipartei in der Schweiz, von dem jüdischen Medizinstudenten David Frankfurter erschossen worden. Innerhalb von wenigen Stunden wurde ein strikter Befehl erlassen: Wegen der Olympischen Spiele waren alle antijüdischen Aktionen untersagt.[11] Und tatsächlich kam es zu keinen Ausbrüchen von «Volkszorn».

Bei der Beerdigung Gustloffs am 12. Februar in Schwerin sprach Hitler. Er erinnerte an die Tage der Niederlage, als Deutschland seiner Darstellung nach «einen tödlichen Stoß in der Heimat» erhalten hatte. In jenen Novembertagen des Jahres 1918 versuchten die national gesinnten Deutschen, «diejenigen zu bekehren, die damals Werkzeug einer grauenhaften überstaatlichen Gewalt waren. ... [Überall] sehen wir ... dieselbe Macht, ... die haßerfüllte Macht unseres jüdischen Feindes.»[12] Wenige Monate später veröffentlichte der im Exil lebende Schriftsteller Emil Ludwig ein Pamphlet mit dem Titel «Mord in Davos». In seiner Tagebucheintragung vom 6. November 1936 reagierte Goebbels sofort: «Ein gemeines, echt jüdisches Machwerk zur Verherrlichung des ... Frankfurter, der Gustloff erschossen hat. ... Diese Judenpest muß ausradiert werden. Ganz und gar. Davon darf nichts übrig bleiben.»[13]

Der Kampf zwischen dem neuen Deutschland und jener grauenhaften überstaatlichen Gewalt, dem jüdischen Feind, wurde jetzt als die totale Konfrontation auf breitester internationaler Ebene mit dem Bolschewismus, dem «Werkzeug der Juden», neu definiert. Auf dem Parteitag von 1935 waren die anti-jüdisch-bolschewistischen Deklarationen Goebbels und Rosenberg überlassen worden. Bald stürzte sich Himmler mit in den Kampf. Im November 1935 auf dem Reichsbauerntag in Goslar beschrieb der Reichsführer SS die Bedrohung, welche die Juden darstellten, in grauenerregenden Worten: «Wir kennen ihn, den Juden», rief Himmler aus, «dieses Volk, das aus den Abfallprodukten sämtlicher Völker und Nationen dieses Erdballes zusammengesetzt ist und allen den Stempel seiner jüdischen Blutsart aufgedrückt hat, dessen Wunsch die Weltherrschaft, dessen Lust die Zerstörung, dessen Wille die Ausrottung, dessen Religion die Gottlosigkeit, dessen Idee der Bolschewismus ist.»[14]

In seiner Rede bei der Beerdigung Gustloffs hatte Hitler persönlich in die neue antijüdische Kampagne eingegriffen. Ein nicht weniger bedrohlicher Ton klang in seiner geheimen Denkschrift vom Sommer desselben Jahres an, in der er die Ziele des Vierjahresplans umriß. Im ersten Absatz ging es um die Frage der Ideologie als solcher: «Politik ist die Führung und der Ablauf des geschichtlichen Lebenskampfes der Völker. Das Ziel dieser Kämpfe ist die Behauptung des Daseins. Auch die idealistischen Weltanschauungskämpfe besitzen ihre letzten Ursachen und erhalten ihre tiefsten Antriebe aus volklich gegebenen Lebenszwekken und Zielen. Religionen und Weltanschauungen vermögen aber solchen Kämpfen stets eine besondere Härte zu geben und verleihen ihnen daher auch eine große geschichtliche Eindringlichkeit. Sie prägen dem Inhalt von Jahrhunderten ihren Stempel auf ...» In einer Folge schneller Assoziationen führte dieser theoretische Prolog zur vorhersehbaren ideologischen Illustration: «Seit dem Ausbruch der Französischen Revolution treibt die Welt in immer schärferem Tempo in eine neue Auseinandersetzung, deren extremste Lösung Bolschewismus heißt, deren Inhalt und Ziel aber nur die Beseitigung und Ersetzung der bislang führenden Gesellschaftsschichten der Menschheit durch das international verbreitete Judentum ist ...»[15]

Auf Anweisung von Hitler verschärften Goebbels und Rosenberg den Ton ihrer verbalen Attacken auf dem Parteitag von 1936 noch weiter.[16] Für Goebbels konnte «die Idee des Bolschewismus, d. h. der skrupellosen Verwilderung und Auflösung jeder Sitte und Kultur mit dem diabolischen Zweck der Vernichtung der Völker überhaupt, ... nur im Gehirn von Juden erdacht werden. Die bolschewistische Praxis in ihrer schauderhaften und bluttriefenden Grausamkeit ist nur in den Händen von Juden vorstellbar.»[17]

In seinen beiden programmatischen Reden auf dem Parteitag behandelte Hitler auch die jüdisch-bolschewistische Gefahr. In der Eröffnungsansprache vom 9. September griff er kurz die weltweiten subversiven Aktivitäten des jüdischen revolutionären Zentrums in Moskau an.[18] Doch ausführlich schlug er in seiner Schlußrede am 14. September um sich: «Diesen Bolschewismus, der von den jüdisch-sowjetischen Moskauer Terroristen Lewin, Axelroth [sic], Neumann, Béla Kun usw. nach Deutschland hereinzutragen versucht wurde, haben wir angegriffen, niedergeworfen und ausgerottet. ... Und nur, weil wir wissen und es tagtäglich erleben, daß dieser Versuch der Einmischung in unsere inneren deutschen Verhältnisse durch die jüdischen Sowjetmachthaber kein Ende nimmt, sind wir gezwungen, den Bolschewismus auch außer uns als unsern Todfeind anzusehen und in seinem Vordringen eine uns nicht minder bedrohende Gefahr zu erkennen.»[19]

Was Hitler meinte, war nur zu deutlich: Die Luftwaffe intervenierte jetzt zunehmend gegen die «bolschewistischen» Truppen in Spanien. Und wer war für das Moskauer Terroristenzentrum, das subversive Aktionen in der ganzen Welt lenkte, verantwortlich? Die Juden.

Daß Hitler diese Themen in Privatgesprächen aufwärmte, ist nicht verwunderlich; daß es sich bei dem beipflichtenden Gesprächspartner in einer derartigen Unterredung um den Münchner Kardinal Faulhaber handelte, stellt eine etwas größere Überraschung dar. Am 4. November 1936 traf er sich mit Hitler auf dem Obersalzberg, Hitlers Residenz in den Bayerischen Alpen, zu einer dreistündigen Unterredung. Nach den Notizen, die sich Faulhaber machte, sprach Hitler «freimütig, vertraulich, gemütvoll, teilweise temperamentvoll; er geißelte den Bolschewismus und die Juden: ‹Wie die Untermenschen, von Juden angehalten, als Bestien in Spanien hausen›, darüber hatte er genaue Berichte. … Er werde die geschichtliche Stunde nicht verpassen.» Der Kardinal stimmte anscheinend zu: «Das alles», vermerkte er, «sei in erschütternder Weise in Hitlers großer Rede auf dem Parteitag in Nürnberg (der Bolschewismus könne nur niederreißen, werde von Juden geführt) ausgesprochen worden.»[20]

Zur vollen Entfaltung gelangte die anti-jüdisch-bolschewistische Kampagne auf dem Parteitag der Arbeit im September 1937. In den davorliegenden Wochen hatten die Rangeleien unter Hitlers Statthaltern um eine Vorrangstellung auf dem Parteitag besonders erbitterte Formen angenommen. Rosenberg teilte Goebbels mit, auf Beschluß Hitlers solle er (Rosenberg) als erster von beiden reden, und angesichts der beschränkten Zeit müsse Goebbels' Rede drastisch gekürzt werden. Dies muß für den Meister der Ideologie ein süßer Augenblick gewesen sein, insbesondere da in der fortwährenden Fehde zwischen ihm und Goebbels der Propagandaminister gewöhnlich die Oberhand behielt.

Am 11. September gab Goebbels den Ton an. In einer Rede, die sich mit der Situation in Spanien befaßte, ließ der Propagandaminister eine hysterische Attacke gegen die Juden vom Stapel, die er für den bolschewistischen Terror verantwortlich machte. In seiner rhetorischen Wut gelang es Goebbels zweifellos, seine früheren Leistungen zu übertreffen. Seine Rede kann sehr wohl der giftigste öffentliche antijüdische Erguß jener Jahre sein. «Wer sind diejenigen, die für diese Katastrophe verantwortlich sind?» fragte Goebbels. Seine Antwort: «Unerschrocken wollen wir mit Fingern auf den Juden zeigen als den Inspirator, Urheber und Nutznießer dieser furchtbaren Katastrophe: Sehet, das ist der Feind der Welt, der Vernichter der Kulturen, der Parasit unter den Völkern, der Sohn des Chaos, die Inkarnation des Bösen, das Ferment der Dekomposition, der plastische Dämon des Verfalles der Menschheit.»[21]

II

Am Abend des 13. September sprach Hitler erneut. Jede Zurückhaltung war nun verflogen. Zum ersten Mal seit seinem Amtsantritt als Reichskanzler benutzte er die Plattform eines Parteitages mit der weltweiten Aufmerksamkeit, die dieser auf sich zog, um einen generellen historischen und politischen Angriff auf das Weltjudentum als Drahtzieher hinter dem Bolschewismus und als Feind der Menschheit seit den Tagen des frühen Christentums zu richten. Die Themen des Zwiegesprächs mit Dietrich Eckart aus dem Jahre 1923 wurden in die ganze Welt verbreitet.

Noch nie seit dem Fall der antiken Weltordnung, noch nie seit dem Aufstieg des Christentums, der Ausbreitung des Islams und der Reformation sei die Welt, so erklärte Hitler, in derartigem Aufruhr gewesen. Dies war kein gewöhnlicher Krieg, sondern ein Kampf, in dem es um das eigentliche Wesen menschlicher Kultur und Zivilisation ging. «Was andere behaupten, nicht sehen zu können, weil sie es einfach nicht sehen wollen, das müssen wir leider als bittere Tatsache feststellen: Die Welt befindet sich im Zustande eines sich steigernden Aufruhrs, dessen geistige und sachliche Vorbereitung und Führung ohne Zweifel von den Machthabern des jüdischen Bolschewismus in Moskau ausgeht. Wenn ich dieses Problem so bewußt als ein jüdisches hinstelle, dann wissen Sie, meine Parteigenossen und -genossinnen, daß dies nicht eine unbewiesene Annahme ist, sondern eine durch nicht wegzustreitende Belege erwiesene Tatsache.»[22]

Die konkreten Aspekte dieses Kampfes von welthistorischer Bedeutung überließ Hitler nicht einfach der Phantasie seiner Zuhörer:

«Während ein Teil der ‹jüdischen Mitbürger› die Demokratie besonders durch den Einfluß der Presse demobilisiert oder gar durch das Zusammenkoppeln mit revolutionären Erscheinungen in der Form von Volksfronten mit deren Gift infiziert, trägt der andere Teil des Judentums bereits die Fackel der bolschewistischen Revolution mitten in die bürgerlich-demokratische Welt hinein, ohne daß von ihr noch eine wirkungsvolle Abwehr befürchtet zu werden braucht. Das letzte Ziel ist dann die endgültige bolschewistische Revolution, d. h. aber nun nicht etwa die Aufrichtung der Führung des Proletariats durch das Proletariat, sondern die Unterwerfung des Proletariats unter die Führung seines neuen fremden Herrn. ...»[23]

«Wir haben im vergangenen Jahr durch eine Reihenfolge erschütternder statistischer Belege bewiesen, daß im derzeitigen Sowjetrußland des Proletariats über 80 Prozent der führenden Stellen von Juden besetzt sind. Das heißt also: nicht das Proletariat diktiert, sondern jene Rasse, deren David-Stern ja endlich auch das Symbol des sogenannten Proletarierstaates geworden ist.»[24]

Gewöhnlich wiederholte Hitler seine wichtigsten Themen in einer sich ständig wandelnden Vielfalt von Formulierungen, die alle dieselbe Botschaft beinhalteten. Die Rede vom 13. September 1937 hämmerte die Bedrohung ein, die der jüdische Bolschewismus für die «Gemeinschaft europäischer Kulturnationen»[25] darstellte. Was in Deutschland selbst erreicht war, wurde als das Beispiel hingestellt, dem alle folgen sollten: «Der Nationalsozialismus hat die bolschewistische Weltgefahr aus dem Inneren Deutschlands gebannt. Er hat dafür gesorgt, daß nicht der Abhub volksfremder jüdischer Literaten bei uns über das Proletariat, das heißt den deutschen Arbeiter, diktiert. ... Er hat unser Volk und damit das Reich im übrigen immun gemacht gegenüber einer bolschewistischen Verseuchung.»[26] Einige Monate zuvor hatte Rudolf Heß allen Parteigliederungen mitgeteilt, was Hitler dachte: Deutschland sehnte sich nach Beziehungen der Freundschaft und Achtung zu allen Nationen; es war «kein Feind der Slawen, sondern der unerbittliche und unversöhnliche Feind des Juden und des von ihm in die Welt gebrachten Kommunismus».[27]

Im privaten Gespräch hatte Hitler Verwirrung über die Bedeutung der Ereignisse zum Ausdruck gebracht, die sich damals in der Sowjetunion abspielten. «Erneut ein Schauprozeß in Moskau», notierte Goebbels am 25. Januar 1937 in sein Tagebuch. «Diesmal wieder ausschließlich gegen Juden, Radek etc. Führer noch im Zweifel, ob nicht vielleicht doch mit versteckter antisemitischer Tendenz. Vielleicht will Stalin doch die Juden herausekeln. Auch das Militär soll stark antisemitisch sein. Also aufpassen.»[28]

Zwar wurden im Außenministerium und in der Wehrmacht Anstrengungen unternommen, eine etwas realistischere Einschätzung sowjetischer Angelegenheiten aufrechtzuerhalten, aber für die meisten Stellen in Partei und Staat blieb die Gleichsetzung von Judentum und Bolschewismus die fundamentale Leitlinie. So brachte Heydrich 1937 eine geheime Denkschrift mit dem Titel «Die gegenwärtige Lage auf dem Gebiete der Ostforschung» in Umlauf, die mit dem Argument begann, der Osten, insbesondere die Sowjetunion, besitze für Deutschland vor allem Bedeutung «als das vom jüdischen Bolschewismus eroberte und von ihm zum zentralen Stützpunkt im Kampf gegen das nationalsozialistische Deutschland ausgebaute Territorium, in dem auch alle außerhalb des Bolschewismus liegenden, gegen den Nationalsozialismus eingestellten Kräfte die aktivste Waffe gegen den Nationalsozialismus sehen».[29]

Abgesehen von dem Axiom, der Bolschewismus sei ein Werkzeug des Judentums, zielte die NS-Forschung darauf, die Verknüpfung zwischen Juden und Kommunismus in sozialpolitischen Termini zu beweisen. Gezeigt wurde dies beispielsweise in einem Vortrag, den Theodor Oberländer, der Leiter des Königsberger Instituts für Osteuropäische Wirtschaft (der dann nach dem Kriege Minister in Konrad Adenauers Kabinett war), im Juni 1937 über die polnischen Juden hielt: «Die osteuropäischen Juden sind, soweit es sich bei ihnen nicht um orthodoxe, sondern um assimilierte Juden handelt, die aktivsten Träger kommunistischer Ideen. Da allein schon Polen 3,5 Millionen Juden hat, von denen mehr als 1,5 Millionen als assimilierte Juden angesehen werden können, und da die Juden in ihrem städtischen Ghetto unter kaum zu glaubenden ungünstigen sozialen Bedingungen leben, so daß sie Proletarier im wahrsten Sinne des Wortes sind, haben sie wenig zu verlieren, aber viel zu gewinnen. Sie sind diejenigen, welche die militanteste und erfolgreichste Propaganda für den Kommunismus auf dem Lande treiben.»[30]

Der Zusammenhang zwischen den Juden und dem Bolschewismus in der Sowjetunion ließ sich auch durch gelehrte, «tiefgehende» Betrachtung erweisen. «Nicht allein der numerische Einfluß der Juden im höheren Staats- und Parteiapparat noch auch der Herrschaftseinfluß einzelner Juden dürfen im einfachen Sinne als eine ‹Beherrschung› des bolschewistischen Rußlands durch die Juden gedeutet werden», schrieb Peter-Heinz Seraphim, der Spezialist für das osteuropäische Judentum an der Universität Königsberg. «Schließlich spitzt sich die Frage dahin zu, ob zwischen dem leninistischen oder stalinistischen Bolschewismus und der geistigen Einstellung der Juden eine ideologische Verbindung oder Wechselwirkung besteht.»[31] Seraphims umfangreiche Studie *Das Judentum im osteuropäischen Raum*, die 1938 erschien, sollte zum Vademecum vieler NS-Praktiker im Osten werden.

Seraphim ging von dem Postulat aus, die Juden hätten im bolschewistischen System eine «Hegemoniestellung» inne.[32] Da die Argumentation mit bloßen Zahlen und individuellem Einfluß nicht ausreichte, gewann die Frage der geistigen Verwandtschaft in der Tat zentrale Bedeutung. Seraphim hatte anscheinend nicht den geringsten Zweifel an den jüdischen Merkmalen, die dieser Verwandtschaft zugrunde lagen: «seine Diesseitsbezogenheit, die Materialisierung und Intellektualisierung der Umwelt, die Zielstrebigkeit und Rücksichtslosigkeit seines Wesens».[33]

Hitlers bedrohlichster antijüdischer Ausbruch vor seiner Reichstagsrede von 1939 wurde durch die (aus der Sicht der Nationalsozialisten) anscheinend untergeordnete Frage der Kennzeichnung von Einzelhandelsgeschäften in jüdischem Besitz ausgelöst.

Eine Debatte über dieses Problem war bereits seit mehreren Jahren im Gange. Ein Bericht des SS-Oberabschnitts Rhein vom April 1935 spricht von der Initiative, die die Frankfurter NS-Handelsorganisation ergriffen hatte, wonach ihre Mitglieder Schilder anbringen sollten, mit denen sie ihre Laden als «Deutsches Geschäft» kennzeichneten; dies war *eine* Möglichkeit zur Lösung des Problems. Dem Bericht zufolge brachten 80 bis 90 Prozent der dortigen Läden, die in deutschem Besitz waren, das Schild an.[34] Dies muß ein ziemlich isoliertes Projekt gewesen sein, da eine ähnliche Forderung von NS-Aktivisten nach der Verabschiedung der Nürnberger Gesetze als unpraktikabel betrachtet und die Kennzeichnung jüdischer Läden als die einzig mögliche Verfahrensweise vorgebracht wurde.

Die Flüsterpropaganda für eine derartige Kennzeichnung nahm solche Ausmaße an, daß Hitler beschloß, sich bei einer Kreisleiterversammlung auf der Ordensburg Vogelsang am 29. April 1937 mit der Situation zu befassen. Er begann mit einer strengen Warnung an Parteimitglieder, welche die antijüdischen Maßnahmen im wirtschaftlichen Bereich beschleunigen wollten. Niemand sollte versuchen, ihm das Tempo derartiger Maßnahmen zu diktieren, drohte Hitler dunkel. Er werde sich «den Mann» kommen lassen, der in einem lokalen Parteiblatt geschrieben hatte: «Wir fordern, daß auf jüdische Geschäfte nun ein Abzeichen kommt.» Hitler donnerte: «In der *Zeitung:* ‹Wir fordern!› Nun muß ich sagen, sehen Sie: ‹Von wem fordert er das? Wer kann das anordnen? Ich ganz allein.› Also, der Herr Redakteur [dieser Parteizeitung] fordert im Namen seiner Leser von mir, daß ich das tue. Zunächst: Längst eh' dieser Herr Redakteur von der Judenfrage eine Ahnung hatte, habe ich mich doch schon sehr gründlich damit beschäftigt; zweitens, dieses Problem der Kennzeichnung wird seit zwei, drei Jahren fortgesetzt erwogen und wird eines Tages so oder so natürlich auch durchgeführt.» Hitler fügte dann eine kryptische Bemerkung ein: «Denn: das Endziel unserer ganzen Politik ist uns ja allen ganz klar.» Bedeutete dies die totale Vertreibung der Juden von deutschem Boden? Spielte er auf andere Ziele an? War dies eine Formel, um die Ungewißheit der Pläne zu kaschieren? Die nun folgenden Kommentare zum Thema Strategie ließen jede beliebige Interpretation zu: «Es handelt sich bei mir immer nur darum, keinen Schritt zu machen, den ich vielleicht wieder zurück machen muß, und keinen Schritt zu machen, der uns schadet. Wissen Sie, ich gehe immer an die äußerste Grenze des Wagnisses, aber auch nicht darüber hinaus. Da muß man nun die Nase haben, ungefähr zu riechen: ‹Was kann ich noch machen, was kann ich nicht machen?› (Große Heiterkeit und Beifall)»

Das Finale, das nun folgte, verwies nicht auf irgendwelche bestimmten Maßnahmen, aber der Ton, die Worte, die Bilder enthielten eine bisher unerhörte Wildheit, die Andeutung einer tödlichen Bedrohung. Ohne jeden Zweifel schuf Hitler dadurch eine Atmosphäre, in der sich seine Zuhörer die radikalsten Ergebnisse vorstellen konnten:

«Ich will ja nicht gleich einen Gegner mit Gewalt zum Kampf fordern», rief der Führer. «Ich sage nicht Kampf, weil ich kämpfen will, sondern ich sage: Ich will dich vernichten. Und jetzt Klugheit hilf mir, dich so in die Ecke hinein zu manövrieren, daß du zu keinem Stoß kommst, und dann kriegst du den Stoß ins Herz hinein!»[35] Die Aufnahme dieser Geheimrede hat den Krieg überdauert. An dieser Stelle brüllt Hitler in höchster Lautstärke. Dann kommt es, in einem orgiastischen Krampf, buchstäblich zu einer Explosion der drei letzten Worte: «Das ist es!» Der Beifall ist rasend.

Nach einer Phase relativer rhetorischer Zurückhaltung kehrten die

NS-Führer jetzt zu den grundlegenden Themen der jüdischen Weltverschwörung in ihrer extremsten Form zurück. Wie aber wurden diese Themen auf den unteren Ebenen der Partei verinnerlicht? Wie wurden sie in die Sprache der Parteibürokratie und insbesondere der Polizeibürokratie übersetzt?

Am 28. Oktober 1935 informierte der Gestapochef des Regierungsbezirks Hildesheim die ihm unterstehenden Landräte und Oberbürgermeister, aus Kreisen des Fleischerhandwerks werde Beschwerde über Gaunereien jüdischer Viehhändler geführt. Die Fleischer warfen den Juden vor, Schlachtvieh zu überhöhten Preisen anzubieten und so die Preise für Fleisch- und Wurstwaren in die Höhe zu treiben: Es bestehe, so der Gestapochef, «die Vermutung, daß es sich bei diesen Machenschaften um einen planmäßigen Angriff des Judentums handeln kann, der darauf abzielt, Unruhe und Unzufriedenheit in die Bevölkerung zu tragen».[36] Einige Tage zuvor hatte dieselbe Gestapobehörde ihre üblichen Adressaten davon unterrichtet, daß sich jüdische Schuhgeschäfte weigerten, bei arischen Herstellern zu kaufen. Nach Angaben des Polizeichefs versuchten angesichts der erheblichen Bedeutung des jüdischen Schuhhandels einige arische Produzenten, den Juden ihre Waren zu verkaufen, indem sie erklärten, sie seien keine Mitglieder der NSDAP oder einer ihr angegliederten Organisation. Die Gestapo von Hildesheim nahm an, daß dieselben Boykottvorgänge in anderen Teilen des Reiches stattfänden und daß sie somit auf zentral erteilte Anweisungen zurückgehen müßten; ein Bericht über die jeweilige örtliche Situation wurde daher bis zum 10. November angefordert.[37]

In jedem Einzelfall wird die Existenz einer jüdischen Verschwörung durch die «Aufdeckung» eines völlig banalen Vorgangs offenbart, der ganz real sein konnte – die Nahrungsmittelpreise stiegen 1935 tatsächlich, was allerdings durch völlig andere Faktoren verursacht wurde – oder der ein rein imaginäres Konstrukt sein konnte, das durch allgemeine wirtschaftliche Schwierigkeiten verursacht war. Die Polizei verwandelte derartige unzusammenhängende Ereignisse in Elemente einer vorbedachten Verschwörung und schuf so eine paranoide Vorstellung von zentral geplanten jüdischen Initiativen, die darauf abzielten, in der Bevölkerung eine Atmosphäre der Subversion zu verbreiten oder treue Parteianhänger im Geschäftsleben einzuschüchtern. Das letzte Ziel dieser «gefährlichen» jüdischen Initiativen war offenkundig: Es war der Sturz des NS-Regimes. Es besteht eine auffallende strukturelle Ähnlichkeit zwischen Hitlers allumfassender Vision von jüdischer Subversion im Weltmaßstab und den dunklen Verdächtigungen eines Gestapochefs in einer kleinen deutschen Stadt.

III

Im Juli 1936 wurde Hitler von der Vorläufigen Leitung der Bekennenden Kirche eine Denkschrift unterbreitet. Sie war ein energisches Dokument, das die Konzentrationslager, die Gestapomethoden und sogar den Mißbrauch religiöser Begriffe und Bilder bei der Verehrung des Führers zur Sprache brachte. In einer ungewöhnlich kühnen Abweichung von früherer Praxis sagte die Denkschrift eine Katastrophe für Deutschland voraus, wenn es ein Beharren auf totalitärer Vermessenheit und Macht im Widerspruch zum Willen Gottes gäbe. Das Dokument wurde bekannt und erlangte im Ausland außerordentliche Verbreitung. Eine derart mutige Stellungnahme mußte, so könnte man annehmen, der Judenfrage – das heißt der Verfolgung der Juden – eine hervorragende Stellung eingeräumt haben. «Doch», so der Historiker Richard Gutteridge, «alles, was zu diesem Thema gesagt wurde, war die ziemlich gewundene Feststellung, daß der Christ, dem im Rahmen der nationalsozialistischen Weltanschauung eine Form des Antisemitismus aufgezwungen wurde, die ihm eine Verpflichtung zum Haß auf die Juden auferlegte, dieser durch das christliche Gebot der Nächstenliebe zu begegnen habe. Hier gab es keine Ablehnung des Antisemitismus als solchen einschließlich seiner christlichen Spielart, sondern nur eine Wendung gegen dessen militante NS-Version, ohne daß auch nur indirekt zur Not der Juden Stellung genommen worden wäre. Das Schwergewicht lag auf dem ernsten Gewissenskonflikt, den die frommen deutschen Kirchenmitglieder durchmachten.»[38] Als am 23. August eine Erklärung der Bekennenden Kirche, die indirekt auf die Denkschrift Bezug nahm, von vielen Pfarrern in der Kirche verlesen wurde, wurde nicht ein einziges Wort über den Antisemitismus oder den Haß auf die Juden verloren.[39] Einige Monate später, im März 1937, wurde die Enzyklika *Mit brennender Sorge,* die scharfe Kritik Pius' XI. am NS-Regime, von allen katholischen Kanzeln in Deutschland verlesen. Die Pseudoreligion der Nationalsozialisten und die Rassentheorien des Regimes wurden in allgemeinen Worten scharf verdammt, aber auf das Schicksal der Juden wurde nicht direkt Bezug genommen.

Für den konvertierten «Volljuden» Friedrich Weissler sollte die Denkschrift der Bekennenden Kirche verhängnisvolle Folgen haben. Weissler, von Beruf Rechtsanwalt, war bei der Bekennenden Kirche als Rechtsberater angestellt und hatte insgeheim den Auftrag, die Außenwelt über ihre Aktivitäten zu informieren. Er war wahrscheinlich derjenige, der die Denkschrift der ausländischen Presse zuspielte. Mit gespielter Empörung forderte die Führung der Bekennenden Kirche die Gestapo auf, sie solle den Schuldigen finden. Weissler und zwei arische Assistenten wurden verhaftet. Während die Arier schließlich freigelassen wurden, kam Weissler, zu dessen Gunsten die Kirche nicht intervenierte, am 19. Februar 1937 im Konzentrationslager Sachsenhausen um. So wurde ein «Volljude» zum «ersten Märtyrer der Bekennenden Kirche».[40]

Friedrich Meinecke, möglicherweise der renommierteste deutsche Historiker seiner Zeit, war 1935 als Herausgeber der *Historischen Zeitschrift* abgelöst worden. An der ideologischen Orthodoxie seines Nachfolgers Karl Alexander von Müller konnte kein Zweifel bestehen. Doch schon seit Januar 1933 war die *HZ* gegenüber den neuen Entwicklungen nicht immun geblieben, besonders da die akademische Welt, wie wir sahen, mit der Anpassung an das neue Regime keine großen Schwierigkeiten hatte.[41] Die Beiträger wurden hinsichtlich etwaiger jüdischer Abstammung überprüft, und zumindest ein jüdisches Mitglied der Redaktion, Hedwig Hintze, wurde ausgeschlossen.[42]

Wie sich erwarten ließ, war Müllers erstes Editorial ein Fanfarenstoß. Der neue Herausgeber beschrieb die grundlegenden Veränderungen, welche die Welt durchmachte, als machtvollen Kontext, der eine Erneuerung historischer Einsicht verlangte. Müllers Schlußworte sind denkwürdig:

«Uns umweht wie wenige Geschlechter der Sturmhauch großer geschichtlicher Zeit. Wie wenigen Geschlechtern ist uns ein Einblick vergönnt in die ursprünglichen, dämonischen Kräfte, welche solche Sturmzeiten tragen, großartig und furchtbar zugleich. Wie wenige Geschlechter erfüllt uns das Bewußtsein, daß wir mit den Entscheidungen der Gegenwart zugleich auf langehin mitbestimmen die Zukunft unseres ganzen Volkes. Vom Werdenden her suchen und durchleiden wir das Gewordene und beleben seine Schatten mit unserm Blut; vom wirklich Gewesenen aus erkennen wir und stärken wir die Kräfte des lebendigen Heute.»[43]

Die bombastische Hohlheit dieser Zeilen ist selbst schon entlarvend. Die ideologische Botschaft des Nationalsozialismus mobilisierte eine anscheinend sinnlose Folge von Bildern, die gleichwohl ständig eine Sehnsucht nach dem Heiligen, dem Dämonischen, dem Urtümlichen – kurz, nach den Kräften des Mythos – heraufbeschworen. Der intellektuelle und politische Inhalt des Programms wurde vom «Sturmhauch» historischer Ereignisse mit weltgeschichtlicher Bedeutung getragen. Auch die Leser der *Historischen Zeitschrift* konnten sich nicht völlig gleichgültig gegenüber der Wiederbelebung einer Atmosphäre verhalten, die in einer deutschen romantischen und neoromantischen Tradition wurzelte, an der viele von ihnen teilhatten.

Unter der neuen Leitung gingen die Veränderungen über die Beschwörung von «dämonischen Kräften» durch den Herausgeber hinaus. Die noch in der Redaktion der Zeitschrift verbliebenen jüdischen Mitglieder, Gerhard Masur beispielsweise, wurden durch Arier ersetzt; und es wurde, das war das Wichtigste, unter der herausgeberischen Aufsicht von Wilhelm Grau ein neues ständiges Referat eingeführt, das die «Geschichte der Judenfrage» behandeln sollte.[44] In seinem Einführungsartikel «Die Judenfrage als Aufgabe der deutschen Geschichtsforschung» erklärte Grau, da bisher alle Bücher über jüdische Angelegenheiten nur von Juden besprochen worden seien, was natürlich zu unkritischem Lob geführt habe, werde seine neue Sektion einen etwas anderen Ansatz verfolgen.[45] Der erste Titel, den er besprach, war eine Dissertation mit dem Titel «Die Lage der Juden in Rußland von der Märzrevolution 1917 bis zur Gegenwart», die Abraham Heller, ein litauischer Jude (von dem wir noch hören werden), verfaßt hatte. Graus unmittelbarer Beitrag zu größerer Objektivität war die Hinzufügung eines Untertitels, der seiner Ansicht nach den Inhalt des Buches genauer wiedergab: «Der jüdische Anteil am Bolschewismus.»[46]

Der junge Grau (er war 1936 kaum 27 Jahre alt) hatte sich – in gewisser Weise – bereits einen Namen gemacht: Er war Direktor der jüdischen Abteilung, der wichtigsten Forschungsabteilung des Reichsinstituts für Geschichte des neuen Deutschland. Dieses Institut, das am 19. Oktober 1935 eingeweiht worden war, stand unter der Leitung von Walter Frank (einem Schützling von Rudolf Heß), der sich als Historiker mit dem modernen deutschen Antisemitismus, hauptsächlich mit Adolf Stoekkers «Berliner Bewegung», befaßt hatte. Grau war anscheinend ein würdiger Schüler: 1935 hatte er bereits einen schmalen Band über Humboldt und die Juden vorgelegt, in dem er den berühmtesten deutschen Humanisten und liberalen Intellektuellen des 19. Jahrhunderts wegen seiner Unterwerfung unter jüdischen Einfluß schalt. Der jüdische Philosoph Herbert Marcuse, der jenseits der Grenzen des Reiches schrieb, konnte es sich leisten, unverblümt zu sein: Er verriß Graus Buch und stellte den Autor als den Narren und Scharlatan bloß, der er war. Für Walter Frank und sein Institut war Grau dennoch ein aufsteigender Stern, der ein Forschungsimperium über die Judenfrage begründen würde.[47]

Am 19. November 1936 fand in München, dem künftigen Sitz der Institution, in Anwesenheit eines großen Aufgebots nationaler und lokaler Berühmtheiten aus Partei, Regierung, Militär und der akademischen Welt die Eröffnung der jüdischen Abteilung statt. Das Münchener Kammerorchester spielte eine Bach-Suite, und Karl Alexander von Müller, der formal Graus Vorgesetzter war, hielt eine Rede, gefolgt von Walter Frank. Nach der Zusammenfassung in der *Deutschen Allgemeinen Zeitung* erklärte Frank, Forschung über die Judenfrage sei «nicht viel anders … denn eine Forschungsreise in ein unbekanntes Land, über dessen Dunkelheit ein großes Schweigen lastete. Denn über die jüdische

Problematik hatte bisher nur die jüdische Seite gearbeitet.»[48] Bald kam es zu Spannungen zwischen Frank und dem ehrgeizigen Grau, und innerhalb von zwei Jahren war letzterer nicht mehr auf seinem Posten, wenn auch auf dem besten Wege, in Frankfurt, diesmal unter der Ägide von Alfred Rosenberg, ein konkurrierendes Forschungsinstitut über die Judenfrage aufzumachen.[49]

Während Frank und Grau ihr Unternehmen auf den Weg brachten, gab Carl Schmitt seine eigene Vorstellung von antisemitischem Enthusiasmus. Diese Leuchte der deutschen Rechts- und Staatstheorie, deren enthusiastische Befürwortung des Nationalsozialismus im Jahre 1933 schon erwähnt wurde, hielt es anscheinend für notwendig, seine jüngst errungene ideologische Zuverlässigkeit gegen die Anklagen sowohl von Intellektuellen im Exil (wie etwa Waldemar Gurian) als auch von Kollegen, die zugleich Mitglieder der SS waren (wie Otto Köllreuther, Karl August Eckardt und Reinhard Höhn), zu verteidigen; letztere zögerten nicht, auf seine zahlreichen jüdischen Freunde vor 1933 und auf seine ziemlich plötzliche politische Bekehrung in diesem Jahr anzuspielen.[50]

In dieser Atmosphäre organisierte Schmitt seine berüchtigte akademische Konferenz «Das Judentum in der Rechtswissenschaft», die am 3. und 4. Oktober 1936 in Berlin abgehalten wurde. Schmitt eröffnete und beschloß die Verhandlungen mit zwei großen antijüdischen Reden. An den Anfang seiner ersten Rede und an das Ende seiner Abschlußansprache stellte er Hitlers berühmtes Wort aus *Mein Kampf:* «Indem ich mich des Juden erwehre, kämpfe ich für das Werk des Herrn.»[51]

In den konkreten Resolutionen, die Schmitt für die Konferenz aufgesetzt hatte, verlangte er die Einrichtung einer juristischen Bibliographie, die zwischen jüdischen und nichtjüdischen Autoren unterscheiden sollte, und die «Säuberung» der Bibliotheken von jüdischen Verfassern.[52] Sofern ein jüdischer Autor zitiert werden mußte, sollte er als solcher gekennzeichnet werden. Schmitt selbst formulierte das bei dieser Gelegenheit so: «Schon von der bloßen Nennung des Wortes ‹jüdisch› wird ein heilsamer Exorzismus ausgehen.»[53] Innerhalb von wenigen Monaten begann die Durchführung von Schmitts Empfehlungen.

All dies half Carl Schmitt selbst nicht viel. Im Dezember 1936 attackierte ihn das *Schwarze Korps* und wiederholte noch einmal die Anschuldigungen wegen seiner früheren Kontakte zu Juden. Trotz so mächtiger Beschützer wie Göring und Hans Frank konnte Schmitt dem Druck der SS nicht standhalten: Mit seinen offiziellen, seinen politischen Funktionen und Ambitionen war es aus. Seine ideologische Produktion ging jedoch weiter. In seinem 1938 erschienenen Werk über Thomas Hobbes *(Der Leviathan in der Staatslehre des Thomas Hobbes)* beschrieb Schmitt den tödlichen Kampf zwischen Leviathan, den großen Seemächten, und Behemoth, den großen Landmächten; dann setzte er, indem er eine jüdische Legende über messianische Zeiten in eine Darstellung von Blutvergießen und Kannibalismus verwandelte, hinzu: «Die Juden aber stehen daneben und sehen zu, wie die Völker der Erde sich gegenseitig töten; für sie ist dieses gegenseitige ‹Schächten und Schlachten› gesetzmäßig und ‹koscher›. Daher essen sie das Fleisch der getöteten Völker und leben davon.»[54]

Während Schmitt die Rechtswissenschaft und die politische Wissenschaft von allen Überresten des jüdischen Geistes säuberte, führten Philipp Lenard, Johannes Stark, Bruno Thüring und andere denselben reinigenden Feldzug in der Physik.[55] In verschiedener Weise breiteten sich ähnliche Säuberungen auf alle anderen Bereiche des intellektuellen Lebens aus. Manchmal war die dünne Linie zwischen Überzeugung und bloßem Mitmachen nicht klar, so etwa im Falle von Mathias Göring (dem Cousin von Hermann Göring), der als Direktor des Instituts für Psychotherapie in Berlin alle ausdrücklichen Hinweise auf die Psychoanalyse und ihre Theorien, ihren jüdischen Gründer und ihre vorwiegend jüdischen Theoretiker und Praktiker verbannte, dabei aber anscheinend den systematischen Einsatz therapeutischer Methoden, die direkt von der Psychoanalyse inspiriert waren, akzeptierte.[56]

In manchen Fällen griff die Parteiführung selbst ein, um die Initiativen einer ideologischen Orthodoxie einzuschränken, die erhebliche negative Konsequenzen haben konnten. So veröffentlichte Stark am 15. Juni 1937 im *Schwarzen Korps* eine regelrechte Attacke auf den berühmten Physiker Werner Heisenberg, der damals in Leipzig lehrte, und warf ihm vor, er sei ein «weißer Jude» und der «Ossietzky der Physik», weil der junge Theoretiker der Quantenphysik verschiedene moderne Theorien, insbesondere Einsteins Relativitätstheorie, übernommen hatte. Zunächst waren Heisenbergs Proteste vergeblich, insbesondere deshalb, weil er die Unterstützungserklärung für das neue Regime, die Stark 1933 verschickt hatte, nicht unterzeichnet hatte. Doch Ludwig Prandtl, ein hochangesehener Luftfahrtingenieur aus Göttingen, intervenierte bei Himmler für Heisenberg. Himmler brauchte nur wenige Monate, um zu entscheiden, daß Heisenberg vor weiteren Angriffen geschützt werden sollte, allerdings unter der Bedingung, daß er bereit war, sich auf rein wissenschaftliche Fragen zu beschränken. Eine entsprechende Anordnung erging an Heydrich, und nach der Einverleibung Österreichs wurde Heisenberg auf den renommierten Lehrstuhl für theoretische Physik an der Universität Wien berufen. Nun willigte Heisenberg ohne weitere Umstände in alle Forderungen ein. Auch wenn also Stark und Lenard die orthodoxeste antisemitische Linie in der Naturwissenschaft repräsentierten und auch wenn Heisenberg die «jüdische Dimension» der Physik übernommen hatte, erkannte Himmler den

Schaden, den es der wissenschaftlichen Entwicklung Deutschlands hätte zufügen können, wenn man Heisenberg an den Rand drängte oder zur Auswanderung veranlaßte, und er beschloß, ihn zu schützen.[57] Doch solche Kompromisse hatten ihre Grenzen. Zwar bekam Heisenberg die Ernennung in Wien, aber der Lehrstuhl, den er ursprünglich gewollt hatte, der in München, wurde ihm verweigert. Überdies – und das ist der entscheidende Punkt – hätte Himmler niemals eingegriffen, um irgendeinen der jüdischen Wissenschaftler, die zum Verlassen Deutschlands gezwungen wurden, zu schützen und zu halten. Das Grundprinzip der rassischen Säuberung war im Falle Heisenbergs nicht durchbrochen worden.

IV

Am 17. Juni 1936 wurde Heinrich Himmler zum Leiter sämtlicher deutscher Polizeikräfte ernannt; er war nun Reichsführer SS und Chef der deutschen Polizei.[58] Damit wurde die deutsche Polizei der Jurisdiktion des Staates entzogen. Diese entscheidende Umorganisierung entsprach der neuen Atmosphäre der allgemeinen ideologischen Konfrontation, die eine wirksame Konzentration des gesamten Überwachungs- und Inhaftierungsapparats des Regimes verlangte. Konkreter gesprochen, signalisierte sie einen unmißverständlichen Schritt hin zum zunehmenden Eingreifen der Partei in den Zuständigkeitsbereich des Staates und somit eine Verschiebung der Macht von der traditionellen Staatsstruktur zur Partei.

Am 26. Juni 1936 teilte Himmler die Polizeikräfte in zwei getrennte Befehlsbereiche: die Ordnungspolizei unter Kurt Daluege sollte alle uniformierten Polizeieinheiten umfassen, während die Sicherheitspolizei (Sipo) unter dem Befehl von Heydrich die Kriminalpolizei und die Gestapo zu einer einzigen Organisation vereinte. Heydrich hatte jetzt die Kontrolle sowohl über die neue Sipo als auch über den Sicherheitsdienst der SS, den SD. Innerhalb der Sipo selbst war der neue Trend von Anfang an klar: «Anstatt daß die Kriminalpolizei wieder die politische Polizei absorbierte und sie erneut der staatlichen Verwaltung unterstellt wurden, wie es Himmlers Gegner [Frick] gewünscht hatten, nahm die Kriminalpolizei mehr vom Sonderstatus der Politischen Polizei an.»[59] Auch wenn die Polizeikräfte im Prinzip zum Innenministerium gehörten und somit Himmler als Polizeichef theoretisch Frick unterstand, war die Sipo in Wirklichkeit keinen gewöhnlichen administrativen oder juristischen Regeln unterworfen; wie bei der Gestapo von Anfang an war ihr einziges Gesetz der Wille des Führers: «Sie brauchte keine andere Legitimation.»[60] Als Himmler die uneingeschränkte Kontrolle über

Deutschlands gesamtes Unterdrückungs- und Terrorsystem erlangte, war er 36 Jahre alt; Heydrich, seine rechte Hand, war 32.

SS-Untersturmführer Rudolf aus den Ruthen, einer der drei jungen Herausgeber des *Schwarzen Korps*, beschloß, Marga Feldtmann zu ehelichen. Die künftige Braut hatte ein vollkommen arisches Aussehen, aber in ihrem Stammbaum gab es einen österreichischen Vorfahren namens Fried, und das war in der österreichischen Provinz, in der er gelebt hatte, meist ein jüdischer Name; Ruthen löste die Verlobung auf. Anfang 1937 fand er eine neue Gattin in spe, Isolina Böving-Burmeister. Isolina war in Mexiko als Tochter einer kubanischen Mutter und eines volksdeutschen Vaters geboren, und sie war eingebürgerte Deutsche. Ihr Aussehen kam den Untersuchern nicht völlig vertrauenerweckend vor, und die Sache wurde an Himmler verwiesen. Der Reichsführer wurde bald auf eine aus Philadelphia stammende Vorfahrin von Isolina mit Namen Sarah Warner hingewiesen, die Jüdin gewesen sein konnte. Schließlich gab es auch einen Verdacht auf etwas Negerblut auf seiten der kubanischen Mutter. Zunächst verlangte Himmler eine «vollständige Lösung» des Problems. Als sich eine völlige Aufklärung als unmöglich erwies, gab er schließlich eine positive Antwort.[61]

In seiner SS achtete Himmler mit pedantischer Genauigkeit auf Rassereinheit. So erklärte er in einer Rede, die er am 22. Mai 1936 auf dem Brocken hielt: «Für dieses Jahr ist das Ziel bis zum 1. Oktober auf 1850 gesteckt, bis zum nächsten 1. April wird es auf 1750 gesteckt werden, bis wir bei der gesamten SS und dann bei jedem Bewerber innerhalb der nächsten 3 Jahre auf 1650 angekommen sind.» Himmler erklärte, weshalb er nicht die Absicht hatte, zeitlich noch weiter zurückzugehen: Für die Zeit vor 1648, dem Ende des Dreißigjährigen Krieges, gab es fast keine Kirchenbücher.[62] Schließlich mußte auf solche Idealziele allerdings verzichtet werden, und das Jahr 1800 wurde zum akzeptierten Stichtag für SS-Mitglieder.

Der Reichsführer war nicht darüber erhaben, sich persönlich mit irgendwelchen Aspekten der Ahnenforschung zu beschäftigen. Am 7. Mai 1936 schrieb er an Landwirtschaftsminister Walter Darré, der auch Leiter des Rasse- und Siedlungshauptamtes der SS war, er möge Nachforschungen über die Vorfahren von Mathilde von Kemnitz, der Frau von General Ludendorff, anstellen. Himmler hatte den starken Verdacht, sie sei jüdischer Abstammung, «da sonst die Rabulistik dieser Frau … sowie ihr ganzes anormales persönliches und sexuelles Leben nicht erklärlich wären».[63] Zwei Jahre später wurde Darré von Himmler aufgefordert, sich mit dem Verdacht auf jüdische Vorfahren bei einem SS-Offizier in Darrés eigenem Stab zu befassen.[64]

Selbstverständlich unternahmen Bewerber für die SS oder SS-Mitglieder, die heiraten wollten, wie wir das im Fall aus den Ruthen sahen, für ihre prospektiven Bräute hinsichtlich einer etwaigen jüdischen Abstammung zumindest bis zum Jahre 1800 außerordentliche Anstrengungen, um einen sauberen Ahnennachweis zu bekommen, der einer Nachforschung standhalten konnte. So bat – um noch ein weiteres Beispiel anzuführen – am 27. April 1937 SS-Hauptscharführer Friedrich Mennecke, ein Arzt, der dann eine berüchtigte Gestalt im Euthanasieprogramm werden sollte, um Genehmigung zur Heirat. Seinem Brief fügte er 41 Originalurkunden über die Vorfahren seiner Verlobten bei. Da der Satz der erforderlichen Dokumente nicht absolut komplett war, gab Mennecke die Versicherung ab, «daß alle Ahnen mit an Sicherheit grenzender Wahrscheinlichkeit rein arisch waren».[65]

Jüdische Abstammung war nicht Himmlers einzige ideologische Sorge. Im März 1938 schrieb er an Göring einen förmlichen Protestbrief, weil ein Luftwaffengericht das Verfahren gegen einen Offizier eingestellt hatte, der sexuelle Beziehungen mit einer als jüdisch identifizierten Frau unterhielt. Zu Himmlers Empörung war der Fall niedergeschlagen worden, weil der Offizier erklärte, die Frau sei keine Jüdin, sondern ein Mischling «negroider» Abstammung.[66]

In den unteren Rängen der SS wurde das Rassedogma in präzise und konkrete Begriffe gefaßt. Das *SS-Leitheft* vom 22. April 1936 stellte die Frage: «Warum wird über das Judentum geschult?» Die Antwort lautete: «Es wird in der SS über das Judentum geschult, weil der Jude der gefährlichste Feind des deutschen Volkes ist.» Die Erklärung beharrte auf dem parasitischen Aspekt des Juden, der von den Lebenskräften des Wirtsvolkes lebte und dessen rassisches Potential, sein Denken, seine Gefühle, seine Moral und Kultur zerstörte. In noch präziseren Termini präsentierte das *Leitheft* die drei symbolischen Gestalten der Juden: «Ahasver, der Wurzellose, der – Rasse schändend, die Völker zersetzend – von einem unsteten Blute getrieben, ruhelos durch die Welt wandert, Shylock, der Seelenlose, der die Völker wirtschaftlich versklavt und als Geldleiher ihnen den Hals zuschnürt, Judas Ischariot, der Verräter.»[67]

Dasselbe Leitheft enthält für diejenigen, die auf Ahasver, Shylock und Judas Ischariot noch nicht angemessen reagierten, noch unheimlichere Details: «Der Jude schändet planmäßig die Mädchen und Frauen der arischen Völker. Kalte Berechnung und hemmungslose tierische Sinnlichkeit treiben ihn in gleicher Weise. Es ist bekannt, daß der Jude die blonden Mädchen bevorzugt. Er weiß, daß die Frauen und Mädchen, die er geschändet hat, für immer ihrem Volk verloren sind. Nicht weil ihr Blut selbst dadurch verschlechtert würde. Aber das geschändete Mädchen ist seelisch vernichtet. Sie ist von der Sinnengier des Juden erfaßt und hat das Empfinden für alles Edle und Reine verloren.»[68]

Die geschändeten arischen Maiden konnten schließlich ein normales Leben führen, wenn ihre Ambitionen nicht allzu hochgesteckt waren. Davon konnte allerdings keine Rede sein, wenn sie einen SS-Offizier zu heiraten gedachten. Im August 1935 wurde Anneliese Hüttemann vom SD wegen ihrer Beziehung zu dem Juden Kurt Stern befragt. Beide räumten ein, mehrfach Geschlechtsverkehr miteinander gehabt zu haben (sie waren Nachbarn und kannten sich seit ihrer Kindheit). Was mit Kurt Stern geschah, können wir nur mutmaßen. Für Anneliese Hüttemann führte die Sünde wider das Blut zu aufreibender Spannung, als sie neun Jahre später, im Mai 1944, im Begriff war, den SS-Obersturmbannführer Arthur Liebehenschel zu heiraten. Der SD grub die Akten aus dem Jahre 1935 aus. Nach einer gewissenhaften Untersuchung und endlosen Gesuchen genehmigte Himmler, weil ein Kind unterwegs war, die Heirat. Zu diesem Zeitpunkt war Liebehenschel der Kommandant von Auschwitz.[69]

Auf den ersten Blick besteht ein scheinbarer Widerspruch zwischen der ideologischen Bedeutung der Judenfrage in NS-Deutschland Mitte der dreißiger Jahre – und ihrer noch weit größeren Bedeutung in der SS – und dem anscheinend untergeordneten Status der Stelle, die sich im SD, dem Sicherheitsdienst der SS, mit Judenfragen befaßte. Der SD selbst kam allerdings in den Jahren 1935–36 gerade erst zur Geltung. Anfang 1935 als eines der drei Hauptämter der SS aufgewertet, seit seinen Anfängen als nachrichtendienstlicher Arm der Partei im August 1931 unter Heydrichs Kommando stehend, machte der SD im Januar 1936 eine erhebliche Umorganisation durch.[70] Es wurden drei Ämter eingerichtet. Amt I, Verwaltung, wurde von Wilhelm Albert geleitet, und Amt III, Abwehr, unterstand Hans Jost. Amt II, Inland, unter der Leitung von Hermann Behrends und später Franz Albert Six, wurde in zwei Zentralabteilungen unterteilt: II 1, das sich mit ideologischen Einschätzungen befaßte (Erich Ehrlinger und später Six), und II 2, das mit der Einschätzung sozialer Verhältnisse und Einstellungen beschäftigt war (Reinhard Höhn und später Otto Ohlendorf). Innerhalb von II 1 beschäftigte sich die Hauptabteilung II 11 unter Dieter Wisliceny mit ideologischen Gegnern; sie umfaßte die Abteilungen II 111 (Freimaurer, ebenfalls Wisliceny), II 113 (politische Kirchen [d. h. ihre politischen Aktivitäten], Albert Hartl) und II 112 (Juden). Nach Angaben von Wisliceny wurde erst im Juni 1935 mit systematischer Arbeit zum «Gegner Judentum» begonnen: Zuvor war die Überwachung jüdischer Organisationen Teil der Aktivitäten einer Abteilung gewesen, die sich hauptsächlich mit Freimaurerei befaßte. Abteilung II 112 unterstand nacheinander Mildenstein, Kurt Schröder, Wisliceny und schließlich, seit Ende 1937, Herbert Hagen. Es umfaßte die folgenden «Referate»:

II 1121 (assimilatorisches Judentum), II 1122 (orthodoxes Judentum) und II 1123 (Zionisten), letzteres unter der Leitung von Adolf Eichmann.[71]

Die Gestapo war ungefähr nach demselben Schema organisiert. Das Pendant zum Amt II des SD war dort die Abteilung II unter Heinrich Müller; der Hauptabteilung II 11 des SD entsprach II/1B unter Karl Hasselbacher.[72] Die Vereinigung dieser getrennten, aber koordinierten Befehlsstränge zum Reichssicherheitshauptamt (RSHA), die im September 1939 unter Heydrichs Kommando bewerkstelligt werden sollte, zielte zumindest im Prinzip auf die Schaffung eines völlig integrierten Systems von Überwachung, Anzeige und Inhaftierung.

Die Männer Heydrichs waren jung: in den Jahren 1936–37 waren die meisten Spitzenleute des SD um die 30. Sie gehörten der Generation an, die unmittelbar nach dem Ersten Weltkrieg erwachsen wurde. Die meisten von ihnen waren intensiv durch die Kriegsatmosphäre, die Entbehrungen und die Niederlage geprägt. Sie waren erbarmungslos, praktisch und stark durch die ideologischen Dogmen der rechtsextremen Organisationen der frühen zwanziger Jahre motiviert, in denen viele von ihnen aktiv gewesen waren. Ihrer Weltanschauung zugrunde lag ein intensiver Antisemitismus (von der rationalen, nicht von der emotionalen Art – aus ihrer Sicht).[73]

Zwar hatten Heydrichs antijüdische Initiativen und Vorschläge zunehmenden Einfluß gewonnen, aber bis 1938 beschränkten sich die Aktivitäten von Abteilung II 112 des SD, während die Gestapo bei der Durchführung antijüdischer Beschlüsse bereits eine zentrale Rolle spielte, vorwiegend auf drei Bereiche: das Sammeln von Informationen über Juden, jüdische Organisationen und andere jüdische Aktivitäten, das Entwerfen von Empfehlungen für politische Maßnahmen und eine zunehmend aktive Beteiligung an Überwachungsoperationen und Verhören von Juden in Zusammenarbeit mit der Gestapo. Darüber hinaus sah sich II 112 unverfroren als die Spitzengruppe von «Judenexperten» in Deutschland, und nach März 1936 organisierte es systematisch Konferenzen, auf denen mehrere Male im Jahr Delegierten anderer SD-Abteilungen aus dem Hauptamt und aus verschiedenen Teilen Deutschlands die neuesten Informationen vermittelt wurden. Die größte dieser Konferenzen, die am 1. November 1937 einberufen wurde, versammelte 66 Mitglieder des SD, meist aus den mittleren Rängen.[74]

Eines der Lieblingsprojekte von II 112 war die Erstellung einer Judenkartei, mit der jeder im Reich lebende Jude identifiziert werden sollte. Außerdem ordnete Franz Alfred Six an, II 112 solle mit der Zusammenstellung einer weiteren Kartei der wichtigsten Juden in fremden Ländern und ihren wechselseitigen Verbindungen beginnen. Als Beispiele führte Six den Richter am Obersten Gerichtshof der USA Felix Frankfurter und die Unternehmensleitungen des ehemals deutschen Bankhauses Arnhold und des niederländischen Unilever Trust an.[75]

Die Judenkartei stand als eines der Themen auf der Tagesordnung der Konferenz vom 1. November. SS-Hauptsturmführer Ehrlinger faßte die Angelegenheit folgendermaßen zusammen: «Zur erfolgreichen Bekämpfung des Judentums im Inland ist es erforderlich, alle heute in Deutschland lebenden Juden und Jüdischstämmigen in einer Kartei zu erfassen. Diese Erfassung hat folgende Ziele: (1) Die Feststellung der Zahl der Juden und Jüdischstämmigen nach den Nürnberger Gesetzen, die gegenwärtig im Reich leben; (2) Die Feststellung des direkten Einflusses bzw. des jüdischen Einflusses über seine Verbindungen auf das kulturelle Leben, Gemeinschaftsleben und das materielle Leben des deutschen Volkes.»[76]

Die allgemeine Volkszählung vom Mai 1939 sollte die Gelegenheit zur vollständigen Registrierung sämtlicher Juden in Deutschland (einschließlich der Halb- und Vierteljuden) bieten: In jeder Stadt und in jedem Dorf sorgte die örtliche Polizei dafür, daß die Volkszählungskarten von Juden und Mischlingen als Kennzeichen den Buchstaben «J» trugen; Kopien aller örtlichen Volkszählungslisten sollten an den SD gesandt und an II 112 weitergeleitet werden.[77] Die Volkszählung fand wie vorgesehen statt. Die Juden wurden registriert, wie geplant war, und die Karteien erfüllten ihre Funktion, als die Deportationen begannen. (Diese Akten wurden in dem Gebäude aufbewahrt, in dem dann später das Philosophische Seminar der Freien Universität Berlin untergebracht war.)[78]

Eine zweite Bemühung zur Informationssammlung richtete sich auf alle jüdischen Organisationen in Deutschland und in der ganzen Welt, von der ORT, einer Organisation für berufliche Ausbildung und Beratung, bis zu Agudas Jisroel (den ultra-orthodoxen Juden). Für die Männer von II 112 und vom SD insgesamt war kein Detail zu winzig, keine jüdische Organisation zu unbedeutend. Da der organisierte Feind, den sie bekämpften, als solcher nicht existent war, mußte ihr Unternehmen ihn *ex nihilo* schaffen. Jüdische Organisationen wurden als Teile eines immer komplexeren Systems identifiziert, analysiert und studiert; die antideutschen Aktivitäten dieses Systems mußten aufgedeckt, seine innere Funktionsweise entschlüsselt, sein eigentliches Wesen entschleiert werden.

Der erstaunlichste Aspekt dieses Systems war seine Konkretheit. Ganz präzise – und absolut imaginäre – jüdische Verschwörungen wurden aufgedeckt, Namen und Adressen wurden geliefert, Gegenmaßnahmen ergriffen. So zählte Eichmann in seinem Vortrag «Das Weltjudentum» auf der Konferenz vom 1. November eine ganze Reihe unheimlicher jüdischer Bestrebungen auf. Ein Anschlag auf das Leben des sudetendeutschen Naziführers Konrad Henlein war im Pariser Asyle de jour et de nuit (einer Unterkunft für mittellose Juden) geplant worden. Er war nur deshalb gescheitert, weil Henlein gewarnt worden war und weil die Waffe des Mörders nicht funktioniert hatte. Schlimmer noch, Nathan Landsmann, der Präsident der in Paris ansässigen Alliance Israélite Universelle (einer jüdischen Bildungsorganisation) war dafür verantwortlich, Anschläge auf das Leben des Führers – und auch auf das von Julius Streicher – zu planen. Zu diesem Zweck stand Landsmann in Verbindung mit einer holländischen jüdischen Organisation, dem Komitee voor Bizondere Joodsche Belange in Amsterdam, welches wiederum eng mit dem niederländischen (jüdischen) Unilever Trust einschließlich seiner Zweigstellen in Deutschland zusammenarbeitete.[79] Dies ist lediglich ein Ausschnitt aus Eichmanns Offenbarungen.

Für Heydrich und seine Männer war es wahrscheinlich undenkbar, daß die Verbindungen zwischen jüdischen Institutionen sehr locker waren und im jüdischen Leben eine äußerst geringe Rolle spielten.[80] Wie er es in einem Ende 1935 erschienenen Pamphlet, *Wandlungen unseres Kampfes*, beschrieb, stellte das Netz der jüdischen Organisationen, die gegen das Reich agierten, eine tödliche Bedrohung dar.[81] Als solche erschien es auf den erdichteten Diagrammen, die in den Büros des SD in der Wilhelmstraße 102 in Berlin rasch anwuchsen. Dies war die Polizeiversion des Erlösungsantisemitismus.

In seinen politischen Empfehlungen unterstützte II 112 alle Aktivitäten zur Beschleunigung der jüdischen Auswanderung, einschließlich der möglicherweise positiven Effekte von angestifteten Gewalttaten.[82] Schon im Mai 1934 hatte eine an Heydrich gerichtete Denkschrift mit der unzweideutigen Feststellung begonnen: «Das Ziel der Judenpolitik muß die restlose Auswanderung der Juden sein.» Vor dem Hintergrund des Jahres 1934 waren die Zeilen, die darauf folgten, ungewöhnlich: «Den Juden sind die Lebensmöglichkeiten – nicht nur wirtschaftlich genommen – einzuschränken. Deutschland muß ihnen ein Land ohne Zukunft sein, in dem wohl die alte Generation in ihren Restpositionen sterben, nicht aber die junge leben kann, so daß der Anreiz zur Auswanderung dauernd wach bleibt. Abzulehnen sind die Mittel des Radau-Antisemitismus. Gegen Ratten kämpft man nicht mit dem Revolver, sondern mit Gift und Gas.»[83] Doch wie wir sahen, stellte Heydrich im September 1935 die Auswanderung nicht in den Mittelpunkt seiner politischen Vorschläge. Erst nach der allgemeinen Verschiebung der NS-Ziele im Jahre 1936 wurde die Politik des SD zu einem aktiven Element in einer generellen Kampagne aller mit jüdischen Angelegenheiten befaßten Stellen des NS-Regimes: Für sie alle hatte die Emigration höchste Priorität.

Palästina galt als eines der aussichtsreicheren Ziele für die jüdische

Auswanderung, wie es das seit 1933 gewesen war. Ebenso wie das Außenministerium und das Amt Rosenberg (das hauptsächlich für ideologische Fragen einschließlich der Kontakte zu ausländischen Nazisympathisanten zuständig war) stand der SD vor dem Dilemma, daß einerseits zwar die jüdische Emigration nach Palästina ermutigt werden sollte, sich daraus aber andererseits die Gefahr ergab, daß eine solche Auswanderung zur Errichtung eines strategischen Zentrums für die Machenschaften des Weltjudentums – zu einem jüdischen Staat – führen konnte. Im Zusammenhang mit derartigen politischen Überlegungen gab Heydrich Hagen und Eichmann die Erlaubnis, im Herbst 1937 nach Palästina zu fahren und mit ihrem Haganah-«Kontaktmann», Feivel Polkes, zusammenzutreffen.

Zumindest für Eichmann scheint die Mission große Erwartungen geweckt zu haben: «Da bei meiner Reise unter anderem Verhandlungen mit arabischen Fürstlichkeiten vorgesehen sind», schrieb der ehemalige Vertreter der Vacuum Oil Company für Oberösterreich an Franz Alfred Six, den Leiter von II 1, «benötige ich einen leichten hellen und einen dunklen Anzug sowie einen hellen Reisemantel.» Eichmanns Träume von orientalischer Eleganz blieben unerfüllt; statt dessen wurden die beiden Reisenden wiederholt auf strikte Geheimhaltungsmaßnahmen verpflichtet: keine Verwendung von Bezeichnungen wie «SS», «SD», «Gestapo»; keine Postkarten an Freunde im Dienst, und so fort.[84] Die Mission scheiterte jämmerlich: Die Briten ließen die beiden SD-Männer nicht länger als einen Tag in Palästina bleiben, und ihre Gespräche mit Polkes – der zu einem Gespräch mit ihnen nach Kairo kam – erbrachten keinerlei wertvolle Informationen. Doch die positive Einschätzung, die der SD von Palästina als Ziel der deutschen Juden hatte, blieb unverändert. Später war dann der SD die Stelle, mit der zionistische Abgesandte die Abreise von Konvois von Emigranten nach jugoslawischen und rumänischen Häfen organisierten, von wo aus sie den Versuch unternahmen, unter Durchbrechung der britischen Blockade zu Schiff nach Palästina zu gelangen.

Schließlich beteiligte sich die Judenabteilung des SD mit zunehmender Energie an den Überwachungsaktivitäten der Gestapo, und auf diesem Gebiet nahm ihr Anteil an der gemeinsamen Arbeit im Laufe des Jahres 1937 ständig zu. Am 18. September beispielsweise legte der SD-Oberabschnitt Rhein einen Bericht über eine jüdische Schülerin namens Ilse Hanoch vor. Dem Bericht zufolge fuhr Hanoch («die angeblich in London studiert») um 18,25 Uhr mit dem Zug von Trier nach Luxemburg. «Kurz vor der Grenzkontrolle zeigte die Hanoch ein sehr unsicheres Gebaren und riß von ihrem Notizblock anliegende Zettel, die sie zerknüllte und in den Aschenbecher warf.» An der Grenzstation wurde sie einer gründlichen Durchsuchung unterzogen, die jedoch ergebnislos verlief. Auf Grund der Ein- und Ausreisedaten, wie sie sich aus ihrem Paß ergaben, und wegen der Namen verschiedener jüdischer Familien, die auf den Zetteln gefunden wurden, die sie zerrissen und weggeworfen hatte, nahm der SD-Bericht an, daß die sogenannte Studentin als Kurier zwischen Juden, die emigriert waren, und solchen, die noch in Deutschland lebten, tätig war. Alle Grenzstellen wurden «gebeten zu veranlassen, daß die Hanoch bei ihrer Einreise vom Ausland her an der Grenze genauestens durchsucht und bei Reisen in Deutschland schärfstens überwacht wird».[85] Es ist nicht bekannt, ob Ilse Hanoch je wieder nach Deutschland zurückkehrte.

Seltsamerweise hatten jedoch die antijüdischen Aktionen der SS, wenn keine klaren Anweisungen gegeben wurden oder wenn der Rahmen für Gewalttätigkeiten nicht vorab festgelegt war, ihre immanenten Beschränkungen, zumindest in der Mitte der dreißiger Jahre. Betrachten wir den Fall des SS-Sturmmanns Anton Beckmann aus dem Kommandanturstab des Konzentrationslagers Columbia in Berlin. Am 25. Januar 1936 betrat er einen Laden in der Friesenstraße und kaufte sich ein Paar Hosenträger. Beim Verlassen des Geschäftes wurde Beckmann, der seine SS-Uniform trug, von einem Passanten darauf hingewiesen, daß er soeben in einem jüdischen Geschäft gekauft hatte. Er versuchte sofort, den Kauf rückgängig zu machen, aber das gelang ihm nicht: Die Geschäftsinhaberin, «die Jüdin Joel, [sagte] frech, daß sie nicht daran dächte, einmal gekaufte Ware zurückzunehmen. Sie behauptete weiter, sie hat eine Menge Kunden von der SS, unter anderen auch höhere Dienstgrade.» SS-Obersturmführer Kern, den Beckmann wegen der Rückgabe der Hosenträger zu Hilfe geholt hatte, hatte auch nicht mehr Erfolg. Der Kommandant des Konzentrationslagers Columbia schickte einen Bericht über die Sache ab, in dem er die Verhaftung der «Jüdin Joel wegen Verbreitung unwahrer Gerüchte über SS-Angehörige» verlangte, und er fügte hinzu: «Es wäre im Interesse aller Nationalsozialisten zu begrüßen, wenn man endlich, wie in anderen Gauen, auch in Berlin dazu überginge, jüdische Geschäfte entsprechend zu kennzeichnen.»[86]

Nach Erhalt des Berichtes des Kommandanten mußte der Inspekteur der Konzentrationslager, SS-Gruppenführer Eicke, zugeben, daß er «dieser Angelegenheit machtlos gegenüber[stehe]», und er leitete die Anfrage an den Chef des SS-Hauptamtes, Gruppenführer Heißmeyer, weiter,[87] der sie an den Berliner Standortführer-SS weitersandte und dazu schrieb: «Gerade in Berlin läuft jeder Gefahr, unbewußt in jüdischen Geschäften zu kaufen, während in anderen Städten, wie z. B. in Frankfurt/Main, durch die Anbringung von einheitlichen Schildern ‹Deutsches Geschäft› diese Gefahr gebannt ist.»[88] Von der Entwicklung des Kennzeichnungsproblems bei Geschäften war schon die Rede, aber was geschah mit der

«Jüdin Joel»? Das Fehlen von sie betreffenden Anweisungen und das Bevorstehen der Olympischen Spiele lassen darauf schließen, daß sie vielleicht trotz ihrer «Frechheit» nicht verhaftet wurde.

So geringfügig der Fall Joel war, er verweist auf ein Problem, das für die antijüdische Politik der Nationalsozialisten in der Vorkriegszeit von zentraler Bedeutung war. Zu den wichtigsten Hindernissen, mit denen sich das Regime bei seinem Versuch, die Juden aus Deutschland zu entfernen, konfrontiert sah, zählte die Tatsache, daß die Opfer mit sämtlichen Tätigkeitsbereichen in der deutschen Gesellschaft untrennbar verbunden gewesen waren. Infolgedessen mußte das System, wenn direkte Gewalt (noch) nicht möglich war, immer neue administrative oder juristische Maßnahmen entwickeln, um die zwischen dieser Gesellschaft und den Juden bestehenden Bindungen Stufe für Stufe und Schritt für Schritt aufzulösen. Und wie wir sahen, gab es in jedem Stadium eine beliebige Anzahl unvorhergesehener Ausnahmen, die zusätzliche administrative Lösungen verlangten. Mit anderen Worten, es war noch nicht leicht, die «Jüdin Joel», die legal ihre Waren verkaufte und immer noch durch die allgemeinen Anweisungen bezüglich der Wirtschaftstätigkeit der Juden geschützt war, einfach zu verhaften: Die Kennzeichnung jüdischer Geschäfte beispielsweise konnte Konsequenzen im In- und Ausland nach sich ziehen, denen sich zu stellen das Regime noch nicht bereit war.

V

Auch wenn die Gesamtzahl der Insassen von Konzentrationslagern in den Jahren 1936–37 im Vergleich zu den ersten beiden Jahren des Regimes und vor allem zu der Zeit danach ihren niedrigsten Wert hatte (sie lag bei 7500),[89] nahmen die Kategorien von potentiellen Häftlingen erheblich zu. Neben politischen Gegnern handelte es sich bei den Insassen hauptsächlich um Mitglieder religiöser Sekten wie der Zeugen Jehovas, um Homosexuelle und um «Gewohnheitsverbrecher» oder «Asoziale», eine Gruppe, die das Innenministerium folgendermaßen definierte:

«Personen, die durch kleinere, aber wiederholte Gesetzesverstöße deutlich machen, daß sie sich der natürlichen Disziplin des nationalsozialistischen Staates nicht fügen werden, z. B. Bettler, Landstreicher (Zigeuner), Alkoholiker, Huren mit ansteckenden Krankheiten, insbesondere Geschlechtskrankheiten, die sich den von den Gesundheitsbehörden ergriffenen Maßnahmen entziehen.»

Eine weitere Kategorie von Asozialen waren die «Arbeitsscheuen»: «Männer im arbeitsfähigen Lebensalter ..., die nachweisbar in zwei Fällen die ihnen angebotenen Arbeitsplätze ohne berechtigten Grund abgelehnt oder die Arbeit zwar aufgenommen, aber nach kurzer Zeit ohne stichhaltigen Grund wieder aufgegeben haben.» In den darauffolgenden Jahren wurden Arbeitsscheue dieser unterschiedlichen Kategorien in zunehmendem Maße von der Gestapo aufgegriffen und in Konzentrationslager geschickt.[90]

Der selbst nach den Rechtsmaßstäben des Dritten Reiches völlig willkürliche Charakter der Verhaftungen und der Einweisungen in Lager läßt sich durch zwei Polizeiverfügungen veranschaulichen. Im September 1935 verlangte die bayerische Politische Polizei, bei «allen Personen, die vom Volksgerichtshof abgeurteilt werden», sollte rechtzeitig das Datum der voraussichtlichen Entlassung aus der Strafhaft festgestellt werden, damit sofort anschließend eine Überführung in die Konzentrationslager veranlaßt werden könne. Mit anderen Worten, die Polizei «korrigierte» die Gerichtsurteile.[91] Und am 23. Februar 1937 befahl Himmler der Kriminalpolizei, etwa 2000 Gewohnheitsverbrecher von neuem zu verhaften und sie in Konzentrationslagern zu inhaftieren.[92] Das waren Personen, die nicht noch einmal verurteilt worden waren; die Auswahl der Opfer blieb völlig dem Gutdünken der Kriminalpolizei überlassen – «wobei die angeordnete Pauschalsumme der Verhaftungen naturgemäß die Willkür der Auswahl fördern mußte».[93]

In den dreißiger Jahren benutzte das Naziregime zwei verschiedene, aber sich gegenseitig ergänzende Verfahren, um die vollständige Ausschließung von rassisch gefährlichen Gruppen aus der Volksgemeinschaft zuwege zu bringen: einerseits Absonderung und Vertreibung, andererseits Sterilisierung. Die erste Methode wurde in ihren verschiedenen Aspekten gegen die Juden, Zigeuner und Homosexuellen angewendet; die zweite Methode wurde gegen die Träger von (körperlichen oder geistigen) Erbkrankheiten und gegen Personen eingesetzt, die gefährliche Eigenschaften zeigten, welche man für erblich hielt, sowie gegen «rassisch verseuchte Individuen», die nicht vertrieben oder in Lager gesteckt werden konnten. Und was den Kampf gegen den Juden als den Weltfeind angeht, so nahm er sowohl auf der ideologischen Ebene als auch im Hinblick auf seine allumfassende Natur zusätzliche und unterschiedliche Formen an.

Neben den Asozialen waren die Gruppen, die vor allem für die Absonderung und für verschiedene Formen der Inhaftierung in bereits existierenden Lagern oder in neuerrichteten lagerähnlichen Gebieten vorgesehen waren, die Zigeuner und die Homosexuellen. Wie die Juden bewohnten die Zigeuner die wahnhaften Tiefen der europäischen Seele, und wie sie wurden sie als Fremde auf europäischem Boden gebrandmarkt. Wie wir sahen, wurde die Anwendbarkeit der Nürnberger Gesetze auf die Zigeuner schon bald nach ihrer Verabschiedung verkündet.

Als «Trägern fremden Blutes» wurde es den Zigeunern untersagt, Angehörige der deutschen Rasse zu heiraten oder sexuelle Kontakte mit ihnen zu unterhalten.[94] Doch obwohl der Beschluß auf Grund von allgemeinen Kriterien von Aussehen und Verhalten angewendet wurde, stand die Lösung der Aufgabe, tatsächlich den rassischen Charakter der «Zigeuner» zu definieren, noch aus. Von 1936 an wurde dies das Projekt des an der Universität Tübingen tätigen Robert Ritter.

Mit finanzieller Unterstützung der staatlich dotierten Deutschen Forschungsgemeinschaft (DFG), der SS und des Reichsgesundheitsministeriums machte sich Ritter an die Klassifizierung der in Deutschland lebenden 30000 Zigeuner. (Diese ethnischen Gruppen, die heute als Sinti und Roma bezeichnet werden, wurden schon lange vor dem Dritten Reich im allgemeinen Zigeuner genannt und werden es meist auch heute noch.) Dem Tübinger Spezialisten zufolge kamen die Zigeuner aus Nordindien und waren ursprünglich Arier, hatten sich aber auf ihren Wanderungen mit minderwertigen Rassen vermischt und waren jetzt zu fast 90 Prozent rassisch unrein.[95] Ritters Schlußfolgerungen sollten zur Grundlage für den nächsten Schritt auf dem Weg zu Absonderung, Abtransport und Vernichtung werden: Himmlers Befehl vom 8. Dezember 1938 zu den Maßnahmen, die gegen die Sinti und Roma ergriffen werden sollten.

Während die Rassengesetze verkündet wurden, durch welche die Heirat und der Geschlechtsverkehr zwischen Zigeunern und Deutschen verboten wurde, und während Ritter und seine Assistenten ihre Forschungen an Fotos und Maßangaben trieben, blieb die Polizei nicht untätig. Die Sinti und Roma waren traditionell vor allem in Bayern Schikanen ausgesetzt gewesen; nach 1933 wurde jedoch das direkte Schikanieren zu einer systematischen Angelegenheit. Ausländische Zigeuner wurden aus dem Land vertrieben, und andere inhaftierte man als Landstreicher, Gewohnheitsverbrecher und verschiedene sonstige Arten von Asozialen. Indem sie die Olympischen Spiele zum Vorwand nahm, verhaftete die Berliner Polizei im Mai 1936 Hunderte von Zigeunern und verfrachtete ganze Familien mit ihren Wagen, Pferden und sonstigen Habseligkeiten zum sogenannten «Rastplatz» Marzahn, der zwischen einer Müllhalde und einem Friedhof lag. Bald wurde der Rastplatz mit Stacheldraht eingezäunt. In einem Vorort von Berlin war de facto ein Zigeuner-Konzentrationslager eingerichtet worden. Von Marzahn und von ähnlichen Rastplätzen aus, die bald darauf in der Nähe anderer deutscher Städte errichtet wurden, wurden dann wenige Jahre später Tausende von Sinti und Roma zu den Vernichtungsstätten im Osten geschickt.[96]

Der Fall Leopold Obermayer hat bereits einen gewissen Hinweis auf den besonderen Haß gegeben, den das System auf Homosexuelle hatte.

In den Weimarer Jahren war ein gewisses Maß an Liberalisierung von antihomosexuellen Gesetzen und Bestimmungen erreicht worden, aber sobald die Nationalsozialisten an der Macht waren, wurden die Verbote strenger, vor allem nach der Liquidierung der SA-Führung im Juni 1934 (Ernst Röhm und einige der bedeutendsten SA-Führer waren als Homosexuelle bekannt). In der SS war die Homophobie ungewöhnlich schrill. Ein 1935 erschienener Artikel im *Schwarzen Korps* verlangte die Todesstrafe für homosexuelle Handlungen, und im darauffolgenden Jahr schuf Himmler eine Reichszentrale zur Bekämpfung der Homosexualität und der Abtreibung.[97] In der Nazizeit wurden 10 bis 15 000 Homosexuelle inhaftiert.[98] Wie viele in den Lagern starben, weiß man nicht, aber nach Aussage eines Häftlings aus Dachau lebten «die Häftlinge mit dem rosa Winkel niemals lange, sie wurden von der SS systematisch rasch vernichtet».[99]

Obermayers Geschichte bleibt in vieler Hinsicht exemplarisch.

Mitte Oktober 1935 war Leopold Obermayer, wir erinnern uns, wieder in Dachau. Diesmal jedoch setzte er sich unter Heranziehung der verschiedensten juristischen und moralischen Argumente und unter Einsatz seines Status als Schweizer Bürger zur Wehr. Die meisten seiner Briefe und Eingaben wurden von den Dachauer Zensoren abgefangen und an seinen schlimmsten Peiniger, den Würzburger Gestapochef Josef Gerum, weitergeleitet; seine Verteidigungsstrategie wurde von seinem neuen Rechtsanwalt, einem ganz gewöhnlichen Nazi, untergraben; die Hoffnungen, die er auf eine entschiedene Intervention der Schweizer Behörden setzte, erfüllten sich nicht (wie Broszat und Fröhlich es formuliert haben, waren die Schweizer wahrscheinlich nicht der Ansicht, daß der Fall eines jüdischen Homosexuellen einen Konflikt mit Deutschland wert war).[100] Dennoch wurden Gerum und sogar einige seiner Vorgesetzten in München und Berlin durch Obermayers unablässige Beschwerden und die Ungewißheit der bayerischen Politischen Polizei und des Justizministeriums in Berlin hinsichtlich der Frage, wie weit die Schweizer bereit sein würden, den Fall Obermayer zu einem internationalen Skandal zu machen, zutiefst verunsichert.[101] So konnte im Jahre 1936 der entschiedene Widerstand eines jüdischen Homosexuellen, wenn auch eines, der von einer ausländischen Staatsbürgerschaft profitierte, in den Operationen des Systems noch ein gewisses Maß an Unsicherheit hervorrufen. Doch wie dem auch sein mochte, Obermayers Prozeß ließ sich nicht endlos verschieben. Der Fall wurde der Würzburger Strafkammer übertragen, der Prozeß für den 9. Dezember 1936 angesetzt. Der Staatsanwalt hatte vor, sich auf die homosexuellen Aktivitäten des Angeklagten, hauptsächlich auf seine Verführung deutscher Jugendlicher, zu konzentrieren (Obermayer selbst stritt seine Homosexualität nie ab, behauptete aber standhaft, die Beziehungen, die er zu jüngeren Männern gehabt habe, hätten nie die vom Gesetz gezogenen Grenzen überschritten).[102]

Im November dämmerte der Würzburger Gestapo und der Staatsanwaltschaft, daß Obermayer bei seiner Persönlichkeit und seiner Hartnäckigkeit in der Lage sein würde, den Gerichtssaal für die Argumentation zu verwenden, Hitler selbst habe von den homosexuellen Beziehungen in der SA-Führung gewußt und sie bis zum 30. Juni 1934 akzeptiert.[103] So mußte der Prozeß hinter verschlossenen Türen stattfinden, und während Obermayer seine letzte Chance verlor, seine Verfolger in Verlegenheit zu bringen, entging auch der Propagandamaschinerie der Partei und der Gestapo die Gelegenheit, einen Schauprozeß zu inszenieren. (Wie wir sehen werden, sollte Jahre später im Hinblick auf den geplanten Schauprozeß gegen Herschel Grynszpan, den jungen Juden, der im November 1938 den deutschen Diplomaten Ernst vom Rath erschoß, eine ähnliche Situation eintreten.)

Über den Prozeß selbst weiß man wenig, aber selbst die Berichte in den lokalen Naziblättern lassen darauf schließen, daß sich Obermayer klug verteidigte. Das Urteil stand von vornherein fest: lebenslängliche Haft. Bis 1942 war Obermayer in einem regulären Gefängnis untergebracht, dann wurde er der SS übergeben und nach Mauthausen geschickt; dort starb er am 22. Februar 1943. Josef Gerum wurde 1948, nachdem er einer Entnazifizierungskammer seine Version der Ereignisse aufgetischt hatte, freigelassen.[104]

In den dreißiger Jahren machte die im Juli 1933 eingeleitete Sterilisierungskampagne kontinuierliche Fortschritte. Wenn sich das Gesundheitsargument zu rassischen Zwecken nicht umstandslos heranziehen ließ, fand man andere Methoden. So war das neue Regime kaum an der Macht, da wurde die Aufmerksamkeit der Behörden auf eine Gruppe gelenkt, die wahrscheinlich nicht mehr als 500 bis 700 Mitglieder zählte: die jungen Nachkommen von deutschen Frauen und Soldaten aus afrikanischen Kolonien, die in den ersten Nachkriegsjahren bei der französischen Besetzung des Rheinlands Dienst getan hatten. Im Nazijargon waren das die «Rheinlandbastarde».[105] Hitler hatte diese «schwarze Befleckung des deutschen Blutes» bereits als eine weitere Methode beschrieben, mit der die Juden die rassische Kraft des Volkes unterhöhlen wollten.

Schon im April 1933 verlangte Göring als preußischer Innenminister die Registrierung dieser «Bastarde», und wenige Wochen später ordnete das Ministerium an, daß sie sich einer rassisch-anthropologischen Begutachtung zu unterziehen hätten.[106] Im Juli erstellte ein gewisser Abel, einer der Assistenten des Rasseanthropologen Eugen Fischer am Kaiser-Wilhelm-Institut, eine Studie über 38 von diesen Schulkindern. Wie zu erwarten war, fand Abel, daß seine Probanden, die alle im Rheinland lebten, in ihren intellektuellen Fähigkeiten und in ihrem Verhalten verschiedene Defekte zeigten. Das preußische Ministerium berichtete die Ergebnisse am 28. März 1934 und warnte vor den schlimmen rassischen Konsequenzen, die sich ergeben würden, wenn es diesen «Bastarden», trotz ihrer geringen Zahl, gestattet würde, sich fortzupflanzen. Das Fazit der Argumentation lautete, da die Anwesenheit einer halben Million Mischlinge in Frankreich innerhalb von vier oder fünf Generationen zur Bastardisierung der Hälfte der französischen Bevölkerung führen werde, werde die vergleichbare Anwesenheit von Mischlingen auf der deutschen Seite der Grenze zu lokaler Rassenmischung und dem nachfolgenden Verschwinden rassischer Unterschiede zwischen den Franzosen und der Bevölkerung der an Frankreich angrenzenden westlichen Teile des Reiches führen.[107]

Daß man die Sache nicht auf die leichte Schulter nahm, zeigt eine Besprechung der Beratungskommission für Bevölkerungs- und Rassenpolitik im Innenministerium, zu der am 11. März 1935 Vertreter der Ministerien des Inneren, der Gesundheit, der Justiz, der Arbeit und des Auswärtigen sowie Eugeniker aus der akademischen Welt zusammengerufen wurden. Walter Groß verhehlte nicht die Schwierigkeiten bei der Behandlung des Problems mit den «Negerbastarden», wie er sie nannte. Ihre rasche Vertreibung war unmöglich; so ließ Groß keinen Zweifel an der Notwendigkeit einer Sterilisierung. Doch die Sterilisierung einer gesunden Bevölkerungsgruppe konnte, wenn man sie offen durchführte, bedenkliche Reaktionen im In- und Ausland hervorrufen. Da man sich der Zuverlässigkeit gewöhnlicher niedergelassener Ärzte nicht sicher sein konnte, sah Groß keine andere Möglichkeit als die, das geheime Eingreifen von Ärzten zu fordern, die zugleich hartgesottene Parteigenossen waren und die Gebote des höheren Wohls des Volkes verstehen würden.[108] Im Laufe des Jahres 1937 wurden diese Hunderte von Jungen und Mädchen identifiziert, von der Gestapo aufgegriffen und sterilisiert.[109]

Die Windungen des Nazidenkens bleiben jedoch unergründlich. Während die Parteidienststellen die Sterilisierung der «Negerbastarde» verabredeten, schickte Bormann an alle Gauleiter vertrauliche Instruktionen über «deutsche Kolonialneger»: Die etwa 50 Schwarzen aus den ehemaligen deutschen Kolonien, die in Deutschland lebten, konnten, so der Reichsleiter, keine Beschäftigung finden, denn «wenn sie Arbeit gefunden haben, so wird der Arbeitgeber angefeindet und zur Entlassung der Neger gezwungen». Bormann war bereit, ihnen Arbeitsgenehmigungen ausstellen zu lassen, um ihnen dabei zu helfen, eine feste Arbeit zu finden; jede individuelle Aktion gegen sie wurde verboten.[110] Die Frage der Nachkommenschaft erwähnte der Reichsleiter nicht einmal.

Waren diese Schwarzen mit deutschen Frauen verheiratet? Hatten sie gemischtrassige Kinder? Sollten diese Kinder sterilisiert werden? Es sieht so aus, als sei keine dieser Fragen dem obersten Rassefanatiker Martin Bormann auch nur durch den Kopf gegangen.

Die Entscheidung, Träger von Erbkrankheiten und die sogenannten Schwachsinnigen zu sterilisieren, beruhte auf medizinischen Untersuchungen und eigens entwickelten Intelligenztests. Die Resultate wurden Erbgesundheitsgerichten vorgelegt, deren Entscheidungen dann zur Revision an Erbgesundheitsberufungsgerichte weitergeleitet wurden; nur deren abschließende Sprüche waren verbindlich. Etwa drei Viertel der Gesamtzahl von ungefähr 400 000 Personen, die in NS-Deutschland sterilisiert wurden, machten die Operation vor Beginn des Krieges durch.[111] Doch nur ein Teil der sterilisierten Bevölkerung überlebte schließlich. Für psychiatrische Patienten war die Sterilisierung häufig nur ein erster Schritt: Ende der dreißiger Jahre waren sie diejenige Gruppe, die in NS-Deutschland am stärksten gefährdet war.

Schon in den letzten Jahren der Republik wurden Patienten in psychiatrischen Institutionen zunehmend als Belastung der Gemeinschaft betrachtet, sie galten als «Überflüssige», als Menschen, deren Leben «lebensunwert» war. Das NS-Regime scheute keine Mühe, um die richtigen Einstellungen gegenüber Anstaltsinsassen zu verbreiten. Organisierte Fahrten durch psychiatrische Institutionen sollten das unberechenbare Erscheinungsbild der psychiatrischen Patienten demonstrieren und die unnötigen Kosten verdeutlichen, die ihr Unterhalt verursachte. So wurde beispielsweise 1936 die Münchner Anstalt Eglfing-Haar von Mitgliedern der Reichsführungsschule der SA besichtigt, von örtlichen SS-Rasseexperten, von Ausbildern des SS-Regiments «Julius Schreck» und von verschiedenen Gruppen der Arbeitsfront.[112] Ein ganzer Haufen von Propagandafilmen, die darauf abzielten, die breitere Öffentlichkeit zu indoktrinieren, wurde in diesen Jahren gedreht und gezeigt,[113] und in Schulen führten entsprechende Rechenübungen den finanziellen Tribut vor, den solche Menschen von der Wirtschaft der Nation forderten.[114]

Ob diese Erziehungsmaßnahmen eine systematische Vorbereitung der öffentlichen Meinung auf die Vernichtung der Insassen andeuten, ist nicht klar, aber in diesem Bereich kann man – mehr noch als in vielen anderen – die direkten Auswirkungen der Ideologie auf die politischen Maßnahmen des Regimes seit 1933 verfolgen. Nach Angaben von Lammers hatte Hitler die Möglichkeit einer Euthanasie schon 1933 erwähnt, und nach den Aussagen seines Arztes Karl Brandt hatte Hitler das Thema 1935 mit dem Reichsärzteführer Wagner diskutiert und zu verstehen gegeben, ein derartiges Projekt werde sich in Kriegszeiten leichter durchführen lassen.[115] Dennoch wurden seit 1936 Psychiatriepatienten allmählich in großen staatlichen Institutionen zusammengeführt, und die Beschäftigten einiger privater Institutionen wurden mit zuverlässigen SS-Leuten durchsetzt. Angesichts dieser Tendenz überrascht es nicht, daß das *Schwarze Korps* im März 1937 keine Bedenken hatte, einen Vater zu preisen, der seinen behinderten Sohn getötet hatte.[116]

Die privat geführten Institutionen waren sich über den bedrohlichen Aspekt dieser Entwicklungen durchaus im klaren. Tatsächlich ist das Entsetzliche an der Dokumentation der Jahre 1936–38, «daß die Fürsorgeverbände [protestantische Gruppierungen wie die Innere Mission] die ihnen zur Fürsorge Anvertrauten öffentlich diffamieren und denunzieren und so zu ihrer Verfolgung und Vernichtung Vorschub leisten».[117] Viele der kirchlichen Institutionen, die infolge der Verlegung von Patienten in staatliche Institutionen einige ihrer Insassen verloren, beklagten sich zwar – aber nur über die wirtschaftlichen Schwierigkeiten, die für sie durch derartige Verlegungen verursacht wurden.[118]

Der erste konkrete Schritt zu einer Euthanasiepolitik wurde im Herbst 1938 getan. Der Vater eines blind, zurückgeblieben und ohne Arme und Beine geborenen Kindes richtete eine Eingabe an Hitler, in der er für seinen Sohn um das Recht auf einen «Gnadentod» bat. Karl Brandt wurde nach Leipzig geschickt, wo das Knauer-Baby im Krankenhaus lag, um die behandelnden Ärzten zu konsultieren und die Euthanasie durchzuführen, was er dann tat.[119]

Wie wir noch sehen werden, wurde die Euthanasieplanung in den ersten Monaten des Jahres 1939 beschleunigt. Dennoch agierte Hitler mit Vorsicht. Er war sich darüber im klaren, daß die Tötung von geisteskranken Erwachsenen oder von Kindern mit schweren Mißbildungen auf erbitterten Widerstand von seiten der Kirchen, insbesondere der katholischen Kirche, stoßen konnte. Dieses potentielle Hindernis war um so bedeutsamer, als in Österreich die überwiegend katholische Bevölkerung und die Kirchenhierarchie soeben ihre enthusiastische Zustimmung zum Anschluß gegeben hatten. So erhielt Ende 1938 Hartl, der Leiter der SD-Abteilung II 112 (politische Kirchen) über Heydrich eine Anweisung von Victor Brack, dem Stellvertreter von Philipp Bouhler (dem Leiter der Kanzlei des Führers), er solle ein «Gutachten» über die Einstellung der Kirche zur Euthanasie erstellen.[120] Hartl sah sich zur Abfassung einer derartigen Einschätzung nicht in der Lage, aber er setzte sich mit Pater Joseph Mayer in Verbindung, der Professor für Moraltheologie an der Philosophisch-Theologischen Akademie in Paderborn war und schon 1927 zustimmend über die Sterilisierung der Geisteskranken geschrieben hatte. Im Frühherbst 1939 erhielt Hartl Mayers detaillierte Denkschrift, die das Für und Wider in katholischen Verlautbarungen zum Thema zusammenfaßte. Die Denkschrift ist nicht aufgefunden worden, und wir wissen nicht, ob der Paderborner Geistliche seine eigene Auffassung zum Thema Euthanasie zum Ausdruck brachte, aber anscheinend blieb, selbst wenn er zu keinem eindeutigen Schluß gelangte, die Tür für Ausnahmen jedenfalls offen.[121]

Über indirekte Kanäle legte das Amt Bracks die von Mayer verfaßte Denkschrift Bischof Berning und dem päpstlichen Nuntius, Monsignore Cesare Orsenigo, vor. Auf der protestantischen Seite wurde sie den Pastoren Paul Braune und Friedrich von Bodelschwingh zugeleitet. Anscheinend wurde von keinem der deutschen Geistlichen – ob Katholik oder Protestant –, mit denen sich Hitlers Kanzlei in Verbindung gesetzt hatte, Widerspruch geäußert. Auch der Abgesandte des Papstes hüllte sich in Schweigen.[122]

7.
Paris, Warschau, Berlin – und Wien

I

Während sich der Sturm über Europa zusammenbraute, wurden die Juden auf dem ganzen Kontinent erneut zum Gegenstand verbreiteter Diskussionen, zur Zielscheibe von Verdächtigungen und manchmal von regelrechtem Haß. Hauptquelle der Veränderung waren die allgemeinen ideologischen und politischen Spaltungen, die sich Mitte der dreißiger Jahre entwickelten, aber in Ländern außerhalb von NS-Deutschland bereitete eine allgegenwärtige Krisenatmosphäre den Boden für eine neue Welle von antijüdischem Extremismus.

Die ersten Zeichen dieser Radikalisierung hatten sich zu Beginn des Jahrzehnts gezeigt. Zunehmende Zweifel an der Gültigkeit der bestehenden Ordnung ergaben sich infolge der Wirtschaftskrise, aber auch auf Grund eines allgemeineren Unbehagens. Im Zuge einer nahezu «natürlichen» Reaktion wurden die Juden – und das nicht nur auf der äußersten Rechten – mit dem einen oder anderen Aspekt des scheinbaren sozialen und kulturellen Zerfalls identifiziert und für einige seiner schlimmsten Konsequenzen verantwortlich gemacht. Es war eine Zeit, in welcher der katholische Schriftsteller Georges Bernanos, der an sich kein Fanatiker war, einen Mann wie Édouard Drumont, den französischen Erzantisemiten des ausgehenden 19. Jahrhunderts, den berüchtigten Herausgeber der Zeitung *La Libre* Parole und Autor von *La France juive*, verherrlichen und gegen die Bedrohung der christlichen Zivilisation durch die Juden wettern konnte.

In Bernanos' 1931 erschienenem Buch *La grande peur des bien-pensants* («Die große Furcht der Spießbürger») handelte es sich bei den Werten, die durch die angeblich ständig zunehmende jüdische Beherrschung bedroht waren, um die der christlichen Zivilisation und der Nation als einer lebenden organischen Entität. Die neue kapitalistische Wirtschaft wurde von der konzentrierten Finanzmacht von *les gros* kontrolliert – den mythischen «zweihundert Familien», die sowohl die Rechte als auch die Linke mit den Juden gleichsetzten.[1] Mit anderen Worten, die jüdische Bedrohung war zumindest zum Teil die Bedrohung durch die *Moderne*. Die Juden waren die Vorläufer, die Herren und die begeisterten Prediger der Lehre des Fortschritts. Ihren französischen Schülern, schrieb Bernanos, brachten sie «eine neue Mystik, wunderbar an die des Fortschritts angepaßt. ... In diesem Ingenieursparadies, nackt und glatt wie ein Labor, war allein die jüdische Phantasie in der Lage, diese monströsen Blumen sprießen zu lassen.»[2]

La grande peur endet mit den finstersten Vorahnungen. In den letzten Zeilen des Buches bleiben die Juden unerwähnt, aber die ganze Logik des Textes verknüpft den apokalyptischen Schluß mit Drumonts verlorenem Kampf gegen das Judentum. Die Gesellschaft, die vor den Augen des Autors erschaffen wurde, war eine gottlose Gesellschaft, in der er nicht leben zu können glaubte: «Es fehlt die Luft», rief er aus. «Sie kriegen uns nicht ... Sie kriegen uns nicht lebendig!»[3]

Bernanos' Antisemitismus war leidenschaftlich, ohne unbedingt rassistisch zu sein. Er war untrennbarer Bestandteil einer antimodernistischen und antiliberalen Richtung, die sich dann später im Hinblick auf NS-Deutschland selbst in entgegengesetzte Lager aufspalten sollte. Er war die Stimme des Verdachts, der Verachtung; er konnte Ausschließung verlangen. Von dieser Art waren unter anderem die antijüdischen Einstellungen einer mächtigen Gruppe europäischer Intellektueller, die im Katholizismus verwurzelt waren, entweder als Gläubige oder als Männer, die stark durch ihren katholischen Hintergrund geprägt waren. In Frankreich waren Schriftsteller wie Thierry Maulnier, Robert Brasillach, Maurice Bardèche und eine ganze Phalanx von katholischen und nationalistischen Militanten der Action Française (der royalistischen Bewegung, die der ultranationalistische, antisemitische und gegen Dreyfus agierende Charles Maurras zu Beginn des Jahrhunderts gegründet hatte) Vertreter dieser Richtung; sie gehörten entweder immer noch der Bewegung von Charles Maurras an oder unterhielten enge Beziehungen zu ihr. Paradoxerweise war Maurras selbst kein gläubiger Katholik, aber er verstand die Bedeutung des Katholizismus für seinen «integralen Nationalismus». Die Kirche verurteilte 1926 die Action Française, aber viele rechtsgerichtete Gläubige blieben Maurras' Bewegung treu. In England bekannten sich so illustre Vertreter des Katholizismus wie Hilaire Belloc, G. K. Chesterton und T. S. Eliot zu ihrer Abhängigkeit von Maurras, doch ihre antijüdischen Ausbrüche hatten einen Stil und eine Kraft eigener Art. Ausdrücklich anerkannt wurden katholische Wurzeln von Carl Schmitt, und ihr indirekter Einfluß auf Heidegger ist unbestreitbar. Es gab in diesem militanten Rechtskatholizismus einen apokalyptischen Ton, einen zunehmenden Drang, sich in den Endkampf gegen die Kräfte zu stürzen, von denen Bernanos sprach – Kräfte, deren gemeinsamer Nenner normalerweise der Jude war.

Zu gleicher Zeit ergriff jedoch ein wachsender Kulturpessimismus – dessen politische und religiöse Wurzeln diffus waren, der aber einen heftigen Antisemitismus eigener Art verströmte – verschiedene Bereiche der europäischen Intellektuellenszene. Auch hieran waren einige der prominentesten französischen Schriftsteller der damaligen Zeit beteiligt: Louis-Ferdinand Céline und Paul Léautaud, Pierre Drieu La Rochelle, Maurice Blanchot, Marcel Jouhandeau, Jean Giraudoux und Paul Morand. Doch am enthüllendsten waren nicht Célines 1937 erschienene *Bagatelles pour un massacre* als solche – dieses Buch ist möglicherweise, sieht man von regelrechten Nazi-Produktionen ab, die bösartigste antijüdische Tirade in der modernen abendländischen Literatur –, sondern André Gides positive Besprechung des Werkes in der *Nouvelle Revue Française*, die sich des Vorwandes bediente, was Céline in dem Buch geschrieben habe, sollte nicht ernstgenommen werden.[4] Und am bezeichnendsten für die herrschende Atmosphäre war nicht Brasillachs ausgesprochener Haß auf die Juden, sondern die Tatsache, daß Giraudoux, der in *Pleins pouvoirs* soeben einen giftigen Angriff gegen jüdische Einwanderer vorgetragen hatte, im letzten Jahr der Dritten Republik Informationsminister wurde.[5]

Vor dem Hintergrund dieser religiös-kulturell-zivilisatorischen Krise und ihrer antijüdischen Folgeerscheinungen erscheinen andere, weniger abstrakte Faktoren als Ursachen der allgemeinen Verschärfung antijüdischer Einstellungen und antisemitischer Agitation in Ländern außerhalb von Nazideutschland.

Das Zusammentreffen der weltweiten Wirtschaftskrise und ihrer Folgeerscheinung, langjähriger Arbeitslosigkeit, mit dem zunehmenden Druck jüdischer Einwanderung in westliche Länder einerseits und wirtschaftlicher Konkurrenz von seiten einer zahlreichen jüdischen Bevölkerung in Mittel- und Osteuropa andererseits mögen der unmittelbarste Antrieb zur Feindseligkeit gewesen sein. Doch für Millionen von mißgestimmten Europäern und Amerikanern galten die Juden auch als Menschen, die zu den Nutznießern der Situation gehörten, sofern man sie nicht als die Manipulateure der finsteren und geheimnisvollen Kräfte ansah, die für die Krise selbst verantwortlich waren. Derartige Konstrukte waren auf alle Ebenen der Gesellschaft vorgedrungen.

In Ländern wie Frankreich, England und den Vereinigten Staaten, in denen einige Juden prominente Stellungen im Zeitungswesen, im kulturellen Leben und sogar in der Politik errungen hatten, schilderten der herrschende europäische Pazifismus und amerikanische Isolationismus die jüdischen Proteste gegen Nazideutschland als Kriegstreiberei. Den Juden wurde vorgeworfen, ihre eigenen Interessen und nicht die ihrer Länder zu verfolgen. Der französische Politiker Gaston Bergery, ein ehemaliger Radikalsozialist, der dann wärend der deutschen Besatzung zum Kollaborateur werden sollte, beschrieb im November 1938 in seiner Zeitschrift *La Flèche* («Der Pfeil»), wie «das jüdische Programm» eines Krieges gegen Nazideutschland von der breiteren Öffentlichkeit wahrgenommen wurde: «Ein Krieg – das spürt die öffentliche Meinung – weniger zur Verteidigung der direkten Interessen Fankreichs als zur Vernichtung des Hitlerregimes in Deutschland, also der Tod von Millionen von Franzosen und [anderen] Europäern, um ein paar tote Juden und ein paar Hunderttausend unglückliche Juden zu rächen.»[6]

Ein weiterer unmittelbar wahrnehmbarer Faktor war – wie bereits in den früheren Jahren des Jahrhunderts – die Exponiertheit von Juden auf der militanten Linken. Sowohl in Osteuropa als auch in Frankreich war die Gleichsetzung der Juden mit der marxistischen Gefahr zum Teil so wahnhaft, wie sie es in der Vergangenheit gewesen war, aber zum Teil wurde sie auch durch bedeutende linksgerichtete Aktivitäten von Juden bestätigt. Derartige Aktivitäten entsprangen denselben soziopolitischen Gründen, die mehrere Jahrzehnte zuvor eine entscheidende Rolle gespielt hatten. Doch in den dreißiger Jahren gab es Juden, hauptsächlich in Westeuropa, welche Anhänger der Linken wurden, um eine politische Ausdrucksmöglichkeit für ihren Anti-Nationalsozialismus zu finden (zu gleicher Zeit fielen in der Sowjetunion viele Juden Stalins Säuberungen zum Opfer). Ganz allgemein identifizierten sich jedoch die europäischen Juden – wie das auch zu Beginn des Jahrhunderts der Fall gewesen war (und seither der Fall ist) – mehrheitlich mit dem Liberalismus oder der Sozialdemokratie und in geringerem Umfang mit dem traditionellen Konservatismus, und sie konnten auch mit diesen Richtungen identifiziert werden. Zu gleicher Zeit führten die Krise des liberalen Systems und die zunehmende Unzufriedenheit mit der Demokratie zu einer wachsenden Feindschaft gegenüber einer Gruppe, die zusätzlich zu ihrer teilweisen Identifizierung mit der Linken als Trägerin und Nutznießerin des liberalen Geistes sowohl in der Wirtschaft als auch im öffentlichen Leben betrachtet wurde.

Die Ausbreitung des Antisemitismus auf der europäischen (und amerikanischen) Bühne war einer der Gründe für die zunehmenden Schwierigkeiten, die sich der jüdischen Auswanderung aus Deutschland, dann aus Österreich und dem Sudetenland und später aus dem Reichsprotektorat Böhmen und Mähren in den Weg stellten. Traditioneller Antisemitismus war auch einer der Gründe, welche die polnische Regierung dazu veranlaßten, Maßnahmen im Hinblick auf die Staatsbürgerschaft von im Ausland wohnenden polnischen Juden zu ergreifen, die, wie wir sehen werden, den Nationalsozialisten den erforderlichen Vorwand dafür lieferten, Tausende von in Deutschland ansässigen polnischen Juden auszuweisen. Einige Jahre später sollte diese Woge antijüdischer Feindseligkeit zu erheblich katastrophaleren Ergebnissen führen. Die Juden selbst waren sich nur zum Teil darüber im klaren, auf welch mehr und mehr schwankendem Boden sie standen, denn wie so viele andere nahmen sie das Ausmaß der Krise der liberalen Demokratie nicht wahr. Die

Juden in Frankreich glaubten an die Stärke der Dritten Republik, und die Juden von Ostmitteleuropa glaubten an Frankreich. Nur wenige konnten sich vorstellen, daß das nationalsozialistische Deutschland jenseits seiner eigenen Grenzen zu einer realen Bedrohung werden könnte.

Die Beteiligung Osteuropas an der zunehmenden antijüdischen Agitation in der zweiten Hälfte der dreißiger Jahre spielte sich im Kontext seiner eigenen Traditionen ab. Der Einfluß christlicher antijüdischer Themen war besonders stark unter Bevölkerungen, die mehrheitlich immer noch fromme Bauern waren. Ein weiterer Beweggrund für Feindschaft war soziales Ressentiment aufstrebender nationalistischer Mittelklassen im Hinblick auf die Positionen, die in Handel und Gewerbe, in der Leichtindustrie, im Bank- und Pressewesen sowie in den typischen Mittelklasseberufen des Anwalts und des Arztes von Juden errungen worden waren. Das neueste und möglicherweise stärkste Element war der heftige Antibolschewismus von Regimen, die bereits in Richtung auf den Faschismus hin orientiert waren, Regimen, für welche die Gleichsetzung der Juden mit dem Bolschewismus ein gängiger Slogan war – beispielsweise in Ungarn, wo die Erinnerung an die Regierung Béla Kun lebendig blieb. In Polen verschmolzen diese unterschiedlichen Elemente mit einem verschärften Nationalismus, der den Einfluß sämtlicher Minderheitengruppen, ob sie nun Ukrainer, Weißrussen, Juden oder Deutsche waren, zu beschränken suchte. Über einen etwas anderen Prozeß führten der verletzte Nationalismus der Ungarn und der Slowaken und die größenwahnsinnigen nationalistischen Phantasien der rumänischen radikalen Rechten, die von einem Großdakien* träumte, zu demselben antisemitischen Ressentiment. «Fast überall [in diesen Ländern]», schreibt Ezra Mendelsohn, «wurde die Judenfrage zu einer Angelegenheit von überragender Bedeutung und der Antisemitismus zu einer bedeutenden politischen Kraft.»[7]

Die Führer der ostmitteleuropäischen Länder (Miklós Horthy in Ungarn, Józef Beck – nach Józef Piłsudskis Tod – in Polen und Ion Antonescu in Rumänien) standen dem Faschismus oder zumindest einem extremen Autoritarismus bereits nahe. Alle hatten mit ultrarechten Bewegungen zu kämpfen – so etwa die Endeks in Polen, die Eiserne Garde in Rumänien, die Hlinka-Garde in der Slowakei und die Pfeilkreuzler in Ungarn –, die manchmal Verbündete und manchmal Feinde zu sein schienen. Hauptsächlich in Rumänien und Ungarn versuchten die rechtsgerichteten Regierungen, der radikalen Rechten den Wind aus den Segeln zu nehmen, indem sie selber eine antisemitische Politik verfolgten. So führ-

* Dakien war ein altes Königreich und eine römische Provinz, deren Grenzen ungefähr denen des rumänischen Staates in den dreißiger Jahren entsprachen.

ten Rumänien Ende 1937 und Ungarn 1938 ein offizielles antisemitisches Programm ein. Die Ergebnisse traten bald offen zutage. Wie der italienische Journalist Virginio Gayda, ein offiziöser Vertreter des faschistischen Regimes, Anfang 1938 feststellte, war der Antisemitismus in den Donaustaaten das Band des «nationalen Zusammenhalts».[8]

Die tiefsten Wurzeln des Antisemitismus in Polen waren religiöser Natur. In diesem zutiefst katholischen Land, dessen Bevölkerung in ihrer überwiegenden Mehrheit noch auf dem Lande oder in Kleinstädten lebte, blieben die grundlegendsten antijüdischen Themen christlicher Provenienz ständig gegenwärtig. Anfang 1937 erließ Augustus Kardinal Hlond, der Primas von Polen, einen Hirtenbrief, der unter anderem die Judenfrage behandelte. Nachdem das Oberhaupt der katholischen Kirche in Polen auf die Existenz eines «jüdischen Problems» hingewiesen hatte, welches «ernsthafte Betrachtung» verlangte, wandte es sich dessen unterschiedlichen Aspekten zu. «Es ist eine Tatsache», erklärte Hlond, «daß die Juden gegen die katholische Kirche kämpfen, daß sie in Freidenkerei verfallen sind, daß sie die Avantgarde der Gottlosigkeit, der bolschewistischen Bewegung und der subversiven Aktion sind. Es ist eine Tatsache, daß der jüdische Einfluß auf die Moral beklagenswert ist und daß ihre Verlage Pornographie verbreiten. Es ist wahr, daß sie Betrüger sind und Wucher und Mädchenhandel betreiben. Es ist wahr, daß in den Schulen der Einfluß der jüdischen auf die katholischen Jugendlichen aus religiöser und moralischer Sicht im allgemeinen negativ ist.» Doch um gerecht zu erscheinen, trat Kardinal Hlond dann einen Schritt zurück: «Nicht alle Juden sind so, wie wir sie beschrieben haben. Es gibt auch gläubige, rechtschaffene, ehrbare, mildtätige und wohlmeinende Juden. In vielen jüdischen Familien herrscht ein gesunder und erbaulicher Familiengeist. Wir kennen einige Leute in der jüdischen Welt, die moralisch hervorragend, edel und achtbar sind.»

Welche Einstellungen empfahl der Kardinal daher seiner Herde? «Ich warne euch vor der aus dem Ausland importierten moralischen Einstellung, die fundamental und bedingungslos antijüdisch ist. Diese Haltung widerspricht der katholischen Ethik. Es ist gestattet, sein eigenes Volk vorzuziehen; es ist falsch, irgendjemanden zu hassen. Selbst Juden. In Handelsbeziehungen ist es rechtmäßig, seine eigenen Leute zu bevorzugen, jüdische Geschäfte und jüdische Stände auf dem Markt zu meiden, aber es ist falsch, jüdische Läden zu plündern, jüdische Waren zu vernichten, Fensterscheiben einzuschlagen und Bomben auf ihre Häuser zu werfen. Es ist notwendig, Schutz vor dem schädlichen moralischen Einfluß der Juden zu finden, sich von ihrer antichristlichen Kultur fernzuhalten und insbesondere die jüdische Presse sowie die demoralisierenden jüdischen Publikationen zu boykottieren, aber es ist falsch, Juden anzugreifen, sie zu schlagen, zu verletzen oder zu verleumden. Selbst im Juden müssen wir den Menschen und Nachbarn achten und lieben, auch wenn man vielleicht nicht in der Lage ist, die unaussprechliche Tragödie dieses Volkes zu achten, welches der Hüter des messianischen Gedankens war und unserem Heiland das Leben gab. Wenn Gottes Gnade den Juden erleuchten wird und wenn er sich aufrichtig den Reihen seines und unseres Messias anschließt, dann wollen wir ihn freudig in der Schar der Christen begrüßen.»

«Hüten wir uns vor denen, die danach trachten, antijüdische Exzesse herbeizuführen. Sie dienen einer schlechten Sache. Wißt ihr, wessen Befehlen sie dabei gehorchen? Wißt ihr, in wessen Interesse solche Unruhen gefördert werden? Die gute Sache gewinnt nichts durch solche unbedachten Handlungen. Und das Blut, das manchmal in solchen Fällen fließt, ist polnisches Blut.»[9]

Dies ist in genauem Wortlaut die Wiedergabe der englischen Übersetzung von Kardinal Hlonds Hirtenbrief, die am 9. Februar 1937 aus Polen an Rabbiner Stephen Wise in New York gesandt wurde. Der Absender schrieb dazu: «Die im ersten Teil enthaltenen Aussagen über die moralische Minderwertigkeit und die Verbrechen der Juden sind in einer Verlautbarung des Fürstbischofs von Krakau, Sapieha, noch übertroffen worden. Doch diese beiden Verlautbarungen sind ihrerseits von den unheilstiftenden öffentlichen Ansprachen des Prälaten Trzeciak übertroffen worden und ebenso auch von seinem kürzlich erschienenen Buch, das mit den *Protokollen der Weisen von Zion* konkurrieren könnte.»[10]

Die traditionelle christlich geprägte antijüdische Einstellung der Polen wurde durch besonders schwierige demographische und sozioökonomische Rahmenbedingungen verschärft. Als der polnische Staat im Gefolge des Ersten Weltkriegs wieder errichtet wurde, waren etwa 10 Prozent seiner Bevölkerung Juden (1931 waren es 3 113 933, d. h. 9,8 Prozent der Gesamtbevölkerung). Der Anteil der Juden an der städtischen Bevölkerung betrug jedoch etwa 30 Prozent (dieser Durchschnittswert galt für die größten Städte wie Warschau, Krakau und Łódź, aber in Grodno machte die jüdische Bevölkerung mehr als 40 Prozent aus, und in Pinsk erreichte sie 60 Prozent).[11]

Die soziale Schichtung der polnischen Juden verstärkte die Schwierigkeiten, die schon allein durch die Zahlenverhältnisse und die Konzentration in den Städten geschaffen wurden: Die Mehrheit der jüdischen Bevölkerung, mehr als zwei Millionen, gehörte dem politisch entscheidenden Kleinbürgertum an.[12] Schließlich war, im Gegensatz zu der Situation in Deutschland, Frankreich, Großbritannien und anderen westlichen Ländern, wo die Juden vor allem bestrebt waren, als Bürger ihrer jeweiligen Länder angesehen zu werden – auch wenn die Mehrheit darauf beharrte, an einer gewissen Form von jüdischer Identität festzuhalten –, in Osteuropa, insbesondere in Polen, die Selbstdefinition von Minderheiten oft die einer besonderen «Nationalität». So erklärten sich bei der polnischen Volkszählung von 1921 73,76 Prozent der Gesamtzahl der Juden nach ihrer Religion auch als Juden nach ihrer Nationalität, und bei der Volkszählung von 1931 nannten 79,9 Prozent Jiddisch als ihre Muttersprache, während 7,8 Prozent (eine unwahrscheinlich hohe Zahl, die vermutlich auf den Einfluß des Zionismus zurückgeht) erklärten, ihre erste Sprache sei Hebräisch. Damit blieb nur ein kleiner Anteil von polnischen Juden übrig, die Polnisch als ihre Muttersprache angaben.[13]

So wurden die im Grunde religiösen antijüdischen Gefühle der polnischen Bevölkerung durch etwas verstärkt, das als jüdische Kontrolle über eine kleine Zahl von entscheidenden Berufen und über ganze Sektoren mittelständischer Aktivitäten, vor allem Handel und Handwerk, angesehen wurde. Überdies veranlaßte die klare Identifizierung der Juden als ethnischer Minderheit in einem Staat, der eine Reihe anderer Minderheitengruppen umfaßte, aber natürlich auf polnische nationale Oberhoheit abzielte, die polnischen Nationalisten dazu, den jüdischen religiösen und national-kulturellen «Separatismus» und die jüdische Vorherrschaft in einigen Sektoren der Wirtschaft als verschärfte Bedrohung für den neuen Staat anzusehen. Schließlich setzte der erbitterte Antibolschewismus der Polen, der von neuen Befürchtungen und einem alten, tiefsitzenden Haß auf Rußland gespeist wurde, jüdische Sozialisten und Bundisten mit ihren kommunistischen Brüdern gleich und paßte dadurch die Standardgleichsetzung von Antibolschewismus und Antisemitismus in eine spezifisch polnische Situation ein. Noch ausgeprägter wurde diese Tendenz Mitte der dreißiger Jahre, als das polnische «Oberstenregime» zu einer Position überging, die in der Tat halbfaschistisch war und sich in ihrer nationalistisch-antisemitischen Haltung nicht immer nennenswert von Roman Dmowskis National-Demokratischer Partei (Endek) unterschied. Um die Juden und ihre politischen Aktivitäten zu identifizieren, operierten die Endeks mit dem Schreckgespenst von «Folksfront» (nach französischer Manier; für Polen signalisierte die Schreibweise mit F jiddischen und somit jüdischen Ursprung) und Żydokomuna (im Sinne von jüdischem Kommunismus).[14] Sie setzten sich für eine massive Umsiedlung von Juden nach Palästina und für eine jüdische Quote auf den Universitäten ein, und ihre Einsatzkommandos fanden das Zertrümmern jüdischer Geschäfte besonders reizvoll.[15] Das Problem war, daß die Regierung und die Kirche trotz offizieller Erklärungen gelegentlich nicht abgeneigt waren, ähnliche Maßnahmen und Aktivitäten, wenn auch auf indirekte Weise, zu fördern.[16]

Schätzungen, die 1935 und 1936 in der polnischen Presse erschienen, wonach bei den Pogromen, die damals in nicht weniger als 150 polnischen Städten ausbrachen, Hunderte von Juden umkamen, waren wahrscheinlich zu niedrig gegriffen.[17] Eine geheime Quote auf den Universitäten ließ den Anteil jüdischer Studenten von 20,4 Prozent in den Jahren 1928–29 auf 9,9 Prozent in den Jahren 1937–38 sinken.[18] Was an den Universitäten heimlich geschah, spielte sich offener auf wirtschaftlichem Gebiet ab, wo ein Boykott des jüdischen Handels in den Jahren unmittelbar vor dem Kriege zu einem krassen Rückgang der Anzahl jüdischer Geschäfte führte.[19] Die Verarmung breiter Teile der jüdischen Bevölkerung hatte lange vor dem Krieg eingesetzt, aber in der Nach-Piłsudski-Ära wurde der Wirtschaftsboykott von der Regierung selbst unterstützt. Zwar wurde antijüdische Gewalttätigkeit offiziell verdammt, aber, so formulierte es Ministerpräsident Sławoj-Składkowski 1936, «gleichzeitig ist es verständlich, daß das Land den Instinkt besitzen sollte, der es dazu zwingt, seine Kultur zu verteidigen, und es ist natürlich, daß die polnische Gesellschaft nach wirtschaftlicher Autarkie streben sollte». Der Ministerpräsident erklärte, was er mit Autarkie meinte: «Wirtschaftlicher Kampf [gegen die Juden] mit allen Mitteln – aber ohne Gewalt.»[20] 1937–38 nahmen polnische Berufsverbände nur noch nichtjüdische Mitglieder auf. Und was den Staatsdienst, ob auf nationaler oder auf lokaler Ebene, anging, so hatte er mittlerweile völlig aufgehört, Juden zu beschäftigen.[21]

Eines der Nebenprodukte des «Judenproblems» in Polen war Mitte der dreißiger Jahre das erneute Auftauchen einer Idee, die erstmals von dem deutschen Antisemiten Paul de Lagarde ausgeheckt worden war: die Verbringung eines Teils der jüdischen Bevölkerung auf die französische Inselkolonie Madagaskar.[22] Im Januar 1937 erweckte die positive Einstellung des Sozialisten Marius Moutet, des französischen Kolonialministers in Léon Blums Volksfrontregierung, diesen Plan zu neuem Leben, und bald wurden Verhandlungen zwischen Polen und Frankreich über praktische Mittel und Wege zur Durchführung eines derartigen Bevölkerungstransfers eingeleitet. Die Pariser Regierung erklärte sich damit einverstanden, eine aus drei Mitgliedern, davon zwei Juden, bestehende polnische Untersuchungskommission auf die Insel zu schikken. Nach ihrer Rückkehr legten die jüdischen Mitglieder einen Bericht vor, in dem sie sich pessimistisch über Madagaskars Aufnahmekapazitäten äußerten, aber die polnische Regierung übernahm die positive Einschätzung des polnischen Vorsitzenden der Kommission Mieczysław Lepecki. So wurden die Verhandlungen mit den Franzosen fortgesetzt, und Anfang 1938 ließ Warschau dem Projekt anscheinend immer noch ernsthafte Unterstützung angedeihen.

Während die europäische jüdische Presse über diese Initiative zunächst positiv berichtete und offizielle Kommentare der Nationalsozialisten, die aus der Pariser und der Warschauer Botschaft kamen, nur unverbindlich klangen, wurde die NS-Presse überaus sarkastisch, als Ende 1937 deutlich geworden war, daß der Plan kaum Realisierungschancen besaß. «Ein gelobtes Land für die Juden, die man in Polen los sein will», schrieb der *Westdeutsche Beobachter* am 9. Dezember, «würde Madagaskar nur sein, wenn sie dort ohne eigne Anstrengung auf Kosten anderer ein Herrenleben führen könnten. Es ist also fraglich, ob die Aufforderung zum Auszug der Kinder Israels nach Madagaskar Polen von einem großen Teil dieser Schmarotzer befreien würde.»[23] Dennoch erregte der Plan anscheinend Heydrichs Aufmerksamkeit, und am 5. März 1938 schickte ein Mitglied seines Stabes an Adolf Eichmann die folgende Anordnung:

«Ich bitte in der nächsten Zeit Material zusammenzustellen für eine Denkschrift an C, die gemeinsam mit II B 4 zusammengestellt werden soll. Es soll darin klargelegt werden, daß die Judenfrage auf der augenblicklichen Basis (Emigration) nicht zu lösen ist (finanzielle Schwierigkeiten usw.) und daß man darum herantreten muß, eine außenpolitische Lösung zu finden, wie sie bereits zwischen Polen und Frankreich verhandelt wurde.»[24]

II

Zu Beginn des Jahrhunderts gab es in Frankreich 90000 Juden; 1935 hatte ihre Zahl 260000 erreicht. Am Vorabend des Krieges war die jüdische Bevölkerung auf etwa 300000 angewachsen, davon zwei Drittel in Paris.[25] Die detailliertesten Judenzählungen wurden später von der Vichy-Regierung und von den Deutschen in den besetzten Gebieten durchgeführt, natürlich in Übereinstimmung mit ihrer eigenen Definition dessen, wer Jude war. Dennoch liefern die Ergebnisse ein mehr oder weniger präzises Bild der Situation unmittelbar vor dem Kriege. Mitte 1939 war von der jüdischen Bevölkerung in Paris etwa die Hälfte Franzosen und die Hälfte Ausländer. Doch selbst von den französischen Juden war nur die Hälfte in Frankreich geboren. In der Region Paris waren 80 Prozent der ausländischen Juden osteuropäischer Herkunft, die Hälfte davon kam aus Polen.[26] Obwohl es Ende der dreißiger Jahre drei Millionen Ausländer gab, die in Frankreich lebten, und die Juden allenfalls fünf Prozent von ihnen stellten,[27] waren die Juden auffälliger als die anderen. In den Augen sowohl der Behörden als auch der Bevölkerung war damit zu rechnen, daß die ausländischen Juden Probleme bereiten würden. Dies war auch die Meinung vieler französischer Juden. «Schon 1934», schreibt Michael Marrus, «warnte R. R. Lambert, der Herausgeber des *Univers Israélite* und eine der führenden Gestalten des französisch-jüdischen Establishments, seine Glaubensgenossen, andere Franzosen seien dabei, die Geduld zu verlieren: Unter den gegenwärtigen Umständen sei eine massenweise Auswanderung [nach Frankreich] nicht mehr möglich. Ausländische Juden sollten sich vorsehen, sie sollten ihre Neigung aufgeben, sich eng aneinander zu halten, und sollten ihre Assimilation an die französische Gesellschaft beschleunigen.»[28]

Tatsächlich war Lambert noch relativ mitfühlend und befürwortete keine Vertreibung der Flüchtlinge; Jacques Helbronner, der Präsident des Consistoire, der zentralen Vertretung der französischen Juden, war anderer Ansicht: «Wie jede andere Nation», erklärte Helbronner schon im Juni 1933, «hat Frankreich seine Arbeitslosen, und nicht alle jüdischen Flüchtlinge aus Deutschland sind Leute, die es wert sind, daß man sie behält. ... Wenn es 100 bis 150 große Intellektuelle gibt, die würdig sind, daß man sie in Frankreich behält, weil sie Naturwissenschaftler oder Chemiker sind, welche Geheimnisse kennen, von denen unsere Chemiker nichts wissen ..., dann werden wir die behalten, aber die sieben, acht oder vielleicht zehntausend Juden, die nach Frankreich kommen werden, ist es wirklich in unserem besten Interesse, die zu behalten?»[29] Diese Auffassung behielt Helbronner jahrelang bei; 1936 äußerte er Bedauern über die liberale französische Einwanderungspolitik von 1933. Für ihn waren die jüdischen Flüchtlinge einfach «Gesindel, der Abschaum der Gesellschaft, die Elemente, die ihrem eigenen Land wohl nicht von Nutzen sein konnten».[30] Selbst nach Frankreichs Niederlage, so muß man hinzufügen, behielt Helbronner, der immer noch an der Spitze des Consistoire stand, seine Antipathie gegen die ausländischen Juden. Erst im Laufe des Jahres 1943 änderte sich seine Einstellung. Bald nachdem dieser Sinneswandel stattgefunden hatte, holten die Nazis auch ihn ein: Im Oktober desselben Jahres wurde er verhaftet, mit seiner Frau nach Auschwitz deportiert und ermordet.

Die Position des Consistoire hatte ihre Auswirkungen, und von 1934 an hörte die materielle Unterstützung für die Flüchtlinge fast völlig auf. «Ganz eindeutig gab das französische jüdische Establishment alle Bemühungen auf, seine widerstreitenden Loyalitäten und Verpflichtungen gegenüber den Flüchtlingen und gegenüber Frankreich miteinander zu versöhnen. In diesem Kampf waren die französischen Interessen ... vorherrschend. Die Flüchtlinge wurden ganz einfach aufgegeben.»[31]

Die ersten offiziellen Maßnahmen gegen Ausländer (die Vertreibung derjenigen, deren Papiere nicht in Ordnung waren) wurden in der ersten Hälfte der dreißiger Jahre ergriffen, vor allem 1934 in der Regierungszeit von Premierminister Pierre-Étienne Flandin.[32] Nach einer kurzen Besserung unter den Blum-Regierungen wurden die gegen Immigranten gerichteten Maßnahmen immer drakonischer und gipfelten in dem überaus restriktiven Gesetz vom November 1938, das die sofortige Ausweisung von Ausländern erleichterte und es zum Gegenstand einer einfachen Verwaltungsentscheidung machte, ihnen einen Wohnort in einem fernen Winkel des Landes zuzuweisen. Es wurde auch möglich, eingebürgerten Ausländern die neuerrungene französische Staatsbürgerschaft zu entziehen, und eine Reihe von Berufsgruppen, welche kürzlich eingetroffene Juden als gefährliche Konkurrenz betrachteten, begannen mit einer Lobbytätigkeit, die auf ihre Ausschließung aus verschiedenen Bereichen wie Medizin und Justiz zielte.[33]

Das rasche Anwachsen des französischen Antisemitismus in der Mitte der dreißiger Jahre hatte jedoch noch andere Ursachen als die Probleme mit der jüdischen Einwanderung.[34] Während sich die Wirtschaftskrise verschlimmerte, spitzte sich Ende 1933 die Stavisky-Affäre zu: Das war ein Skandal, bei dem es um eine Reihe von zwielichtigen Finanztransaktionen ging, in denen ein russischer Jude namens Serge-Alexandre Stavisky die Hauptrolle spielte und in dessen mysteriöse Verzweigungen bedeutende Gestalten der französischen Politik verwickelt waren. In den ersten Tagen des Jahres 1934 wurde in der Nähe von Chamonix in den französischen Alpen Staviskys Leiche gefunden. Die radikalsozialistische Regierung von Camille Chautemps wurde gestürzt und durch die kurzlebige Premierschaft von Édouard Daladier, ebenfalls einem Radikalsozialisten, ersetzt. Als das neue Kabinett am 3. Februar den Rücktritt des rechtsgerichteten Polizeichefs von Paris, Chiappe, verlangte, war das gesamte Aufgebot rechtsextremer Organisationen, von Maurras' und Daudets Action Française bis zur Croix de Feu, der von François de la Rocque geleiteten Veteranenorganisation, in Aufruhr. Am 6. Februar 1934 kam es in Paris zu Unruhen, die von der Polizei niedergeschlagen wurden: Bei dem Versuch, die Abgeordnetenkammer zu stürmen, wurden auf der Place de la Concorde und der Rue Royale achtzehn Rechte getötet. Die Republik überlebte die Krise, aber der innere Riß, der seit der Revolution durch die französische Gesellschaft ging und das politische Leben des Landes seit der Zeit der Restauration bis zur Dreyfus-Affäre beherrschte, stand wieder weit offen.

Ein Wendepunkt kam mit den Konfrontationen vor und nach den Wahlen von 1936, bei denen die von Léon Blum geführte Volksfront einen überwältigenden Sieg errang. Als am 6. Juni die neue Regierung vereidigt wurde, wandte sich Xavier Vallat, der nachmalige Vichy-Generaldelegierte für Judenfragen, am Rednerpult der Abgeordnetenkammer an Blum: «Ihre Machtübernahme, Herr Premierminister, markiert zweifellos ein historisches Datum. Zum ersten Mal wird dieses alte gallo-romanische Land von einem Juden regiert werden. Ich wage, das laut zu sagen, was das Volk in seinem tiefsten Innern denkt; es ist besser, an die Spitze dieses Landes einen Mann zu stellen …, dessen Wurzeln in seinen Boden gehören, als einen subtilen Talmudisten.»[35]

Vieles von dem, was Blum während seiner beiden kurzen Amtszeiten als Premierminister der Volksfrontregierung tat, schien der Rechten in die Hände zu spielen. So bewundernswert seine sozialen Errungenschaften – die 40-Stunden-Woche und der bezahlte zweiwöchige Jahresurlaub – waren, sie standen anscheinend in offenem Widerspruch zu seinem Drang, angesichts der Bedrohung durch die Nationalsozialisten die Wiederbewaffnung zu beschleunigen. Wenn es allerdings etwas ungereimt war, traditionelle Pazifisten in die militärischen Hüter Frankreichs verwandelt zu sehen, dann war es gewiß weit schlimmer mit anzusehen, wie die rechten Nationalisten unter anderem aus Haß auf den inneren Feind in Richtung auf eine regelrechte Beschwichtigung von Nazideutschland abdrifteten. «Besser Hitler als Blum» war nur eine der Parolen; schlimmere sollten kommen.

Wie in Deutschland in den vorangegangenen Jahrzehnten waren in Wirklichkeit die Juden in Frankreich ungeachtet der Exponiertheit einiger linker Aktivitäten von Juden mehrheitlich alles andere als politische Parteigänger der Linken. Das Consistoire war eine zutiefst konservative Körperschaft, die nicht zögerte, die Anwesenheit von rechten Organisationen wie La Rocques Croix de Feu bei ihren Gedenkveranstaltungen zu begrüßen; zumindest bis 1935 unterstützte es offen eine jüdische patriotische und ultrakonservative Bewegung, Édouard Blochs Union Patriotique des Français Israélites.[36] Selbst unter den Einwanderern aus Osteuropa war Unterstützung für die Linke nicht verbreitet. Bei den Pariser Kommunalwahlen von 1935 und bei den entscheidenden Parlamentswahlen 1936 waren offizielle Einwanderergremien eher bereit, rechten Kandidaten ihre Unterstützung zu geben als Kommunisten.[37]

Blum selbst wirkte häufig taub für die Rolle, die der Antisemitismus bei der Mobilisierung der rechten Einstellungen gegen seine Führung spielte. Vielleicht war seine Wahrnehmung auch von der distanzierten und fatalistischen Art, mit der Rathenau den Haß akzeptierte, der sich in den Monaten vor seiner Ermordung gegen ihn richtete. Im Februar 1936 wurde Blum selbst von rechten Demonstranten leicht verletzt, als sein Wagen an dem Trauerzug von Jacques Bainville, dem Historiker der Action Française, vorbeifuhr.[38] Blums Nichtwahrnehmung erleichterte es der extremen Rechten, auf die Zahl von jüdischen Ministern in seinen Kabinetten zu verweisen.[39]

In den Programmen oder der Propaganda der französischen Parteien, die dem Faschismus am nächsten standen, spielte der Antisemitismus zumindest in den dreißiger Jahren keine zentrale Rolle. Zwar gehörten antijüdische Parolen zum Repertoire der Solidarité Française und anderer *ligues*, aber Jacques Doriots Parti Populaire Français wurde erst nach 1938 antisemitisch, um Wähler aus den Reihen der französischen Siedler in Nordafrika, die als Antisemiten berüchtigt waren, anzuziehen.[40] Antijüdische Themen waren jedoch das Hauptprodukt einer Vielzahl von rechten Zeitschriften, die diese Botschaft in Hunderttausende von französischen Häusern trugen: *L'Action Française, Je suis partout* und *Gringoire* waren nur die meistverbreiteten unter ihnen. Am 15. April 1938 veröffentlichte *Je suis partout* die erste seiner Sondernummern über «die Juden». Die Artikel trugen Überschriften wie «Die Juden und Deutschland», «Österreich und die Juden», «Die Juden und der Antisemitismus», «Die Juden und die Revolution», «Wenn Israel König ist: Der jüdische Terror in Ungarn» und so fort. In seinem Leitartikel verlangte Brasillach, die Juden in Frankreich unter Fremdenrecht zu stellen.[41] Der fortgesetzte Strom antisemitischer Artikel nahm derartige Ausmaße an, daß im April 1939 ein Gesetz verabschiedet wurde, durch das Presseangriffe «gegen eine Personengruppe, die ihrer Herkunft nach einer bestimmten Rasse oder Religion angehört», verboten wurden, «wenn diese Angriffe darauf zielen, zum Haß zwischen Bürgern oder Einwohnern aufzuhetzen». Daß ein Bedürfnis nach einem derartigen Gesetz empfunden wurde, war ein Zeichen der Zeit. Ein weiteres derartiges Zeichen war, daß, ebenfalls im April 1939, der neugewählte Papst Pius XII. den Bann gegen die *Action Française* aufhob. Weder der Bann noch seine Aufhebung hatten etwas mit Antisemitismus zu tun, aber gleichwohl stand im Jahre 1939 Maurras' Doktrin des antijüdischen Hasses nicht mehr außerhalb des offiziellen katholischen Raumes.

Das nationalsozialistische Deutschland unterstützte die Ausbreitung des Antisemitismus in ganz Europa und darüber hinaus. Manchmal geschahen diese Initiativen indirekt: In Frankreich förderte das Comité France-Allemagne, das von der Dienststelle Ribbentrop organisiert und von Otto Abetz, dem nachmaligen NS-Botschafter im besetzten Frankreich, geleitet wurde, mit Bedacht verschiedene kulturelle Aktivitäten, von denen die meisten eine unterschwellig nazifreundliche ideologische Tendenz hatten.[42] Auf der anderen Seite bestand die Funktion von NS-Organisationen wie der in Stuttgart ansässigen Presseagentur Weltdienst in weltweiter antijüdischer Propaganda.[43] Doch es waren nicht die naziähnlichen und manchmal von den Nationalsozialisten finanzierten Gruppen französischer, belgischer, polnischer und rumänischer Judenhasser, die in der Phase unmittelbar vor dem Kriege von Bedeutung waren. Der wirklich bedrohliche Aspekt in diesen Ländern war die Verschärfung hausgemachter Varietäten des Antisemitismus; der Beitrag, den der Nationalsozialismus dazu leistete, bestand in indirekter Einflußnahme. Zu dieser Zeit hatte das Aufbranden antijüdischer Leidenschaft mit oder ohne Anstachelung durch die Nationalsozialisten einige unmittelbare Auswirkungen sowohl auf die Einstellungen gegenüber örtlichen jüdischen Gemeinschaften als auch auf die Einwanderungspolitik gegenüber den Juden, die aus Deutschland, Österreich und dem tschechischen Protektorat zu fliehen versuchten. In allgemeinerer Sicht bereitete es den Boden dafür, daß die Politik, mit der nur drei oder vier Jahre später das Schicksal der europäischen Juden besiegelt wurde, auf die aktive Kollaboration einiger und die passive Duldung durch die große Mehrheit stieß.

III

Am 29. September 1936 berief Wilhelm Stuckart, Staatssekretär im Reichsinnenministerium, eine Konferenz hochrangiger Beamter aus seiner eigenen Behörde, aus dem Wirtschaftsministerium und aus dem Amt des Stellvertreters des Führers ein, um Empfehlungen für ein Ministertreffen zu der Frage auszuarbeiten, welche antijüdischen Maßnahmen jetzt, nach dem Nürnberger Parteitag, zu treffen seien. Da das Amt des Stellvertreters des Führers die Parteilinie repräsentierte, das Innenministerium (auch wenn es von dem Nationalsozialisten Wilhelm Frick geführt wurde) oft zwischen der Partei und der konservativen Staatsbürokratie vermittelnde Positionen einnahm und das Wirtschaftsministerium (an dessen Spitze noch Schacht stand) entschieden konservativ war, ist bemerkenswert, daß sich auf dieser Konferenz die höchsten Beamten der drei Stellen völlig einig waren.

Alle Anwesenden erkannten an, daß das grundlegende Ziel jetzt die «vollstandige Auswanderung» der Juden war und daß alle anderen Maßnahmen im Blick auf dieses Ziel ergriffen werden mußten. Nach einer Wiederholung dieser Forderung fügte Stuckart einen Satz hinzu, der bald seine dramatische Verwirklichung finden sollte: «Letzten Endes [muß] auch in Betracht gezogen werden, die Auswanderung zwangsweise durchzuführen.»[44]

Der größte Teil der Diskussion konzentrierte sich auf Dilemmata, welche die deutschen Entscheidungen bis zum Herbst 1938 belasten sollten: Erstens, welches Maß an sozialen und wirtschaftlichen Aktivitäten sollte den Juden im Reich zugestanden werden, um zu verhindern, daß sie dem Staat zur Last fielen, und doch den Anreiz zur Auswanderung für sie nicht zu verringern? Zweitens, in welche Länder sollte die jüdische Auswanderung gelenkt werden, ohne daß das zur Schaffung neuer Zentren antideutscher Aktivität führte? Die Teilnehmer waren sich einig, daß alle Auswanderungsoptionen offen gelassen werden sollten, daß aber deutsche Mittel nur dazu eingesetzt werden sollten, die Auswanderung nach Palästina zu unterstützen. In

Beantwortung der Frage, ob die Presse nicht die jüdische Auswanderung nach Palästina dadurch verlangsame, daß sie über die gegen die Juden gerichteten Unruhen unter den dortigen Arabern berichtete, äußerte Ministerialdirektor Walter Sommer (aus dem Stab des Stellvertreters des Führers), «man könne es anderen Völkern nicht übelnehmen, wenn sie sich gegen die Juden wehren. Eine Einwirkung auf die Frage erscheine nicht angebracht.»[45] Irgendwelche Maßnahmen bezüglich der Presseberichte sollten nicht ergriffen werden. Und zum Problem der Kennzeichnung jüdischer Geschäfte wurde keine Entscheidung getroffen.[46]

Die Konferenz vom September 1936 war die erste mit den künftigen antijüdischen Maßnahmen des Regimes befaßte Besprechung auf höherer Ebene, bei der die Priorität der totalen Auswanderung (zwangsweise Auswanderung: das heißt notfalls Vertreibung) klar formuliert wurde. Vor der Verabschiedung der Nürnberger Gesetze hatte das Hauptziel Absonderung geheißen, und erst im September 1935 sprach Hitler in seiner Erklärung gegenüber Walter Groß von «stärkerer Auswanderung» der Juden aus Deutschland als einem seiner neuen Ziele. Somit wurden irgendwann Ende 1935 oder im Laufe des Jahres 1936 Hitlers noch vorläufige Formulierungen zu einer festen Leitlinie für alle mit dem Thema befaßten Staats- und Parteidienststellen. Die Hinwendung zu neuen Zielen paßte, wie wir sahen, zu der neuen Radikalisierung sowohl im Innern als auch nach außen.

Gleichzeitig schritt der «Säuberungs»prozeß erbarmungslos voran: Die wesentlichen Initiativen stammten von Hitler, aber wenn ihm von Ministern oder hohen Parteiführern andere Initiativen vorgelegt wurden, dann erfolgte seine Zustimmung alles andere als automatisch.

Am 1. April 1933 praktizierten in Deutschland etwa 8000 bis 9000 jüdische Ärzte. Ende 1934 hatten ungefähr 2200 von ihnen entweder das Land verlassen oder ihren Beruf aufgegeben, aber trotz eines stetigen Rückgangs im Jahre 1935 waren Anfang 1936 im Reich immer noch 5000 jüdische Ärzte tätig (darunter 2800 im öffentlichen Gesundheitswesen). Die offizielle Aufstellung der Ärzte des Landes für das Jahr 1937 kennzeichnete jüdische Ärzte nach den Nürnberger Kriterien als Juden; inzwischen betrug ihre Gesamtzahl etwa 4200, etwa die Hälfte der Zahl für 1933,[47] aber in den Augen der Nationalsozialisten waren das immer noch viel zu viele.

Am 13. Dezember 1935 legte der Innenminister den Entwurf eines Gesetzes zur Regelung des Arztberufes vor. Wie es im Protokoll der Kabinettssitzung heißt (das keine Einzelheiten über den Entwurf enthält), machte Frick die Minister darauf aufmerksam, «daß die Paragraphen 3 und 5 die Regelung der Arierfrage für die Ärzte enthielten». Der Vorschlag wurde angenommen.[48] Anscheinend wurde jedoch aus unbekannten Gründen die endgültige Formulierung des Gesetzes um mehr als ein Jahr verschoben.

Am 14. Juni 1937 traf Wagner im Beisein von Bormann mit Hitler zusammen: «Als ich dem Führer die Notwendigkeit vortrug, den Ärztestand von Juden zu befreien», schrieb Wagner, «erklärte der Führer, daß er diese Bereinigung für außerordentlich notwendig und dringlich hielte. Er hält es auch nicht für richtig, daß weiterhin jüdische Ärzte entsprechend dem Anteil der jüdischen Bevölkerung zugelassen würden. Auf jeden Fall müßten auch diese Ärzte im Kriegsfall ausgeschaltet werden. Die Bereinigung des Ärztestandes hält der Führer für wichtiger als z. B. die des Beamtenkörpers, da die Aufgabe des Arztes nach seiner Meinung eine volksführende ist bezw. sein soll. Der Führer beauftragte uns, Staatssekretär Lammers seinen Auftrag zu übermitteln, die gesetzliche Grundlage auszuarbeiten zur Ausschaltung der jetzt noch tätigen jüdischen Ärzte (Approbationsentziehung).»[49]

Zwei Monate später setzte Lammers Staatssekretär Pfundtner davon in Kenntnis, daß die Frage der jüdischen Ärzte auf der Tagesordnung eines Treffens von Staatssekretären mit Hitler stand, das für den 1. September anberaumt war.[50] Innerhalb eines Jahres sollte dann das berufliche Schicksal der verbliebenen jüdischen Ärzte in Deutschland besiegelt sein.

Innenminister Wilhelm Frick, ein treuer Parteigenosse, wenn es je einen gegeben hat, hatte dennoch anscheinend das beschleunigte Tempo der Radikalisierung unterschätzt. Aus einem Rundschreiben des Erziehungsministeriums vom 25. November 1936 geht hervor, daß Frick zu Beginn des Jahres entschieden hatte, es gebe keine legale Basis für die Entlassung arischer Beamter, die mit jüdischen Frauen verheiratet waren. In den Worten des Rundschreibens: «Diese Stellungnahme [Fricks] hat nicht die Billigung des Führers und Reichskanzlers gefunden.» Die Folge war simpel: Fricks Initiative war null und nichtig.[51]

Einige Monate später machte Frick seinen anfänglichen Mangel an kreativem Legalismus wieder wett. Am 19. April 1937 erließ er die folgende Verfügung: «Mein Rundschreiben vom 7. Dezember 1936 ..., das dem deutschblütigen Ehegatten, der in einer deutsch-jüdischen Mischehe lebt, verbietet, in seiner Wohnung die Reichs- und Nationalflagge zu hissen, gilt auch für Beamte. Da der Zustand, daß ein Beamter nicht flaggen darf, auf die Dauer nicht tragbar ist, ist der jüdisch versippte Beamte in der Regel ... in den Ruhestand zu versetzen.»[52] Einige Ausnahmen wurden zugelassen, aber die juristische Basis für die Entlassung von Beamten mit jüdischen Ehefrauen war gefunden.

Im allgemeinen konnte sich Frick jedoch durchschlagender Erfolge rühmen. Am 21. Juli 1937 löste er ein weiteres großes Problem: Sicherheitsmaßnahmen, die in Zusammenhang mit der Anwesenheit von Juden in Kurorten und verwandten Einrichtungen zu ergreifen waren. Juden waren nur in jüdisch geführten Hotels und Pensionen unterzubringen, sofern keine deutschen Hausangestellten unter 45 Jahren im Betrieb arbeiteten. Die allgemeinen Einrichtungen (für Bäder, Trinkkuren und dergleichen) sollten Juden zugänglich sein, aber es sollte eine möglichst weitgehende Trennung von den anderen Gästen erfolgen. Was Anlagen ohne unmittelbare gesundheitliche Bedeutung (wie Parks und Sportplätze) anging, so konnten diese für Juden gesperrt werden.[53]

Doch wie in früheren Jahren zögerte Hitler, wenn eine Maßnahme unnötige politische Verwicklungen hervorrufen konnte. So verfügte er am 17. November 1936 die weitere Verschiebung eines Judenschulgesetzes,[54] für das ihm ein Entwurf vom Erziehungsminister vorgelegt worden war. Anscheinend scheute sich Hitler damals noch, die Absonderung der jüdischen Schüler nach rassischen Kriterien vorzunehmen, da dies zur Verlegung jüdischer Kinder christlichen Glaubens in jüdische Schulen geführt und die Beziehungen zur katholischen Kirche zusätzlich belastet hätte.[55]

Bisweilen verwandelten sich die Säuberungsmaßnahmen in ein total surrealistisches Durcheinander. Ein derartiger Fall war die Verleihung des Doktorgrades an jüdische Studenten.[56] Das Problem wurde anscheinend Ende 1935 aufgeworfen und vom Innenministerium diskutiert: Etwaige Beschränkungen des Rechts zur Erlangung eines Doktorgrades sollten nicht für ausländische jüdische Studenten gelten; für deutsche Juden blieb die Frage ungelöst. Anfang 1936 wurde sie von dem berüchtigten Wilhelm Grau wieder aufs Tapet gebracht, der gerade Leiter der jüdischen Abteilung in Walter Franks Reichsinstitut für Geschichte des neuen Deutschland werden sollte. Am 10. Februar 1936 schrieb Grau an den Staatssekretär im Reichserziehungsministerium, er sei zur Begutachtung einer Dissertation über die Geschichte der Juden von Ulm im Mittelalter aufgefordert worden, die ein Jude an der Philosophischen Fakultät der Berliner Universität vorgelegt habe. «Während in diesem mir vorliegenden Falle», schrieb Grau, «die Dissertation m. E. wissenschaftlich schon nicht genügt, erhebt sich doch auch hier schon die allgemeine Frage, ob Juden mit derartigen geschichtlichen Themen überhaupt an deutschen Universitäten promovieren können. Da leider unsere Universitätsprofessoren recht wenig Wissen und noch weniger Instinkt in der Judenfrage haben, geschehen auf diesem Gebiet ganz unglaubliche Dinge.» Grau fuhr fort mit einer Geschichte, von der bei der Erörterung seines ersten Beitrags für die *Historische Zeitschrift* bereits die Rede war: «[Ich habe] zeigen müssen, wie ein orthodoxer Jude, Namens Heller, im vergangenen Oktober in der Universität Berlin mit einer Arbeit über die Juden im roten Rußland promovieren konnte, in welcher versucht wird, den jüdischen Anteil am Bolschewismus vollkommen zu verleugnen mit Hilfe einer Methode, die im völkischen Staat des Nationalsozialismus helle Empörung hervorrufen muß. Heller läßt nämlich die ihm unangenehmen bolschewistischen Juden wie Trotzki und Konsorten einfach nicht als Juden gelten, sondern als ‹judengegnerische› Internationalisten. Ich möchte mit diesem Hinweis lediglich die Frage nach dem Promotionsrecht der Juden aufgeworfen haben.»[57]

An der Diskussion über dieses Thema, die sich 1936 und in den ersten Monaten des Jahres 1937 entfaltete, waren das Erziehungsministerium, die Dekane der Philosophischen Fakultäten sowohl an der Berliner als auch an der Leipziger Universität, die Rektoren dieser Universitäten, der Reichsstatthalter von Sachsen und das Büro des Stellvertreters des Führers beteiligt. Die Haltung des Erziehungsministeriums war, sich an das Gesetz über das Studium von Juden an deutschen Universitäten zu halten: Solange es jüdischen Studenten gestattet war, an deutschen Universitäten zu studieren, konnte ihnen das Recht zur Erlangung eines Doktorgrades nicht genommen werden. Das beste Verfahren zur Behandlung der Situation bestand darin, an die nationalen Empfindungen der Professoren zu appellieren und sie dazu zu bewegen, keine Juden als Doktoranden anzunehmen.[58] Einige Dekane (vor allem der Dekan der Philosophischen Fakultät in Leipzig) erklärten jedoch, als Parteimitglieder könnten sie den Gedanken nicht mehr ertragen, Promotionsurkunden für Juden zu unterzeichnen.

Am 29. Februar 1936 hob der Dekan der Philosophischen Fakultät an der Berliner Universität die negativen Folgen hervor, die sich aus der Zurückweisung der Dissertationen aller vier jüdischen Doktoranden an seiner Fakultät (Schlesinger, Adler, Dicker und Heller) ergaben. Da es sich in allen diesen Fällen um Arbeiten handelte, die von «arischen Mitgliedern der Fakultät» angeregt worden waren, berührte die Ablehnung der Dissertationen auch die betreffenden Professoren. Der Dekan zitierte einen von ihnen, Professor Holtzmann, den Doktorvater des «Juden Dicker», dessen Dissertation über die Juden Ulms abgelehnt worden war: «Herr Holtzmann [hat mir] voller Zorn erklärt, nun habe er genug, er werde keinen Juden mehr bei seiner Doktorarbeit beraten.»[59]

Am 15. Oktober 1936 griff Bormann ein. Für ihn war ein Appellieren an «das Nationalbewußtsein der Professoren» nicht das richtige Verfahren zur Regelung der Angelegenheit. «Insbesondere», schrieb Bormann an Frick, «möchte ich nicht, daß die Durchführung rassischer Grundsätze, die auf der Weltanschauung des Nationalsozialismus beruhen, von dem guten Willen der Hochschulprofessoren abhängig gemacht wird.» Bormann zögerte nicht: Ein Gesetz, das die Zuerkennung von Doktorgraden an jüdische Studenten verbot, war erforderlich, und es sollte sich nicht an die Studenten, sondern an die Professoren richten. Was die Reaktionen des Auslands anging, so war Bormann der Ansicht, daß die

Auswirkungen des Gesetzes positiv sein würden; zur Rechtfertigung dieser Behauptung gebrauchte er ein Argument, dessen Bedeutung weit über die vorliegende Frage hinausreichte: «Darüber hinaus glaube ich sogar, daß der Erlaß besonders in den fremdrassigen Ländern, die sich durch unsere Rassenpolitik zurückgesetzt fühlen, auf fruchtbaren Boden fallen wird, da hierin wiederum das Judentum bewußt gegenüber anderen Fremdrassigen distanziert wird.» Gegen die Aushändigung von Doktordiplomen an jüdische Studenten, die die Promotionsbedingungen bereits restlos erfüllt hatten, gab es keine Bedenken.[60]

Am 15. April 1937 wurde vom Erziehungsminister ein Erlaß entworfen, in dem sich Bormanns Auffassung niederschlug: Die Universitäten wurden angewiesen, jüdischen Studenten deutscher Staatsangehörigkeit die Ablegung von Doktorexamina nicht zu gestatten. Mischlingen wurden unter verschiedenen Voraussetzungen Ausnahmen zugestanden, und die Rechte der ausländischen Juden blieben unverändert.[61]

Die Sache schien erledigt. Doch nur wenige Tage später, am 21. April, traf im Erziehungsministerium ein Telegramm von Dekan Weinhandel von der Philosophischen Fakultät der Kieler Universität ein, in der dieser eine Entscheidung erbat, «ob Bedenken gegen Annahme einer anthropologischen Doktorarbeit bestehen, wenn Bewerber jüdische oder nicht rein arische Frau hat».[62]

Auch auf örtlicher Ebene machte der Reinigungsprozeß die gewünschten Fortschritte. So taten die Stadtväter von München, die 1935 die Juden aus öffentlichen Schwimmbädern ausgesperrt hatten, 1937 einen weiteren kühnen Schritt. Nun sollte den Juden der Zutritt zu städtischen Reinigungsbädern untersagt werden. Doch da die Sache gewichtig war, war Bormanns Genehmigung erforderlich. Sie wurde versagt,[63] wobei allerdings nicht klar ist, was Bormann für Gründe hatte.

Nachdem die Münchener Behörden auf dem einen Gebiet gebremst worden waren, preschten sie auf einem anderen vor. Seit 1933 waren die Straßen der Stadt, die jüdische Namen trugen, nach und nach umbenannt worden. Ende 1936 entdeckten jedoch Bürgermeister Karl Fiehler und die Baukommission, daß immer noch elf jüdische Straßennamen übrig waren. Im Laufe des Jahres 1937 wurden daher mit Unterstützung durch das Stadtarchiv diejenigen Namen, welche ohne Zweifel jüdisch waren, geändert. Doch es bestand, so ein Archivbeamter, immer noch die Möglichkeit, «daß bei eingehender Forschung noch der eine oder andere Namensträger als jüdisch versippt sich feststellen ließe».[64]

In Frankfurt waren die Probleme, die durch jüdische Straßennamen hervorgerufen wurden, noch schlimmer. Die erste, die das Thema öffentlich zur Sprache brachte, war anscheinend eine Parteigenossin, die am 17. Dezember 1933 einen Leserbrief an das *Frankfurter Volksblatt* schrieb: «Herzlich habe ich die Bitte an Sie, doch versuchen zu wollen, ob es nicht Ihrem Einfluß gelingt, unsere Straße, die nach dem Juden Jakob Schiff heißt, umberufen zu können. Grad' in unserer Straße wohnen fast ausschließlich nationalsozialistisch gesinnte Leute, und bei Beflaggung weht aus jedem Haus das Hakenkreuz. Das ‹Jakob Schiff› gibt immer einen Stich ins Herz.»[65] Der Brief wurde an die Stadtkanzlei geschickt, die ihn an den Straßenbenennungsausschuß weiterleitete. Im März 1934 setzte der Ausschuß den Bürgermeister von allen Schenkungen in Kenntnis, die der jüdisch-amerikanische Finanzier Jakob Schiff verschiedenen Frankfurter Institutionen einschließlich der Universität gemacht hatte, und schlug deshalb vor, die vorgeschlagene Namensänderung abzulehnen, insbesondere da eine derartige Änderung angesichts der Bedeutung des Privatbankhauses Jakob Schiff in den Vereinigten Staaten in weiten Kreisen bekannt werden würde und zu einer Forderung nach Rückerstattung der Summen führen könnte, die der Stadt vermacht worden waren.[66]

Der Brief im *Volksblatt* hatte jedoch eine Reihe ähnlicher Initiativen ausgelöst, und am 3. Februar 1935 erbat der Straßenbenennungsausschuß nach einem ausgedehnten Schriftwechsel die Zustimmung des Bürgermeisters zu folgendem Vorschlag: Die Namen von vierzehn Straßen oder Plätzen sollten sofort geändert werden, angefangen mit dem Börneplatz, der jetzt Dominikanerplatz heißen sollte. Als die Nazipropaganda «herausfand», daß Schiff in großem Umfang die Bolschewisten finanziert hatte, wurde aus der Jakob-Schiff-Straße die Mumm-Straße (zu Ehren eines früheren Frankfurter Bürgermeisters).[67] Zwölf andere Straßen sollten 1936 umbenannt werden, und neunundzwanzig weitere, deren Umbenennung vorgeschlagen worden war, sollten ihre Namen behalten, entweder weil sich ihre wirkliche Bedeutung wegerklären ließ (Mathildenstraße, Sophienstraße, Luisenstraße und Luisenplatz, alle in Wirklichkeit nach Frauen aus der Familie Rothschild benannt, würden jetzt als lediglich nach nicht näher bestimmten Frauen benannt angesehen werden) oder weil sich kein hinlänglicher oder triftiger Grund für die Änderung finden ließ. Im Falle der Jakoby-Straße beispielsweise mußten die möglicherweise arischen Ursprünge des Namens noch untersucht werden; und was die Iselin-Straße anging, so war «Isaak Iselin ... kein Jude (biblischer Vorname war bei den Baseler Calvinisten üblich)».[68]

In Stuttgart wurde die Ausschließung von Juden aus öffentlichen Schwimmbädern bis nach den Olympischen Spielen verschoben; antijüdische Initiativen blieben jedoch nicht hinter denen in anderen deutschen Städten zurück. Ganz im Gegenteil. Die örtlichen Parteiführer waren darüber erbost, daß die jüdische Bevölkerung der Stadt zumindest bis 1937 eher zu- als abnahm. Juden aus den Kleinstädten und Dörfern im umliegenden Württemberg flohen in die Stadt in der Hoffnung, dort sowohl den Schutz der Anonymität als auch Unterstützung durch eine größere Gemeinschaft zu finden. So verließen zwar 1936 in den ersten sieben Monaten des Jahres 582 Juden Stuttgart, doch im gleichen Zeitraum zogen 592 zu. Erst Ende 1937 begann die etwa 4000 Menschen umfassende jüdische Bevölkerung abzunehmen.[69]

Der Stadtrat beschloß, die jüdischen Angelegenheiten in die Hand zu nehmen. Nachdem er sich ausgerechnet in Streichers Nürnberg Rat geholt hatte, beschloß er auf seiner Sitzung vom 21. September 1936, daß Altersheime, Kindergärten und (endlich) Schwimmbäder, die der Stadt gehörten, für Juden verboten waren; in Krankenhäusern sollten Juden von anderen Patienten getrennt werden; städtischen Angestellten wurde es verboten, in jüdischen Geschäften zu kaufen und sich von jüdischen Ärzten behandeln zu lassen; jüdischen Geschäftsleuten wurde die Teilnahme an Märkten und Messen untersagt; und die Stadt annullierte auf dem Immobiliensektor und in anderen Bereichen alle ihre geschäftlichen Transaktionen mit Juden.[70]

Paradoxerweise führten diese Initiativen zu einem Zusammenstoß mit der staatlichen Verwaltung von Württemberg, als letztere verlangte, ein jüdischer Stadtplaner aus Stuttgart möge von den Baubeschränkungen ausgenommen werden. Der Stadtrat beschwerte sich beim württembergischen Innenministerium, und der Stuttgarter Bürgermeister Karl Strölin erwähnte den Vorfall als ein Beispiel für die Differenzen, zu denen es hinsichtlich der Durchführung antijüdischer Maßnahmen zwischen städtischen und staatlichen Behörden kommen konnte.[71]

Derartige Konfrontationen, vorwiegend zwischen regionalen Bürokratien und Parteimitgliedern auf örtlicher Ebene, waren tatsächlich nicht ungewöhnlich. In Offenburg in Baden begann eine solche Auseinandersetzung am 19. März 1937 mit einer Beschwerde des jüdischen Rechtsanwalts Hugo Schleicher, die er im Namen der örtlichen jüdischen Gemeinde und der Juden von Gengenbach, einem Vorort von Offenburg, an das Bezirksamt Offenburg richtete. Ein dortiger Kolonialwarenhändler, ein gewisser Engesser, hatte sich geweigert, an einen jüdischen Kunden namens Ferdinand Blum Lebensmittel und Milch abzugeben. Der Grund dafür war, wie sich bald herausstellte, daß der Bürgermeister von Gengenbach, der auch Vorsitzender des Spitalfonds war, Engessser mitgeteilt hatte, man werde ihm nicht gestatten, seine Waren an das Spital zu verkaufen, wenn er weiterhin an Juden Waren abgebe. Da alle Einzelhändler in Gengenbach an das Spital verkaufen durften, würde die Taktik des Bürgermeisters rasch zu einem Resultat führen, das Schleicher in seinem Brief klar definierte: «Die letzte Consequenz dieser Maßnahme [wird sein], daß die jüdische Bevölkerung von Gengenbach keine Lebensmittel und keine Milch mehr erhalten wird.»[72]

Das Bezirksamt Offenburg übermittelte die Beschwerde an den Bürgermeister von Gengenbach und forderte eine Stellungnahme an. Am 2. April schrieb der Bürgermeister zurück: «Betrifft: Beschwerde des Juden H. Schleicher vom 19. März 1937. Die in der Beschwerde vorgebrachten Angaben stimmen. Bei dem kohlrabenschwarzen Engesser verkehren als Kunden neben den Juden nur die schwärzesten Brüder von Gengenbach, und dadurch bildet dieser Laden ein [sic] Sammelplatz für alle Dunkelmänner der Gegenwart.* Ich habe Engesser vor die Wahl gestellt, sich zu entscheiden, ob er auf Lieferungen an das Krankenhaus verzichten will oder auf die jüdische Kundschaft. Er hat sich sofort bereit erklärt, die jüdische Kundschaft zu entlassen. Ob die Juden Lebensmittel haben oder ob sie hier verrecken, ist mir gleichgültig, sie mögen in fruchtbarere Gegenden ziehen, wo zu Abrahams Zeiten bereits Milch und Honig floß. Keinesfalls dulde ich Lieferungen an ein mir unterstehendes Unternehmen durch Judenknechte, wie ich mir auch verbitten muß, eines Juden wegen zur Verantwortung gezogen zu werden, als Nationalsozialist lehne ich es ab, Rede und Antwort zu stehen. Ich bitte, dem Juden die entsprechende Antwort zu geben.»[73]

Das Bezirksamt antwortete rasch. Am 5. April erhielt der Bürgermeister seinen Brief mit der Begründung zurück, er sei «in einem derart unsachlichen und ungehörigen Tone abgefaßt, wie er einer vorgesetzten Behörde gegenüber durchaus unangebracht und unangemessen ist». Dies war die Botschaft des ganzen Schreibens: «Wenn die vorgesetzte Behörde einen Bericht verlangt, so gehört es zu Ihren Dienstpflichten, einen solchen zu erstatten, und zwar in einer sachlichen Weise. Ich erwarte nunmehr einen solchen sachlich abgefaßten Bericht, der sich auch darüber ausspricht, ob und wie die Milchbelieferung der Familie Blum in Gengenbach sichergestellt ist.»[74]

IV

Für Juden wie für Deutsche war das grundlegende Kriterium, nach dem sich der Erfolg der antijüdischen Absonderungsmaßnahmen einschätzen ließ, der Umfang jüdischer ökonomischer Präsenz in Deutschland. Einige örtliche Vorkommnisse schienen gelegentlich auf unerwarteten Widerstand zu deuten. So brachte der Stuttgarter *NS-Kurier* am 2. Fe-

* Diese Tirade entsprach der antikatholischen Schmähkampagne, die die Partei Ende der dreißiger Jahre führte. Deren Hauptideologe war Alfred Rosenberg, aber bald sollte Martin Bormann zu ihrem wichtigsten Motor werden.

bruar 1937 einen längeren Artikel über einen bestimmten Fall von «Erbärmlichkeit und Charakterlosigkeit». Die Frau des Direktors eines städtischen Unternehmens (dessen Name ungenannt blieb) war gesehen worden, wie sie im jüdischen Kaufhaus Schocken Waschseife kaufte.[75] Schlimmer noch, am 20. März desselben Jahres muß der *NS-Kurier* seine Leser heftig aufgebracht haben, als er berichtete, das in jüdischem Besitz befindliche Münchener Modehaus Rothschild habe im Marquardt-Hotel seine Kollektion vorgeführt, und «einige reiche und entsprechend gesinnungslose deutsche Frauen» hätten die jüdische Einladung zur Teilnahme an der Veranstaltung angenommen.[76]

Manchmal war für die örtlichen Parteiblätter Schweigen die sicherere Alternative. Keine Münchener Zeitung schrieb auch nur eine Zeile über den vierstündigen Besuch, den Göring 1936 in Begleitung seines Adjutanten Prinz Philipp von Hessen dem Teppich- und Gobelinladen Otto Bernheimer abstattete. Obwohl dieser als jüdisches Geschäft bekannt war, zahlte Göring 36000 Reichsmark für zwei seltene Teppiche, die dann prompt an ihr hochgestelltes Ziel in Berlin gesandt wurden.[77]

Göring war tatsächlich keine Ausnahme, und die Damen der Stuttgarter Gesellschaft waren es auch nicht. Gestapo-Berichte aus verschiedenen Teilen des Reiches deuten darauf hin, daß Ende 1935 und im Jahre 1936 viele Deutsche immer noch nicht zögerten, mit Juden Geschäfte zu machen. Trotz zunehmender Besorgnis der Partei lag der Viehhandel in ländlichen Gegenden immer noch weitgehend in jüdischen Händen; so heißt es in einem Gestapo-Bericht für den Monat November 1935, «daß die Juden den Viehhandel [in Hessen] noch nahezu vollkommen beherrschen. Sie haben ihre Tätigkeit entweder in die späten Abendstunden oder in die Nacht verlegt. Zuweilen kommt es sogar vor, daß sich Volksgenossen den Juden zur Verfügung stellen und als verdeckte Stellvertreter, d. h. im eigenen Namen, jedoch für Rechnung der Juden an den einzelnen größeren Schlachtviehmärkten Frankfurt a. M., Wiesbaden und Koblenz Geschäfte machen.»[78] Fast ein Jahr später schlug ein Bericht aus dem fränkischen Kreis Hilpoltstein Alarm: «Die Handelsbeziehungen der Bauern mit Juden haben einen derartigen Umfang angenommen, daß sich die politische Leitung zu einem energischen Eingreifen veranlaßt sah.»[79]

In den Städten waren die jährlichen Winterschlußverkäufe in jüdischen Geschäften große Ereignisse. So berichtete im Februar 1936 die Münchener Polizeidirektion, der Ausverkauf in dem in jüdischem Besitz befindlichen Textilhaus Sally Eichengrün habe «große Menschenmengen» angezogen. Zeitweilig standen bis zu dreihundert eifrige Kundinnen auf der Straße vor dem Geschäft Schlange.[80] Und verschiedene SD-Berichte deuten darauf hin, daß selbst 1937 in mehreren Bereichen wirtschaftliche Beziehungen zwischen Deutschen und Juden fortbestanden, wobei beispielsweise Mitglieder der Aristokratie, des Offizierskorps und der Großbourgeoisie ihr Vermögen immer noch bei jüdischen Banken hielten.[81]

Was in dieser frühen Phase der Arisierung den Zehntausenden jüdischer Besitzer kleiner Betriebe – als durchschnittlicher Prozentsatz des Wertes – gezahlt wurde, läßt sich schwer einschätzen. Wie in Kapitel 1 bemerkt, läßt die neuere Forschung darauf schließen, daß das beträchtliche Ausmaß der Arisierung auf der Ebene mittlerer und kleiner Unternehmen keine Aussagen über die Situation in den höheren Rängen der Wirtschaft erlaubt: Hier war die Konkurrenz beschränkter, und die Einstellung zu Erpressung war immer noch negativ, weil die beteiligten Unternehmen international stärker exponiert waren. Daher beschlossen die Nazis, jeden direkten Konflikt zu vermeiden.[82]

In Gesellschaften wie Mannesmann, I. G. Farben, Gesellschaft für elektrische Unternehmungen und dergleichen verblieben Dutzende von Juden in Aufsichtsräten und in anderen wichtigen geschäftsführenden Positionen. Die Dresdner Bank beispielsweise «hatte 1936 in Berlin immer noch 100 bis 150 jüdische Angestellte, und fünf Direktoren behielten ihre Posten bis in die Zeit von 1938 bis 1940».[83]

Als dann tatsächlich die Arisierung auf der Ebene der Großunternehmen stattfand, lassen Hinweise in einigen sehr bedeutenden Fällen darauf schließen, daß den Besitzern bis Ende 1937 angemessene Preise geboten wurden; dann sollte sich die Situation drastisch ändern. Ein Teil des Motivs für diese scheinbare Zurückhaltung und Anständigkeit war offensichtlich Eigennutz. Der wirtschaftliche Aufschwung war weiterhin ungewiß. Einige der größten deutschen Firmen benutzten in dem Bestreben, eine zusätzliche Besteuerung ihrer neuen Profite zu vermeiden oder den Auswirkungen einer möglichen Abwertung zu entgehen, die kostspielige Aneignung bewährter, aber abschreibbarer Unternehmen dazu, ihre steuerbaren Gewinne zu verbessern. Jedenfalls interpretierte in diesem Sinne sowohl die NS- als auch die Geschäftspresse den über Nennwert erfolgenden Erwerb der in jüdischem Besitz befindlichen Norddeutschen Hefeindustrie durch die Firma Henckel und eine ähnliche Operation, die von der wichtigsten deutschen Tochter von Unilever getätigt wurde.[84] Im allgemeinen verschlechterte sich jedoch die wirtschaftliche Gesamtsituation der Juden in Deutschland ständig.

Eine bemerkenswerte zeitgenössische Zusammenfassung erschien im Dezember 1935 in der österreichischen *Reichspost:* «Die in den kleinen und mittleren [deutschen] Provinzstädten ansässigen jüdischen Händler haben allerdings schon seit langer Zeit einen schweren Kampf auszufechten. In diesen Städten läßt sich nämlich die Waffe des Boykotts viel besser handhaben als etwa in Berlin; die Folge davon ist, daß ein Massenverkauf von jüdischen Detailgeschäften eingesetzt hat. ... Aus einzelnen Gegenden ... liegen Berichte vor ..., daß durchschnittlich 40 bis 50 % sämtlicher jüdischer Geschäfte bereits in arische Hände übergegangen sind. Daneben gibt es aber auch wieder viele Kleinstädte, in denen bereits die letzten Reste jüdischer Geschäftstätigkeit liquidiert sind. Daher auch die Tatsache, daß verschiedene kleine Kultusgemeinden ihre Synagogen zum Verkauf anbieten und daß erst letzthin ein fränkischer Bauer ein derartiges Gebäude um den Preis von 700 Mark zum Zwecke der Einlagerung von Getreide erwerben konnte.»[85]

In Dörfern und Kleinstädten waren Schikanen oft der einfachste Weg, um Juden dazu zu zwingen, ihre Geschäfte zu einem Bruchteil des Wertes zu verkaufen und fortzuziehen oder auszuwandern. In den größeren Städten und für größere Betriebe führten Kreditbeschränkungen und andere von arischen Firmen ersonnene Boykottmaßnahmen zu demselben Ergebnis. Diejenigen Juden, die an ihrer wirtschaftlichen Tätigkeit festhielten, wurden in zunehmendem Maße auf den rapide schrumpfenden jüdischen Markt beschränkt. Von ihren Beschäftigungen ausgeschlossen, wurden jüdische Fachleute Hausierer, die entweder Waren von zu Hause aus verkauften oder von Ort zu Ort reisten – eine Umkehrung der historischen Entwicklung jüdischer sozialer Mobilität. Da die Hausierertätigkeit angemeldet werden mußte, waren die Staats- und Parteibehörden, wie Barkai festgestellt hat, manchmal der irrigen Auffassung, die jüdische Wirtschaftstätigkeit nehme zu. Nachdem es Juden durch die Nürnberger Gesetze verboten worden war, Arierinnen unter 45 Jahren im Haus zu beschäftigen, rückten jüdische Mädchen in die neuerdings vakanten Stellen ein, was wiederum einen Trend umkehrte, den moderne jüdische Frauen jahrzehntelang unterstützt und erkämpft hatten.[86]

Diese allgemeine Entwicklung ist unbestreitbar; doch sie bedarf, sofern wir uns auf SD-Berichte verlassen können, der Differenzierung. So vermittelt der Bericht der Judenabteilung des SD für das Jahr 1937 den Eindruck, daß die Einstellungen gegenüber den Juden in einigen Teilen der Bevölkerung gemischt blieben und nicht nur von wirtschaftlichen, sondern auch von religiösen und möglicherweise einigen politischen Motiven getragen waren:

«Das Berichtsjahr hat erwiesen, daß große Teile der Bevölkerung, ja selbst der Parteigenossenschaft, sich nicht einmal mehr um die einfachste Forderung, nämlich nicht beim Juden zu kaufen, bekümmern. Besonders stark zeigt sich diese Sabotage in streng katholischen Bezirken und bei der Anhängerschaft der Bekennenden Kirche, die zum Teil aus weltanschaulichen Gründen – Lösung der Judenfrage durch die Taufe und Aufnahme der Juden in die christliche Gemeinschaft –, zum Teil aber auch zum Zwecke der Stärkung der Opposition gegen den Nationalsozialismus, die Arbeit des Reiches auf dem Gebiet des Judentums zu stören versucht. Den besten Beweis für den Erfolg dieser Gegenarbeit bietet die Tatsache, daß im Gegensatz zum übrigen Reichsgebiet in Mittel- und Unterfranken, sowie in Schwaben, eine ständige Verschiebung der jüdischen Bevölkerung von den Städten in die Landgemeinden vor sich geht, weil die Juden hier, unter dem moralischen Schutz der Kirche stehend, die Maßnahmen des Reiches weniger stark zu spüren bekommen. Ein ähnlicher Vorgang ist in den katholischen Gegenden der preußischen Provinz Hessen-Nassau und im Land Hessen zu beobachten.»[87]

Auch wenn der SD-Bericht nur die Situation in einigen Gegenden beschrieb und auch wenn der Zuzug von Juden aus den Städten aufs Land – da die entgegengesetzte Tendenz im allgemeinen dokumentiert ist – sehr beschränkt gewesen sein muß, wurde der Antisemitismus in der Gesamtbevölkerung anscheinend nicht zu einer *aktiven* Kraft. Die Worte «sich nicht einmal mehr bekümmern» lassen sogar bei diesem Thema auf eine zunehmende Gleichgültigkeit gegenüber der Parteipropaganda schließen. Doch wiederum waren anscheinend in diesen beiden Jahren einige religiöse Zwänge sowie ökonomisches Eigeninteresse die Hauptmotive für derart «laxe» Einstellungen gegenüber den Juden. Aber das bevorstehende Verschwinden fast aller jüdischen Wirtschaftstätigkeit in Verbindung mit stärkerem offiziellem Druck machte sich dann bald bemerkbar.

Nachdem Hitler konkrete Schritte unternommen hatte, um das Reich auf den Kurs einer großen militärischen Konfrontation zu bringen, war das Schicksal der Konservativen besiegelt. Ende 1937 war Schacht kaltgestellt, an seine Stelle trat der Nationalsozialist Walther Funk. Anfang 1938 folgten dann andere konservative Minister, darunter Außenminister Neurath und Verteidigungsminister Blomberg. Zur gleichen Zeit mußte der Oberbefehlshaber des Heeres, General Werner von Fritsch, wegen erdichteter Vorwürfe von Homosexualität unehrenhaft seinen Dienst quittieren. Hitler selbst wurde Befehlshaber der Streitkräfte, die von da an de facto von einem neuen Oberkommando der Wehrmacht (OKW) unter General Wilhelm Keitel geführt wurden. Der immer schwächere und immer problematischere Schutz, den die Konservativen gegen die Radikalisierung der antijüdischen Maßnahmen des Regimes boten, war damit verschwunden.

In seiner Denkschrift zum Vierjahresplan verlangte Hitler die Verabschiedung eines Gesetzes, «das das gesamte Judentum haftbar macht für alle Schäden, die durch einzelne Exemplare dieses Verbrechertums der deutschen Wirtschaft und damit dem deutschen Volke zugefügt werden».[88] Um die Juden für den Tod Gustloffs zu bestrafen (Gustloff war, wir erinnern uns, der NS-Vertreter in der Schweiz, der Anfang Februar 1936 von einem jüdischen Studenten ermordet wurde), sollte der Erlaß über die kollektive Geldstrafe, die Hitler den Juden Deutschlands auferlegen wollte, bis zum Abschluß des Prozesses gegen den Attentäter in der Schweiz fertig sein. Der Termin wurde nicht eingehalten, weil sich Diskussionen zwischen dem Finanzministerium und dem Innenministerium über technische Einzelheiten bezüglich der Geldstrafe über das Jahr 1937 und das erste Halbjahr 1938 hinzogen. Doch in Wirklichkeit resultierte die Verschiebung aus Görings Zögern wegen der potentiellen Auswirkungen eines derartigen Erlasses auf die Devisen- und Rohstoffsituation des Reiches.[89] Es war dann jedoch Göring, der schließlich nach dem Kristallnacht-Pogrom, das auf Ernst vom Raths Ermordung folgte, die Verhängung einer kollektiven Geldstrafe für die Juden Deutschlands verkündete.

Das Schwinden des konservativen Einflusses, insbesondere im Hinblick auf die wirtschaftliche Lage der Juden, wurde auf verschiedenen Ebenen spürbar und ebenso auch im Ton des Schriftwechsels zwischen Parteigrößen und dem Wirtschaftsministerium. Im Herbst 1936 wurde der Chemnitzer Textilfabrikant Königsfeld zur Zielscheibe zunehmender Schikanen von seiten der örtlichen Parteiorganisationen. Da der Besitzer der Firma ein Mischling ersten Grades war, der mit einer Deutschen verheiratet war und daher immer noch ein Anrecht auf den ungeschmälerten Status als vollberechtigter deutscher Reichsbürger hatte und da in diesem Unternehmen nach einem Rundschreiben des Wirtschaftsministeriums kein jüdischer Einfluß zu erkennen war, wurden die Parteibehörden in Sachsen aufgefordert, ihrer Kampagne gegen die Firma Königsfeld ein Ende zu machen. Am 6. Dezember antwortete Reichsstatthalter Martin Mutschmann in einem Brief an Ministerialrat Hoppe im Wirtschaftsministerium auf dieses Ersuchen. Mutschmann war «sehr erstaunt» über Hoppes Stellungnahme zur «nichtarischen» Firma Königsfeld: «Diese [Position] steht im Gegensatz zur nationalsozialistischen Weltanschauung und ist meines Erachtens eine Sabotage gegen die Anordnung des Führers. Ich bitte deshalb, an dem bestehenden Zustande nichts zu ändern, da ich sonst gezwungen wäre, Gegenmaßnahmen zu ergreifen, die nicht ganz angenehm wären. Ich werde auch Gelegenheit nehmen, dem Führer Ihre Anschauung über diesen Fall klar vor Augen zu führen. Jedenfalls bin ich nicht gewillt, den mir unterstellten Behörden die von Ihnen gewünschten Anweisungen zu erteilen; ich bin im Gegenteil der Meinung, daß Sie durch Ihre Stellungnahme bewiesen haben, daß Sie vollkommen fehl am Platze sind.»[90]

Parteiaktivisten machten sich jetzt daran, in der Presse die Namen von Volksgenossen abzudrucken, die in jüdischen Geschäften kauften; obendrein wurden die Adressen der Schuldigen danebengesetzt. Bormann mußte reagieren. In einer Anordnung vom 23. Oktober 1937 setzte er sich mit diesen Initiativen auseinander, indem er auf einen bekannten Umstand verwies: Viele Käufer waren sich nicht darüber im klaren, daß ein bestimmter Laden jüdisch war, und sahen sich daher für eine völlig unabsichtlich begangene Missetat in der Presse bloßgestellt. Namen sollten daher vor der Veröffentlichung sorgfältig überprüft werden, und Parteimitglieder, die sich in einer Gegend aufhielten, in der sie sich nicht auskannten, sollten den Einkauf in jüdischen Geschäften vermeiden, indem sie sich vorab nach der Identität des Eigentümers erkundigten.[91]

1936 war klar geworden, daß das Haavarah-Abkommen Deutschland keine wirtschaftlichen oder politischen Vorteile gebracht hatte, sondern daß die Kanalisierung der jüdischen Auswanderung nach Palästina ganz im Gegenteil die Schaffung eines jüdischen Staates fördern konnte. Ein solcher Staat konnte zu einem Zentrum der Agitation gegen NS-Deutschland werden, oder er konnte, schlimmer noch, die Macht des Weltjudentums fördern und koordinieren. Besonders dringlich schien das Problem seit Ende 1936 und in den ersten Monaten des Jahres 1937 zu werden, als die britische Peel-Kommission die Empfehlung aussprach, Palästina in zwei getrennte Staaten, einen jüdischen und einen arabisch-palästinensischen, aufzuteilen, während andere Gebiete unter britischer Kontrolle bleiben sollten. Welche diplomatische Position sollte Deutschland einnehmen? Im April 1937 hatte Ernst von Weizsäcker, der Leiter der politischen Abteilung der Wilhelmstraße und nachmalige Staatssekretär, eine Position entwickelt, die vom Referat Deutschland des Außenministeriums durchgängig gestützt wurde und die gegen die Schaffung eines jüdischen Staates gerichtet war; konkret wurde jedoch weiter eine Politik der Nichteinmischung verfolgt, was unter anderem bedeutete, daß es keine aktive Unterstützung für die arabische Nationalbewegung gab.[92]

Unnachgiebiger wurde die antizionistische Position der Wilhelmstraße, zumindest auf der Ebene des Prinzips, als im Juni 1937 Außenminister Neurath selbst Stellung bezog: «Bildung eines Judenstaates oder jüdisch geleiteten Staatsgebildes unter britischer Mandatshoheit liegt nicht im deutschen Interesse», kabelte Neurath an seine diplomatischen Vertreter in London, Jerusalem und Bagdad, «da ein Palästina-Staat das Weltjudentum nicht absorbieren, sondern zusätzliche völkerrechtliche Machtbasis für internationales Judentum schaffen würde etwa wie Vatikan-Staat für politischen Katholizismus oder Moskau für Komintern. Es besteht daher ein deutsches Interesse an Stärkung des Arabertums als Gegengewicht gegen etwaigen solchen Machtzuwachs des Judentums. Es ist zwar nicht anzunehmen, daß direktes deutsches Eingreifen Entwicklung der Palästina-Frage wesentlich beeinflussen könnte. Gleichwohl wird es sich empfehlen, die interessierten fremden Regierungen über unsere Auffassung nicht ganz im Dunkeln zu lassen.»[93]

Die Position Neuraths und die allgemeine Denkrichtung im Außenministerium gab im Jahre 1937 Gegnern des Haavarah-Abkommens Auftrieb, auch wenn klar wurde, daß die Empfehlungen der Peel-Kommission vor allem infolge des starken arabischen Widerstandes nirgendwohin führten. Niemand wagte es jedoch, irgendwelche konkreten Maßnahmen gegen das Abkommen zu ergreifen, da Hitler seinen Standpunkt noch nicht zum Ausdruck gebracht hatte. Seine Entscheidung, die er Ende Januar 1938 verkündete, bedeutete ganz eindeutig die Aufrechterhaltung des Haavarah-Abkommens: weitere jüdische Auswanderung mit allen möglichen Mitteln. Die Bürokratie hatte nur eine Wahl: sich zu fügen. Und das tat sie.[94]

Einige Tage vor Hitlers Entscheidung wurde ein etwas weniger gewichtiger Fall vor Gericht gelöst: Ein jüdischer Geschäftsmann wurde verurteilt, weil er Hakenkreuzfahnen und andere nationale Symbole verkauft hatte. Das Gericht vertrat die Auffassung, daß, genau wie es das Gesetz Juden verbot, die Reichsflagge zu zeigen, weil sie keinerlei «innere Beziehung» zu den Symbolen der Bewegung hatten oder ihnen sogar feindlich gegenüberstanden, auch der von Juden betriebene Handel mit diesen Symbolen – eine noch erniedrigendere Aktion – einen Verstoß gegen die Ehre der Bewegung und des deutschen Volkes darstellte.[95]

V

Am 5. November 1937 rief Hitler ein großes Aufgebot von Experten für militärische, wirtschaftliche und außenpolitische Fragen zusammen, um sie von seinen strategischen Plänen für die kommenden vier oder fünf Jahre in Kenntnis zu setzen. In naher Zukunft hatte Hitler vor, angesichts der eklatanten Entschlußlosigkeit der westlichen Demokratien gegen die Tschechoslowakei und gegen Österreich (in dieser Reihenfolge) vorzugehen. Tatsächlich kam Österreich infolge einer unvorhergesehenen Folge von Umständen, die von Hitler geschickt ausgenutzt wurden, als erstes an die Reihe.

Im deutsch-österreichischen Vertrag von 1936 hatte der österreichische Kanzler Kurt von Schuschnigg zugesagt, einige NS-Minister in sein Kabinett aufzunehmen. Da Schuschnigg in den Augen der Nationalsozialisten beim Eingehen auf ihre Forderungen nicht weit genug ging und sich nicht schnell genug bewegte, beorderte ihn Hitler im Februar 1938 nach Berchtesgaden. Angesichts einer Drohung mit militärischen

Maßnahmen akzeptierte Schuschnigg die Forderungen des deutschen Diktators. Doch als er wieder in Wien war, versuchte er, Hitler dadurch zu überlisten, daß er eine Volksabstimmung über die österreichische Unabhängigkeit ansetzte. Hitler reagierte, indem er den sofortigen Einmarsch in Österreich für den Fall androhte, daß die Volksabstimmung nicht abgesagt würde. Die weiteren Forderungen Berlins – einschließlich des Rücktritts von Schuschniggs und seine Ersetzung durch den österreichischen Nationalsozialisten Arthur Seyß-Inquart – wurden alle angenommen. Dennoch stand Hitlers Kurs jetzt fest: Am 12. März 1938 überschritt die Wehrmacht die österreichische Grenze; am darauffolgenden Tag wurde Österreich vom Reich annektiert. Am 15. März sprach Hitler vom Balkon der Hofburg zu Hunderttausenden von begeisterten Wienern, die sich auf dem Heldenplatz versammelt hatten. Seine Schlußworte waren kaum noch zu übertreffen: «Als der Führer und Kanzler der deutschen Nation und des Reiches melde ich vor der Geschichte nunmehr den Eintritt meiner Heimat in das Deutsche Reich.»[96]

Am 16. März, als die Gestapo kam, um ihn zu verhaften, sprang der jüdische Dramatiker und Kulturgeschichtler Egon Friedell aus dem Fenster seiner Wiener Wohnung in den Tod. Im Januar 1938 hatten in Wien fünf Juden Selbstmord begangen, im Februar vier. In der zweiten Märzhälfte brachten sich 79 Wiener Juden um.[97]

In *Heldenplatz*, dem letzten Stück des österreichischen Autors Thomas Bernhard, kehrt der jüdische Professor Robert Schuster, der aus Wien stammt, irgendwann in den achtziger Jahren aus Oxford in die österreichische Hauptstadt zurück. Für ihn und seine Frau bleibt die Vergangenheit, so stellt er fest, quälend gegenwärtig:

> Mein Bruder Josef kann von Glück reden
> daß ihm ein so spontaner Abgang gelungen ist
> Ich habe Selbstmörder immer bewundert
> ich habe nie gedacht daß mein Bruder dazu
> imstande sein könnte …

Später spricht er von seiner Frau:

> Sie hört seit Monaten wieder auf geradezu
> beängstigende Weise
> die Massen auf dem Heldenplatz schreien
> Sie wissen ja fünfzehnter März
> Hitler zieht auf dem Heldenplatz ein …[98]

8.

Ein Modell Österreich?

I

Am 4. Juni 1938 wurde dem 82jährigen Sigmund Freud die Abreise aus Wien gestattet, aus der Stadt, in der er seit seinem vierten Lebensjahr zu Hause gewesen war. Zweimal war seine Wohnung von der Gestapo durchsucht worden, und seine Tochter Anna hatte man zum Verhör vorgeladen. Schließlich verlangten die NS-Behörden, nachdem sie einen Teil seiner Habe beschlagnahmt und ihn mit der Reichsfluchtsteuer belegt hatten, seine Unterschrift unter eine Erklärung, daß er nicht mißhandelt worden sei. Gehorsam unterzeichnete Freud und fügte hinzu: «Ich kann die Gestapo jedermann auf das beste empfehlen.» Die Gestapoleute waren zu stumpfsinnig, um selbst einen derart grobschlächtigen Sarkasmus wahrzunehmen, aber das Risiko eines solchen Kommentars war beträchtlich – und man kann sich die Frage stellen, ob etwas «in Freud am Werk [war], was ihn wünschen ließ, in Wien zu bleiben und zu sterben».[1]

Als Ergebnis des Anschlusses waren den Nazis weitere 190 000 Juden in die Hände gefallen.[2] Die Verfolgung in Österreich und insbesondere in Wien ging über die im Reich hinaus. Die öffentliche Demütigung war krasser und sadistischer, die Enteignung besser organisiert, die Zwangsemigration rascher. Die Österreicher – ihr Land war jetzt in Ostmark umbenannt und der Amtsgewalt von Gauleiter Josef Bürckel unterstellt worden, der den Titel Reichskommissar für die Wiedervereinigung Österreichs mit dem Deutschen Reich erhielt – dürsteten anscheinend mehr nach antijüdischen Aktionen als die Bürger des nunmehrigen Altreichs. Die Gewalttätigkeiten hatten bereits begonnen, bevor die Wehrmacht die Grenze überschritten hatte; trotz offizieller Bemühungen, ihre chaotischsten und pöbelhaftesten Aspekte einzudämmen, dauerten sie wochenlang an. Der Mob genoß die öffentlichen Schauspiele der Erniedrigung; zahllose Gauner aus allen Schichten, die entweder Parteiuniformen trugen oder nur improvisierte Hakenkreuz-Armbinden angelegt hatten, griffen zu Drohungen und Erpressungen im größten Ausmaß: Geld, Juwelen, Möbel, Autos, Wohnungen und Betriebe wurden ihren entsetzten jüdischen Eigentümern entrissen.

In Österreich war die Judenfrage Anfang der dreißiger Jahre zu einem noch wirksameren Werkzeug rechter Demagogie geworden, als das in Deutschland in den letzten Jahren der Republik der Fall gewesen war.[3] Als Anfang 1934 die NS-Kampagne gegen Engelbert Dollfuß ihren Höhepunkt erreichte, brachte sie immer wieder die Beherrschung des Kanzlers durch die Juden ins Spiel.[4] Nach Dollfuß' Ermordung am 25. Juli und während der gesamten Amtszeit seines Nachfolgers Kurt von Schuschnigg, die mit dem deutschen Einmarsch im März 1938 endete, verstärkte sich die Agitation. So heißt es in Polizeiquellen: «Daß der Antisemitismus und deutsche Nationalismus von entscheidender Bedeutung für den Erfolg nationalsozialistischer Propaganda waren, wird von verschiedenen Seiten bestätigt. Fürst Ernst Rüdiger Starhemberg, der Kommandeur der Heimwehr und Leiter der Vaterländischen Front, schrieb später in seinen Nachkriegsmemoiren: ‹Das gefährlichste Einbruchstor aber in die österreichische Abwehrfront lieferte der Antisemitismus. ... Überall schon witterte man jüdische Einflüsse und, obwohl in der ganzen Vaterländischen Front nicht ein einziger Jude einen führenden Posten innehatte, erzählten sich ... die Wiener Bürger ... von der Verjudung dieser Organisation und daß die Nazis doch recht hätten und daß man in Österreich auch mit den Juden Ordnung machen müsse.›»[5]

Die unkontrollierte Aggression nach dem Anschluß nahm schnell derartige Ausmaße an, daß Heydrich am 17. März Bürckel davon unterrichtete, er werde der Gestapo den Befehl geben, diejenigen Nationalsozialisten zu verhaften, die «in den letzten Tagen in großem Umfange in völlig undisziplinierter Weise sich Übergriffe [gegen Juden] erlaubt» hätten.[6] In dem allgemeinen Chaos hatten solche Drohungen keine unmittelbare Wirkung, und die Tatsache, daß die Gewalttätigkeit offiziell den Kommunisten in die Schuhe geschoben wurde, änderte an der Situation auch nichts. Erst am 29. April, als Bürckel verkündete, die Führer von SA-Einheiten, deren Männer sich an den Ausschreitungen beteiligten, würden degradiert und könnten aus der SA und der Partei ausgeschlossen werden, begann die Gewalttätigkeit nachzulassen.[7]

Währenddessen nahm der offizielle Anteil an der Übernahme jüdischen Eigentums rasch zu. Am 28. März hatte Göring den Befehl erteilt, «in aller Ruhe Maßnahmen zur sachgemäßen Umleitung der jüdischen Wirtschaft zu treffen».[8] Mitte Mai war eine Vermögensverkehrsstelle mit fast 500 Angestellten eingerichtet worden, die aktiv die Arisierung der jüdischen Vermögenswerte betrieb.[9] Innerhalb von wenigen Monaten wurden allein in Wien 83 Prozent des Handwerks, 26 Prozent der Industrie, 82 Prozent der Dienstleistungsbetriebe und 50 Prozent der Einzelhandelsgeschäfte, die Juden gehörten, übernommen; von den 86 Banken in jüdischem Besitz, die es in der österreichischen Hauptstadt gab, blieben nach diesem ersten Schlag nur acht übrig.[10] Die durch die Beschlagnahmungen und Enteignungen verfügbar gemachten Mittel wurden teilweise dazu verwendet, die von «NS-Kämpfern» im «jüdisch-sozialistischen Wien» erlittenen Verluste zu kompensieren und der verarmten jüdischen Bevölkerung, die nicht auswandern konnte, eine gewisse Unterstützung zu geben.[11] Tatsächlich bot der Kompensationsgedanke ein breites Spektrum von Möglichkeiten. Am 18. Juli schickte das Büro des Stellvertreters des Führers Bürckel einen Entwurf für ein «Gesetz zum Ausgleich von Schäden, die dem Deutschen Reich durch Juden erwachsen sind». Wie es in dem Brief hieß, war das Gesetz noch nicht verkündet worden, «weil noch nicht feststeht, in welcher Weise der Ausgleichsfonds nunmehr nach Durchführung der von Göring geplanten Maßnahmen gegen die Juden gebildet werden soll».[12]

Manche Maßnahmen bedurften keines Gesetzes. Einige Tage nach dem Anschluß nahmen SA-Männer Franz Rothenberg, den Vorstandsvorsitzenden der Kreditanstalt, der führenden Bank in Österreich, zu einer Autofahrt mit und brachten ihn um, indem sie ihn aus dem fahrenden Wagen stießen. Isidor Pollack, der Generaldirektor der Chemiefirma Pulverfabrik, erhielt im April 1938 Besuch von der SA und wurde bei der «Durchsuchung» seiner Wohnung so schwer zusammengeschlagen, daß er kurz darauf starb. Die Deutsche Bank konfiszierte die von Rothschild kontrollierte Kreditanstalt, während die Pulverfabrik, ihre Tochter, von der I. G. Farben übernommen wurde.[13]

Der gesamte Arisierungsprozeß entwickelte sich mit außerordentlicher Geschwindigkeit weiter. Mitte August 1939 konnte Walter Rafelsberger, der Leiter der Vermögensverkehrsstelle, Himmler ankündigen, daß «die gestellte Aufgabe der Entjudung der Wirtschaft in der Ostmark in der Frist von nicht ganz 1½ Jahren praktisch gelöst wurde». Aus Wien waren alle Betriebe in jüdischem Besitz verschwunden. Von den 33000 jüdischen Unternehmen, die zum Zeitpunkt des Anschlusses in der österreichischen Hauptstadt existiert hatten, waren etwa 7000 schon vor Einrichtung der Vermögensverkehrsstelle im Mai 1938 liquidiert worden. «Von den restlichen etwa 26000 Betrieben wurden ungefähr 5000 der Arisierung, die restlichen 21000 einer geordneten Liquidation zugeführt.»[14]

Gleichzeitig fing man an, im ganzen Land, insbesondere in Wien, jüdische Wohnungen zu beschlagnahmen. Ende 1938 waren von einer Gesamtzahl von etwa 70000 Wohnungen, die Juden gehörten, etwa 44000 arisiert worden. Nach Kriegsbeginn betrug die Belegungsdichte in den verbleibenden jüdischen Wohnungen etwa fünf bis sechs Familien pro Wohnung. Oft gab es weder sanitäre Einrichtungen noch Kochgelegenheiten, und in jedem Gebäude stand nur ein Telefon zur Verfügung.[15]

Herbert Hagen traf am 12. März mit den ersten Einheiten der Wehrmacht in Wien ein; wenige Tage später stieß Adolf Eichmann, der gerade zum SS-Untersturmführer befördert worden war, zu ihm. Auf der Basis von Listen, die vom SD erstellt worden waren, wurden Angestellte jüdischer Organisationen verhaftet und Dokumente beschlagnahmt.[16] Nach diesem ersten Schlag gab es ein gewisses Maß an «Normalisierung», was die Durchführung weitreichenderer Pläne ermöglichte. Eichmann wurde zum Berater für Judenfragen beim Inspektor der Sicherheitspolizei und des SD, Franz Stahlecker, ernannt. In einem Brief vom 8. Mai unterrichtete er Hagen von seinen neuen Aktivitäten: «Ich hoffe, ich werde bald im Besitz der jüdischen Jahrbücher der Nachbarstaaten [wahrscheinlich Tschechoslowakei und Ungarn] sein, die ich Ihnen dann zusenden werde. Ich betrachte sie als wichtige Hilfsmittel. Alle jüdischen Organisationen in Österreich haben Anordnung erhalten, wöchentlich Berichte zu erstatten. Diese gehen jeweils an die entsprechenden Referenten in II 112 und an die verschiedenen Sachgebiete. Die Berichte sind in einen Bericht über die Lage und einen Bericht über Aktivitäten zu unterteilen. Sie sind jede Woche montags in Wien und donnerstags in der Provinz fällig. Ich hoffe, ich kann Ihnen die ersten Berichte morgen schicken. Die erste Nummer der zionistischen *Rundschau* soll nächsten Freitag erscheinen. Ich habe mir die Fahnen zuschikken lassen und bin jetzt mit der langweiligen Arbeit der Zensur beschäftigt. Sie bekommen die Zeitung natürlich auch. Mit der Zeit wird dies bis zu einem gewissen Grade ‹meine Zeitung› werden. Jedenfalls habe ich diese Herren in Bewegung gebracht, das können Sie mir glauben. Sie arbeiten bereits sehr eifrig. Ich habe von der jüdischen Gemeinde und der Zionistenorganisation für Österreich eine Auswanderungszahl von 20000 mittellosen Juden für den Zeitraum vom 1. April 1938 bis zum 1. Mai 1939 verlangt, und sie haben mir versprochen, daß sie sich daran halten werden.»[17]

Die Idee der Einrichtung einer Zentralstelle für jüdische Auswanderung kam anscheinend von dem neuen Vorsteher der jüdischen Gemeinde, Josef Löwenherz. Die Gemeindedienste, die den Auswanderungswilligen beistanden, waren von den Zehntausenden von Anträgen auf Ausreisegenehmigungen überrollt worden; ein Mangel an Koordination bei den verschiedenen deutschen Behörden, die an dem Auswanderungsprozeß beteiligt waren, machte die Beschaffung dieser Dokumente zu einer langwierigen, beschwerlichen und zermürbenden Tortur. Löwenherz wandte sich an Eichmann, der den Vorschlag an Bürckel weiterleitete.[18] Berlin gab seine Zustimmung, und am 20. August 1938 wurde unter der formellen Verantwortung Stahleckers und der faktischen Verantwortung von Eichmann selbst die Zentralstelle gegründet.[19] Die Prozedur, die im ehemaligen Rothschild-Palais in der Prinz-Eugen-

Straße 20–22 eingeführt wurde, arbeitete nach Angaben von Eichmann mit der Fließbandmethode: «Vorne kommen das erste Dokument drauf und die anderen Papiere, und rückwärts müßte dann der Reisepaß abfallen.»[20] Ein weiteres Prinzip wurde verwirklicht: Durch Abgaben, die man den reicheren Mitgliedern der jüdischen Gemeinde auferlegte, wurden die Summen konfisziert, die erforderlich waren, um die Auswanderung der ärmeren Juden zu finanzieren. Heydrich erklärte diese Methode später so: «Wir haben das in der Form gemacht, daß wir den reichen Juden, die auswandern wollten, bei der jüdischen Kultusgemeinde eine gewisse Summe abgefordert haben. Das Problem war ja nicht, die reichen Juden herauszukriegen, sondern den jüdischen Mob.»[21]

Neben der Beschleunigung der legalen Auswanderung mit allen verfügbaren Mitteln begannen die neuen Herren Österreichs, Juden über die Grenzen, hauptsächlich die zur Tschechoslowakei, zu Ungarn und der Schweiz, abzuschieben. Was bis zum März 1938 eine sporadische NS-Initiative in einigen Einzelfällen gewesen war, wurde nach dem Anschluß zu einer systematischen Politik. Nach Angaben von Göring und Heydrich wurden zwischen März und November 1938 etwa 5000 österreichische Juden auf diesem Wege abgeschoben.[22] Und eine noch schärfere Kontrolle wurde über diejenigen Juden ausgeübt, die das Land nicht verlassen hatten. Irgendwann im Oktober 1938 gab Himmler den Befehl, alle Juden aus den österreichischen Provinzen in Wien zu konzentrieren. Nach einem internen Vermerk des Judenreferats des SD diskutierte Eichmann die Verlegung von schätzungsweise 10 000 Juden, die noch außerhalb der Hauptstadt lebten, mit Odilo Globocnik, der vorübergehend Gauleiter von Wien war, und begab sich am 26. Oktober selbst auf eine Fahrt durch die österreichischen Provinzen, «um die SD-Führer anzuweisen, gemeinsam mit den Stapostellen den Juden entweder bis zum 15.12.38 die Auswanderung anzuraten oder aber bis zum 31.10.38 [wahrscheinlich irrtümlich für: 31.12.38] ihren Wohnsitz nach Wien zu verlegen».[23] Innerhalb von sechs Monaten nach dem Anschluß waren 45 000 österreichische Juden ausgewandert, und im Mai 1939 hatten ungefähr 100 000 oder mehr als 50 Prozent das Land verlassen.[24] Der jüdische Exodus aus Österreich hatte für die Nationalsozialisten einen unerwarteten positiven Nebeneffekt. Jeder Auswanderer mußte den Formularen drei Paßfotos beifügen. Der Wiener SD machte das Rassenpolitische Amt der Partei auf eine derart hervorragende Sammlung aufmerksam; das Amt von Walter Groß antwortete sofort: Es hatte an diesem riesigen Inventar jüdischer Gesichter «außerordentliches Interesse».[25]

Die Deutschen hatten noch einige weitere Pläne. Im Oktober 1938 schlug Rafelsberger vor, in unbesiedelten Gegenden, hauptsächlich in sandigen Regionen und in Sümpfen, drei Konzentrationslager für je 10000 Juden zu errichten. Die Juden würden ihre eigenen Lager bauen; die Kosten würden auf etwa zehn Millionen Mark beschränkt werden, und die Lager würden Arbeit für etwa 10000 arbeitslose Juden liefern. Eines der technischen Probleme bestand anscheinend darin, genügend Stacheldraht aufzutreiben.[26] Aus dieser Idee wurde nichts – zumindest kurzfristig. Eine andere Idee – die nicht direkt mit antijüdischen Maßnahmen zusammenhing und in naher Zukunft tödlicher war – wurde jedoch schnell in die Praxis umgesetzt.

«Mauthausen», heißt es in dem neuesten Buch über das Lager, «liegt inmitten einer sanft gewellten Hügelregion, deren Felder die österreichische Landschaft wie die Bettdecke eines Riesen bedecken. Friedlich schmiegt sich die kleine Stadt an das Nordufer der Donau, deren schnelle Strömung vom nahegelegenen Zufluß der Enns, eines bedeutenden Alpenflusses, beschleunigt wird. ... Mauthausen liegt nur etwas mehr als 20 Kilometer stromabwärts von Linz, der Hauptstadt der Provinz Oberösterreich; etwa 150 Kilometer östlich von hier ragt der Stephansdom, das Wahrzeichen Wiens, in den Himmel. ... Von allen Schätzen der Gegend sind jedoch für unsere Geschichte die großen, gähnenden Granitgruben von größter Bedeutung.»[27]

Einige Tage nach dem Anschluß, im März 1938, unternahm Himmler in Begleitung von Oswald Pohl, dem Chef des Verwaltungsamtes im SS-Hauptamt, eine erste Inspektion der Steinbrüche. Die Absicht war klar: Der Abbau des Granits würde einem von der SS betriebenen Unternehmen, den Deutschen Erd- und Steinwerken (DEST), die im April gegründet werden sollten, erhebliche finanzielle Gewinne bringen; ein Konzentrationslager auf dem Gelände würde die notwendigen Arbeitskräfte liefern. Die abschließende Entscheidung muß schnell getroffen worden sein, denn nach einem Bericht der Londoner *Times* vom 30. März kündigte «Gauleiter Eigruber von Oberösterreich auf einer Rede in Gmunden an, seine Provinz werde für ihre Leistungen für die nationalsozialistische Sache die besondere Auszeichnung erhalten, auf ihrem Boden ein Konzentrationslager für die Verräter von ganz Österreich zu beherbergen. Dies löste, dem *Völkischen Beobachter* zufolge, bei den Zuhörern derartige Begeisterung aus, daß der Gauleiter einige Zeit lang seine Rede nicht fortsetzen konnte.»[28]

Ein zweiter Besuch fand Ende Mai statt; diesmal kamen Theodor Eikke, der Inspekteur der Konzentrationslager, und Herbert Karl von der Bauabteilung der SS.[29] Die ersten 300 Insassen, österreichische und deutsche Kriminelle aus Dachau, trafen am 8. August 1938 ein. Im September 1939 hatte Mauthausen dann 2995 Insassen, darunter 958 Kriminelle, 1087 Zigeuner (hauptsächlich aus der österreichischen Provinz Burgenland) und 739 deutsche politische Gefangene.[30] «Der erste jüdische Häftling war ein Wiener, den man als Homosexuellen verhaftet hatte; er wurde im September 1939 in Mauthausen registriert, und im März 1940 wurde verzeichnet, daß er gestorben sei. Im Laufe des Jahres 1940 trafen weitere 90 Juden ein; bis auf zehn wurden sie alle bis Jahresende als tot aufgeführt.»[31]

Nach Götz Aly und Susanne Heim war Österreich das Gebiet, in dem die Nationalsozialisten ihre «rationale», wirtschaftlich motivierte Politik zur Judenfrage einführten, die von da an alle ihre Initiativen in diesem Bereich bestimmte, von dem in Wien etablierten «Modell» bis zur «Endlösung». Das Modell Wien war im wesentlichen durch eine drastische Umstrukturierung der Wirtschaft als Ergebnis der Liquidierung praktisch aller unproduktiven jüdischen Betriebe auf der Basis einer gründlichen Taxierung ihrer Rentabilität charakterisiert, die vom Reichskuratorium für Wirtschaftlichkeit erstellt wurde;[32] durch eine systematische Anstrengung, das neugeschaffene jüdische Proletariat auf dem Wege beschleunigter Emigration loszuwerden, wobei reiche Juden, wie wir sahen, zum Auswanderungsfonds für den mittellosen Teil der jüdischen Bevölkerung beitrugen; durch die Einrichtung von Arbeitslagern (den drei von Walter Rafelsberger geplanten Lagern), in denen der Unterhalt der Juden auf minimalem Niveau gehalten und durch die Arbeit der Insassen selbst finanziert werden sollte.[33] Im wesentlichen waren diejenigen, die im annektierten Österreich für die Judenfrage zuständig waren, angeblich von ökonomischer Logik und nicht von irgendwelcher nationalsozialistischen antisemitischen Ideologie motiviert. Dieses Argument wird anscheinend dadurch gestützt, daß nicht nur der gesamte Arisierungsprozeß in Österreich von Görings Vierjahresplan-Administration und ihren Technokraten organisiert wurde, sondern daß dieselben Technokraten (wie etwa Rafelsberger) auch die Lösung des Problems der verarmten jüdischen Massen durch Zwangsarbeits-Konzentrationslager planten, die für Aly und Heim frühe Modelle der künftigen Ghettos und schließlich der künftigen Vernichtungslager darstellten.

Tatsächlich hatte die Liquidierung des jüdischen Wirtschaftslebens in NS-Deutschland, wie wir sahen, in beschleunigtem Tempo 1936 begonnen, und Ende 1937, mit der Beseitigung allen konservativen Einflusses, war die Kampagne der Zwangsarisierung zur Hauptstoßrichtung der antijüdischen Maßnahmen geworden, vor allem um die Juden zur Auswanderung zu zwingen. So war also das, was in Österreich nach dem Anschluß geschah, einfach der besser organisierte Teil einer generellen Politik, die im gesamten Reich angewendet wurde. Die Verknüpfung von wirtschaftlicher Enteignung und Vertreibung der Juden aus Deutschland und aus den unter deutscher Kontrolle stehenden Gebieten charakterisierte allerdings weiterhin *dieses Stadium* der NS-Politik bis zum Ausbruch des Krieges. Dann erschien, nach einer Interimsphase von fast zwei Jahren, eine andere «Logik», eine, die kaum von ökonomischer Rationalität abhängig war.

II

Nach dem Anschluß wurde das jüdische Flüchtlingsproblem zu einer wichtigen internationalen Frage. Durch die Einberufung einer Konferenz von 32 Ländern, die vom 6. bis 14. Juli 1938 im französischen Badeort Evian stattfand, demonstrierte Präsident Roosevelt öffentlich seine Hoffnung, für sie eine Lösung zu finden. Roosevelts Initiative war überraschend, denn «er entschloß sich zum Eingreifen in eine Situation, in der er praktisch machtlos war, da ihm ja durch ein äußerst restriktives Einwanderungsgesetz die Hände gebunden waren».[34] Tatsächlich stand das Ergebnis von Evian fest, bevor die Konferenz überhaupt begonnen hatte: In der Einladung zur Konferenz hieß es ganz unmißverständlich, es werde «von keinem Land erwartet werden, eine größere Zahl von Emigranten aufzunehmen, als es seine bestehende Gesetzgebung gestatte».[35]

Die Konferenz und ihr Hauptthema, das Schicksal der Juden, fanden in der Weltpresse ein breites und vielfältiges Echo. «Es kann kaum Aussicht bestehen», schrieb der Londoner *Daily Telegraph* am 7. Juli, «daß in irgendwie absehbarer Zeit Platz gefunden werden wird.»[36] Die *Gazette de Lausanne* vom 11. Juli meinte: «Manche Leute glauben, daß sie [die Juden] eine zu starke Position für eine derart kleine Minderheit besitzen. Daher der Widerstand gegen sie, der sich an einigen Orten in eine allgemeine Attacke verwandelt hat.» «Sagte man nicht vor dem Ersten Weltkrieg, daß ein Zehntel des Goldes der Welt den Juden gehörte?» fragte am 7. Juli die *Libre Belgique*.[37]

Nicht alle Zeitungen waren so feindselig. «Es ist ein Ärgernis speziell für das christliche Gewissen», schrieb der Londoner *Spectator* am 29. Juli, «daß die moderne Welt mit all ihren unermeßlichen Reichtümern und Ressourcen diesen Verbannten keine Heimat und Essen und Trinken und einen gesicherten Status verschaffen kann.»[38] Georges Bidault, der dann nach dem Kriege französischer Ministerpräsident und Außenminister war, schrieb am 7. Juli in der linkskatholischen Zeitung *L'Aube:* «Eines ist klar: die aufgeklärten Nationen dürfen nicht zulassen, daß die Flüchtlinge zur Verzweiflung getrieben werden.»[39] Die französische Zeitung *La Croix*, die den Mainstream-Katholizismus repräsentierte, drang auf Mitgefühl: «Angesichts des Leidens von Menschen», argumentierte sie am 14. Juli, «ist es für uns unmöglich, abseits zu stehen und auf ihren Schrei um Hilfe nicht zu reagieren. ... Wir können nicht Beteiligte an einer Lösung der Judenfrage durch ihre Auslöschung, durch die vollständige Vernichtung eines ganzen Volkes sein.»[40] Doch in Evian öffneten sich keine Türen, und den Flüchtlingen wurde keine Hoffnung geboten. Unter dem Vorsitz des Amerikaners George Rublee wurde ein Zwischenstaatliches Komitee für Flüchtlinge gegründet. Von Rublees Aktivitäten, die letztlich zu keinem Ergebnis führten, wird noch die Rede sein.

Der Sarkasmus der Nationalsozialisten hatte seinen großen Tag. Für den SD wurde auf der Evian-Konferenz «aller Welt vor Augen geführt, daß das Judenproblem keineswegs nur eine von Deutschland provozierte Streitfrage, sondern daß es ein Problem von aktuellster weltpolitischer Bedeutung ist. Trotz der übereinstimmenden Ablehnung der Behandlung der Juden in Deutschland durch die Evian-Staaten hat sich mit Ausnahme von Amerika grundsätzlich kein Land bereit erklärt, bedingungslos eine beliebige Anzahl von Juden aufzunehmen. Bemerkenswert war, daß der australische Vertreter sogar von einer Gefährdung der eigenen Rasse durch die jüdische Einwanderung sprach.»[41] Zwischen der deutschen Einschätzung und der sarkastischen Zusammenfassung von Evian, die der dortige *Newsweek*-Korrespondent gab, bestand kein grundlegender Unterschied: «Der Vorsitzende Myron C. Taylor, früher Leiter der U. S. Steel, eröffnete die Verhandlungen: ‹Die Zeit ist gekommen, da die Regierungen ... handeln müssen, und zwar sofort.› Die meisten Regierungen, die dort vertreten waren, handelten sofort, indem sie den jüdischen Flüchtlingen die Tür vor der Nase zuschlugen.»[42] Der *Völkische Beobachter* brachte die triumphierende Schlagzeile: «Niemand will sie.»[43]

Auch für Hitler war das eine Gelegenheit, die er sich nicht entgehen lassen konnte. Er entschied sich, seine Kommentare in seine Schlußrede auf dem Parteitag am 12. September 1938 einzufügen. Deren Hauptthema, die Sudetenkrise, fesselte die Aufmerksamkeit der Welt; zu keinem Zeitpunkt seit 1918 schien die Kriegsgefahr näher zu sein, aber die Juden konnten nicht unerwähnt bleiben: «Man beklagt in diesen Demokratien die unermeßliche Grausamkeit, mit der sich Deutschland – und jetzt auch Italien – der jüdischen Elemente zu entledigen versuchen. Alle diese großen demokratischen Reiche haben insgesamt nur ein paar Menschen auf dem Quadratkilometer. In Italien und Deutschland sind es je über 140. Trotzdem hat Deutschland einst jahrzehntelang, ohne mit einer Wimper zu zucken, Hunderttausende um Hunderttausende dieser Juden aufgenommen.

Jetzt aber, da endlich die Klagen übergroß wurden und die Nation nicht mehr gewillt ist, sich noch länger von diesen Parasiten aussaugen zu lassen, jammert man darüber. Aber nicht, um nun endlich in diesen demokratischen Ländern die heuchlerische Frage durch eine hilfreiche Tat zu ersetzen, sondern im Gegenteil, um eiskalt zu versichern, daß dort selbstverständlich kein Platz sei! Sie erwarten also, daß Deutschland mit 140 Menschen auf dem Quadratkilometer ohne weiteres das Judentum weiter erhalten könne, aber die demokratischen Weltreiche mit nur ein paar Menschen auf dem Quadratkilometer eine solche Belastung unter keinen Umständen auf sich nehmen könnten. Hilfe also keine. Aber Moral!»[44]

Das Debakel von Evian gewinnt seine volle Bedeutung aus seinem größeren Zusammenhang. Die wachsende Stärke des Dritten Reiches nötigte einige der Länder, die sich Hitlers allgemeiner Politik angeschlossen hatten, Schritte zu ergreifen, die, ob von Deutschland verlangt oder nicht, als Demonstrationen politischer und ideologischer Solidarität mit dem Reich gedacht waren. Die berüchtigtste derartige Initiative waren die italienischen Rassengesetze, die am 6. Oktober 1938 vom Großen Faschistischen Rat gebilligt wurden und am 17. November in Kraft traten.

In Italien zählte die jüdische Gemeinschaft kaum mehr als 50000 Menschen und war vollständig in die allgemeine Gesellschaft integriert. Mit dem Nachlassen des kirchlichen Einflusses war Antisemitismus selten geworden, und selbst in der Armee – und in der faschistischen Partei – gab es prominente Juden. Schließlich hatte Mussolini selbst in der Vergangenheit keine große Hochachtung für die nazistische Rassenideologie zum Ausdruck gebracht. Die neuen antijüdischen Gesetze, die nach Nürnberger Muster konstruiert waren, riefen in Italien unter den Juden und auch unter vielen Nichtjuden weitverbreitete Bestürzung hervor.[45]

Den Oktobergesetzen vorangegangen war Mitte Juli das Rassische Manifest, eine Erklärung, die Mussolinis Gebräu von völkischem Antisemitismus darlegte und als theoretische Grundlegung der bevorstehenden Gesetzgebung gedacht war. Hitler konnte nicht umhin, soviel guten Willen huldvoll anzuerkennen. Er tat dies am 6. September, in seiner ersten Rede auf dem Nürnberger Parteitag: «Ich darf es hier, glaube ich, in meinem und in Ihrer aller Namen bekunden, wie tief innerlich glücklich wir sind angesichts der Tatsache, daß eine weitere große europäische Weltmacht aus eigenen Erfahrungen, aus eigenem Entschluß und auf eigenen Wegen die gleiche Auffassung vertritt und mit bewunderungswürdiger Entschlossenheit die weitgehendsten Konsequenzen gezogen hat.»[46] Das erste antijüdische Gesetz, das im Mai 1938 in Ungarn eingeführt wurde, wurde mit weniger Fanfarenstößen begrüßt als die Entscheidung Mussolinis, aber es verwies auf dieselbe Grundtatsache: Der Schatten von Hitlers antijüdischer Politik wurde immer länger und fiel über immer größere Teile Europas.[47]

Während die Juden in einer wachsenden Zahl europäischer Länder zur Zielscheibe gesetzlicher Diskriminierung wurden und während internationale Bemühungen zur Lösung des Problems der jüdischen Flüchtlinge scheiterten, wurde unter völliger Geheimhaltung ein ungewöhnlicher Schritt getan. Im Frühsommer 1938 forderte Papst Pius XI., der sich im Laufe der Jahre zu einem immer standhafteren Kritiker des NS-Regimes entwickelt hatte, den amerikanischen Jesuiten John LaFarge auf, den Text für eine Enzyklika gegen den NS-Rassismus und insbesondere den NS-Antisemitismus zu entwerfen. LaFarge war wahrscheinlich wegen seiner fortwährenden antirassistischen Aktivitäten in den Vereinigten Staaten und wegen seines Buches *Interracial Justice*, das Pius XI. gelesen hatte, ausgewählt worden.[48]

Mit Hilfe zweier anderer Jesuiten, des Franzosen Gustave Desbuquois und des Deutschen Gustav Gundlach, schloß LaFarge im Herbst 1938 den Entwurf von *Humani generis unitas* (Die Einheit des Menschengeschlechts) ab und übergab ihn dem General des Jesuitenordens in Rom, dem Polen Wladimir Ledóchowski, der ihn dem Papst unterbreiten sollte.[49] In der Zwischenzeit hatte Pius XI. erneut bei verschiedenen anderen Anlässen den Rassismus kritisiert. Am 6. September 1938 ging er in einem privaten Gespräch mit einer Gruppe belgischer Pilger noch weiter. Mit großer Bewegung, anscheinend unter Tränen, erklärte der Papst, nachdem er über das Opfer Abrahams gesprochen hatte: «Nein, es ist den Christen nicht möglich, am Antisemitismus teilzunehmen. Wir erkennen jedem das Recht zu, sich zu verteidigen und die geeigneten Mittel zu gebrauchen, um sich gegen alles, was die eigenen legitimen Interessen untergräbt, zu schützen. Der Antisemitismus ist nicht vertretbar. Wir sind im geistlichen Sinne Semiten.»[50]

In dieser Erklärung, die der Papst in privatem Kreis abgab und die daher in der Presse nicht erwähnt wurde, hielt sich seine Verdammung des Antisemitismus in theologischem Rahmen: Er kritisierte nicht die fortwährende Verfolgung der Juden, und er machte auch eine Äußerung über das Recht auf Selbstverteidigung (gegen übermäßigen jüdischen Einfluß). Dennoch war seine Aussage klar: Christen konnten den Antisemitismus der Nazisorte (oder auch den, der sich genau um diese Zeit in Italien herausbildete) nicht dulden.

Die Botschaft der Enzyklika war ähnlich: eine Verdammung des Rassismus im allgemeinen und die Verdammung des Antisemitismus aus theologischen Gründen, vom Standpunkt der christlichen Offenbarung und den Lehren der Kirche über die Juden.[51] Selbst in dieser Form wäre die Enzyklika die erste feierliche Verurteilung der antisemitischen Einstellungen, Lehren und Verfolgungen in Deutschland, im faschistischen Italien und in der gesamten christlichen Welt durch die höchste katholische Autorität gewesen.

Wladimir Ledóchowski war vor allem ein fanatischer Antikommunist, der überdies hoffte, daß ein politisches Arrangement mit NS-Deutschland möglich bleiben werde. Er verschleppte die Angelegenheit. Der Entwurf von *Humani generis unitas* wurde von ihm zur zusätzlichen Kommentierung an den Herausgeber des bekanntermaßen antisemitischen Organs der römischen Jesuiten, *Civiltà Cattolica*, gesandt.[52] Erst als LaFarge direkt an Pius XI. geschrieben hatte, erhielt dieser einige Tage vor seinem Tode den Text. Der Papst starb am 9. Februar 1939. Sein Nachfolger Pius XII. war wahrscheinlich über das Vorhaben unterrichtet und traf wahrscheinlich die Entscheidung, *Humani generis unitas* zu den Akten zu legen.[53]

III

Selbst 1938 existierten in Deutschland immer noch kleine Inseln rein symbolischen Widerstands gegen die antijüdischen Maßnahmen. Vier Jahre zuvor hatte das Reichserziehungsministerium dem Deutschen Verein für Kunstwissenschaft befohlen, seine jüdischen Mitglieder auszuschließen. Der Verein fügte sich nicht, sondern bildete lediglich seinen Vorstand um. Aus internen Vermerken des Ministeriums geht hervor, daß Erziehungsminister Rust seine Forderung 1935 wiederholte, erneut anscheinend ohne Erfolg. Im März 1938 schickte Staatssekretär Zschintsch seinem Chef eine Erinnerung: Alle Gelder für den Verein sollten gestrichen werden, und wenn der Befehl nicht befolgt würde, wäre es ihm nicht mehr gestattet, sich als «deutsch» zu bezeichnen. «Der Minister [muß] ein Interesse daran haben ...», schloß Zschintsch, «daß der Verein endlich den Grundsätzen nationalsozialistischer Auffassung entspricht.»[54] Wir wissen nicht, was der Verein daraufhin beschloß; jedenfalls wurden seine jüdischen Mitglieder nach dem Pogrom vom November 1938 mit Sicherheit nicht mehr gehalten.

Es gab noch einige weitere – ebenso unerwartete – Zeichen von Unabhängigkeit. Etwas Derartiges sollte bei den Salzburger Festspielen des Jahres 1938 stattfinden. Nach dem Anschluß sagte Arturo Toscanini, der sich 1933 geweigert hatte, in Bayreuth zu dirigieren, auch in Salzburg ab.

Salzburg war in mehr als einer Hinsicht symbolisch. Schon ganz von Anfang an, im Jahre 1920, als Hugo von Hofmannsthal und Max Reinhardt die ersten Festspiele um eine Aufführung von Hofmannsthals *Jedermann* (einem Stück, das auf dem gleichnamigen mittelalterlichen Mysterienspiel basierte) organisiert hatten, hatte die österreichische antisemitische Presse gegen die jüdische kulturelle Invasion getobt und dagegen, daß das erhabenste Erbe des Christentums von drei Juden ausgebeutet wurde (der dritte war der Schauspieler Alexander Moissi).[55] Dennoch wurden die Festspiele jahrein, jahraus mit Hofmannsthals *Jedermann* eröffnet (abgesehen von Aufführungen seines *Welttheaters* in den Jahren 1922 und 1924). 1938 wurde der *Jedermann* natürlich aus dem Repertoire genommen.[56] Die jüdische Invasion war eingedämmt.

Wilhelm Furtwängler war bereit, den Platz Toscaninis in Salzburg einzunehmen. Während seiner gesamten Karriere in NS-Deutschland erwies sich Furtwängler als ein politischer Opportunist, der Anwandlungen von Mut hatte. In Salzburg war er bereit, Wagners *Meistersinger* zu dirigieren, sofern der Jude Walter Grossmann als zweite Besetzung in der Rolle des Hans Sachs beibehalten würde. Wie es sich fügte, erkrankte am Abend der Eröffnung Karl Kammann, der programmgemäße Hans Sachs, und es sang Walter Grossmann: «Eine glitzernde Menge, angeführt von Joseph Goebbels und seinem Gefolge, saß in pflichtschuldiger Begeisterung die Lieblingsoper des Führers ab, während Grossmann Nürnbergs deutschesten Helden zum Leben erweckte.»[57] Doch weder die Aktivitäten des Kunsthistorikerverbandes noch Walter Grossmanns Auftritt konnten die ständig anschwellende Flut – und den Druck – der antijüdischen Propaganda der Nationalsozialisten eindämmen.

«Der ewige Jude», die umfangreichste antijüdische Ausstellung der Vorkriegsjahre, wurde am 8. November 1937 im Deutschen Museum in München eröffnet. Streicher und Goebbels hielten Reden. Am selben Abend organisierte der Direktor der Bayerischen Staatstheater im Residenztheater eine kulturelle Veranstaltung, die nach Angaben der *Deutschen Allgemeinen Zeitung* die «wesentlichsten Themen» der Ausstellung zum Ausdruck brachte. Der erste Teil des Programms bot eine für die Bühne bearbeitete Wiedergabe von Auszügen aus Luthers berüchtigtem Pamphlet *Wider die Juden und ihre Lügen*, der zweite Teil präsentierte Lesungen aus anderen antijüdischen Texten und der dritte die Shylock-Szenen aus Shakespeares *Kaufmann von Venedig*.[58]

Ein SOPADE-Bericht, der einige Wochen nach der Eröffnung niedergeschrieben wurde, hob hervor, die Ausstellung sei «nicht ohne Eindruck auf den Besucher» geblieben. Im ersten Saal zeigte man dem Betrachter große Modelle von jüdischen Körperteilen: «das jüdische Auge, … die jüdische Nase, den jüdischen Mund, die Lippen usw.» Riesige Fotos von verschiedenen «rassetypischen» jüdischen Gesichtern und Manieriertheiten folgten – ein gestikulierender Trotzki, Charlie Chaplin und dergleichen –, «alles in der abstoßendsten Form». Materialien (beispielsweise Auszüge aus dem Buch Esther) und Karikaturen, Parolen und Beschreibungen von «Juden in der Politik», «Juden in der Kultur», «Juden in der Wirtschaft» – sowie Darstellungen jüdischer Ziele und Methoden in diesen verschiedenen Bereichen – füllten einen Raum nach dem anderen. Dem Bericht zufolge war die Abteilung «Juden im Film» besonders wirkungsvoll: In dieser Sektion wurde ein unerträglich kitschiger kommerzieller Streifen gezeigt; zum Schluß erschien Alfred Rosenberg auf der Leinwand und erklärte: «Sie sind entsetzt über diesen Film. Ja, er ist ganz besonders schlecht, aber gerade diesen wollten wir Ihnen zeigen.»

Der Verfasser des SOPADE-Berichts gibt zu, daß er beim Verlassen der Ausstellung tief beeindruckt war; seine Begleiterin war es ebenfalls. Sie stellte Fragen über das, was sie gesehen hatten: «Ich ... habe meiner Begleiterin die Wahrheit nicht erklären können», räumt er ein, «ich war zu schwach dazu.»[59] Einige SA-Einheiten waren von der Ausstellung so inspiriert, daß sie auf eigene Faust eine Boykottaktion starteten, als «erzieherische Fortsetzung» dessen, was sie im Deutschen Museum gesehen hatten.[60]

Eine Ausstellung wie «Der ewige Jude» war nur der extremste Ausdruck der ständigen Bemühung, alle Arten von verurteilendem Material über die Juden zusammenzustellen. In den ersten Jahren des Regimes stieß man auf verschiedene Formen dieser Bemühung. Nun, am Ende des Jahres 1937 und im Verlauf des ganzen Jahres 1938, ging die Suche mit erneuertem Erfindungsreichtum weiter. Am 24. Februar 1938 informierte der Justizminister alle Staatsanwälte, es sei nicht mehr erforderlich, an die Pressestelle des Ministeriums eine Kopie jeder Anklage gegen einen Juden zu schicken, da sie bereits einen ausreichenden Überblick über die Kriminalität der Juden erlangt habe. Die Arten von kriminellen Akten von Juden, die immer noch gemeldet werden mußten, waren «Fälle, die neue juristische Fragen aufwarfen; solche, in denen der Täter eine besonders bösartige Absicht gezeigt oder besonders anrüchige Methoden verwendet hatte; solche, in denen das Verbrechen in besonders großem Ausmaß verübt wurde oder besonders großen Schaden angerichtet oder in der Öffentlichkeit ungewöhnliches Interesse erregt hatte; schließlich Fälle von Rassenschande, bei denen der Täter ein Wiederholungstäter war oder eine Machtposition mißbraucht hatte.»[61] Derartige Fälle von Juden in Deutschland, die ihre Machtposition mißbrauchten, um Rassenschande zu begehen, müssen im Jahre der Gnade 1938 einigermaßen selten gewesen sein ...

Im März 1938 kam die Frage der jüdischen Mischlinge und der mit Juden Verheirateten, die immer noch im Staatsdienst standen, auf die Tagesordnung. Die Anordnung einer Untersuchung scheint von Hitler selbst ausgegangen zu sein, denn es war ein Mitglied der Kanzlei des Führers, Hans Hefelmann, das am 28. März 1938 den SD und speziell die Abteilung II 112 aufforderte, alle einschlägigen Dokumente zu sammeln. Die Beamten von II 112 wiesen darauf hin, daß die bevorstehende

Volkszählung einen genauen Überblick über diese besondere Gruppe liefern werde und daß jedenfalls etwa existierende Akten wahrscheinlich in den höheren Rängen jedes einzelnen Ministeriums zu finden seien, da bei jeder Beförderung die teilweise jüdische Abstammung oder familiäre Beziehungen zu Juden berücksichtigt werden mußten.[62]

Anfang 1938 mußten alle deutschen Juden ihre Pässe abgeben (neue wurden nur für diejenigen Juden ausgestellt, die auswandern wollten).[63] Doch über ein weiteres Identifikationsdokument wurde bald eine Entscheidung getroffen. Im Juli 1938 verfügte das Innenministerium, daß bis Ende des Jahres alle Juden bei der Polizei einen Personalausweis beantragen mußten, den sie immer bei sich zu tragen und auf Verlangen vorzuzeigen hatten.[64] Am 17. August verkündete eine weitere Verfügung, die von Hans Globke abgefaßt war, daß vom 1. Januar 1939 an Juden, die keinen der auf einer als Anlage beigefügten Liste verzeichneten Vornamen trugen, ihrem Namen den Vornamen Israel oder Sara hinzuzufügen hatten.[65] Die beigefügte Liste männlicher Vornamen begann mit Abel, Abieser, Abimelech, Abner, Absalom, Ahab, Ahasja, Ahaser[66] und so fort; die Liste der weiblichen Vornamen gehörte in dieselbe Kategorie. (Wären diese Listen unter anderen Umständen zusammengestellt worden, dann könnten sie als angemessene Belege für die Geistesverfassung bürokratischer Schwachsinniger stehen.)

Einige der Namen auf Globkes Listen waren völlig frei erfunden, und andere waren grotesk ausgewählt, was offensichtlich auf eine Absicht zurückzuführen war, die sich aus Identifizierung und Herabsetzung zusammensetzte. Ein überraschendes Exemplar bei den typisch jüdischen Namen war der Vorname Isidor. Dazu ist treffend bemerkt worden: «Der heilige Isidor von Sevilla, der judenfeindliche Kirchenvater, und der heilige Isidor von Madrid, der Patron so vieler süddeutscher Dorfkirchen, hätten sich gewundert.»[67] Doch es mag durchaus sein, daß Globke lediglich der zeitgenössischen Praxis folgte: In Deutschland war Isidor damals ein Name, den hauptsächlich Juden trugen.[68]

Einige Monate nach dem Anschluß verlangte Streicher von Himmler, er möge seinen Forschern den Zutritt zu den Rothschild-Archiven in Wien gestatten, damit sie dort Material für ein «monumentales historisches Werk über Juden, jüdische Verbrechen und jüdische Gesetze von der Vergangenheit bis in die Gegenwart» sammeln konnten. Himmler war einverstanden, bestand aber darauf, daß bei der Durchsicht der Dokumente ein Vertreter des SD anwesend war.[69] Die Rothschild-Archive übten eine weitverbreitete Faszination aus. Rosenberg plante für den Parteitag im September 1938 eine offizielle Ausstellung, die das Thema «Europas Schicksal im Osten» haben sollte. Sein Amt wandte sich an SS-Hauptsturmführer Hartl von der Wiener Gestapo, der die Rothschild-Archive beschlagnahmt hatte, da er hoffte, Dokumente zu finden, aus denen hervorging, daß das Judentum im Osten Kontakte sowohl zu Industriellen als auch zu marxistischen Führern unterhielt: «Wir nehmen an», schrieb Rosenbergs Beauftragter, «daß unter dem beschlagnahmten Inventar im Hause Rothschild einige wertvolle Originalhinweise auf dieses Thema vorgefunden wurden.» Hartls Büro antwortete einige Wochen später: In den Rothschild-Papieren ließ sich kein Material, das für das Ausstellungsthema relevant war, auffinden.[70] Etwa um dieselbe Zeit teilte SS-Oberführer Albert seinem Kollegen vom SD, SS-Standartenführer Six, mit, er sei zu «Forschungszwecken» besonders am Zugang zu den Rothschild-Archiven interessiert; Six versicherte Albert, das Material sei zugänglich, auch wenn es jetzt an mehrere verschiedene Orte geschafft worden sei; seine Verwalter, das sei zu beachten, seien nicht alle gewöhnliche Archivare: Das Rothschild-Material aus Frankfurt und die 30000 Bände umfassende Bibliothek, die dazugehörte, wurden im SS-Oberabschnitt Fulda-Werra sicher verwahrt.[71]

Nach der Annektierung des Sudetenlandes wandte sich Rosenberg an Konrad Henlein, den Führer der Sudetendeutschen, mit der Bitte um etwaige marxistische, jüdische und auch religiöse Literatur, die «für die Bibliothek und die wissenschaftliche Forschungsarbeit der in Gründung befindlichen Hohen Schule unschätzbares Material bietet».[72]

Es leuchtet ein, daß bei einer so weitgespannten Forschungsaktion einige Grenzfragen das Gefühl der Nazis für feine Unterscheidungen auf eine harte Probe stellten. So wandte sich am 9. März 1938 Otto Winter, der Inhaber von Carl Winter's Universitätsbuchhandlung in Heidelberg, an Rosenberg mit der Bitte um Rat in einer ziemlich heiklen Angelegenheit. In den zwanziger Jahren hatte Winter vier Bände einer auf fünf Bände angelegten Standardausgabe der Werke von Baruch Spinoza herausgebracht; der 5. Band war 1932 gesetzt worden, war aber noch nicht gedruckt. Winter hatte den Eindruck, daß er nicht von sich aus entscheiden könne, ob er den letzten Band herausbringen sollte (in seinem Brief betonte er seine langjährige Parteimitgliedschaft und seine ausgedehnte Beteiligung an publizistischen Aktivitäten der Nationalsozialisten).[73] Am 18. März genehmigte Rosenbergs Amt Wissenschaft die Veröffentlichung (wahrscheinlich auf Empfehlung des Parteiphilosophen Alfred Bäumler).[74] Winter war jedoch nicht umsonst ein altgedienter Parteigenosse: Am 30. März dankte er Rosenberg für die Genehmigung und fragte an, ob er in der Anzeige, die er in das *Börsenblatt für den Deutschen Buchhandel* zu setzen gedachte, davon Gebrauch machen dürfe: «Ich lege Wert darauf», fügte er hinzu, «um mich vor unberechtigten Angriffen zu schützen.» Die Reaktion auf Winters Ersuchen hinterließ unmittelbare Spuren auf dem Rand des Briefes: zwei dicke Fragezeichen und ein viermal unterstrichenes «nein».[75] Winter wurde dies einige Tage später unmißverständlich mitgeteilt. Um sicherzustellen, daß Winter kein falsches Spiel versuchen würde, wurde der Brief des Amtes Wissenschaft per Einschreiben geschickt.[76]

Manchmal half kein Maß an formeller Identifizierung, und es kam zu einigen äußerst ärgerlichen Situationen. So mußte am 20. August 1938 die Rektorin der Fürstenberger Mittelschule in Frankfurt in Beantwortung einer Anfrage durch die politische Abteilung der Gauleitung Hessen-Nassau eine etwas verlegene Erklärung abgeben. Was geschehen war, ließ sich nicht leugnen: Einige Tage vorher hatten die beiden jüdischen Mädchen, die immer noch die Schule besuchten, an der täglichen Flaggenhissung teilgenommen. Rektorin Öchler versuchte, den Vorfall wegzuerklären, indem sie angab, es habe bei den Lehrkräften zahlreiche Vertretungen und Umstellungen gegeben und die Mädchen hätten diese Situation «in einer gewissen jüdischen Aufdringlichkeit» ausgenutzt. Die Lehrer seien entsprechend instruiert worden, und die Rektorin wollte den Anlaß dazu benutzen, um die Mädchen von der Schule zu verweisen.[77] Doch dabei blieb es nicht. Am 27. August schickte die Gauleitung die Akte an die Kreisleitung Groß-Frankfurt. Vier Tage später schrieb der Kreisleiter an Bürgermeister Kremmer, das Geschehene sei trotz der Erklärungen der Rektorin unverständlich und unentschuldbar: «Ich bitte Sie, die Angelegenheit weiter zu verfolgen», schloß der Kreisleiter, «und dafür zu sorgen, daß die Frankfurter Schulen restlos von jüdischen Schülern gesäubert werden.»[78] Am 8. September übergab das Amt des Bürgermeisters den Fall an das Schulamt der Stadt mit einer dringenden Aufforderung, die Angelegenheit zu klären, die Möglichkeit der Säuberung der städtischen Schulen von ihren jüdischen Schülern zu erwägen und den Entwurf einer Antwort an den Kreisleiter vorzulegen. Das Material sollte bis zum 18. September eingegangen sein. Das Schulamt reagierte auf den dringlichen Fall mit Gelassenheit: Seine Antwort ging am 26. September an den Bürgermeister ab. Grundsätzlich, so hieß es darin, sei es zu dem Vorfall gekommen, weil es bei den Lehrern viele Umstellungen und Vertretungen gegeben habe. Darüber hinaus sei die Frage des Besuchs städtischer Schulen durch jüdische Kinder durch das Gesetz gegen die Überfüllung deutscher Schulen und Hochschulen vom 25. April 1933 geregelt (das heißt, jüdische Schüler konnten bis zu einer Grenze von 1,5 Prozent der Gesamtzahl der Besucher aufgenommen werden, wobei Kinder von Weltkriegskämpfern und von Paaren von Mischlingen ersten und zweiten Grades von diesem Numerus clausus ausgenommen waren).[79]

IV

Die antijüdische Wirtschaftskampagne begann in den ersten Monaten des Jahres 1938 mit Hochdruck; während des ganzen Jahres wurden ständig neue Gesetze und Verordnungen erlassen, die jede noch verbliebene wirtschaftliche Existenz von Juden in Deutschland zunichte machten. Zu Beginn des Jahres lebten im Altreich immer noch 360 000 Juden, die meisten von ihnen in mehreren großen Städten, vor allem in Berlin. Jüdische Vermögen, die 1933 auf zehn bis zwölf Milliarden Reichsmark geschätzt worden waren, waren im Frühjahr 1938 auf die Hälfte dieser Summe geschrumpft. Dies allein läßt schon erkennen, daß die Arisierung, wie Barkai gezeigt hat, ein schrittweise ablaufender Prozeß war, der zu den Maßnahmen führte, die dann während des Jahres 1938 über die Juden Deutschlands kommen sollten.[80]

Am 26. April wurden alle Juden angewiesen, ihr Vermögen anzumelden.[81] Am 14. Juni wurde das Problem, vor dem das Boykottkomitee am 1. April 1933 kapituliert hatte, gelöst. Nach der dritten Verordnung zum Reichsbürgergesetz galt ein Gewerbebetrieb als jüdisch, wenn der Inhaber oder eine der zur gesetzlichen Vertretung berufenen Personen jüdisch waren oder wenn am 1. Januar 1938 ein Mitglied des Vorstands oder Aufsichtsrats Jude war. Des weiteren galten solche Betriebe als jüdisch, in denen Juden über mehr als ein Viertel des Kapitals oder mehr als die Hälfte der Stimmen geboten oder die «tatsächlich unter dem beherrschenden Einfluß von Juden» standen. Außerdem galten die Zweigniederlassungen jüdischer Betriebe sowie die Zweigniederlassungen nichtjüdischer Betriebe, deren Leiter Jude war, als jüdisch.[82]

Am 6. Juli 1938 stellte ein Gesetz eine detaillierte Liste von gewerblichen Dienstleistungen auf, die Juden künftig untersagt waren, darunter Kreditinformation, Immobilienmaklerei und dergleichen.[83] Am 25. Juli machte die Vierte Verordnung zum Reichsbürgergesetz der medizinischen Praxis von Juden in Deutschland ein Ende: Zum 30. September 1938 wurden die Zulassungen jüdischer Ärzte aufgehoben.[84] Wie Raul Hilberg schreibt, war dies nicht mehr als eine Neuauflage des kanonischen Rechts, aber die moderne Neuerung war die, daß die Mietverträge über Räumlichkeiten, die an jüdische Ärzte vermietet waren und der Behandlung von Patienten dienten, sowohl durch den Vermieter als auch durch den Mieter kündbar gestellt wurden.[85] Die letzte Zeile der Verordnung bezog sich weder auf das kanonische Recht noch auf moderne Neuerungen, sondern hielt sich völlig im Geiste des neuen Deutschland: «Diejenigen, die Genehmigung [zur medizinischen Behandlungen jüdischer Patienten] erhalten, dürfen nicht die Bezeichnung ‹Arzt›, sondern nur die Bezeichnung ‹Krankenbehandler› führen.»[86]

Übrigens wurde die Verordnung in Bayreuth unterzeichnet und verabschiedet: Hitler nahm an den Festspielen teil.

Am 27. September 1938, am Vorabend der Münchener Konferenz, unterzeichnete Hitler die fünfte Verordnung, die Juden die Ausübung des Anwaltsberufes untersagte.[87] Wegen der internationalen Spannungen wurde die Verordnung nicht sofort veröffentlicht. Schließlich, am 13. Oktober, gestattete er, daß die Verkündung am darauffolgenden Tag vorgenommen wurde.[88] Die Verordnung sollte im Altreich am 30. November und im ehemaligen Österreich (mit teilweiser und zeitlich begrenzter Ausnahme von Wien) am 31. Dezember in Kraft treten.

Der letzte Schlag, der das gesamte jüdische Wirtschaftsleben in Deutschland zerstörte, kam am 12. November, als Göring unmittelbar nach dem Kristallnacht-Pogrom ein Verbot sämtlicher jüdischer Geschäftstätigkeit im Reich erließ. Inzwischen waren jedoch nationalsozialistische Ärzte und Rechtsanwälte immer noch nicht damit zufrieden, daß sie die Juden endgültig aus ihren Berufen vertrieben hatten. Wie in der Welt der von den Nationalsozialisten ergriffenen antijüdischen Maßnahmen üblich, mußte die konkrete Vernichtung auch einen symbolischen Ausdruck finden. Am 3. Oktober 1938 hatte die Reichsärztekammer vom Erziehungsminister gefordert, jüdische Ärzte, denen das Praktizieren jetzt verboten war, sollten noch einen weiteren Verlust erleiden: «Ich darf deshalb bitten», schloß Reichsärzteführer Wagner seinen Brief an Rust, «diesen Juden baldmöglichst den Doktor-Titel zu entziehen.»[89] Der Erziehungsminister und der Justizminister berieten über die Angelegenheit: Ihr gemeinsamer Vorschlag an das Innenministerium lautete, es solle nicht nur in der Medizin und der Rechtswissenschaft der Doktortitel entzogen werden, sondern vielmehr die Abfassung eines Gesetzes erwogen werden, mit dem Juden sämtliche Titel, akademische Grade und ähnliche Auszeichnungen entzogen würden.[90] Nach dem Pogrom vom 9. und 10. November wurde die Angelegenheit vertagt.[91]

Die Atmosphäre, die in deutschen Geschäftskreisen herrschte, als die Zwangsarisierung – oder genauer, die Konfiszierung allen jüdischen Eigentums – Gesetz wurde, kommt in einem Brief eines Münchener Geschäftsmannes zum Ausdruck, der von den Behörden aufgefordert worden war, als Berater bei den Arisierungstransaktionen zu dienen. Der Verfasser des Briefes beschrieb sich als Nationalsozialisten, als Mitglied der SA und Bewunderer Hitlers. Dann fügte er hinzu: «[Ich war] von den brutalen Maßnahmen und ... dieser Art von Erpressungen an den Juden derart angeekelt, daß ich von nun ab jede Tätigkeit bei Arisierungen ablehne, obwohl mir dabei ein guter Verdienst entgeht. ... Als alter rechtschaffener ehrlicher Kaufmann [kann] ich nicht mehr zusehen, in welch schamloser Weise von vielen arischen Geschäftsleuten, Unternehmern etc. versucht wird, ... die jüdischen Geschäfte, Fabriken etc. möglichst wohlfeil und um einen Schundpreis zu erraffen. Die Leute kommen mir vor wie die Aasgeier, die sich mit triefenden Augen und heraushängenden Zungen auf den jüdischen Kadaver stürzen.»[92]

Die Welle der Zwangsarisierung riß das relativ gemäßigte Verhalten mit fort, an dem die großen Unternehmen bis dahin festgehalten hatten. Die neuen ökonomischen Anreize, der Druck von seiten der Partei, das Fehlen jeglicher konservativer Gegenkräfte in den Ministerien (wie sie Schacht repräsentiert hatte) machten dem Unterschied zwischen gemeinem Raffen und gutem Benehmen auf höherer Ebene ein Ende. In manchen Fällen läßt sich Hitlers direktes Eingreifen verfolgen. So bestellten Mitte November 1937 «Herbert Göring und Wilhelm Keppler aus Hitlers Kanzlei Otto Steinbrinck, den Stellvertreter Friedrich Flicks in Berlin, zu sich, um Flick durch Bestechung oder Einschüchterung dazu zu veranlassen, eine Kampagne zur ‹Arisierung› des ausgedehnten Bergwerksbesitzes der Familien Julius und Ignaz Petschek zu führen».[93]

Anscheinend waren in neuerer Zeit gegründete Unternehmen aggressiver als ältere: Flick, Otto Wolf und Mannesmann beispielsweise, drei der schnell wachsenden neuen Giganten der Schwerindustrie, waren energischer in die Arisierungen verwickelt als Krupp oder die Vereinigten Stahlwerke. Dasselbe spielte sich im Bankwesen ab, wo die auf schnelle Expansion bedachten Regionalbanken und einige der Privatbanken (Merck, Fink, Richard Lenz) am aggressivsten waren. Die Dresdner Bank, die Kapital brauchte, spielte bei der Vermittlung der Übernahmen die führende Rolle, während die Deutsche Bank mehr Zurückhaltung zeigte, und die 2 Prozent Provision, die sie auf die Verkaufspreise jüdischer Unternehmungen erhob, summierten sich von 1937 bis 1940 zu mehreren Millionen Reichsmark.[94]

Nicht alle diese Operationen waren so einfach, wie es sich die Nationalsozialisten gewünscht hätten. Einige der großen Arisierungsinitiativen hielten sie monate- und selbst jahrelang in Atem, ohne daß Berlin einen vollständigen Sieg beanspruchen konnte.[95] Bei den berüchtigtsten Fällen ging es um komplizierte Verhandlungen mit den Rothschilds wegen der Kontrolle über die Witkowitz-Stahlwerke in der Tschechoslowakei (für die Dauer der Verhandlungen wurde der Wiener Rothschild, Baron Louis, als Geisel festgehalten), und mit den Weinmanns und auch mit Hitlers Zielscheiben, den Petscheks, wegen der Kontrolle über Stahlwerke und Kohlegruben im Reich. Die Nationalsozialisten verfingen sich in einem Irrgarten ausländischer Beteiligungen und Besitzübertragungen, die von ihren prospektiven Opfern geschickt initiiert worden waren, was im Zuge der Petschek-Verhandlungen Steinbrinck dazu veranlaßte, in einem internen Memorandum zu schreiben: «Gegebenenfalls [muß man] Gewaltmaßnahmen oder staatliche Eingriffe ins Auge fassen.»[96]

Die Nationalsozialisten waren sich über das von der beschleunigten Arisierung verschärfte Dilemma völlig im klaren: Die rasche Verarmung der jüdischen Bevölkerung und die zunehmenden Schwierigkeiten bei der Auswanderung schufen ein neues jüdisches soziales und wirtschaftliches Problem von gewaltigen Ausmaßen. Zu Anfang hatten Männer wie Frick noch sehr traditionelle Auffassungen von dem, was sich machen ließ. Nach einem Bericht vom 14. Juni 1938 mit dem Titel «Juden in der Wirtschaft» hatte Frick auf einer im April desselben Jahres abgehaltenen Diskussion seine Ansichten anscheinend folgendermaßen zusammengefaßt: «Soweit die Juden in Deutschland von dem Erlös ihrer Betriebs- und sonstigen Vermögenswerte leben können, bedürften sie einer strengen staatlichen Aufsicht. Soweit sie hilfsbedürftig werden, muß die Frage ihrer öffentlichen Unterstützung gelöst werden. Eine stärkere Inanspruchnahme der Fürsorgeverbände wird nicht zu vermeiden sein.»[97]

Im Frühherbst 1938 wurde eine weitere Maßnahme, bei der es diesmal um lokal geplante wirtschaftliche Erpressung ging, in Berlin in die Wege geleitet. Eine der größten Gesellschaften mit preiswerten Wohnungen, die Gemeinnützige Siedlungs- und Wohnungsbaugesellschaft (GSW) Berlin, ordnete die Registrierung aller ihrer jüdischen Mieter an und hob in den meisten Fällen deren Verträge auf. Einige der jüdischen Mieter gingen, andere dagegen verklagten die GSW. Das Amtsgericht Charlottenburg stützte nicht nur die Wohnungsgesellschaft, es erklärte, ähnliche Maßnahmen ließen sich allgemeiner anwenden. Wahrscheinlich wäre das Gericht ohne Druck von außen zu derselben Entscheidung gelangt, aber es traf sich, daß auf das Justizministerium Druck von Albert Speer ausgeübt wurde, den Hitler Anfang 1937 zum Generalbauinspekteur für die Reichshauptstadt Berlin ernannt hatte. Gleichzeitig verhandelte der eifrige Generalbauinspekteur mit dem Bürgermeister der Hauptstadt über den Bau von 2500 kleinen Wohnungen, in die andere Juden aus ihren Wohnvierteln umgesiedelt werden sollten.[98] Diese Details sind Speers äußerst selektivem Gedächtnis anscheinend entfallen.[99]

Im Frühjahr und im Frühsommer 1938 waren im Altreich erneut antijüdische Gewalttätigkeiten ausgebrochen. Im Juni wurden auf Befehl von Heydrich einige Zehntausend «Asoziale» verhaftet und in Konzentrationslager geschickt: dabei waren auch 1500 vorbestrafte Juden, die nach Buchenwald abtransportiert wurden (dieses Lager war 1937 errichtet worden).[100] Einige Wochen zuvor, Ende April, hatte der Propagandaminister (und Gauleiter von Berlin) den Berliner Polizeichef, Graf Wolf Heinrich Helldorff, um Vorschläge hinsichtlich neuer Formen von Absonderung und Schikanierung der in der Stadt lebenden Juden gebeten. Das Ergebnis war ein längeres Memorandum, das die Gestapo angefertigt hatte und das Helldorff am 17. Mai übergeben wurde. Im letzten Augenblick wurde dieses Dokument hastig von der Judenabteilung des SD überarbeitet; dort sah man die Tatsache kritisch, daß die von der Gestapo vorgeschlagenen maximalen Absonderungsmaßnahmen die höchste Priorität, nämlich die Auswanderung, noch schwieriger machen würden, als sie jetzt schon war. Die abschließende Fassung des Vorschlags wurde an Goebbels weitergeleitet und möglicherweise auf einer Besprechung am 24. Juli mit Hitler diskutiert.[101] Einige der in Aussicht genommenen Maßnahmen waren bereits in Vorbereitung, andere sollten nach dem November-Pogrom angewendet werden und wieder andere nach Beginn des Krieges.

Gleichzeitig ging Goebbels zu direkter Aufhetzung über. Nach den Eintragungen in seinem Tagebuch sprach er am 10. Juni zu 300 Berliner Polizeioffizieren über die Judenfrage: «Gegen jede Sentimentalität. Nicht Gesetz ist die Parole, sondern Schikane. Die Juden müssen aus Berlin heraus. Die Polizei wird mir dabei helfen.»[102] Parteiorganisationen wurden eingesetzt. Nachdem durch die Verordnung vom 14. Juni die jüdischen Geschäfte definiert waren, konnte nun endlich ihre Kennzeichnung beginnen. «Vom Spätnachmittag des Samstag an», kabelte Hugh R. Wilson, der amerikanische Botschafter in Deutschland, am 22. Juni 1938 an Außenminister Hull, «konnte man gewöhnlich aus zwei oder drei Männern bestehende Gruppen von Zivilisten beobachten, die an die Schaufenster jüdischer Geschäfte das Wort ‹Jude› in großen roten Buchstaben, den Davidsstern und Karikaturen von Juden malten. Auf dem Kurfürstendamm und der Tauentzienstraße, dem eleganten Einkaufsviertel im Berliner Westen, wurde den Malenden die Arbeit dadurch erleichtert, daß am Vortag jüdische Geschäftsinhaber angewiesen worden waren, ihre Namen in weißen Buchstaben am Laden anzubringen. (Dieser Schritt, der offensichtlich im Vorgriff auf eine bevorstehende Regelung verfügt worden war, wonach Juden verpflichtet sein werden, ein einheitliches Erkennungszeichen zu zeigen, enthüllte, daß in diesem Viertel immer noch eine überraschend große Zahl von Geschäften jüdisch ist.) Den Malenden folgten jeweils große Gruppen von Schaulustigen, welche die Vorgänge aus vollem Herzen zu genießen schienen. Die Meinung in informierten Kreisen der Öffentlichkeit war, daß diese Aufgabe von Vertretern der Arbeitsfront und nicht, wie es früher der Fall gewesen war, von der SA oder der SS übernommen wurde. Man weiß, daß sich im Gebiet um den Alexanderplatz Hitlerjungen an den Malaktionen beteiligten, die ihren Mangel an Geschick durch eine gewisse Phantasie und Gründlichkeit der Verstümmelung wettmachten. Man hört Berichte, daß in dieser Gegend mehrere Vorfälle stattfanden, die dazu führten, daß Läden geplündert und ihre Besitzer zusammengeschlagen wurden; man sah etwa ein Dutzend eingeschlagene oder leere Vitrinen und Schaufenster, was diese Berichte glaubwürdig erscheinen läßt.»[103]

Bella Fromms Tagebucheintragung, in der sie die Hitlerjugend in Aktion gegen jüdische Einzelhandelsgeschäfte beschreibt, ist noch plastischer: «Wir wollten gerade einen kleinen Juwelierladen betreten, als eine Bande von zehn Jugendlichen in Uniformen der Hitlerjugend das Schaufenster einschlug und in den Laden stürmte; dabei fuchtelten sie mit Fleischermessern herum und brüllten: ‹Zur Hölle mit dem Judenpack! Platz für die Sudentendeutschen!›» Sie fährt fort: «Der kleinste Junge aus der Bande kletterte ins Fenster und begann sein Zerstörungswerk, indem er alles, was er packen konnte, auf die Straße warf. Drinnen zertrümmerten die anderen Jungen Glasregale und Ladentische, sie warfen Wecker, billige Silberwaren und Kleinkram ihren draußen stehenden Komplizen zu. Ein winziger Knirps hockte sich in eine Ecke des Fensters, steckte sich Dutzende von Ringen an die Finger und stopfte sich die Taschen mit Armbanduhren und Armbändern voll, so daß seine Uniform von der Beute ganz ausgebeult war. Dann wandte er sich um, spuckte dem Geschäftsinhaber mitten ins Gesicht und raste davon.»[104] In einem internen Bericht des SD wird ebenfalls kurz die «Judenaktion» in Berlin beschrieben und angegeben, sie habe am 10. Juni begonnen. Dem SD zufolge waren daran alle Parteiorganisationen mit Genehmigung der Gauleitung der Stadt beteiligt.[105]

Bald geriet jedoch die Lage außer Kontrolle, und während der amerikanische Botschafter sein Telegramm abschickte, kam ein Befehl aus Berchtesgaden: Der Führer wünschte, daß die Berliner Aktion beendet werde.[106] Und das wurde sie. Zu einem Zeitpunkt, da sich die Krise über das Schicksal des Sudetenlandes ihrem Höhepunkt näherte, waren antijüdische Gewalttätigkeiten in großem Umfang nicht das, was Hitler gebrauchen konnte.

Wenn Goebbels' Tagebuch die Hauptzüge der Ansichten Hitlers, die dieser bei ihrer Besprechung am 24. Juli zum Ausdruck brachte, zutreffend wiedergibt, dann muß er mehrere Alternativen erwogen haben: «Wir besprechen die Judenfrage. Der Führer billigt mein Vorgehen in Berlin. Was die Auslandspresse schreibt, ist unerheblich. Hauptsache ist, daß die Juden hinausgedrückt werden. In 10 Jahren müssen sie aus Deutschland entfernt sein. Aber vorläufig wollen wir die Juden noch als Faustpfand hierbehalten ...»[107] Bald jedoch war dann die Sudetenkrise vorüber, und ein unvorhergesehenes Ereignis bot den Vorwand für antijüdische Gewalttätigkeiten in einem noch nicht dagewesenen Ausmaß. Die Berliner Ereignisse waren nur eine Probe im kleinen Rahmen gewesen.

V

Anfang 1938 hatte Werner Best, Heydrichs Stellvertreter als Leiter des Hauptamtes Sicherheitspolizei, eine Ausweisungsverfügung für etwa 500 im Reich lebende Juden sowjetischer Staatsangehörigkeit unterzeichnet.[108] Dies war eine Maßnahme, um die die Wilhelmstraße als Vergeltung für die Ausweisung einiger deutscher Bürger aus der Sowjetunion ersucht hatte. Da diese sowjetischen Juden keine Genehmigung zur Einreise in die Sowjetunion erhielten, wurde die Ausweisungsverfügung zweimal verlängert – ohne Ergebnis. Am 28. Mai 1938 ordnete Heydrich an, die männlichen sowjetischen Juden in Konzentrationslagern zu inhaftieren, bis sie den Beweis erbringen konnten, daß ihre Auswanderung unmittelbar bevorstehe. Im Mai ergingen Ausweisungsverfügungen auch an rumänische Juden, die in Deutschland lebten. Das alles war nur ein Vorspiel zu der neuen Ausweisungsaktion, die im Herbst beginnen sollte.

In den Monaten unmittelbar nach dem Anschluß gab es jedoch eine Entwicklung, welche diese auf rasche Zwangsemigration zielenden NS-Planungen zu behindern drohte: die von der Schweiz ergriffenen Maßnahmen. Die meisten Details der Politik, welche die Eidgenossenschaft vor dem Krieg und während des Krieges hinsichtlich der jüdischen Flüchtlinge verfolgte, wurden 1957 in einem Bericht zugänglich gemacht, den die Schweizerischen Eidgenössischen Räte angefordert hatten und der von Bundesrat Carl Ludwig abgefaßt worden war.[109] Und die 1994 erfolgte Veröffentlichung schweizerischer diplomatischer Dokumente aus der Vorkriegszeit hat dieses Bild dann noch vervollständigt.

Zwei Wochen nach dem Anschluß Österreichs, auf seiner Sitzung vom 28. März 1938, beschloß der Schweizerische Bundesrat (die Exekutive des Landes), alle Inhaber österreichischer Pässe sollten verpflichtet werden, sich für die Einreise in die Schweiz Visa ausstellen zu lassen. Im Sitzungsprotokoll heißt es: «Angesichts der von andern Staaten gegen den Zustrom österreichischer Flüchtlinge bereits getroffenen und in Aussicht stehenden Massnahmen befinden wir uns in einer recht heikeln Lage. Klar ist, dass die Schweiz wie für die Flüchtlinge aus Deutschland auch für die aus Österreich nur Transitland sein kann. Abgesehen von der Lage unseres Arbeitsmarktes gebietet schon der gegenwärtige Grad der Überfremdung die strikteste Abwehr eines längeren Aufenthaltes solcher Elemente. Wenn wir einer unseres Landes unwürdigen antisemitischen Bewegung nicht berechtigten Boden schaffen wollen, müssen wir uns mit aller Kraft und, wo es nötig sein sollte, auch mit Rücksichtslosigkeit der Zuwanderung ausländischer Juden erwehren, ganz besonders vom Osten her. Wir müssen an die Zukunft denken und dürfen deshalb auch nicht nur augenblicklicher Vorteile wegen solche Ausländer zulassen; die Vorteile müssten sich ohne Zweifel bald in die schlimmsten Nachteile verwandeln.»[110] Dies sollte die grundsätzliche Position der Schweizer Behörden in den kommenden sieben Jahren bleiben, wobei in den verschiedenen internen Vermerken bisweilen ein zusätzlicher Punkt erwähnt wurde: Die Schweizer Juden hatten gewiß nicht den Wunsch, ihre Stellung durch das Einströmen ausländischer Juden ins Land bedroht zu sehen.

Nachdem die österreichischen Pässe durch deutsche ersetzt waren, wurde die Visumpflicht auf alle Inhaber deutscher Reisedokumente ausgedehnt. Die Schweizer wußten, daß die von ihnen eingeführte Visumpflicht auf Gegenseitigkeit praktiziert werden mußte, daß von nun an Schweizer Bürger, die nach Deutschland fuhren, ebenfalls Visa brauchten. Auf beiden Seiten schien das Dilemma unlösbar. Wenn Deutschland vermeiden wollte, daß von seinen arischen Bürgern, die in die Schweiz reisten, Visa gefordert wurden, dann hätte das bedeutet, daß man die Pässe von Juden mit einem besonderen Kennzeichen versehen mußte, und das hätte ihre Auswanderung automatisch stark erschwert. Verschiedene technische Lösungen wurden im Sommer des Jahres erwogen. Ende September 1938 fuhr ohne Rücksicht auf die Sudetenkrise eine Schweizer Delegation unter der Leitung von Heinrich Rothmund, dem Chef der Polizeiabteilung im Justizministerium, zu Verhandlungen mit Werner Best nach Berlin. Ihrem eigenen Bericht zufolge beschrieben die Schweizer Abgesandten ihren deutschen Kollegen den ständigen Kampf der Bundespolizei gegen den Zustrom ausländischer Einwanderer, insbesondere solcher, die sich nicht leicht assimilierten, vor allem der Juden. Als Ergebnis der schweizerischen Forderungen waren die Deutschen schließlich bereit, die Pässe von Juden mit einem J zu stempeln, was es der Schweizer Polizei gestatten würde, «an der Grenze zu prüfen, ob der Inhaber eines deutschen Passes Arier oder Nichtarier sei» (so lautete die Formulierung in dem Schweizer Bericht). Am 4. Oktober bestätigte die Regierung in Bern die Maßnahmen, auf die sich die deutschen und die schweizerischen Polizeivertreter geeinigt hatten.

Noch hatten die schweizerischen Behörden nicht alle ihre Probleme gelöst: Juden, die vor der Stempelung ihrer Pässe eine Einreisegenehmigung erhalten hatten, konnten versuchen, schnell davon Gebrauch zu machen. Am 4. Oktober wurden daher alle Grenzstationen verständigt, «wenn Unsicherheit bestehe, ob ein Reisender mit einem deutschen Paß Arier oder Nichtarier sei, so solle von ihm eine Bescheinigung über das erstere verlangt werden. Im Zweifelsfall sei der Reisende an das für seinen Wohnort zuständige schweizerische Konsulat zurückzuweisen, dessen Aufgabe es sei, die nötigen Feststellungen zu machen.»[111] Waren aber damit alle Vorsichtsmaßnahmen getroffen? Den Schweizern fiel ein weiteres mögliches Täuschungsverfahren ein. Ein Bericht aus ihrer Centrale Fédérale des Imprimés et du Matériel vom 11. November 1938 teilte mit, auf Bitte von Rothmund habe man versucht, das J in einem deutschen Paß, den man sich zu Prüfungszwecken beschafft hatte, auszuwaschen. Der Testbericht war ermutigend: «Das Auswaschen des mittelst roter Stempelfarbe aufgedruckten ‹J› ist uns nicht vollständig gelungen. Ohne Schwierigkeiten wird man die zurückgebliebenen Spuren erkennen.»[112] Während sich diese Vorgänge abspielten, waren die Juden des Sudetenlandes unter deutsche Kontrolle geraten.

Kaum war Österreich annektiert, da wandte sich Hitler der Tschechoslowakei zu: Prag mußte es dem Sudetenland, seiner hauptsächlich von Deutschen bewohnten Provinz, gestatten, sich abzuspalten und dem Deutschen Reich anzuschließen. Im Mai hatte die Wehrmacht den Befehl erhalten, am 1. Oktober in die Tschechoslowakei einzumarschieren. Als die Franzosen zumindest formell ihre Bereitschaft erklärten, ihrem tschechischen Verbündeten beizustehen, erschien ein allgemeiner Krieg wahrscheinlich. Nachdem ein britischer Vermittlungsversuch erfolglos geblieben war und zwei Zusammenkünfte zwischen dem britischen Premierminister Neville Chamberlain und Hitler gescheitert waren, wurde in Europa mobil gemacht. Dann, zwei Tage vor dem geplanten deutschen Angriff, schlug Mussolini eine Konferenz der hauptsächlich an der Krise beteiligten Mächte vor (allerdings ohne Anwesenheit der Tschechen – und der Sowjetunion). Am 29. September unterzeichneten Großbritannien, Frankreich, Deutschland und Italien in München ein Abkommen: Bis zum 10. Oktober sollte das Sudetenland Teil des Deutschen Reiches werden. Der Frieden war gerettet; die Tschecho-Slowakei (der neu eingeführte Bindestrich ging auf eine slowakische Forderung zurück) war im Stich gelassen worden; ihre neuen Grenzen wurden allerdings «garantiert».

Als die Wehrmacht das Sudetenland eingenommen hatte, teilte Hitler Ribbentrop mit, zusätzlich zur Ausweisung derjenigen Juden aus den Sudeten, denen es noch nicht gelungen war, in die gestutzte Tschecho-Slowakei zu fliehen, sollte die Vertreibung der in Österreich lebenden 27000 tschechischen Juden erwogen werden. Doch die aktuellen Ausweisungsmaßnahmen betrafen hauptsächlich die Juden des Sudetenlandes. Die Deutschen schickten sie über die tschechische Grenze; die Tschechen weigerten sich, sie aufzunehmen. Einen Monat danach beschrieb Göring das dann voller Schadenfreude: «Die Juden wurden die erste Nacht [nach dem Einmarsch der deutschen Truppen in das Sudetenland] nach der Tschechei ausgewiesen. Am nächsten Morgen haben sie die Tschechen gepackt und nach Ungarn abgeschoben. Von Ungarn ging es zurück nach Deutschland und zur Tschechei. Sie fuhren so herum und so herum. Schließlich landeten sie auf einer alten Prahm der Donau. Da hausten sie, und wo sie auch an Land gingen, wurden sie zurückgewiesen.»[113] Tatsächlich wurden mehrere Tausende dieser Juden schließlich bei eiskaltem Wetter in improvisierte Zeltlager gezwungen, die im Niemandsland zwischen Ungarn und der Tschecho-Slowakei lagen, so etwa in Mischdorf 20 Kilometer von Bratislava entfernt.

Anfang Oktober 1938 wurde der Einsatz dieser nunmehr allgemein benutzten Methode gegen einige Wiener Juden geplant. Aus einem Vermerk des SD vom 5. Oktober geht hervor, daß bei einer Versammlung führender Parteivertreter der Ortsgruppe Goldegg der Leiter ankündigte, entsprechend den Anweisungen aus dem Gau sollte bis zum 10. Oktober eine beschleunigte Operation gegen die Juden stattfinden: «Da viele Juden keine Pässe haben, werden sie ohne Paß über die tschechische Grenze nach Prag geschickt. Wenn die Juden kein Bargeld haben, bekommen sie vom Gau RM 40.– für ihre Ausreise. Bei dieser Operation gegen die Juden ist der Eindruck zu vermeiden, daß es sich um eine Parteiangelegenheit handelt; vielmehr sind spontane Demonstrationen der Bevölkerung zu verursachen. Wo Juden Widerstand leisten, könnte es Gewaltanwendung geben.»[114]

Den ganzen Sommer und Herbst hindurch unternahmen österreichische Juden den Versuch, illegal in verschiedene Nachbarländer und weiter nach England zu fliehen. Die Gestapo hatte einige Gruppen nach Finnland, nach Litauen und Holland abtransportiert oder sie über die Grenze in die Schweiz, nach Luxemburg und Frankreich abgeschoben. Als jedoch die ausländischen Proteste zunahmen, wurde eine illegale Einreise oder Abschiebung nach Westen immer schwieriger.[115] So teilte am 20. September der Chef der Karlsruher Gestapo den regionalen Behörden mit, daß österreichische Juden, oft ohne Pässe oder Geld, in großer Zahl in Baden einträfen. «Da die Auswanderung österr. Juden», fuhr der Gestapochef fort, «durch entsprechende Abwehrmaßnahmen des Auslands, insbesondere der Schweiz, vorläufig so gut wie unmöglich geworden ist, kann ein längerer Aufenthalt dieser Juden in Baden ... nicht mehr geduldet werden.» Die Gestapo machte nicht den Vorschlag, die Juden mit Gewalt zum Überschreiten einer der westlichen Grenzen zu zwingen; Anweisung war erteilt worden, «für die sofortige Rückbeförderung der Juden an ihren früheren Wohnsitz besorgt zu sein».[116] Innerhalb von wenigen Tagen waren es jedoch die in Deutschland lebenden Juden polnischer Nationalität, die zum Hauptproblem wurden.[117]

Aus der Volkszählung vom Juni 1933 war hervorgegangen, daß von den 98747 ausländischen Juden, die noch in Deutschland lebten, 56480 polnische Bürger waren. Die Polnische Republik zeigte keinerlei Neigung, ihre jüdische Bevölkerung von 3,1 Millionen Menschen durch irgendwelche Zuzügler zu vermehren, und zwischen 1933 und 1938 wurden verschiedene Verwaltungsmaßnahmen angewendet, die darauf zielten, in Deutschland lebende polnische Juden an der Rückkehr zu hindern. Doch wie in anderen Ländern löste auch in Polen der Anschluß Österreichs erheblich schärfere Initiativen aus. Am 31. März 1938 verabschiedete das polnische Parlament ein Gesetz, das eine breite Palette von Bedingungen festsetzte, unter denen einem im Ausland lebenden Bürger die polnische Staatsbürgerschaft entzogen werden konnte.

Die Deutschen erkannten sofort die Bedeutung des neuen Gesetzes für ihre Zwangsemigrationspläne. Deutsch-polnische Verhandlungen führten zu keinem Ergebnis, und im Oktober 1938 verkündete eine zusätzlich polnische Verfügung, Pässe von Auslandspolen, die sich nicht vor Ende des Monats eine spezielle Genehmigung zur Einreise nach Polen verschafften, würden ungültig. Da mehr als 40 Prozent der polnischen Juden, die im Deutschen Reich lebten, dort geboren waren, konnten sie kaum hoffen, ihre Geschäfte und Wohnungen in weniger als zwei Wochen aufzulösen. Die meisten von ihnen mußten daher am 1. November ihre polnische Staatsangehörigkeit verlieren. Die Nationalsozialisten beschlossen, den polnischen Maßnahmen zuvorzukommen.

Ob Hitler wegen der Vertreibung der polnischen Juden konsultiert wurde oder nicht, ist unklar. Die allgemeinen Anweisungen wurden von der Wilhelmstraße gegeben, und die Gestapo wurde gebeten, die praktische Durchführung der Maßnahme zu übernehmen. Ribbentrop, Himmler und Heydrich müssen wie alle anderen gespürt haben, daß angesichts der internationalen Verhältnisse nach dem Münchener Abkommen – das Verlangen nach Frieden und als seine Konsequenz die Beschwichtigung – zur Verteidigung der unglücklichen Juden niemand auch nur einen Finger rühren würde. Polen selbst war letztlich vom guten Willen der Deutschen abhängig; hatte es sich nicht eben gerade im Gefolge der deutschen Annektierung des Sudetenlandes das zur nordöstlichen Tschecho-Slowakei gehörige Olsagebiet einverleibt? Der Zeitpunkt der Vertreibung hätte nicht günstiger gewählt sein können. So sollten nach Himmlers Befehlen bis zum 29. Oktober alle männlichen polnischen Juden, die in Deutschland lebten, zwangsweise über die Grenze nach Polen deportiert werden.

Der Reichsführer wußte, daß die Frauen und Kinder, die aller Unterstützung beraubt waren, würden folgen müssen. Am 27. und 28. Oktober taten sich Polizei und SS zusammen und transportierten Juden in die Nähe der polnischen Stadt Zbaszyn, wo sie sie über den Fluß schickten, der die Grenze zwischen den beiden Ländern markierte. Die polnischen Grenzwachen schickten sie auftragsgemäß zurück. Tagelang wanderten die Deportierten in strömendem Regen und ohne Nahrung oder Unterkunft zwischen den beiden Fronten hin und her; die meisten von ihnen endeten dann in einem polnischen Konzentrationslager in der Nähe von Zbaszyn.[118] Der Rest durfte nach Deutschland zurückkehren.[119] (Anfang Januar wurde es Juden, die sich zu diesem Zeitpunkt in Polen aufhielten, gestattet, vorübergehend zurückzukehren, um ihre Häuser und Geschäfte zu verkaufen.)[120] Etwa 16000 polnische Juden wurden auf diese Weise vertrieben.[121]

Die Grynszpans, eine Familie aus Hannover, gehörten zu den Juden, die am 27. Oktober an die Grenze transportiert wurden. Herschel, ihr siebzehnjähriger Sohn, war nicht bei ihnen; er lebte zu diesem Zeitpunkt heimlich in Paris, wo er sich mühsam mit Gelegenheitsarbeiten und etwas Unterstützung von Verwandten über Wasser hielt. An ihn schrieb seine Schwester Berta am 3. November: «Uns wurde nicht erlaubt, nach Hause zurückzugehen, um wenigstens ein paar notwendige Dinge zu holen. So ging ich mit einem Schupo los, der mich begleitete, und ich packte einen Koffer mit den notwendigsten Kleidungsstücken. Das ist alles, was ich retten konnte. Wir haben nicht einen Pfennig. Mehr im nächsten Brief. Liebe Grüße und Küsse von uns allen. Berta.»[122]

Der junge Herschel Grynszpan wußte nicht im einzelnen, was mit seiner Familie in der Nähe von Zbaszyn geschah, aber er konnte es sich gut vorstellen. Am 7. November schrieb er eine Nachricht an seinen Onkel in Paris: «Mit Gottes Hilfe [auf hebräisch geschrieben] ... Ich konnte nicht anders. Mir blutet das Herz, wenn ich an unsere Tragödie und an die der 12000 Juden denke. Ich muß auf eine Weise protestieren, daß die ganze Welt meinen Protest hört, und das habe ich vor. Ich bitte dich um Vergebung. Hermann.» Grynszpan kaufte sich eine Pistole, ging in die deutsche Botschaft und verlangte, mit einem Beamten zu sprechen. Er wurde in das Büro des Ersten Sekretärs Ernst vom Rath geschickt; dort schoß er auf den deutschen Diplomaten und verwundete ihn tödlich.[123]

9.

Der Angriff

I

Am 10. November 1938 um acht Uhr morgens begab sich der Bauer Adolf Heinrich Frey, SA-Führer von Eberstadt, in Begleitung mehrerer seiner Spießgesellen zum Haus der 81jährigen jüdischen Witwe Susanna Stern. Nach Angaben Freys ließ sich die Witwe Stern Zeit, bevor sie die Tür öffnete, und als sie ihn sah, lächelte sie herausfordernd und sagte: «Schon hoher Besuch heute morgen.» Frey befahl ihr, sich anzuziehen und mitzukommen. Sie setzte sich auf ihr Sofa und erklärte, sie werde sich weder anziehen noch ihr Haus verlassen; sie könnten mit ihr machen, was sie wollten. Frey berichtete, der gleiche Wortwechsel habe sich fünf oder sechs Mal wiederholt, und als sie erneut sagte, sie könnten machen, was sie wollten, nahm Frey seine Pistole und schoß die Witwe Stern in die Brust. «Auf den ersten Schuß ist die Stern auf dem Sofa in sich zusammengesunken. Sie hat sich nach rückwärts gelehnt und mit beiden Händen an die Brust gegriffen. Ich habe nun unmittelbar danach den zweiten Schuß auf sie abgegeben, und zwar diesmal nach dem Kopf zielend. Die Stern ist darauf von dem Sofa gerutscht und hat sich dabei gedreht. Sie lag alsdann unmittelbar vor dem Sofa, und zwar den Kopf nach links, den Fenstern zugewandt. In diesem Augenblick hat die Stern noch Lebenszeichen von sich gegeben. Sie hat in kurzen Abständen geröchelt und wieder ausgesetzt. Geschrien und gesprochen hat die Stern nicht. Mein Kamerad C. D. hat nun den Kopf der vor dem Sofa liegenden Stern gedreht, um nachzuschauen, wo der Schuß getroffen hat. Ich habe darauf zu meinem Kameraden gesagt, ich sehe gar nicht ein, warum wir hier herumstehen sollten, ich halte es für das richtigste, wenn wir die Türe abschließen und die Schlüssel abliefern. Damit ich aber ganz sicher war, daß die Stern tot ist, habe ich auf die Daliegende in einer Entfernung von ungefähr 10 cm einen Schuß in die Mitte der Stirn abgefeuert. Hierauf haben wir das Haus abgeschlossen und habe ich von der öffentlichen Fernsprechstelle in Eberstadt die Kreisleitung angerufen und den Kreisleiter Ullmer von dem Geschehenen unterrichtet.» Das Verfahren gegen Frey wurde am 10. Oktober 1940 auf Grund eines Beschlusses des Justizministeriums eingestellt.[1]

In der Kette der Judenverfolgungen vor dem Kriege war der Pogrom vom 9. und 10. November, die sogenannte Kristallnacht, in vieler Hinsicht ein weiterer Wendepunkt. 1992 wurden Goebbels' noch fehlende Tagebucheintragungen über dieses Ereignis veröffentlicht; sie liefern wichtige neue Einsichten über das Zusammenspiel zwischen Hitler, seinen obersten Häuptlingen, den Parteiorganisationen und den breiteren Kreisen der Gesellschaft bei der Auslösung und Handhabung der antijüdischen Gewalttätigkeiten. Was die Reaktionen der deutschen und internationalen öffentlichen Meinung auf diese Gewalt angeht, so werfen sie eine Vielzahl von Fragen auf, nicht zuletzt im Hinblick auf ihr Verhältnis zu Ereignissen, die erst danach stattfanden.

Der Gedanke an einen Pogrom gegen die Juden Deutschlands lag in der Luft. «Der SD billigte nicht nur den kontrollierten und gezielten Einsatz von Gewalt, sondern er empfahl ihn in einer Denkschrift vom Januar 1937 auch ausdrücklich.»[2] Anfang Februar 1938 erhielt die zionistische Führung in Palästina Informationen aus «einer sehr zuverlässigen privaten Quelle – einer Quelle, die sich bis in die höchsten Ränge der SS-Führung zurückverfolgen läßt, wonach die Absicht bestehe, in naher Zukunft in Deutschland einen echten und dramatischen Pogrom großen Ausmaßes zu veranstalten».[3] Tatsächlich waren die antijüdischen Gewalttätigkeiten vom Frühsommer 1938 nicht völlig zum Erliegen gekommen: Am 9. Juni war in München eine Synagoge in Brand gesteckt worden und am 10. August eine weitere in Nürnberg.[4] Für den amerikanischen Botschafter ließen die antijüdischen Vorfälle vom Frühsommer 1938, wie es auch 1935 der Fall gewesen war, eine bevorstehende radikale antijüdische Gesetzgebung erkennen.[5] Schließlich erörterte Hagen kurz vor dem Pogrom auf einer Inspektionsreise nach Wien Ende Oktober 1938 mit seinem Wiener Kollegen, SS-Obersturmführer Polte, die «Lage des Judentums in der Slowakei». Hagen wies Polte an, «bei einer Rücksprache mit den Vertretern der slowakischen Regierung auf die Notwendigkeit zur Lösung dieses Problems hinzuweisen, wobei es als ratsam erscheine, ein Vorgehen des Volkes gegen die Juden zu inszenieren».[6]

Mittlerweile war Hitlers Zaudern vom Juni 1938 verflogen. Seine total kompromißlose Haltung in jüdischen Angelegenheiten kam Anfang November erneut zum Ausdruck. Am 4. November teilte Lammers in einem an Frick gerichteten Brief mit, daß er selbst infolge wiederholter Gesuche um Befreiung von diversen antijüdischen Maßnahmen (wie zusätzlichen Vornamen, Personalausweisen und dergleichen) den grundsätzlichen Aspekt des Problems Hitler gegenüber zur Sprache gebracht habe. «Der Führer ist der Ansicht», schrieb Lammers, «daß gnadenweise Befreiungen von den für Juden geltenden besonderen Bestimmungen ausnahmslos abgelehnt werden müssen. Der Führer beabsichtigt auch selbst solche Gnadenerweise nicht zu bewilligen.»[7]

Am 8. November brachte der *Völkische Beobachter* einen drohenden Leitartikel gegen die Juden, der mit der Warnung schloß, die in Paris abgefeuerten Schüsse würden eine neue Einstellung der Deutschen zur Judenfrage nach sich ziehen.[8] An einigen Orten hatten antijüdische Gewalttätigkeiten begonnen, noch bevor die Nazipresse ihre ersten Drohungen ausstieß. Ein SD-Bericht vom 9. November beschrieb Vorfälle, die sich vermutlich als unmittelbare Reaktion auf die Nachrichten in der Nacht vom 7. zum 8. November in den Kreisen Kassel und Rotenburg/Fulda ereignet hatten. An einigen Orten waren Fensterscheiben an jüdischen Häusern und Geschäften eingeschlagen worden. In Bebra waren in einer Anzahl jüdischer Wohnungen «Demolierungen vorgekommen», in Rotenburg wurde die Einrichtung der Synagoge «erheblich beschädigt», und es wurden «Gegenstände entfernt und auf der Straße vernichtet».[9]

Einer der bezeichnendsten Aspekte der Ereignisse vom 7. und 8. November war, daß Hitler und Goebbels in der Öffentlichkeit und selbst privat (zumindest was Goebbels' Tagebücher angeht) schwiegen. In seiner Tagebucheintragung vom 9. November (in der über Ereignisse vom 8. November berichtet wird) verlor Goebbels nicht ein einziges Wort über die Schüsse von Paris, obwohl er die späten Abendstunden im Gespräch mit Hitler verbracht hatte.[10] Ganz eindeutig hatten beide vereinbart zu handeln, hatten aber wahrscheinlich beschlossen, den Tod des schwerverletzten Rath abzuwarten. Ihr ungewöhnliches Schweigen war das sicherste Zeichen für Pläne, die auf einen «spontanen Ausbruch des Volkszorns» zielten, der sich ohne jedes Anzeichen einer Beteiligung Hitlers abspielen sollte. Und in seiner Rede zum Gedenken an den Putschversuch von 1923 am Abend desselben 8. November enthielt sich Hitler jeder Anspielung auf das Ereignis von Paris.

Rath starb am 9. November um 17.30 Uhr. Die Nachricht vom Tode des deutschen Diplomaten wurde Hitler offiziell um etwa neun Uhr abends beim traditionellen Treffen der «Alten Kämpfer» im Alten Rathaus in München überbracht. Es kam dann zu einem «intensiven Gespräch» zwischen Hitler und Goebbels, der neben ihm saß. Hitler verließ die Versammlung unmittelbar danach, ohne die übliche Ansprache zu halten. Statt dessen sprach Goebbels. Nachdem er mitgeteilt hatte, daß Rath tot sei, fügte er im Hinblick auf die antijüdischen Gewalttätigkeiten, die sich bereits in Magdeburg-Anhalt und Kurhessen abgespielt hatten, hinzu, der Führer habe «auf seinen Vortrag entschieden, daß derartige Demonstrationen von der Partei weder vorzubereiten noch zu organisieren seien, soweit sie spontan entstünden, sei ihnen aber auch nicht entgegenzutreten». Wie der oberste Parteirichter Walter Buch später bemerkte, war die Botschaft eindeutig.[11]

Für Goebbels hatte es seit dem Boykott vom April 1933 keine solche

Gelegenheit mehr gegeben, seine Führungstalente praktisch zu beweisen. Überdies hatte es der Propagandaminister dringend nötig, sich in den Augen des «Führers» zu bewähren: Hitler hatte sich kritisch darüber geäußert, wie wirkungslos die Propagandakampagne während der Sudetenkrise in Deutschland selbst gewesen war.[12] Außerdem war Goebbels wegen seiner Affäre mit der tschechischen Schauspielerin Lida Baarova und seiner Absicht, sich von seiner Frau Magda, die Hitlers ganz besondere Protektion genoß, scheiden zu lassen, teilweise in Ungnade gefallen. Hitler hatte die Romanze beendet und die Scheidung verhindert, aber sein Minister hatte immer noch das Bedürfnis nach einer großen Initiative. Nun hielt er sie in Händen.

«Ich trage dem Führer die Angelegenheit vor», schrieb Goebbels am 10. über das Gespräch beim Essen, das am Vorabend stattgefunden hatte. «Er [Hitler] bestimmt: Demonstrationen weiterlaufen lassen. Polizei zurückziehen. Die Juden sollen einmal den Volkszorn zu verspüren bekommen. Das ist richtig. Ich gebe gleich entsprechende Anweisungen an Polizei und Partei. Dann rede ich kurz dementsprechend vor der Parteiführerschaft. Stürmischer Beifall. Alles saust gleich an die Telephone. Nun wird das Volk handeln.»

Goebbels beschrieb dann die Zerstörung von Synagogen in München. Er erteilte den Befehl, dafür zu sorgen, daß die Berliner Hauptsynagoge in der Fasanenstraße zerstört werde. Er fuhr fort: «Ich will ins Hotel, da sehe ich am Himmel blutrot. Die Synagoge brennt. ... Wir lassen nur soweit löschen, als das für die umliegenden Gebäude notwendig ist. Sonst abbrennen lassen. ... Aus dem ganzen Reich laufen nun die Meldungen ein: 50, dann 75 Synagogen brennen. Der Führer hat angeordnet, daß 20 – 30000 Juden sofort zu verhaften sind. ... In Berlin brennen 5, dann 15 Synagogen ab. Jetzt rast der Volkszorn ... Laufen lassen ...»

Goebbels fuhr fort: «Als ich ins Hotel fahre, klirren die Fensterscheiben. Bravo! Bravo! Wie alte große Hütten brennen die Synagogen. Deutsches Eigentum ist nicht gefährdet. Im Augenblick ist nichts besonderes mehr zu machen.»[13] Die Münchener Hauptsynagoge in der Herzog-Max-Straße gehörte nicht zu denen, die Goebbels brennen sah. Mit ihrem Abriß war einige Monate vorher begonnen worden, auf ausdrückliche Anordnung Hitlers.[14]

Etwa um dieselbe Zeit, da der Propagandaminister schadenfroh auf ein gutes Tagewerk blickte, gab Hitler Himmler seine Anweisungen und teilte ihm mit, daß Goebbels für die Gesamtleitung der Operation zuständig sei. Am selben Abend faßte Himmler seine unmittelbare Reaktion schriftlich so zusammen: «Ich vermute, daß Goebbels in seinem mir schon lange aufgefallenen Machtbestreben und in seiner Hohlköpfigkeit gerade jetzt in der außenpolitisch schwersten Zeit diese Aktion gestartet hat.»[15] Gewiß hatte der Reichsführer nichts gegen die Inszenierung eines Pogroms; was Himmler wehgetan haben muß, war die Tatsache, daß Goebbels der erste war, der die Schüsse auf Rath ausschlachtete, um die Aktion zu organisieren und Hitlers Segen zu erhalten. Es mag allerdings auch sein, daß er den Zeitpunkt nicht für günstig hielt.

Seine Tagebucheintragung vom 10. November schloß der Chefpropagandist mit der Erwähnung von Ereignissen am Morgen: «Den ganzen Morgen regnet es neue Meldungen. Ich überlege mit dem Führer unsere nunmehrigen Maßnahmen. Weiterschlagen lassen oder abstoppen. Das ist nun die Frage ...»[16]

Am 11., immer noch in München, schrieb Goebbels weiterhin über den Vortag: «Gestern: Berlin. Dort ist es ganz toll vorgegangen. Brand über Brand. Aber das ist gut so. Ich setze eine Verordnung auf Abschluß der Aktionen auf. Es ist nun gerade genug ... Gefahr, daß der Mob in die Erscheinung tritt. Im ganzen Lande sind die Synagogen abgebrannt ... In der Osteria [einem Münchener Restaurant; später fuhr Hitler dann zum Obersalzberg] erstatte ich dem Führer Bericht. Er ist mit allem einverstanden. Seine Ansichten sind ganz radikal und aggressiv. Die Aktion selbst ist tadellos verlaufen. 100 Tote. Aber kein deutsches Eigentum beschädigt.»

Was nun folgt, zeigt, daß einige der berüchtigtsten Befehle, die Göring auf der Konferenz gab, die dann am 12. November stattfinden sollte, Entscheidungen waren, die Hitler am 10. gefällt hatte: «Mit kleinen Änderungen billigt der Führer meinen Erlaß betr. Abbruch der Aktionen», schrieb Goebbels und fügte hinzu: «Der Führer will zu sehr scharfen Maßnahmen gegen die Juden schreiten. Sie müssen ihre Geschäfte selbst wieder in Ordnung bringen. Die Versicherungen zahlen ihnen nichts. Dann will der Führer die jüdischen Geschäfte allmählich enteignen ... Ich gebe entsprechende Geheimerlasse heraus. Wir warten nun die Auswirkungen im Ausland ab. Vorläufig schweigt man dort noch. Aber der Lärm wird kommen ...»[17]

«Es kommen Meldungen aus Berlin über ganz enorme antisemitische Ausschreitungen. Jetzt geht das Volk vor. Aber nun muß Schluß gemacht werden. Ich lasse an Polizei und Partei dementsprechende Anweisungen ergehen. Dann wird auch alles ruhig.»[18]

Der Pogrom war jedoch viel weniger koordiniert, als Goebbels behauptete. Nach einer Rekonstruktion der Abfolge des Geschehens machten nach Goebbels' anfänglichem Befehl den Beginn «die Gauleiter ab 22.30 Uhr. Es folgten die SA ab 23 Uhr, die Staatspolizei kurz vor 24 Uhr, die SS ab 1.30 Uhr und Goebbels nochmals um 1.40 Uhr.»[19] Heydrichs Anweisungen an die Gestapo und den SD waren präzise. Es waren keine Maßnahmen zu ergreifen, die deutsches Leben oder Eigentum in Gefahr brachten, insbesondere beim Niederbrennen von Synagogen; jüdische Geschäfte oder Wohnungen konnten zerstört werden, aber nicht geplündert (Plünderer würden verhaftet werden); Ausländer (selbst wenn sie als Juden identifiziert wurden) waren nicht zu belästigen; Synagogenarchive waren sicherzustellen und dem SD zu übergeben. Schließlich hieß es: «Sobald der Ablauf der Ereignisse dieser Nacht die Verwendung der eingesetzten Beamten hierfür zuläßt, sind in allen Bezirken so viele Juden – insbesondere wohlhabende – festzunehmen, als in den vorhandenen Hafträumen untergebracht werden können. Es sind zunächst nur gesunde männliche Juden nicht zu hohen Alters festzunehmen. Nach Durchführung der Festnahme ist unverzüglich mit den zuständigen Konzentrationslagern wegen schnellster Unterbringung der Juden in den Lagern Verbindung aufzunehmen. Es ist besonders darauf zu achten, daß die aufgrund dieser Weisung festgenommenen Juden nicht mißhandelt werden.»[20]

Der telefonische Bericht der SA-Standarte 151 in Saarbrücken vom 10. November war knapp und sachlich: «Heute nacht wurde die Synagoge in Saarbrücken in Brand gesteckt, ebenso wurden die Synagogen in Dillingen, Merzig, Saarlautern, Saarwillingen und Broddorf zerstört. Die Juden wurden in Schutzhaft genommen. Die Feuerwehren sind mit Löscharbeiten beschäftigt. Im Bereich der Standarte 174 wurden sämtliche Synagogen zerstört.»[21]

Am 17. November nahm Hitler in Düsseldorf an Raths Beerdigung teil.

Im Gau Tirol-Vorarlberg lebten nur wenige Hundert Juden. Wie alle anderen Juden aus der österreichischen Provinz mußten sie entweder bis Mitte Dezember das Land verlassen oder nach Wien ziehen. Im Oktober war Eichmann in der Tiroler Hauptstadt Innsbruck eingetroffen und hatte den drei führenden Vertretern der jüdischen Gemeinde, Karl Bauer sowie Alfred und Richard Graubart, eine persönliche Warnung zukommen lassen. Gauleiter Franz Hofer und das örtliche SD-Amt hatten die Absicht, Himmlers Befehle zu befolgen und den Gau innerhalb von wenigen Wochen «judenrein» zu bekommen. Die Nacht vom 9. zum 10. November bot eine unerwartete Gelegenheit. Hofer eilte vom Kameradschaftsabend mit den Alten Kämpfern in München zurück und gab den Ton an: «Als Antwort auf den feigen jüdischen Mordanschlag auf unseren Botschaftsrat vom Rath in Paris sollte sich in dieser Nacht auch in Tirol die kochende Volksseele gegen die Juden erheben.»[22]

Die SS war durch Heydrichs Botschaft in Alarmbereitschaft versetzt worden. Nach der mitternächtlichen Vereidigungszeremonie für die neuen SS-Rekruten, die in derselben Nacht in Innsbruck wie in allen anderen großen Städten des Reiches stattgefunden hatte, versammelten sich die Männer gegen 2.30 Uhr unter dem Kommando von SS-Oberführer Hanns von Feil erneut in Zivil. In wenigen Minuten war ein spezielles SS-Mordkommando, das sich in drei Gruppen geteilt hatte, auf dem Wege in die Gänsbacher Straße 4–5, wo einige der prominenteren jüdischen Familien von Innsbruck immer noch wohnten. Wie SS-Obersturmführer Alois Schintlholzer erklärte, habe er «im Hochhaus in Innsbruck Anweisungen von Oberführer Feil erhalten, die Juden in der Gänsbacher Straße ohne Aufsehen zu töten».

In der Gänsbacher Straße 4 wurde der Ingenieur Richard Graubart vor den Augen seiner Frau und seiner Tochter erstochen. Im zweiten Stock desselben Gebäudes wurde Karl Bauer in den Flur gezerrt, man stach auf ihn ein und schlug ihn mit Gewehrkolben; er starb auf dem Weg ins Krankenhaus. In der Anichstraße war etwa um dieselbe Zeit Richard Berger, der Präsident der jüdischen Gemeinde von Innsbruck, an der Reihe. Berger, im Schlafanzug und mit einem Wintermantel bekleidet, wurde mitgenommen und in ein SS-Auto gestoßen, das ihn angeblich in die Gestapozentrale bringen sollte. Doch der Wagen bewegte sich in eine andere Richtung. Nach Angaben von SS-Untersturmführer Walter Hopfgartner: «Wir fuhren in westlicher Richtung die Anichstraße entlang, über die Universitätsbrücke, in Richtung Kranebitten. Während der Fahrt fragte Berger, wohin wir führen, da dies nicht der Weg zur Gestapo war. Berger, der verständlicherweise etwas nervös war, wurde von den Männern auf den Rücksitzen beruhigt. ... Plötzlich verkündete Lausegger so laut, daß alle es hören konnten, es seien ‹keine Schußwaffen zu gebrauchen›. Dies beunruhigte Berger erneut, und er fragte, was wir von ihm wollten, aber er wurde wieder beruhigt. ... Nach der Äußerung von Lausegger war mir sofort klar, daß Berger umgebracht werden sollte.»

An einer Biegung des Inn wurde Berger aus dem Auto gezerrt, mit Pistolen und Steinen mißhandelt und in den Fluß geworfen. Den Anweisungen zuwider wurde auf ihn geschossen, aber die nachfolgende Untersuchung durch die Gestapo ergab, daß er zu diesem Zeitpunkt bereits tot war.

Alle SS-Männer, die an den Morden von Innsbruck beteiligt waren, waren alte Kämpfer, die Hitler fanatisch ergeben waren, extreme Antisemiten und beispielhafte Mitglieder des Ordens. Gerhard Lausegger, der Anführer des Kommandos, das Berger umbrachte, war Mitglied einer studentischen Verbindung gewesen und hatte «die Vereinigung aller schlagenden Verbindungen an der Universität Innsbruck» geleitet. Am 11. März war er einer der Männer gewesen, die unmittelbar vor dem Eintreffen der Wehrmacht das Provinzverwaltungsgebäude der Stadt besetzt hatten.

Aus Heydrichs Bericht vom 11. November ging hervor, daß im gesamten Reich 36 Juden getötet und dieselbe Anzahl schwer verletzt worden waren. «Ein Jude wird noch vermißt. Unter den getöteten Juden befindet sich ein, unter den Verletzten 2 polnische Staatsangehörige.»[23] Die tatsächliche Situation war schlimmer. Abgesehen von den 267 zerstörten Synagogen und den 7500 verwüsteten Geschäften waren in ganz Deutschland etwa 91 Juden getötet worden, und darüber hinaus hatten Hunderte Selbstmord begangen oder waren infolge von Mißhandlungen in den Lagern gestorben.[24] «Die Aktion gegen die Juden wurde rasch und ohne besondere Reibungen zum Abschluß gebracht», schrieb der Bürgermeister von Ingolstadt in seinem Monatsbericht vom 1. Dezember. «Im Verfolg dieser Maßnahme hat sich ein hiesiges jüdisches Ehepaar in der Donau ertränkt.»[25]

Für die Würzburger Gestapo verstand sich nichts von selbst. In einer am 6. Dezember ergangenen Anordnung an die Amtsvorstände der 22 Verwaltungsbezirke des Gaus Main-Franken sowie an die Bürgermeister von Aschaffenburg, Schweinfurt, Bad Kissingen und Kitzingen verlangte die Geheimpolizei umgehend Einzelheiten über Juden, die «im Zusammenhang mit der Aktion gegen die Juden» Selbstmord begangen hatten; in Frage Nr. 3 wurden Informationen über das «vermutliche Motiv» angefordert.[26]

In einem geheimen Schreiben über die Ereignisse vom 9. bis 11. November, welches das Justizministerium am 19. November an den Hamburger Generalstaatsanwalt gerichtet hatte, stellte es fest, die Zerstörung von Synagogen und jüdischen Friedhöfen sowie von jüdischen Läden und Wohnungen sei, sofern sie nicht zum Zwecke der Plünderung erfolgt sei, *nicht* zu verfolgen. Die Tötung von Juden und die Zufügung schwerer Körperverletzungen werde «verfolgt bezw. erörtert, soweit eigensüchtige Motive zu Grunde liegen».[27]

Ihren adäquaten «begrifflichen Rahmen» erhielten die Beschlüsse der Gerichte und die verschiedenen Verwaltungsverfügungen hinsichtlich der (mangelnden) Verantwortlichkeit der Mörder in dem Bericht, den das Oberste Parteigericht der NSDAP am 13. Februar 1939 erstellte. Darin hieß es, am 10. November um 2 Uhr nachts sei Goebbels von der ersten Ermordung, der eines polnischen Juden, in Kenntnis gesetzt worden. Ihm sei gesagt worden, es müsse etwas unternommen werden, um eine Entwicklung zu stoppen, die gefährlich werden könnte. Dem Bericht zufolge habe Goebbels sinngemäß geantwortet, «der Melder solle sich wegen eines toten Juden nicht aufregen». Dazu gibt dann der Bericht folgenden Kommentar: «In diesem Zeitpunkt hätten sich die meisten Tötungen durch eine ergänzende Anordnung noch verhindern lassen. Wenn dies nicht geschah, so muß aus dieser Tatsache wie aus der Äußerung an sich schon der Schluß gezogen werden, daß der schließliche Erfolg gewollt, mindestens aber als möglich und erwünscht in Rechnung gestellt wurde. Dann hat aber der einzelne Täter nicht nur den vermeintlichen, sondern den zwar unklar zum Ausdruck gebrachten, aber richtig erkannten Willen der Führung in die Tat umgesetzt. Dafür kann er nicht bestraft werden.»[28]

Wurde die Naziaktion von ihren Tätern als ein Schritt gesehen, der die Auswanderung der Juden aus dem Reich beschleunigen konnte, oder möglicherweise als eine Initiative, die darauf zielte, eine andere, umfassendere Politik zu fördern? Nach dem Pogrom nutzte dann Göring auf Anordnung Hitlers die Schüsse von Paris nach Kräften aus. Doch ungeachtet vorheriger Pläne des SD über den Einsatz von Gewalt wurde vor der Entfesselung der Aktion vom 9. November anscheinend nichts Systematisches in Erwägung gezogen. Zu diesem Zeitpunkt erscheint totaler, abgrundtiefer Haß als das A und O des Angriffs. Das einzige unmittelbare Ziel war, die Juden so schwer zu verletzen, wie es die Umstände erlaubten, und das mit allen möglichen Mitteln: sie zu verletzen und sie zu demütigen. Der Pogrom und die ihm unmittelbar folgenden Initiativen sind ganz zu Recht als ein «Erniedrigungsritual» bezeichnet worden.[29] Eine Explosion von Sadismus warf ein besonders gespenstisches Licht auf die gesamte Aktion und ihre Nachwehen; sie brach auf allen Ebenen aus, auf der der höchsten Führung und auf der der kleinsten Parteimitglieder. Der Ton von Goebbels' Tagebucheintragungen war unmißverständlich; derselbe Ton prägte dann die Konferenz vom 12. November.

Eine unkontrollierbare Lust an der Vernichtung und Demütigung der Opfer trieb die Kommandos, die durch die Städte streiften. «Durch Köln [zogen] organisierte Streifen von einer Wohnung zur anderen», schrieb der schweizerische Konsul. «Die Familien waren entweder vorher aufgefordert worden, die Wohnung zu verlassen, oder sie mußten in der Ecke eines Zimmers stehen, während die Sachen aus dem Fenster geworfen wurden. Grammophone, Näh- und Schreibmaschinen flogen auf die Straße, und einer meiner Kollegen sah sogar, wie ein Klavier aus dem Fenster geworfen wurde, aus dem 2. Stock eines Hauses. Noch heute [am 13. November] kann man an Bäumen und Büschen Bettfedern hängen sehen.»[30] Noch Schlimmeres wurde aus Leipzig berichtet: «Nachdem sie Wohnungen demoliert und den größten Teil des Mobiliars auf die Straße geworfen hatten», berichtete der amerikanische Konsul in Leipzig, «warfen die unersättlich sadistischen Täter viele der zitternden Bewohner in einen kleinen Bach, der durch den Zoologischen Garten fließt, und forderten die entsetzten Zuschauer auf, sie anzuspeien, mit Lehm zu besudeln und sich über ihre Not lustig zu machen. ... Das geringste Anzeichen von Mitleid rief auf seiten der Täter einen regelrechten Zorn hervor, und die Menge war nicht in der Lage, etwas anderes zu tun, als die erschreckten Augen von dem Schauspiel der Beleidigung abzuwenden oder sich zu entfernen. Diese Taktik wurde während des gesamten Morgens des 10. November angewandt, ohne daß die Polizei eingriff, und zwar richtete sie sich gegen Männer, Frauen und Kinder.»

Dieselben Szenen wurden in den kleinsten Städten wiederholt: die sadistische Brutalität der Täter, die betretenen Reaktionen einiger der Zuschauer, das Grinsen anderer, das Schweigen der bei weitem überwiegenden Mehrheit, die Hilflosigkeit der Opfer. In Wittlich, einer kleinen Stadt im Moseltal, wurde wie an den meisten Orten die Synagoge als erstes zerstört: «Das kunstvoll gearbeitete Bleikristallfenster über der Tür donnerte auf die Straße, und durch Türen und Fenster kamen Möbelstücke geflogen. Ein grölender SA-Mann kletterte auf das Dach und wedelte mit den Tora-Rollen: ‹Wischt euch den Arsch damit ab, ihr Juden›, brüllte er und schleuderte sie wie Papierschlangen zu Karneval in die Gegend.» Jüdische Geschäfte wurden demoliert, jüdische Männer zusammengeschlagen und abgeführt: «Herr Marks, dem die Metzgerei ein paar Häuser weiter gehörte, gehörte zu dem halben Dutzend jüdischer Männer, die sich bereits auf dem Lastwagen befanden. ... Die SA-Männer lachten über Frau Marks, die vor ihrem eingeschlagenen Spiegelglasfenster stand und in verwirrter Verzweiflung die Hände rang. ‹Warum tut ihr uns das an?› rief sie klagend der Runde von schweigenden Gesichtern in den Fenstern, die ihr Leben lang ihre Nachbarn gewesen waren, zu. ‹Was haben wir euch je getan?›»[31]

Bald boten dann die jüdischen Massen im besetzten Polen die vorzüglichsten Zielscheiben für die unstillbare Wut, die das Großdeutsche Reich Schritt für Schritt gegen die unglücklichen Juden trieb.[32]

Erneut war Hitler dem mittlerweile vertrauten Muster gefolgt, nach dem er während der dreißiger Jahre durchgängig verfahren war. Insgeheim erteilte er die Befehle oder bestätigte sie; nach außen hin sollte sein Name in keiner Weise mit der Brutalität verknüpft sein. Nachdem er sich jeder offenen Bemerkung zu den Ereignissen vom 7. bis 8. November enthalten hatte, vermied er auch am 9. November in seiner mitternächtlichen Ansprache an die SS-Rekruten vor der Feldherrnhalle jeden Hinweis auf sie. Während er sprach, wurden bereits im ganzen Reich Synagogen angezündet, Läden demoliert und Juden verletzt und getötet. Einen Tag später bewahrte Hitler in seiner Geheimrede vor Vertretern der deutschen Presse dasselbe Stillschweigen über Ereignisse, die zwangsläufig jedem der Anwesenden vor Augen stehen mußten;[33] nicht einmal bei Raths Beerdigung sprach er. Die Fiktion eines spontanen Ausbruchs des Volkszorns gebot Schweigen. Jede Äußerung eines Wunsches durch den Führer oder auch nur ein positiver Kommentar wären ein «Führerbefehl» gewesen. Von Hitlers Beteiligung sollte die Außenwelt – einschließlich vertrauenswürdiger Parteimitglieder – zumindest im Prinzip nichts wissen.

Die Kenntnis von Hitlers direkter Beteiligung sickerte jedoch schnell aus dem innersten Zirkel durch. Wie aus den Tagebüchern Ulrich von Hassells, des ehemaligen deutschen Botschafters in Rom, der schon früh ein Gegner des Regimes war, hervorgeht, waren viele Konservative von den Ereignissen schockiert, und Johannes Popitz, der Finanzminister von Preußen, protestierte bei Göring und verlangte die Bestrafung der für die Aktion Verantwortlichen. «Mein lieber Popitz, wollen Sie den Führer bestrafen?» lautete Görings Antwort.[34]

Am unteren Ende der Parteihierarchie dachte man sich rasch ein paar Rechtfertigungen aus. Am 23. November erhielt der Blockleiter von Hüttenbach, der auch der Chronist der Parteigeschichte in seiner Stadt war, von seinem Kreisleiter die Anweisung, belastendes Material gegen die örtlichen Juden zu sammeln. Nur zwei Tage darauf beendete er seine Forschung und konnte berichten, die Aufgabe sei erfüllt: «Beifügend», schrieb der Blockleiter, «übersende ich einiges von den Juden in Hüttenbach. Ich weis nicht ob ich das Richtige getroffen habe. Noch kürzer zu fassen, war mir nicht möglich, um doch eine Übersicht von diesen Fremdrassigen zu bekommen, wie sie in Hüttenbach hausten.» An diesem Punkt äußerte der Blockleiter mit entwaffnender Offenheit gewisse Zweifel an seiner Qualifikation als richtiger Historiker: «Ich habe vielleicht noch mehr Stoff hier, aber einen Geschichtschreiber kann ich neben meiner Praxis nicht machen und fehlen ohnedies die erforderlichen Grundlagen.»[35]

Übrigens hatte derselbe Lokalhistoriker seine Bemühungen wie auch seine Besorgnisse, was die Ereignisse vom 9. und 10. November anging, noch nicht erschöpfend dargestellt. Am 7. Februar 1939 verkündete er seinem Kreisleiter, er habe die Chronik für das Jahr 1938 abgeschlossen. Die Novemberereignisse verewigte er folgendermaßen: «In der Nacht vom 9. Nov. 1938 starb in Paris Pg. v. Rath an den Folgen des feigen Überfalles durch den Juden Grünspan. In derselben Nacht noch gingen in ganz Deutschland die Synagogen der Juden in Flammen auf. Pg. Ernst v. Rath war gerächt. Früh um 5 Uhr erschienen Kreisleiter Pg. Walz mit dem Bürgermeister Pg. Herzog dem Kreispropagandaleiter Pg. Büttner u. Sturmführer Brand u. stekten den Judentempel in Brand. Pg. aus dem Ortsgr. Bereich leisteten dabei tatkräftige Unterstützung. – Nun wurde ds. Satz von einigen Pg. kritisiert, es darf nicht heisen Pg. Walz, Herzog u. Büttner-Brand stekten die Synagogen in Brand sondern das Volk. – Richtig. Aber als Schreiber einer Chronik soll u. muss ich Wahrheit berichten. – Es wäre noch leicht möglich diese Seite herauszunehmen u. eine andre Eintragung vorzunehmen. Ich bitte Sie ‹Mein Kreisleiter› wie soll ich die Eintragung vornehmen u. wie soll sie lauten. Heil Hitler!»[36]

II

Am Morgen des 12. November faßte Goebbels die Ereignisse der vergangenen Tage im *Völkischen Beobachter* zusammen: «Der Jude Grünspan», lautete der letzte Absatz, «war Vertreter des Judentums. Der Deutsche vom Rath war Vertreter des deutschen Volkes. Das Judentum hat also in Paris auf das deutsche Volk geschossen. Die deutsche Regierung wird darauf legal, aber hart antworten.»[37] Die legalen Antworten der deutschen Regierung wurden den Juden in den verbleibenden Wochen des Jahres 1938 entgegengeschleudert; sie wurden von drei größeren Politikinterpretationen begleitet: die erste am 12. November auf der hochrangig besetzten Konferenz, die Göring einberufen hatte; die zweite am 6. Dezember in Görings Ansprache an die Gauleiter; die dritte am 28. Dezember in einer Reihe neuer Regelungen, die ebenfalls von Göring verkündet wurden. Alle Initiativen und Interpretationen Görings ergingen auf Hitlers ausdrückliche Anweisung.

Man hat oft angenommen, daß Göring seit dem Sommer 1938 infolge seiner verhältnismäßig gemäßigten Haltung während der Sudetenkrise viel von seinem Einfluß verloren hatte.[38] Der neue Star unter Hitlers Untergebenen war Ribbentrop, der anmaßende neue Außenminister, der davon überzeugt war, daß die Briten von Krise zu Krise weiter nachgeben würden. Es kann jedoch durchaus sein, daß in dem neuen Schema der Dinge nach München die Rolle Görings als Koordinator der jüdischen Angelegenheiten für Hitlers Pläne unverzichtbar geworden war. Göring sollte alle Maßnahmen inszenieren, die den Juden das Leben in Deutschland unerträglich machen und die Auswanderung der Juden beschleunigen würden. Die ständige Bedrohung durch weitere antijüdische Gewalttätigkeiten und das Bedürfnis, Zufluchtsstätten für die flüchtenden Juden zu finden, würden das «Weltjudentum» mobilisieren und es dazu veranlassen, seine antideutsche Hetze zu dämpfen; dies wiederum würde die westlichen Regierungen davon überzeugen, daß Kompromißlösungen gegenüber Hitlers neuen Forderungen eine Notwendigkeit darstellten. Mit anderen Worten, Hitler mag durchaus gedacht haben, daß antijüdischer Druck in Deutschland den Erfolg der NS-Aggressionen im Ausland sicherstellen werde, bedingt durch das, was er für den Einfluß des Weltjudentums auf die Politik der westlichen Demokratien hielt. Und Hitlers bevorstehende Erklärungen über die Ansiedlung von Juden in einigen Kolonien westlicher Länder wie auch seine öffentlichen Drohungen, die Juden im Falle eines Krieges zu vernichten, machen ebenfalls deutlich, daß sein Glaube an den Einfluß des Weltjudentums in Paris, London und Washington ein wesentlicher Bestandteil seiner Weltanschauung war.

Die Konferenz hochrangiger Beamter, die Göring am 12. November ins Luftfahrtministerium einberief, ist berüchtigt geworden. «Meine Herren», begann Göring, «die heutige Sitzung ist von entscheidender Bedeutung. Ich habe einen Brief bekommen, den mir der Stabsleiter des Stellvertreters des Führers Bormann im Auftrag des Führers geschrieben hat, wonach die Judenfrage jetzt einheitlich zusammengefaßt werden soll und so oder so zur Erledigung zu bringen ist. Durch telefonischen Anruf bin ich gestern vom Führer noch einmal darauf hingewiesen worden, jetzt die entscheidenden Schritte zentral zusammenzufassen.»[39]

Die konkreten Diskussionen, die am 12. November in Görings Reichsluftfahrtministerium stattfanden, bezogen sich nicht nur auf verschiedene zusätzliche Verfahren, die Juden zu schikanieren, und weitere ökonomische Sanktionen, die gegen sie ergriffen werden sollten, sondern auch, und das ausführlich, auf das aktuelle Problem der Versicherungsentschädigung für die Schäden, die jüdischem Eigentum bei dem Pogrom zugefügt worden waren. Eduard Hilgard, ein Vertreter der deutschen Versicherungsgesellschaften, wurde hereingerufen. Allein die in jüdischen Geschäften zerstörten Fensterscheiben waren mit etwa sechs Millionen Dollar versichert, und da das Glas aus Belgien kam, würde zumindest die Hälfte dieses Betrages in Devisen bezahlt werden müssen. Das veranlaßte eine beiseite gesprochene Bemerkung Görings zu Heydrich: «Mir wäre lieber gewesen, ihr hättet 200 Juden erschlagen und hättet nicht solche Werte vernichtet.» Heydrich: «35 Tote sind es.»[40] Göring erteilte den Befehl, den Hitler insgeheim zwei Tage zuvor gegeben hatte: Die Juden sollten alle Kosten für die Wiederherstellung ihrer Geschäfte tragen; das Reich würde alle Zahlungen konfiszieren, die von deutschen Versicherungsgesellschaften geleistet würden. «Den Juden deutscher Staatsangehörigkeit in ihrer Gesamtheit wird die Zahlung einer Kontribution von 1 000 000 000 RM an das Deutsche Reich auferlegt.»[41]

Am selben Tage ordnete Göring die Einstellung sämtlicher jüdischer Geschäftstätigkeit zum 1. Januar 1939 an. Die Juden mußten ihre Unternehmen verkaufen und ebenso allen Grundbesitz, Aktien, Juwelen und Kunstwerke. Sie konnten sich der Dienste von «Treuhändern» bedienen, um diese Transaktionen innerhalb der gesetzten Frist abzuschließen. Anmeldung und Hinterlegung aller Kapitalanteile waren obligatorisch.[42] Görings wichtigste politische Aussage, die wiederum nach Beratungen mit Hitler erfolgte, sollte bei einem Zusammentreffen mit den Gauleitern am 6. Dezember erst noch kommen. Mehr jedoch als wegen ihrer wichtigsten Exekutiventscheidungen bleibt die Konferenz vom 12. November wegen ihres sadistischen Erfindungsreichtums und wegen des Geistes und des Tons der Gespräche von Bedeutung.

Immer noch im Rausch der Hektik seiner Aktivitäten vom Vortag hatte der Propagandaminister eine ganze Liste von Vorschlägen: Die

Juden sollten gezwungen werden, die beschädigten Synagogen auf eigene Kosten abreißen zu lassen; öffentliche Vergnügungen sollten ihnen verboten werden («Ich bin ... der Meinung, daß es nicht möglich ist, Juden neben Deutsche in Variétés, Kinos oder Theater hineinzusetzen. Man könnte eventuell später überlegen, den Juden hier in Berlin 1 oder 2 Kinos zur Verfügung zu stellen, wo sie jüdische Filme vorführen können»).[43] An diesem Punkt kam es zwischen Goebbels und Göring zu einer berüchtigten Debatte darüber, wie man Juden in Eisenbahnzügen absondern sollte. Beide waren sich über die Notwendigkeit gesonderter Abteile für Juden einig, aber es sollte, so erklärte Goebbels, ein Gesetz geben, das es ihnen verbot, selbst in einem jüdischen Abteil einen Platz zu beanspruchen, bevor alle Deutschen einen erhalten hatten. Die bloße Existenz eines besonderen Abteils würde den unerwünschten Effekt haben, daß es einigen Juden möglich wäre, in einem überfüllten Zug bequem zu sitzen. Göring hatte für derartige Förmlichkeiten nichts übrig: «Und wenn es wirklich jemals so wäre, wie Sie sagen, daß der Zug sonst überfüllt ist, glauben Sie: das machen wir so, da brauche ich kein Gesetz. Da wird er herausgeschmissen, und wenn er allein auf dem Lokus sitzt während der ganzen Fahrt.» Goebbels beharrte auf einem Gesetz, aber vergeblich.[44]

Dieser kleine Rückschlag lähmte Goebbels' Erfindungsreichtum nicht: Den Juden, so verlangte er, sollte es absolut verboten sein, sich in deutschen Ferienorten aufzuhalten. Der Propagandaminister stellte auch die Frage, ob deutsche Wälder nicht für sie gesperrt werden sollten («Heute laufen Juden rudelweise im Grunewald herum. Das ist ein dauerndes Provozieren, wir haben dauernd Zwischenfälle. Was die Juden machen, ist so aufreizend und provokativ, daß es dauernd zu Schlägereien kommt.») Dadurch kam Göring auf eine eigene Idee: Einige Teile der Wälder sollten Juden zugänglich sein, und in diesen Teilen sollten Tiere, die Juden ähnelten – «der Elch hat ja so eine gebogene Nase» – angesiedelt werden. Goebbels spann den Faden weiter; er verlangte, Parks sollten für Juden ebenfalls verboten sein, denn jüdische Frauen könnten sich beispielsweise neben deutsche Mütter setzen und feindselige Propaganda treiben («Es gibt Juden, die gar nicht so jüdisch aussehen»). Für Juden sollte es auch getrennte Bänke mit speziellen Schildern («Nur für Juden!») geben. Schließlich sollten jüdische Kinder aus deutschen Schulen verbannt werden («Ich halte es für ausgeschlossen, daß mein Junge neben einem Juden im deutschen Gymnasium sitzt und deutschen Geschichtsunterricht erteilt bekommt»).[45]

Am Ende der Debatte über Wirtschaftsfragen machte Göring deutlich, «man müßte diese wirtschaftlichen Sachen untermauern mit einer Anzahl von polizeilichen Aktionen, propagandistischen Aktionen, Kulturaktionen, damit jetzt alles herauskommt und das Judentum in dieser Woche zack-zack eins nach dem anderen um die Ohren bekommt».[46]

Es war Heydrich, der die Anwesenden daran erinnerte, daß das Hauptproblem darin bestand, die Juden aus Deutschland herauszubekommen. Die Idee der Einrichtung einer zentralen Auswanderungsbehörde in Berlin nach Wiener Modell wurde erörtert (Eichmann war eigens aus diesem Anlaß aus Wien herbeordert worden). Doch nach Heydrichs Ansicht würde es beim gegenwärtigen Tempo etwa acht bis zehn Jahre dauern, bis man zu einer Lösung des Problems käme, und das war, wir erinnern uns, auch Hitlers Einschätzung beim Treffen mit Goebbels am 24. Juli. Wie sollten dann die Juden in der Zwischenzeit von der deutschen Bevölkerung isoliert werden, ohne alle Erwerbsmöglichkeiten zu verlieren? Heydrich war für ein spezielles Abzeichen, das alle diejenigen tragen sollten, die von den Nürnberger Gesetzen als Juden definiert waren. («Eine Uniform!» rief Göring. Heydrich wiederholte: «Ein Abzeichen.») Göring war skeptisch: Er selbst war dafür, in den Großstädten in großem Umfang Ghettos einzurichten. Für Heydrich würden Ghettos «Schlupfwinkel für Verbrecher» werden, die sich von der Polizei nicht kontrollieren ließen, während ein Abzeichen die Überwachung durch «das wachsame Auge der gesamten Bevölkerung» gestatten würde. Die Diskussion über die Einführung eines Abzeichens oder die Schaffung von Ghettos ging weiter und konzentrierte sich auf die Frage, wie die Juden ihr tägliches Leben führen würden («Verhungern lassen können Sie sie nicht!» meinte Göring).[47] Die Auffassungsunterschiede blieben ungelöst, und drei Wochen später sollte Hitler sowohl Abzeichen als auch Ghettos verwerfen.

Wie zuvor Goebbels hatte Heydrich noch mehr Vorschläge auf seiner Liste: keine Führerscheine, kein Eigentum an Kraftwagen (die Juden können «deutsches Leben gefährden»), kein Zugang zu Bezirken von nationaler Bedeutung in den verschiedenen Städten, kein Zugang zu kulturellen Institutionen – im Sinne des Vorschlags von Goebbels –, kein Zutritt zu Erholungsstätten und nicht einmal zu Krankenhäusern («ein Jude kann nicht im Krankenhaus mit arischen Volksgenossen zusammen liegen»). Als die Diskussion zu der Frage überging, was die Juden tun konnten, um den finanziellen Maßnahmen zu begegnen, die jetzt gegen sie ergriffen werden sollten, war Göring sicher, daß sie überhaupt nichts tun würden. Goebbels stimmte zu: «Im Augenblick ist [der Jude] klein und häßlich und bleibt zu Hause.»[48]

Kurz vor dem letzten Teil des Gesprächs kommentierte Göring, als sei ihm das nachträglich noch eingefallen: «Ich möchte kein Jude in Deutschland sein.» Der Generalfeldmarschall erwähnte dann, Hitler habe ihm am 9. November von seiner Absicht erzählt, sich an die Demokratien zu wenden, welche die Judenfrage aufgeworfen hätten, und von ihnen die Aufnahme der Juden zu fordern; die Madagaskar-Möglichkeit würde ebenfalls ins Spiel gebracht werden; oder «die reichen Juden können in Nordamerika, Kanada oder sonstwo ein großes Territorium für ihre Glaubensgenossen kaufen». Göring fügte hinzu: «Wenn das Deutsche Reich in irgendeiner absehbaren Zeit in außenpolitischen Konflikt kommt, so ist es selbstverständlich, daß auch wir in Deutschland in allererster Linie daran denken werden, eine große Abrechnung an den Juden zu vollziehen.»[49]

An demselben Tag, an dem Goebbels Juden den Zugang zu kulturellen Institutionen untersagte, verbot er auch die jüdische Presse in Deutschland. Kurz darauf wurde Erich Liepmann, der Direktor der *Jüdischen Rundschau*, die inzwischen geschlossen worden war, ins Büro des Propagandaministers zitiert. «Zur Begrüßung brüllte Goebbels: ‹Ist der Jude da?› ... Er brüllte: ‹Es muß ein Nachrichtenblatt erscheinen, innerhalb von zwei Tagen. Jede Nummer wird mir vorgelegt. Wehe euch, wenn auch nur ein Artikel erscheint, den ich nicht gesehen habe. Schluß!›»[50] So wurde das *Jüdische Nachrichtenblatt* geboren: Es war dazu bestimmt, die Juden über all die offiziellen Maßnahmen zu informieren, die ergriffen wurden, um ihr Schicksal zu besiegeln.

Manchmal allerdings war anscheinend selbst Goebbels' Auge nicht scharf genug. Im Dezember, etwa sechs Wochen nach der «Kristallnacht», besprach das Nachrichtenblatt den amerikanischen Film *Chicago:* «Eine Stadt steht in Flammen, und die Feuerwehr schaut untätig zu. Alle Schläuche sind angelegt, die Leitern sind ausgerichtet, die Spritzen stehen in Bereitschaft, aber keine Hand rührt sich, sie zu bedienen. Die Männer harren des Kommandos, aber kein Kommando wird laut. Erst als die Stadt niedergebrannt ist und in Schutt und Asche liegt, ergeht ein Befehl: die Feuerwehr fährt nach Hause. Böswillige Erfindung? Ein häßliches Märchen? Nein. Die Wahrheit. Und in Hollywood hat sie sich zugetragen.»[51]

Das Gesetz vom 12. November, das die Juden dazu zwang, ihre sämtlichen Unternehmen und Wertgegenstände wie Juwelen und Kunstwerke zu verkaufen, leitete die pauschale Konfiszierung der ihnen gehörenden Kunstgegenstände ein. Der Raub, der in Österreich bereits stattgefunden hatte, wurde jetzt zur gängigen Praxis im Reich. In München beispielsweise wurde die Prozedur von Gauleiter Wagner selbst koordiniert, der in Anwesenheit der Direktoren der staatlichen Sammlungen die Anweisungen zur «Sicherstellung von Kunstwerken, die Juden gehören», gab. Diese «Sicherstellung» wurde von der Gestapo ausgeführt: In Gegenwart der Eigentümer (oder ihrer «Vertreter») wurde ordnungsgemäß ein Inventar aufgestellt, und es wurden ihnen Quittungen ausgehändigt. Eines dieser Dokumente lautet: «München, den 25. November 1938. Protokoll aufgenommen in der Wohnung Pilotystr. 11/2 bei dem Juden Albert Eichengrün, Pilotystr. 11/1, z. Zt. in Schutzhaft. In der Wohnung ist anwesend die Haushälterin Maria Hertlein, led., geb. 21. 10. 1885 in Wilpolteried, BA. Kempten. Anwesend: Dr. Kreisel, Direktor des Residenzmuseums, Krim. Sekr. Huber, Krim. Sekr. Planer.»[52]

Am 15. November wurden alle jüdischen Kinder, die noch in deutsche Schulen gingen, von den Anstalten verwiesen.[53] In einem Brief des gleichen Tages, den Staatssekretär Zschintsch an alle Staats- und Parteidienststellen richtete, erläuterte er den Beschluß des Erziehungsministers: «Nach der ruchlosen Mordtat von Paris kann es keinem deutschen Lehrer und keiner deutschen Lehrerin mehr zugemutet werden, an jüdische Schulkinder Unterricht zu erteilen. Auch versteht es sich von selbst, daß es für deutsche Schüler und Schülerinnen unerträglich ist, mit Juden in einem Klassenraum zu sitzen. Die Rassentrennung im Schulwesen ist zwar in den letzten Jahren im allgemeinen bereits durchgeführt, doch ist ein Restbestand jüdischer Schüler auf den deutschen Schulen übrig geblieben, dem der gemeinsame Schulbesuch mit deutschen Jungen und Mädeln nunmehr nicht weiter gestattet werden kann. ... [Ich ordne] daher mit sofortiger Wirkung an: Juden ist der Besuch deutscher Schulen nicht gestattet. Sie dürfen nur jüdische Schulen besuchen. Soweit es noch nicht geschehen sein sollte, sind alle zur Zeit eine deutsche Schule besuchenden jüdischen Schüler und Schülerinnen sofort zu entlassen.»[54]

Am 19. November wurden Juden aus dem allgemeinen Wohlfahrtssystem ausgeschlossen. Am 28. November teilte der Innenminister allen Regierungspräsidenten mit, daß einige Bezirke für Juden gesperrt werden konnten und daß für sie auch der Zugang zu öffentlichen Plätzen auf einige Stunden pro Tag beschränkt werden konnte.[55] Der Berliner Polizeichef brauchte nicht lange, um tätig zu werden. Am 6. Dezember wurden die Juden der Stadt von allen Theatern, Kinos, Kabaretts, Konzert- und Versammlungssälen, Museen, Jahrmärkten, Ausstellungshallen und Sportanlagen (einschließlich Schlittschuhbahnen) wie auch von öffentlichen und privaten Badeanstalten ausgeschlossen. Darüber hinaus wurden die Juden aus den Stadtbezirken verbannt, in denen die meisten Regierungsdienststellen und großen Denkmäler sowie kulturellen Institutionen lagen: «Die Wilhelmstraße von der Leipziger Straße bis zur Straße Unter den Linden, der Wilhelmplatz, die Voßstraße von der Hermann-Göring-Straße bis zur Wilhelmstraße (vor der Reichskanzlei) und die nördliche Seite der Straße Unter den Linden vor dem Reichsehrenmal von der Universität bis zum Zeughaus.» In der Ankündigung hieß es, die Verbannung von Juden werde in naher Zukunft wahrscheinlich auf «zahlreiche Berliner Straßen» ausgedehnt werden.[56]

Am 3. Dezember wurden den Juden auf Anordnung Himmlers die

Führerscheine entzogen. Die Zugangsberechtigung jüdischer Wissenschaftler, die eine spezielle Genehmigung zur Benutzung von Universitätsbibliotheken besaßen, wurde am 8. Dezember aufgehoben. Am 20. Dezember wurde es Juden untersagt, als Apotheker auszubilden, und einen Tag später wurden sie vom Hebammenberuf ausgeschlossen.[57] Am 28. zeigten sich neben anderen Absonderungsmaßnahmen (an diesem Tag wurde ihnen der Zutritt zu Speise- und Schlafwagen in Zügen untersagt und auch zu öffentlichen Schwimmbädern und Hotels, die gewöhnlich von Parteimitgliedern besucht wurden) auch die ersten Anzeichen einer potentiellen räumlichen Konzentration der Juden (von der noch zu sprechen sein wird).[58] Am 29. November verbot der Innenminister Juden die Haltung von Brieftauben.[59]

In der Zwischenzeit begann die Gestapo auf Heydrichs Befehl vom 9. November damit, alle jüdischen Gemeindearchive zu beschlagnahmen. Die Vorarbeit leisteten selbst in den kleinsten Städten Polizei und SA. In Memmingen verhaftete die Kriminalpolizei den örtlichen jüdischen Religionslehrer, der auch die gesamte offizielle Korrespondenz der Gemeinde erledigte. Er wurde gezwungen, die Inspektoren zu den Archiven zu führen, die in «3 alten Schränken» in der Synagoge und in einer Kiste auf dem Dachboden seines Hauses aufbewahrt waren. Die Schränke und die Kiste wurden abgeschlossen und versiegelt, die Schlüssel auf der Polizeiwache verwahrt.[60] In Großstädten war das Verfahren im Prinzip dasselbe. Nach einem Bericht des Direktors der staatlichen Archive in Frankfurt erhielt er am 10. November vom Bürgermeister die Anordnung, alle jüdischen Gemeindearchive zu übernehmen. Als er in der Synagoge in der Fahrgasse eintraf, fand er zerschlagene Fensterscheiben, aus den Angeln gerissene Tore, zerschnittene Gemälde, zertrümmerte Vitrinen, Akten und Bücher, die über die Fußböden verstreut worden waren, und dergleichen vor. Am 12. wurde ein kleiner Bruchteil der Akten zur Untersuchung durch die Gestapo in die staatlichen Archive überführt. Am 15. begannen zwei Gestapobeamte mit der Katalogisierung, wobei das historische Material, das der ständig wachsenden Sammlung von geplünderten Judaica hinzugefügt werden sollte, für das neue Forschungsinstitut zur Judenfrage in Frankfurt zusammengeführt wurde. Beiläufig erwähnte der Direktor der staatlichen Archive, daß sich unter den Akten eine vollständige Liste der (etwa 23 000) in Frankfurt lebenden Juden befand;[61] eine derartige Liste muß für die Gestapo von besonderem Interesse gewesen sein.

Görings entscheidende politische Aussage erfolgte am 6. Dezember im Anschluß an die Anweisungen, die ihm Hitler am 4. Dezember erteilt hatte. Diesmal sprach er zu dem inneren Kern der Partei, zu den Gauleitern, und obwohl die Rede in Görings üblicher Manier im Ton entspannt war, konnte in den Gedanken der Zuhörer kein Zweifel bestehen, daß er klare Befehle übermittelte, die sich auf Hitlers Autorität stützten. Diese sollten strikt und wortwörtlich befolgt werden. Göring formulierte das (in Zusammenhang mit Hitlers Entscheidung, die Juden nicht mit einem besonderen Abzeichen zu kennzeichnen) folgendermaßen: «Hier, meine Herren, hat der Führer verboten, er hat gewünscht, er hat den Befehl erteilt, und ich glaube, das müßte vollkommen genügen, daß ich sicher bin, daß bei keinem einzigen, auch nicht bei dem kleinsten Funktionär unten etwa die Auffassung entstehen könnte: das wünscht zwar der Führer, aber vielleicht wünscht er noch mehr, wenn ich das Gegenteil tue. Bei der Autorität des Führers ist es klar, daß es hier nichts zu rütteln und zu deuteln gibt.»[62]

Was an Görings Ansprache auffällt, ist sein ständiger Hinweis darauf, daß dies Hitlers Befehle seien, daß alle genannten Schritte mit Hitler erörtert seien und seine vollständige Unterstützung hätten. Der wahrscheinlichste Grund für diese wiederholte Hervorhebung war die Einschätzung, daß einige der angekündigten Maßnahmen bei der Versammlung unpopulär sein würden, da sie den Profiten ein Ende setzen würden, welche Parteimitglieder aller Ränge, darunter auch einige Gauleiter, aus der Beschlagnahme jüdischen Vermögens geschlagen hatten. Anscheinend war dies der Grund, weshalb Göring die Judenfrage wiederholt mit den allgemeinen wirtschaftlichen Bedürfnissen des Reiches in Zusammenhang brachte. Den Parteimitgliedern sollte absolut klar sein, daß jede Übertretung der neuen Befehle schädlich für die Wirtschaft des Reiches war und eine direkte Übertretung der Befehle des Führers darstellte. Konkret machte Göring, nachdem er betont hatte, daß die Partei und die Gaue jüdisches Vermögen übernommen hatten, deutlich, daß derart gesetzwidrig angeeigneter Besitz an den Staat abzuliefern sein werde: «Die Partei soll keine Geschäfte machen. ... Es kann nicht eine Gauleitung hergehen und kann bei sich ein Arisierungsbüro machen. ... Auch hier hat der Führer folgende Richtlinie gegeben: Selbstverständlich wird lokal, weil das Reich ja das gar nicht kann, arisiert. ... Der Nutzen aus allen Arisierungen kommt ausschließlich und einzig und allein dem Reich zu, d. h. hier dem Verwalter, dem Reichsfinanzminister, sonst niemandem im ganzen Reich; denn nur dann ist es möglich, das Rüstungsprogramm des Führers durchzuführen.»[63] Zuvor hatte Göring deutlich gemacht, daß Transaktionen, die bereits von Parteimitgliedern zur eigenen Bereicherung getätigt worden waren, rückgängig gemacht werden sollten. Das, worauf es ankam, war nicht das Schicksal der Juden, fügte Göring hinzu, sondern der Ruf der Partei innerhalb und außerhalb von Deutschland.[64] Die andere interne Parteifrage, die mit einiger Ausführlichkeit behandelt wurde, war die der Bestrafung von Taten, die am 9. und 10. November begangen worden waren: Alles, was aus rein ideologischen Gründen, aus einem gerechtfertigten «Haß auf die Juden», verübt worden war, sollte unbestraft bleiben; rein kriminelle Akte verschiedener Art sollten verfolgt werden, wie sie unter allen anderen Umständen verfolgt werden würden, aber jede Publizität, die Aufsehen erregen konnte, war strikt zu vermeiden.[65]

Was die politischen Hauptfragen hinsichtlich der Juden anging, so tauchten die ständig wiederkehrenden beiden Probleme – zwei Facetten ein und desselben Problems – erneut auf: Maßnahmen zur Förderung jüdischer Auswanderung und Maßnahmen, welche die im Reich verbleibenden Juden betrafen. Im wesentlichen sollte den Juden in Deutschland das Leben so unangenehm gemacht werden, daß sie alle Anstrengungen unternehmen würden, das Land auf irgendeine Weise zu verlassen; diejenigen Juden jedoch, die im Reich zurückblieben, mußten das Gefühl haben, daß sie etwas zu verlieren hatten, so daß es keinem von ihnen einfallen würde, einen Anschlag auf das Leben eines NS-Führers – möglicherweise des höchsten – zu verüben.[66]

Höchste Priorität sollte die Zwangsauswanderung haben: «An der Spitze aller unserer Überlegungen und Maßnahmen», erklärte Göring, «steht der Sinn, die Juden so rasch und so effektiv wie möglich ins Ausland abzuschieben, die Auswanderung mit allem Nachdruck zu forcieren und hierbei all das wegzunehmen, was die Auswanderung hindert.» Anscheinend war Göring sogar bereit, auf die Stempelung jüdischer Pässe mit einem erkennbaren Zeichen (dem Buchstaben «J») zu verzichten, wenn ein Jude zwar über die Mittel zur Auswanderung verfügte, aber durch eine derartige Identifizierung an ihr gehindert wäre.[67] Göring teilte den Gauleitern mit, das zur Finanzierung der Auswanderung erforderliche Geld werde durch eine internationale Anleihe aufgebracht werden (genau die Art von Anleihe, die Schacht, wie wir sehen werden, dann bald mit dem amerikanischen Delegierten des Zwischenstaatlichen Komitees für Flüchtlinge diskutieren sollte); Hitler, so Göring, stand diesem Gedanken sehr aufgeschlossen gegenüber. Die Sicherheit für diese Anleihe, die vermutlich vom «Weltjudentum» und von den westlichen Demokratien aufgenommen werden sollte, sollte aus dem gesamten Vermögen bestehen, das den Juden in Deutschland immer noch gehörte – ein Grund, weshalb jüdische Häuser in diesem Stadium nicht zwangsarisiert werden sollten,[68] auch wenn viele Parteimitglieder diese Aussicht besonders reizte.

Vom Weltjudentum verlangte Göring nicht nur den Hauptanteil der Anleihe, sondern auch die Einstellung jedes Wirtschaftsboykotts gegen Deutschland, so daß das Reich die Devisen bekommen konnte, die es brauchte, um das Kapital und die Zinsen für die internationale Anleihe zurückzuzahlen. Mitten in diesen praktischen Erklärungen sprach Göring davon, daß er von den Juden eine Zusage haben wollte, «mir eine bestimmte Abnahme zu garantieren, sei es, daß sämtliche Großwarenhäuser der Weltkonzerne, die ja alle in jüdischen Händen sind, sich verpflichten, soundso viel Millionen jährlich auf jeden Fall an Waren von Deutschland abzunehmen».[69] Da erhob sich wieder der Mythos von der jüdischen Weltmacht.

Hinsichtlich der Juden, die in Deutschland zurückblieben, verkündete Göring Hitlers Ablehnung aller speziellen Kennzeichen und irgendwelcher übermäßig drastischen Reise- und Einkaufsbeschränkungen. Hitlers Gründe waren unerwarteter Natur: Angesichts der Geistesverfassung der Massen in vielen Gauen würden die Juden, wenn sie Kennzeichen trügen, zusammengeschlagen werden, oder man würde ihnen keine Lebensmittel geben. Die anderen Beschränkungen würden ihnen ihr tägliches Leben so erschweren, daß sie dem Staat zur Last fallen würden.[70] Mit anderen Worten, indirekt wurden die Gauleiter gewarnt, in ihren Gauen nicht von sich aus neue Aktionen gegen die Juden in Gang zu setzen. Häuser in jüdischem Besitz waren, wie wir sahen, die letzten jüdischen Vermögenswerte, die zu arisieren waren.

Bei der Erörterung der Maßnahmen, welche die Juden dazu veranlassen würden, Deutschland zu verlassen, versicherte Göring seinen Zuhörern, er werde dafür sorgen, daß es den reichen Juden nicht gestattet würde, als erste das Land zu verlassen und die Masse der armen Juden zurückzulassen. Diese Bemerkung erklärt wahrscheinlich das, was drei Tage später geschah.

In den Würzburger Gestapo-Akten befindet sich eine auf Görings Instruktionen zurückgehende Anweisung vom 9. Dezember an die Amtsvorstände der 22 mainfränkischen Bezirksämter; diese Anordnung muß landesweit ergangen sein. Darin verlangte die Staatspolizei die umgehende Erstellung einer Liste besonders einflußreicher Juden in jedem einzelnen Bezirk. Die Kriterien des Einflusses wurden folgendermaßen angegeben: Vermögen und Auslandsbeziehungen («wirtschaftlicher, verwandtschaftlicher, persönlicher oder sonstiger Art»). Für die Aufnahme jedes einzelnen einflußreichen Juden in die Liste sollten die Bezirksbeamten den Grund angeben. Die Angelegenheit war so dringlich, daß die Listen noch im Laufe des darauffolgenden Tages, des 10., per Eilbrief abgeschickt werden sollten, so daß sie am Sonnabend, dem 11. Dezember, bis 9 Uhr morgens die Würzburger Gestapozentrale erreichten. Jeder Amtsvorstand wurde «für die genaue Einhaltung der Termine … persönlich verantwortlich gemacht».[71]

In den Akten gibt es keine Erklärung für Görings Absichten und auch keine Unterlagen über weitere Aktionen; es war dies vielleicht ein kurzlebiger Anlauf, reiche und einflußreiche Juden als Geiseln zu nehmen, um die Ausreise der armen Juden sicherzustellen.

Einige Tage bevor die Würzburger Gestapo Görings Befehle übermittelte, informierte Frick die Regierungspräsidenten und Innenminister, auf «ausdrückliche höchste Anordnung» – eine Formel, die nur für Befehle von Hitler verwendet wurde – seien ohne ausdrückliche Anweisungen von seiten der Reichsregierung keine weiteren antijüdischen Maßnahmen zu ergreifen.[72] Das Echo von Görings Verlautbarung an die Gauleiter ist deutlich zu vernehmen. Am 13. Dezember war das Propagandaministerium damit an der Reihe, seine Dienststellen zu informieren, der Führer habe angeordnet, «daß die politischen Sendungen sich ausschließlich mit dem jüdischen Problem befassen sollten; politische Sendungen anderer Art müßten unterbleiben, um nicht die Wirkung der antijüdischen Sendungen zu beeinträchtigen».[73] Kurz, die deutsche öffentliche Meinung mußte erst davon überzeugt werden, daß der November-Pogrom in vollem Umfang gerechtfertigt gewesen war.

Nach der Kette interner Versammlungen von Partei- und Staatsbeamten, die auf eine Klarstellung der Ziele und Grenzen der antijüdischen Politik nach dem Pogrom zielten, fand am 16. Dezember noch eine weitere Konferenz statt. Diese Versammlung, die Frick einberufen hatte, wurde in Anwesenheit von Funk, Lammers, Helldorf und Heydrich, von Gauleitern und verschiedenen anderen Repräsentanten von Partei und Staat abgehalten. Im wesentlichen griffen Frick und Funk Görings Erklärungen, Ermahnungen und Anordnungen auf. Doch es wurde auch deutlich, daß im ganzen Reich Parteiorganisationen wie die Deutsche Arbeitsfront Druck auf Kaufleute ausgeübt hatten, nicht an Juden zu verkaufen. Und vor allem in der Ostmark kam es vor, daß Mischlinge als Juden behandelt wurden, sowohl in Zusammenhang mit ihren Arbeitsverhältnissen als auch bei ihren geschäftlichen Aktivitäten. Solche Initiativen waren in Hitlers Augen unannehmbar. Bald würde es keine jüdischen Geschäfte mehr geben, und man würde den Juden gestatten müssen, in deutschen Geschäften zu kaufen. Was die Mischlinge anging, so bestand die Politik nach Angaben von Frick darin, sie schrittweise vom Volk absorbieren zu lassen (seltsamerweise unterschied Frick die Halbjuden nicht von den Vierteljuden), und die gegenwärtig gegen sie gerichtete Diskriminierung lief den von den Nürnberger Gesetzen eingeführten Unterscheidungen zuwider. Insgesamt wurde jedoch immer wieder das politische Hauptziel betont: Alles mußte zusammenwirken, um die Auswanderung der Juden zu beschleunigen.[74]

Gegen Ende Dezember brach noch ein weiterer Schwall von Maßnahmen über die Juden herein. Am 28. legte Göring, der wiederum sowohl zu Beginn des Dokuments als auch an dessen Schluß auf ausdrücklich von Hitler gegebene Befehle Bezug nimmt, die Regeln dafür fest, wie mit Juden gehörenden Wohnungen zu verfahren sei (sie sollten in diesem Stadium nicht arisiert werden, sondern jüdische Mieter sollten nach und nach in Häuser ziehen, die Juden gehörten und nur von Juden bewohnt waren), und definierte die Unterscheidung zwischen zwei Kategorien von «Mischehen». Ehen, in denen der Ehemann Arier war, sollten mehr oder weniger als normale deutsche Familien behandelt werden, ganz gleich ob sie Kinder hatten oder nicht. Das Schicksal von Mischehen, in denen der Ehemann Jude war, hing davon ab, ob Kinder da waren. Die kinderlosen Paare konnten schließlich in nur von jüdischen Mietern bewohnte Häuser umgesiedelt werden, und auch in jeder anderen Hinsicht waren sie als volljüdische Paare zu behandeln. Paare mit Kindern – wodurch die Kinder Mischlinge ersten Grades waren – waren zeitweilig vor Verfolgung geschützt.[75] Wie Jochen Klepper in seinem Tagebuch vermerkt, zeigte die Regierung «große Loyalität, wenn man es nun schon mit den Augen der Regierung sehen will, für die in Heer und Wirtschaft wichtigen vielen Mischlinge. ... Aber wirklich ausgestoßen zum Judentum und so viel schlechter gestellt als die Jüdinnen mit arischem Mann: die Arierinnen in jüdischer Mischehe.»[76] Klepper spricht davon, daß es bei arischen Ehemännern jüdischer Frauen «keine Zwangsscheidung» gebe. Arische Frauen jüdischer Männer wurden ebenfalls nicht zur Scheidung gezwungen, aber das Gesetz vom 7. Juli 1938 (von dem in Kapitel 4 bereits die Rede war), hatte eine Scheidung aus rassischen Gründen möglich gemacht, und Görings Erlaß vom 28. Dezember ermunterte ganz eindeutig Arierinnen dazu, ihre jüdischen Ehemänner zu verlassen: «Läßt sich die deutsche Ehefrau eines Juden scheiden», hieß es in dem Erlaß, «so tritt sie wieder in den deutschen Blutsverband zurück, und alle Nachteile für sie fallen fort.»[77]

Warum war Hitler im Dezember 1938 gegen das gelbe Abzeichen und gegen die regelrechte Ghettoisierung? Warum schuf er eine Kategorie «privilegierter Mischehen» und entschied auch, daß Mischlinge, die bei dem Pogrom Schäden erlitten hatten, zu entschädigen seien? Im ersten Fall war vermutlich eine Besorgnis wegen der deutschen und internationalen öffentlichen Meinung der Hauptfaktor. Bei den Mischehen und der Entschädigung für die Mischlinge scheint es offenkundig zu sein, daß Hitler die potentiellen Felder des Mißmuts, welche die Verfolgung von Mischehen und allgemein von Mischlingen in der Bevölkerung schaffen konnte, so stark wie möglich einschränken wollte.

Die Durchführung des Göringschen Erlasses vom 28. Dezember, der auf die Konzentration von Juden in «Judenhäusern» zielte, wurde erleichtert, als am 30. April 1939 zusätzliche Bestimmungen die Kündigung von Mietverträgen mit Juden ermöglichten.[78] Der arische Vermieter konnte einen Vertrag mit jüdischen Mietern nicht annullieren, bevor er sich von den örtlichen Behörden eine Bescheinigung geholt hatte, daß in einem Haus, welches Juden gehörte, Ersatzwohnraum beschafft war. Doch wie der amerikanische Geschäftsträger Alexander Kirk feststellte, gestatteten es diese neuen Bestimmungen den Behörden der Städte und

Gemeinden, «jüdische Hausbesitzer oder jüdische Mieter in einem in jüdischem Besitz befindlichen Haus dazu zu zwingen, leere Zimmer oder Räumlichkeiten, die sie für ihren eigenen Bedarf nicht zu benötigen schienen, bei ihnen anzumelden. Letztere können dann auch gegen ihren Willen dazu gezwungen werden, diese Räume an andere Juden zu vermieten, die aus ‹arischen› Häusern vertrieben werden sollen. Die örtlichen Behörden können die Bedingungen dieser unfreiwilligen Verträge festsetzen und für diesen Dienst eine Gebühr erheben.»[79]

Am 17. Januar 1939 verbot es die Achte Verordnung zum Reichsbürgergesetz Juden, irgendwelche Tätigkeiten in der Gesundheitspflege, insbesondere als Apotheker, Zahnärzte und Tierärzte, auszuüben.[80] Am 15. Februar wurde es Angehörigen der Wehrmacht und des Arbeitsdienstes, Parteifunktionären und Mitgliedern des SD untersagt, «Mischlinge zweiten Grades» zu heiraten,[81] und am 7. März entschied Heß in Beantwortung einer Anfrage des Justizministers, daß Deutsche, die nach den Nürnberger Gesetzen als solche galten, aber etwas jüdisches Blut hatten, nicht im Staatsdienst beschäftigt werden durften.[82]

In den entscheidenden Wochen vom November 1938 bis zum Januar 1939 vernichteten die von Hitler, Göring und ihren Kumpanen beschlossenen Maßnahmen gänzlich jede noch verbliebene Möglichkeit eines jüdischen Lebens in Deutschland oder eines Lebens von Juden in Deutschland. Der Abriß der verbrannten Überreste der Synagogen symbolisierte ein Ende; das Zusammentreiben der Juden in «Judenhäuser» kündigte einen noch unbemerkten Anfang an. Darüber hinaus setzte sich die ständig gegenwärtige ideologische Obsession, die in Hitlers Reichstagsrede vom 30.Januar 1939 in einem heftigen Ausbruch zum Ausdruck kommen sollte, uneingeschränkt fort: Ein Strom blutrünstiger Aussagen ergoß sich aus den Blättern des *Schwarzen Korps*, und eine Ansprache Himmlers vor der obersten Führung der Eliteeinheit SS-Standarte «Deutschland» am 8. November 1938 enthielt finstere Warnungen.

Himmler ließ die Schüsse in Paris vom Vortag unerwähnt, und der größte Teil seiner Rede behandelte die Organisation und die Aufgaben der SS. Doch die Judenfrage war bedrohlich gegenwärtig. Himmler warnte seine Zuhörer, in den kommenden zehn Jahren werde das Reich «unerhörten Auseinandersetzungen kritischer Art entgegengehen». Der Reichsführer erwähnte nicht nur die nationalen Konfrontationen, sondern insbesondere den Zusammenprall von Weltanschauungen, bei dem die Juden hinter allen anderen feindlichen Kräften standen und «den Urstoff alles Negativen» darstellten. Die Juden – und die Kräfte, die sie gegen das Reich richteten – waren sich darüber im klaren, daß, «wenn Deutschland und Italien nicht vernichtet werden, sie vernichtet werden». «In Deutschland», prophezeite Himmler, «kann sich der Jude nicht halten; das ist nur eine Frage von Jahren.» Wie dies erreicht werden würde, war klar: «Wir werden sie mit einer beispiellosen Rücksichtslosigkeit mehr und mehr heraustreiben.» Es folgte eine Beschreibung, wie sich der Antisemitismus infolge des Zuzugs jüdischer Flüchtlinge und der Bemühungen der Nazipropaganda in den meisten europäischen Ländern verstärkte.

Dann stürzte sich Himmler in seine Sicht der Schlußphase. In der Falle sitzend, würden die Juden das nationalsozialistische Deutschland, die Quelle all ihrer Probleme, mit sämtlichen ihnen zur Verfügung stehenden Mitteln bekämpfen. Für die Juden würde die Gefahr nur dann abgewendet werden, wenn Deutschland niedergebrannt und vernichtet würde. Man sollte sich, erklärte Himmler, keinen Illusionen hingeben, und er wiederholte seine Warnung, daß es im Falle eines jüdischen Sieges totales Verhungern und ein Blutbad geben werde; «nicht einmal mehr eine Reservation der Germanen» werde übrigbleiben: «Das wird jeden treffen, mag er nun ein sehr begeisterter Anhänger des Dritten Reiches sein oder nicht, es wird genügen, daß er Deutsch spricht und daß er eine deutsche Mutter gehabt hat.»[83] Die unausgesprochene Schlußfolgerung war klar.

Im Oktober 1935 hatte Goebbels unmittelbar im Anschluß an die Verabschiedung der Nürnberger Gesetze eine Verordnung erlassen, wonach die Namen von gefallenen jüdischen Soldaten künftig auf keinem Denkmal in Deutschland mehr verzeichnet werden würden.[84] Nun fügte es sich jedoch, daß, als am 14. Juni 1936 in der kleinen Stadt Loge in Ostfriesland eine Gedenktafel enthüllt wurde, unter den Namen der im Jahre 1915 Gefallenen der des jüdischen Soldaten Benjamin aufgeführt war. Der Gruppenleiter von Loge ergriff die Initiative, Benjamins Namen tilgen zu lassen und ihn (zur Füllung der auffälligen Lücke) durch den eines ortsansässigen Soldaten zu ersetzen, der kurz nach Kriegsende an seinen Verwundungen gestorben war. Proteste der Einwohner, darunter auch holländischer Bürger, die wie der pensionierte Botschafter Graf van Wedel in dieser Grenzstadt lebten, führten zur Entfernung des neuen Namens. Sollte also der Name des jüdischen Soldaten Benjamin erneut erscheinen? Der Gauleiter von Weser-Ems entschied, ein derartiger Schritt wäre «unerträglich».[85]

Bis zum Pogrom vom November 1938 blieb das Gesamtproblem ungelöst. Am 10. November schrieb Paul Schmitthenner, der Rektor der Heidelberger Universität, an den badischen Unterrichtsminister in Karlsruhe: «Anläßlich des Kampfes des Weltjudentums gegen das 3. Reich ist es ferner untragbar, daß auf den Gefallenentafeln die Namen jüdischer Rassezugehörigen weiterhin verbleiben. Anläßlich der jüngsten Vorgänge», fuhr Schmitthenner fort, «ist von seiten der Studentenschaft die Entfernung einer solchen Tafel gefordert worden, aber mit

Rücksicht auf die Ehre der deutschen Toten unterblieben.» Der Rektor bat daher das Ministerium, in Verbindung mit dem Reichsstudentenführer eine umgehende Lösung für das Problem zu finden: «Ich halte», schloß Schmitthenner, «die Entfernung der jüdischen Namen für notwendig. Sie muß jedoch in ordnungsmäßiger und würdiger Form im Sinne der oben erbetenen Regelung erfolgen.»[86]

Der badische Unterrichtsminister leitete Schmitthenners Schreiben mit folgendem Kommentar an den Reichserziehungsminister weiter: «Meines Erachtens sollte die Frage, da sie von grundsätzlicher Bedeutung ist, dem Führer zur Entscheidung vorgelegt werden.»[87] Dies tat Rust, und am 14. Februar konnte er Hitlers Entschluß verkünden: Namen von Juden auf bereits existierenden Gedenktafeln würden nicht entfernt werden. Neu errichtete Denkmäler würden keine Namen von Juden tragen.[88]

Dem Entschluß Schmitthenners, die Namen gefallener jüdischer Soldaten aus den öffentlichen Gebäuden Heidelbergs zu verbannen, stand die nicht weniger entschlossene Aktion von Friedrich Metz, dem Rektor der Freiburger Universität, zur Seite, der dadurch einer Entscheidung vorgriff, die dann am 8. Dezember in Berlin getroffen wurde. «Wie mir berichtet worden ist», schrieb Metz am 17. November an den Direktor der Universitätsbibliothek, «wird die Universitäts-Bibliothek und die Akademische Lesehalle noch von Juden besucht. Den dabei in Betracht kommenden früheren Angehörigen des Lehrkörpers Prof. Dr. Jonas Cohn und Prof. Dr. Michael habe ich Weisung gegeben, vom Besuch der Einrichtungen der Albert-Ludwigs-Universität zur Vermeidung von Unzuträglichkeiten Abstand zu nehmen, und ermächtige Sie hiermit, sinngemäß zu verfahren, wenn die Universitäts-Bibliothek oder die Akademische Lesehalle auch von anderen Juden besucht sein sollte.»[89]

III

«Auf Ihre Eingabe um Aufenthaltsbewilligung für Ihre Frau habe ich Ihnen folgendes mitzuteilen.» So begann ein Brief, den Parteigenosse Seiler, der Kreisleiter von Neustadt an der Aisch in der Nähe von Nürnberg, am 21. November 1938 an den deutschen Bauern und Inhaber eines Lebensmittelgeschäftes Fritz Kestler aus Ühlfeld richtete. Kestlers Frau, die Mutter seiner vier Kinder und dasjenige Familienmitglied, das den Lebensmittelladen führte, war während des Novemberpogroms aus Ühlfeld vertrieben worden und hielt sich vorübergehend bei Verwandten in Nürnberg auf.

«Ihre Frau, geborene Else Rindeberg», hieß es weiter in dem Brief, «ist Vollblutjüdin. Sie hat deshalb auch allen ihren Rassengenossen immer wieder gezeigt, durch persönlichen Verkehr und alle möglichen Unterstützungen, daß sie sich voll und ganz zu ihnen gehörig fühlt. So hat sie z. B. die Außenstände der Ühlfelder Juden zum Einzug übernommen. Sie hat fernerhin Juden, die sich bedroht gefühlt haben, Unterkunft gewährt. Weiterhin hat sie es möglich gemacht, daß unbelehrbare Volksgenossen, die beim Juden Schwab kaufen wollten, durch ihr Geschäft hindurch von rückwärts in das Schwabsche Anwesen gelangen konnten. Ihre Frau hat damit bewiesen, daß sie sich als Jüdin bekennt und daß sie glaubt, die politische Leitung und die Behörden zum Narren halten zu können.»

«Daß Sie selbst nicht Manns genug waren, das zu verhindern, wundert mich nicht, denn wer selber bekennt, daß er 25 Jahre mit einer Jüdin verheiratet ist und in ‹glücklicher Ehe› gelebt hat, gibt zu, daß er von diesem jüdischen Ungeist stark angesteckt ist. Wenn Sie damals so artvergessen waren, gegen die Warnungen Ihrer Eltern eine Jüdin zu heiraten, so können Sie heute davon nicht das Recht ableiten, daß für Ihre jüdische Frau Ausnahmen gemacht werden.» Nach einer Warnung an Kestler, seine Frau sollte nicht versuchen zurückzukehren, schloß Kreisleiter Seiler seinen Brief mit der passenden Floskel: «Ihre Frage, was nun aus Ihrer Frau werden soll, interessiert mich so wenig, wie es Sie interessiert hat vor 25 Jahren, was aus dem deutschen Volk geworden wäre, wenn jeder eine rassenschänderische Ehe eingegangen wäre.»[90]

Seilers antijüdische Wut wurde von der Mehrheit der Deutschen nicht geteilt. Am 10. November zeichnete sich auf den Straßen der Großstädte von Anfang an ein deutlicher Unterschied zwischen Aktivisten und Zuschauern ab: «Ich selbst», berichtete der Rechtsberater der britischen Botschaft einige Tage später seinem Außenminister, «und Mitglieder des Botschaftspersonals waren Zeugen der späteren Stadien der Ausschreitungen in Berlin, die bis tief in die Nacht des 10. andauerten. Banden von Jugendlichen in Zivil, die mit Stöcken, Hämmern und anderen geeigneten Waffen ausgerüstet waren, suchten die jüdischen Geschäfte heim und vollendeten das Werk der Zerstörung, das am frühen Morgen vollbracht worden war. In manchen Fällen waren die Läden vollständig geplündert worden, in anderen war die vorhandene Ware nur beschädigt und verstreut worden. Und an ein oder zwei Stellen gaffte eine Menge in schweigender Neugier und sah zu, wie sich die Eigentümer mühten, die Trümmer wegzuräumen. Insbesondere achtete ich auf das Betragen der Gruppen, die jeder Bande von Plünderern folgten. Ich hörte keinen Ausdruck von Beschämung oder Entrüstung, aber ungeachtet der völligen Passivität eines großen Teils der Zuschauer bemerkte ich doch das alberne Grinsen, welches oft unwillkürlich das schlechte Gewissen verrät.»[91]

Während der britische Diplomat auf den Gesichtern der Zuschauer die Anzeichen eines beunruhigten Gewissens erkannte, sah der französische Geschäftsträger in der Haltung der Leute auf der Straße «stillschweigende Verdammung».[92]

Die Berichte des SD zeigen weitverbreitete Kritik der Bevölkerung an den Gewalttätigkeiten und den durch den Pogrom verursachten Schäden. Ein Teil der Kritik, die sogar von Leuten geäußert wurde, welche dem Regime sonst wohlwollend gegenüberstanden, war von praktischen Erwägungen motiviert: Sie betraf die mutwillige Zerstörung von Eigentum und die dadurch nicht nur von allen Deutschen, sondern auch vom Staat erlittenen Verluste. Als die Nachricht von der den Juden auferlegten Geldstrafe in Höhe von einer Milliarde Mark verbreitet wurde und als die offizielle Propaganda den unermeßlichen Reichtum hervorhob, den die Juden immer noch besaßen, besserte sich die allgemeine Stimmung.[93] Manchmal waren jedoch die Reaktionen der Bevölkerung durchaus nicht negativ. So hatte nach einem SOPADE-Bericht vom Dezember 1938 «die große Masse … die Zerstörungen nicht gebilligt, aber man darf dennoch nicht übersehen, daß es in Arbeiterkreisen Leute gibt, die die Juden nicht verteidigen. Man kann sich in einzelnen Zirkeln schwer durchsetzen, wenn man über die letzten Vorgänge im ablehnenden Sinne spricht. So einheitlich war also die Empörung doch nicht. Berlin: Die Haltung der Bevölkerung war nicht ganz einheitlich. Bei dem Brand der jüdischen Synagoge in der Fasanenstraße konnte man eine große Anzahl von Frauen beobachten, die sagten: ‹Das ist ganz richtig so, bloß schade, daß keine Juden mehr drin sind, das wäre doch das Beste, um die ganze Bagage auszuräuchern.› – Niemand wagte, gegen diese Äußerungen Stellung zu nehmen. … Wenn irgendwo im Reiche, dann hat sich in Hamburg und im angrenzenden Elbegebiet die Empörung über die Judenpogrome mit ihren Brandstiftungen und Plünderungsexzessen ganz offen geäußert. Die Hamburger sind im allgemeinen keine Antisemiten, und die Hamburger Juden sind weit mehr als die Juden in anderen Teilen des Reiches assimiliert und bis in die Spitze der Beamtenschaft, des Großhandels und der Schiffahrt christlich versippt.»[94]

Wie reagierten Menschen in Hitlers näherer Umgebung, die weder engagierte Parteimitglieder noch «altmodische» Konservative waren? In seinen Memoiren äußert Albert Speer ein gewisses Unbehagen, und sei es nur wegen der Zerstörung materieller Werte und der «Unordnung»: «Am 10. November kam ich auf der Fahrt in das Büro an den noch rauchenden Trümmern der Berliner Synagoge vorbei. Heute ist diese optische Erinnerung eine der deprimierendsten Erfahrungen meines Lebens, weil mich damals eigentlich vor allem das Element der Unordnung störte, das ich in der Fasanenstraße erblickte: verkohlte Balken, herabgestürzte Fassadenteile, ausgebrannte Mauern. ... Die zerbrochenen Scheiben der Schaufenster verletzten vor allem meinen bürgerlichen Ordnungssinn.»[95] Doch selbst dieses Fehlen von jeglichem menschlichen Einfühlungsvermögen, vermischt mit nachträglicher Pseudo-Ehrlichkeit, bedarf einer Einschränkung. Wie Gitta Sereny, die Verfasserin der jüngst erschienenen Speer-Biographie, schreibt, stand in dem ersten Entwurf von Speers Buch nichts über die Kristallnacht, und erst nach Anstößen durch seinen Verleger Wolf Jobst Siedler und durch den Hitler-Biographen Joachim Fest präsentierte Speer seine Empfindungen der Verärgerung über die materiellen Schäden.[96] So war möglicherweise selbst eine fragwürdige, aber geschickte Aufrichtigkeit ganz und gar fingiert: Speer hat vielleicht ganz einfach überhaupt nichts empfunden, und ebenso verhielt es sich wahrscheinlich, als er die Vertreibung jüdischer Mieter aus ihren Berliner Wohnungen plante. Was Speers Sekretärin Annemarie Kempf anging, so wußte sie nichts und sah nichts. «Ich habe einfach nie davon erfahren», erklärte sie. «Ich erinnere mich, daß jemand in einer Botschaft im Ausland erschossen worden war und daß Goebbels Reden hielt und viele Menschen aufgebracht waren. Aber das ist alles.»[97] Wiederum waren jedoch selbst unter diesen jungen Technokraten die Reaktionen nicht alle gleich. Betrachten wir Hans Simon, einen von «Speers Männern». «Na ja, als es passierte [die Kristallnacht]», erzählte später ein anderer Zeuge Sereny, «sagte Simon: ‹Für solche Leute arbeite ich nicht.› Und er kündigte beim GBI [Generalbauinspektorat].»[98]

Keine Kritik an dem Pogrom wurde von den Kirchen öffentlich geäußert. Erst einen Monat nach den Ereignissen nahm dann doch die Bekennende Kirche in einer Botschaft an die Gemeinden indirekt auf die jüngsten Verfolgungen Bezug, wenn auch auf eigenartige Weise. Nach der Feststellung, daß Jesus Christus «die Versöhnung für unsere Sünden» und «auch die Versöhnung für die Sünde des jüdischen Volkes» sei, fuhr die Botschaft mit folgenden Worten fort: «Durch den einen Herrn, den einen Glauben und die eine Taufe sind wir als Brüder verbunden mit allen Christusgläubigen aus den Juden. Wir wollen uns nicht von ihnen trennen und bitten sie, sich auch nicht von uns zu trennen. ... Wir ermahnen unsere Gemeinden und Gemeindeglieder, sich der leiblichen und seelischen Not ihrer christlichen Brüder und Schwestern aus den Juden anzunehmen, auch für sie im Gebet vor Gott einzutreten.» Die Juden als solche wurden aus der Botschaft des Mitleids ausgeschlossen, und wie ein Autor bemerkt hat, bestand «die einzige Erwähnung des jüdischen Volkes als ganzen in einer Erwähnung seiner Sünde».[99]

Einzelne Pastoren protestierten durchaus; davon wissen wir hauptsächlich aus kurzen Erwähnungen in Überwachungsberichten. So vermerkt der Monatsbericht für November 1938 für Ober- und Mittelfranken lakonisch: «Pfarrer Seggel in Mistelgau, BA Bayreuth, hat sich am Buß- und Bettag abfällig über die Aktionen gegen die Juden geäußert. Die Staatspolizeistelle Nürnberg-Fürth ist verständigt.»[100]

Die generelle Haltung der katholischen Kirche war nicht anders. Mit Ausnahme von Propst Bernhard Lichtenberg von der Berliner St.-Hedwigs-Kathedrale, der am 10. November erklärte, «draußen brennt der Tempel – das ist auch ein Gotteshaus», und der dann später seine öffentlichen Gebete für die in den Osten abtransportierten Juden mit dem Leben bezahlen sollte,[101] erhob sich keine lautstarke Stimme. Ganz im Gegenteil, Kardinal Faulhaber hielt es für nötig, in seiner Silvesterpredigt, weniger als zwei Monate nach dem Pogrom, zu verkünden: «Das ist ein Vorzug unserer Zeit: Auf der Höhe des Reiches haben wir das Vorbild einer einfachen und nüchternen, alkohol- und nikotinfreien Lebensführung.»[102]

Von den Universitäten kam keine offene Kritik (oder auch nur ein indirekter Protest). Einige starke Verurteilungen des Pogroms wurden Privatbriefen anvertraut und wahrscheinlich der Privatheit von Tagebüchern. Am 24. November 1938 schrieb der Historiker Gerhard Ritter an seine Mutter: «Was wir in den letzten beiden Wochen erlebt haben im Ganzen des Vaterlandes, ist das Beschämendste und Schrecklichste, was seit langen Jahren geschehen ist.»[103] Ritters Entrüstung und die daraufolgende Initiative werfen jedoch in paradoxer Weise Licht auf den Antisemitismus, der den Einstellungen der Kirchen und der Universitäten zugrunde lag.

Nach dem Pogrom und gewiß zum Teil als Folge davon bildete sich an der Freiburger Universität eine Oppositionsgruppe. Dieser «Freiburger Kreis» setzte sich vorwiegend aus Universitätsmitgliedern zusammen, die der Bekennenden Kirche nahestanden (und auch aus einigen Katholiken); seine führenden Gestalten waren Gerhard Ritter, Walter Eucken, Franz Böhm, Adolf Lampe und Constantin von Dietze.[104] Die Diskussionen der Gruppe führten zur Ausarbeitung der «Großen Denkschrift», die eine soziale, politische und moralische Basis für ein nachnationalsozialistisches Deutschland bot. Der fünfte und letzte Anhang zu dieser Denkschrift, den Dietze Ende 1942 abschloß, enthielt «Vorschläge für eine Lösung der Judenfrage in Deutschland».[105] Heutige deutsche Historiker haben immer noch Schwierigkeiten, diese Vorschläge zu erklären, und sprechen von der «schizophrenen Atmosphäre», die sie hervorbrachte.[106] Die Freiburger Gruppe – die sich nach dem Pogrom gebildet hatte und sich zum Zeitpunkt dieses letzten Anhangs über die Vernichtung der Juden auch völlig im klaren war (sie wird in Dietzes «Vorschlägen» ausdrücklich erwähnt) – machte gleichwohl den Vorschlag, die Juden nach dem Kriege international einem Sonderstatus zu unterwerfen. Darüber hinaus empfahlen die «Vorschläge», obwohl sie die Rassentheorien der Nationalsozialisten verwarfen, Vorsicht im Hinblick auf enge Kontakte und auf Mischehen zwischen deutschen Christen und anderen Rassen – die Anspielung auf die Juden ist eindeutig.[107] Anscheinend gab es selbst in einer der artikuliertesten Gruppen von nazifeindlichen Akademikern explizite und tiefsitzende antijüdische Vorurteile. Klaus Schwabe, einer der kenntnisreichsten Historiker, die über das Thema Freiburger Kreis gearbeitet haben, lehnt den Schluß ab, Dietze sei von Antisemitismus getrieben worden.[108] Doch in seinem Programm akzeptierte und empfahl Dietze einige der traditionellen antisemitischen Positionen deutscher Konservativer, und das ungeachtet dessen, was er vom Schicksal der Juden wußte. Die logische Schlußfolgerung ist offensichtlich: Wenn eine universitäre Widerstandsgruppe, die größtenteils aus Mitgliedern der Bekennenden Kirche oder der katholischen Kirche bestand, derartige Vorschläge offerieren konnte, obwohl sie Kenntnis von der Vernichtung hatte, dann müssen die Zeugnisse eines vorherrschenden Antisemitismus unter Deutschlands Eliten als wesentliche Erklärung für ihre Haltung während des Dritten Reiches berücksichtigt werden.

Auf indirekte Weise rief jedoch der Pogrom zusätzliche Spannungen zwischen der deutschen katholischen Kirche und dem Staat hervor. Am 10. November beschloß der Nationalsozialistische Lehrerbund, nicht nur alle verbleibenden jüdischen Schüler aus deutschen Schulen zu vertreiben, sondern auch die Erteilung von (christlichem) Religionsunterricht – wie sie bis dahin die Regel gewesen war – einzustellen, «weil sie [so der Vorwand] nicht Gestalten eines Volkes verherrlichen könnten, das allein vom Haß gegen Deutschland lebt». Kardinal Bertram sandte einen energischen Protest an Rust, in dem er feststellte: «Wer irgendwie mit dem katholischen Glauben vertraut ist und erst recht jeder gläubige Lehrer weiß, daß diese Behauptung [daß das Christentum die Juden verherrliche] falsch und daß das Gegenteil richtig ist.»[109]

IV

«Die Auslandspresse ist sehr schlecht», notierte Goebbels. «Vor allem die amerikanische. Ich empfange die Berliner Auslandsjournalisten und erkläre ihnen die ganze Frage. Das macht großen Eindruck.»[110] Die Kommentare in der Presse waren allerdings vernichtend. «Es geschehen im Laufe der Zeit», schrieb die dänische *Nationaltidende* am 12. November, «viele Dinge, zu denen man aus Achtung für die eigene Menschenwürde Stellung beziehen muß, selbst wenn dies mit einem persönlichen oder nationalen Risiko verbunden sein sollte. Ein Schweigen angesichts von Verbrechen, die begangen worden sind, kann als eine Form der Beteiligung an ihnen angesehen werden – in gleicher Weise strafwürdig, ob sie von Individuen oder von Nationen begangen worden sind. ... Man muß zumindest den Mut zum Protest haben, selbst wenn man fühlt, daß man nicht die Macht hat, einen Bruch des Rechts zu verhindern oder auch nur seine Folgen zu lindern. ... Wenn nun angekündigt worden ist, daß diese Gruppe von Menschen [die Juden Deutschlands], nachdem man sie geplündert, gequält und terrorisiert hat, vertrieben und über das Tor des nächsten Nachbarn geworfen werden soll, dann handelt es sich bei dieser Frage nicht mehr um eine interne Angelegenheit, und die Stimme Deutschlands wird nicht die einzige sein, die im Rat der Nationen gehört werden wird.»[111]

Besonders leidenschaftlich war die amerikanische Presse. «In den Wochen nach der *Kristallnacht* wurden zu diesem Thema nahezu 1000 verschiedene Leitartikel veröffentlicht. ... Praktisch keine amerikanische Zeitung, unabhängig von Größe, Auflage, Verlagsort oder politischer Richtung konnte umhin, Deutschland zu verurteilen. Jetzt wurde Deutschland selbst von denjenigen kritisiert, die vor der *Kristallnacht* gezögert hatten zuzugeben, daß gewalttätige Verfolgung ein fester Bestandteil des Nazismus war.»[112] Präsident Roosevelt rief Botschafter Hugh Wilson zur Berichterstattung zurück.

Doch trotz solcher emotionaler Reaktionen änderten sich die Einstellungen und die politischen Zielsetzungen im Grundsatz nicht. Im Frühjahr 1939 brach Großbritannien, das über die zunehmend achsenfreundlichen Tendenzen in der arabischen Welt beunruhigt war – dies war eine Verschiebung, die für Großbritannien im Falle eines Krieges schlimme Folgen haben konnte –, seine Zusagen und schloß praktisch die Tore Palästinas für die jüdische Einwanderung. Alternative Zufluchtsstätten wurden von den britischen Kolonialbehörden nicht einmal ins Auge gefaßt. Am 1. Juni erklärte A. W. G. Randall vom Foreign Office: «Die vorgeschlagene vorübergehende Lösung Zypern ist, wie ich höre, vom Gouverneur entschieden abgelehnt worden; es ist undenkbar, daß eine vermischte Schar von Juden in irgendeinen anderen Teil des Empire hineingelassen werden könnte.»[113]

Nach einer geringfügigen Liberalisierung ihrer Einwanderungspolitik im Jahre 1937 schöpften die Vereinigten Staaten 1938 die Quoten für Deutschland und Österreich nicht einmal aus.[114] Im Juli 1939 wurde die Wagner-Rogers Child Refugee Bill, die 20000 jüdischen Flüchtlingskindern die Einreise ins Land gestattet hätte, vom Senat nicht verabschiedet,[115] und zur gleichen Zeit wurden trotz aller dringenden Bitten die 936 unglücklichen jüdischen Auswanderer aus Deutschland, die mit der *St. Louis* – einem Schiff, das dann bald traurige Berühmtheit erlangen sollte – gefahren waren und denen die Einreise in Kuba, ihrem ursprünglichen Ziel, verweigert worden war, nicht in die Vereinigten Staaten hineingelassen.[116] Ihre Reise zurück nach Europa wurde zu einer eindrücklichen Illustration der Gesamtsituation jüdischer Flüchtlinge, die aus Deutschland kamen. Nachdem sich Belgien, Frankreich und England schließlich bereit erklärt hatten, den Passagieren Asyl zu gewähren, gab der Londoner *Daily Express* die herrschende Meinung in unmißverständlichen Worten wieder: «Dieses Beispiel darf keinen Präzedenzfall schaffen. Für mehr Flüchtlinge ist in diesem Lande kein Platz. ... Sie werden zu einer Last und zu einem Mißstand.»[117]

Mittlerweile hatten selbst einige relativ bekannte Juden nicht die geringste Gewißheit, daß sie die Vereinigten Staaten erreichen würden. Im Februar 1939 intervenierte Thomas Mann bei H. M. Lyndenberg, dem Direktor der New York Public Library, zugunsten von Kafkas Freund und Biographen Max Brod: «Dr. Max Brod, der deutsch-tschechoslowakische Romancier und Dramatiker, ... ist daran interessiert, die Tschechoslowakei zu verlassen und in die Vereinigten Staaten zu kommen. Er fürchtet, daß er den Zeitraum von 15 Monaten bis zu zwei Jahren, den er warten müßte, um dieses Land als gewöhnlicher Einwanderer zu betreten, nicht überleben würde. ... Er schreibt, daß er bereit sei, seine Sammlung von Büchern und Manuskripten von Franz Kafka jeder angesehenen Institution zu übereignen, die sie annehmen und ihm dafür eine Stellung bieten würde, in der er als Assistent oder Kurator der Sammlung tätig sein könnte, und auf diese Weise seine Einreise in dieses Land ermöglichte. ... Vielleicht werden Sie mit mir darin übereinstimmen, daß die Möglichkeit, die Manuskripte und Bücher eines so bekannten Schriftstellers wie Franz Kafka zu erwerben, eine Gelegenheit ist, die Erwägung verdient, ganz abgesehen von der menschlichen Tragödie des Individuums, für das die Sammlung die einzige echte Chance darstellt, einer unerträglichen Situation zu entfliehen.»[118] Schließlich gelang es Brod, nach Palästina zu entkommen.

Frankreich war weder mehr noch weniger ungastlich als andere Länder, aber es erlaubte sich nicht einmal eine symbolische Geste des Protests gegen den antijüdischen Pogrom. Es war das einzige große demokratische Land, das nicht reagierte.[119] Die meisten Zeitungen brachten ihre Empörung zum Ausdruck, aber weder Premierminister Édouard Daladier noch Außenminister Georges Bonnet taten dies. Im Gegenteil, Bonnet fuhr mit den Planungen für einen Besuch Ribbentrops in Paris fort, der zu einer französisch-deutschen Übereinkunft führen sollte.

In gewisser Weise demonstrierte die offizielle französische Haltung, daß sich Hitler, als er den Pogrom entfesselte, keine allzu großen Gedanken über internationale Reaktionen machen mußte. Doch der Aufschrei, der unmittelbar auf die Ereignisse vom November folgte, und die Kritik, die sich jetzt gegen die französische Haltung richtete, bestätigten, daß sich die Atmosphäre von München schnell verflüchtigte. Kein geringerer Verfechter des Appeasement als die Londoner *Times* war bestürzt über Bonnets Eifer, ungeachtet des Pogroms mit der Übereinkunft weiterzumachen. Der amerikanische Außenminister wies Bonnets Ansinnen zurück, die US-Regierung möge, und sei es auch nur in Form einer Presseerklärung, ihre Billigung der Vereinbarung zum Ausdruck bringen. Angesichts der gespannten Beziehungen zwischen den Vereinigten Staaten und Deutschland nach der Kristallnacht hielt der Minister eine derartige Zustimmung für gänzlich unangebracht. Selbst die italienische Regierung äußerte Erstaunen, daß «das Wiederaufleben antisemitischer Verfolgungen in Deutschland nicht zum Untergang des Projekts der französisch-deutschen Erklärung führte».[120]

Am 6. Dezember traf der deutsche Außenminister in Paris ein. Nach der deutschen Version des zweiten Gesprächs zwischen Ribbentrop und Bonnet, das am 7. Dezember stattfand, erklärte der französische Außenminister Ribbentrop, «wie sehr man in Frankreich an einer Lösung des Judenproblems interessiert sei», und er fügte hinzu, Frankreich wolle «keine Juden aus Deutschland mehr aufnehmen». Bonnet fragte dann angeblich, ob nicht Deutschland Maßnahmen ergreifen könnte, um zu verhindern, daß weitere deutsch-jüdische Flüchtlinge nach Frankreich gelangten, da Frankreich selbst gezwungen sein werde, 10000 Juden irgendwo anders hin abzutransportieren. (Tatsächlich dachten sie dabei an Madagaskar.) Ribbentrop sagte dann zu Bonnet: «Wir [wollen] alle unsere Juden loswerden»,[121] aber die Schwierigkeit lag darin, daß kein Land sie aufnehmen wollte, und darüber hinaus im Mangel an Devisen.

Bonnets häufig zitierte Äußerungen gegenüber Ribbentrop waren kein isolierter Vorfall. Tatsächlich waren weniger als zwei Wochen vor der französisch-deutschen Begegnung, am 24. November, die Premierminister und Außenminister Großbritanniens und Frankreichs in Paris zusammengekommen, um die Politik ihrer Länder zu koordinieren. Es wurde das Problem der jüdischen Flüchtlinge aus Deutschland aufgeworfen. Daladier klagte, es gebe in Frankreich etwa 40000 von ihnen und man könne keine mehr aufnehmen. Die Möglichkeit, die Flüchtlinge in die Kolonien zu schicken, wurde erörtert. Man war sich einig, daß die Franzosen Ribbentrop fragen würden, ob sich die deutschen Maßnahmen, die es den Flüchtlingen nahezu unmöglich machten, Teile ihrer Habe mitzunehmen, mildern ließen.[122] Ob dieser Punkt bei Ribbentrops Besuch in Paris überhaupt angesprochen wurde, ist unklar.

Noch ein weiteres Nachspiel zu den Ereignissen vom November fand – zumindest eine Zeitlang – in der französischen Hauptstadt statt: die Vorbereitungen für den Prozeß gegen Herschel Grynszpan. Das bevorstehende Ereignis erregte weltweite Aufmerksamkeit. Hitler schickte

Professor Friedrich Grimm nach Paris, um die Tätigkeit der Anklage zu verfolgen, während ein internationales Komitee unter der Leitung der amerikanischen Journalistin Dorothy Thompson Geld für Grynszpans Verteidigung sammelte. Grynszpans Verteidiger Vincent Moro-Giafferi war einer der angesehensten Strafverteidiger in Frankreich und ein leidenschaftlicher Antifaschist.[123]

Der Kriegsbeginn unterbrach die Vorbereitungen von Staatsanwaltschaft und Verteidigung. Als die Deutschen Frankreich besetzten, lieferte ihnen die Vichy-Regierung ordnungsgemäß den jungen Juden aus, den sie suchten. Grynszpan wurde in Deutschland inhaftiert, und Goebbels begann mit den Planungen für einen riesigen Schauprozeß, in dem Herschel Grynszpan für das «internationale Judentum» gestanden hätte. Daraus wurde nichts, da der Angeklagte 1942 plötzlich erklärte, er habe eine homosexuelle Beziehung zu Rath gehabt. Eine derartige Verteidigungslinie wäre, wenn sie in der Öffentlichkeit präsentiert worden wäre, in den Augen der Nazis katastrophal gewesen. Grynszpan überlebte den Krieg nicht; die Umstände seines Todes bleiben unbekannt.[124]

In diesen frühen Monaten des Jahres 1939 folgte die Vertreibung der Juden aus dem Reich weiterhin dem 1938 entwickelten Muster; die Juden wurden über die Grenze geschickt, aber gewöhnlich ohne Erfolg. Im Februar 1939 beschrieb ein SOPADE-Bericht eine im Westen des Landes, in der Nähe der Grenze zu Frankreich, beobachtete Szene. Die Juden wurden aus ihren Häusern geholt und auf dem Marktplatz zusammengetrieben. Am Abend wurden sie an die Grenze transportiert, nur um am nächsten Tag wieder zurückgebracht zu werden, da die Franzosen sie nicht durchließen. Später wurden sie nach Dachau abtransportiert.

Der Bericht beschrieb das Gejohle und die Beleidigungen, die von der Jugend und «einigen hysterischen Frauen» kamen. «Aber die meisten älteren Leute, die zufällig dazu kamen, konnten sich nicht enthalten, ihre Abneigung oder Entrüstung gegenüber diesem Schauspiel zum Ausdruck zu bringen. Es gab an allen Stellen Auseinandersetzungen mit solchen, die das Vorgehen gegen die Juden verteidigen wollten. Die Leute sagten: ‹Sie [die Juden] sind nicht schlechter als andere Geschäftsleute, und diejenigen, die ihre Geschäfte übernommen haben, sind viel teurer und haben schlechtere Waren.› Die Erregung war offensichtlich so stark, daß [von den Behörden] gegen die Opponenten nichts unternommen wurde. Ein großer Teil der damals Abtransportierten ist jetzt wieder da, und man kann überall sehen, wie sie von der Bevölkerung freundlich gegrüßt werden. Man fragt sie teilnahmsvoll, ob sie denn keine Möglichkeit haben, ins Ausland zu gehen. Manche sagen, daß sie sich noch bemühen, manche verweisen auf die großen Schwierigkeiten.

Es kommt allerdings auch jetzt noch vor, daß Kinder sie anreden: ‹Jud gib mir Geld.› Manche geben und machen den Eindruck, als seien sie kindisch geworden.»[125]

Am 23. Dezember 1938 waren von der Gestapozentrale an alle Stellen an den Westgrenzen des Reiches sehr strikte Befehle gesandt worden, um illegale Übertritte von Juden in Nachbarländer zu verhindern, da es zunehmend Beschwerden gegeben hatte. Doch wie der SOPADE-Bericht erkennen läßt und wie ein weiterer Gestapo-Befehl vom 15. März 1939 bestätigt, müssen sich solche illegalen Grenzübertritte, die anscheinend meist von örtlichen Behörden initiiert wurden, noch weit bis ins Frühjahr dieses Jahres fortgesetzt haben.[126] In außerordentlich seltenen Fällen gingen Beamte auf der nichtdeutschen Seite der Grenzen das Risiko ein, die illegale Einreise von Juden in ihr Land – ob nun die Flüchtlinge von den Deutschen über die Grenze abgeschoben wurden oder ob sie auf eigene Faust den Übertritt versuchten – zu unterstützen. Ein solcher Fall war der von Paul Grüninger, dem Kommandeur der Grenzpolizei im Schweizer Kanton Sankt Gallen. Durch Vordatieren von Visa und Fälschen anderer Dokumente half er Ende 1938 und Anfang 1939 etwa 3600 jüdischen Flüchtlingen dabei, nach der Schweiz einzureisen. Grüningers Aktivitäten wurden entdeckt. Im April 1939 wurde er entlassen und später zu einer hohen Geldstrafe und zum Verlust seiner Pensionsberechtigung verurteilt.[127] Als Ergebnis einer längeren öffentlichen Kampagne wurde Grüninger rehabilitiert – 54 Jahre nach seiner Verurteilung und 23 Jahre nach seinem Tod.[128]

Ein Fluchtweg war noch offen, aber nur für sehr kurze Zeit. Eine am 6. Dezember 1938 in Tokio abgehaltene Ministerkonferenz entschied sich für eine nachgiebige Politik gegenüber den jüdischen Flüchtlingen, sie machte das von den Japanern besetzte Schanghai für sie zugänglich und gestattete sogar längere Transitaufenthalte in Japan selbst. Die Japaner wurden anscheinend von ihrem Mißtrauen gegen Deutschland und möglicherweise von humanitären Entwicklungen getrieben, aber, wie Berichte von der Konferenz zeigen, zweifellos auch von ihrem Glauben an die jüdische Macht – einem Glauben, der durch die NS-Propaganda und durch eine Lektüre der *Protokolle der Weisen von Zion* verstärkt worden war – und von deren potentiellen Auswirkungen auf die japanischen Interessen in Großbritannien und den Vereinigten Staaten. Wie dem auch sei, die Stadt Schanghai, für die keine Visa erforderlich waren, wurde zu einer Zuflucht für verzweifelte deutsche und österreichische Juden. Ende 1938 waren 1500 Flüchtlinge eingetroffen; sieben Monate später war die Zahl 14 000 erreicht, und wenn die Japaner nicht damit begonnen hätten, wegen der örtlichen Verhältnisse den Zugang zu der Stadt einzuschränken, hätte die Gesamtsumme explosionsartig zugenommen. Am Vorabend des Krieges betrug die Zahl der Juden, die

die sicheren Ufer des Chinesischen Meeres erreicht hatten, zwischen 17 und 18 000.[129] Dieser Zustrom löste bei einigen der früheren jüdischen Siedler, die sich noch nicht etabliert hatten, und auch bei der großen Gruppe der «weißen» Exilrussen Befürchtungen wegen wirtschaftlicher Konkurrenz aus. Einige Aspekte des europäischen Musters wiederholten sich mit unheimlicher Ähnlichkeit. Doch bei der großen Mehrheit der Bevölkerung von Schanghai, bei den Chinesen selbst, gab es nur sehr wenige Reaktionen, da ihr Lebensstandard für irgendeine Art von Konkurrenz zu niedrig war.[130]

So schafften es einige Zehntausende von Juden, Deutschland zu verlassen und in europäische Nachbarländer, nach Nord-, Mittel- und Südamerika sowie in das ferne Schanghai zu gelangen. Winzige Gruppen wurden über die deutschen Grenzen getrieben. Und schließlich gelang es jüdischen Auswanderern trotz der britischen Politik, auf illegalen Transporten, die heimlich sowohl von der Führung der Mehrheitszionisten als auch von ihren rechten Rivalen, den Revisionisten, organisiert wurden, Palästina zu erreichen. Diese illegalen Operationen wurden von Heydrich und allen Dienststellen des SD und der Gestapo mit vollem Wissen der Wilhelmstraße unterstützt. Anläßlich der ersten Arbeitssitzung der neugegründeten Reichszentrale für die jüdische Auswanderung am 11. Februar 1939 äußerte sich Heydrich ganz eindeutig: «Er [Heydrich] führte aus, daß an sich zwar grundsätzlich gegen jede illegale Auswanderung Stellung genommen werden müßte. Bei Palästina lägen die Dinge jedoch so, daß dorthin bereits z. Zt. aus vielen anderen europäischen Ländern, die selbst nur Durchgangsländer wären, illegale Transporte gingen und unter diesen Umständen auch von Deutschland, allerdings ohne jede amtliche Beteiligung, diese Gelegenheit wahrgenommen werden könnte. Herr Vortragender Legationsrat Hinrichs und Gesandter Eisenlohr vom Auswärtigen Amt hatten hiergegen keine Bedenken und vertraten den Standpunkt, daß jede Möglichkeit, durch die ein Jude aus Deutschland gebracht werden könnte, ausgenutzt werden sollte.»[131]

Die illegale Route führte zunächst durch Jugoslawien, dann donau abwärts zum rumänischen Hafen Constanţa. Das Hauptproblem war nicht, wie die Emigranten das Großdeutsche Reich verlassen sollten, sondern wie die zionistischen Organisationen das Geld auftreiben sollten, um Beamte zu bestechen und Schiffe zu kaufen und dann den britischen Patrouillen an der palästinensischen Küste zu entgehen. Von Anfang 1939 bis zum Ausbruch des Krieges erreichten etwa 17 000 illegale Einwanderer Palästina.[132] Am 2. September 1939 gab ein Schiff der Royal Navy vor Tel Aviv Schüsse auf die *Tiger Hill* ab, auf der sich 1400 jüdische Flüchtlinge befanden, von denen zwei getötet wurden. Wie Bernard Wasserstein ironisch bemerkt hat, «waren dies wahrscheinlich die ersten feindlichen Schüsse, die nach dem [von den Deutschen am Vortage gestarteten] Angriff auf Polen von britischen Streitkräften abgefeuert wurden».[133]

Am 15. März 1939 hatte die Wehrmacht Prag besetzt. Die Tschecho-Slowakei hatte aufgehört zu existieren. Die Slowakei wurde zu einem deutschen Satellitenstaat; Böhmen und Mähren wurden in ein Reichsprotektorat verwandelt. Die Krise hatte in den ersten Tagen des Monats begonnen. Von den Deutschen verlockt und unterstützt, hatten sich die Slowaken von der bereits gestutzten Tschecho-Slowakei losgesagt. Emil Hacha, der ältere tschechische Präsident, wurde nach Berlin zitiert, wo man ihm mit der Bombardierung Prags drohte und ihn so einschüchterte, daß er in alle deutschen Forderungen einwilligte. Bevor er jedoch das Dokument der Unterwerfung seines Landes auch nur unterzeichnet hatte, hatten die ersten deutschen Einheiten bereits die Grenze überschritten. Nun befanden sich etwa 118 000 weitere Juden unter deutscher Herrschaft. Stahlecker wurde von Wien nach Prag versetzt, um im neuen Protektorat Inspekteur der Sicherheitspolizei und des SD zu werden, und Eichmann folgte bald nach; nach Wiener Modell richtete er eine Zentralstelle für jüdische Auswanderung in Prag ein.[134]

«Als ich zum Frühstück nach Hause kam, stellte ich fest, daß auch ich einen Flüchtling beherbergte, einen jüdischen Bekannten, der viele Jahre für die Amerikaner gearbeitet hatte», schrieb der amerikanische Diplomat George F. Kennan, der einige Monate zuvor in die Prager Gesandtschaft versetzt worden war, in einer Denkschrift vom 15. März. «Ich sagte ihm, ich könnte ihm kein Asyl gewähren, aber solange er nicht von den Behörden gesucht würde, sei er als Gast willkommen und könne bleiben, so lange er wolle. 24 Stunden geisterte er in meinem Haus umher, ein von Furcht und Verzweiflung gezeichneter, bemitleidenswerter Mensch. Unruhig ging er im Wohnzimmer auf und ab, rauchte eine Zigarette nach der anderen und war zu aufgeregt, um zu essen oder an irgend etwas anderes zu denken als an seine verzweifelte Lage. Sein Bruder und seine Schwägerin hatten sich nach Abschluß des Münchener Abkommens das Leben genommen, und er schien die Absicht zu haben, ihnen zu folgen. Annelise versuchte es ihm im Verlauf dieser Stunden auszureden, diesen Ausweg zu wählen, und zwar nicht weil sie oder ich im Hinblick auf sein künftiges Schicksal sehr optimistisch waren, sondern zum Teil aus unserer grundsätzlichen angelsächsischen Einstellung heraus und zum Teil, um uns eine derartige Unannehmlichkeit zu ersparen.»[135]

10.

Ein gebrochener Rest

I

«Gäste jüdischer Rasse», hieß es irgendwann Anfang 1939 auf der «Begrüßungs»karte des Hotels Reichshof in Hamburg, «werden gebeten, sich nicht in der Hotelhalle aufzuhalten. – Das Frühstück wird nur auf dem Zimmer, die anderen Mahlzeiten im blauen Salon neben dem Frühstücksraum im Hochparterre serviert. Die Hotelleitung.» Diese Worte richteten sich an glückliche Auswanderer, denen es immer noch gelang, über den größten Hafen des Reiches aus Deutschland zu fliehen. Auf der Rückseite der Karte befand sich eine Anzeige des Reisebüros in der Halle des Hotels, in dem man «Schiffskarten nach allen Weltteilen» erhalten konnte. Die Anzeige trug das Motto: «Es reist sich gut mit den Schiffen der Hamburg-Amerika Linie.»[1]

Im Zuge eines Interpretations- und Innovationsprozesses füllten Partei, Staat und Gesellschaft allmählich die noch verbliebenen Lücken in dem Katalog von immer härteren Maßnahmen, die in sämtliche Beziehungen zu Juden eingriffen. Was Parteidienststellen und die Staatsbürokratie offenließen, wurde von den Gerichten behandelt, und das, was die Gerichte nicht regelten, wurde Volksgenossen (wie der Leitung des Hotels Reichshof) zur Gestaltung überlassen.

Manchmal erschienen Gerichtsentscheidungen vielleicht unwahrscheinlich oder gar paradox, aber nur auf den ersten Blick. Bei näherem Hinsehen drückten sie das Wesen des Systems aus. So wies am 30. Juni 1939 ein Frankfurter Bezirksgericht den Direktor einer Sprachenschule an, eine Vorauszahlung, die er von einem Juden für nicht vollständig erteilte Englischstunden erhalten hatte, zu erstatten; danach verfügte das Gericht dann, daß eine deutsche Frau (in monatlichen Raten mit Zinsen) für Waren zahlen mußte, die sie gekauft und nicht bezahlt hatte, als ihr Gatte, ein Parteigenosse, auf sofortiger Rückgängigmachung des Geschäfts bestand, nachdem er herausgefunden hatte, daß der Verkäufer Jude war. In beiden Fällen mußten die deutschen Beklagten auch die Gerichtskosten zahlen.[2]

Diese unerwartete Demonstration von Gerechtigkeit hatte jedoch einen kleinen Makel. Aller Wahrscheinlichkeit nach gingen die Beschlüsse auf Anweisungen zum rechtlichen Status von Juden zurück, die das

Justizministerium am 23. Juni 1939 an alle Oberlandesgerichtspräsidenten erlassen hatte; diese Leitlinien waren zu Anfang des Jahres von den beteiligten Ministern vereinbart und Ende Januar bereits mündlich übermittelt worden. Somit waren sich die Gerichte ihrer «Pflicht» wohl bewußt.

Der einleitende Abschnitt des Vermerks vermittelte den Kern der Position des Ministeriums: «Die Ausschaltung der Juden aus der deutschen Wirtschaft soll auf Grund der bestehenden Vorschriften ... planmäßig und stufenweise vollendet werden. Die noch im Eigentum von Juden befindlichen Gewerbebetriebe und sonstigen Vermögenswerte, die wirtschaftliche Einflußmöglichkeiten eröffnen, werden auf dem danach vorgesehenen Wege in deutschen Besitz überführt.» An den hier definierten Zielen ist keinerlei Zweifel möglich. An diesem Punkt setzt jedoch die Bürokratie die «Grenzen» und fordert, daß die Juden (ob als Kläger oder als Beklagte) über die besagten Maßnahmen hinaus von den Gerichten bei jeder finanziellen Auseinandersetzung nach allen anerkannten juristischen Normen behandelt werden: «Es soll ... vermieden werden, darüber hinaus durch Maßnahmen, die einer ausdrücklichen gesetzlichen Grundlage entbehren, in die wirtschaftliche Stellung der Juden einzugreifen. Es soll daher Juden nicht unmöglich gemacht werden, die aus ihrer Tätigkeit erwachsenden Ansprüche vor den Gerichten geltend zu machen und die etwa zu ihren Gunsten ergangenen Urteile im Wege der Zwangsvollstreckung durchzusetzen.» Das Ministerium verhehlte den Grund für diese plötzliche juristische Besorgnis nicht: «Schon aus fürsorgerechtlichen Gründen ist es unerwünscht, die Juden vollständig verarmen zu lassen.» In einem vorangegangenen Abschnitt war man dieser ziemlich grobschlächtigen Argumentation durch eine Erklärung hehrer Prinzipien zuvorgekommen: «Die Vollstreckung [ist] nicht ausschließlich Angelegenheit der beteiligten Parteien ..., sondern [dient] regelmäßig der Durchsetzung des Urteils als staatlichen Hoheitsaktes.» Selbst Richter, die Parteimitglieder waren, konnten die Anwendung des Rechts auf Juden nicht vermeiden, da sie in ihrer Funktion als Richter auch Teil eines amtlichen Organs waren.[3]

Dieser Text stellt ein klassisches Beispiel nationalsozialistischen Denkens dar. Es besteht eine absolute Spaltung zwischen der augenscheinlichen Bedeutung des Textes und der Wirklichkeit, auf die er sich bezieht. Die augenscheinliche Bedeutung war hier, daß die Juden ein Anrecht auf ihr Teil der Gerechtigkeit hatten, so daß sie dem Staat nicht zur Last fallen würden und weil die Durchsetzung der Gerechtigkeit der höchste Ausdruck staatlicher Autorität war. Doch diese Deklaration kam, nachdem die Juden gerade durch diejenigen staatlichen Behörden, die jetzt anordneten, daß der Gerechtigkeit Genüge getan werden sollte, all ihrer Rechte und aller Möglichkeiten der materiellen Existenz beraubt worden waren.

Bis zu diesem Punkt hatte es zwischen der Bedeutung von Verfügungen, so brutal sie waren, und den Fakten, welche sie behandelten, so verheerend *sie* waren, ein gewisses Maß an Übereinstimmung gegeben. Die Gesetze der Ausschließung waren explizit und führten zur Entlassung der Juden aus öffentlichen Ämtern und aus dem offiziellen Leben; die Erlasse zur Absonderung führten zur vollständigen Trennung zwischen Deutschen und Juden; die Enteignungsverfügungen galten der Zerstörung der konkreten ökonomischen Situation der Juden in Deutschland. Doch der Erlaß vom Juni 1939 forderte ein Maß von Gerechtigkeit in einer Situation, in der die NS-Behörde, die eine derartige Gerechtigkeit verlangte, tagaus, tagein immer strengere Ungerechtigkeiten durchsetzte, in einer Situation, in der Gerichtsbeschlüsse über individuelle Ansprüche angesichts der öffentlichen Last (der Verarmung der Juden), welche dieselbe Behörde selbst bereits geschaffen hatte, in der Praxis irrelevant geworden waren.

Auch wenn die Anweisungen, die den Gerichten im Januar (und im Juni) 1939 erteilt worden waren, den streitenden Parteien nicht bekannt waren, führten sie in der Verwaltung selbst eine neue Dimension ein: die Doppelsprache, die in zunehmendem Maße alle gegen die Juden ergriffenen Maßnahmen charakterisierte – die interne Tarnung, die zum Erfolg der «Endlösung» beitragen sollte. Und während konkrete Maßnahmen immer mehr durch eine neue Form von Sprache und Begriffen verschleiert wurden, erreichten offene Verlautbarungen, insbesondere die Aussagen der Führung und der NS-Presse, ungeahnte Höhen der Gewalttätigkeit. Hitler drohte mit Vernichtung; das Justizministerium ordnete die Einhaltung der Regeln an.

II

Wie in jedem Jahr seit 1933 wurde der Reichstag am 30. Januar 1939 aus Anlaß des Jahrestages der Machtübernahme durch Hitler zu einer festlichen Sitzung einberufen. Die Rede Hitlers begann um 20.15 Uhr und dauerte über zweieinhalb Stunden. Der erste Teil der Rede behandelte die Geschichte der nationalsozialistischen Bewegung und die Entwicklung des Reiches. Hitler geißelte dann einige der wichtigsten britischen Kritiker des Appeasement, denen er vorwarf, einen Krieg gegen Deutschland zu fordern. Seit dem Münchener Abkommen war Hitler schon zweimal öffentlich gegen seine englischen Feinde Winston Churchill, Anthony Eden und Alfred Duff Cooper zu Felde gezogen, und zumindest bei einer Gelegenheit, in seiner Rede vom 9. Oktober, hatte er ausdrücklich die jüdischen Drahtzieher erwähnt, die er hinter der antideutschen Agitation sah.[4] Dieselbe Rhetorik entfaltete sich am 30. Januar. Hinter den britischen Gegnern des Münchener Abkommens deutete der Führer auf die «jüdischen oder nichtjüdischen Hetzer» dieser Kampagne. Er versprach, wenn die nationalsozialistische Propaganda in die Offensive ginge, dann würde sie ebenso erfolgreich sein, wie sie es in Deutschland gewesen sei, wo man, so Hitler, «durch die zwingende Gewalt unserer Propaganda den jüdischen Weltfeind zu Boden geworfen» habe.[5]

Nach einer Erwähnung des amerikanischen Eingreifens gegen Deutschland im Ersten Weltkrieg, das seiner Auffassung nach von rein kapitalistischen Motiven bestimmt gewesen war, donnerte Hitler – wahrscheinlich erbost über die amerikanischen Reaktionen auf den November-Pogrom und auf andere Maßnahmen der Nationalsozialisten gegen die Juden –, es werde niemandem gelingen, Deutschland bei seiner Lösung der Judenfrage zu beeinflussen. Sarkastisch verwies er auf das Mitleid, das die Demokratien für die Juden äußerten, aber auch auf die Weigerung eben dieser Demokratien, ihnen zu helfen, und auf ihre mangelnde Bereitschaft, die Juden, denen sie solche Sympathie entgegenbrachten, aufzunehmen. Abrupt wandte sich Hitler dann dem Prinzip der absoluten nationalen Souveränität zu: «Frankreich den Franzosen, England den Engländern, Amerika den Amerikanern und Deutschland den Deutschen.» Das ermöglichte ihm eine erneute antijüdische Tirade: Die Juden hatten alle beherrschenden Positionen in Deutschland, insbesondere in der Kultur, zu kontrollieren versucht. In anderen Ländern gab es Kritik an der harten Behandlung von solch hochkultivierten Menschen. Warum waren dann die anderen nicht dankbar für das Geschenk, das Deutschland der Welt machte? Warum nahmen sie diese «wertvollsten Menschen» nicht auf?

Vom Sarkasmus ging Hitler zur Drohung über: «Ich glaube, daß dieses Problem [der Juden] je eher um so besser gelöst wird. Denn Europa kann nicht mehr zur Ruhe kommen, bevor nicht die jüdische Frage ausgeräumt ist. ... Die Welt hat Siedlungsraum genügend, es muß aber endgültig mit der Meinung gebrochen werden, als sei das jüdische Volk vom lieben Gott eben dazu bestimmt, in einem gewissen Prozentsatz Nutznießer am Körper und an der produktiven Arbeit anderer Völker zu sein. Das Judentum wird sich genau so einer soliden aufbauenden Tätigkeit anpassen müssen, wie es andere Völker auch tun, oder es wird früher oder später einer Krise von unvorstellbarem Ausmaß erliegen.» Bis zu diesem Punkt wärmte Hitler nur eine Ansammlung von antijüdischen Themen auf, die zu einem bekannten Teil seines Repertoires geworden waren. Dann jedoch änderte sich sein Ton, und im Reichstag erklangen Drohungen, die in öffentlichen Verlautbarungen eines Staatsoberhauptes bis dahin noch nicht gehört worden waren: «Eines möchte ich an diesem vielleicht nicht nur für uns Deutsche denkwürdigen Tage nun aussprechen: Ich bin in meinem Leben sehr oft Prophet gewesen und wurde meistens ausgelacht. In der Zeit meines Kampfes um die Macht war es in erster Linie das jüdische Volk, das nur mit Gelächter meine Prophezeiungen hinnahm, ich würde einmal in Deutschland die Führung des Staates und damit des ganzen Volkes übernehmen und dann unter vielen anderen auch das jüdische Problem zur Lösung bringen. Ich glaube, daß dieses damalige schallende Gelächter dem Judentum in Deutschland unterdes wohl schon in der Kehle erstickt ist.» Dann kam die ausdrückliche Drohung: «Ich will heute wieder ein Prophet sein: Wenn es dem internationalen Finanzjudentum in und außerhalb Europas gelingen sollte, die Völker noch einmal in einen Weltkrieg zu stürzen, dann wird das Ergebnis nicht die Bolschewisierung der Erde und damit der Sieg des Judentums sein, sondern die Vernichtung der jüdischen Rasse in Europa.»[6]

Im Laufe der vorangegangenen Wochen und Monate hatte der Führer eine ganze Reihe von Möglichkeiten hinsichtlich des endgültigen Schicksals der deutschen (und meistens der europäischen) Juden erwähnt. Am 20. September 1938 hatte er dem polnischen Botschafter in Berlin, Józef Lipski, erklärt, er erwäge, in Zusammenarbeit mit Polen und Rumänien die Juden in irgendeine Kolonie zu schicken. Dieselbe Idee, speziell im Hinblick auf Madagaskar, war in den Gesprächen zwischen Bonnet und Ribbentrop zur Sprache gekommen und davor in Görings Ansprachen vom 12. November und vom 6. Dezember. (Der Generalfeldmarschall hatte sich ausdrücklich auf Hitlers Vorstellungen zu diesem Thema bezogen.) Dem südafrikanischen Verteidigungsminister Oswald Pirow erklärte Hitler am 24. November 1939, eines Tages würden die Juden aus Europa verschwinden. Am 5. Januar 1939 erklärte Hitler dem polnischen Außenminister Beck, wenn die westlichen Demokratien ein besseres Verständnis für seine Kolonialziele gehabt hätten, dann hätte er ein afrikanisches Territorium zur Ansiedlung der Juden bestimmt; jedenfalls machte er erneut deutlich, daß er dafür war, die Juden in ein fernes Land zu schicken. Schließlich sagte der Führer am 21. Januar, einige Tage vor seiner Rede, zum tschechischen Außenminister František Chvalkovsky, die Juden Deutschlands würden «vernichtet» werden, was im Kontext seiner Erklärung ihr Verschwinden als Gemeinschaft zu bedeuten schien; erneut fügte er hinzu, daß die Juden an einen fernen Ort verfrachtet werden sollten. Ein bedrohlicherer Ton wurde in diesem Gespräch vernehmbar, als Hitler Chvalkovsky gegenüber erwähnte, wenn die angelsächsischen Länder beim Abtransport und bei der Versorgung der Juden nicht kooperierten, dann hätten sie deren Tod auf dem Gewissen.[7] Wenn Hitler in erster Linie daran dachte, die Juden aus Europa in eine ferne Kolonie zu deportieren, was in diesem Stadium ganz eindeutig ein völlig vager Plan war, dann erscheinen die in der Rede vom 30. Januar ausgesprochenen Vernichtungsdrohungen damit zunächst nicht zusammenzuhängen. Doch man muß sich noch einmal den Hintergrund ansehen.

Auf den ersten Blick scheint Hitlers Rede einen doppelten Kontext gehabt zu haben. Erstens hätten, wie schon erwähnt, die britische Opposition gegen die Appeasement-Politik und die heftigen amerikanischen Reaktionen auf die Kristallnacht genügt, um seine mehrfachen Erwähnungen jüdisch-kapitalistischer Kriegshetze zu erklären. Zweitens ist es äußerst wahrscheinlich, daß Hitler angesichts seines Vorhabens, die Überreste der Tschecho-Slowakei zu zerstückeln, und der Forderungen, die er jetzt an Polen stellte, mit der Möglichkeit rechnete, daß die neue internationale Krise zum Krieg führen würde (in einer Rede, die er einige Wochen zuvor in Saarbrücken gehalten hatte, hatte er diese Möglichkeit erwähnt).[8] So waren Hitlers Vernichtungsdrohungen, begleitet von dem Argument, seine vergangene Laufbahn habe bewiesen, daß man seine Prophezeiungen nicht auf die leichte Schulter nehmen sollte, vielleicht ganz allgemein darauf gerichtet, zu einem Zeitpunkt, da er sich auf sein riskantestes militärisch-diplomatisches Hasardspiel vorbereitete, etwaige gegen die Nationalsozialisten gerichtete Reaktionen zu schwächen. Im einzelnen mag der Führer Deutschlands erwartet haben, diese mörderischen Drohungen würden die Juden, die im öffentlichen Leben der europäischen Länder und Amerikas aktiv waren, hinreichend beeindrucken, um das zu reduzieren, was er als ihre kriegshetzerische Propaganda betrachtete.

Die Bedeutung der Rede Hitlers für den unmittelbaren internationalen Kontext scheint durch einen Runderlaß der Wilhelmstraße bestätigt zu werden, der am 25. Januar 1939 an alle deutschen diplomatischen Vertretungen im Ausland geschickt wurde und «die Judenfrage als Faktor der Außenpolitik im Jahre 1938» betraf. Das Schreiben verknüpfte die «Verwirklichung des großdeutschen Gedankens», die 1938 (mit der Annektierung Österreichs und des Sudetenlandes) stattgefunden hatte, mit Schritten zur Verwirklichung einer Lösung der Judenfrage. Die Juden waren die Haupthindernisse für die deutsche Wiedergeburt; der Aufstieg der deutschen Stärke war daher zwangsläufig mit dem Entfernen der jüdischen Gefahr aus der deutschen Volksgemeinschaft verknüpft. Das Rundschreiben, das erneut die jüdische Auswanderung als Ziel der deutschen Politik bekräftigte, identifizierte die Vereinigten Staaten als die Zentrale jüdischer internationaler Aktivitäten und Präsident Roosevelt, der bekanntermaßen von Juden umgeben war, als die Kraft, welche versuchte, internationalen Druck auf Deutschland sowohl allgemein politisch auszuüben als auch deshalb, um sicherzustellen, daß jüdische Auswanderer aus Deutschland von der vollständigen Wiedergewinnung jüdischen Vermögens profitieren konnten.[9] So scheint es, daß für die Wilhelmstraße und für Hitler die westlichen Demokratien und insbesondere die Vereinigten Staaten zeitweilig den Platz des bolschewistischen Rußland als Sitz der internationalen jüdischen Macht und daher militanter Feindschaft gegenüber dem Aufstieg der deutschen Macht einnahmen.

Gerade weil Hitler an den jüdischen Einfluß in der kapitalistischen Welt glaubte, läßt sich seine Rede in ihrem unmittelbaren Kontext vielleicht als ein erneutes Erpressungsmanöver betrachten. Die Juden Deutschlands (und Europas) sollten für den Fall als Geiseln genommen werden, daß ihre kriegshetzerischen Brüder und die entsprechenden Regierungen einen allgemeinen Krieg anzetteln sollten. Dieser Gedanke, der am 27. Oktober 1938 in einem Artikel mit dem Titel «Aug um Auge, Zahn um Zahn» im *Schwarzen Korps* vorgebracht worden war, ging gerade in diesen Monaten in Deutschland um. Am 3. November wandte sich das *Schwarze Korps* noch einmal diesem Thema zu: «Erklären uns die Juden ... den Krieg – und das haben sie bereits getan –, so haben wir die bei uns befindlichen Juden genau so zu behandeln, wie man Angehörige einer kriegführenden Macht zu behandeln pflegt. ... Die in Deutschland befindlichen Juden sind ein Teil des Weltjudentums, sie sind mitverantwortlich für das, was das Weltjudentum gegen Deutschland unternimmt, und – sie haften für die Schäden, die das Weltjudentum uns zufügt und zufügen will.»[10] Der Gedanke, die Juden als Geiseln festzuhalten, stand nicht unbedingt im Widerspruch zu dem dringenden Wunsch, sie aus Deutschland zu vertreiben. Wie wir sahen, entwickelte Hitler selbst in seinem Gespräch mit Goebbels am 24. Juli 1938 diesen Gedanken. In seiner Ansprache an die Gauleiter vom 6. Dezember kam Göring darauf als Teil seines Emigrationsplans zurück. Überdies sah bei den Verhandlungen zwischen Schacht und Rublee, die noch zu diskutieren sein werden, der vom Reichsbankpräsidenten vorgelegte Plan die Ausreise von 150000 Juden mit ihren Angehörigen im Laufe der darauffolgenden drei Jahre vor, während 200000 Juden, hauptsächlich die Älteren, zurückbleiben würden, um das Wohlverhalten des internationalen Judentums gegenüber dem Reich sicherzustellen.

Es wäre jedoch ein Fehler, Hitlers Rede vom 30. Januar nur in ihrem kurzfristigen, taktischen Kontext zu betrachten. Die weiteren Perspektiven mögen teils kalkulierter Druck, teils Ausdruck unkontrollierter Wut gewesen sein, aber sie mögen durchaus einen Prozeß widergespiegelt haben, der mit seinen anderen Vorhaben hinsichtlich der Juden wie etwa ihrer Verlegung in ein fernes afrikanisches Territorium in Einklang stand. Dies war tatsächlich gleichbedeutend mit einer Suche nach radikalen Lösungen, mit einem Abtasten extremer Möglichkeiten. In einem derartigen Rahmen gesehen, wird die Prophezeiung über die Vernichtung eine Möglichkeit unter mehreren, nicht mehr und nicht weniger real als andere. Und wie der Gedanke der Geiselnahme lag die Möglichkeit der Vernichtung in der Luft.

Himmlers Rede vom 8. November 1938 und ihre impliziten Konsequenzen sind bereits erwähnt worden. Einige Wochen später wurde das *Schwarze Korps* in einem am 24. November veröffentlichten Artikel weitaus deutlicher. Nachdem die SS-Zeitschrift die Notwendigkeit der totalen Absonderung der Juden Deutschlands in besonderen Gebieten und besonderen Häusern verkündet hatte, ging sie noch einen Schritt weiter: Langfristig konnten die Juden nicht weiter in Deutschland leben: «Im Stadium einer solchen Entwicklung [der Lage der Juden] ständen wir daher vor der harten Notwendigkeit, die jüdische Unterwelt genau so auszurotten, wie wir in unserem Ordnungsstaat Verbrecher eben auszurotten pflegen: mit Feuer und Schwert. Das Ergebnis wäre das tatsächliche und endgültige Ende des Judentums in Deutschland, seine restlose Vernichtung.»[11]

Man weiß nicht, ob es dieser Artikel im *Schwarzen Korps* war, der den amerikanischen Generalkonsul in Berlin, Raymond Geist, dazu veranlaßte, Anfang Dezember zu schreiben, das Ziel der Nationalsozialisten sei die «Vernichtung» der Juden,[12] oder ob ausländische Beobachter im inneren Kern des Regimes den bodenlosen Haß spürten, der einige Wochen später in Hitlers Rede zum Ausdruck kam. Bemerkenswerterweise definierte Heydrich wenige Tage vor der Erklärung im Reichstag in einer Ansprache an hohe SS-Offiziere die Juden als «untermenschlich» und verwies auf den historischen Fehler, sie von einem Land ins andere zu treiben, eine Methode, die das Problem nicht löste. Die Alternative wurde zwar nicht ausgesprochen, war aber nicht völlig mysteriös, und nach der Rede trug Himmler eine ziemlich kryptische Bemerkung in seine Notizen ein: «Innerer Kampfgeist.»[13]

Wie weit die Einschätzung der Juden als einer «bedrohlichen Weltmacht» auf allen Ebenen des NS-Apparats als Realität verinnerlicht worden war, läßt sich wahrscheinlich am besten durch einen Text mit dem Titel «Das internationale Judentum» illustrieren, den Hagen für Franz Alfred Six, den Leiter von II 1, abgefaßt hatte. In seiner endgültigen Form wurde er Six am 19. Januar 1939 übermittelt und war für einen Vortrag über die Judenfrage in Oldenburg (wahrscheinlich bei einer Zusammenkunft der höheren SS-Führung) gedacht.[14]

Der erste Abschnitt von Hagens Denkschrift war unzweideutig: Die Judenfrage war «überhaupt *das* Problem der Weltpolitik im Augenblick». Der Text zeigte zunächst, daß die westlichen Demokratien (einschließlich der Vereinigten Staaten) nicht die Absicht hatten, das «jüdische Problem» zu lösen, weil die Juden selbst nicht die Absicht hatten, die Länder zu verlassen, von denen sie Besitz ergriffen hatten, und den Plan verfolgten, Palästina nur als eine Art «jüdischen Vatikan» zu benutzen. Er beschrieb dann die Verbindungen zwischen jüdischen Organisationen in verschiedenen Ländern und die Kanäle, über die sie einen bestimmenden Einfluß auf die Politik und die Wirtschaft ihrer Wirtsländer ausübten. Hagens Produkt starrte vor Namen von Persönlichkeiten und Gruppen, deren sichtbare und unsichtbare Bindungen in einem mächtigen Crescendo enthüllt wurden: «Alle organisatorischen und personellen Fäden des Judentums, die von Land zu Land geknüpft sind, laufen in den Spitzenorganisationen der Jüdischen Internationale zusammen.» Diese Spitzenorganisationen waren der Jüdische Weltkongreß, die Zionistische Weltorganisation – und B'nai B'rith. Der führende Kopf im Zentrum des Ganzen war Chaim Weizmann, dessen gesammelte Essays und Reden, die 1937 in Tel Aviv erschienen waren, mehrfach zitiert wurden. Hagens Denkschrift war keine bloße Übung in Zynismus. «Die ‹Judenexperten› des SD glaubten an ihre Konstruktionen. ... [Für sie] bildete der Antisemitismus, der zudem vorgab, sachlich, wissenschaftlich und rational zu sein, die Grundlage ihres Handelns.»[15]

Himmler, Heydrich und das *Schwarze Korps* bezeugen die ständige Dichotomie, die das Denken der Nationalsozialisten hinsichtlich der Juden in den letzten Friedensmonaten kennzeichnete: Einerseits war Auswanderung mit allen Mitteln das konkrete Ziel und die konkrete Politik, aber es gab auch die Vorstellung, daß sich das Judenproblem angesichts seiner die ganze Welt bedrohenden Natur nicht mit bloßen praktischen Maßnahmen lösen ließ, daß etwas unendlich Radikaleres erforderlich war. Dies war der Kern von Hitlers «Prophezeiung», auch wenn taktisch seine Drohungen darauf zielten, die britischen und amerikanischen «Kriegshetzer» einzuschüchtern. Auf die eine oder andere Weise, über jeden verfügbaren Kanal, überzeugte das Regime sich selbst und vermittelte anderen die Botschaft, daß die Juden, wie hilflos sie auch auf den Straßen Deutschlands aussehen mochten, eine dämonische Macht waren, die nach Deutschlands Verderben trachtete. Am 11. und 13. Januar meldete sich Walter Frank mit einer zweiteiligen Radiosendung zu Wort, die den Titel «Deutsche Wissenschaft im Kampf gegen das Weltjudentum» trug. Nachdem er hervorgehoben hatte, daß sich wissenschaftliche Forschung über die Judenfrage nicht isoliert betreiben ließ, sondern in die Gesamtheit der nationalen und weltweiten Geschichte integriert werden mußte, wagte sich Frank in schwierigeres Gelände vor: «Das Judentum ist eines der großen negativen Prinzipien der Weltgeschichte, es ist also nur denkbar als der Parasit im positiven Gegenprinzip. So wenig etwa Judas Ischarioth samt seinen dreißig Silberlingen und samt dem Strick, an dem er sich zuletzt erhängte, verstanden werden kann ohne den Herrn, dessen Gemeinschaft er hohnlächelnd verriet und dessen Antlitz ihn doch verfolgte bis zur letzten Stunde – so wenig kann jene Nachtseite der Geschichte, die sich Judentum nennt, verstanden werden ohne seine Einordnung in die Gesamtheit eines geschichtlichen Prozesses, in dem Gott und der Satan, Schöpfung und Zersetzung in ewigem Ringkampf liegen.»[16]

So traten am Vorabend des Krieges neben offenkundigen taktischen Zielsetzungen und über sie hinaus einige andere Gedanken zutage. Es war kein Vernichtungsprogramm ausgearbeitet worden, es ließen sich keine klaren Intentionen erkennen. Ein bodenloser Haß und ein unstillbarer Durst nach einer Reihe von immer härteren Maßnahmen gegen die Juden lagen in den Gedanken Hitlers und seiner Helfer immer sehr nahe an der Oberfläche. Da sowohl er als auch sie wußten, daß ein allgemeiner Krieg nicht ausgeschlossen war, wurde eine Reihe radikaler Drohungen gegen die Juden in zunehmendem Maße in die Vision eines erlösenden Endkampfes zur Errettung der arischen Menschheit einbezogen.

Während der Wochen, in denen Hitler bei seinen Gesprächen mit ausländischen Würdenträgern auf das schreckliche Schicksal anspielte, das die Juden erwartete, und sie öffentlich mit Vernichtung bedrohte, wurde er ständig über die Verhandlungen auf dem laufenden gehalten, die zwischen deutschen Vertretern und dem in Evian gebildeten Zwischenstaatlichen Komitees für das Problem der deutschen Flüchtlinge über die Formulierung eines Gesamtplans zur Auswanderung der Juden aus Deutschland stattfanden. Die Verhandlungen entsprachen den allgemeinen Anweisungen, die Göring am 12. November und am 6. Dezember 1938 erteilt hatte. Zwar hatte Hitler umfassende Kenntnis vom Fortgang der Diskussionen, aber für die aktuellen Schritte war Göring zuständig.[17]

Im November 1938, in einem frühen Stadium, hatte Ribbentrop versucht, in diesen Verhandlungen, die er zunächst völlig abgelehnt hatte, eine Rolle zu spielen, indem er Hans Fischböck, dem früheren NS-Wirtschaftsminister von Österreich, den Auftrag erteilte, Kontakte zum Zwischenstaatlichen Komitee herzustellen. Das Ribbentrop-Fischböck-Intermezzo dauerte nicht lange, und im Dezember übernahm Schacht, der mittlerweile Präsident der Reichsbank war, zuerst in London und dann in Berlin die Verhandlungen mit Rublee. Am 16. Januar 1939 erwähnte Hitler in einem Gespräch mit dem ungarischen Außenminister Graf Csáky die Möglichkeit, die Frage der jüdischen Auswanderung mittels eines Finanzplans zu lösen.

Schacht wurde am 20. Januar 1939 durch Hitler von seiner Position als Reichsbankpräsident abgelöst – aus Gründen, die mit den Verhandlungen mit Rublee überhaupt nicht zusammenhingen (hauptsächlich als Reaktion auf eine Denkschrift, in der er Hitler vor den finanziellen Schwierigkeiten gewarnt hatte, die aus dem Tempo resultierten, in dem sich die Militärausgaben entwickelten); Rublee, ein politischer Beauftragter, war Mitte Februar 1939 zurückgetreten, um in seine Anwaltspraxis zurückzukehren. Dennoch wurden die Kontakte fortgesetzt: Helmut Wohlthat, einer der höchsten Beamten der Behörde des Vierjahresplans, übernahm auf deutscher Seite die Verhandlungsführung, und der britische Diplomat Sir Herbert Emerson vertrat von nun an das Zwischenstaatliche Komitee. Eine grundsätzliche Übereinkunft zwischen Wohlthat und Rublee war am 2. Februar erzielt worden. Wie schon erwähnt, sah sie vor, daß etwa 200 000 Juden im Alter von über 45 Jahren im Großdeutschen Reich bleiben durften, während etwa 125 000 Juden, die zur jüngeren männlichen Bevölkerung gehörten, mit ihren Angehörigen auswandern würden. (Die Zahlen variierten vom einen zum anderen Entwurf geringfügig.) Der Auswanderungsprozeß sollte über einen Zeitraum von drei bis fünf Jahren gestreckt werden, und seine Finanzierung sollte durch eine internationale Anleihe gesichert werden, die vorwiegend von Juden in der ganzen Welt aufgenommen und durch das Vermögen, das den Juden in Deutschland immer noch gehörte, abgesichert werden sollte (dabei handelte es sich um etwa sechs Milliarden Reichsmark minus der Kontribution von einer Milliarde, die den Juden nach dem Pogrom auferlegt worden war). Wie im Haavarah-Abkommen sorgten die Deutschen dafür, daß verschiedene in dem Plan enthaltene Übereinkünfte den Export deutscher Waren fördern und so einen stetigen Fluß von Devisen ins Reich sicherstellen würden. Die Vereinbarung war nichts Geringeres als die Benutzung von Geiseln durch Deutschland, um als Gegenleistung für ihre Freilassung finanzielle Vorteile zu erpressen.

Die konkrete Bedeutung der Vereinbarung hing davon ab, daß der Kredit erfolgreich aufgelegt wurde, und insbesondere davon, daß die Länder oder Gebiete festgelegt wurden, in die die Juden, welche Deutschland verließen, emigrieren sollten. Jede der beteiligten westlichen Mächte hatte ihre bevorzugte territoriale Lösung, bei der es gewöhnlich um die Kolonie oder Halbkolonie eines anderen Landes ging: Angola, Abessinien, Haiti, die Guayanas (heute Guyana, Französisch-Guayana und Suriname), Madagaskar und so fort. In jedem einzelnen Fall trat irgendein Problem auf oder wurde, genauer gesagt, als Vorwand eingeführt; nicht einmal auf dem Papier einigte man sich auf eine Schutzzone, bevor der Ausbruch des Krieges allen derartigen Pseudo-Planungen ein Ende bereitete.

So hatte sich Hitler möglicherweise vorgestellt, daß «die Juden der Welt» durch Anwendung von Druck, Drohungen und großen Projekten bei seinen Aggressionsplänen zum Faustpfand werden würden, weil die Juden Deutschlands jetzt Geiseln in seinen Händen waren.

Am 7. November 1938, als sich das deutsche Außenministerium noch weigerte, irgendwelche Kontakte zum Zwischenstaatlichen Komitee und seinem Vertreter George Rublee zu haben, empfing Staatssekretär Ernst von Weizsäcker den britischen Geschäftsträger Sir George Ogilvie Forbes, um über das Problem zu diskutieren. «Da Forbes angab, Mr. Rublee persönlich von Mexiko her gut zu kennen», schrieb Weizsäcker in einem Vermerk an Untersekretär Ernst Woermann, den Chef der politischen Abteilung, «habe ich ihn gefragt, wieviel prozentig Rublee Arier sei. Forbes glaubt, daß Rublee kein jüdisches Blut habe.»[18] Drei Tage später erkundigte sich Woermann selbst nach Rublees rassischer Abstammung, diesmal bei einem amerikanischen Diplomaten; die Antwort war dieselbe: Rublee war zweifellos Arier. Als der amerikanische Botschafter Hugh Wilson am 15. November zu Ribbentrop kam, um sich von ihm zu verabschieden, empfand der Außenminister das Bedürfnis, noch einmal zu fragen: Wilson mußte mit Bestimmtheit erklären, daß Rublee von französischen Hugenotten abstamme und daß in seinen Adern nicht ein einziger Tropfen jüdischen Blutes fließe.[19]

III

Nach der deutschen Volkszählung vom Mai 1939 und nach verschiedenen Berechnungen, die nach dem Kriege angestellt wurden, lebten zum Zeitpunkt der Volkszählung im Altreich 213 000 Volljuden.[20] Ende 1939 war diese Zahl auf 190 000 zurückgegangen.[21] Seltsamerweise gab ein Bericht des SD vom 15. Juni 1939 an, Ende Dezember 1938 hätten noch 320 000 Volljuden im Altreich gelebt.[22] Für die überhöhten Zahlen, die der SD lieferte, gibt es keine Erklärung (sie passen nicht zu dem, was man weiß, selbst wenn man eine beschleunigte Auswanderung im Laufe des Jahres 1939 in Rechnung stellt). Ganz gleich, was die Gründe für diese Diskrepanzen sind, die demographischen Daten, die das Judenreferat des SD lieferte, sind dennoch bedeutsam. Nur 16 Prozent der jüdischen Bevölkerung (am 31. Dezember 1938) waren jünger als 20 Jahre; 25,93 Prozent waren zwischen 20 und 45, und 57,97 Prozent waren über 45.[23] Diese Angaben passen zu anderen bekannten Schätzungen: Die jüdische Bevölkerung in Deutschland wurde rasch zu einer Gemeinschaft älterer Menschen. Und außerdem verarmte sie hoffnungslos. Während es beispielsweise 1933 in Berlin mehr als 6000 «jüdische» Kleinunternehmen gegeben hatte, war ihre Zahl bis zum 1. April 1938 auf 3105 gesunken. Bis zum Ende des genannten Jahres waren 2570 liquidiert und 535 an Arier «verkauft» worden.[24] Mehr als zwei Jahrhunderte jüdischer Wirtschaftstätigkeit in der preußischen und deutschen Hauptstadt waren zu Ende gegangen.

Die alltägliche Situation dieser Juden wurde in einer Denkschrift beschrieben, die Georg Landauer, der Direktor des Zentralbüros für die Ansiedlung deutscher Juden in Palästina, im Februar 1939 an seinen Jerusalemer Kollegen Arthur Ruppin schickte: «Es verdienen», schrieb Landauer, «nur noch die Beamten der jüdischen Organisationen und einige Zimmervermieter und Mittagstische. ... Im Berliner Westen kann man überhaupt nur noch im Wartesaal des Bahnhof Zoo Kaffee trinken und in chinesischen oder anderen fremdländischen Restaurants essen. Da Juden ständig Wohnungen in Häusern ‹mit gemischter Bevölkerung› gekündigt werden, so ziehen sie immer mehr zusammen und brüten über ihr Schicksal. Viele haben sich vom 10. November noch nicht erholt und sind noch heute auf der Flucht in Deutschland oder verbergen sich in Wohnungen. Die Reisegesellschaften, insbesondere in Paris, knüpfen Verbindungen mit corrumpierbaren Konsulaten – dies gilt besonders für mittel- und südamerikanische Republiken – an und besorgen für hohe Preise und riesige Kommissionen Visa in ausländische Länder. Schon häufig war es der Fall, daß Konsuln auf einmal mehrere hundert Visen ausgegeben und die Gebühr eingesteckt haben und dann von ihren Regierungen abgesetzt worden sind. Die Juden haben dann noch lange keine Einreisemöglichkeit in diese Länder. In den Reisebüros erscheinen die Juden morgens früh, stehen in langen Reihen an und fragen, was für Visa man heute bekommen kann.»[25]

Landauers Beschreibung fand in einem zwei Monate später abgefaßten SD-Bericht ein unheimliches Echo: «Die Abwehrmaßnahmen von Partei und Staat, welche rasch hintereinander folgen, lassen die Juden nicht mehr zu sich kommen; es ist zu beobachten, daß eine ausgesprochene Hysterie bei jüdischen Frauen und Männern einsetzt. Die hoffnungslose Stimmung ist am besten vielleicht durch den Satz einer Ludwigsburger Jüdin gekennzeichnet, die zu erkennen gab, ‹daß sie sich längst das Leben genommen hätte, wenn sie keine Kinder hätte›.»[26]

Die Nationalsozialisten waren sich seit einiger Zeit darüber im klaren, daß sie die Juden, um ihre Auswanderung zu beschleunigen, organisatorisch noch fester in den Griff bekommen mußten als bisher und daß sie selbst auch eine zentralisierte Auswanderungsbehörde nach Wiener Muster einrichten mußten, um alle Emigrationsmaßnahmen des Altreichs zu koordinieren.

Die Errichtung der neuen Körperschaft, die von nun an die Juden in Deutschland repräsentieren sollte, wurde im Sommer 1938 eingeleitet. Anfang 1939 waren dann ihre Form und ihre Funktion klar. Nach einem Rundschreiben der Düsseldorfer Gestapo sollten «bei allen vorbereitenden Maßnahmen zur Auswanderung der Juden ... in erheblichem Maße die jüdischen Organisationen herangezogen werden. Zu diesem Zweck ist es erforderlich, alle bei den derzeit bestehenden verschiedenartigen jüdischen Organisationen verstreut liegenden Mittel in einer einzigen Organisation für das ganze Reich zusammenzufassen. Der Reichsvertretung der Juden in Deutschland ist daher aufgegeben worden, eine sogenannte Reichsvereinigung der Juden zu bilden und dafür zu sorgen, daß gleichzeitig alle bisher bestehenden jüdischen Organisationen verschwinden und ihre gesamten Einrichtungen der Reichsvereinigung zur Verfügung stellen.»[27]

Am 4. Juli 1939 wurde die Reichsvereinigung schließlich durch die Zehnte Verordnung zum Reichsbürgergesetz gegründet. Ihre Hauptfunktion wurde in Artikel 2 eindeutig definiert: «Die Reichsvereinigung hat den Zweck, die Auswanderung der Juden zu fördern.»[28] Doch trotz der eindeutigen Prioritäten der Nationalsozialisten behandelte der größte Teil der Verfügung andere Funktionen wie Bildung, Gesundheit und insbesondere Fürsorge: «Die Reichsvereinigung ist außerdem ... Träger der freien jüdischen Wohlfahrtspflege.» Und der Innenminister wurde befugt, der neuen Organisation weitere Aufgaben zu übertragen.[29] So vermittelte die Struktur der Verordnung ganz eindeutig den Eindruck, daß die Nationalsozialisten selbst nicht an den Erfolg der Auswanderungskampagne glaubten. Praktisch wurde die Reichsvereinigung zum ersten der Judenräte, der von den Nationalsozialisten kontrollierten jüdischen Organisationen, die in den meisten Teilen des besetzten Europa ihren jeweiligen Gemeinden die Befehle ihrer Herren über Leben und Tod übermitteln sollten.

Einige Monate zuvor, am 24. Januar, hatte Göring den Innenminister davon verständigt, daß im Rahmen des Ministeriums, aber unter alleiniger Verantwortung Heydrichs, eine Reichszentrale für jüdische Auswanderung errichtet wurde: «Die Reichszentrale hat die Aufgabe, für das gesamte Reichsgebiet einheitlich 1. alle Maßnahmen zur Vorbereitung einer verstärkten Auswanderung der Juden zu treffen. ...; 2. die Auswanderung zu lenken, u. a. für eine bevorzugte Auswanderung der Juden zu sorgen; 3. die Durchführung der Auswanderung im Einzelfall zu beschleunigen.»[30] Zum Chef der neuen Reichszentrale ernannte Heydrich den Leiter der Gestapo, SS-Standartenführer Heinrich Müller.

Am 30. Oktober 1938 schrieb der Ortsgruppenleiter von Altzenau (Gau Mainfranken) an die Kreisleitung der NSDAP in Aschaffenburg, daß zwei Häuser, die verschiedenen Mitgliedern einer jüdischen Familie namens Hamburger gehörten, von Parteigenossen erworben werden sollten, und zwar jedes zur Hälfte des Marktwertes von 16 000 RM. Die Ortsgruppe bat um Erteilung der Genehmigung zum Kauf eines der beiden Häuser. Im Juni 1939 erteilte die Kreisleitung die Genehmigung und setzte den Preis auf 6000 RM, etwas mehr als ein Drittel des tatsächlichen Wertes, fest. Im Dezember 1938 informierte derselbe Parteichef von Alzenau seinen Kreisleiter, daß Juden, denen – zum 1. Januar 1939 – die Führung von Geschäften nicht mehr gestattet war, ihre Waren zu Schleuderpreisen verkauften. Die Bevölkerung fragte an, ob sie ungeachtet des Verbots, bei Juden zu kaufen, die jüdische Ware erwerben könne.[31]

Die Juden in Deutschland, denen es nicht gelungen war zu fliehen, wurden in zunehmendem Maße von der öffentlichen Fürsorge abhängig. Wie im vorigen Kapitel bemerkt, wurden Juden vom 19. November 1938 an aus dem allgemeinen Wohlfahrtssystem ausgeschlossen: Sie mußten sich an besondere Stellen wenden, und an sie wurden andere und weit strengere Beurteilungskriterien angelegt als an die allgemeine Bevölkerung. Die deutschen Fürsorgebehörden versuchten, die Last auf die jüdischen Wohlfahrtsdienste abzuwälzen, aber auch dort waren die verfügbaren Mittel durch die zunehmende Not überbeansprucht. Die Lösung für das Problem wurde bald erkennbar, und am 20. Dezember 1938 erließ die Reichsanstalt für Arbeitsvermittlung und Arbeitslosenversicherung eine Verfügung, wonach alle arbeitslosen Juden, die arbeitsfähig waren, sich zu Zwangsarbeit melden mußten. «Es war offensichtlich, daß den Juden nur ausgesuchte schwere und unangenehme Arbeit zugeteilt werden sollte. Baustellen, Straßen- und Wegebau, Abfallbeseitigung, öffentliche Toiletten und Kläranlagen, Steinbrüche und Kiesgruben, Kohlenhandlungen und Knochenarbeit wurden als passend angesehen.»[32] Doch aus der Sicht der Nationalsozialisten schuf diese Verfügung eine Reihe neuer Probleme.

Beispielsweise hatten einige der den Juden zugeteilten Aufgaben besondere nationale Bedeutung oder waren mit dem Namen des Führers verbunden, was für einige Parteigenossen ein unannehmbares Sakrileg bedeutete. «Der Einsatz von Juden bei den Autobahnen», schrieb der Generalinspekteur der deutschen Straßen am 22. Juni 1939 an den Reichsarbeitsminister, «ist m. E. mit dem Ansehen, das den Reichsautobahnen als den ‹Straßen des Führers› zukommt, nicht in Einklang zu bringen.» Der Generalinspekteur schlug vor, Juden nur bei Arbeiten einzusetzen, die in indirektem Zusammenhang mit dem Bau oder der Instandsetzung von Autobahnen standen, wie etwa in Steinbrüchen und dergleichen.[33]

Die Verordnung vom Dezember 1938 hatte jüdischen Arbeitern eine strenge Isolierung auferlegt: sie mußten «abgesondert von der Gefolgschaft» gehalten werden.[34] Doch in vielen Fällen, insbesondere in der Landwirtschaft, ließ sich ein Kontakt nicht vermeiden. Die Reaktionen von Parteiaktivisten waren vorhersehbar. Am 13. April 1939 schrieb ein

Kreisleiter in Baden an ein örtliches Arbeitsamt: «Diejenigen Bauern, die heute noch Juden zur Arbeit in ihrem Hause aufnehmen, sind diejenigen, die diese Juden von früher her sehr gut kennen, mit ihnen Geschäfte gemacht haben und womöglich noch Schulden bei den Juden haben, denn ein anständiger deutscher Bauer, der nur einen Dunst von Nationalsozialismus in sich aufgenommen hat, wird niemals einen Juden in sein Haus aufnehmen. Es fehlt dann nur noch, daß die Juden auch dort noch übernachten, dann sind aber unsere Rassegesetze illusorisch.»[35]

Noch ernstere Besorgnis wurde in einem Brief eines Kreisleiters in Mannheim an den Direktor des Arbeitsamtes dieser Stadt geäußert. Dabei ging es um die Beschäftigung «des Juden Doiny» in einer örtlichen Bäckerei. Der Kreisleiter konnte nicht verstehen, wie ein Jude im Lebensmittelgewerbe beschäftigt werden konnte. Sollten die Volksgenossen in einer Bäckerei kaufen, in der das Brot von einem Juden gebacken wurde?[36] Gelegentlich ließen sich solche gefährlichen Kontakte auf summarische Weise beseitigen. Am 29. August 1939 konnte der Regierungspräsident von Hildesheim alle Landräte und Oberbürgermeister in seinem Bezirk von einer ziemlich gewichtigen Neuigkeit unterrichten: «Eine gewerbliche Betätigung jüdischer Friseure und jüdischer Bestattungsunternehmen scheidet im Regierungsbezirk Hildesheim aus.»[37]

Inzwischen ging während der Vorkriegsmonate des Jahres 1939 die Konzentration von Juden in Gebäuden, die sich in jüdischem Besitz befanden, weiter; sie wurde, wie erwähnt, durch die Verordnung vom 30. April erleichtert, welche die Kündigung von Mietverträgen mit Juden erlaubte. In Berlin wurde die gesamte Operation von der Behörde Speers angeheizt, und die städtischen Stellen begannen mit Unterstützung der Partei, arische Vermieter zur Kündigung ihrer Verträge mit jüdischen Mietern zu drängen. Druck war allerdings, wie es in einem offiziellen Bericht heißt, nötig, «da Juden ‹aus politischen Gründen die ruhigsten und bescheidensten Mieter› seien, die die Hausbesitzer nicht ‹belästigen› würden».[38] Nachdem die Umquartierungen stattgefunden hatten, wurde deutlich, daß die Gebiete, die von Juden gesäubert worden waren, genau mit denen übereinstimmten, die von Speers Behörden als «judenreine Gebiete» aufgeführt worden waren.[39]

Irgendwann fand das Propagandaministerium heraus, daß 1800 Fensteröffnungen, die jüdischen Bewohnern gehörten, auf den geplanten riesigen Boulevard, die Ost-West-Achse, hinausgehen würden. Da das gefährlich sein konnte, sollte Hitler gefragt werden, welche geeigneten Maßnahmen zu ergreifen wären.[40]

Selbst die brutalsten Systeme machen bei denen, die sie zu Opfern ausersehen haben, manchmal Ausnahmen. Im nationalsozialistischen Deutschland bezogen sich solche Ausnahmen nie auf «Volljuden», sondern nur auf einige Mischlinge, die entweder (wie Milch, Warburg und Chaoul) als ungewöhnlich nützlich galten oder (wie Albrecht Haushofer) besonders gute Verbindungen hatten. Doch in außerordentlich seltenen Fällen konnten Ausnahmen auch für Mischlinge ersten Grades gelten, die so unbedeutend und so hartnäckig waren, daß Staats- und Parteibürokratie schließlich nachgaben. Dies sollte der unwahrscheinliche Schluß der Geschichte von Karl Berthold sein, dem Chemnitzer Verwaltungsangestellten, dessen Kampf um seine Stellung wir hier seit seinem Beginn im Jahre 1933 verfolgt haben.

In ihrem Brief vom 23. Januar 1936 an den Reichsarbeitsminister hatte Karl Bertholds Ehefrau Ada nur Verzweiflung geäußert: Durch den dreijährigen Kampf ihres Gatten waren sie beide gesundheitlich und seelisch zerrüttet. Für Ada Berthold gab es jetzt nur eine einzige Hoffnung: eine Begegnung mit Hitler.[41] Die Audienz wurde nicht gewährt, und genau um dieselbe Zeit erhielt Berthold von der Reichsstelle für Sippenforschung des Reichsinnenministeriums die Anweisung, sich im Institut für Rassen- und Völkerkunde an der Universität Leipzig einer rassischen Untersuchung zu unterziehen.[42] Inzwischen hatte die Reichsstelle für Sippenforschung in Amsterdam den mutmaßlichen jüdischen Vater gefunden; doch der Mann bestritt, der Vater von Karl Berthold zu sein. Die rassische Untersuchung fiel jedoch nicht zugunsten des Untersuchten aus: «Eine Anzahl von Merkmalen deuten ... auf einen jüdischen Erzeuger hin.»[43] Im November 1938 erging das Urteil: Berthold mußte aus seiner Stellung entlassen werden. Da spielte er seine letzte Karte aus: eine persönliche Eingabe an den Führer. In ihr faßte Berthold ganz klar seine Situation zusammen: «Seit dem 1. April 1924 bin ich als Dauer-Angestellter beim Versorgungsamt Chemnitz tätig, wo seit nun fast 5 Jahren ein Verfahren auf Dienstentlassung wegen Nichtbeibringung der arischen Abstammung geschwebt hat. Seit dieser Zeit wird nun nach dem mir völlig unbekannten Vater (ich bin unehelich geboren) gefahndet. Eine Vaterschaft ist auch bei Gericht niemals anerkannt worden. Einzig und allein der Umstand, daß meine verstorbene Mutter einen jüdischen Namen angegeben hat, ist mir die Angelegenheit ohne jeden objektiven Nachweis zum Verhängnis geworden. Da, wie bereits erwähnt, der Erzeuger nie festgestellt werden konnte, hatte man nunmehr eine Untersuchung beim Institut für Rassen- und Völkerkunde in Leipzig angeordnet, der ich auch Folge geleistet habe. Hier soll nun festgestellt worden sein, daß sich bei mir jüdische Merkmale herausgestellt haben. Auf Grund des hierauf erstatteten Abstammungsbescheides vom 23. Mai 1938 hat der Herr Reichsarbeitsminister ... meine Entlassung beim Versorgungsamt Chemnitz verfügt.»

Nach der Beschreibung der tragischen Folgen dieser Situation für ihn selbst und seine Familie fuhr Berthold fort: «Ich fühle mich als echter

Deutscher, mit echtem deutschen Herzen, der von Juden nie etwas gesehen und gehört hat und diese auch nie kennen lernen will.» Er zählte die Ereignisse der deutschen Geschichte des 19. Jahrhunderts auf, an denen seine Vorfahren mütterlicherseits beteiligt gewesen waren, und ebenso alle nationalen Verpflichtungen, die er und seine Mutter im Kriege erfüllt hatten. Seit März 1933 war er Parteimitglied gewesen und hatte «dummerweise» 1936 wegen der laufenden Untersuchung seine Mitgliedschaft aufgegeben. Von seinen drei Söhnen war der jüngste im Jungvolk, der nächste war Hitlerjunge, und der älteste war im dritten Jahr Soldat.

«So liegen meine Verhältnisse», fuhr Berthold fort, «die doch bestimmt als normal anzusehen sind und aus denen hervorgeht, daß ich in keiner Weise mit dem Judengesindel etwas zu tun habe.»[44]

Die Eingabe Bertholds wurde von der Kanzlei des Führers an das Büro des Stellvertreters des Führers, Rudolf Heß, weitergeleitet. Im Februar 1939 sah es so aus, daß die Antwort negativ ausfallen würde. Doch am 16. August 1939 verkündete ein Brief vom Stellvertreter des Führers an den Arbeitsminister – «Betrifft: Weiterbeschäftigung eines jüdischen Mischlings im öffentlichen Dienst» – das Urteil: Karl Berthold sollte seine Stellung als Angestellter des Versorgungsamtes Chemnitz behalten dürfen.[45]

Die Geschichte Karl Bertholds in den ersten sechs Jahren des Regimes zeigt im kleinen, wie eine moderne Bürokratie der effiziente Lieferant von Ausschließung und Verfolgung sein konnte und sich zugleich dadurch bremsen ließ, daß ein Individuum die Schlupflöcher des Systems, die Mehrdeutigkeit der Verfügungen und die unendliche Vielfalt individueller Situationen ausnutzte. Wären Partei und Staat in den dreißiger Jahren nicht entschlossen gewesen, alle mit Juden zusammenhängenden Fragen bis ins kleinste Detail zu behandeln und insbesondere alle juristischen oder verwaltungsmäßigen Ausnahmefälle zu lösen, dann hätte die gesamte Politik schon allein infolge der Komplexität der Aufgabe zum Erliegen kommen können. Das ist vielleicht der bezeichnendste Beweis für die erbarmungslose Hartnäckigkeit der antijüdischen Bemühung, eine Art von Entschlossenheit, die durch bloße bürokratische Routine allein nicht zu mobilisieren gewesen wäre.

Es ist schwierig, ein klares Bild von den Einstellungen zu gewinnen, die gewöhnliche Deutsche gegenüber den zunehmend unglücklichen Juden hatten, die im Frühjahr 1939 unter ihnen lebten. Wie aus dem SOPADE-Bericht über die Reaktionen der Bevölkerung auf die Gruppe von Juden, die in jenen Wochen über die Westgrenze hin- und hergeschickt wurden, hervorging, mischten sich Haß und Mitgefühl, wobei die Unterschiede möglicherweise vom Lebensalter abhingen. Denselben gemischten Eindruck erhält man aus Memoiren wie denen von Valentin Senger, einem Juden, der die NS-Zeit in Frankfurt überlebte,[46] oder aus den Tagebüchern Victor Klemperers. Es besteht kein Zweifel, daß zumindest in kleineren Städten und Dörfern einige Leute immer noch in jüdischen Geschäften kauften, auch wenn im Prinzip nach dem 1. Januar 1939 kein jüdisches Unternehmen (sofern es nicht ein Exportbetrieb war oder ausländischen Juden gehörte) mehr tätig sein durfte. Wie anders soll man den vertraulichen Bericht erklären, den die Kreisleitung Bernburg am 6. Februar an die Kreisleitung in Rosenheim richtete – mit dem Betreff: «Kundenlisten der jüdischen Geschäfte des Kreises Bernburg»? Der Bericht enthielt nicht nur eine Liste von «festgestellten Judenkäufern», sondern gibt auch jeweils den Inhaber des Geschäftes, die Zeit des Kaufes und den Zahlbetrag an.[47]

Am 6. Mai 1939 informierte die Gendarmeriestation Fischbach das Arbeitsamt Augsburg über ihren Versuch, drei Männer der ortsansässigen Familie Levi (Manfred Israel, Sigbert Israel und Leo Israel) zur Zwangsarbeit in die Ziegelei Hartmann in Gebelbach zu schicken. Während sich Manfred Levi in Altona auf einem zionistischen Umschichtungskurs für die Auswanderung nach Palästina befand, waren Sigberts und Leos deutsche Arbeitgeber persönlich auf der Gendarmeriestation erschienen, um die Genehmigung zu erbitten, die Beschäftigung ihres jüdischen Schreiners und ihres jüdischen Gärtners fortsetzen zu dürfen.[48]

Die Überwachung der Kirchen durch die Gestapo zeigt dieselben gemischten Einstellungen. So erklärte im Januar 1939 auf einer Versammlung der evanglischen Kirche in Ansbach ein gewisser Dr. med. Knorr-Köslin, im heutigen Deutschland müsse der Satz «Alles Heil kommt von den Juden» aus der Bibel gestrichen werden; der Bericht gibt an, daß auf Knorr-Köslins Ausbruch hin unter den Zuhörern entrüstete Worte laut wurden; es könnte sein, daß der Protest rein religiöse Gründe hatte.[49] Als andererseits Pastor Schilffarth aus Streitberg erklärte, «daß durch die Taufe auch die Juden und die Heiden Christen würden», entgegnete einer seiner jungen Schüler (der Bericht spricht von einer «kräftigen, verdienten Abfuhr»): «Herr Pfarrer, wenn einem Juden 6 Kübel Wasser auf den Kopf geschüttet werden, dann bleibt er doch noch ein Jude.»[50]

In kleinen Städten vermieden einige städtische Beamte die vorgeschriebenen Formen der Anrede von Juden. Als die Stadtverwaltung von Goslar Anfang 1939 mit dem Vorsteher der örtlichen jüdischen Gemeinde über den Ankauf des Synagogengebäudes verhandelte, richteten sie ihre Briefe an «Herrn Kaufmann W. Heilbrunn», ohne Verwendung des obligatorischen «Israel».[51]

Und doch ... In einer Tagebucheintragung vom Dezember 1938 erzählt Victor Klemperer von einem Polizisten, der ihm in der Vergangenheit freundlich, ja ermutigend begegnet war. Als er ihn in diesem Monat in der Stadtverwaltung der kleinen Stadt, in der die Klemperers ein Landhaus hatten, traf, ging derselbe Polizist «starr in die Luft blickend möglichst fremd an mir vorbei. Der Mann repräsentiert», so Klemperers Kommentar, «in seinem Verhalten wahrscheinlich 79 Millionen Deutsche.»[52]

Im Rückblick auf die ersten sechs Jahre des Regimes läßt sich mit einiger Gewißheit soviel sagen: Die deutsche Gesellschaft als ganze lehnte die antijüdischen Initiativen des Regimes nicht ab. Die Identifizierung Hitlers mit der antijüdischen Kampagne in Verbindung mit dem Bewußtsein der Bevölkerung, daß die Nationalsozialisten entschlossen waren, in diesem Punkt energisch vorzugehen, mag die Trägheit oder vielleicht die passive Komplizenschaft der überwiegenden Mehrheit in einer Angelegenheit verstärkt haben, die von den meisten ohnehin im Vergleich zu ihren Hauptinteressen als nebensächlich betrachtet wurde. Wir sahen, daß wirtschaftliche und religiöse Interessen ein gewisses Maß an Dissens auslösten, hauptsächlich unter der Bauernschaft und bei Katholiken und Mitgliedern der Bekennenden Kirche. Ein derartiger Dissens führte jedoch mit Ausnahme einiger Einzelfälle nicht dazu, daß die jeweilige Politik offen in Frage gestellt wurde. Doch in den dreißiger Jahren verlangte die deutsche Bevölkerung, deren große Mehrheit in der einen oder anderen Form den traditionellen Antisemitismus vertrat, keine antijüdischen Maßnahmen, und sie rief auch nicht nach ihrer extremsten Verwirklichung. Unter den meisten «gewöhnlichen Deutschen» gab es Einverständnis mit der Absonderung der Juden und ihrer Entlassung aus dem öffentlichen Dienst; es gab individuelle Initiativen, um aus ihrer Enteignung Nutzen zu ziehen; und es gab ein gewisses Maß an Schadenfreude beim Mitansehen ihrer Erniedrigung. Doch außerhalb der Reihen der Partei gab es keine massive Agitation in der Bevölkerung, die darauf gerichtet war, sie aus Deutschland zu vertreiben oder Gewalttätigkeiten gegen sie zu entfesseln. Die Mehrheit der Deutschen akzeptierte einfach die vom Regime unternommenen Schritte und sah – wie der Polizist Klemperers – weg.[53]

Aus den Reihen der Partei ergoß sich der Haß in immer brutalerer und offenerer Weise. Manchmal weiß man, ebenso wie bei anonymen Denunzianten, nicht, ob er seinen Ursprung in der Partei oder unter nicht zu ihr gehörigen Bürgern hatte. Jedenfalls nahmen die Denunziationen kurz vor dem Kriege derartige Ausmaße an, daß Frick auf Befehl von Göring eingreifen mußte und am 10. Januar 1939 einen Brief an eine ganze Reihe von Dienststellen in Verwaltung und Polizei richtete.

Das Thema des als «Vertraulich!» gekennzeichneten Briefes von Frick lautete kurz und bündig «Judenfrage und Denunziantentum». In dem

Schreiben wurde ausgeführt, daß anläßlich einer Besprechung mit Göring über die Notwendigkeit der Ausschaltung der Juden aus der deutschen Wirtschaft und des Einsatzes ihres Vermögens für die Zwecke des Vierjahresplans der Generalfeldmarschall davon gesprochen habe, «wie in letzter Zeit beobachtet worden sei, daß *deutsche* Volksgenossen um deswillen denunziert wurden, weil sie früher einmal in jüdischen Geschäften gekauft, bei Juden gewohnt oder sonst mit Juden in geschäftlicher Beziehung gestanden haben». Göring sah dies als einen sehr unerfreulichen Mißstand an, der seiner Ansicht nach die Verwirklichung des Vierjahresplans beeinträchtigen konnte: «Der Herr Generalfeldmarschall wünscht daher, daß diesem Unwesen nach Kräften Einhalt getan wird.»[54]

Fricks Anordnung drang wahrscheinlich nicht bis zur Parteigenossin Sagel in Frankfurt. Am 14. Januar 1939 beschwerte sich ein Lebensmittelhändler namens Karl Schué bei seinem Ortsgruppenleiter, die Parteigenossin Sagel habe ihn wegen des Verkaufs von Butter an einen Juden (den einzigen, schrieb Schué, «der noch bei mir seine Butteranmeldung laufen hat») zur Rede gestellt und ihm mitgeteilt, daß er deswegen bei der Ortsgruppe angezeigt worden sei. Schué nahm den Fall zum Anlaß, die Geschichte seiner wirtschaftlichen Schwierigkeiten als kleiner Geschäftsmann auszubreiten, und kam dann auf die Parteigenossin Sagel zurück: «Vielleicht klären Sie auch die Pgn. Sagel auf, daß ich kein Uniformträger bin, da sie mir erklärte, daß ich meine Uniform ausziehen soll. Es ist wirklich traurig», schloß er, «daß heute noch in Groß-Deutschland derartige Zwischenfälle auftreten, anstatt einem kämpfenden Geschäftsmann auf die Beine zu helfen und seiner Familie ernste Aufregungen zu ersparen.»[55]

Es könnte sein, daß Denunziationen nur dann verboten waren, wenn sie Ereignisse der fernen Vergangenheit betrafen. Vorfälle jüngeren Datums waren etwas anderes. Am Sonntag, dem 25. Juni 1939, berichtete Fridolin Billian, Zellenleiter und Lehrer aus Theilheim, Landkreis Schweinfurt, Regierungsbezirk Mainfranken, auf der Gendarmeriestation Theilheim, der sechzehnjährige Jude Erich Israel Oberdorfer, Sohn eines Pferdehändlers, habe an Gunda Rottenberger, der zehn Jahre alten Tochter eines Arbeiters, unzüchtige Handlungen vorgenommen. Die Geschichte hatte er von Gundas Mutter erfahren, angeblich deshalb, weil Gunda zugegeben hatte, daß Erich Oberdorfer sie in den Stall gelockt und ihr erklärt habe, sie bekäme fünf Pfennig, wenn sie ihre Unterhose ausziehen würde. Oberdorfer bestritt den Vorwurf; Gunda selbst sagte, er habe das Angebot gemacht, es sei aber nichts geschehen, als sie sich weigerte; sie hätten im Stall nur Kirschen gegessen, und zur Erklärung ihres langen Ausbleibens hätten sie beschlossen, Gundas Mutter zu sagen, daß sie die Hühner gezählt hätten.[56]

Nachdem sich die Theilheimer Polizei außerstande sah, von Gunda Rottenberger selbst eine Bestätigung für ein Sexualdelikt zu erhalten, übernahm die Gestapo den Fall und präsentierte eine gewisse Maria Ums, die bereitwillig zugab, daß der mit ihr gleichaltrige Erich vor einigen Jahren (sie konnte sich nicht erinnern, vor wievielen) ihre Genitalien berührt und sogar sein Glied in ihr «Geschlechtsteil hineingesteckt» habe. Dann meldete sich ein gewisser Josef Schäfner. Er erinnerte sich, daß Erichs Vater, Siegfried Oberdorfer, ihm erzählt habe, er habe im Kriege einem Leutnant sein Seitengewehr auf den Kopf geschlagen (weil der Leutnant ihn als «grätzigen Juden» bezeichnet hatte), und der Leutnant sei danach gestorben. Siegfried Oberdorfer stritt alles ab; seinen Aussagen zufolge war dies eine Geschichte, die Schäfner erfunden hatte und in den Wirtshäusern der Gegend verbreitete, wenn er betrunken war.[57]

1940 waren die Untersuchungen im Falle des jungen Erich Oberdorfer beendet: Er wurde zu einem Jahr Gefängnis verurteilt. 1941, nach seiner Entlassung aus dem Gefängnis Schweinfurt, wurde er als Rassenschänder nach Buchenwald geschickt.[58] Seine Akte wurde geschlossen, und vermutlich ging auch sein kurzes Leben zu Ende.

Im April 1939 erzielte das Ministerium für kirchliche Angelegenheiten eine Übereinkunft mit der Evangelischen Kirchenführerkonferenz über die weiteren Beziehungen zwischen den protestantischen Kirchen und dem Staat. Die Vereinbarung war stark von der Ideologie der Deutschen Christen beeinflußt, wurde aber dennoch von einer Mehrheit der deutschen Pastoren nicht abgelehnt, zumindest nicht formell; die Godesberger Erklärung, die im selben Monat abgegeben wurde, gab dieser neuen Aussage ihr volles Gewicht.

«Wie ist das Verhältnis von Judentum und Christentum?» fragte sie. «Ist das Christentum aus dem Judentum hervorgegangen und also seine Weiterführung und Vollendung, oder steht das Christentum im Gegensatz zum Judentum? Auf diese Frage antworten wir: Der christliche Glaube ist der unüberbrückbare religiöse Gegensatz zum Judentum.»[59]

Einige Wochen später trafen sich die Unterzeichner der Godesberger Erklärung auf der Wartburg bei Eisenach – an einer Stätte, die dem Andenken an Luther geweiht ist und durch ihre Verbindung zu den deutschen Burschenschaften Bedeutung hat –, um das Institut zur Erforschung und Beseitigung des jüdischen Einflusses auf das deutsche kirchliche Leben zu eröffnen. Dazu schreibt ein Historiker der deutschen Kirchen: «Eine überraschend große Zahl von Akademikern stellte sich dem Institut zur Verfügung, welches zahlreiche dicke Bände mit Tagungsberichten herausbrachte und eine revidierte Version des Neuen Testaments erstellte (die Anfang 1941 in einer Auflage von 200000 Stück erschien). Darin waren Begriffe wie Jehova, Israel, Zion und Jerusalem, die man als jüdisch ansah, getilgt.»[60]

Die Säuberung des Christentums von seinen jüdischen Elementen war allerdings eine Sisyphusarbeit. Gerade um die Zeit der Godesberger Erklärung, als das Eisenacher Institut gegründet wurde, richtete das Hauptschulungsamt der Partei eine dringende Anfrage an den SD: Konnte es sein, daß Philipp Melanchthon, möglicherweise die wichtigste deutsche Gestalt der Reformation nach Martin Luther selbst, nichtarischer Abstammung war? Das Hauptschulungsamt hatte diese unwillkommene Information in einem neuen Buch eines gewissen Hans Wolfgang Mager entdeckt, in dem der Autor auf S. 16 behauptete: «Der nächste Mitarbeiter und Vertraute Martin Luthers, Philipp Melanchthon, war ein Jude!» Der SD antwortete, er könne solche Nachforschungen nicht tätigen; wahrscheinlich wäre die Reichsstelle für Sippenforschung die richtige Adresse.[61]

Ob der Fall Melanchthon noch näher untersucht wurde oder nicht, es sieht so aus, als sei der große Reformator nicht aus dem Schoß der Kirche ausgeschlossen worden. Leichter war es, geringere Diener der Kirche zu entfernen, beispielsweise Pastoren und Gläubige jüdischer Abstammung. Am 10. Februar 1939 verbot die Evangelische Kirche von Thüringen ihren eigenen getauften Juden den Zutritt zu ihren Gotteshäusern. Zwölf Tage später schloß sich ihr die Evangelische Kirche von Sachsen an; das Verbot breitete sich dann auf die Kirchen von Anhalt, Mecklenburg und Lübeck aus. Im Frühsommer wurden alle Pastoren nichtarischer Herkunft entlassen. Der Brief, den der Präsident des Landeskirchenamtes am 11. Juli 1939 an den Pfarrverwalter Max Weber aus Neckarsteinach in Nassau-Hessen schickte, bediente sich einer Standardformel: «Der Ihnen durch Verfügung vom 10. 1. 1936 – Nr. 94 I – unter dem Vorbehalt jederzeitigen Widerrufs erteilte Auftrag, die Pfarrei Neckarsteinach zu verwalten, wird hiermit zurückgenommen, und Sie werden mit Ende Juli ds. Js. aus der dortigen Stellung entlassen. Der Leiter der Deutschen Evangelischen Kirchenkanzlei hat unter dem 13. Mai 1939 – K. K. 420/39 – angeordnet, daß die Bestimmungen des Deutschen Beamtengesetzes vom 26. Januar 1937 [durch die alle Mischlinge aus dem Staatsdienst ausgeschlossen wurden] schon jetzt auf dem Verwaltungswege für die Geistlichen und Kirchenbeamten angewandt werden. Nach den Bestimmungen des Deutschen Beamtengesetzes kann aber nur Beamter werden, wer deutschen oder artverwandten Blutes ist (siehe § 25). Da Sie als Mischling zweiten Grades (ein volljüdischer Großelternteil) nicht deutschen oder artverwandten Blutes sind und daher bei sinngemäßer Anwendung der Bestimmung im Deutschen Beamtengesetz kein Geistlicher werden bzw. bleiben können, mußte Ihre Entlassung ausgesprochen werden.»[62]

Das Eisenacher Institut beschäftigte sich mit Juden und mit Spuren des Judentums im Christentum; das Projekt der Gründung eines Instituts zur Erforschung jüdischer Fragen in Frankfurt dagegen richtete sich auf die umfassende Aufgabe, alles, was mit Juden zu tun hatte, einer wissenschaftlichen Prüfung aus nationalsozialistischer Sicht zu unterziehen. Die Existenz einer großen Forschungsbibliothek mit Literatur über jüdische Fragen an der Universität Frankfurt sowie die Entzweiung zwischen Walter Frank und Wilhelm Grau – die dazu führte, daß Grau aus seiner Stellung als Direktor der jüdischen Abteilung des Instituts für Geschichte des neuen Deutschland entlassen wurde – ermöglichte es dem Bürgermeister von Frankfurt, Fritz Krebs, im Herbst 1938 den Vorschlag zu machen, das neue Institut möge mit Grau als Direktor errichtet werden.[63] Der Unterrichtsminister und Heß billigten das Vorhaben, und es wurde mit Vorbereitungen begonnen: Zwei Jahre später, 1941, sollte die feierliche Eröffnung stattfinden.

Bei diesen Bemühungen um die Identifizierung von Nichtariern in den verschiedenen kulturellen Bereichen – und bei den auf sie folgenden Säuberungen – war Goebbels ebenfalls aktiv. Seit 1936 erstellte und veröffentlichte das Propagandaministerium Listen von jüdischen, gemischten und mit Juden in Beziehung stehenden Persönlichkeiten, die kulturelle Tätigkeiten ausübten,[64] und verbot ihnen die Mitgliedschaft in nichtjüdischen Organisationen sowie die Ausstellung, Veröffentlichung und Aufführung ihrer Werke. Doch Goebbels hatte offensichtlich das Gefühl, daß er noch keine totale Kontrolle erreicht hatte. So schikanierte der Propagandaminister 1938 und in den ersten Monaten des Jahres 1939 die Leiter der verschiedenen Reichskammern, um auf den neuesten Stand gebrachte und vollständige Listen von Juden zu erhalten, denen die Ausübung ihres Berufes untersagt worden war.[65] Eine Liste nach der anderen wurde dem Propagandaministerium übersandt, begleitet von dem Eingeständnis, daß sie immer noch nicht komplett war. (Eine Probe einer derartigen Liste, die am 25. Februar von der Reichsmusikkammer an den Propagandaminister geschickt wurde: Ziegler, Nora, Klavierlehrerin; Ziffer, Margarete, Privatmusiklehrerin; Zimbler, Ferdinand, Kapellmeister; Zimmermann, Artur, Pianist; Zimmermann, Heinrich, Klarinettist; Zinkower, Alfons, Pianist; Zippert, Helene, Musiklehrerin; … Zwillenberg, Wilhelm, Chordirigent.)[66]

Die Rosenberg-Akten enthalten ähnliche Listen. Ein Dokument enthält Teil 6 einer Liste jüdischer Autoren – derjenigen, deren Namen mit den Buchstaben S bis V beginnen, darunter drei Sacher-Masochs und sechs Salingers, gefolgt von Salingré und Salkind, und endend mit Malea Vyne, die dem Bearbeiter zufolge mit Malwine Mauthner identisch war.[67]

IV

Im Herbst 1938, als der Tannenhof, eine Anstalt für Geisteskranke (die dem evangelischen Kaiserswerther Verband gehörte), über seine neue Satzung beriet, beschloß der Vorstand, diese müsse der «veränderten Einstellung des deutschen Volkes zur Rassenfrage dadurch Rechnung tragen, daß sie die Aufnahme von Patienten jüdischer Abstammung ausschließt. ... Die Anstaltsleitung wird angewiesen, von jetzt ab keine Patienten jüdischer Abstammung aufzunehmen und ... mit dem Ziel, daß die Anstalt baldmöglichst von solchen Patienten frei wird, ist ... Privatpatienten zum nächstmöglichen Termin zu kündigen und bei Normalkranken [jüdischer Abstammung] der Landeshauptmann um Überführung der Kranken in eine andere Anstalt zu bitten.»[68]

Andere evangelische Institutionen hatten bereits einige Monate früher damit begonnen, eine derartige Selektion zu praktizieren. So schrieb am 7. März 1938 Dr. Oscar Epha, der Direktor des Landesvereins für Innere Mission in Schleswig-Holstein, an Pastor Lensch in Alsterdorf: «Ich habe der Hamburger Fürsorgebehörde mitgeteilt, daß wir keine neuen jüdischen Patienten aufnehmen können, und gebeten, die 4 jüdischen Patienten, die wir noch von Hamburg haben, umzutauschen.»[69] Die Initiative der Inneren Mission ging somit dem Runderlaß des Innenministeriums vom 22. Juni 1938 voraus, wonach «die Unterbringung von Juden in Krankenanstalten ... so auszuführen [ist], daß die Gefahr von Rassenschande vermieden wird. Juden sind in besonderen Zimmern unterzubringen.»[70] Wie diese Verordnung durchgeführt werden sollte, war nicht immer klar: «Wir bitten um gefl. Mitteilung», schrieb die Verwaltung des Städtischen Krankenhauses Offenburg am 29. Dezember 1938 an die Krankenhausverwaltung in Singen, «ob dort Juden aufgenommen und bejahendenfalls, ob dieselben mit arischen Kranken zusammengelegt oder ob besondere Zimmer für dieselben bereitgehalten werden.» Die Kollegen aus Singen antworteten prompt: «Da in hiesiger Gegend kein jüdisches Krankenhaus vorhanden ist und wir bis heute noch keine diesbez. Anweisung der zuständigen Dienststelle erhielten, können wir die Aufnahme von Notfällen jüd. Patienten nicht verweigern. Allerdings werden diese jüd. Patienten, da es sich nur um wenige handelt, gesondert untergebracht.»[71] In der Hamburger Gegend dagegen waren die Anweisungen vom Gesundheitsamt unzweideutig: «Wegen der Gefahr einer Rasseschändung ist der Unterbringung der Juden in den Krankenanstalten besondere Aufmerksamkeit zu widmen. Sie müssen von Kranken deutschen oder artverwandten Blutes räumlich getrennt untergebracht werden. Soweit Juden, die nicht bettlägerig krank sind, in Kranken- usw. Anstalten verbleiben müssen, muß ihre Unterbringung und die Regelung ihrer Bewegung im Hause und im

Anstaltsgelände die Gefahr einer Rasseschändung mit Sicherheit ausschließen. ... Ich ersuche daher, dieser Gefahr unter allen Umständen vorzubeugen.»[72]

Tote Juden bereiteten nicht weniger Kopfzerbrechen als kranke. Am 17. März 1939 schrieb die sächsische Dienststelle des Deutschen Gemeindetages an die Zentrale in Berlin, da die Juden ihren eigenen Friedhof in der Nähe hätten, habe der Bürgermeister von Plauen die Absicht, die Beerdigung oder Verbrennung von rassischen Juden auf dem städtischen Friedhof zu untersagen.[73] Der Briefschreiber wollte sich die Rechtmäßigkeit dieser Entscheidung zusichern lassen, die sich offensichtlich gegen konvertierte Juden oder solche, die einfach ihre religiöse Gemeinschaft verlassen hatten, richtete. In seiner Antwort zwei Monate später schrieb Bernhard Lösener, «daß ... die Bestattung von Juden verweigert werden kann, wenn im Gemeindegebiet oder im Bezirk der unteren Verwaltungsbehörde, dem die Gemeinde angehört, ein jüdischer Friedhof vorhanden ist. Der Begriff ‹Jude› ist in den Nürnberger Gesetzen festgelegt. Danach fallen auch getaufte Juden darunter. ... [Es] darf der Eigentümer des jüdischen Friedhofs die Bestattung eines getauften Juden nicht verweigern.» Lösener teilte dem Gemeindetag auch mit, daß ein Friedhofsgesetz in Vorbereitung sei. Ob der Zugang zu einem städtischen Friedhof Juden, welche dort bereits Gräber erworben hatten oder Gräber ihrer verstorbenen Angehörigen pflegen wollten, verweigert werden konnte, war nach Auskunft Löseners eine Frage, die noch erwogen wurde.[74]

V

Die Polenkrise hatte sich im Frühjahr und Sommer 1939 entwickelt. Diesmal stießen jedoch die deutschen Forderungen auf eine unnachgiebige polnische Haltung und – nach der Besetzung von Böhmen und Mähren – auf neue britische Entschlossenheit. Am 17. März gelobte Chamberlain in Birmingham öffentlich, seine Regierung werde keine weiteren deutschen Eroberungen zulassen. Am 31. März garantierte Großbritannien die Grenzen Polens wie auch die einer Reihe anderer europäischer Länder. Am 11. April gab Hitler der Wehrmacht den Befehl, sich für die «Operation Weiß», so der Deckname für den Angriff auf Polen, bereitzuhalten.

Am 22. Mai unterzeichneten Deutschland und Italien ein Verteidigungsabkommen, den Stahlpakt. Zu gleicher Zeit unternahm Hitler, während Großbritannien und Frankreich zögernde und unverbindliche Gespräche mit der Sowjetunion führten, einen erstaunlichen politischen Schritt und eröffnete eigene Verhandlungen mit Stalin. Seine Bereitschaft zu einem Handel mit dem nationalsozialistischen Deutschland hatte der sowjetische Diktator vorsichtig in einer Rede Anfang März zu erkennen gegeben und außerdem durch einen symbolischen Akt: Am 2. Mai entließ er Außenminister Maxim Litwinow und ersetzte ihn durch Wjatscheslaw Molotow. Litwinow war der Apostel der kollektiven Sicherheit, d. h. einer gemeinsamen Front gegen den Nationalsozialismus, gewesen. Außerdem war er Jude.

Am 23. August wurde der deutsch-sowjetische Nichtangriffspakt unterzeichnet; ein begleitendes Geheimprotokoll teilte einen großen Teil Osteuropas in Gebiete auf, die im Kriegsfall schließlich von den beiden Ländern besetzt und kontrolliert werden sollten. Hitler war jetzt davon überzeugt, daß Großbritannien und Frankreich infolge dieses Coups von jeder militärischen Intervention abgeschreckt werden würden. Am 1. September begann der deutsche Angriff auf Polen. Nach einigem Zögern beschlossen die beiden Demokratien, ihrem Verbündeten beizustehen, und am 3. September befanden sich Frankreich und Großbritannien im Krieg mit Deutschland: Der Zweite Weltkrieg hatte begonnen.

In der Zwischenzeit spielten sich in Hitlers Reich andere Vorgänge ab. Bald nachdem in Leipzig das behinderte Knauer-Baby zu Tode gebracht worden war, wies Hitler seinen Leibarzt Karl Brandt (der die Euthanasie ausgeführt hatte) und den Chef seiner privaten Kanzlei, Philipp Bouhler, an, sich um die Identifizierung von Säuglingen zu kümmern, die mit einer Vielzahl körperlicher und geistiger Defekte geboren waren. Diese Vorbereitungen wurden unter strengster Geheimhaltung im Frühjahr 1939 unternommen. Am 18. August wurden Ärzte und Hebammen angewiesen, sämtliche Kinder zu melden, die mit den Defekten geboren wurden, welche von einem Komitee dreier medizinischer Experten aus dem Reichsausschuß für Erbgesundheitsfragen zusammengestellt worden waren. Diese Kinder sollten sterben.[75]

Um die gleiche Zeit wurde noch eine weitere Initiative ergriffen; es war eine, über die, wie wir sahen, die kirchlichen Stellen zunächst vorsichtiges Stillschweigen bewahrten. Irgendwann vor Juli 1939 gab Hitler im Beisein von Bormann und Lammers Staatssekretär Leonardo Conti den Auftrag, mit Vorbereitungen für Erwachseneneuthanasie zu beginnen. Brandt und Bouhler gelang es schnell, Conti loszuwerden, und mit Hitlers Zustimmung übernahmen sie das gesamte Tötungsprogramm. Sowohl der Massenmord an behinderten Kindern als auch der an geisteskranken Erwachsenen war von Hitler beschlossen worden, und beide Operationen wurden unter der Adresse der Kanzlei des Führers geleitet.[76]

Nichts von diesen Dingen konnte bisher irgendwelche Auswirkungen auf die Begeisterung gehabt haben, die Hitler aus der Bevölkerung entgegenschlug, oder auf das inbrünstige Einverständnis der Öffentlichkeit mit vielen Zielen des Regimes. An Hitlers Machtergreifung erinnerte sich eine Mehrheit der Deutschen als den Beginn einer Phase «guter Zeiten». Die Chronologie von Verfolgung, Absonderung, Auswanderung und Vertreibung, die Kette von Demütigungen und Gewalttaten, von Verlust und Beraubung, welche die Erinnerungen der Juden in Deutschland von 1933 bis 1939 prägten, war nicht das, was sich ins Bewußtsein und ins Gedächtnis der deutschen Gesellschaft als ganzer einprägte. Der Historiker Norbert Frei schreibt: «Wie in einem ‹Taumel› – so das oft in dem Zusammenhang gebrauchte Wort – erlebten die Menschen den rasanten wirtschaftlichen und außenpolitischen ‹Wiederaufstieg› Deutschlands. Erstaunlich schnell identifizierten sich viele mit dem sozialen ‹Aufbauwillen› einer ‹Volksgemeinschaft›, die sich alles Nachdenklich-Kritische vom Leibe hielt. ... Man ließ sich betören von der Ästhetik der Reichsparteitage in Nürnberg und bejubelte die Triumphe deutscher Sportler bei den Olympischen Spielen in Berlin. Hitlers außenpolitische Erfolge lösten Begeisterungsstürme aus. ... In der knappen Zeit, die zwischen Beruf und der Inanspruchnahme im wachsenden Dschungel der NS-Organisationen verblieb, genoß man den bescheidenen Wohlstand und privates Glück.»[77]

In dieser Atmosphäre nationaler Hochstimmung und persönlicher Befriedigung feierten am 20. April 1939, etwa vier Monate vor dem Krieg, 80 Millionen Deutsche Hitlers fünfzigsten Geburtstag. In den darauffolgenden Wochen zeigten Hunderte von Kinos begierigen Zuschauern das Gepränge und den Glanz dieses Ereignisses. Die Wochenschau Nr. 451 war ein riesiger Erfolg. Knappe Kommentare leiteten die einzelnen Szenenfolgen ein: «Vorbereitungen zum fünfzigsten Geburtstag des Führers/Dem Schöpfer des Großdeutschen Reiches gelten Dank und Glückwunsch der ganzen Nation/Unaufhörlich werden aus allen Gauen des Reiches und aus allen Schichten des Volkes Geschenke für den Führer in die Reichskanzlei gebracht/Aus aller Welt treffen Gäste in Berlin ein/Am Vorabend des Geburtstages übergibt der Generalbauinspekteur der Reichshauptstadt Albert Speer dem Führer die fertiggestellte Ost-West-Achse/Vom Großen Stern grüßt die neuerstandene Siegessäule/Das Ständchen der Leibstandarte eröffnet am Geburtstagmorgen den Reigen der Gratulanten/Der slowakische Ministerpräsident Dr. Josef Tiso, der Staatspräsident des Reichsprotektorats von Böhmen und Mähren, Emil Hacha, und Reichsprotektor Freiherr von Neurath .../Die Truppen formieren sich zur Parade/Es beginnt die größte Heerschau des Dritten Reiches/Viereinhalb Stunden lang ziehen die Formationen aller Waffengattungen an ihrem obersten Befehlshaber vorüber ...!»[78]

Anfang des Jahres nahm der Kulturbund seine Aktivitäten – die nach dem Pogrom vom November 1938 für kurze Zeit unterbrochen worden waren – auf Befehl von oben wieder auf, und im April inszenierte er in seinem Berliner Theater das Stück *Menschen auf See*, ein Drama des englischen Autors J. B. Priestley. Ein amerikanischer Korrespondent, Louis P. Lochner von Associated Press, berichtete über die Premiere vom 13. April: «Da ... der britische Dramatiker auf alle Ansprüche auf Tantiemen von deutschen Juden verzichtet hat, konnte der jüdische Kulturbund heute abend eine wunderschöne deutschsprachige Premiere von *Menschen auf See* präsentieren. Die Übersetzung stammte von Leo Hirsch, das Bühnenbild hatte Fritz Wisten entworfen. Fast 500 aufmerksame, kunstliebende Juden wohnten der Vorstellung bei und spendeten reichlichen Beifall. Alle anderen überragend in der Tiefe ihres emotionalen Spiels war Jenny Bernstein als Diana Lissmore. Mit seiner Interpretation der Rolle von Professor Pawlet erntete auch Alfred Berliner, der so geschminkt war, daß er große Ähnlichkeit mit Albert Einstein hatte, erheblichen Beifall. Wehmütig nickte das Publikum, als sich Fritz Grünne als Carlo Velburg immer wieder darüber beklagte, daß er keinen Paß habe. Für die kommenden Wochen sind 39 Aufführungen des Priestley-Stücks geplant.»[79]

Das Stück erzählt von den Schrecknissen und Hoffnungen von zwölf Menschen auf einem Schiff in der Karibik, das durch Feuer die Manövrierfähigkeit verloren hat, den Wellen preisgegeben ist und zu sinken droht. Die Personen, die auf der Bühne auftreten, werden zum Schluß gerettet. Die meisten Juden, die an jenem Abend im Theater in der Kommandantenstraße saßen, wurden vernichtet.

ANHANG

Anmerkungen

Einleitung

1 Ganz eindeutig nicht auf demselben Boden wie wir steht die kleine Gruppe von Historikern derselben Generation, deren apologetische Interpretationen des Nationalsozialismus und des Holocaust während des «Historikerstreits» Mitte der achtziger Jahre Gegenstand einer scharfen Auseinandersetzung waren. Speziell zu dieser Debatte siehe Charles S. Maier, *Die Gegenwart der Vergangenheit: Geschichte und die nationale Identität der Deutschen*, Frankfurt a. M. 1992, sowie Richard J. Evans, *Im Schatten Hitlers? Historikerstreit und Vergangenheitsbewältigung in der Bundesrepublik*, Frankfurt a. M. 1991; eine besonders scharfsinnige Erörterung der Probleme bietet Steven E. Aschheim, *Culture and Catastrophe: German and Jewish Confrontations with National Socialism and Other Crises*, New York 1996. Zu dieser ebenso wie zu anderen Debatten über die historische Repräsentation des Holocaust siehe die Aufsätze in Peter Baldwin (Hrsg.), *Reworking the Past: Hitler, the Holocaust and the Historians*, Boston 1990, und in Saul Friedländer (Hrsg.), *Probing the Limits of Representation: Nazism and the «Final Solution»*, Cambridge, Mass. 1992.

2 Eines der frühesten Beispiele für den erstgenannten Ansatz ist Raul Hilberg, *The Destruction of the European Jews*, Chicago 1961 (deutsche erweiterte Neuausgabe: *Die Vernichtung der europäischen Juden*, Bd. 1–3, Frankfurt a. M. 1990); die beste Illustration für den zweiten ist Lucy S. Dawidowicz, *Der Krieg gegen die Juden, 1933–1945*, München 1979.

3 Bei der Darstellung des Lebens der Opfer und einiger Einstellungen der Gesellschaft, in der sie lebten, habe ich meine Beispiele größtenteils aus dem Alltagsleben genommen. In dieser Hinsicht und im Hinblick auf einige andere Fragen, die in diesem Buch erörtert werden, habe ich einige von Martin Broszats Einsichten akzeptiert, die ich Ende der achtziger Jahre in meiner Diskussion mit ihm kritisiert hatte. Ich habe jedoch versucht, einige der Fußangeln der Historisierung des Nationalsozialismus eben dadurch zu vermeiden, daß ich das Schwergewicht auf das Alltagsleben der Opfer und nicht auf das der Volksgemeinschaft gelegt habe. Siehe zu dieser Debatte Martin Broszat, «Plädoyer für eine Historisierung des Nationalsozialismus», in: Hermann Graml, Klaus-Dietmar Henke (Hrsg.), *Nach Hitler: Der schwierige Umgang mit unserer Geschichte;* Beiträge von Martin Broszat, München 1986; Saul Friedländer, «Überlegungen zur Historisierung des Nationalsozialismus», in: Dan Diner (Hrsg.), *Ist der Nationalsozialismus Geschichte? Zu Historisierung und Historikerstreit*, Frankfurt a. M. 1987; Martin Broszat und Saul Friedländer, «Dokumentation: Ein Briefwechsel zwischen Martin Broszat und Saul Friedländer um die Historisierung des Nationalsozialismus», in: *VfZ* 36 (1988).

4 Zur Bedeutung dieses umfassenderen Kontextes siehe Omer Bartov, *Murder in Our Midst: The Holocaust, Industrial Killing, and Representation*, New York 1996. Zur Auswirkung der Moderne als solcher auf die Genese der «Endlösung» siehe neben zahlreichen anderen Untersuchungen Detlev J. K. Peukert, «The Genesis of the ‹Final Solution› from the Spirit of Science», in: Thomas Childers, Jane Caplan (Hrsg.), *Reevaluating the Third Reich*, New York 1993; Zygmunt Bauman, *Dialektik der Ordnung: Die Moderne und der Holocaust*, Hamburg 1992; Götz Aly,

Susanne Heim, *Vordenker der Vernichtung: Auschwitz und die deutschen Pläne für eine neue europäische Ordnung*, Hamburg 1991. Eine ausgezeichnete Darstellung hiermit zusammenhängender Probleme in der Geschichte des Nationalsozialismus findet sich in Michael Burleigh (Hrsg.), *Confronting the Nazi Past: New Debates on Modern German History*, London 1996.

5 Zur internen Konkurrenz als Grundlage für die Radikalisierung der Nationalsozialisten siehe vor allem die Werke von Hans Mommsen, besonders «The Realization of the Unthinkable», in: *From Weimar to Auschwitz*, Princeton, N. J. 1991. Zu den Kosten-Nutzen-Rechnungen von Technokraten als Antrieb zur «Endlösung» siehe Aly/Heim, *Vordenker der Vernichtung*.

6 Der Erlösungsantisemitismus ist, wie ich ausführen werde, etwas anderes als der «eliminatorische Antisemitismus», von dem Daniel Jonah Goldhagen in seinem Buch *Hitlers willige Vollstrecker: Ganz gewöhnliche Deutsche und der Holocaust*, Berlin 1996, spricht. Überdies stellte er eine ideologische Tendenz dar, die anfangs nur von einer kleinen Minderheit und im Dritten Reich dann von einem Sektor der Partei und ihrer Führung, nicht aber von der Mehrheit der Bevölkerung geteilt wurde.

7 Da ich besonderen Nachdruck auf die Interaktion zwischen Hitler, seinen ideologischen Motivationen und den Zwängen des Systems, in dem er agierte, lege, zögere ich, meinen Ansatz als «intentionalistisch» zu bezeichnen. Während überdies Hitler in den dreißiger Jahren Entscheidungen über alle wichtigen antijüdischen Maßnahmen fällte und in die Details ihrer Umsetzung eingriff, ließen seine Richtlinien später seinen Untergebenen bei der Ausführung der konkreten Aspekte der Vernichtung viel größere Freiräume. Was den Einfluß Hitlers auf die Deutschen angeht, so ist er Gegenstand zahlloser Untersuchungen und das zentrale Thema wichtiger Biographien gewesen. Zu einem komplexen Ansatz, der sich sowohl auf Hitlers charismatische Wirkung als auch auf seine Interaktion mit den Volksmassen richtet, siehe insbesondere Joseph P. Stern, *Hitler: Der Führer und das Volk*, München 1978, und Ian Kershaw, *Hitlers Macht: Das Profil der NS-Herrschaft*, München 1992.

8 Diese Auffassung vertritt Michael Wildt, *Die Judenpolitik des SD 1935 bis 1938*, München 1995, und ebenso Ulrich Herbert, *Best: Biographische Studien über Radikalismus, Weltanschauung und Vernunft 1903–1989*, Bonn 1996. Zu einer Erörterung dieses Themas siehe Kapitel 6.

9 Verwiesen wird hier auf die entgegengesetzten Thesen von Christopher R. Browning, *Ganz normale Männer: Das Reserve-Polizeibataillon 101 und die «Endlösung» in Polen*, Reinbek 1993, und von Goldhagen, *Hitlers willige Vollstrecker*. Diese Problematik werde ich ausführlich im zweiten Band diskutieren. Die Auswirkung der NS-Ideologie auf verschiedene Wehrmachtseinheiten und ihr Verhältnis zur extremen Barbarisierung der Kriegführung an der Ostfront muß in diesem Zusammenhang ebenfalls berücksichtigt werden. Siehe zu dieser Frage vor allem Omer Bartov, *Hitlers Wehrmacht: Soldaten, Fanatismus und die Brutalisierung des Krieges*, Reinbek 1995.

10 Siehe Martin Broszat, «A Plea», in: Baldwin, *Reworking the Past*.

11 Diese Frage wird gründlich erörtert in Dominick LaCapra, *Representing the Holocaust: History, Theory, Trauma*, Ithaca, N. Y. 1994.

Erster Teil
Ein Anfang und ein Ende

1. Der Weg ins Dritte Reich

1 Walter Benjamin, *Briefe*, hrsg. v. Gershom Scholem u. Theodor W. Adorno, Bd. 2, Frankfurt a. M. 1978, S. 567.
2 Lion Feuchtwanger, Arnold Zweig, *Briefwechsel 1933–1958*, Bd. 1, Frankfurt a. M. 1986, S. 22.
3 Erik Levi, *Music in the Third Reich*, New York 1994, S. 42; Sam H. Shirakawa, *The Devil's Music Master: The Controversial Life and Career of Wilhelm Furtwängler*, New York 1992, S. 150f.
4 Alan E. Steinweis, «Hans Hinkel and German Jewry, 1933–1941», in: *Leo Baeck Institute Yearbook* [im folgenden: *LBIY*] 38 (1993), S. 212.
5 Shirakawa, *The Devil's Music Master*, S. 151.
6 Joseph Goebbels, *Die Tagebücher von Joseph Goebbels*, hrsg. v. Elke Fröhlich, T. 1, *1924–1941*, Bd. 2, *1. 1. 1931–31.12.1936*, München 1987, S. 430.
7 Fred K. Prieberg, *Musik im NS-Staat*, Frankfurt a. M. 1982, S. 41 f. Zu einer eingehenderen Erörterung der Entlassung jüdischer Musiker siehe Levi, *Music in the Third Reich*, S. 41 ff.
8 Ebd., S. 41.
9 Lawrence D. Stokes (Hrsg.), *Kleinstadt und Nationalsozialismus: Ausgewählte Dokumente zur Geschichte von Eutin 1918–1945*, Neumünster 1984, S. 730. (Die Verwendung von Initialen anstelle der ausgeschriebenen Namen entspricht der Schreibweise der Quelle.)
10 Klaus Mann, *Mephisto*, München 1965, S. 233. (Klaus Mann war einer von Thomas Manns Söhnen. Die deutsche Erstausgabe erschien 1936 in Amsterdam; Mann beschreibt Höfgens Glück darüber, daß er kein Jude war, wie es 1933, bald nach der Machtergreifung, zum Ausdruck kam.)
11 Zu den Details dieser Frage siehe Peter Stephan Jungk, *Franz Werfel: Eine Lebensgeschichte*, Frankfurt a. M. 1987, S. 207.
12 Zitiert und ausgewertet in Golo Mann, *Erinnerungen und Gedanken: Eine Jugend in Deutschland*, Frankfurt a. M. 1986, S. 254 f.
13 Jungk, *Franz Werfel*, S. 214.
14 Ebd., S. 215 f.
15 Joseph Wulf (Hrsg.), *Die bildenden Künste im Dritten Reich: Eine Dokumentation*, Reinbek 1966, S. 34 f., 86 ff.
16 Ebd., S. 36.
17 Thomas Mann, *Briefe 1889–1936*, hrsg. v. Erika Mann, Frankfurt a. M. 1961, S. 332.
18 Ebd., S. 367.
19 Ronald Hayman, *Thomas Mann: A Biography*, New York 1995, S. 407 f.
20 Thomas Mann, *Tagebücher 1933–1934*, hrsg. v. Peter de Mendelssohn, Frankfurt a. M. 1977, S. 46.
21 Ebd., S. 473.
22 Zu Thomas Manns antijüdischer Einstellung siehe Alfred Hoelzel, «Thomas Mann's Attitudes toward Jews and Judaism: An Investigation of Biography and Oeuvre», in: *Studies in Contemporary Jewry* 6 (1990), S. 229–54.
23 Thomas Mann, *Tagebücher 1933–1934*, S. 473.
24 Nach dem Tode des Verlegers Samuel Fischer unternahm sein Schwiegersohn Gottfried Bermann Schritte, um zumindest einen Teil der Firma aus dem Reich auszulagern. Der Verlag S. Fischer sollte in Deutschland, in arischen Händen,

verbleiben. Das neue Verlagshaus Bermann Fischer – und mit ihm einige der angesehensten Namen der zeitgenössischen deutschen Literatur (Mann, Döblin, Hofmannsthal, Wassermann, Schnitzler) – war bereit, seine Tätigkeit in Zürich aufzunehmen. Dies war jedoch auf seiten von Bermann eine schwere Fehleinschätzung der Schweizer Gastfreundschaft. Die bedeutendsten Schweizer Verleger widersetzten sich diesem Schritt, und Eduard Korrodi, der Literaturredakteur der *Neuen Zürcher Zeitung*, nahm kein Blatt vor den Mund: Die einzige deutsche Literatur, die emigriert war, schrieb er im Januar 1936, war jüdisch («die Schmierenschreiber der Romanindustrie»). Bermann Fischer zog nach Wien. Diesmal reagierte Thomas Mann. Sein offener Brief an die Zeitung war seine erste gewichtige öffentliche Stellungnahme seit Januar 1933. Mann machte Korrodi auf das Naheliegende aufmerksam: Unter den deutschen Schriftstellern im Exil waren sowohl Juden als auch Nichtjuden zu finden. Und was diejenigen anging, die in Deutschland blieben: «Man ist nicht deutsch, indem man völkisch ist. Der deutsche Judenhaß aber, oder derjenige der deutschen Machthaber, gilt, geistig gesehen, gar nicht den Juden oder nicht ihnen allein: er gilt Europa oder jedem höheren Deutschtum selbst; er gilt, wie sich immer deutlicher erweist, den christlich-antiken Fundamenten der abendländischen Gesittung: er ist der ... Versuch einer Abschüttelung zivilisatorischer Bindungen, der eine furchtbare, eine unheilschwangere Entfremdung zwischen dem Lande Goethes und der übrigen Welt zu bewirken droht» (Mann, *Briefe*, S. 413). Innerhalb von wenigen Monaten verloren alle Mitglieder der Familie Mann, soweit sie ihnen nicht schon früher aberkannt worden war, die deutsche Staatsangehörigkeit, und am 19. Dezember 1936 teilte der Dekan der Philosophischen Fakultät der Universität Bonn Thomas Mann mit, sein Name sei «von der Liste der Ehrendoktoren gestrichen» worden (Nigel Hamilton, *The Brothers Mann: The Lives of Heinrich and Thomas Mann, 1871–1950 and 1875–1955*, London 1978, S. 298).

25 Frederic Spotts, *Bayreuth: Eine Geschichte der Wagner Festspiele*, München 1994, S. 191.

26 Zitiert in Moshe Zimmermann, «Die aussichtslose Republik – Zukunftsperspektiven der deutschen Juden vor 1933», in: *Menora: Jahrbuch für deutsch-jüdische Geschichte* 1990, S. 164. Das bedeutete jedoch nicht, daß sich die jüdischen Wähler extremistischen Parteien zuwandten. Nach dem Verschwinden der Deutschen Demokratischen Partei (DDP) führten jüdische Stimmen bei den entscheidenden Wahlen von 1932 wahrscheinlich zur Wahl von zwei sozialdemokratischen Abgeordneten und von einem Abgeordneten des katholischen Zentrums (Ernest Hamburger, Peter Pulzer, «Jews as Voters in the Weimar Republic», in: *LBIY* 30 [1985], S. 66).

27 Kurt Jakob Ball-Kaduri, *Das Leben der Juden in Deutschland im Jahre 1933: Ein Zeitbericht*, Frankfurt a. M. 1963, S. 34.

28 Zitiert in Wolfgang Benz (Hrsg.), *Das Exil der kleinen Leute: Alltagserfahrung deutscher Juden in der Emigration*, München 1991, S. 16.

29 Ebd., S. 17.

30 Nach der Volkszählung vom 16. Juni 1933 lebten zu diesem Zeitpunkt in Deutschland (das Saargebiet nicht eingeschlossen) 499 682 Personen «mosaischen Glaubens», was 0,77 Prozent der gesamten deutschen Bevölkerung ausmachte. Siehe Ino Arndt, Heinz Boberach, «Deutsches Reich», in: Wolfgang Benz (Hrsg.), *Dimension des Völkermords: Die Zahl der jüdischen Opfer des Nationalsozialismus*, München 1991, S. 23. Es ist durchaus denkbar, daß zwischen Januar und Juni 1933 etwa 25 000 Juden aus Deutschland geflohen waren.

31 Zu der Petition und den anderen Details siehe *Akten der Reichskanzlei: Die Regierung Hitler, 1933–1938*, T. 1, *1933–1934*, hrsg. v. Karl-Heinz Minuth, Bd. 1, Boppard a. Rh. 1983, S. 296–98, 298 Anm.

32 Zimmermann, «Die aussichtslose Republik», S. 160.
33 Rüdiger Safranski, *Ein Meister aus Deutschland: Heidegger und seine Zeit*, München 1994, S. 271.
34 Wolfgang Benz (Hrsg.), *Die Juden in Deutschland 1933–1945: Leben unter nationalsozialistischer Herrschaft*, München 1988, S. 18.
35 Martin Buber, *Briefwechsel aus sieben Jahrzehnten*, hrsg. v. Grete Schaeder, Bd. 2, *1918–1938*, Heidelberg 1973, S. 466f.
36 Juden wurden auch in die neuen Konzentrationslager abtransportiert: Am 12. April wurden vier Juden in Dachau ermordet. Sowohl in Dachau als auch in Oranienburg wurden von Anfang an «Judenkompanien» eingerichtet. Siehe Klaus Drobisch, «Die Judenreferate des Geheimen Staatspolizeiamtes und des Sicherheitsdienstes der SS 1933–1939», in: *Jahrbuch für Antisemitismusforschung* 2 (1993), S. 231.
37 Die gründlichste Arbeit über die Machtergreifung durch die Nationalsozialisten in den Jahren 1933 und 1934 ist bis auf den heutigen Tag immer noch Karl Dietrich Bracher, Wolfgang Sauer, Gerhard Schulz, *Die nationalsozialistische Machtergreifung*, Köln 1962.
38 Drobisch, «Die Judenreferate», S. 231.
39 Martin Broszat, Elke Fröhlich, Falk Wiesemann (Hrsg.), *Bayern in der NS-Zeit: Soziale Lage und politisches Verhalten der Bevölkerung im Spiegel vertraulicher Berichte*, München 1977, S. 432.
40 Regierungspräsident von Hildesheim an Ortspolizeibehörden des Regierungsbezirks, 31. 3. 1933; Aktenstücke zur Judenverfolgung, Ortspolizeibehörde Göttingen, Mikrofilm MA–172, Institut für Zeitgeschichte [im folgenden: IfZ], München.
41 Ortspolizeibehörde Göttingen an den Regierungspräsidenten von Hildesheim, 1.4.33, ebd.
42 Deborah E. Lipstadt, *Beyond Belief: The American Press and the Coming of the Holocaust 1933–1945*, New York 1986, S. 44f. Zu den Positionen von Walter Lippmann siehe hauptsächlich Ronald Steel, *Walter Lippmann and the American Century*, Boston 1980, insbesondere S. 330–33.
43 *Akten der Reichskanzlei: Die Regierung Hitler*, T. 1, Bd. 1, S. 251.
44 Zimmermann, «Die aussichtslose Republik», S. 155, 157f.
45 Avraham Barkai, *Vom Boykott zur «Entjudung»: Der wirtschaftliche Existenzkampf der Juden im Dritten Reich 1933–1943*, Frankfurt a. M. 1988, S. 24.
46 Heinz Höhne, *Die Zeit der Illusionen: Hitler und die Anfänge des Dritten Reiches 1933–1936*, Düsseldorf 1991, S. 76.
47 Eine Beschreibung verschiedener Komponenten dieser radikalen Tendenz gibt Dietrich Orlow, *The History of the Nazi Party 1933–1945*, Bd. 2, Pittsburgh 1973, S. 40ff.
48 Richard Bessel, *Political Violence and the Rise of Nazism: The Storm Troopers in Eastern Germany, 1925–1934*, New Haven, Conn. 1984, S. 107.
49 David Bankier, «Hitler and the Policy-Making Process on the Jewish Question», in: *Holocaust and Genocide Studies* 3 (1988), No. 1, S. 4.
50 *Akten der Reichskanzlei: Die Regierung Hitler*, T. 1, Bd. 1, S. 277.
51 Aufzeichnungen von Telefongesprächen zwischen dem State Department und der US-Botschaft in Berlin, 31. März 1933; *Foreign Relations of the United States, 1933*, Bd. 2, Washington, D. C. 1948, S. 342ff.
52 Henry Friedlander, Sybil Milton (Hrsg.), *Archives of the Holocaust*, Bd. 17, *American Jewish Committee New York*, ed. Frederick D. Bogin, New York 1993, S. 4. Im Mai 1933 wurde (wahrscheinlich in Berlin) von einem vorgeblich jüdischen Verlag, «Jakov Trachtenberg», unter dem Titel *Die Greuel-Propaganda ist eine Lügenpropaganda, sagen die deutschen Juden selbst* eine Sammlung verschiedener jüdi-

scher Erklärungen in drei Sprachen – Deutsch, Englisch und Französisch – herausgegeben. Dieses Buch sollte wahrscheinlich weltweit verbreitet werden. Ich bin Hans Rogger dafür dankbar, daß er mich auf diese Publikation aufmerksam gemacht hat.

53 Yoav Gelber, «The Reactions of the Zionist Movement and the Yishuv to the Nazis' Rise to Power», in: *Yad Vashem Studies* 18 (1987), S. 46. Aus Gelbers Text wird nicht deutlich, ob das Telegramm vor oder nach dem 1. April abgeschickt wurde.

54 Zur mißlichen Lage der Führung der amerikanischen Juden siehe Gulie Ne'eman Arad, *The American Jewish Leadership and the Nazi Menace*, Bloomington, Ind., im Druck [1997].

55 Gelber, «The Reactions of the Zionist Movement», S. 47f. Zum Boykott der amerikanischen Juden siehe vor allem Moshe R. Gottlieb, *American Anti-Nazi Resistance, 1933–1941: An Historical Analysis*, New York 1982.

56 Goebbels, *Die Tagebücher*, Bd. 2, S. 398f.

57 Ebd., S. 400.

58 Ebd.

59 Barkai, *Vom Boykott zur «Entjudung»*, S. 12.

60 Zu einer detaillierten Darstellung der konkreten Probleme, auf die die Nationalsozialisten stießen, siehe Karl A. Schleunes, *The Twisted Road to Auschwitz: Nazi Policy toward German Jews* 1933–1939, Urbana, Ill. 1970, S. 84–90.

61 Ebd., S. 94.

62 Peter Hanke, *Zur Geschichte der Juden in München zwischen 1933 und 1945*, München 1967, S. 85.

63 Ebd. S. 85f.

64 Zu Martha Appels Erinnerungen siehe Monika Richarz (Hrsg.), *Jüdisches Leben in Deutschland: Selbstzeugnisse zur Sozialgeschichte 1918–1945*, Stuttgart 1982, S. 231f.

65 Broszat, Fröhlich, Wiesemann, *Bayern in der NS-Zeit*, Bd. 1, S. 435.

66 Helmut Genschel, *Die Verdrängung der Juden aus der Wirtschaft im Dritten Reich*, Göttingen 1966, S. 58.

67 Am 5. April berichtete der deutsche Botschafter in Frankreich nach Berlin: «Wie ungünstig Aktion gegen Juden in Frankreich gewirkt habe, beweise am besten Sympathiebezeugung hoher katholischer und protestantischer Geistlichkeit für französisch-jüdische Kundgebungen gegen judenfeindliche Aktion in Deutschland. ... [Man solle] sich keinem Zweifel darüber hingeben, daß Aktion von aus materiellen oder politischen Gründen gegen Deutschland eingestellten französischen Kreisen restlos ausgenutzt worden sei und daß diese Zweck, Gefahr vor zu Gewalttätigkeiten neigendem Deutschland auch bei Landbevölkerung aufs neue in den schwärzesten Farben zu malen, voll erreicht hätten» (Köster an Auswärtiges Amt, 5. April 1933; *Akten zur deutschen auswärtigen Politik*, Serie C, *1933–1937*, Bd. 1, T. 1, Göttingen 1971, S. 250).

68 Ernst Noam, Wolf-Arno Kropat, *Juden vor Gericht, 1933–1945: Dokumente aus hessischen Justizakten*, Wiesbaden 1975, S. 84–86.

69 Akten der Parteikanzlei der NSDAP, Microfiche 581 00181, IfZ, München (Parteikanzlei der NSDAP).

70 David Bankier, «The German Communist Party and Nazi Anti-Semitism, 1933–1938», in: *LBIY* 32 (1987), S. 327.

71 Barkai, *Vom Boykott zur «Entjudung»*, S. 26.

72 Ebd., S. 83. Infolgedessen wurde ein Teil der Aktien von Tietz von großen deutschen Banken erworben. 1934 verkauften die Brüder Tietz den Rest; die Firma wurde arisiert und in Hertie AG umbenannt.

73 Nationalsozialistische Betriebszelle des Ullstein-Verlags an Reichskanzler, 21.6.

1933; Max Kreuzberger Research Papers, AR 7183, Karton 10, Mappe 1, Leo Baeck Institute [im folgenden: LBI], New York.

74 Ron Chernow, *Die Warburgs: Odyssee einer Familie*, Berlin 1994, S. 461.

75 Harold James, «Die Deutsche Bank und die Diktatur 1933–1945», in: Lothar Gall et al. (Hrsg.), *Die Deutsche Bank 1870–1995*, München 1995, S. 336.

76 Ebd.

77 Die umfassende Argumentation und eine Fülle von unterstützendem Archivmaterial präsentiert Peter Hayes, «Big Business and ‹Aryanisation› in Germany, 1933–1939», in: *Jahrbuch für Antisemitismusforschung* 3 (1994), S. 254 ff.

78 Peter Hayes, *Industry and Ideology: IG Farben in the Nazi Era*, New York 1987, S. 93.

79 Chernow, *Die Warburgs*, S. 465 f.

80 Hilberg, *Die Vernichtung der europäischen Juden*, Bd. 1, S. 36 f.

81 Herbert Michaelis, Ernst Schraepler (Hrsg.), *Ursachen und Folgen: Vom deutschen Zusammenbruch 1918 und 1945 bis zur staatlichen Neuordnung Deutschlands in der Gegenwart: Eine Urkunden- und Dokumentensammlung zur Zeitgeschichte*, Bd. 9, Berlin 1964, S. 383.

82 Joseph Walk (Hrsg.), *Das Sonderrecht für die Juden im NS-Staat*, Heidelberg 1981, S. 4.

83 Hermann Graml, *Reichskristallnacht: Antisemitismus und Judenverfolgung im Dritten Reich*, München 1988, S. 120.

84 Walk, *Das Sonderrecht*, S. 3.

85 Ebd., S. 36.

86 Zu einer eingehenden Beschreibung dieser Gesetze siehe insbesondere Schleunes, *The Twisted Road*, S. 102–104.

87 Die bis auf den heutigen Tag beste Gesamtanalyse des Beamtengesetzes findet sich immer noch bei Hans Mommsen, *Beamtentum im Dritten Reich*, Stuttgart 1966, S. 39 ff.

88 Walk, *Sonderrecht*, S. 12 f. Das Parteiprogramm von 1920 schloß Juden von der Parteimitgliedschaft aus. Nach 1933 schlossen die meisten direkt der Partei angegliederten Organisationen wie etwa die Deutsche Arbeitsfront eine Mitgliedschaft für jeden aus, der in der Zeit nach 1800 jüdische Vorfahren hatte. Siehe Jeremy Noakes, «Wohin gehören die ‹Judenmischlinge›? Die Entstehung der ersten Durchführungsverordnungen zu den Nürnberger Gesetzen», in: Ursula Büttner, Werner Johe, Angelika Voss (Hrsg.), *Das Unrechtsregime: Internationale Forschung über den Nationalsozialismus*, Bd. 2, *Verfolgung, Exil, belasteter Neubeginn*, Hamburg 1986, S. 71.

89 Hilberg, *Die Vernichtung der europäischen Juden*, Bd. 1, S. 57. Für Hilberg führte eine gerade Linie von der ersten Definition zur schließlichen Vernichtung.

90 Zu Einzelheiten hinsichtlich der Ursprünge des antijüdischen Paragraphen im Beamtengesetz siehe Günter Neliba, *Wilhelm Frick, der Legalist des Unrechtsstaates: Eine politische Biographie*, Paderborn 1992, S. 168 ff.

91 Ebd., S. 171; siehe auch Mommsen, *Beamtentum*, S. 48, 53.

92 Hans-Joachim Dahms, «Einleitung», in: Heinrich Becker, Hans-Joachim Dahms, Cornelia Wegeler (Hrsg.), *Die Universität Göttingen unter dem Nationalsozialismus: Das verdrängte Kapitel ihrer 250jährigen Geschichte*, München 1987, S. 17 f.

93 Achim Gercke, «Die Lösung der Judenfrage», in: *Nationalsozialistische Monatshefte* 38 (Mai 1933), S. 196. Gercke schrieb nicht einfach, die Gesetze seien «erzieherisch», sondern er bezeichnete sie als «richtunggebend erzieherisch».

94 Walk, *Das Sonderrecht*, S. 12.

95 Comité des Délégations Juives (Hrsg.), *Das Schwarzbuch: Tatsachen und Dokumente. Die Lage der Juden in Deutschland 1933*, Paris 1934 (Nachdruck Berlin 1983), S. 105.

96 Uwe Dietrich Adam, *Judenpolitik im Dritten Reich*, Düsseldorf 1972, S. 50 ff., 65 ff.

Zu Schlegelbergers Bericht an Hitler vom 4. April siehe *Akten der Reichskanzlei*, T. 1, Bd. 1, S. 293 Anm. Zur Äußerung Hitlers siehe das Protokoll der Kabinettssitzung vom 7. April 1933, ebd., S. 324.

97 Dirk Blasius, «Zwischen Rechtsvertrauen und Rechtszerstörung: Deutsche Juden 1933–1935», in: Dirk Blasius, Dan Diner (Hrsg.), *Zerbrochene Geschichte: Leben und Selbstverständnis der Juden in Deutschland*, Frankfurt a. M. 1991, S. 130.

98 Barkai, *Vom Boykott zur «Entjudung»*, S. 14.

99 Konrad H. Jarausch, «Jewish Lawyers in Germany, 1848–1938: The Disintegration of a Profession», in: *LBIY* 36 (1991), S. 181 f.

100 Comité des Délégations Juives, *Das Schwarzbuch*, S. 195 f.

101 *Akten der Reichskanzlei*, T. 1, Bd. 1, S. 324. («Hier müsse eine umfassende Aufklärung einsetzen.»)

102 Walk, *Das Sonderrecht*, S. 17; Albrecht Götz von Olenhusen, «Die ‹nichtarischen› Studenten an den deutschen Hochschulen: Zur nationalsozialistischen Rassenpolitik 1933–1945», in: *Vierteljahrshefte für Zeitgeschichte* [im folgenden: *VfZ*] 14 (1966), No. 2, S. 177 ff.

103 Ebd., S. 180.

104 Zu diesem Punkt siehe Kurt Pätzoldt, *Faschismus, Rassenwahn, Judenverfolgung: Eine Studie zur politischen Strategie und Taktik des faschistischen deutschen Imperialismus (1933–1945)*, Berlin (Ost) 1975, S. 105.

105 Zum Fall des Karl Berthold (Name geändert) und den damit zusammenhängenden Dokumenten siehe Hans Mommsen, «Die Geschichte des Chemnitzer Kanzleigehilfen K. B.», in: Detlev Peukert, Jürgen Reulecke (Hrsg.), *Die Reihen fast geschlossen: Beiträge zur Geschichte des Alltags unterm Nationalsozialismus*, Wuppertal 1981, S. 337 ff.

106 Ebd., S. 348.

107 Ebd., S. 350.

108 Ebd.

109 Ebd., S. 351.

110 Lammers an Heß, 6. 6. 1933, Parteikanzlei der NSDAP, Microfiche 10129934, IfZ, München.

111 Zu den Einzelheiten dieses Falles siehe Jeremy Noakes, «The Development of Nazi Policy Towards the German-Jewish ‹Mischlinge› 1933–1945», in: *LBIY* 34 (1989), S. 316 f.

112 Volker Dahm, «Anfänge und Ideologie der Reichskulturkammer», in: *VfZ* 34 (1986), No. 1, S. 78. Siehe auch Alan Edward Steinweis, *Art, Ideology and Economics in Nazi Germany: The Reich Chamber of Culture and the Regulation of the Culture Professions in Nazi Germany*, Chapel Hill, N. C. 1988, S. 322 ff.

113 Zu Einzelheiten dieser Frage siehe insbesondere Herbert Freeden, «Das Ende der jüdischen Presse in Nazideutschland», in: *Bulletin des Leo Baeck Instituts* 65 (1983), S. 4 f.

114 James, «Die Deutsche Bank», S. 337.

115 Mommsen, *Beamtentum*, S. 49.

116 Zitiert in Peter Pulzer, *Die Entstehung des politischen Antisemitismus in Deutschland und Österreich 1867–1914*, Gütersloh 1966, S. 101.

117 Donald M. McKale, «From Weimar to Nazism: Abteilung III of the German Foreign Office and the Support of Antisemitism, 1931–1935», in: *LBIY* 32 (1987), S. 297 ff. Zur Einstellung der Wilhelmstraße hinsichtlich der «Judenfrage» in der Frühphase des Regimes siehe auch Christopher R. Browning, *The Final Solution and the German Foreign Office*, New York 1978.

118 Reinhard-Maria Strecker, *Dr. Hans Globke: Aktenauszüge, Dokumente*, Hamburg 1961, S. 28.

119 Eine erste Zusammenfassung dieses Dokuments wurde am 1. April 1963 von

dem israelischen Historiker Shaul Esh auf hebräisch in *Ha'aretz* veröffentlicht; es wurde als Gesamtplan für das ganze antijüdische Programm der Nationalsozialisten interpretiert. Zur englischen Übersetzung mit Kommentaren siehe Uwe Dietrich Adam, «An Overall Plan for Anti-Jewish Legislation in the Third Reich?», in: *Yad Vashem Studies* 11 (1976), S. 33–55.

120 Ebd., S. 40.

121 Erstmals veröffentlicht in Michaelis, Schraepler, *Ursachen*, S. 393–95. Siehe auch *Akten zur deutschen auswärtigen Politik 1918–1945*, Serie C, *1933–1937*, Bd. 1, T. 1, S. 253–55.

122 *Akten der Reichskanzlei: Die Regierung Hitler*, T. 1, Bd. 1, S. 391 f.

123 Walk, *Das Sonderrecht*, S. 8.

124 Ebd., S. 9.

125 Ebd., S. 10.

126 Ebd., S. 13.

127 Ebd., S. 14.

128 Ebd., S. 15.

129 Ebd., S. 16. (Beispielsweise durfte man nicht mehr sagen: «A wie Abraham.»)

130 Ebd., S. 19.

131 Ebd., S. 21.

132 Ebd., S. 23.

133 Ebd., S. 25.

134 Kommission zur Erforschung der Geschichte der Frankfurter Juden (Hrsg.), *Dokumente zur Geschichte der Frankfurter Juden 1933–1945*, Frankfurt a. M. 1963, S. 95.

135 *Chronik der Stadt Stuttgart 1933–1945*, Stuttgart 1982, S. 21.

136 Ebd., S. 22.

137 Ebd.

138 Ebd., S. 25.

139 Ebd., S. 26.

140 Ebd., S. 27.

141 William Sheridan Allen, *«Das haben wir nicht gewollt!» Die nationalsozialistische Machtergreifung in einer Kleinstadt 1930–1935*, Gütersloh 1966, S. 218 f.

142 Ebd., S. 221.

143 Ebd., S. 222.

144 Deborah Dwork, *Kinder mit dem gelben Stern: Europa 1933–1945*, München 1994, S. 31.

145 Richarz, *Jüdisches Leben in Deutschland*, S. 232.

146 Götz Aly, Karl-Heinz Roth, *Die restlose Erfassung: Volkszählen, Identifizieren, Aussondern im Nationalsozialismus*, Berlin 1984, S. 55.

147 Robert N. Proctor, *Racial Hygiene: Medicine under the Nazis*, Cambridge, Mass. 1988, S. 95.

148 Jeremy Noakes, «Nazism and Eugenics: The Background to the Nazi Sterilization Law of 14 July 1933», in: R. J. Bullen, H. Pogge von Strandmann, A. B. Polonsky (Hrsg.), *Ideas into Politics: Aspects of European History 1880–1950*, London 1984, S. 83 f.

149 Zu den wirtschaftlichen Auswirkungen der Weltwirtschaftskrise auf die psychiatrische Versorgung siehe Michael Burleigh, *Death and Deliverance: «Euthanasia» in Germany 1900–1945*, Cambridge 1994, S. 33 ff.

150 Noakes, «Nazism and Eugenics», S. 84 f.

151 Gisela Bock, *Zwangssterilisation im Nationalsozialismus: Studien zur Rassenpolitik und Frauenpolitik*, Opladen 1986, S. 49–51, 55 f.

152 Noakes, «Nazism and Eugenics», S. 85.

153 Ebd., S. 86.

154 Hans-Walter Schmuhl, «Reformpsychiatrie und Massenmord», in: Michael Prinz,

Rainer Zitelmann (Hrsg.), *Nationalsozialismus und Modernisierung*, Darmstadt 1991, S. 249.

155 Noakes, «Nazism and Eugenics», S. 87.

156 Schmuhl, «Reformpsychiatrie und Massenmord», S. 250.

2. Einverstandene Eliten, bedrohte Eliten

1 Eberhard Röhm, Jörg Thierfelder, *Juden – Christen – Deutsche*, Bd. 1, *1933–1935*, Stuttgart 1990, S. 120ff.

2 Klaus Scholder, *Die Kirchen und das Dritte Reich*, Bd. 1, *Vorgeschichte und Zeit der Illusionen 1918–1934*, Frankfurt a. M. 1977, S. 338ff.

3 Ebd.

4 Wolfgang Gerlach, *Als die Zeugen schwiegen: Bekennende Kirche und die Juden*, Berlin 1987, S. 42.

5 *Akten deutscher Bischöfe über die Lage der Kirche 1933–45*, Bd. 1: *1933–1934*, hrsg. v. Bernhard Stasiewski, Mainz 1968, S. 42 Anm., 43 Anm.

6 Ernst Christian Helmreich, *The German Churches Under Hitler: Background, Struggle and Epilogue*, Detroit 1979, S. 276f. Zum deutschen Original siehe *Akten deutscher Bischöfe*, Bd. 2, S. 54 Anm.

7 Ernst Klee, *«Die SA Jesu Christi»: Die Kirche im Banne Hitlers*, Frankfurt a. M. 1989, S. 30.

8 Zu den Zitaten siehe Ludwig Volk (Hrsg.), *Kirchliche Akten über die Reichskonkordatsverhandlungen 1933*, Mainz 1969, S. 18; vgl. Helmreich, *The German Churches*, S. 276f.

9 Klaus Scholder, «Judaism and Christianity in the Ideology and Politics of National Socialism», in: Otto Dov Kulka, Paul Mendes-Flohr (Hrsg.), *Judaism and Christianity Under the Impact of National Socialism 1919–1945*, Jerusalem 1987, S. 191ff.

10 Zitiert in Heiko A. Oberman, Adolf Martin Ritter, Hans-Walter Krumwiede (Hrsg.), *Kirchen- und Theologiegeschichte in Quellen*, Bd. 4, *Neuzeit*, T. 2, *1870–1975*, Neukirchen-Vluyn ^{3}1989, S. 119; vgl. Doris L. Bergen, *Twisted Cross: The German Christian Movement in the Third Reich*, Chapel Hill, N. C. 1996, S. 23. Am 13. November 1933 erklärte der Obmann des Gaus Berlin der Deutschen Christen, ein gewisser Dr. Krause, auf einer Versammlung der Bewegung im Sportpalast: «Diese Aufgabe [eine deutsche Volkskirche zu werden] kann die neue Kirche nur erfüllen, wenn sie ... dem deutschen Gotterleben in Kultur und Bekenntnis Raum gibt. Dazu gehört zunächst die Befreiung von allem Undeutschen im Gottesdienst und im Bekenntnismäßigen, Befreiung vom Alten Testament mit seiner jüdischen Lohnmoral, von diesen Viehhändler- und Zuhältergeschichten. ... In der deutschen Volkskirche haben Menschen fremden Blutes nichts zu suchen, weder auf noch unter den Kanzeln. Alles, was aus volksfremdem Geist eingedrungen ist, ... muß aus der deutschen Volkskirche entfernt werden» (Ulrich Thürauf [Hrsg.], *Schulthess' Europäischer Geschichtskalender* 74 [1933], S. 244).

11 Zitiert in Robert Raphael Geis, *Versuche des Verstehens: Dokumente jüdisch-christlicher Begegnung aus den Jahren 1918–1933*, München 1966, S. 143f.; vgl. Paul R. Mendes-Flohr, «Ambivalent Dialogue: Jewish-Christian Theological Encounter in the Weimar Republic», in: Kulka, Mendes-Flohr (Hrsg.), *Judaism and Christianity*, S. 121.

12 Uriel Tal, «Recht und Theologie: Zum Status des deutschen Judentums zu Beginn des Dritten Reiches», in: *Politische Theologie und das Dritte Reich*, Tel Aviv 1989, S. 16 (Hebräisch). Die englische Fassung dieses Textes erschien 1982 als Broschüre, die von der Universität Tel Aviv veröffentlicht wurde.

13 Zu den intensiven theologischen Diskussionen, die durch die Einführung des «Arierparagraphen» ausgelöst wurden, siehe ebd.
14 Scholder, *Die Kirchen und das Dritte Reich*, Bd. 1, S. 612 ff.
15 Hans Buchheim (Hrsg.), «Ein NS-Funktionär zum Niemöller- Prozeß», in: *VfZ* 4 (1956), S. 313; vgl. Robert Michael, «Theological Myth, German Anti-Semitism and the Holocaust: The Case of Martin Niemöller», in: *Holocaust and Genocide Studies* 2 (1987), S. 112. (Den Titel «Sätze zur Arierfrage» sollte man als Euphemismus ansehen, ebenso wie der «Arierparagraph» in Wirklichkeit den «Judenparagraphen» bedeutete.)
16 Gerlach, *Als die Zeugen schwiegen*, S. 87.
17 Dietrich Bonhoeffer, *Gesammelte Schriften*, Bd. 2, *Kirchenkampf und Finkenwalde*, München 1959, S. 49 f.; vgl. Michael, «Theological Myth», S. 113.
18 Ebd.
19 Zitiert in Uriel Tal, «On Structures of Political Theology and Myth in Germany prior to the Holocaust», in: Yehuda Bauer, Nathan Rotenstreich (Hrsg.), *The Holocaust as Historical Experience*, New York 1981, S. 55.
20 Richard Gutteridge, *Open Thy Mouth for the Dumb! The German Evangelical Church and the Jews 1879–1950*, Oxford 1976, S. 122.
21 Günther von Norden, «Die Barmer Theologische Erklärung und die ‹Judenfrage›», in: Ursula Büttner et al. (Hrsg.), *Das Unrechtsregime*, Bd. 1, *Ideologie – Herrschaftssystem – Wirkung in Europa*, Hamburg 1986, S. 315 ff.
22 Guenter Lewy, *Die katholische Kirche und das Dritte Reich*, München 1965, S. 30.
23 Ebd., S. 297.
24 *Akten deutscher Bischöfe*, Bd. 1, S. 100–102.
25 Klee an Auswärtiges Amt, 12. September 1933, *Akten zur deutschen auswärtigen Politik*, Serie C, Bd. 1, T. 2, S. 785.
26 Scholder, *Die Kirchen und das Dritte Reich*, Bd. 1, S. 660.
27 Michael Faulhaber, *Judentum, Christentum, Germanentum: Adventspredigten gehalten in St. Michael zu München 1933*, München 1933, S. 9 ff. Die Argumente Faulhabers spiegeln eine althergebrachte christliche polemische Tradition gegenüber dem Talmud. Siehe insbesondere Amos Funkenstein, «Changes in Christian Anti-Jewish Polemics in the Twelfth Century», in: *Perceptions of Jewish History*, Berkeley, Calif. 1993, S. 172–201 und vor allem S. 189–96.
28 Helmreich, *The German Churches Under Hitler*, S. 262.
29 Heinz Boberach (Hrsg.), *Berichte des SD und der Gestapo über Kirchen und Kirchenvolk in Deutschland 1934–1944*, Mainz 1971, S. 7. Zwar vermieden kirchliche Würdenträger in der Regel Äußerungen zu den zeitgenössischen Aspekten der Judenfrage, aber einige katholische Lokalblätter lenkten die Aufmerksamkeit ihrer Leser auf die brutale Behandlung, welche die Juden erfuhren. Zum Beispiel erwähnte das katholische *Bamberger Volksblatt* am 23. Mai 1933 ausdrücklich, daß der junge Gerichtsangestellte Willy Aron, der Jude war, in Dachau umgekommen war. Zur Bedeutung dieses Falles siehe Norbert Frei, *Nationalsozialistische Eroberung der Provinzpresse: Gleichschaltung, Selbstanpassung und Resistenz in Bayern*, Stuttgart 1980, S. 273–75.
30 Zitiert in Walter Hofer (Hrsg.), *Der Nationalsozialismus: Dokumente 1933–1945*, Frankfurt a. M. 1957, S. 130.
31 Zitiert in Konrad Kwiet, Helmut Eschwege, *Selbstbehauptung und Widerstand: Deutsche Juden im Kampf um Existenz und Menschenwürde 1933–1945*, Hamburg 1984, S. 221.
32 Gerhard Sauder (Hrsg.), *Die Bücherverbrennung*, München 1983, S. 50–52. Die 16 Namen waren: Bonn (Berlin), Cohn (Breslau), Dehn (Halle), Feiler (Königsberg), Heller (Frankfurt a. M.), Horkheimer (Frankfurt a. M.), Kantorowicz (Frankfurt a. M.), Kantorowicz (Kiel), Kelsen (Köln), Lederer (Berlin), Löwe (Frankfurt

a. M.), Löwenstein (Bonn), Mannheim (Frankfurt a. M.), Mark (Breslau), Tillich (Frankfurt a. M.), Sinzheimer (Frankfurt a. M.).

33 Doron Niederland, «The Emigration of Jewish Academics and Professionals from Germany in the First Years of Nazi Rule», in: *LBIY* 33 (1988), S. 291. Von einem Fach zum anderen und von einer Universität zur anderen variieren die Zahlen erheblich. In der Biologie beispielsweise machten die als Juden definierten oder mit jüdischen Frauen verheirateten Wissenschaftler, die zwischen 1933 und 1939 (einschließlich der Universitäten Wien und Prag) entlassen wurden, etwa 9 Prozent des gesamten Lehrkörpers des Faches aus (30 von 337). Siehe Ute Deichmann, *Biologen unter Hitler: Vertreibung, Karrieren, Forschung*, Frankfurt a. M. 1992, S. 34.

34 Alan D. Beyerchen, *Wissenschaftler unter Hitler: Physiker im Dritten Reich*, Köln 1980, S. 36–52. Zu Teilen des Textes über die Universitäten siehe Saul Friedländer, «The Demise of the German Mandarins: The German University and the Jews 1933–1939», in: Christian Jansen et al. (Hrsg.), *Von der Aufgabe der Freiheit: Politische Verantwortung und bürgerliche Gesellschaft im 19. und 20. Jahrhundert*, Berlin 1995, S. 63 ff.

35 Helmut Heiber, *Universität unterm Hakenkreuz*, T. 2, *Die Kapitulation der Hohen Schulen: Das Jahr 1933 und seine Themen*, Bd. 1, München 1992, S. 26.

36 Uwe Dietrich Adam, *Hochschule und Nationalsozialismus: Die Universität Tübingen im Dritten Reich*, Tübingen 1977, S. 36.

37 Alle Details des Freiburger Falles stammen aus Edward Seidler, «Die Medizinische Fakultät zwischen 1926 und 1948», in: Eckhard John, Bernd Martin, Marc Mück, Hugo Ott (Hrsg.), *Die Freiburger Universität in der Zeit des Nationalsozialismus*, Freiburg, Würzburg 1991, S. 76 f.

38 Arno Weckbecker, *Die Judenverfolgung in Heidelberg 1933–1945*, Heidelberg 1985, S. 150. Im selben Zeitraum waren fünf «arische» Dozenten aus politischen Gründen entlassen worden.

39 Benno Müller-Hill, *Tödliche Wissenschaft: Die Aussonderung von Juden, Zigeunern und Geisteskranken 1933–1945*, Reinbek 1984, S. 28.

40 Paul Weindling, *Health, Race and German Politics Between National Unification and Nazism, 1870–1945*, Cambridge 1989, S. 495.

41 Chernow, *Die Warburgs*, S. 649.

42 Müller-Hill, *Tödliche Wissenschaft*, S. 31.

43 Karen Schönwälder, *Historiker und Politik: Geschichtswissenschaft im Nationalsozialismus*, Frankfurt a. M. 1992, S. 29 ff., 33.

44 Zu einer detaillierteren Darstellung und Analyse der Gleichgültigkeit deutscher Universitätsprofessoren gegenüber dem Schicksal ihrer jüdischen Kollegen wie auch zu den Äußerungen regelrechter Feindseligkeit bei einigen von ihnen siehe Friedländer, «The Demise of the German Mandarins», vor allem S. 70 ff. Zur Einstellung des berühmten Wirtschaftsgeschichtlers Werner Sombart siehe ebd., S. 73, sowie Friedrich Lenger, *Werner Sombart 1863–1941: Eine Biographie*, München 1994, S. 359; eine gute Analyse von Sombarts antijüdischer intellektueller Position bietet vor allem Jeffrey Herf, *Reactionary Modernism: Technology, Culture and Politics in Weimar and the Third Reich*, Cambridge 1993, S. 130 ff.

45 Kurt Pätzold, *Verfolgung, Vertreibung, Vernichtung: Dokumente des faschistischen Antisemitismus 1933 bis 1942*, Frankfurt a. M. 1984, S. 53.

46 Geoffrey J. Giles, «Professor und Partei: Der Hamburger Lehrkörper und der Nationalsozialismus», in: Eckart Krause, Ludwig Huber, Holger Fischer (Hrsg.), *Hochschulalltag im Dritten Reich: Die Hamburger Universität 1933–1945*, Berlin 1991, S. 115.

47 Christian Jansen, *Professoren und Politik: Politisches Denken und Handeln der Heidelberger Hochschullehrer 1914–1935*, Göttingen 1992, S. 289 ff.

48 Claudia Schorcht, *Philosophie an den bayerischen Universitäten 1933–1945*, Erlangen 1990, S. 159 ff. Es kann sein, daß in einem frühen Stadium einige andere gemeinsame Erklärungen zugunsten von jüdischen Kollegen geplant waren, die nie konkret verwirklicht wurden. Nach Angaben Otto Hahns wurde ihm von Max Planck die Absicht ausgeredet, eine derartige Petition zu organisieren, und zwar mit dem Argument, sie würde lediglich eine viel stärkere Gegenerklärung auslösen. Siehe J. L. Heilbron, *The Dilemmas of an Upright Man: Max Planck as Spokesman for German Science*, Berkeley, Calif. 1986, S. 150.

49 Von dieser Intervention wissen wir aus der Darstellung, die Max Planck selbst nach dem Kriege gegeben hat. Nach Angaben von Planck erklärte Hitler, er habe nichts gegen die Juden und sei nur Antikommunist; dann bekam er angeblich einen Wutanfall. Siehe Heilbron, *The Dilemmas of an Upright Man*, S. 153. Derartige Nachkriegsberichte lassen sich schwer erhärten.

50 Hugo Ott, *Martin Heidegger: Unterwegs zu seiner Biographie*, Frankfurt a. M. 1988, S. 198–200.

51 Rüdiger Safranski, *Ein Meister aus Deutschland: Heidegger und seine Zeit*, München 1994, S. 299.

52 Hugo Ott, *Laubhüttenfest 1940: Warum Therese Löwy einsam sterben mußte*, Freiburg 1994, S. 113.

53 Ebd.

54 Elżbieta Ettinger, *Hannah Arendt, Martin Heidegger: Eine Geschichte*, München, Zürich 1995, S. 42. Die Briefe Heideggers sind paraphrasiert, da Ettinger nicht die Genehmigung erhalten hatte, sie direkt zu zitieren.

55 Thomas Sheehan, «Heidegger and the Nazis», in: *New York Review of Books*, 16. Juni 1988, S. 40.

56 Victor Farías, *Heidegger und der Nationalsozialismus*, Frankfurt a. M. 1989, S. 224; vgl. Sheehan, «Heidegger and the Nazis», S. 40.

57 Ebd. Siehe auch Ott, *Laubhüttenfest 1940*, S. 183.

58 Safranski, *Ein Meister aus Deutschland*, S. 302.

59 Ebd., S. 300.

60 Heinrich Meier, *Carl Schmitt, Leo Strauss und «Der Begriff des Politischen»: Dialog unter Abwesenden*, Stuttgart 1988, S. 137.

61 Ebd., S. 14 f.

62 Zu allen Einzelheiten in diesem Abschnitt siehe Bernd Rüthers, *Carl Schmitt im Dritten Reich: Wissenschaft als Zeitgeist-Bestärkung?*, München 1990, S. 31–34.

63 Wolfgang Heuer, *Hannah Arendt*, Reinbek 1987, S. 29.

64 Kommission ..., *Dokumente zur Geschichte der Frankfurter Juden*, S. 99 f.

65 Donald L. Niewyk, *The Jews in Weimar Germany*, Baton Rouge, La. 1980, S. 67. Die Einschätzung Michael Katers ist etwas deutlicher: «Die Zahl der Professoren, die sich zum Nationalsozialismus bekehrten, wobei das Motiv oft Antisemitismus war, nahm insbesondere 1932 zu, und selbst wenn die meisten von ihnen sich dafür entschieden, außerhalb der Partei zu bleiben, legen die Unterlagen nahe, daß sie im Grunde ihres Herzens zu Hitler übergelaufen waren» (Michael Kater, *The Nazi Party: A Social Profile of Members and Leaders 1919–1945*, Oxford 1983, S. 69). Die Judäophobie, die während des Kaiserreichs und noch mehr während der Weimarer Republik in akademischen Kreisen herrschte, ist zu gut belegt, als daß sie noch vieler weiterer Beweise bedürfte. Doch einige berüchtigte Vorfälle lassen sich auf gegensätzliche Weise deuten. Im Jahre 1924 trat der jüdische Nobelpreisträger für Chemie und Professor an der Universität München Richard Willstätter aus Protest gegen die Entscheidung des Dekans und einer Mehrheit der Fakultät, aus offensichtlich antisemitischen Gründen den Geochemiker Viktor Goldschmidt nicht zu berufen, zurück. Doch andererseits versuchte eine große Zahl von Fakultätsmitgliedern und Studenten wochenlang, Willstätter zur

Rücknahme seiner Entscheidung zu bewegen – vergeblich. Zu diesem Fall als solchem und zu Willstätters Rücktritt siehe Fritz Stern, *Der Traum vom Frieden und die Versuchung der Macht: Deutsche Geschichte im 20. Jahrhundert*, Berlin 1988, S. 54f., sowie John V. H. Dippel, *Die große Illusion*, Weinheim 1997, S. 85–91.

66 Michael H. Kater, *Studentenschaft und Rechtsradikalismus in Deutschland 1918–1933*, Hamburg 1975, S. 145f.

67 Geoffrey J. Giles, *Students and National Socialism in Germany*, Princeton, N. J. 1985, S. 17.

68 Ulrich Herbert, «‹Generation der Sachlichkeit›: Die völkische Studentenbewegung der frühen zwanziger Jahre in Deutschland», in: Frank Bajohr et al. (Hrsg.), *Zivilisation und Barbarei: Die widersprüchlichen Potentiale der Moderne*, Hamburg 1991, S. 115ff. Zur Gründung und zum Wachstum des NSDStB bis 1933 siehe auch Michael Grüttner, *Studenten im Dritten Reich*, Paderborn 1995, S. 19–61.

69 Am 12. November 1930 berichtete das *Berliner Tageblatt*, etwa 500 nationalsozialistische Studenten hätten auf dem Gelände der Berliner Universität Angriffe gegen republikfreundliche und jüdische Studenten verübt: «Bei den sich entwikkelnden Schlägereien wurde ein sozialdemokratischer Student blutig geschlagen und mußte sich in ärztliche Behandlung begeben. Im Innern der Universität wurde eine jüdische Studentin von Nationalsozialisten angegriffen, zu Boden geworfen und mit Füßen getreten. … Abwechselnd wurde im Chorus ‹Deutschland erwache!› und ‹Juden raus!› gerufen» (Kater, *Studentenschaft und Rechtsradikalismus*, S. 155).

70 Ebd., S. 157.

71 Kater, *The Nazi Party*, S. 184.

72 Rudolf Schottländer, «Antisemitische Hochschulpolitik: Zur Lage an der Technischen Hochschule Berlin 1933/34», in: Reinhard Rürup (Hrsg.), *Wissenschaft und Gesellschaft: Beiträge zur Geschichte der Technischen Universität Berlin 1879–1979*, Bd. 1, Berlin 1979, S. 447.

73 Ebd.

74 Ebd., S. 448.

75 Sauder, *Die Bücherverbrennung*, S. 89. In Berlin führte die Bekanntgabe dieser Thesen umgehend zu einem Konflikt zwischen den Studenten und dem Rektor der Universität, Eduard Kohlrausch, der die Entfernung der Anschläge und Plakate vom Universitätsgelände angeordnet hatte; die Studenten reagierten darauf, indem sie seinen Rücktritt verkündeten (Giles, *Students and National Socialism*, S. 131).

76 George L. Mosse, «Die Bildungsbürger verbrennen ihre eigenen Bücher», in: Horst Denkler, Eberhard Lämmert (Hrsg.), *«Das war ein Vorspiel nur …»: Berliner Colloquium zur Literaturpolitik im «Dritten Reich»*, Berlin 1985, S. 35.

77 Ebd., S. 42.

78 Fachschulgruppenführer Hildburghausen an Staatsminister Wächtler, Thüringisches Volksbildungsministerium, Weimar, 6. 5. 1933; Nationalsozialistischer Deutscher Studentenbund (NSDStB), Mikrofilm MA–228, IfZ, München.

79 Kreisführer Mitteldeutschland an Ministerpräsident Manfred von Killinger, Dresden, 12. 8. 1933; NSDStB, Mikrofilm MA–228, IfZ, München.

80 Gerhard Gräfe an Georg Plötner, Hauptamt für politische Erziehung, Berlin, 16. 5. 1933, ebd. Andererseits wurde Arthur Schnitzlers berühmter «jüdischer» Roman *Der Weg ins Freie* anscheinend verschont, wahrscheinlich weil er als Träger einer zionistischen Botschaft aufgefaßt wurde.

81 Victor Klemperer, *Ich will Zeugnis ablegen bis zum letzten: Tagebücher 1933–1945*, Bd. 1, *1933–1941*, Berlin 1995, S. 31–43.

82 *C. V.-Zeitung*, 6. 4. 1933; vgl. Jacob Boas, «German-Jewish Internal Politics under Hitler 1933–1938», in: *LBIY* 29 (1984), S. 3.

83 Ein früherer Zusammenschluß, die Reichsarbeitsgemeinschaft der deutschen Landesverbände jüdischer Gemeinden, war schon im Januar 1932 gegründet worden; er vertrat die Juden Deutschlands in den ersten Monaten der NS-Herrschaft, bevor er durch die Reichsvertretung ersetzt wurde.

84 Leo Baeck ist bis auf den heutigen Tag Zielscheibe scharfer Kritik geblieben, die sich auf das richtet, was einigen als Unterwürfigkeit gegenüber den Nationalsozialisten und sogar als Kooperation mit ihnen erscheint. Hannah Arendt bezeichnete ihn als den «Führer» des deutschen Judentums. Siehe Hannah Arendt, *Eichmann in Jerusalem: Ein Bericht von der Banalität des Bösen*, München 1964, S. 153 ff. Raul Hilberg ist bei seiner ursprünglichen strengen Einschätzung geblieben (Raul Hilberg, *Täter, Opfer, Zuschauer: Die Vernichtung der Juden 1933–1945*, Frankfurt a. M. 1992, S. 125 f.).

85 Paul Sauer, «Otto Hirsch (1885–1941), Director of the Reichsvertretung», in: *LBIY* 32 (1987), S. 357.

86 Zu diesen Zitaten siehe Abraham Margalioth, «The Problems of the Rescue of German Jewry During the Years 1933–1939: The Reasons for the Delay in Their Emigration from the Third Reich», in: Yisrael Guttman, Ephraim Zuroff (Hrsg.), *Rescue Attempts During the Holocaust*, Jerusalem 1977, S. 249 ff.

87 Abraham Margalioth, *Zwischen Rettung und Vernichtung: Studien zur Geschichte des deutschen Judentums 1932–1938*, Jerusalem 1990, S. 5 (Hebräisch). Siehe auch Francis R. Nicosia, «Revisionist Zionism in Germany (II): Georg Kareski and the Staatszionistische Organisation, 1933–1938», in: *LBIY* 32 (1987), S. 231 ff.

88 Yehuda Bauer, *My Brother's Keeper: A History of the American Jewish Joint Distribution Committee 1929–1939*, Philadelphia 1974, S. 111.

89 Freie Vereinigung für die Interessen des orthodoxen Judentums an den Reichskanzler, Frankfurt a. M., 4. Oktober 1933; in: *Akten der Reichskanzlei*, Bd. 2, *12. 9. 33–27. 8. 34*, S. 884 ff.

90 Siehe Werner Rosenstock, «Exodus 1933–1939: A Survey of Jewish Emigration from Germany», in: *LBIY* 1 (1956), S. 377, und besonders Herbert A. Strauss, «Jewish Emigration from Germany: Nazi Policies and Jewish Responses (I)», in: *LBIY* 25 (1980), S. 326.

91 Ebd., S. 379.

92 Klaus Mann, *The Turning Point: Thirty-five Years in This Century*, New York 1942, Nachdruck: New York 1985, S. 270.

93 Barkai, *Vom Boykott zur «Entjudung»*, S. 111 ff.

94 Hans Mommsen, «Der nationalsozialistische Staat und die Judenverfolgung vor 1938», in: *VfZ* 1 (1962) S.71 f.

95 Zu einer detaillierten Darstellung des Haavarah-Abkommens und der dazu führenden Verhandlungen siehe Francis R. Nicosia, *Hitler und der Zionismus: Das 3. Reich und die Palästina-Frage 1933–1939*, Leoni am Starnberger See 1989, S. 73 ff. und insbesondere S. 88 ff. Siehe auch den auf den neuesten Stand gebrachten Artikel Nicosias über die wichtigsten Fragen dieses Buches: «Ein nützlicher Feind: Zionismus im nationalsozialistischen Deutschland 1933–1939», in: *VfZ* 37 (1989), No. 3, S. 367 ff.

96 Nicosia, «Ein nützlicher Feind», S. 383.

97 Tom Segev, *Die siebte Million: Der Holocaust und Israels Politik der Erinnerung*, Reinbek 1995, S. 45 f.

98 Nicosia, *Hitler und der Zionismus*, S. 90.

99 Ebd.

100 Nicosia, «Ein nützlicher Feind», S. 378. In demselben Geist schrieb Robert Weltsch, der Herausgeber der zionistischen *Jüdischen Rundschau* und möglicherweise der bekannteste deutsch-jüdische Journalist nach 1933, am 4. April 1933 eine seiner berühmtesten Kolumnen: «Tragt ihn mit Stolz, den gelben Fleck.» In

diesem so denkwürdig betitelten Artikel vertrat Weltsch die Auffassung, der Nationalsozialismus biete eine historische Gelegenheit, jüdische nationale Identität wieder zur Geltung zu bringen. Die Juden würden die Achtung zurückgewinnen, die sie im Zuge der Assimilierung verloren hatten, und sie würden ihre eigene nationale Wiedergeburt zuwege bringen, genau wie es die Deutschen getan hatten. Die Juden waren den Nationalsozialisten zu Dank verpflichtet: Hitler hatte ihnen den Weg zur Wiedergewinnung ihrer Identität gezeigt. Unter den deutschen Juden, sowohl unter Zionisten als auch unter Nichtzionisten, löste der Artikel gewaltige Begeisterung aus.

101 Segev, *Die siebte Million*, S. 31.

102 Ebd., S. 29f.

103 Margalioth, «The Problem of the Rescue», S. 94.

104 Ebd., S. 95.

105 Zitiert in Jost Hermand, «‹Bürger zweier Welten?›: Arnold Zweigs Einstellung zur deutschen Kultur», in: Julius Schoeps (Hrsg.), *Juden als Träger bürgerlicher Kultur in Deutschland*, Bonn 1989, S. 81.

106 Zitiert in Robert Weltsch, «Vorbemerkung zur zweiten Ausgabe» (1959), in: Siegmund Kaznelson (Hrsg.), *Juden im deutschen Kulturbereich: Ein Sammelwerk*, Berlin 1962, S. XVff.

107 Die Zahl stammt aus Eike Geisels Aufsatz über die Geschichte des Kulturbunds, «Premiere und Pogrom», in: Eike Geisel, Heinrich M. Broder (Hrsg.), *Premiere und Pogrom: Der Jüdische Kulturbund 1933–1941*, Berlin 1992, S. 9.

108 Steinweis, «Hans Hinkel», S. 215.

109 Geisel, «Premiere und Pogrom», S. 10ff.

110 Ebd., S. 12.

111 Dahm, in: Benz, *Die Juden in Deutschland*, S. 114.

112 Ebd., S. 115. Zu Einzelheiten über das Verbot Schillers und Goethes siehe Jacob Boas, «Germany or Diaspora? German Jewry's Shifting Perceptions in the Nazi Era (1933–1938)», in: *LBIY* 27 (1982), S. 115, Anm. 32. In seinen persönlichen Erinnerungen an die damalige Zeit meint Jakob Ball-Kaduri, Hinkel sei zunächst bestrebt gewesen, den Kulturbund zu entwickeln, weil er eine ambivalente Einstellung zu jüdischen Dingen gehabt habe und weil ein Wachstum des Kulturbundes eine Stärkung des Bereiches bedeutete, für den er zuständig war (Ball-Kaduri, *Das Leben der Juden in Deutschland im Jahre 1933*, S. 151). Eine derartige «Ambivalenz» macht eher den Eindruck von reinem Ehrgeiz auf seiten eines eingefleischten antisemitischen Aktivisten.

113 Levi, *Music in the Third Reich*, S. 51f.

114 Ebd., S. 33, 247.

115 Wulf, *Theater und Film im Dritten Reich*, S. 113f.

116 Dahm, in: Benz, *Die Juden in Deutschland, S.* 104.

117 Kurt Duwell, «Jewish Cultural Centers in Nazi Germany: Expectations and Accomplishments», in: Jehuda Reinharz, Walter Schatzberg (Hrsg.), *The Jewish Response to German Culture: From the Enlightenment to the Second World War*, Hanover, N. H. 1985, S. 298.

118 Sir Horace Rumbold an Sir John Simon, 11. Mai 1933; *Documents on British Foreign Policy 1919–1939*, Second Series, Bd. 5, *1933*, London 1956, S. 233–35.

119 Der Generalkonsul in Berlin an den Außenminister, 1. November 1933; *Foreign Relations of the United States, 1933*, Bd. 2, Washington, D. C. 1948, S. 362 (Hervorhebung S. F.).

120 *Akten der Reichskanzlei: Die Regierung Hitler*, T. 1, Bd. 1, S. 631.

121 Die Position Schachts war nur durch kurzfristige ökonomische Ziele motiviert. Ansonsten war er für die «Beschränkung des jüdischen Einflusses» im deutschen Wirtschaftsleben, und bei einer Reihe von Gelegenheiten zögerte er nicht, kraß

antisemitische Reden zu halten. Mit anderen Worten, Schacht brachte in vollem Umfang die konservative Variante des Antisemitismus zum Ausdruck, und als er mit den immer radikaleren antijüdischen Maßnahmen des Regimes konfrontiert wurde, fügte er sich ein wie alle konservativen Verbündeten der Nationalsozialisten. Siehe hierzu insbesondere Albert Fischer, *Hjalmar Schacht und Deutschlands «Judenfrage»*, Bonn 1995, vor allem S. 126ff. Eine von Schachts dezidiertesten antisemitischen Reden war seine «Lutherrede» vom 8. November 1933. Die Journalistin Bella Fromm, die Jüdin war, befand sich unter den Zuhörern und kommentierte in ihrem Tagebuch: «Der vertraute Freund der Berliner jüdischen Gesellschaft [Schacht] ließ nicht eine einzige von Martin Luthers vielfältigen antisemitischen Bemerkungen aus. ... Gewiß ist Judenhetze seit dem 1. Februar eine legale Angelegenheit. Aber es gibt keine Entschuldigung für Schachts Infamie. Schacht war nicht immer wohlhabend. Alles, was er hat, verdankt er Freunden, die keine Nationalsozialisten sind» (Bella Fromm, *Blood and Banquets: A Berlin Social Diary*, London 1943, Nachdruck: New York 1990, S. 136).

122 *Akten der Reichskanzlei: Die Regierung Hitler*, T. 1, Bd. 1, S. 675.

123 Ebd., S. 677.

124 Noakes, «The Development of Nazi Policy Towards the German-Jewish ‹Mischlinge›», S. 303.

125 Reichsstatthalterkonferenz, 28. 9. 1933; *Akten der Reichskanzlei: Die Regierung Hitler*, T. 1, Bd. 2, S. 865.

126 Adolf Hitler, «Die deutsche Kunst als stolzeste Verteidigung des deutschen Volkes», in: *Nationalsozialistische Monatshefte* 4, Nr. 34 (Okt. 1933), S. 437.

127 Zitiert in Wolfgang Michalka (Hrsg.), *Das Dritte Reich*, Bd. 1, München 1985, S. 137.

128 Die «religiöse» Dimension des Nationalsozialismus, bezogen sowohl auf seine Überzeugungen als auch auf seine Rituale, war bereits von zahlreichen zeitgenössischen Beobachtern wahrgenommen worden; einige eklatante Benutzungen christlicher Liturgie riefen Proteste hervor, vor allem von seiten der katholischen Kirche. Der Begriff der «politischen Religion» in seiner Anwendung auf den Nationalsozialismus (und oft auch auf den Kommunismus), verstanden als eine Sakralisierung der Politik und als eine Politisierung religiöser Themen und Rahmenfaktoren, wurde erstmals systematisch dargestellt von Eric Voegelin, *Die politischen Religionen*, Stockholm 1939. Nach dem Kriege wurde dieses Thema aufgegriffen von Norman Cohn, *Das Ringen um das Tausendjährige Reich: Revolutionärer Messianismus im Mittelalter und sein Fortleben in den modernen totalitären Bewegungen*, Bern, München 1961. Die politisch-religiöse Dimension der nationalsozialistischen ideologischen Themen und Rituale analysiert hat auch Klaus Vondung, *Magie und Manipulation: Ideologischer Kult und politische Religion des Nationalsozialismus*, Göttingen 1971. Während der siebziger Jahre wurde die Analyse des Nationalsozialismus als politischer Religion weiterentwickelt von Uriel Tal, vor allem in seinem Artikel «On Structures of Political Ideology and Myth in Germany Prior to the Holocaust», in: Yehuda Bauer, Nathan Rotenstreich (Hrsg.), *The Holocaust as Historical Experience*, New York 1981. Die Interpretation Tals erscheint als Leitmotiv in Leni Yahils *The Holocaust: The Fate of European Jewry*, New York 1990. Siehe auch den Schluß zu Saul Friedländer, «Vom Antisemitismus zur Judenvernichtung: Eine historiographische Studie zur nationalsozialistischen Judenpolitik und Versuch einer Interpretation», in: Eberhard Jäckel, Jürgen Rohwer (Hrsg.), *Der Mord an den Juden im Zweiten Weltkrieg*, Stuttgart 1985.

129 Adolf Hitler, *Sämtliche Aufzeichnungen 1905–1924*, hrsg. v. Eberhard Jäckel u. Axel Kuhn, Stuttgart 1980, S. 89f.

3. Der Erlösungsantisemitismus

1 Lamar Cecil, *Albert Ballin: Wirtschaft und Politik im deutschen Kaiserreich 1888–1918*, Hamburg 1969, S. 288. Cecil legt sich nicht fest, ob Ballin die Überdosis Schlaftabletten mit Absicht nahm oder nicht. An das Ende seines Romans *Berliner Reigen* setzt Arthur R. G. Solmssen das (unbetitelte) Nachwort: «Am 31. August 1935 teilte die Direktion der Hamburg-Amerika Linie mit, daß die SS *Albert Ballin* künftig den Namen SS *Hansa* tragen werde» (Arthur R. G. Solmssen, *Berliner Reigen*, Frankfurt a. M. 1981). Ich bin Sue Llewellyn für diese Information dankbar.
2 Werner T. Angress, «The German Army's ‹Judenzählung› of 1916: Genesis – Consequences – Significance», in: *LBIY* 23 (1978), S. 117 ff. Siehe auch Egmont Zechlin, *Die deutsche Politik und die Juden im Ersten Weltkrieg*, Göttingen 1969, S. 528 ff.
3 Angress, «The German Army's ‹Judenzählung›», S. 117.
4 Werner Jochmann, «Die Ausbreitung des Antisemitismus», in: Werner E. Mosse (Hrsg.), *Deutsches Judentum in Krieg und Revolution 1916–1923*, Tübingen 1971, S. 421.
5 Ebd., S. 423.
6 Saul Friedländer, «Political Transformations During the War and Their Effect on the Jewish Question», in: Herbert A. Strauss (Hrsg.), *Hostages of Modernization: Studies on Modern Anti-Semitism 1870–1933/39: Germany – Great Britain – France*, Berlin 1993, S. 152.
7 Adolf Hitler, *Mein Kampf*, München $^{259/260}$1937, S. 211 f.
8 Friedländer, «Political Transformations», S. 152.
9 Zechlin, *Die deutsche Politik*, S. 525.
10 Ebd., insbesondere Anm. 42.
11 Chernow, *Die Warburgs*, S. 223.
12 Jochmann, «Die Ausbreitung des Antisemitismus», S. 427.
13 Ebd.
14 Ebd., S. 426. Jochmann zitiert die klassische Studie des jüdischen Statistikers und Demographen Franz Oppenheimer, *Die Judenstatistik des Preußischen Kriegsministeriums*, München 1922.
15 Ernst Simon, *Unser Kriegserlebnis* (1919), zitiert in Zechlin, *Die deutsche Politik*, S. 533.
16 Rathenau an Schwaner, 4. August 1916, zitiert in Jochmann, «Die Ausbreitung des Antisemitismus», S. 427.
17 Siehe insbesondere Werner T. Angress, «The Impact of the Judenwahlen of 1912 on the Jewish Question: A Synthesis», in: *LBIY* 18 (1983), S. 367 ff.
18 Zur Verschiebung der jüdischen Stimmabgabe, ihrer Dynamik und ihrer politischen Bedeutung siehe ebd., S. 373 ff., sowie Marjorie Lamberti, *Jewish Activism in Imperial Germany: The Struggle for Civil Equality*, New Haven, Conn. 1978, sowie die klassische Untersuchung von Jacob Toury, *Die politischen Orientierungen der Juden in Deutschland: Von Jena bis Weimar*, Tübingen 1966.
19 Angress, «Impact of the Judenwahlen of 1912», S. 381.
20 Ebd. S. 390.
21 Uwe Lohalm, *Völkischer Radikalismus: Die Geschichte des Deutschvölkischen Schutz- und Trutzbundes 1919–1923*, Hamburg 1970, S. 30.
22 Daniel Frymann, *Das Kaiserbuch: Politische Wahrheiten und Notwendigkeiten*, Leipzig ^{7}1925, S. 69 ff.
23 Zur Unterscheidung zwischen den traditionellen und den neuen Tendenzen im deutschen Nationalismus nach 1912 siehe Thomas Nipperdey, *Deutsche Geschichte 1866–1918*, Bd. 2, *Machtstaat vor der Demokratie*, München 1992, S. 606 ff. Zu den bisweilen rabiaten antijüdischen Ausbrüchen des Kaisers siehe John C. G. Röhl, «Das beste wäre Gas!», in: *Die Zeit*, 25. November 1994.

24 Roger Chickering, *We Men Who Feel Most German: A Cultural Study of the Pan-German League, 1886–1914*, Boston 1984, S. 287.

25 Angress, «Impact of the Judenwahlen of 1912», S. 396.

26 Im Jahre 1925 lebten 66.8 Prozent aller deutschen Juden in den großen Städten, wobei Frankfurt und Berlin den ersten und den zweiten Platz der jüdischen Bevölkerung einnahmen. Im Gebiet von Groß-Berlin lebten 1871 36326 Juden, das waren 3.9 Prozent einer Bevölkerung von 931 984. Im Jahre 1925 ergab die offizielle Volkszählung für dasselbe Gebiet 172672 Juden oder 4.3 Prozent einer Gesamtbevölkerung von 4024 165 (in Frankfurt stellte die jüdische Bevölkerung im selben Jahr 6.3 Prozent der Einwohnerschaft). In Wirklichkeit lag die Zahl der Juden in Berlin wahrscheinlich höher, als die offizielle Volkszählung angab, da sich viele Juden nicht bei den jüdischen Gemeindeorganisationen anmeldeten (welche die Grundlage für die Volkszählung darstellten), und eine Reihe von osteuropäischen Juden war überhaupt nirgends registriert. Nach einigen Schätzungen lebten in der Zeit unmittelbar nach dem Kriege in Groß-Berlin sogar 200000 Juden oder etwa 5 Prozent der Gesamtbevölkerung. Siehe hierzu Gabriel Alexander, «Die Entwicklung der jüdischen Bevölkerung in Berlin zwischen 1871 und 1945», in: *Tel Aviver Jahrbuch für Deutsche Geschichte* 20 (1991), S. 287ff. und insbesondere S. 292ff. Eine derartige Konzentration in den Städten wurde durch die starke Exponiertheit osteuropäischer Juden in den großen deutschen Städten verstärkt.
Juden aus dem Osten waren seit langem in Deutschland und Österreich präsent gewesen, wo sie vor allem nach den Teilungen Polens gegen Ende des 18.Jahrhunderts und den Annexionen polnischen Territoriums durch Preußen und Österreich eintrafen. Hundert Jahre später, von 1881 an, fand eine entscheidende Veränderung statt, als in den westlichen Provinzen des zaristischen Rußlands eine Reihe von großen Pogromen gegen jüdische Gemeinden einsetzte. Es begann ein Massenexodus von Juden – von denen die meisten nach den Vereinigten Staaten strebten – aus russisch-polnischem Gebiet. Von den 2750000 Juden, die zwischen 1881 und 1914 Osteuropa verließen, um nach Übersee zu gehen, kam ein großer Teil durch Deutschland, meist mit den Häfen Bremen und Hamburg als Ziel, wobei ein kleiner Teil von ihnen im Lande blieb. Eine detaillierte Darstellung gibt Shalom Adler-Rudel, *Ostjuden in Deutschland 1880–1940*, Tübingen 1959. Zur gleichen Zeit ließ sich eine bedeutendere Zahl galizischer und rumänischer Juden in Österreich, vor allem in Wien, nieder.
Im Jahre 1900 waren 7 Prozent der Juden in Deutschland Ostjuden, und der Anteil osteuropäischer Juden stieg bis 1925 auf 19.1 und bis 1933 auf 19.8 Prozent (ebd., S.165). Überdies vollzog sich ihre Konzentration in den großen Städten mit einer Geschwindigkeit, die höher lag als die der allgemeinen Verstädterung der deutschen Juden. Im Jahre 1925 stellten die Ostjuden in Berlin 25.4, in München 27, in Dresden 60 und in Leipzig 80.7 Prozent der jüdischen Bevölkerung (ebd.).

27 Siehe vor allem Werner E. Mosse, «Die Juden in Wirtschaft und Gesellschaft», in: Werner E. Mosse (Hrsg.), *Juden im wilhelminischen Deutschland 1890–1914*, Tübingen 1976, S. 69ff., 75ff.

28 Werner E. Mosse, *Jews in the German Economy: The German- Jewish Economic Elite 1820–1935*, Oxford 1987, S. 396.

29 Ebd., S. 398, 400.

30 Ebd., S. 323ff. (insbesondere S. 329).

31 Moritz Goldstein, «Deutsch-jüdischer Parnass», in: *Kunstwart* 25, No. 11 (März 1912), S. 283.

32 Ebd., S. 291f.

33 Ebd., S. 293.

34 Ebd., S. 294.

35 Ferdinand Avenarius, «Aussprachen mit Juden», in: *Kunstwart* 25, No. 22 (August 1912), S. 225.

36 Diese Details und die Zitate entstammen der Dissertation von Ralph Max Engelman, «Dietrich Eckart and the Genesis of Nazism», Ann Arbor, Mich.: University Microfilms, 1971, S. 31 f.

37 Ebd.

38 Ebd., S. 32.

39 Maximilian Hardens *Zukunft* war «jüdisch», ebenso wie Siegfried Jacobsohns *Schaubühne* (später *Weltbühne*). Otto Brahms *Freie Bühne für modernes Leben*, auf die dann die *Neue Rundschau* folgte, war «jüdisch», ebenso wie die führenden Kulturkritiker der großen Tageszeitungen, Fritz Engel, Alfred Kehr, Max Osborn und Oskar Bies (Engelman, ebd.). Bald wurde dann Kurt Tucholsky zum exponiertesten – und gehaßtesten – Journalisten und Schriftsteller jüdischer Abstammung, den es in der Weimarer Zeit gab. Siegfried Breslauer war Mitherausgeber des *Berliner Lokalanzeigers*, Emil Faktor war Chefredakteur des *Berliner Börsen-Couriers*, Norbert Falk war Feuilletonredakteur der *B. Z. am Mittag*, Joseph Wiener-Braunsberg war Herausgeber des *Ulk*, der satirischen Beilage des *Berliner Tageblatts*, und so gab es noch viele andere. Siehe hierzu Bernd Sösemann, «Liberaler Journalismus in der Kultur der Weimarer Republik», in: Julius H. Schoeps (Hrsg.), *Juden als Träger bürgerlicher Kultur in Deutschland*, Bonn 1989, S. 245.

40 Engelman, «Dietrich Eckart», S. 33.

41 Hildegard von Spitzemberg, *Das Tagebuch der Baronin Spitzemberg*, Göttingen 1960–63, S. 348 f.; vgl. Engelman, «Dietrich Eckart», S. 33.

42 Bernard Michel, *Banques et banquiers en Autriche au début du XXe siècle*, Paris 1976, S. 312.

43 Robert S. Wistrich, *The Jews of Vienna in the Age of Franz Josef*, Oxford 1989, S. 170. Die herausragende Rolle der Juden in der Wiener Kultur um die Jahrhundertwende ist systematisch dokumentiert in Steven Beller, *Wien und die Juden, 1867–1938*, Wien, Köln, Weimar 1993.

44 Zum historischen Hintergrund der Emanzipation siehe Jacob Katz, *Aus dem bürgerlichen Ghetto in die bürgerliche Gesellschaft: Jüdische Emanzipation 1770–1870*, Frankfurt a. M. 1986.

45 Shulamit Volkov, «Die Verbürgerlichung der Juden in Deutschland als Paradigma», in: *Jüdisches Leben und Antisemitismus im 19. und 20. Jahrhundert*, München 1990, S. 112 ff.

46 Siehe besonders George L. Mosse, «Jewish Emancipation: Between *Bildung* and Respectability», in: Jehuda Reinharz, Walter Schatzberg (Hrsg.), *The Jewish Response to German Culture: From the Enlightenment to the Second World War*, Hanover, N. H. 1985, S. 1 ff.

47 Michael A. Meyer, *Von Moses Mendelssohn zu Leopold Zunz*, München 1994.

48 David Sorkin, *The Transformation of German Jewry 1780–1840*, New York 1987.

49 Fritz Stern, *Gold und Eisen: Bismarck und sein Bankier Bleichröder*, Frankfurt a. M. [4]1980, S. 561.

50 Nipperdey, *Machtstaat vor der Demokratie*, S. 289.

51 Ebd., S. 290.

52 Hannah Arendt, *Elemente und Ursprünge totaler Herrschaft*, Frankfurt a. M. 1955, S. 5 ff.

53 Zu Diskussionen über diese Fragen siehe insbesondere Israel Y. Yuval, «Rache und Verdammung, Blut und Verleumdung: Vom jüdischen Martyrium zu Blut-Verleumdungsklagen», in: *Zion* 58 (1993), No. 1, S. 33 ff., und *Zion* 59 (1994), No. 2–3 (Hebräisch).

54 Uriel Tal, *Christians and Jews in Germany: Religion, Politics and Ideology in the Second Reich, 1870–1914*, Ithaca, N. Y. 1975, S. 96–98.

55 Ebd., S. 209 f.
56 Jacob Katz, *Vom Vorurteil bis zur Vernichtung: Der Antisemitismus 1700–1933*, München 1989, S. 322 f.
57 Amos Funkenstein, «Anti-Jewish Propaganda: Pagan, Christian and Modern», in: *Jerusalem Quarterly* 19 (1981), S. 67.
58 Richard Hofstadter, *The Paranoid Style in American Politics and Other Essays*, Chicago 1979, S. 29.
59 Jacob Katz, *Jews and Freemasons in Europe 1723–1939*, Cambridge 1970, besonders S. 148 ff.
60 Derartige Unterscheidungen haben einem Teil der historischen Arbeiten zugrunde gelegen, die in den sechziger Jahren zum Sonderweg der deutschen Geschichte im 19. Jahrhundert erschienen; diese Thesen sind neuerdings von politischen Soziologen neu formuliert und systematisiert worden. Siehe insbesondere Pierre Birnbaum, «Nationalismes: Comparaison France-Allemagne», in: *La France aux Français: Histoire des haines nationalistes*, Paris 1993, S. 300 ff.
61 Zum vergleichenden Teil der Argumentation siehe vor allem Reinhard Rürup, *Emanzipation und Antisemitismus: Studien zur «Judenfrage» der bürgerlichen Gesellschaft*, Göttingen 1975, S. 17 f.
62 Einen klaren Überblick über die deutsche Modernisierung und ihre Auswirkungen gibt Volker R. Berghahn, *Modern Germany: Society, Economy, and Politics in the Twentieth Century*, New York 1987. Zu den völkischen Reaktionen auf diese Entwicklung siehe George L. Mosse, *Ein Volk, ein Reich, ein Führer: Die völkischen Ursprünge des Nationalsozialismus*, Königstein/Ts. 1979, sowie Fritz Stern, *Kulturpessimismus als politische Gefahr: Eine Analyse nationaler Ideologie in Deutschland*, Bern, Stuttgart, Wien 1963.
63 Dafür, diese neue antisemitische Strömung als «revolutionären Antisemitismus» zu definieren, ist eingetreten Paul Lawrence Rose, *Revolutionary Anti-Semitism in Germany from Kant to Wagner*, Princeton, N. J. 1990. Siehe insbesondere Roses Argumentation zu Wagner, S. 358 ff., sowie ders., *Wagner: Race and Revolution*, New Haven, Conn. 1992.
64 Siehe Robert W. Gutman, *Richard Wagner: Der Mensch, sein Werk, seine Zeit*, München 1970, vor allem S. 438–71; Hartmut Zelinsky, *Richard Wagner: Ein deutsches Thema 1876–1976*, Wien [3]1983; Rose, *Wagner*, vor allem S. 135–70.
65 Richard Wagner, «Das Judentum in der Musik», in: R. W., *Gesammelte Schriften und Dichtungen*, Bd. 5, Leipzig [4]1907, S. 85.
66 Cosima Wagner, *Die Tagebücher*, Bd. 4 [1881–83], München 1982, S. 734.
67 Gustav Mahler bemerkte, in Mimes Musik seien körperliche Merkmale parodiert, die angeblich jüdisch seien. Zu einer Untersuchung der antijüdischen Symbolik in Wagners musikalischem Werk siehe Marc A. Weiner, *Richard Wagner and the Anti-Semitic Imagination*, Lincoln, Neb. 1995. Zur Bemerkung Mahlers siehe ebd., S. 28.
68 Cosima Wagner, *Die Tagebücher*, S. 852.
69 Winfried Schüler, *Der Bayreuther Kreis von seiner Entstehung bis zum Ausgang der wilhelminischen Ära*, Münster 1971, S. 256.
70 Houston Stewart Chamberlain, *Die Grundlagen des neunzehnten Jahrhunderts*, Bd. 1, München 1912, S. 632.
71 Geoffrey Field, *Evangelist of Race: The Germanic Vision of Houston Stewart Chamberlain*, New York 1981, S. 225.
72 Ebd., S. 326.
73 Houston Stewart Chamberlain, *Briefe*, München 1928, Bd. 1, S. 307; vgl. Field, *Evangelist of Race*, S. 326.
74 Zu Hitlers Besuch bei Chamberlain siehe ebd., S. 436.
75 Einige Historiker haben die Ähnlichkeiten der Reaktionen auf den Krieg in ganz

Europa hervorgehoben. Siehe vor allem Jay Winter, *Sites of Memory, Sites of Mourning: The Great War in European Cultural History*, Cambridge 1995; andere haben auf die Unterschiede verwiesen: das Aufkommen einer Antikriegsstimmung in Frankreich, das einer völkermörderischen Stimmung in Deutschland. Siehe Bartov, *Murder in Our Midst*, vor allem Kap. 2. Doch es gibt eine gewaltige Literatur, welche die Existenz einer apokalpytischen Nachkriegsstimmung im Prinzip einräumt.

76 Nesta H. Webster, *World Revolution: The Plot Against Civilization*, London 1921, S. 293.

77 Thomas Mann, *Tagebücher 1918–1921*, hrsg. v. Peter de Mendelssohn, Frankfurt a. M. 1979, S. 223.

78 Die folgenden Details stammen aus Peter Nettl, *Rosa Luxemburg*, Bd. 2, Oxford 1966, S. 772 ff.

79 Friedländer, «Political Transformations», S. 159.

80 Von den 27 Regierungsmitgliedern der bayerischen Räterepublik waren sieben der einflußreichsten jüdischer Abstammung: Eugen Levine-Nissen, Towia Axelrod, Frida Rubiner (alias Friedjung), Ernst Toller, Erich Mühsam, Gustav Landauer, Arnold Wadler; siehe Hans-Helmuth Knütter, *Die Juden und die deutsche Linke in der Weimarer Republik, 1918–1933*, Düsseldorf 1971, S. 118.

81 Reginald H. Phelps, «‹Before Hitler Came›: Thule Society and Germanenorden», in: *Journal of Modern History* 35 (1963), S. 253 f.

82 Jacques Benoist-Méchin, *Geschichte der deutschen Militärmacht, 1918–1946*, Bd. 2, *Jahre der Zwietracht*, Oldenburg, Hamburg 1965, S. 212. Andere linke jüdische Politiker zogen nicht weniger negative Reaktionen auf sich. So transferierte beispielsweise am 8. November 1918, unmittelbar nach dem Abbruch der Beziehungen zwischen Deutschland und Rußland, der jüdische sowjetische Botschafter in Berlin, Adolf Joffe, kurz vor seiner Abreise aus Deutschland große Geldsummen an den jüdischen sozialdemokratischen und später unabhängigen Abgeordneten Oskar Cohn, der im Justizministerium Unterstaatssekretär geworden war. Das Geld war zur Unterstützung revolutionärer Propaganda und zur Beschaffung von Waffen bestimmt. Die Fakten wurden bald bekannt und wurden in der Presse umfassend erörtert. Zu den Einzelheiten dieser Transaktion und zur Debatte in der Presse siehe Knütter, *Die Juden und die deutsche Linke*, S. 70. Möglicherweise noch heftiger war die Reaktion des nationalistischen Lagers auf die Tatsache, daß ein jüdisches Mitglied der Nationalversammlung, Georg Gothein, zum Vorsitzenden des Untersuchungskomitees über die Kriegsursachen wurde und zusammen mit Oskar Cohn und Hugo Sinzheimer für die Untersuchungen gegen Hindenburg und Ludendorff zuständig war. Siehe hierzu Friedländer, «Political Tranformations», S. 158–61, und vor allem Barbara Suchy, «The Verein zur Abwehr des Antisemitismus (II): From the First World War to Its Dissolution in 1933», in: *LBIY* 30 (1985), S. 78 f.

83 Zitiert in Nathaniel Katzburg, *Hungary and the Jews: Policy and Legislation 1920–1943*, Ramat-Gan 1981, S. 35.

84 Zu den revolutionären Ereignissen und zu den Führern der ungarischen Revolution siehe besonders Rudolf L. Tökés, *Béla Kun and the Hungarian Soviet Republic*, New York 1967.

85 Zwei französische Romanciers, die Brüder Jérôme und Jean Tharaud, haben eine Chronik des Béla-Kun-Regimes in Ungarn verfaßt. Ihre historische Phantasie erschien 1921 und wurde im Jahre 1924 aus der 64. französischen Auflage ins Englische übersetzt. Fast alle revolutionären Genossen Béla Kuns waren Juden. Vgl. Jérôme u. Jean Tharaud, *When Israel Is King*, New York 1924.

86 Isaac Deutscher, *Die ungelöste Judenfrage: Zur Dialektik von Antisemitismus und Zionismus*, Berlin 1977.

87 Hamburger und Pulzer zitieren zweierlei Statistiken zum jüdischen Wahlverhalten in der Weimarer Republik: Einem zeitgenössischen Beobachter zufolge entschieden sich 1924 42 Prozent der Juden für die SPD, 40 Prozent für die DDP, 8 für die KPD, 5 für die DVP und 2 für die Wirtschaftspartei; nach der Untersuchung Arnold Pauckers aus dem Jahre 1972 verteilten sich die Stimmen folgendermaßen: 64 Prozent DDP, 28 Prozent SPD, 4 Prozent DVP, 4 Prozent KPD (Hamburger und Pulzer, «Jews as Voters in the Weimar Republic», S. 48). Entscheidend ist, daß sich in beiden Zählungen mehr als 80 Prozent der jüdischen Wähler für progressive Liberale oder für die gemäßigte Linke aussprachen.

88 Zur jüdischen Beteiligung am politischen Leben der deutschen Republik in ihrer Frühphase siehe insbesondere Werner T. Angress, «Juden im politischen Leben der Revolutionszeit», in: Mosse, *Deutsches Judentum in Krieg und Revolution*; ders., «Revolution und Demokratie: Jüdische Politiker in Berlin 1918/19», in: Reinhard Rürup (Hrsg.), *Jüdische Geschichte in Berlin: Essays und Studien*, Berlin 1995. Zu Rathenau siehe Ernst Schulin, *Walter Rathenau: Repräsentant, Kritiker und Opfer seiner Zeit*, Göttingen 1979.

89 Ebd., S. 137.

90 Die Mörder Rathenaus behaupteten weiter, der jüdische Minister habe durch die Unterstützung der von den Alliierten verlangten Erfüllungspolitik den Untergang Deutschlands beabsichtigt, er habe die Bolschewisierung des Landes angestrebt, er sei mit der Schwester des jüdisch-bolschewistischen Führers Karl Radek verheiratet und dergleichen mehr. Die antijüdische Motivation der Mörder Rathenaus ist unzweifelhaft. Ungeklärt bleibt jedoch die Frage, ob seine Mörder – über ihren Haß auf den Juden Rathenau hinaus – Werkzeuge in den Händen ultrarechter Gruppen waren, welche die Absicht verfolgten, seine Ermordung auszuschlachten, um das ganze republikanische System zu destabilisieren. Siehe zu dieser Problematik Martin Sabrow, *Der Rathenaumord: Rekonstruktion einer Verschwörung gegen die Republik von Weimar*, München 1994, vor allem S. 114ff.

91 Zu einer detaillierten Rekonstruktion der Ursprünge und der Verbreitung der *Protokolle* siehe Norman Cohn, *Die Protokolle der Weisen von Zion: Der Mythos von der jüdischen Weltverschwörung*, Köln, Berlin 1969.

92 Das gegen Napoleon III. gerichtete Pamphlet trug den Titel «Dialogue aux enfers entre Montesquieu et Machiavel» und war 1864 in Brüssel von dem französischen Liberalen Maurice Joly verfaßt worden; der 1868 von dem Deutschen Hermann Gödsche, alias John Ratcliff, verfaßte Roman *Biarritz* beschrieb die geheime Zusammenkunft der Oberhäupter der Stämme Israels auf einem Prager Friedhof, bei der sie sich zu einer Verschwörung verabredeten, welche die jüdische Weltherrschaft zum Ziel haben sollte.

93 Siehe Cohn, *Die Protokolle der Weisen von Zion*, S. 177. Zu neuen Details und Nuancen hinsichtlich des historischen Kontextes der *Protokolle* siehe Richard S. Levys Einleitung zu Binjamin W. Segel, *A Lie and a Libel: The History of the Protocols of the Elders of Zion*, trans. and ed. Richard S. Levy, Lincoln, Neb. 1995. Die Untersuchung Segels war ursprünglich 1924 in Berlin erschienen und trug den Titel *Die Protokolle der Weisen von Zion kritisch beleuchtet: Eine Erledigung*.

94 *The Protocols and the World Revolution including a Translation and Analysis of the «Protocols of the Meetings of the Zionist Men of Wisdom»*, Boston 1920, S. 144.

95 Ebd., S. 144–48 (die zitierte Passage steht auf S. 147f.).

96 Zitiert in Georg Franz-Willing, *Die Hitler-Bewegung*, Bd. 1, *Der Ursprung 1919–1922*, Hamburg 1962, S. 150.

97 Alles, was sich auf die psychische, intellektuelle und ideologische Entwicklung «Hitlers vor Hitler» und somit auf die Ursprünge seiner antisemitischen Obsession bezieht, ist vollkommen hypothetisch. Standen die Behandlungen des jüdischen Arztes Eduard Bloch – und insbesondere die Morphiumspritzen, die er

Hitlers kranker Mutter vor ihrem Tode gab – in ursächlichem Zusammenhang damit, daß der künftige Diktator den Juden mit tödlichem Eindringen in den mütterlichen Körper des Volkes und der Rasse gleichsetzte? Hatten die Theorien des alldeutschen Geschichtslehrers Leopold Pötsch auf der Realschule in Linz irgendwelche intellektuellen Auswirkungen? Zweifellos gehen frühe Elemente von Hitlers Weltanschauung auf seinen Aufenthalt in Wien in den Jahren 1908 bis 1913 zurück; er muß dort durch die politischen Kampagnen Georg von Schönerers und Karl Luegers beeinflußt worden sein. Doch wie weit können wir uns darüber hinaus auf seine eigenen Erklärungen über diese Phase oder auf die sogenannten Erinnerungen seiner damaligen Gefährten August Kubizek und Reinhold Hanisch verlassen?

Ausgezeichnete Darstellungen von Hitlers Leben vor 1918 bieten insbesondere Alan Bullock, *Hitler: Eine Studie über Tyrannei*, Düsseldorf 1953, und Joachim C. Fest, *Hitler: Eine Biographie*, Frankfurt a. M. 1973; nützliche Korrekturen zu dieser Phase liefert Anton Joachimsthaler, *Korrektur einer Biographie: Adolf Hitler, 1908–1920*, München 1989. Zu einer systematischen Gegenüberstellung etwaiger Anzeichen für Hitlers frühen Antisemitismus und seiner späteren antijüdischen Weltanschauung und Politik siehe Gerald Fleming, *Hitler und die Endlösung: «Es ist des Führers Wunsch»*, Wiesbaden, München 1982.

98 Adolf Hitler, *Sämtliche Aufzeichnungen, 1905–1924*, hrsg. v. Eberhard Jäckel u. Axel Kuhn, Stuttgart 1980, S. 128.

99 Erstmals vollständig veröffentlicht wurde die Rede zusammen mit einem kritischen Kommentar von Reginald H. Phelps, «Hitlers ‹grundlegende› Rede über den Antisemitismus», in: *VfZ* 16 (1968), No. 4, S. 390 ff.

100 Hitler, *Sämtliche Aufzeichnungen*, S. 199.

101 Ebd., S. 202.

102 Eberhard Jäckel, *Hitlers Weltanschauung: Entwurf einer Herrschaft*, Stuttgart 1981, S. 63.

103 Adolf Hitler, *Monologe im Führerhauptquartier: Die Aufzeichnungen Heinrich Heims*, hrsg. v. Werner Jochmann, Hamburg 1980, S. 208.

104 Shaul Esh, «Eine neue literarische Quelle Hitlers? Eine methodologische Überlegung», in: *Geschichte und Unterricht* 15 (1964), S. 487 ff.; Margarete Plewnia, *Auf dem Weg zu Hitler: Der «völkische» Publizist Dietrich Eckart*, Bremen 1970, S. 108 f.

105 Ernst Nolte, «Eine frühe Quelle zu Hitlers Antisemitismus», in: *Historische Zeitschrift* 192 (1961), besonders S. 604 ff.

106 Esh, «Eine neue literarische Quelle Hitlers?»

107 Engelman, «Dietrich Eckart», S. 236.

108 Dietrich Eckart, *Der Bolschewismus von Moses bis Lenin. Zwiegespräch zwischen Adolf Hitler und mir*, München o. J. [1924], S. 49.

109 Hitler, *Mein Kampf*, S. 69 f.

110 Ebd., S. 70.

111 Die gründlichste Darstellung von Hitlers Ideologie als zusammenhängendem intellektuellen System findet sich in Jäckel, *Hitlers Weltanschauung*; zum direkten Zusammenhang zwischen dieser Weltanschauung und der nationalsozialistischen Politik siehe insbesondere Eberhard Jäckel, *Hitler in History*, Hanover, N. H. 1984. Diese («intentionalistische») Position steht im Gegensatz zum «funktionalistischen» Ansatz, der den systematischen Aspekt von Hitlers Ideologie verwirft und jeden direkten kausalen Zusammenhang zwischen Hitlers Ideologie und den politischen Maßnahmen der Nationalsozialisten herunterspielt oder völlig negiert. Der konsequenteste Vertreter der extremen funktionalistischen Position ist Hans Mommsen. Zu Hitlers antijüdischer Politik siehe insbesondere Hans Mommsen, «The Realization of the Unthinkable». Eine ausgezeichnete Bewertung dieser verschiedenen Ansätze gibt Ian Kershaw, *Der NS-Staat: Ge-*

schichtsinterpretationen und Kontroversen im Überblick, Reinbek 1994, vor allem die Kapitel 4 und 5; speziell zur antijüdischen Politik siehe eine Einschätzung beider Positionen in Friedländer, «Vom Antisemitismus zur Judenvernichtung».

112 Von den zahlreichen Versuchen, vor allem unter Heranziehung psychoanalytischer Begriffe die Persönlichkeit Hitlers und besonders seine antijüdische Obsession als psychopathologisches Phänomen zu erklären, sind insbesondere zu nennen Rudolph Binion, *« ... daß ihr mich gefunden habt» – Hitler und die Deutschen: Eine Psychohistorie*, Stuttgart 1978, und Robert G. L. Waite, *The Psychopathic God: A Biography of Adolf Hitler*, New York 1977. Zu erwähnen ist auch eine während des Krieges verfaßte und etwa 30 Jahre später veröffentlichte Analyse: Walter C. Langer, *Das Adolf-Hitler-Psychogramm: Eine Analyse seiner Person und seines Verhaltens, verfaßt 1943 für die psychologische Kriegsführung der USA*, Wien, München, Zürich 1973. Die durch psychobiographische Forschungen aufgeworfenen Probleme sind ausführlich diskutiert worden; zu einer Bewertung einiger der Probleme siehe Saul Friedländer, *History and Psychoanalysis: An Inquiry into the Possibilities and Limits of Psychohistory*, New York 1978.

113 Adolf Hitler, *Hitlers zweites Buch: Ein Dokument aus dem Jahre 1928*, eingel. u. komm. v. G. L. Weinberg, Stuttgart 1961.

114 Adolf Hitler, *Reden, Schriften, Anordnungen: Februar 1925 bis Januar 1933*, Bd. 1, *Die Wiedergründung der NSDAP: Februar 1925 – Juni 1926*, hrsg. v. Clemens Vollnhals, München 1992, S. 208.

115 Ebd., S. 421.

116 Ebd., S. 195. «Und wenn er [der Jude] selbst die Wahrheit schreibt, dann ist auch die Wahrheit nur gedacht als Mittel zur Lüge. ... Dafür ist ein jüdischer Witz bekannt: Zwei Juden sitzen zusammen in der Bahn. ... Fragt der eine: Nu, Stern, wohin willst Du denn? Warum willst Du das wissen? Nu, ich möchte eben gern wissen. – Ich fahre nach Posemuckel! Ist nicht wahr, Du fährst nicht nach Posemuckel. Ja, ich fahre nach Posemuckel. Also Du fährst wirklich nach Posemuckel und sagst auch noch, Du fährst nach Posemuckel, also was lügst Du denn!» Hitler scheint dieser Witz so sehr gefallen zu haben, daß er ihn zwei Jahre später in einer anderen Rede verwendete. Siehe Adolf Hitler, *Reden, Schriften, Anordnungen: Februar 1925 bis Januar 1933*, Bd. 2, *Vom Weimarer Parteitag bis zur Reichstagswahl, Juli 1926–Mai 1927*, hrsg. v. Bärbel Dusik, München 1992, S. 584.

117 Hitler, *Reden, Schriften*, Bd. 1, S. 297.

118 Ebd., Bd. 2, S. 105 f.

119 Die noch fehlenden Bände werden den Zeitraum von Juni 1931 bis Januar 1933 umfassen.

120 Hitler, *Reden, Schriften*, Bd. 2, T. 2, *August 1927–Mai 1928*, S. 699 ff.

121 Ebd., Bd. 3, *Zwischen den Reichstagswahlen, Juli 1928–September 1930*, hrsg. v. Bärbel Dusik u. Klaus A. Lankheit, T. 1: *Juli 1928–Februar 1929*, München 1994, S. 43.

122 Ebd., Bd. 4, *Von der Reichstagswahl bis zur Reichspräsidentenwahl, Oktober 1930–März 1932*, T. 1, *Oktober 1930–Juni 1931*, hrsg. v. Constantin Goschler, München 1994, S. 421–30.

123 Ebd., S. 22 f.

124 Artikel im *Illustrierten Beobachter* vom 11. Januar 1930. Dieser Artikel und vorangegangene Texte in derselben Manier sind zitiert in Rainer Zitelmann, *Hitler: Selbstverständnis eines Revolutionärs*, Stuttgart 1990, S. 476 ff.

125 Martin Broszat, *Die Machtergreifung*, München 1984, S. 52. In seinen Privatgesprächen zeigte Hitler bei seiner antijüdischen Wut keine Zurückhaltung. Ein bezeichnender Beleg findet sich in den Aufzeichnungen über die Jahre 1929 bis 1932, die 1946 von Otto Wagener, dem Interims-Stabschef der SA und später dann Leiter der Reichskommission für die Wirtschaft, niedergeschrieben wurden. Wagener blieb auch noch nach dem Krieg seinen Überzeugungen treu, und so wäre es in seinem

Interesse gewesen, Hitlers Bemerkungen über die «Judenfrage» abzuschwächen. So wie sie sind – ob abgeschwächt oder nicht –, spiegeln die Erinnerungen Wagners dieselben Themen und denselben grenzenlosen Haß wider, den wir aus Hitlers früheren Reden und Texten kennen. Zu Wageners Text siehe die kritische Ausgabe seiner Notizen, die Henry A. Turner veröffentlicht hat: *Otto Wagener, Hitler aus nächster Nähe: Aufzeichnungen eines Vertrauten 1929–1932*, Frankfurt a. M. 1978. Zu den antijüdischen Tiraden siehe besonders S. 144 ff. und 172 ff.

126 Für den inneren Kern der NS-Führung war der Antisemitismus seit den ersten Anfängen ein untrennbarer Bestandteil ihrer Weltanschauung. Besonders extrem war dieser frühe Antisemitismus bei Rosenberg, Streicher, Ley, Heß und Darré. Himmler und Goebbels wurden ebenfalls Antisemiten, bevor sie sich der Partei anschlossen. (Die bemerkenswerten Ausnahmen waren Göring und die Brüder Strasser.) In diesem Punkt teile ich nicht die Einschätzung von Michael Marrus, wonach es bei den Führern der Partei vor 1925 keinen Antisemitismus gegeben habe. Siehe Michael Marrus, *The Holocaust in History*, Hanover, N. H. 1987, S. 11 f. Die apokalyptische Dimension des antijüdischen Glaubens bei der nationalsozialistischen Elite erörtert Erich Goldhagen, «Weltanschauung und Endlösung: Zum Antisemitismus der nationalsozialistischen Führungsschicht», in: *VfZ* 24 (1976), No. 4, S. 379 ff. Die untergeordnete Bedeutung des Antisemitismus in der SA ist von Theodor Abel gut dokumentiert worden. Siehe die Überarbeitung und Neuinterpretation von Abels Fragebögen in Peter Merkl, *Political Violence Under the Swastika: 581 Early Nazis*, Princeton, N. J. 1975. Dasselbe läßt sich jedoch nicht von den späteren Mittelschichtmitgliedern des SD sagen, die häufig seit den ersten Nachkriegsjahren rechtsextremen antisemitischen Organisationen angehörten. Siehe Herbert, *Best: Biographische Studien.*

127 Russel Lemmons, *Goebbels and «Der Angriff»*, Lexington, Ky. 1994, besonders S. 111 ff.

128 Ralf Georg Reuth, *Goebbels*, München 1990, S. 200.

129 Ebd.

130 1932 starteten die Nationalsozialisten eine wütende antisemitische Attacke gegen den DNVP-Präsidentschaftskandidaten Theodor Düsterberg (einen der beiden Leiter der rechtsgerichteten Frontkämpfer-Organisation Stahlhelm), wobei sie immer wieder die jüdische Herkunft seines Großvaters, eines Arztes, der im Jahre 1818 zum Protestantismus übergetreten war, ins Spiel brachten. Siehe zu dieser ganzen Episode Volker R. Berghahn, *Der Stahlhelm: Bund der Frontsoldaten 1918–1935*, Düsseldorf 1966, S. 239 ff.

131 Roland Flade, *Die Würzburger Juden: Ihre Geschichte vom Mittelalter bis zur Gegenwart*, Würzburg 1987, S. 149.

132 Trude Maurer, *Ostjuden in Deutschland 1918–1933*, Hamburg 1986, S. 346.

133 Ebd., S. 329 ff.

134 Michael Brenner, *The Renaissance of Jewish Culture in Weimar Germany*, New Haven, Conn. 1996.

135 Heinrich-August Winkler, *Weimar 1918–1933: Die Geschichte der ersten deutschen Demokratie*, München 1993, S. 180.

136 Henri Béraud, «Ce que j'ai vu à Berlin», in: *Le Journal*, Okt. 1926. Zitiert in Frédéric Monier, «Les Obsessions d'Henri Béraud», in: *Vingtième Siècle: Revue d'Histoire*, Okt.-Dez. 1993, S. 67.

137 Siehe zu dieser ganzen Affäre Erich Eyck, *Geschichte der Weimarer Republik*, Bd. 1, Erlenbach 1962, S. 433 ff. (Aus irgendeinem Grund spricht Eyck nur von Julius Barmat.)

138 Ebd., Bd. 2, S. 316 ff. Siehe auch Winkler, *Weimar 1918–1933*, S. 356.

139 Ebd. Zu den Barmat- und Sklarek-Skandalen siehe auch Maurer, *Ostjuden in Deutschland*, S. 141 ff.

140 Siehe Maurer, «Die Juden in der Weimarer Republik», in: Dirk Blasius, Dan Diner (Hrsg.), *Zerbrochene Geschichte: Leben und Selbstverständnis der Juden in Deutschland*, Frankfurt a. M. 1991, S. 110.
141 Knütter, *Die Juden und die deutsche Linke*, S. 174 ff.
142 Zu einer Analyse des «Judenproblems» in der DDP siehe Bruce B. Frye, «The German Democratic Party and the ‹Jewish Problem› in the Weimar Republic», in: *LBIY* 21 (1976), S. 143 ff.
143 Winkler, *Weimar 1918–1933*, S. 69.
144 Frye, «The German Democratic Party», S. 145–47.
145 Berghahn, *Modern Germany*, S. 284.
146 Larry E. Jones, *German Liberalism and the Dissolution of the Weimar Party System 1918–1933*, Chapel Hill, N. C. 1988.
147 Peter Gay, *Die Republik der Außenseiter: Geist und Kultur in der Weimarer Zeit, 1918–1933*, Frankfurt a. M. 1970.
148 Peter Gay, *Freud, Juden und andere Deutsche: Herren und Opfer in der modernen Kultur*, Hamburg 1986.
149 Dasselbe Herunterspielen des jüdischen Faktors begegnet in der ansonsten großartigen Studie Carl Schorskes über das Wien des Fin de siècle: Carl E. Schorske, *Wien: Geist und Gesellschaft im Fin de Siècle*, Frankfurt a. M. [2]1982. Zu Kritik an diesem Punkt siehe Steven Beller, *Wien und die Juden 1867–1938*, Wien, Köln, Weimar 1993, S. 9 ff.
150 Istvan Deak, *Weimar Germany's Left-Wing Intellectuals: A Political History of the Weltbühne and its Circle*, Berkeley, Calif. 1968, S. 28.
151 Peter Jelavich, *Munich and Theatrical Modernism: Politics, Playwriting and Performance, 1890–1914*, Cambridge, Mass. 1985, S. 301 ff.
152 Ebd., S. 302.
153 Ebd., S. 304.
154 Deak, *Weimar Germany's Left-Wing Intellectuals*, S. 28.
155 Zitiert in Anton Kaes (Hrsg.), *Weimarer Republik: Manifeste und Dokumente zur deutschen Literatur, 1918–1933*, Stuttgart 1983, S. 537–39.
156 Ebd., S. 539.
157 Jakob Wassermann, *Deutscher und Jude: Reden und Schriften 1904–1933*, Heidelberg 1984, S. 156.
158 Kaes, *Weimarer Republik*, S. 539.
159 Marion Kaplan, «Sisterhood Under Siege: Feminism and Anti-Semitism in Germany, 1904–1938», in: Renate Bridental, Atina Grossmann, Marion Kaplan (Hrsg.), *When Biology Became Destiny: Women in Weimar and Nazi Germany*, New York 1984, S. 186 f.
160 Niewyk, *The Jews in Weimar Germany*, S. 80.
161 Fest, *Hitler*, S. 474 f. Zum Ablauf dieser Ereignisse siehe auch Winkler, *Weimar 1918–1933*, S. 508 ff.
162 Ebd., S. 513.
163 Ebd., S. 513 f.
164 Broszat, *Die Machtergreifung*, S. 154.

4. Das neue Ghetto

1 Martin Broszat, Elke Fröhlich, *Alltag und Widerstand: Bayern im Nationalsozialismus*, München 1987, S. 434. Alle Details des Falles Obermayer sind dieser Darstellung von Broszat und Fröhlich entnommen.
2 Ebd., S. 450–52, 456 ff.
3 Ebd., S. 437.

4 Ebd., S. 443 ff.
5 SOPADE, *Deutschland-Berichte* 2 (1935), S. 279; vgl. Ian Kershaw, *The «Hitler Myth»: Image and Reality in the Third Reich*, Stuttgart 1980, S. 71.
6 Martin Broszat, *Der Staat Hitlers*, München 1981, S. 427.
7 Ebd., S. 428.
8 Ian Kershaw, «‹Working Towards the Führer›: Reflections on the Nature of the Hitler Dictatorship», in: *Contemporary European History* 2 (1993), No. 2, S. 116.
9 Bankier, «Hitler and the Policy-Making Process», S. 9.
10 Ebd.
11 Walk, *Das Sonderrecht*, S. 117.
12 Ebd., S. 153.
13 Lilli Zapf, *Die Tübinger Juden*, Tübingen [3]1981, S. 150.
14 Paul Sauer (Hrsg.), *Dokumente über die Verfolgung der jüdischen Bürger in Baden-Württemberg durch das nationalsozialistische Regime 1933–1945*, Bd. 1, Stuttgart 1966, S. 50.
15 Walk, *Das Sonderrecht*, S. 72. Der Reichsbund jüdischer Frontsoldaten hatte sich erfolglos an Hindenburg gewandt, um die Aufhebung dieser Ausschließung zu erreichen. Zum vollständigen Text der Petition vom 23. März 1934 siehe Ulrich Dunker, *Der Reichsbund jüdischer Frontsoldaten, 1919–1938*, Düsseldorf 1977, S. 200 ff.
16 Siehe beispielsweise die Eingabe des Vorsitzenden des Verbandes Nationaldeutscher Juden, Max Naumann, die er am 23. März 1935 an Hitler richtete, und die Erklärung des Reichsbundes jüdischer Frontsoldaten vom gleichen Tage in Michaelis, Schraepler, *Ursachen*, Bd. 11, S. 159–62.
17 Walk, *Das Sonderrecht*, S. 115.
18 Ebd., S. 122 (Anordnung vom 25. Juli 1935). Zu verschiedenen Aspekten des Problems der Mischlinge siehe vor allem Noakes, «Wohin gehören die ‹Judenmischlinge›?», S. 69 ff.
19 Mitteilung T3/Att. Gr. an Adjutantur des Chefs der Heeresleitung, Mikrofilm MA–260, IfZ, München.
20 Steinweis, *Art, Ideology and Economics in Nazi Germany*, S. 108 ff.
21 Ebd., S. 111. Tatsächlich blieben einige Juden immer noch Mitglieder der verschiedenen Kammern, und erst 1939 wurde die Ausschließung total (ebd.).
22 Ludwig Holländer, *Deutsch-jüdische Probleme der Gegenwart: Eine Auseinandersetzung über die Grundfragen des Zentralvereins deutscher Staatsbürger jüdischen Glaubens*, Berlin 1929, S. 18. Zitiert in R. L. Pierson, *German Jewish Identity in the Weimar Republic*, Ann Arbor, Mich.: University Microfilms, 1972, S. 63.
23 Kurt Loewenstein, «Die innerjüdische Reaktion auf die Krise der deutschen Demokratie», in: Mosse, *Entscheidungsjahr 1932*, S. 386.
24 George L. Mosse, «The Influence of the Völkisch Idea on German Jewry», in: *Germans and Jews: The Right, the Left, and the Search for a «Third Force» in Pre-Nazi Germany*, New York 1970, S. 77 ff.
25 R. L. Pierson zitiert aus einem Aufsatz von Wilhelm Hanauer, «Die Mischehe», in: *Jüdisches Jahrbuch für Groß-Berlin* 1929, S. 37.
26 Noakes, «Wohin gehören die ‹Judenmischlinge›?», S. 70.
27 Proctor, *Racial Hygiene*, S. 151.
28 Ebd.
29 Ebd., S. 78 f.
30 Ebd., S. 79.
31 Ingo Müller, *Furchtbare Juristen: Die unbewältigte Vergangenheit unserer Justiz*, München 1987, S. 97 f.
32 Ebd., S. 98.
33 Ebd., S. 98 f.

34 Ebd., S. 100.
35 Ebd., S. 101.
36 Ebd., S. 102.
37 *Chronik der Stadt Stuttgart*, S. 225.
38 Robert Thévoz, Hans Branig, Cécile Löwenthal-Hensel (Hrsg.), *Pommern 1934/1935 im Spiegel von Gestapo-Lageberichten und Sachakten*, Bd. 2, *Quellen*, Köln 1974, S. 118.
39 Werner T. Angress, «Die ‹Judenfrage› im Spiegel amtlicher Berichte 1935», in: Ursula Büttner et al., *Das Unrechtsregime*, Bd. 2, S. 34.
40 Zu einer ausgezeichneten Erörterung verschiedener antisemitischer Phantasien über den jüdischen Körper siehe Sander L. Gilman, *The Jew's Body*, New York 1991.
41 Hans Zöberlein, *Der Befehl des Gewissens*, München [6]1938, S. 298; vgl. J. M. Ritchie, *German Literature under National Socialism*, London 1983, S. 100.
42 Zitiert in Ulrich Knipping, *Die Geschichte der Juden in Dortmund während der Zeit des Dritten Reiches*, Dortmund 1977, S. 50.
43 Roland Müller, *Stuttgart zur Zeit des Nationalsozialismus*, Stuttgart 1988, S. 292f., 296.
44 Martin Broszat, Elke Fröhlich, Falk Wiesemann (Hrsg.), *Bayern in der NS-Zeit: Soziale Lage und politisches Verhalten der Bevölkerung im Spiegel vertraulicher Berichte*, München 1977, S. 450.
45 Zum Telegramm an Müller siehe Röhm, Thierfelder, *Juden – Christen – Deutsche*, Bd. 1, S. 268.
46 Sauer, *Dokumente über die Verfolgung*, Bd. 1, S. 62.
47 Ebd., S. 63.
48 Justizminister an Reichskanzler, 20. 5. 1935; Max Kreuzberger Research Papers, AR 7183, Karton 8, Mappe 9, LBI, New York.
49 Lammers an Justizminister, 7.6.35, ebd.
50 *Akten der Parteikanzlei der NSDAP* (Regesten), T. 2, Bd. 3, S. 107.
51 Siehe Anton Doll (Hrsg.), *Nationalsozialismus im Alltag: Quellen zur Geschichte der NS-Herrschaft im Gebiet des Landes Rheinland-Pfalz*, Speyer 1983, S. 139.
52 Steven M. Lowenstein, «The Struggle for Survival of Rural Jews in Germany 1933–1938: The Case of Bezirksamt Weissenburg, Mittelfranken», in: Arnold Paucker (Hrsg.), *The Jews in Nazi Germany 1933–1943*, Tübingen 1986, S. 116.
53 Ebd., S. 117.
54 Ebd., S. 123.
55 Ebd., S. 121. Zum Widerspruch zwischen den wirtschaftlichen Interessen der Bauern und dem Druck der Parteiradikalen hinsichtlich der Aktivitäten jüdischer Viehhändler in Bayern siehe Falk Wiesemann, «Juden auf dem Lande: Die wirtschaftliche Ausgrenzung der jüdischen Viehhändler in Bayern», in: Peukert, Reulecke, *Die Reihen fast geschlossen*, S. 381ff.
56 Thévoz, Branig, Löwenthal-Hensel, *Pommern 1934/1935*, Bd. 2, S. 103.
57 Klemperer, *Ich will Zeugnis ablegen*, Bd. 1, S. 110.
58 Angress, «Die ‹Judenfrage›», in: Büttner, *Das Unrechtsregime*, Bd. 2, S. 25.
59 Chef des SD-Hauptamts an NSDAP-Kreisgericht III/B, 11.10.35; SD-Hauptamt, Mikrofilm MA-554, IfZ, München.
60 Thévoz, Branig, Löwenthal-Hensel, *Pommern 1934/1935*, Bd. 2, S. 93.
61 Ebd., S. 118.
62 Kurdirektion des Ostseebades Binz, 17.5.38; SD-Hauptamt, Mikrofilm MA-554, IfZ, München.
63 Thomas Klein (Hrsg.), *Der Regierungsbezirk Kassel 1933–1936: Die Berichte des Regierungspräsidenten und der Landräte*, Darmstadt 1985, Bd. 1, S. 72. Manchmal, vor allem in kleinen Städten und Dörfern, waren die Reaktionen einiger Deutscher

sowohl durch wirtschaftliche Vorteile bestimmt als auch durch die Gewohnheit, bei den Juden, die einen festen Bestandteil des Gemeinschaftslebens darstellten, zu kaufen. Wie es im Bericht eines Blockleiters aus einer Kleinstadt in der Nähe von Trier vom 20. September 1935 heißt, behielt der Bürgermeister seine Gewohnheit bei, Fleisch bei Juden zu kaufen. Als ihn der Blockleiter zur Rede stellte, antwortete er: «Man darf nicht so gehässig sein, die kleinen Juden sind keine Juden» (Franz Josef Heyen, *Nationalsozialismus im Alltag: Quellen zur Geschichte des Nationalsozialismus vornehmlich im Raum Mainz-Koblenz-Trier*, Boppard a. Rh. 1967, S. 138).

64 Angress, «Die ‹Judenfrage›», S. 29.

65 Kommandeur des SD-Oberabschnitts Rhein an SS-Gruppenführer Heissmeyer, Koblenz, 3. 4. 1935; SD-Oberabschnitt Rhein, Mikrofilm MA–392, IfZ, München. Die widersprüchlichen Berichte über die wirtschaftlichen Beziehungen zwischen Deutschen und Juden zeigen, daß die Lage von Ort zu Ort unterschiedlich war und daß jedenfalls vielfältige Beziehungen aufrechterhalten wurden. Schon 1934 haben möglicherweise Kaufleute in Kleinstädten ihre Ergebenheit gegenüber dem Nationalsozialismus dadurch zum Ausdruck gebracht, daß sie sich weigerten, jüdische Kunden zu bedienen; doch nach einer Eintragung in Bella Fromms Tagebuch vom September 1934 waren die wirklichen Einstellungen häufig anders: «Ich unterhielt mich immer wieder mit Ladeninhabern und mit Leuten an Tankstellen und in Gaststätten. Sehr oft ist ihre strenge nationalsozialistische Haltung nur eine Vorsichtsmaßnahme. Juden erzählten mir: ‹Obwohl wir die Läden nicht betreten dürfen, geben uns die arischen Inhaber doch alles, was wir brauchen, meist nach Ladenschluß› (Fromm, *Als Hitler mir die Hand küßte*, S. 208).

66 Herbert Freeden, «Das Ende der jüdischen Presse in Nazideutschland», in: *Bulletin des Leo Baeck Instituts* 65 (1983), S. 6.

67 Heydrich, Gestapa an alle Staatspolizeistellen, 25. 2. 1935; Ortspolizeibehörde Göttingen, Mikrofilm MA–172, IfZ, München.

68 Der Bürgermeister von Lörrach an alle Beamten, Angestellten und Arbeiter der Stadt, 7. 6. 1935; Unterlagen betr. Entrechtung der Juden in Baden 1933–1940, ED–303, IfZ, München.

69 Robert Weltsch, «A Goebbels Speech and a Goebbels Letter», in: *LBIY* 10 (1965), S. 281.

70 Ebd., S. 282 f.

71 Ebd., S. 285.

72 Ebd.

73 Franz Schonauer, «Zu Hans Dieter Schäfer: ‹Bücherverbrennung, staatsfreie Sphäre und Scheinkultur›», in: Denkler, Lämmert (Hrsg.), *«Das war ein Vorspiel nur ...»*, S. 131.

74 NSDAP-Reichsleitung, Amt für Technik, Rundschreiben 3/35, 25. Januar 1935; Himmler-Archiv, Berlin Document Center, Mikrofilm No. 270, Rolle 2 (LBI, New York, Mikrofilm 133g).

75 Helmut Heiber, *Universität unterm Hakenkreuz*, T. 1, *Der Professor im Dritten Reich: Bilder aus der akademischen Provinz*, München 1991, S. 216 f. Siehe auch Beyerchen, *Wissenschaftler unter Hitler*, S. 100 ff. Die Gedenkveranstaltung zu Habers Todestag war ein ungewöhnlicher Akt des Mutes. Er wurde in diesem Falle erleichtert, weil Haber zum Protestantismus konvertiert war und bis 1933 Ultranationalist gewesen war, und vor allem dadurch, daß er einzigartige Beiträge zur Wissenschaft, zur deutschen chemischen Industrie und zu den deutschen Kriegsanstrengungen geleistet hatte, indem er die Ammoniaksynthese entdeckte (die die Massenproduktion von Düngemitteln – aber auch von Sprengstoffen – ermöglichte), und auch durch die Erfindung und Propagierung des Einsatzes von Chlorgas, des ersten Giftgases, das während des Ersten Weltkrieges im Kampf verwendet

wurde. Paradoxerweise war Haber, obwohl man ein Jahr nach seinem Tode feierlich seiner gedachte, zum Zeitpunkt seines Rücktritts isoliert und verfemt, und als er Deutschland verließ und nach England (und danach dann in die Schweiz) ging, hatte er seine deutschnationalistische Einstellung weitgehend aufgegeben und plante sogar, nach Palästina zu ziehen. Siehe zu diesen verschiedenen Fragen Stern, *Der Traum vom Frieden und die Versuchung der Macht*, S. 42 und vor allem S. 57f. sowie die kürzlich erschienene umfangreiche – und gelegentlich problematische – Studie von Dietrich Stolzenberg, *Fritz Haber: Chemiker, Nobelpreisträger, Deutscher, Jude*, Weinheim 1994. Zu einer Besprechung der Biographie Stolzenbergs siehe M. F. Perutz, «The Cabinet of Dr. Haber», in: *New York Review of Books*, 20. Juni 1996.

76 Reuth, *Goebbels*, München 1990, S. 322.

77 Ebd., S. 323.

78 Rosenberg an Goebbels, 30. August 1934, Doc. CXLII–246, in: Michel Mazor, *Le Phénomène Nazi: Documents Nazis commentés*, Paris 1957, S. 166ff. Siehe auch Wulf, *Theater und Film*, S. 71. Die Debatten in den bildenden Künsten und in der Literatur folgten einem ähnlichen Muster. Anfangs wurden in beiden Bereichen der Expressionismus und moderne Tendenzen generell von Goebbels gegen Rosenberg in Schutz genommen. Doch die Linie Rosenbergs, die die Position Hitlers darstellte, setzte sich durch. In den bildenden Künsten kam der berüchtigte Wendepunkt 1937, als die Orthodoxie in der Großen Deutschen Kunstausstellung präsentiert wurde und die Häresie in der Ausstellung «Entartete Kunst» an den Pranger gestellt wurde. In der Literatur gingen einige Diskussionen noch bis Ende der dreißiger Jahre weiter. Siehe zur Literatur Dieter Schäfer, «Die nichtfaschistische Literatur der ‹jungen Generation›», in: Horst Denkler, Karl Prumm (Hrsg.), *Die deutsche Literatur im Dritten Reich*, Stuttgart 1976, S. 464f.

79 Levi, *Music in the Third Reich*, S. 74. Doch Paul Graeners *Friedemann Bach* und Georg Vollerthuns *Der Freikorporal* wurden aufgeführt, obwohl die Libretti von dem jüdischen Theaterautor Rudolf Lothar geschrieben waren (ebd., S. 75).

80 Michael H. Kater, *Gewagtes Spiel: Jazz im Nationalsozialismus*, Köln 1995, S. 87.

81 Ebd.

82 Kampfbund für Deutsche Kultur, Ortsgruppe Groß-München, an Reichsverband «Deutsche Bühne e. V.», Berlin, 16. 8. 1933; Rosenberg-Akten, Mikrofilm MA–697, IfZ, München.

83 Reichsverband «Deutsche Bühne» an Kampfbund ..., 23. 8. 1933, ebd.

84 Kampfbund ... Nordbayern/Franken an «Deutsche Bühne», 2.12.33, ebd.; «Deutsche Bühne» an Kampfbund ..., 5.12.33, ebd.

85 Pätzold, *Verfolgung, Vertreibung, Vernichtung*, S. 77f.

86 Levi, *Music in the Third Reich*, S. 76.

87 Ebd., S. 67. Siehe auch Erik Levi, «Music and National-Socialism: The Politicization of Criticism, Composition and Performance», in: Brandon Taylor, Wilfried van der Will (Hrsg.), *The Nazification of Art: Art, Design, Music, Architecture and Film in the Third Reich*, Winchester 1990, S. 167–171. Am 1. September 1936 veröffentlichte die Reichskulturkammer eine alphabetische Liste vorwiegend jüdischer Komponisten, deren Werke unter keinen Umständen zugelassen waren: Abraham, Paul; Achron, Josef; Alwin, Karl; Antheil, George; Barmas, Issay; Bekker, Conrad; Benatzky, Ralph; Benjamin, Arthur; Bereny, Henry; Berg, Alban; und so fort. Himmler-Archiv, Berlin Document Center, Mikrofilm No. 269, Rolle 1 (LBI, New York, Mikrofilm 133 f.).

88 Vermerk von II 112, 27.11.1936; SD-Hauptamt, Mikrofilm MA- 554, IfZ, München.

89 Vermerk von II 112, 3. 1. 1938, ebd. Die Suche nach Juden und jüdischem Einfluß in der Musik und beim Theater veranschaulicht nur einen einzigen Aspekt der allgemeinen Identifizierungswut in jedem nur möglichen kulturellen Bereich, die

sich auch auf völkische Autoren des 19. und 20. Jahrhunderts erstreckte, selbst auf diejenigen, die als zu den intellektuell-ideologischen Vorläufern des Nationalsozialismus gehörig galten. So geriet beispielsweise Ernst Haeckels «Monistenbund» ins Visier und ebenso auch der Rassentheoretiker Ludwig Woltmann. Siehe zu beiden Fällen Paul Weindling, «Mustergau Thüringen: Rassenhygiene zwischen Ideologie und Machtpolitik», in: Norbert Frei (Hrsg.), *Medizin und Gesundheitspolitik in der NS-Zeit*, München 1991, S. 93 u. Anm.

90 Innenminister an Reichskanzler, 19. 7. 1935; Max Kreuzberger Research Papers, AR 7183, Karton 8, LBI, New York.

91 Lammers an Frick, 31.7.35, ebd.

92 Frick an Gürtner, 14.8.35; NSDAP-Parteikanzlei, Microfiche 024638 ff., IfZ, München.

93 Pfundtner an Reichsstelle für Sippenforschung, 14. 8. 1935, ebd., Microfiche 024642, ebd.

94 Steinweis, «Hans Hinkel», S. 213.

95 Heydrich an alle Gestapostellen, 19. 8. 1935; Aktenstücke zur Judenverfolgung, Ortspolizeibehörde Göttingen, MA–172, IfZ, München.

96 Steinweis, «Hans Hinkel», S. 215.

97 Heydrich an alle Staatspolizeistellen, 13. 8. 1935; Aktenstücke zur Judenverfolgung, Ortspolizeibehörde Göttingen, MA–172, IfZ, München.

98 Adam, *Judenpolitik*, S. 115.

99 Bericht der Polizeidirektion München, April/Mai 1935 (Geheimes Staatsarchiv, München, MA 104990), Fa 427/2, IfZ, München, S. 24 ff.

100 Jochen Klepper, *Unter dem Schatten deiner Flügel: Aus den Tagebüchern der Jahre 1932–1942*, Stuttgart 1983, S. 269.

101 Ebd., S. 270.

102 Ebd., S. 282 f.

103 SOPADE, *Deutschland-Berichte* 2 (1935), S. 803.

104 Ebd., S. 804.

105 Ebd., S. 921.

106 Marlis Steinert, *Hitlers Krieg und die Deutschen: Stimmung und Haltung der deutschen Bevölkerung im Zweiten Weltkrieg*, Düsseldorf 1970, S. 57.

107 Ian Kershaw hat in seinem Artikel «The Persecution of the Jews and German Popular Opinion in the Third Reich», in: *LBIY* 26 (1981), die negativen Reaktionen der Bevölkerung auf die Gewalttaten gegen die Juden möglicherweise überbetont.

108 Fischer, *Hjalmar Schacht*, S. 154 f.

109 Zur Liste der Teilnehmer siehe Otto Dov Kulka, «Die Nürnberger Rassengesetze und die deutsche Bevölkerung», in: *VfZ* 32 (1984), S. 616.

110 Ebd.

111 Teile der Protokolle dieser Besprechung, die bei den Nürnberger Prozessen als NG–4067 vorgelegt wurden, sind zitiert in Michalka, *Das Dritte Reich*, Bd. 1, S. 155. Zusätzliche Materialien zu dem publizierten deutschen Text werden angeführt von Otto Dov Kulka, «Die Nürnberger Rassengesetze», S. 615 ff. Siehe auch *Akten zur deutschen auswärtigen Politik*, Serie C, Bd. 4, T. 1, S. 559–61.

112 Zu einem Vergleich zwischen verschiedenen Versionen von Wagners Angaben siehe Peter Longerich, *Hitlers Stellvertreter*, München 1992, S. 212 f.

113 Michalka, *Das Dritte Reich*, Bd. 1, S. 155.

114 Ebd.; Kulka, «Die Nürnberger Rassengesetze», S. 617.

115 Ebd.

116 Wildt, *Die Judenpolitik des SD*, S. 23 f., 70–78.

117 Zitiert in Ephraim Maron, «Die Pressepolitik des Dritten Reiches zur Judenfrage und ihre Widerspiegelung in der NS-Presse», Dissertation, Universität Tel Aviv 1992, S. 81 Anm. u. 82 Anm. (Hebräisch).

118 Adolf Hitler, *Reden und Proklamationen, 1932–1945: Kommentiert von einem deutschen Zeitgenossen*, hrsg. v. Max Domarus, Bd. 1, *Triumph (1932–1938)*, Würzburg 1962, T. 2, S. 534.
119 Zu Hitlers Rede siehe Hitler, *Reden*, hrsg. v. Max Domarus, Bd. 1, T. 2, S. 537.
120 Walk, *Das Sonderrecht*, S. 127.
121 Ebd.
122 Noakes, Pridham, *Nazism 1919–1945*, Bd. 2, S. 463.
123 Hitler, *Reden*, Bd. 1, T. 2, S. 538 f.
124 Ebd., S. 539.
125 Ebd., S. 558.
126 Helmut Heiber (Hrsg.), *Goebbels-Reden*, Bd. 1, *1932–1939*, Düsseldorf 1971, S. 246.
127 Handschriftliche Notizen, verfaßt von Fritz Wiedemann, Institut für Zeitgeschichte, München. Zitiert in Helmut Krausnick, «Judenverfolgung», in: Hans Buchheim et al., *Anatomie des SS-Staates*, Bd. 2, München 1967, S. 269.
128 Philippe Burrin, *Hitler und die Juden: Die Entscheidung für den Völkermord*, Frankfurt a. M. 1993, S. 48 f. In seinem Buch unterstreicht Burrin die Bedeutung von Hitlers Drohung für den Fall eines Krieges «auf allen Fronten» – d. h. in einer Situation ähnlich wie der in den Jahren 1914–18. Für Deutschland wurde der Zweite Weltkrieg zu einem solchen Kriege, da der Rußlandfeldzug nicht zu einem raschen deutschen Sieg führte. Den Zusammenhang zwischen dieser Situation und Hitlers Entschluß, die Juden zu vernichten, werde ich im zweiten Band – *Das Dritte Reich und die Juden. Die Jahre der Vernichtung* – diskutieren.

5. Der Geist der Gesetze

1 Erziehungsminister ..., Verfügung, 13. 9. 1935; Reichsministerium für Wissenschaft und Erziehung, Mikrofilm MA-103/1, IfZ, München.
2 Klemperer, *Ich will Zeugnis ablegen*, Bd. 1, S. 195.
3 Neliba, *Wilhelm Frick*, S. 198 ff.
4 Zu diesen verschiedenen Einzelheiten siehe David Bankier, *Die öffentliche Meinung im Hitler-Staat: Die Endlösung und die Deutschen; eine Berichtigung*, Berlin 1995, S. 63.
5 Neliba, *Wilhelm Frick*, S. 200 ff.
6 Goebbels, *Tagebücher*, T. 1, Bd. 2, S. 488.
7 Zur Haltung Löseners siehe Bankier, *Die öffentliche Meinung im Hitler-Staat*, S. 62.
8 Robert L. Koehl, *The Black Corps: The Structure and Power Struggles of the Nazi SS*, Madison, Wis. 1983, S. 102.
9 Bernhard Lösener, «Als Rassereferent im Reichsministerium des Innern», in: *VfZ* 3 (1961), S. 264 ff.
10 Ebd., S. 273–75.
11 Ebd., S. 276.
12 Ebd., S. 281.
13 Eine gründliche Analyse bietet Noakes, «Wohin gehören die ‹Judenmischlinge›?», S. 74 ff.
14 Ebd.
15 Walk, *Das Sonderrecht*, S. 139.
16 Ebd.
17 Noakes, «Wohin gehören die ‹Judenmischlinge›?», S. 85 f.
18 Walk, *Das Sonderrecht*, S. 139.

19 Der Stellvertreter des Führers, Rundschreiben Nr. 228/35, 2.12.1935; Stellvertreter des Führers (Anordnungen ...), Db 15.02, IfZ, München.
20 Friedlander, Milton, *Archives of the Holocaust*, Bd. 20, *Bundesarchiv of the Federal Republic of Germany, Koblenz and Freiburg*, S. 28–30.
21 Der Stellvertreter des Führers, Rundschreiben, 2. 12. 1935; Stellvertreter des Führers (Anordnungen ...), 1935, Db 15.02, IfZ, München.
22 Herbert A. Strauss, «Jewish Emigration from Germany: Nazi Policies and Jewish Responses (I)», in: *LBIY* 25 (1980), S. 317. In seiner 1988 erschienenen Untersuchung über «nichtarische» Christen bietet Werner Cohn ebenfalls eine gründliche statistische Analyse. Er schätzt die teiljüdische Bevölkerung im Jahre 1933 auf 228000, was ungefähr zu der Schätzung von 200000 für 1935 passen könnte. Siehe Werner Cohn, «Bearers of a Common Fate? The ‹Non-Aryan› Christian ‹Fate Comrades› of the *Paulus-Bund*, 1933–1939», in: *LBIY* 33 (1988), S. 350ff. H. W. Friedmann vom Paulus-Bund schätzte ebenfalls die Zahl der «nichtjüdischen Nichtarier» auf 200000, was nach seinen Angaben vom Rassenpolitischen Amt der Partei als viel zu niedrig angesehen wurde. Siehe *Akten deutscher Bischöfe*, Bd. 2, *1934–1935*, S. 133.
23 Dr. E. R----x, «Die nichtjüdischen Nichtarier in Deutschland», in: *C.-V.-Zeitung* 20, Nr. 1 (Beiblatt), 16. Mai 1935. Ich bin Sharon Gillerman dafür dankbar, daß sie mich auf diesen Artikel aufmerksam gemacht hat.
24 Bernhard Lösener, Friedrich U. Knost, *Die Nürnberger Gesetze*, Berlin 1936, S. 17f.
25 Wilhelm Stuckart, Hans Globke, *Kommentare zur deutschen Rassengesetzgebung*, Bd. 1, München 1936.
26 Ebd., S. 65f.
27 Das von Stuckart und Globke angeführte Beispiel war offensichtlich als extremste Illustration des Prinzips gedacht, das den Nürnberger Gesetzen zugrundelag. Doch die offensichtliche Absurdität einer Bestimmung der Rasse durch die Religion muß doch so irritierend gewesen sein, daß sie die Ministerialbürokratie zumindest in einem Fall zu einer Klarstellung veranlaßte. Am 26. November 1935 gab das Reichsinnenministerium in einem Runderlaß folgende Erklärung ab: «Bei der Beurteilung, ob jemand Jude ist oder nicht, ist grundsätzlich nicht die Zugehörigkeit zur jüdischen Religionsgemeinschaft, sondern zur jüdischen Rasse maßgebend. Um Schwierigkeiten bei der Beweisführung auszuschließen, ist aber ausdrücklich bestimmt, daß ein Großelternteil, der der jüdischen Religionsgemeinschaft angehört, ohne weiteres als Angehöriger der jüdischen Rasse gilt; ein Gegenbeweis ist nicht zulässig.» Zitiert in Noakes, «Wohin gehören die ‹Judenmischlinge›?», S. 84.
28 Stuckart, Globke, *Kommentare*, S. 5.
29 Burleigh, Wippermann, *The Racial State*, S. 49.
30 Ebd.
31 Adjutantur des Führers, Mikrofilm MA–287, IfZ, München.
32 Monatsbericht, 8.12.1937, in: *Die kirchliche Lage in Bayern nach den Regierungspräsidentenberichten 1933–1943*, Bd. 2, *Regierungsbezirk Ober- und Mittelfranken*, hrsg. v. Helmut Witeschek, Mainz 1967, S. 254.
33 Karl Haushofer, der Begründer der deutschen Geopolitik, war der Lehrer von Heß an der Universität München, und über Heß beeinflußte er Teile von *Mein Kampf* im Hinblick auf internationale Angelegenheiten und weltweite Strategie; obwohl Haushofer erklärter Antisemit war, war er mit einer Halbjüdin, Martha Mayer-Doss, verheiratet. Von 1934 bis 1938 war sein Sohn Albrecht in der außenpolitischen Behörde «Dienststelle Ribbentrop» beschäftigt. Zu Karl und Albrecht Haushofers Einstellungen zum Judentum und zu den Juden sowie zu ihrer persönlichen Situation in dieser Hinsicht siehe Hans-Adolf Jacobsen, *Karl Haushofer: Leben und Werke*, Bd. 1–2, Boppard a. Rh. 1979, und Ursula Laak-Mi-

chael, *Albrecht Haushofer und der Nationalsozialismus*, Stuttgart 1974; zu einer Gesamtdeutung siehe Dan Diner, «Grundbuch des Planeten: Zur Geopolitik Karl Haushofers», in: Dan Diner, *Weltordnungen: Über Geschichte und Wirkung von Recht und Macht*, Frankfurt a. M. 1993, S. 131 ff.

34 *Akten der Parteikanzlei der NSDAP*, Microfiches, 30100219–30100223, IfZ, München.

35 Siehe Shlomo Aronson, *Reinhard Heydrich und die Frühgeschichte von Gestapo und SD*, Stuttgart 1971, S. 11 f.; Werner Maser, *Adolf Hitler: Legende, Mythos, Wirklichkeit*, München 1971, S. 11 ff.

36 *Akten der Parteikanzlei der NSDAP* (Regesten), T. 1, Bd. 2, S. 226.

37 Lothar Gruchmann, «Blutschutzgesetz und Justiz: Zu Entstehung und Auswirkung des Nürnberger Gesetzes vom 15. September 1935», in: *VfZ* 31 (1983), S. 419.

38 *Akten der Parteikanzlei der NSDAP* (Regesten), T. 1, Bd. 1, S. 55. Auf verschiedenen Ebenen waren die deutschen Rassengesetze und die Rassendiskriminierung in Deutschland weiterhin eine Quelle von Schwierigkeiten für die Beziehungen zwischen dem Reich und zahlreichen Ländern. So wurden nach Angaben eines 1936 erstellten Berichts der deutschen Gesandtschaft in Bangkok auf deutschen Schiffen im Fernen Osten diskriminierende Maßnahmen gegen «farbige» Passagiere (darunter Japaner, Chinesen und Siamesen) ergriffen. Das Verkehrsministerium in Berlin ersuchte die deutschen Reedereien, sich der negativen Konsequenzen derartiger Maßnahmen bewußt zu sein (ebd., S. 178). Im selben Jahr mußte die Wilhelmstraße die Befürchtungen ägyptischer Behörden zerstreuen: Es bestanden keine Hindernisse für die Heirat einer deutschen Nichtjüdin mit einem ägyptischen Nichtjuden; was die Schwierigkeiten im Zusammenhang mit der Heirat nichtjüdischer Deutscher mit nichtjüdischen Ausländerinnen anging, so waren sie allgemeiner Natur und stellten keineswegs eine Diskriminierung von Ägyptern dar (ebd., T. 2, Bd. 3, S. 108). Alles in allem fühlten sich mehrere Staaten im Nahen Osten durch die deutsche Gesetzgebung bezüglich der Nichtarier angegriffen, trotz aller Bemühungen des Außenministeriums in Berlin (ebd., S. 109). Die Türkei wurde durch eine Erklärung besänftigt, wonach die Türken als «artverwandt» eingestuft wurden, aber die Regelung war, was andere nahöstliche Nationen anging, alles andere als klar (ebd., S. 104).

39 Ebd., T. 1, Bd. 2, S. 168.

40 Stark betont wird der Primat der allgemeineren biologischen Perspektive ebenso wie die dadurch implizierte Opferrolle der Frauen insbesondere von Bock, *Zwangssterilisation im Nationalsozialismus;* zu den Gesetzen von 1935 siehe besonders S. 100–103. In ihren neueren Arbeiten hat Gisela Bock Positionen formuliert, die den hier vertretenen näherstehen. Siehe Gisela Bock, «Krankenmord, Judenmord und nationalsozialistische Rassenpolitik», in: Frank Bajohr et al. (Hrsg.), *Zivilisation und Barbarei: Die widersprüchlichen Potentiale der Moderne*, Hamburg 1991, S. 285 ff. und besonders S. 301–303. Während der zwölf Jahre des NS-Regimes untermauerte eine Reihe universitärer Forschungsinstitute die Rassenpolitik mit sogenannten wissenschaftlichen Daten: das Kaiser-Wilhelm-Institut für Biologie in Berlin; das Institut für Anthropologie und Ethnologie an der Universität Breslau; das Institut für Erbbiologie und Rassenhygiene an der Universität Frankfurt; die Rassenbiologischen Institute an den Universitäten Königsberg und Hamburg; das Thüringische Zentrum für Rassenfragen, das der Universität Jena angeschlossen war; und das Forschungsinstitut in Erbbiologie in Alt-Rhese in Mecklenburg; siehe Klaus Drobisch et al., *Juden unterm Hakenkreuz: Verfolgung und Ausrottung der deutschen Juden 1933–1945*, Frankfurt a. M. 1973, S. 162 f.

41 Zum Anfang dieser Geschichte siehe Kapitel 1, S. 43 ff.

42 Mommsen, «Die Geschichte», S. 352.
43 Ebd., S. 353–57.
44 Zu der Untersuchung und den Zitaten siehe Noakes, «The Development of Nazi Policy», S. 299 ff.
45 Ebd., S. 300 f.
46 Ursula Büttner, «The Persecution of Christian-Jewish Families in the Third Reich», in: *LBIY* 34 (1989), S. 277 f.
47 Adam, *Hochschule und Nationalsozialismus*, S. 117.
48 Cohn, «Bearers of a Common Fate?», S. 360 f.
49 Müller, *Furchtbare Juristen*, S. 107.
50 Ebd., S. 108.
51 Ebd., S. 109.
52 Ich benutze hier den Titel des Buches von Klaus Theweleit, *Männerphantasien*, Bd. 1–2, Frankfurt a. M. 1977–78.
53 Noam, Kropat, *Juden vor Gericht*, S. 125–27.
54 Müller, *Furchtbare Juristen*, S. 110 f.
55 *Akten der Parteikanzlei*, Microfiche Nr. 031575, IfZ, München.
56 Siehe Götz von Olenhusen, «Die ‹nichtarischen› Studenten», Anm. 52, sowie auch Michael H. Kater, «Everyday Anti-Semitism in Prewar Nazi Germany: The Popular Bases», in: *Yad Vashem Studies* 16 (1984), S. 150.
57 Adolf Diamant, *Gestapo Frankfurt am Main*, Frankfurt a. M. 1988, S. 91.
58 Robert Gellately, *Die Gestapo und die deutsche Gesellschaft: Die Durchsetzung der Rassenpolitik 1933–1945*, Paderborn 1993.
59 Ebd., S. 187.
60 Ebd., S. 185.
61 Robert Gellately, «The Gestapo and German Society: Political Denunciations in the Gestapo Case Files», in: *Journal of Modern History* 60 (1988), No. 4, S. 672–674. Nach Sarah Gordon wurden zwar in den dreißiger Jahren einige «Rassenschänder» zunächst in gewöhnlichen Gefängnissen inhaftiert, während die jüdischen «Rassenschänder» in Zuchthäuser geschickt wurden, aber auch wenn gelegentlich ein anderer Eindruck entstand, war das Schicksal beider Kategorien letztlich dasselbe. Siehe Sarah Gordon, *Hitler, Germans and the «Jewish Question»*, Princeton, N. J. 1984, S. 238 ff.
62 Der Sprecher des Justizministeriums an alle Justizpressestellen, 11. 3. 1936; Reichsjustizministerium, Fa 195/1936, IfZ, München.
63 Bankier, *Die öffentliche Meinung im Hitler-Staat*, S. 107.
64 Ebd., S. 108.
65 Ebd., S. 108 f.
66 Ebd., S. 110.
67 Richard Gutteridge, «German Protestantism and the Jews in the Third Reich», in: Kulka, Mendes-Flohr, *Judaism and Christianity under the Impact of National Socialism*, S. 237. Siehe auch Gutteridge, *Open Thy Mouth for the Dumb!*, S. 153 ff. und besonders S. 156–68.
68 Bankier, *Die öffentliche Meinung im Hitler-Staat*, S. 111.
69 Kulka, «Die Nürnberger Rassengesetze», S. 602 f.
70 Zu dieser Interpretation der langfristigen Auswirkungen der Gesetze auf die Bevölkerung siehe Drobisch, *Juden unterm Hakenkreuz*, S. 160.
71 Gestapa [das Gestap*a* war die Zentrale der Gestapo in Berlin] an Staatspolizeistellen, 3. 12. 1935; Ortspolizeibehörde Göttingen, Mikrofilm MA–172, IfZ, München.
72 Gestapa an Central-Verein deutscher Juden (CV), 1. Juni 1934, ebd.; Staatspolizei Hannover, 16. 8. 1934, ebd.
73 Gestapa an alle Staatspolizeistellen, 24. 11. 35, ebd.

74 Gestapa an alle Staatspolizeistellen, 4. 4. 36, ebd.
75 Gerlach, *Als die Zeugen schwiegen*, S. 166.
76 Siehe zu diesem Fall Friedlander, Milton, *Archives of the Holocaust*, Bd. 11, *Berlin Document Center*, ed. Henry Friedlander, Sybil Milton, New York 1992, T. 1, S. 210–22.
77 *Akten der Parteikanzlei* (Regesten), T. 1, Bd. 1, S. 121.
78 Friedlander, Milton, *Archives of the Holocaust*, Bd. 11, T. 1, S. 210–22.
79 Abraham Margalioth, «The Reaction of the Jewish Public in Germany to the Nuremberg Laws», in: *Yad Vashem Studies* 12 (1977), S. 76.
80 Bankier, «Jewish Society Through Nazi Eyes 1933–1936», S. 113 f.
81 Margarete T. Edelheim-Mühsam, «Die Haltung der jüdischen Presse gegenüber der nationalsozialistischen Bedrohung», in: Robert Weltsch (Hrsg.), *Deutsches Judentum: Aufstieg und Krise*, Stuttgart 1963, S. 375.
82 Einige Gestapo-Berichte wie der aus Koblenz, der den Oktober 1935 betraf, berichteten, es herrsche unter den Juden größerer Pessimismus und ein Drang zur Auswanderung, auch nach Palästina. Diesem Bericht zufolge glaubten die Juden nicht an die Möglichkeit, in Deutschland zu bleiben, und rechneten damit, «daß in etwa 10 Jahren der letzte Jude Deutschland verlassen hat» (Heyen, *Nationalsozialismus im Alltag*, S. 138 f.).
83 Boas, «German-Jewish Internal Politics», S. 3.
84 Ebd., S. 4, Anm. 4.
85 Edelheim-Mühsam, «Die Haltung der jüdischen Presse», S. 376 f.
86 Claudia Koonz, *Mütter im Vaterland*, Freiburg i. Br. 1991, S. 395.
87 Dawidowicz, *Der Krieg gegen die Juden*, S. 168.
88 William L. Shirer, *Berliner Tagebuch: Aufzeichnungen 1934–1941*, Leipzig 1991, S. 41.
89 Zitiert in Lowenstein, «The Struggle for Survival of Rural Jews», S. 120.
90 Yoav Gelber, «Die Reaktion der zionistischen Führung auf die Nürnberger Gesetze», in: *Studies on the Holocaust Period* 6 (1988) (Hebräisch).
91 Chernow, *Die Warburgs*, S. 540 ff.
92 *Akten der Parteikanzlei der NSDAP* (Regesten), T. 1, Bd. 2, S. 208.
93 Chernow, *Die Warburgs*, S. 540 ff.
94 Charlotte Beradt, *Das Dritte Reich des Traums*, Frankfurt a. M. 1981, S. 98.
95 Ebd.
96 Ebd., S. 104.
97 Feuchtwanger, Zweig, *Briefwechsel*, Bd. 1, S. 97.
98 C. G. Jung, «Zur gegenwärtigen Lage der Psychotherapie», in: *Gesammelte Werke*, Bd. 10, *Zivilisation im Übergang*, Zürich, Stuttgart 1974, S. 191. Dieser Text ist nur eine von zahlreichen mehr oder weniger gleichlautenden Aussagen, die Jung in den Jahren von 1933 bis mindestens 1936 machte. Die Kontroverse über Jungs Einstellung zum Nationalsozialismus dauert seit dem Ende des Krieges an. Die mildeste Bewertung des Falles durch einen Historiker, der keinem von beiden Lagern angehört, ist die von Geoffrey Cocks. «Es ist keineswegs klar, daß die persönlichen philosophischen Überzeugungen und Einstellungen hinter Jungs zweifelhaften, naiven und oft anstößigen Aussagen, die er in der Nazizeit über ‹Arier› und Juden machte, seine Handlungen gegenüber Psychotherapeuten in Deutschland motivierten. Die Aussagen selbst offenbaren eine zerstörerische Ambivalenz und ein Vorurteil, welche der Verfolgung der Juden durch die Nationalsozialisten gedient haben mögen. Doch Jung kam den Nationalsozialisten viel mehr durch seine Worte entgegen als durch seine Taten» (Geoffrey Cocks, *Psychotherapy in the Third Reich: The Göring Institute*, New York 1985, S. 132). Die Einschätzung von Cocks wäre genau zu prüfen; dennoch erscheint die Haltung Jungs angesichts der Umstände abstoßend genug.

99 Sigmund Freud, Arnold Zweig, *Briefwechsel*, hrsg. v. Ernst L. Freud, Frankfurt a. M. 1968, S. 121.
100 Kurt Tucholsky, *Politische Briefe*, Reinbek 1969, S. 117–23.

Zweiter Teil
Die Einkreisung

6. Kreuzzug und Kartei

1 Goebbels, *Tagebücher*, T. 1, Bd. 3, S. 55.
2 Ebd., S. 351.
3 Den Vorrang des antibolschewistischen Kreuzzugs hat Arno J. Mayer behauptet. Wie wir sehen werden, heißt es in den Reden aus den Jahren 1936–37 ausdrücklich, daß die Juden als der Feind hinter der bolschewistischen Bedrohung betrachtet wurden. Zur Argumentation Mayers siehe sein Buch *Der Krieg als Kreuzzug: Das Deutsche Reich, Hitlers Wehrmacht und die «Endlösung»*, Reinbek 1989.
4 Lipstadt, *Beyond Belief*, S. 80.
5 Arad, «The American Jewish Leadership's Response», S. 418 f.
6 Arnd Krüger, *Die Olympischen Spiele 1936 und die Weltmeinung*, Berlin 1972, S. 128–31. Am 13. Juni 1936 erhielt die Sportlerin Gretel Bergmann, obwohl sie beim Training 1.60 Meter gesprungen war (was dem deutschen Rekord für Frauen entsprach), vom Deutschen Olympischen Komitee einen Brief, in dem es unter anderem hieß: «Im Rückblick auf Ihre letzten Leistungen haben Sie wohl nicht erwarten können, für die Mannschaft nominiert zu werden.» Im Frühjahr 1996 nahm die zweiundachtzigjährige Margaret Bergmann Lambert, eine US-Bürgerin, die in New York lebt, die Einladung des Deutschen Olympischen Komitees, sein Ehrengast bei den Jahrhundertspielen in Atlanta zu sein, an (Ira Berkow, «An Olympic Invitation Comes 60 Years Late», in: *New York Times*, 18. Juni 1996, S. A1, B12).
7 Eliahu Ben-Elissar, *La Diplomatie du IIIe Reich et les Juifs, 1933–1939*, Paris 1969, S. 179.
8 Ebd., S. 173.
9 Goebbels, *Tagebücher*, T. 1, Bd. 2, S. 630.
10 Ebd., S. 655.
11 Walk, *Das Sonderrecht*, S. 153.
12 Hitler, *Reden und Proklamationen*, Bd. 1, T. 2, S. 573.
13 Goebbels, *Tagebücher*, T. 1, Bd. 2, S. 718.
14 Heinrich Himmler, *Die Schutzstaffel als antibolschewistische Kampforganisation*, München 1936, S. 30.
15 Wilhelm Treue «Hitlers Denkschrift zum Vierjahresplan», in: *VfZ* 3 (1955), S. 204.
16 *Akten der Parteikanzlei* (Regesten), T. 1, Bd. 2, S. 249.
17 *Der Parteitag der Ehre: Vom 8. bis 14. September 1936*, München 1936, S. 101.
18 Hitler, *Reden und Proklamationen*, Bd. 1, T. 2, S. 638.
19 *Der Parteitag der Ehre*, S. 294. In seiner Reichstagsrede vom 30. Januar 1937 hatte Hitler das Thema der jüdisch-bolschewistischen revolutionären Aktivitäten, die in Deutschland einzudringen versuchten, bereits angeschnitten; Hitler, *Reden und Proklamationen*, Bd. 1, T. 2, S. 671.
20 Klee, *Die «SA Jesu Christi»*, S. 127.
21 *Der Parteitag der Arbeit vom 6. bis 13. September 1937: Offizieller Bericht über den Verlauf des Reichsparteitages mit sämtlichen Kongreßreden*, München 1938,

S. 157. Der Beitrag Alfred Rosenbergs war selbst nach NS-Maßstäben ungewöhnlich. In seiner Rede beschrieb er in blutrünstigen Details die mörderische Herrschaft der Juden in der Sowjetunion. Er stellte dann ein «in Neuyork erschienenes» Buch mit dem Titel *Now and Forever* («Nun und immerdar») vor, ein «Zwiegespräch» zwischen dem jüdischen Schriftsteller Samuel Roth und dem angeblich zionistischen Politiker Israel Zangwill, mit einer Einleitung von Zangwill; das Buch war dem «Rektor der jüdischen Universität in Jerusalem» gewidmet *(Der Parteitag der Arbeit*, S. 102 f.). Die von Rosenberg angeführten Texte – er zögerte nicht, Kapitel und Vers zu zitieren – lassen die *Protokolle der Weisen von Zion* wie ein harmloses Schlaflied aussehen. In Wirklichkeit basiert das Buch, wie selbst aus dem zweiteiligen Artikel in den *Nationalsozialistischen Monatsheften* vom Januar und Februar 1938, der sich mit Roths Buch beschäftigt, hervorgeht, auf einem fiktiven Dialog zwischen Roth und Zangwill, in dem es hauptsächlich um Antisemitismus und die Schwierigkeiten des politischen Zionismus geht (Georg Leibbrandt, «Juden über das Judentum», in: *Nationalsozialistische Monatshefte* 94, 95 [Januar, Februar 1938]). In der Fehde zwischen Rosenberg und Goebbels wurde keine Gelegenheit ausgelassen. In seinem Brief vom 25. August 1937, in dem er Goebbels davon in Kenntnis setzt, daß er, Rosenberg, als erster auf dem Parteitag reden werde, kostete der Meister der Ideologie abschließend noch eine Spitze aus, indem er die folgende Bemerkung machte: «Zum Schluß möchte ich Sie noch auf einen kleinen Irrtum aufmerksam machen. Das Zitat, welches den Juden als den plastischen Dämon des Verfalls der Menschheit kennzeichnet, stammt nicht von Mommsen, sondern von Richard Wagner» (Rosenberg an Goebbels, 25. 8. 1937; Rosenberg-Akten, Mikrofilm MA 596, IfZ, München).

22 Hitler, *Reden und Proklamationen*, Bd. 1, T. 2, S. 728.

23 Ebd., S. 729.

24 Ebd.

25 Ebd., S. 730.

26 Ebd.

27 Der Stellvertreter des Führers, Anordnung, 19. 4. 1937; NSDAP-Parteikanzlei (Anordnungen ...), Db 15.02, IfZ, München.

28 Goebbels, *Tagebücher*, T. 1, Bd. 3, S. 21.

29 Siehe die verschiedenen Aufsätze in Hans-Erich Volkmann (Hrsg.), *Das Rußlandbild im Dritten Reich*, Köln 1994. Zur Äußerung Heydrichs siehe Gerhart Hass, «Zum Rußlandbild der SS», ebd., S. 209.

30 Siehe Michael Burleigh, *Germany Turns Eastwards: A Study of Ostforschung in the Third Reich*, Cambridge 1988, S. 146.

31 Peter-Heinz Seraphim, *Das Judentum im osteuropäischen Raum*, Essen 1938, S. 266.

32 Ebd., S. 262.

33 Ebd., S. 267.

34 Kommandeur des Oberabschnitts Rhein an SS-Gruppenführer Heißmeyer, 3.4.35 («Lagebericht Juden», 30. Lenzing 1935); Sicherheitsdienst des Reichsführers SS, SD-Oberabschnitt Rhein, Mikrofilm MA-392, IfZ, München.

35 Helmut Krausnick, Hildegard von Kotze (Hrsg.), *Es spricht der Führer: Sieben exemplarische Hitler-Reden*, Gütersloh 1966, S. 147 f.

36 Staatspolizeistelle Hildesheim an Landräte, Bürgermeister ..., 28. 10. 1935; Ortspolizeibehörde Göttingen, Mikrofilm MA-172, IfZ, München.

37 Ebd., 23. 10. 1935.

38 Gutteridge, «German Protestantism», S. 238. Siehe auch Gutteridge, *Open Thy Mouth for the Dumb!*, S. 158 ff.

39 Gutteridge, «German Protestantism», S. 238.

40 Gutteridge, *Open Thy Mouth for the Dumb!*, S. 159 f.

41 Schönwälder, *Historiker und Politik*, S. 86 f.

42 Helmut Heiber, *Walter Frank und sein Reichsinstitut für Geschichte des neuen Deutschlands*, Stuttgart 1966, S. 279f.

43 Karl Alexander von Müller, «Zum Geleit», in: *Historische Zeitschrift* 153 (1936), No. 1, S. 4f.

44 Heiber, *Walter Frank*, S. 295.

45 Ebd.

46 *Historische Zeitschrift* 153 (1936), No. 2, S. 336ff. Manchmal ließen sich Besprechungen jüdischer Veröffentlichungen, die für den nationalsozialistischen Leser feindselig und verurteilend erscheinen konnten, aus einer nichtnationalsozialistischen Perspektive als Lob verstehen. Eines der eigenartigsten Beispiele ist die 1936 in den *Nationalsozialistischen Monatsheften* erschienene Besprechung einer Sammlung von Briefen gefallener jüdischer Soldaten, verfaßt von Joachim Mrugowsky (der später für seine verbrecherische Tätigkeit in Sachen Euthanasie berüchtigt wurde). Mrugowsky verglich diese Briefe mit denen gefallener deutscher Soldaten und gelangte zu dem Schluß, daß die absolute rassische Unvereinbarkeit der beiden Gruppen ganz deutlich in den Hauptidealen zutage trete, die von jeder der beiden Gruppen zum Ausdruck gebracht wurden. Während das deutsche Ideal die Rasse, das Volk und der Kampf um das Lebensrecht waren, idealisierten die jüdischen Briefe Gleichheit, Menschlichkeit und Weltfrieden (Joachim Mrugowsky, «Jüdisches und deutsches Soldatentum: Ein Beitrag zur Rassenseelenforschung», in: *Nationalsozialistische Monatshefte* 76 [Juli 1936], S. 638).

47 Zu einer detaillierten Darstellung der Aktivitäten Franks und Graus in Zusammenhang mit der «Judenfrage» siehe Heiber, *Walter Frank*, vor allem S. 403–78.

48 *DAZ*, 20. November 1936; Nationalsozialismus/1936, Div. LBI, New York.

49 Heiber, *Walter Frank*, S. 444ff.

50 Siehe *Das Judentum in der Rechtswissenschaft*, Heft 1, *Die deutsche Rechtswissenschaft im Kampf gegen den jüdischen Geist*, Berlin 1936, S. 14ff., 28ff. Siehe auch Bernd Rüthers, *Carl Schmitt im Dritten Reich: Wissenschaft als Zeitgeist-Bestärkung?*, München 1990, S. 81ff., 95ff.

51 Ebd., S. 97ff.

52 Ebd.

53 Ebd., S. 30.

54 Carl Schmitt, *Der Leviathan in der Staatslehre des Thomas Hobbes*, Hamburg 1938, S. 18. Ich danke Eugene R. Sheppard dafür, daß er mich auf diesen Text aufmerksam gemacht hat. Alles in allem scheint Schmitts Antisemitismus tiefer gereicht zu haben als bloßer Opportunismus, und sein politisches und ideologisches Engagement zwischen 1933 und 1945 läßt sich anscheinend nicht mit bloßer «Mitläuferschaft» gleichsetzen, wie es seine Verteidiger gern sehen möchten. Siehe beispielsweise Dan Diner, «Constitutional Theory and ‹State of Emergency› in Weimar Republic: The Case of Carl Schmitt», in: *Tel Aviver Jahrbuch für Deutsche Geschichte* 17 (1988), S. 305.

55 Einen guten Überblick über die Auswirkungen der nationalsozialistischen Ideologie auf die deutsche naturwissenschaftliche Forschung bieten die Aufsätze in H. Mehrtens, S. Richter (Hrsg.), *Naturwissenschaft, Technik und NS-Ideologie*, Frankfurt a. M. 1980. Eine sehr gründliche Bestandsaufnahme der Entwicklung der Biologie im nationalsozialistischen Deutschland liefert Deichmann, *Biologen unter Hitler*.

56 Siehe zu dieser Frage Cocks, *Psychotherapy in the Third Reich*, S. 7.

57 Beyerchen, *Wissenschaftler unter Hitler*, S. 214ff.

58 Siehe Hans Buchheim, «Die SS – das Herrschaftsinstrument», in: Hans Buchheim et al., *Anatomie des SS-Staates*, Bd. 1–2, Olten 1965, Bd. 1, S. 55ff.; im einzelnen George C. Browder, *Foundations of the Nazi Police State: The Formation of Sipo and SD*, Lexington, Ky. 1990.

59 Browder, *Foundations of the Nazi Police State*, S. 231.
60 Buchheim, «Die SS», S. 54.
61 Alle Einzelheiten über Rudolf aus den Ruthens Bräute sind entnommen aus William L. Combs, *The Voice of the SS: A History of the SS Journal Das Schwarze Korps*, Bd. 1, Ann Arbor, Mich.: University Microfilms, 1985, S. 29f.
62 Heinrich Himmler, «Reden, 1936–1939», F 37/3, IfZ, München.
63 Helmut Heiber (Hrsg.), *Reichsführer! ... Briefe an und von Himmler*, Stuttgart 1968, S. 44. In seiner Antwort erwähnte der Forscher, SS-Hauptsturmführer Dr. K. Mayer, es seien zwar keine jüdischen Vorfahren gefunden worden, aber Mathilde von Kemnitz habe unter ihren Ahnen nicht weniger als neun Theologen, und das lieferte für ihn die Erklärung. Woraufhin Walter Darré bemerkte: «Ich habe allein 3 Reformatoren in meiner Ahnentafel. Bin ich deswegen SS-untauglich?» (ebd., S. 45, Anm. 3).
64 Ebd., S. 52 sowie S. 64, 66, 75, 231, 245.
65 Siehe Friedlander, Milton, *Archives of the Holocaust*, Bd. 11, T. 2, S. 124f.
66 Heiber, *Reichsführer*, S. 50.
67 «Warum wird über das Judentum geschult?», in: *SS-Leitheft* 3, Nr. 2, 22. April 1936.
68 Ebd., zitiert in Josef Ackermann, *Heinrich Himmler als Ideologe*, Göttingen 1970, S. 159.
69 Siehe zu dem gesamten Fall Friedlander, Milton, *Archives of the Holocaust*, Bd. 11, T. 2, S. 55ff.
70 Zur Umorganisierung des SD siehe Wildt, *Die Judenpolitik des SD*, S. 25, 73ff. Herrn Dr. Wildt und Herrn Dr. Norbert Frei möchte ich meinen Dank dafür aussprechen, daß sie mir diese Arbeit und die anhängende Dokumentation vor ihrer Veröffentlichung zugänglich machten.
71 Zur Verwaltungsstruktur des SD in den Jahren 1936–37 siehe Herbert, *Best*, S. 578, und Drobisch, «Die Judenreferate», S. 239f. Zur Äußerung Wislicenys siehe Hans Safrian, *Die Eichmann-Männer*, Wien 1993, S. 26.
72 Zur Entwicklung und zur Organisation der Gestapo siehe Johannes Tuchel, Reinhold Schattenfroh, *Zentrale des Terrors*, Berlin 1987.
73 Herbert, *Best*, S. 187.
74 Zu den bei dieser Besprechung erörterten Themen siehe Wildt, *Die Judenpolitik des SD*, S. 45ff.
75 II 112 an II 11, 15.6.37; Sicherheitsdienst des Reichsführers SS, SD-Hauptamt, Abt. II 112, Mikrofilm MA-554, IfZ, München. Es ist schwer zu sagen, aufgrund welcher konkreten «Beweise» der SD solche phantastischen Verbindungen herstellte.
76 Ebd.
77 Drobisch, «Die Judenreferate», S. 242.
78 Ebd. sowie auch Götz Aly, Karl-Heinz Roth, *Die restlose Erfassung: Volkszählen, Identifizieren, Aussondern im Nationalsozialismus*, Berlin 1984, S. 77–79.
79 Wildt, *Die Judenpolitik des SD*, S. 134.
80 Shlomo Aronson, *Heydrich und die Anfänge des SD und der Gestapo (1931–1935)*, Berlin 1967, S. 275.
81 Reinhard Heydrich, *Wandlungen unseres Kampfes*, München 1935.
82 Wildt, *Die Judenpolitik des SD*, S. 33.
83 Ebd., S. 66f. Auszüge aus diesem Dokument wurden zuvor veröffentlicht in Susanne Heim, «Deutschland muß ihnen ein Land ohne Zukunft sein: Die Zwangsemigration der Juden 1933 bis 1938», in: *Beiträge zur nationalsozialistischen Gesundheits- und Sozialpolitik*, Bd. 11, *Arbeitsmigration und Flucht*, Berlin 1993.
84 Safrian, *Die Eichmann-Männer*, S. 28.
85 SD-Oberabschnitt Rhein an SD-Kommandeur, SD-Oberabschnitt Fulda-Werra,

18. 9. 37; Himmler-Archiv, Berlin Document Center, Mikrofilm No. 270, Rolle 2 (LBI, New York, Mikrofilm 133g).

86 Der Kommandant, Konzentrationslager Columbia, an Inspekteur der Konzentrationslager, SS-Gruppenführer Eicke, 28. 1. 1936; SS-Standort Berlin, Mikrofilm MA–333, IfZ, München.

87 Der Führer der SS-Totenkopfverbände an den Chef des SS-Hauptamtes, 30. 1. 1936, ebd.

88 Der Chef des SS-Hauptamtes an Standortführer SS, Berlin, 4. 2. 1936, ebd.

89 Martin Broszat, «Nationalsozialistische Konzentrationslager», in: Buchheim et al., *Anatomie des SS-Staates*, S. 75.

90 Ebd., S. 173 f.

91 Ebd., S. 78 f.

92 Ebd., S. 81.

93 Ebd., S. 81 f.

94 Burleigh, Wippermann, *The Racial State*, S. 116.

95 Ebd., S. 119 f. Zu Einzelheiten über die Forschungen Ritters siehe insbesondere Michael Zimmermann, *Verfolgt, vertrieben, vernichtet: Die nationalsozialistische Vernichtungspolitik gegen Sinti und Roma*, Essen 1989, S. 25 ff.

96 Zu Einzelheiten über die Zigeunerlager siehe insbesondere Sybil Milton, «Vorstufe zur Vernichtung: Die Zigeunerlager nach 1933», in: *VfZ* 43 (1995), No. 1, S. 121 ff.

97 Hans-Georg Stümke, *Homosexuelle in Deutschland: Eine politische Geschichte*, München 1989, S. 111; vgl. Burleigh, Wippermann, *The Racial State*, S. 191.

98 Ebd., S. 196.

99 Stümke, *Homosexuelle in Deutschland*, S. 129; vgl. Burleigh, Wippermann, *The Racial State*, S. 197.

100 Broszat, Fröhlich, *Alltag und Widerstand*, S. 466.

101 Ebd., S. 450 ff.

102 Ebd., S. 461.

103 Ebd., S. 463.

104 Ebd., S. 475 f.

105 Die vollständigste Untersuchung über dieses Thema ist Reiner Pommerin, *Sterilisierung der «Rheinlandbastarde»: Das Schicksal einer farbigen deutschen Minderheit 1918–1937*, Düsseldorf 1979.

106 Ebd., S. 44 ff.

107 *Dokumente des Verbrechens: Aus Akten des Dritten Reiches 1933–1945*, Bd. 2, Berlin 1993, S. 83 ff.

108 Ebd., S. 122 ff. Siehe auch Pommerin, *Sterilisierung der «Rheinlandbastarde»*, S. 71 ff.

109 Burleigh, Wippermann, *The Racial State*, S. 130.

110 Der Stellvertreter des Führers (Stabschef) an alle Gauleiter, 30. März 1936; Stellvertreter des Führers (Anordnungen ...), 1936, Db 15.02, IfZ, München.

111 Zur Sterilisierungspolitik siehe die bereits erwähnten Studien von Bock, Proctor, Schmuhl und anderen sowie Henry Friedlander, *The Origins of Nazi Genocide: From Euthanasia to the Final Solution*, Chapel Hill, N. C. 1995, S. 23 ff.

112 Burleigh, *Death and Deliverance*, S. 43.

113 Ebd., S. 187.

114 Burleigh, Wippermann, *The Racial State*, S. 154.

115 Ebd.

116 Ernst Klee, *«Euthanasie» im NS-Staat: Die Vernichtung «lebensunwerten Lebens»*, Frankfurt a. M. 1985, S. 62. Nach Angaben von Hans-Walther Schmuhl wurden einige Psychiatriepatienten in den Jahren zwischen 1933 und 1939 aufgrund örtlicher Initiativen umgebracht (Hans-Walter Schmuhl, *Rassenhygiene, Nationalsozialismus, Euthanasie*, Göttingen 1987, S. 180).

117 Klee, «*Euthanasie*» *im NS-Staat*, S. 61. Die Einstellungen dieser Pastoren sollten nicht darüber hinwegtäuschen, daß selbst die Sterilisierungspolitik von Anfang an auf größtenteils schweigenden, aber nichtsdestoweniger merklichen Widerstand in breiten Kreisen der Bevölkerung stieß, insbesondere in katholischen Gegenden. Siehe hierzu Dirk Blasius, «Psychiatrischer Alltag im Nationalsozialismus», in: Peukert, Reulecke, *Die Reihen fast geschlossen*, S. 373 f.
118 Klee, «*Euthanasie*» *im NS-Staat*, S. 67.
119 Burleigh, Wippermann, *The Racial State*, S. 142; Burleigh, *Death and Deliverance*, S. 93–96; Friedlander, *The Origins of Nazi Genocide*, S. 39.
120 Martin Höllen, «Episkopat und T 4», in: Götz Aly (Hrsg.), *Aktion T4 1939–1945: Die «Euthanasie»-Zentrale in der Tiergartenstraße 4*, Berlin 1987, S. 84 f.; Gitta Sereny, *Am Abgrund: Eine Gewissensforschung; Gespräche mit Franz Stangl, Kommandant von Treblinka, u. a.*, Frankfurt a. M., Berlin, Wien 1979, S. 66 f.
121 Höllen, «Episkopat und T4»; Sereny, *Am Abgrund*, S. 67 ff.
122 Ebd., S. 69 f. Burleigh hegt Zweifel an der Glaubwürdigkeit des Zeugnisses von Hartl, stellt aber die Existenz der Mayerschen Denkschrift nicht in Frage; vgl. Burleigh, *Death and Deliverance*, S. 175.

7. Paris, Warschau, Berlin – und Wien

1 Siehe besonders Pierre Birnbaum, *Le Peuple et les gros: Histoire d'un mythe*, Paris 1979.
2 Georges Bernanos, «La grande peur des bien-pensants», in: *Essais et écrits de combat*, Paris 1971, S. 329.
3 Ebd., S. 350.
4 Louis-Ferdinand Céline, *Bagatelles pour un massacre*, Paris 1937; André Gide, «Les Juifs, Céline et Maritain», in: *Nouvelle Revue Française*, 1. April 1938. Innerhalb von wenigen Monaten wurden Célines *Bagatelles* unter dem Titel *Judenverschwörung in Frankreich* ins Deutsche übersetzt und bekamen in Streichers *Stürmer* und der SS-Wochenzeitschrift *Das Schwarze Korps* sowie in einer Vielzahl von Provinzzeitungen begeisterte Besprechungen (Albrecht Betz, «Céline im Dritten Reich», in: Hans Manfred Bock et al. [Hrsg.], *Entre Locarno et Vichy: Les relations culturelles franco-allemandes dans les années 1930*, Paris 1993, Bd. 1, S. 720).
5 Jean Giraudoux, *Pleins pouvoirs*, Paris 1939.
6 Zitiert in Zeev Sternhell, *Neither Right nor Left: Fascist Ideology in France*, Berkeley, Calif. 1986, S. 265. Zur Entwicklung von Bergerys Einstellung zur Judenfrage (er selbst war wahrscheinlich teilweise jüdischer Abstammung) siehe eine äußerst differenzierte Analyse in Philippe Burrin, *La Dérive fasciste: Doriot, Déat, Bergery 1933–1945*, Paris 1986, S. 237 ff.
7 Ezra Mendelsohn, *The Jews of East Central Europe Between the World Wars*, Bloomington, Ind. 1983, S. 1.
8 Béla Vago, *The Shadow of the Swastika: The Rise of Fascism and Anti-Semitism in the Danube Basin, 1936–1939*, London 1975, S. 15 f.
9 Friedlander, Milton, *Archives of the Holocaust*, Bd. 8, *American Jewish Archives Cincinnati: The Papers of the World Jewish Congress 1939–1945*, ed. Abraham L. Peck, New York 1990, S. 21. (Der Übersetzung liegt der unveränderte Text der englischen Übersetzung aus dem Polnischen zugrunde.)
10 Ebd., S. 20.
11 Mendelsohn, *The Jews of East Central Europe*, S. 23 f.
12 Ebd., S. 27. Mendelsohn verwendet die Statistik, die von dem bedeutendsten Kenner des polnischen Judentums zwischen den Kriegen, Rafael Mahler, zusammengestellt wurde; dessen historisches Standardwerk *Yehudei Polin bein Shtei Mil-*

hamot ha-Olam [«Die Juden Polens zwischen den beiden Weltkriegen»] erschien 1968 in Tel Aviv.

13 Mendelsohn, *The Jews of East Central Europe*, S. 29 f.

14 Joseph Marcus, *Social and Political History of the Jews in Poland 1919–1939*, Berlin 1983, S. 362.

15 S. Andreski, «Poland», in: S. J. Woolf (Hrsg.), *European Fascism*, London 1968, S. 178 ff.

16 Ebd., S. 362 f.

17 Mendelsohn, *The Jews of East Central Europe*, S. 74.

18 Diese Prozentangaben werden angeführt in Leslie Buell, *Poland: Key to Europe*, New York 1939, S. 303, und wiedergegeben in Götz Aly, Susanne Heim, *Vordenker der Vernichtung: Auschwitz und die deutschen Pläne für eine neue europäische Ordnung*, Hamburg 1991, S. 86.

19 Mendelsohn, *The Jews of East Central Europe*, S. 75.

20 Ebd., S. 71.

21 Ebd., S. 73.

22 Zu den Einzelheiten des hier erwähnten Plans siehe Leni Yahil, «Madagascar – Phantom of a Solution for the Jewish Question», in: Béla Vago, George L. Mosse (Hrsg.), *Jews and Non-Jews in Eastern Europe*, New York 1974, S. 315 ff. Zu einer Darstellung polnischer Bemühungen, die Unterstützung des Völkerbunds und die Zustimmung anderer Länder zur Einwanderung von Juden in ihre Kolonien (Madagaskar) oder nach Palästina zu gewinnen, siehe Pawel Korzec, *Juifs en Pologne: La question juive pendant l'entre-deux-guerres*, Paris 1980, S. 250 ff.

23 Rolf Vogel, *Ein Stempel hat gefehlt: Dokumente zur Emigration deutscher Juden*, München 1977, S. 170 f.

24 Yahil, «Madagascar», S. 321.

25 Jacques Adler, *Face à la persecution: Les organisations juives à Paris de 1940 à 1944*, Paris 1985, S. 25.

26 Ebd., S. 26 f.

27 Es ist außerordentlich schwierig, die genaue Zahl der ausländischen Juden, die gegen Ende der dreißiger Jahre in Frankreich lebten, einzuschätzen, da einige der Einwanderer dann wieder auswanderten. Zwischen 1933 und dem Beginn des Krieges kamen etwa 55 000 Juden nach Frankreich (Michael R. Marrus, Robert O. Paxton, *Vichy France and the Jews*, New York 1981, S. 36).

28 Michael R. Marrus, «Vichy Before Vichy: Antisemitic Currents in France During the 1930's», in: *Wiener Library Bulletin* 33 (1980), S. 16.

29 Vicki Caron, «Loyalties in Conflict: French Jewry and the Refugee Crisis, 1933–1935», in: *LBIY* 36 (1991), S. 320.

30 Ebd.

31 Ebd., S. 326.

32 Marrus, Paxton, *Vichy France and the Jews*, S. 54 ff.

33 Marrus, «Vichy Before Vichy», S. 17 f.

34 Einige Historiker sehen einen deutlichen Rückgang des französischen Antisemitismus in der Zeit zwischen dem Ende der Affäre Dreyfus und der Mitte der dreißiger Jahre, andere – mit denen ich tendenziell übereinstimme – nehmen fortbestehende Elemente antijüdischer Einstellungen wahr, vor allem im kulturellen Bereich, auch in den «ruhigeren» Jahren. Zur erstgenannten Interpretation siehe Paula Hyman, *From Dreyfus to Vichy: The Remaking of French Jewry, 1906–1939*, New York 1979; zur zweiten Deutung siehe Léon Poliakov, *Histoire de l'Antisémitisme*, Bd. 4, *L'Europe suicidaire 1870–1933*, Paris 1977, S. 281 ff.

35 Jean Lacouture, *Léon Blum*, Paris 1977, S. 305.

36 Siehe vor allem David H. Weinberg, *A Community on Trial: The Jews of Paris in the 1930s*, Chicago 1977, S. 78 ff.

37 Ebd., S. 114–16.

38 Eugen Weber, *Action Française: Royalism and Reaction in Twentieth-Century France*, Stanford, Calif. 1962, S. 363.

39 Im ersten Kabinett gab es drei jüdische Minister (Blum, Cécile Léon-Brunschwicg und Jules Moch) und im zweiten ebenfalls drei (Blum, Moch und Pierre Mendès-France). Siehe hierzu Stephen A. Schuker, «Origins of the ‹Jewish Problem› in the Later Third Republic», in: Frances Malino, Bernard Wasserstein (Hrsg.), *The Jews in Modern France*, Hanover, N. H. 1985, S. 156f.

40 Robert Soucy, *French Fascism: The Second Wave, 1933–1939*, New Haven, Conn. 1995, S. 55, 278f. Nach Soucy war für Doriot selbst der Antisemitismus zumindest bis 1937 kein Thema. Im Jahre 1936 erhielt seine Partei finanzielle Unterstützung von drei in jüdischem Besitz befindlichen Banken (Rothschild, Worms und Lazard), und unter seinen engsten Mitarbeitern befanden sich ein Jude, Alexander Abremski, und der teiljüdische Bertrand de Jouvenel. Abremski kam 1938 bei einem Autounfall ums Leben; im gleichen Jahr änderte Doriot seine Position zur Judenfrage.

41 Michel Laval, *Brasillach ou la trahison du clerc*, Paris 1992, S. 75f. Siehe auch Pierre-Marie Dioudonnat, *Je suis partout, 1930–1944*, Paris 1973.

42 Rita Thalmann, «Du Cercle de Sohlberg au Comité France- Allemagne: Une évolution ambigüe de la coopération franco-allemande», in: Bock, *Entre Locarno et Vichy*, Bd. 1, S. 67ff.

43 Reinhard Bollmus, *Das Amt Rosenberg und seine Gegner: Zum Machtkampf im nationalsozialistischen Herrschaftssystem*, Stuttgart 1970, S. 121ff.

44 Zum Protokoll der Besprechung, wie es von Wilhelm Stuckart erstellt wurde, siehe Hans Mommsen, Susanne Willems (Hrsg.), *Herrschaftsalltag im Dritten Reich: Studien und Texte*, Düsseldorf 1988, S. 445ff. Zur Bemerkung Stuckarts siehe ebd., S. 446.

45 Ebd., S. 448.

46 Ebd., S. 457.

47 Fridolf Kudlien, *Ärzte im Nationalsozialismus*, Köln 1985, S. 76.

48 *Akten der Reichskanzlei*, Bd. 5 (24. Januar 1935 – 5. Februar 1938), Seriennummer 859, IfZ, München.

49 Friedlander, Milton, *Archives of the Holocaust*, Bd. 20, S. 85–87, und *Akten der Parteikanzlei der NSDAP* (Regesten), T. 1, Bd. 1, S. 245. Bei einer Besprechung mit Hitler am 3. Dezember 1937 wurde beschlossen, daß «in einigen Wochen» der Innenminister dem Chef der Reichskanzlei den Entwurf für ein Gesetz zur Ausschließung jüdischer Ärzte aus der medizinischen Praxis vorlegen sollte; ebd., S. 97.

50 Ebd.

51 Reichsminister für Wissenschaft …, 25. 11. 1936; Reichsministerium für Wissenschaft …, Mikrofilm MA–103/1, IfZ, München.

52 Ebd., 19. 4. 1937.

53 *Akten der Parteikanzlei*, Microfiches 016639–40, IfZ, München.

54 *Akten der Parteikanzlei der NSDAP* (Regesten), T. 1, Bd. 2, S. 262.

55 Ebd. Der Grund für Hitlers Entscheidung läßt sich vermutungsweise erschließen aufgrund der Fragen, die vom Erziehungsminister selbst aufgeworfen wurden. Als es überdies am 10. September 1935 so aussah, als werde ein ähnliches Gesetz über das jüdische Schulwesen mit dem Beginn des Schuljahrs 1936 durchgesetzt werden, schickte Kardinal Bertram ein Protestschreiben genau zu der Frage der konvertierten jüdischen Schüler an Erziehungsminister Rust. Siehe *Akten deutscher Bischöfe*, Bd. 3, *1935–1936*, S. 57.

56 Zur allgemeinen Lage jüdischer Studenten im nationalsozialistischen Deutschland siehe Götz von Olenhusen, «Die ‹nichtarischen› Studenten», und Grüttner,

Studenten im Dritten Reich, S. 212 ff. Zu Einzelheiten der Promotionsproblematik siehe auch Friedländer, «The Demise of the German Mandarins», S. 75 ff.

57 Wilhelm Grau an Staatssekretär Kunisch, Reichsunterrichtsministerium ..., 18. 2. 1936; Reichsministerium für Wissenschaft und Erziehung, Mikrofilm MA–103/1, IfZ, München.

58 Reichserziehungsminister, 28. 4. 1936, ebd.

59 Der Dekan der Philosophischen Fakultät der Friedrich-Wilhelms-Universität, 29. 2. 1936, ebd.

60 Der Stellvertreter des Führers an den Reichsinnenminister, 15.10.1936, ebd.

61 Reichserziehungsminister ..., 15. 4. 1937, ebd.

62 Dekan Weinhandel, Philosophische Fakultät, Kiel, an Reichserziehungsminister, 21. 4. 1937, ebd. Die Frage von Hellers Dissertation, eines der Elemente, die den Überprüfungsprozeß im Hinblick auf Doktorgrade für Juden auslösten, hatte ein verspätetes Nachspiel. Heller verteidigte seine Dissertation am 5. Juli 1934 und erhielt das Prädikat summa cum laude. Bald danach begab sich Dr. Heller nach Tel Aviv, wo er am 23. November 1935 vom Dekanat in Berlin die Nachricht erhielt, seine Urkunde werde ihm nach Erhalt von RM 4.25 für Portokosten übersandt werden. Anstelle seiner Urkunde erhielt Heller jedoch am 10. Januar 1936 den folgenden Brief von Dekan Bieberach:
«Sie behaupten, Ihnen sei am 16. Oktober 1935 [dem offiziellen Prüfungstag] von der philosophischen Fakultät der Universität Berlin der Doktorgrad verliehen worden. Ich fordere Sie auf, diese falsche Aussage zu unterlassen. Ihnen wird dieser Grad auch nicht in Zukunft verliehen werden, da Sie nicht würdig sind, einen deutschen akademischen Titel zu tragen. Dies ist durch eine Überprüfung Ihrer Dissertation unzweideutig festgestellt worden. Die Fakultät bedauert, daß Ihnen gestattet wurde, sich zur Doktorprüfung zu melden.»
Im Jahre 1961 schrieb Heller an die Humboldt-Universität in Ostberlin, um seine Promotionsurkunde zu erhalten. Die Universität antwortete nicht, aber die Unterrichtsbehörde von Ostberlin schickte eine Genehmigung, mit der Heller die Führung des Doktortitels gestattet wurde. Nach der Öffnung der Archive der Deutschen Demokratischen Republik wurde der Grund für das Schweigen der Universität im Jahre 1961 klar: Hellers Dissertation wurde als antikommunistisch angesehen. Im Jahre 1992, als Heller tatsächlich nach 57 Jahren des Doktorgrades würdig erachtet worden war, kamen zwei Vertreter der Humboldt-Universität zu ihm nach Israel und überreichten ihm seine Urkunde (Abraham Heller, Privatarchiv, Ramat-Gan, Israel). Ich bin Herrn Dr. Heller und seiner Tochter, Frau Nili Bibring, zu Dank dafür verpflichtet, daß sie mir Zugang zu der Dokumentation in diesem Fall gaben.

63 Peter Hanke, *Zur Geschichte der Juden in München zwischen 1933 und 1945*, München 1967, S. 139.

64 Ebd., S. 139 f.

65 Kommission ..., *Dokumente zur Geschichte der Frankfurter Juden*, S. 163.

66 Ebd., S. 163 f.

67 Ebd., S. 167–71.

68 Ebd., S. 172.

69 Müller, *Stuttgart*, S. 296.

70 Ebd., S. 296 f.

71 Ebd., S. 297.

72 Dr. Hugo Schleicher, Offenburg i. B., an Bezirksamt Offenburg, 19. März 1937; Unterlagen betr. Entrechtung der Juden in Baden 1933–1940, ED–303, IfZ, München.

73 Der Bürgermeister als Vorsitzer [sic] des Spitalfond an Bezirksamt Offenburg, 2. 4. 1937, ebd. Als er von den «Dunkelmänner[n] der Gegenwart» sprach, ver-

wendete der Bürgermeister von Gengenbach den Titel von Alfred Rosenbergs antikatholischem Pamphlet *An die Dunkelmänner unserer Zeit*, München 1935.

74 Bezirksamt Offenburg an den Bürgermeister in Gengenbach, 5. 4. 1937, ebd.

75 *Chronik der Stadt Stuttgart*, Bd. 3, S. 354.

76 Ebd., S. 368.

77 «Otto Bernheimer, ‹Kunde Göring›», in: Hans Lamm (Hrsg.), *Von Juden in München*, München 1959, S. 351 f.

78 Thomas Klein (Hrsg.), *Die Lageberichte der Geheimen Staatspolizei über die Provinz Hessen-Nassau 1933–1936*, Bd. 1, Wien 1986, S. 515.

79 Broszat, Fröhlich, Wiesemann, *Bayern in der NS-Zeit*, Bd. 1, S. 462.

80 Ebd., S. 458.

81 Wildt, *Die Judenpolitik des SD*, S. 40, 108. Ein Vierteljahresbericht des SD für den Zeitraum Januar bis April 1937 behauptet, einige große jüdische Firmen hätten ihre Einnahmen im Vergleich zu 1933 verdoppelt (ebd., S. 108).

82 Hayes, «Big Business and Aryanisation», S. 260.

83 Ebd., S. 260 f.

84 Ebd., S. 262.

85 Barkai, *Vom Boykott zur «Entjudung»*, S. 119.

86 Ebd., S. 95.

87 Wildt, *Die Judenpolitik des SD*, S. 165.

88 Siehe Wilhelm Treue, «Hitlers Denkschrift zum Vierjahresplan», in: *VfZ* 3 (1955).

89 *Akten der Parteikanzlei der NSDAP* (Regesten), T. 1, Bd. 2, S. 267.

90 Adjutantur des Führers 1934–37, Mikrofilm MA–13/2, IfZ, München.

91 Der Stellvertreter des Führers, Der Stabschef, Anordnung, 23.10.37; Stellvertreter des Führers (Anordnungen ...), 1937, Db 15.02, IfZ, München.

92 Ben-Elissar, *La Diplomatie du IIIe Reich*, S. 191. Bei den meisten Details dieser Frage folge ich Ben-Elissar.

93 Ebd., S. 194; vgl. *Akten zur deutschen auswärtigen Politik*, Serie D, Bd. 5, S. 629.

94 Ben-Elissar, *La Diplomatie*, S. 209 ff. Siehe zu der gesamten Angelegenheit Avraham Barkai, «German Interests in the Haavarah-Transfer Agreement 1933–1939», in: *LBIY* 35 (1990).

95 *Jüdische Rundschau*, 14. Januar 1938, LBI, New York.

96 Hitler, *Reden und Proklamationen*, Bd. 1, T. 2, S. 824.

97 Kwiet, Eschwege, *Selbstbehauptung und Widerstand*, S. 201.

98 Thomas Bernhard, *Heldenplatz*, Frankfurt a. M. 1988, S. 136 f.

8. Ein Modell Österreich?

1 Peter Gay, *Freud: Eine Biographie für unsere Zeit*, Frankfurt a. M. [2]1989, S. 707. Ein kleines Postskriptum läßt sich der Geschichte dieser Abreise noch anfügen. Da die Ausreise und eine Einreisegenehmigung für Frankreich durch die Vermittlung des US-Botschafters in Paris, William Bullitt (eines ehemaligen Patienten und glühenden Bewunderers von Freud), arrangiert worden war, wurden die Freuds auf ihrer Fahrt von Wien nach Paris von einem amerikanischen Beamten begleitet. Jahre später schrieb jemand, der diesen Bekannten kannte: «Als ich [diesen US-Beamten] kurz nach dem Zweiten Weltkrieg wieder traf ..., erzählte er mir von der Reise und beschrieb mir nachdrücklich seine persönliche Abneigung gegen Freud, seine Freunde und Verwandten: Juden und Psychoanalyse.» Zitiert in Linda Donn, *Freud und Jung: Biographie einer Auseinandersetzung*, Hamburg 1990, S. 46.

2 Jonny Moser, «Österreich», in: Benz, *Dimension des Völkermords*, S. 68 Anm.

3 F. L. Carsten, *Faschismus in Österreich: Von Schönerer zu Hitler*, München 1978, S. 185.

4 Ebd., S. 231 f.
5 Ebd., S. 233.
6 Wildt, *Die Judenpolitik des SD*, S. 52 f.
7 Safrian, *Die Eichmann-Männer*, S. 32.
8 Götz Aly, Susanne Heim, *Vordenker der Vernichtung*, S. 33.
9 Ebd., S. 38.
10 Ebd.
11 Ebd., S. 39.
12 Der Stellvertreter des Führers an den Reichskommissar für die Wiedervereinigung Österreichs mit dem Deutschen Reich, Gauleiter Pg. Josef Bürckel, 18. 7. 1938; Reichskommissar für die Wiedervereinigung Österreichs mit dem Deutschen Reich, Mikrofilm MA–145/1, IfZ, München.
13 Hilberg, *Die Vernichtung der europäischen Juden*, Bd. 1, S. 99 f.
14 Der Staatskommissar in der Privatwirtschaft (Walter Rafelsberger) an Heinrich Himmler, 14. 8. 1939; Persönlicher Stab des Reichsführers SS, Mikrofilm MA–290, IfZ, München.
15 Bruce F. Pauley, *Eine Geschichte des österreichischen Antisemitismus: Von der Ausgrenzung zur Auslöschung*, Wien 1993, S. 350. Zur Konfiszierung jüdischer Wohnungen in Wien siehe vor allem Gerhard Botz, *Wohnungspolitik und Judendeportation in Wien, 1938–1945*, Wien 1975.
16 Wildt, *Die Judenpolitik des SD*, S. 52.
17 Eichmann an Hagen, 8. 5. 1938, in: Yitzhak Arad, Yisrael Guttman, Abraham Margalioth (Hrsg.), *Documents on the Holocaust*, Jerusalem 1981, S. 93 f. Man konnte die Situation, die sich im ehemaligen Österreich herausbildete, auch anders wahrnehmen. In einem Brief an die Londoner *Times* vom 4. April 1938 schrieb ein gewisser Edwin A. Stoner: «In St. Anton – einem Dorf, das bei britischen Skisportlern sehr beliebt ist – war die Bahnstation ein einziges Fahnenmeer; selbst der Bahnhofshund trug sein Hakenkreuz, aber er sah unglücklich aus und wedelte nur zögernd mit dem Schwanz. Neunzig Prozent der Wiener laufen jetzt mit einem Hakenkreuz herum, das im Volksmund ‹die Sicherheitsnadel› heißt. Einer der seltsamsten Anblicke war die riesige Menschenmenge, die sich drängte, um in das britische Konsulat in der Wallnerstraße zu gelangen. Viele waren Juden, welche die britische Staatsbürgerschaft anstrebten oder bemüht waren, ein Land zu verlassen, in dem nur Arier geduldet werden. Armes verwirrtes Volk, sie hatten kaum Erfolgschancen.» Zitiert in George Clare, *Last Waltz in Vienna: The Rise and Destruction of a Family, 1842–1942*, New York 1981, S. 199.
18 Herbert Rosenkranz, «Austrian Jewry: Between Forced Emigration and Deportation», in: Yisrael Guttman, Cynthia J. Haft (Hrsg.), *Patterns of Jewish Leadership in Nazi Europe 1933–1945*, Jerusalem 1979, S. 70 f. Bei seinen Verhören durch die israelische Polizei im Jahre 1960 beschrieb Eichmann, wie Löwenherz, den man eben gerade aus dem Gefängnis entlassen hatte, den neuen Plan zur Zentralisierung der Auswanderungsprozeduren ausarbeitete: «Dr. Löwenherz gab ich Papier und Bleistift und sagte ihm: Bitte gehen Sie noch eine Nacht zurück und schreiben Sie sich mal auf, wie Sie das Ganze zu organisieren gedenken, wie Sie das Ganze leiten würden. Tenor: forcierte Auswanderung. ... Besagter Dr. Löwenherz brachte nun am nächsten Tag sein Konzept, und ich fand es sehr in Ordnung, und es konnte sofort, so wie aufgezeigt, verfahren werden.» Siehe Jochen von Lang (Hrsg.), *Das Eichmann-Protokoll: Tonbandaufzeichnungen der israelischen Verhöre*, Berlin 1982, S. 49 f.
19 Safrian, *Die Eichmann-Männer*, S. 41.
20 Zitiert in Heinz Höhne, *Der Orden unter dem Totenkopf: Die Geschichte der SS*, Gütersloh 1967, S. 311.

21 Ebd.

22 Zur zwangsweisen Vertreibung der Juden aus dem Reich, vor allem über die westlichen Grenzen Deutschlands, siehe Jacob Toury, «Ein Auftakt zur Endlösung: Judenaustreibungen über nichtslawische Reichsgrenzen 1933 bis 1939», in: Büttner, Johe, Voss, *Das Unrechtsregime*, Bd. 2, S. 164 ff.; zu Österreich S. 169 ff.

23 Vermerk von II 112/4, 2.11.38; SD-Hauptamt, Mikrofilm MA-554, IfZ, München.

24 Moser, «Österreich», S. 68 Anm.

25 SD, II 112, an Rassenpolitisches Amt der NSDAP, 3.12.38; Rassenpolitisches Amt an Chef des SD-Hauptamts, 14.12.38; SD-Hauptamt, Mikrofilm MA–554, IfZ, München.

26 Aly, Heim, *Vordenker der Vernichtung*, S. 40. Im Mai wurden auf Befehl von Eichmann etwa 1900 Juden, die mit Gefängnis vorbestraft waren, nach Dachau transportiert; dies verbreitete Furcht in der Gemeinde und beschleunigte den Exodus (Herbert, *Best*, S. 213).

27 Gordon J. Horwitz, *In the Shadow of Death: Living Outside the Gates of Mauthausen*, London 1991, S. 23.

28 Ebd., S. 28.

29 Ebd., S. 29.

30 Ebd., S. 12.

31 Ebd., S. 13 f.

32 Aly, Heim, *Vordenker der Vernichtung*, S. 36.

33 Ebd., S. S. 41 f.

34 Henry L. Feingold, *Bearing Witness: How America and Its Jews Responded to the Holocaust*, Syracuse, N. Y. 1995, S. 75.

35 *Foreign Relations of the United States, 1938*, Bd. 1, Washington, D. C. 1950, S. 740 f.

36 Shlomo Z. Katz, «Public Opinion in Western Europe and the Evian Conference of July 1938», in: *Yad Vashem Studies* 9 (1973), S. 106.

37 Ebd., S. 108.

38 Ebd., S. 111.

39 Ebd., S. 113.

40 Ebd., S. 114.

41 Heinz Boberach (Hrsg.), *Meldungen aus dem Reich: Die geheimen Lageberichte des Sicherheitsdienstes der SS 1938–1945*, Bd. 2, Herrsching 1984, S. 23.

42 David S. Wyman, *Paper Walls: America and the Refugee Crisis 1938–1941*, New York 1985, S. 50.

43 Ben-Elissar, *La Diplomatie*, S. 251.

44 Hitler, *Reden und Proklamationen*, Bd. 2, S. 899.

45 Zur Lage der Juden in Italien vor 1938 und zu den Gesetzen von 1938 siehe unter anderem Meir Michaelis, *Mussolini and the Jews: German-Italian Relations and the Jewish Question in Italy 1922–1945*, London 1978, besonders S. 152 ff; Jonathan Steinberg, *Deutsche, Italiener und Juden: Der italienische Widerstand gegen den Holocaust*, Göttingen 1992, S. 281 ff.; Susan Zuccotti, *The Italians and the Holocaust: Persecution, Rescue, and Survival*, New York 1987, S. 28 ff.

46 Hitler, *Reden und Proklamationen*, Bd. 1, T. 2, S. 892; vgl. Michaelis, *Mussolini and the Jews*, S. 191.

47 Zur Lage der Juden in Ungarn vor 1938 und zu den Gesetzen von 1938 und 1939 siehe unter anderem Randolph L. Braham, *The Politics of Genocide: The Holocaust in Hungary*, Bd. 1, New York 1981, besonders S. 118 ff.; Nathaniel Katzburg, *Hungary and the Jews: Policy and Legislation 1920–1943*, Ramat Gan, Israel 1981, besonders S. 94 ff.; Mendelsohn, *The Jews of East Central Europe*, S. 85 ff.

48 Sämtliche Details entstammen dem Buch von Georges Passelecq und Bernard Suchecky, *Die unterschlagene Enzyklika: Der Vatikan und die Judenverfolgung*, Mün-

chen 1997. Der vollständige Text der Enzyklika wird in dieser Untersuchung zum ersten Mal veröffentlicht. Zum Treffen zwischen Pius XI. und LaFarge und zu den Anweisungen des Papstes an ihn siehe ebd., S. 60 ff.

49 Ebd., S. 94 ff.

50 Ebd., S. 160 f.

51 Ebd., S. 262 ff.

52 Ebd., S. 98 f. und besonders S. 122.

53 Ebd., S. 122 f., 185.

54 Brief von Staatssekretär Zschintsch vom 17. 3. 1938 (NG-1261), in: Mendelsohn, *The Holocaust*, Bd. 1, S. 75.

55 Michael P. Steinberg, *The Meaning of the Salzburg Festival: Austria as Theater and Ideology, 1890–1938*, Ithaca, N. Y. 1990, S. 164 ff.

56 Ebd., S. 233 ff.

57 Shirakawa, *The Devil's Music Master*, S. 221.

58 *Deutsche Allgemeine Zeitung*, 4. November 1937; Nationalsozialismus/1937 (Div.), LBI, New York.

59 SOPADE, *Deutschland-Berichte* 5 (1938), S. 195 f. Seltsamerweise haben die Nationalsozialisten bei ihren allumfassenden antijüdischen Propagandaanstrengungen bis zum Beginn des Krieges keinen ausgedehnten Gebrauch von Filmen gemacht. So waren in der zweiten Hälfte der dreißiger Jahre die einzigen antisemitischen Produktionen, die in deutschen Kinos gezeigt wurden, eine Bearbeitung einer schwedischen Komödie, *Peterson und Bandel* (1935), eine lediglich anspielende Szene in dem deutschen Film *Pour le mérite* (1938) und schließlich ein kleiner antijüdischer Film, *Robert und Bertram* (1939). Siehe hierzu Dorothea Hollstein, *«Jud Süß» und die Deutschen: Antisemitische Vorurteile im nationalsozialistischen Spielfilm*, Frankfurt a. M. 1971, S. 38 ff.

60 *Akten der Parteikanzlei der NSDAP* (Regesten), T. 1, Bd. 2, S. 364.

61 Justizminister an Staatsanwälte ..., 24. 2. 1938; Reichsjustizministerium, Fa 195/1938, IfZ, München.

62 Vermerk, II 112, 28.3.38; SD-Hauptamt, Mikrofilm MA–554, IfZ, München.

63 Siehe Adam, *Judenpolitik*, S. 198 f. Die scheinbare Absurdität dieser Maßnahme blieb den Opfern nicht verborgen: «Nun mußten auch wir den Paß abliefern», notierte die Berliner jüdische Ärztin Hertha Nathorff in ihrem Tagebuch. «‹Juden dürfen keinen Paß mehr haben.› Man hat wohl Angst, wir könnten über die Grenze gehen! Aber – das will man doch! Merkwürdige Logik» (Wolfgang Benz [Hrsg.], *Das Tagebuch der Hertha Nathorff: Berlin – New York, Aufzeichnungen 1933 bis 1945*, München 1987, S. 105).

64 Zum Text der Verfügung siehe Pätzold, *Verfolgung, Vertreibung, Vernichtung*, S. 155.

65 Walk, *Das Sonderrecht*, S. 237.

66 Pätzold, *Verfolgung, Vertreibung, Vernichtung*, S. 159.

67 Christiane Hoss, «Die jüdischen Patienten in rheinischen Anstalten zur Zeit des Nationalsozialismus», in: Mathias Leipert, Rudolf Styrnal, Winfried Schwarzer (Hrsg.), *Verlegt nach unbekannt: Sterilisation und Euthanasie in Galkhausen 1933–1945*, Köln 1987, S. 67 f.

68 Ich verdanke diese Information dem verstorbenen Amos Funkenstein.

69 Interner Vermerk des SD, 29. August 1938, über den Brief Streichers an Himmler vom 22. Juli 1938, und Rosenberg an Henlein, 15. Oktober 1938, in: Mendelsohn, *The Holocaust*, Bd. 4, S. 216 f.

70 Reichsleitung der NSDAP, Amt Schrifttumspflege, an SS-Hauptsturmführer Hartl, Gestapo Wien, 17. 6. 1938; SD II 112 an Reichsleitung der NSDAP, Amt Schrifttumspflege, 17. 8. 1938; SD-Hauptamt, Mikrofilm MA–554, IfZ, München.

71 SS-Oberführer Albert an SS-Standartenführer Six, 18. 1. 39; SS-Standartenführer

Six an SS-Oberführer Albert, 26. 1. 39; SD-Hauptamt, Mikrofilm MA–554, IfZ, München.

72 Mendelsohn, *The Holocaust*, Bd. 4, S. 138.

73 Otto Winter an Rosenberg, 9. 3. 38; NSDAP, Hauptamt Wissenschaft, Mikrofilm MA–205, IfZ, München.

74 NSDAP, Hauptamt Wissenschaft, an Otto Winter, 18. 3. 38, ebd.

75 Otto Winter an Rosenberg, 30. 3. 38, ebd.

76 NSDAP, Hauptamt Wissenschaft, an Otto Winter, 12. 4. 38, ebd.

77 Max Kreuzberger Research Papers, AR 7183, Karton 8, Mappe 9, LBI, New York.

78 Ebd.

79 Ebd.

80 Barkai, *Vom Boykott zur «Entjudung»*, S. 128 f.

81 Walk, *Das Sonderrecht*, S. 223.

82 Ebd., S. 229.

83 Walk, *Das Sonderrecht*, S. 232; Hilberg, *Die Vernichtung der europäischen Juden*, Bd. 1, S. 130.

84 Walk, *Das Sonderrecht*, S. 234.

85 Raul Hilberg, *The Destruction of the European Jews*, Chicago 1961, S. 84.

86 Walk, *Das Sonderrecht*, S. 234.

87 Ebd., S. 242. Siebenhundert Ärzten wurde es gestattet, sich der jüdischen Bevölkerung als «Krankenbehandler» anzunehmen, und in ähnlicher Weise erhielten zweihundert Rechtsanwälte eine Genehmigung als «Konsulenten» (Arndt, Boberach «Deutsches Reich», S. 28). Die Prozedur, die es einem jüdischen Rechtsanwalt ermöglichte, zu einem Konsulenten zu werden, wird ebenso wie der Status der Konsulenten analysiert in Lothar Gruchmann, *Justiz im Dritten Reich 1933–1940: Anpassung und Unterwerfung in der Ära Gürtner*, München 1988, S. 181 ff.

88 Ebd., S. 178 f.

89 Reichsärztekammer an Erziehungsministerium, 3.10.38; Reichsministerium für Wissenschaft und Erziehung, Mikrofilm MA-103/1, IfZ, München.

90 Justizminister an Erziehungsminister ..., 3. 10. 38, ebd.

91 Innenminister an Erziehungsminister, 14. 12. 38, ebd.

92 Barkai, *Vom Boykott zur «Entjudung»*, S. 142.

93 Hayes, «Big Business», S. 266.

94 Ebd., S. 267.

95 Siehe im einzelnen Hilberg, *Die Vernichtung der europäischen Juden*, Bd. 1, S. 96–140; Genschel, *Die Verdrängung*, vor allem Kap. 10; Barkai, *Vom Boykott zur «Entjudung»*, S. 87.

96 Hilberg, *Die Vernichtung der europäischen Juden*, Bd. 1, S. 124.

97 Barkai, *Vom Boykott zur «Entjudung»*, S. 130.

98 Zu den Einzelheiten dieser Angelegenheit und dem dokumentarischen Beweismaterial siehe Wolf Gruner, «Die Reichshauptstadt und die Verfolgung der Berliner Juden 1933–1945», in: Reinhard Rürup (Hrsg.), *Jüdische Geschichte in Berlin: Essays und Studien*, Berlin 1995, S. 238, 260 f.

99 Nichts von diesen Dingen hat Speer anscheinend in seinen Gesprächen mit Gitta Sereny erwähnt. Siehe Gitta Sereny, *Das Ringen mit der Wahrheit: Albert Speer und das deutsche Trauma*, München 1995.

100 Dies war das erste Mal, daß der SD die Initiative dazu ergriffen hatte, eine große Anzahl deutscher Juden zu verhaften und sie in Konzentrationslager zu schicken (Herbert, *Best*, S. 213).

101 Zum Text der Gestapo-Denkschrift und zu ihrem historischen Kontext siehe Wolf Gruner, «‹Lesen brauchen sie nicht zu können›: Die ‹Denkschrift über die Behandlung der Juden in der Reichshauptstadt auf allen Gebieten des öffentlichen Lebens› von Mai 1938», in: *Jahrbuch für Antisemitismusforschung* 4 (1995), S. 305 ff.

102 Goebbels, *Tagebücher*, T. 1, Bd. 3, S. 452.
103 Hugh R. Wilson an Außenminister, 22. Juni 1938, in: Mendelsohn, *The Holocaust*, Bd. 1, S. 139.
104 Bella Fromm, *Blood and Banquets: A Berlin Social Diary*, London 1943, Nachdruck: New York 1990, S. 274.
105 Undatierter Bericht des SD über die Konferenz von Evian und die Berliner «Judenaktion»; SD-Hauptamt, Mikrofilm MA-557, IfZ, München.
106 Wildt, *Die Judenpolitik des SD*, S. 57.
107 Goebbels, *Tagebücher*, T. 1, Bd. 3, S. 490.
108 Sybil Milton, «Menschen zwischen Grenzen: Die Polenausweisung 1938», in: *Menora* 1990, S. 189f.
109 Carl Ludwig, *Die Flüchtlingspolitik der Schweiz in den Jahren 1933 bis 1945: Bericht an den Bundesrat zuhanden der eidgenössischen Räte*, Bern 1957.
110 Conseil Fédéral, «Procès-verbal de la séance du 28 mars 1938», in: *Documents Diplomatiques Suisses*, Bd. 12, *1. 1. 1937–31. 12. 1938*, préparé sous la direction d'Oscar Gauye par Gabriel Imboden et Daniel Bourgeois, Bern 1994, S. 570.
111 Zu all diesen Details und zu einschlägigen Dokumenten siehe Ludwig, *Die Flüchtlingspolitik der Schweiz*, S. 124ff.
112 *Documents Diplomatiques Suisses*, Bd. 12, S. 938, Anm. 5.
113 *Der Prozeß gegen die Hauptkriegsverbrecher vor dem Internationalen Militärgerichtshof*, Nürnberg, 1947–49, Bd. 28, S. 532; vgl. Ben-Elissar, *La Diplomatie*, S. 286.
114 Wiedergegeben in Arad, Guttman, Margalioth, *Documents on the Holocaust*, S. 101f.
115 Siehe vor allem Toury, «Judenaustreibung», S. 173ff.
116 Maier, Bezirksamt Überlingen, an die Bürgermeister des Bezirks, 20. 9. 1938; Unterlagen betr. Entrechtung der Juden in Baden 1933–1940, ED-303, IfZ, München.
117 Milton, «Menschen zwischen Grenzen»; Trude Maurer, «Abschiebung und Attentat: Die Ausweisung der polnischen Juden und der Vorwand für die ‹Kristallnacht›», in: Pehle, *Der Judenpogrom 1938*, S. 52ff.
118 Maurer, «Abschiebung und Attentat», S. 59–66.
119 Sauer, *Dokumente*, Bd. 2, S. 423ff.
120 Zu der Vereinbarung zwischen Deutschland und Polen über diese Frage siehe *Akten zur deutschen auswärtigen Politik*, Serie D, Bd. 5, Baden-Baden 1953, S. 141.
121 Arndt, Boberach, «Deutsches Reich», S. 34.
122 Michael R. Marrus, «The Strange Story of Herschel Grynszpan», in: *American Scholar* 57 (1987/88), No. 1, S. 70f.
123 Ebd., S. 71f.

9. Der Angriff

1 Sauer, *Dokumente*, Bd. 2, S. 25–28.
2 Kulka, «Public Opinion in Nazi Germany and the ‹Jewish Question›», in: *Jerusalem Quarterly* 25 (Herbst 1982), S. 136.
3 Georg Landauer an Martin Rosenblüth, 8. Februar 1938, in: Friedlander, Milton, *Archives of the Holocaust*, Bd. 3, *Central Zionist Archives*, ed. Francis R. Nicosia, New York 1990, S. 57.
4 Drobisch, *Juden unterm Hakenkreuz*, S. 159f.
5 Hugh R. Wilson an Außenminister, 22. Juni 1938, in: Mendelsohn, *The Holocaust*, Bd. 1, S. 144.
6 II 112 an I 111, 31.10.1938; SD-Hauptamt, Mikrofilm MA-554, IfZ, München.
7 Friedlander, Milton, *Archives of the Holocaust*, Bd. 20, S. 113.

8 Adam, «Wie spontan war der Pogrom?», in: Pehle, *Der Judenpogrom 1938*, S. 76; Graml, *Reichskristallnacht*, S. 13.
9 Friedlander, Milton, *Archives of the Holocaust*, Bd. 20, S. 374.
10 «50, dann 75 Synagogen brennen: Tagebuchschreiber Goebbels über die Reichskristallnacht», in: *Der Spiegel*, 13. Juli 1992, S. 126.
11 Walter Buch an Göring, 13. 2. 1939, in: Michaelis, Schraepler, *Ursachen*, Bd. 12, S. 582.
12 Dieter Obst, «Die ‹Reichskristallnacht› im Spiegel westdeutscher Nachkriegsprozeßakten und als Gegenstand der Strafverfolgung», in: *Geschichte in Wissenschaft und Unterricht* 44 (1993), No. 4, S. 212.
13 Goebbels, «50, dann 75 Synagogen brennen», S. 126–28.
14 Carl Östreich, «Die letzten Stunden eines Gotteshauses», in: Lamm, *Von Juden*, S. 349.
15 Graml, *Reichskristallnacht*, S. 19.
16 Goebbels, «50, dann 75 Synagogen brennen», S. 128.
17 Ebd.
18 Ebd.
19 Adam, «Wie spontan war der Pogrom?», S. 89. Zu den am 9. und 10. November gegebenen Befehlen siehe Walk, *Das Sonderrecht*, S. 249–54.
20 *Der Prozeß gegen die Hauptkriegsverbrecher vor dem Internationalen Militärgerichtshof*, Nürnberg 1947–49, Bd. 31, S. 517.
21 Michaelis, Schraepler, *Ursachen*, Bd. 12, S. 584.
22 Der Ablauf der Ereignisse in Innsbruck ist dargestellt nach Michael Gehler, «Murder on Command: The Anti-Jewish Pogrom in Innsbruck 9th–10th November 1938», in: *LBIY* 38 (1993), S. 119–33. Einzelne Angaben zur Reise Eichmanns sind berichtigt.
23 Michalka, *Das Dritte Reich*, Bd. 1, S. 165.
24 Heinz Lauber, *Judenpogrom «Reichskristallnacht» November 1938 in Großdeutschland*, Gerlingen 1981, S. 123 f.
25 Der Bürgermeister von Ingolstadt an die Regierung von Oberbayern, München, 1.12.1938; Monatsberichte des Stadtrats Ingolstadt 1929–1939 (Stadtarchiv Ingolstadt No. A XVI/142), Fa 411, IfZ, München.
26 Gestapo Würzburg an Amtsvorstände ..., 6. 12. 38; Himmler-Archiv, Berlin Document Center, Mikrofilm No. 269, Rolle 1 (LBI, New York, Mikrofilm 133 f.).
27 Mendelsohn, *The Holocaust*, Bd. 3, S. 301.
28 Pätzold, *Verfolgung, Vertreibung, Vernichtung*, S. 221. Eine genaue Untersuchung der Ereignisse in Schleswig-Holstein und in Norddeutschland allgemein läßt erkennen, daß über die konkreten Mordbefehle häufig von örtlichen SA-Offizieren mittleren Ranges entschieden wurde. So organisierte in Kiel der SA-Stabsführer Carsten Vorquardsen von der SA-Gruppe Nordmark ein Treffen mit Beauftragten vom Parteikreis, von der SS, dem SD und der Gestapo, bei dem die Entscheidung gefällt wurde, daß zur Vergeltung für die Ermordung Raths mindestens zwei der jüdischen Geschäftsleute der Stadt, Lask und Leven, umzubringen seien. Die beiden wurden schwer verletzt, überlebten aber. In Bremen wurden fünf Juden (drei Männer und zwei Frauen) von Mitgliedern der SA-Gruppe Nordsee ermordet, die zuvor aus München von dem Führer ihrer Gruppe und Bürgermeister von Bremen, Heinrich Böhnker, ihre Befehle erhalten hatten. Siehe Gabriele Ferk, «Judenverfolgung in Norddeutschland», in: Frank Bajohr (Hrsg.), *Norddeutschland im Nationalsozialismus*, Hamburg 1993, S. 291 f. Es sieht daher so aus, als handele es sich bei den Morden nicht um individuelle Initiativen untergeordneter SA- oder SS-Leute, sondern als seien sie verübt worden, nachdem von regionalen SA- oder SS-Führern der Befehl dazu erteilt worden war, wobei diese die Befehle, die sie

aus München erhalten hatten, auf ihre Weise «umsetzten». Der Innsbrucker Fall folgt demselben Muster.

29 Peter Loewenberg, «The Kristallnacht as a Public Degradation Ritual», in: *LBIY* 32 (1987), S. 309 ff.

30 Gauye, Imboden, Bourgeois, *Documents Diplomatiques Suisses*, Bd. 12, S. 1020.

31 Alfons Heck, *The Burden of Hitler's Legacy*, Frederick, Colo. 1988, S. 62.

32 Einige Historiker haben dennoch den Versuch unternommen, die Ereignisse vom 9. und 10. November als einen Prozeß chaotischer Radikalisierung umzuinterpretieren, bei dem antijüdischer Haß als solcher, nachdem die anfänglichen Befehle einmal gegeben waren, eine untergeordnete Rolle spielte. Zu einer derartigen Interpretation siehe insbesondere Dieter Obst, *«Reichskristallnacht»: Ursachen und Verlauf des antisemitischen Pogroms vom November 1938*, Frankfurt a. M. 1991.

33 Hitler, *Reden und Proklamationen*, Bd. 1, T. 2, S. 971, 973 ff.

34 Ulrich von Hassell, *Die Hassell-Tagebücher 1938–1944*, Berlin 1988, S. 70.

35 Ortsgruppe Hüttenbach an Kreisleitung, 25.11.1938; «Hist.» Ordner No. 431, Zuwachs, Fa 506/14, IfZ, München.

36 Ortsgruppe Hüttenbach an Kreisleitung, 7.2.39, ebd.

37 Michaelis, Schraepler, *Ursachen*, Bd. 12, S. 581.

38 Hans Mommsen, «Reflections on the Position of Hitler and Göring in the Third Reich», in: Thomas Childers, Jane Caplan (Hrsg.), *Reevaluating the Third Reich*, New York 1993, S. 86 ff.

39 Michaelis, Schraepler, *Ursachen*, Bd. 2, S. 600.

40 Zum vollständigen Text der Besprechung siehe *Der Prozeß gegen die Hauptkriegsverbrecher vor dem Internationalen Militärgerichtshof* [im folgenden: *PHK*], Nürnberg 1947–49, Bd. 28, S. 499 ff.

41 Walk, *Das Sonderrecht*, S. 254 f.

42 Ebd., S. 254.

43 *PHK*, Bd. 28, S. 508 f.

44 Ebd., S. 509 f.

45 Ebd., S. 510 f. Die Bänke trugen tatsächlich die Aufschrift «Nur für Arier». Ein Foto einer Bank mit diesem Schild findet sich in Gerhard Schoenberner, *Die Judenverfolgung in Europa, 1933–1945*, Frankfurt a. M. 1982, S. 38.

46 *PHK*, Bd. 28, S. 532.

47 Ebd., S. 533–35. Der Widerstand Heydrichs gegen die Schaffung von Ghettos in deutschen Städten war nicht neu; in der Denkschrift vom 9. September 1935, welche den Teilnehmern der Konferenz, die Schacht im August einberufen hatte, zugesandt worden war, sprach sich der Chef der Staatspolizei und des SD ausdrücklich gegen eine Ghettoisierung der Juden aus. Siehe Wildt, *Die Judenpolitik des SD*, S. 71.

48 *PHK*, Bd. 28, S. 536–39.

49 Ebd., S. 538 f.

50 Freeden, «Das Ende der jüdischen Presse», S. 8.

51 Ebd., S. 9.

52 Lynn H. Nicholas, *Der Raub der Europa: Das Schicksal europäischer Kunstschätze im Dritten Reich*, München 1995, S. 63.

53 Walk, *Das Sonderrecht*, S. 256.

54 Reichserziehungsminister ... an die Unterrichtsverwaltungen der Länder, den Reichskommissar für die Saar usw., 15.11.1938; Reichsministerium für Wissenschaft und Erziehung, Mikrofilm MA-103/1, IfZ, München.

55 Walk, *Das Sonderrecht*, S. 260.

56 Ebd., S. 262. Zum vollständigen Text der Verordnung siehe Hans-Adolf Jacobsen, Werner Jochmann (Hrsg.), *Ausgewählte Dokumente zur Geschichte des Nationalso-*

zialismus 1933–1945, Bielefeld 1961, Abschnitt D, S. 2 f., sowie Bruno Blau, *Das Ausnahmerecht für die Juden in Deutschland 1933–1945*, Düsseldorf [2]1954, S. 56.

57 Walk, *Das Sonderrecht*, S. 262, 264, 270.

58 Michaelis, Schraepler, *Ursachen*, Bd. 12, S. 614 f.

59 Walk, *Das Sonderrecht*, S. 261.

60 Kriminalpolizei Memmingen an den Bürgermeister von Memmingen, 10. 11. 1938; Himmler-Archiv, Berlin Document Center, Mikrofilm No. 270, Rolle (LBI, New York, Mikrofilm 133g).

61 Sauer, *Dokumente*, Bd. 2, S. 47–49. Obwohl die Beschlagnahme der Archive umgehend im ganzen Reich stattfand, hatten es einige der örtlichen SA- und Polizeistellen mit der Übergabe an die Gestapo vielleicht nicht eilig. Am 5. Mai 1939 erging ein Befehl von der SA-Zentrale in München an alle regionalen und örtlichen Stellen, wonach jüdische Archive, die während der Aktion vom November 1938 beschlagnahmt worden waren, so, wie sie waren, an die Gestapo abgeliefert werden sollten; Himmler-Archiv, Berlin Document Center, Mikrofilm No. 269, Rolle 1 (LBI, New York, Mikrofilm 133 f.).

62 Susanne Heim, Götz Aly, «Staatliche Ordnung und ‹organische Lösung›: Die Rede Hermann Görings ‹über die Judenfrage› vom 6. Dezember 1938», in: *Jahrbuch für Antisemitismusforschung* 2 (1993), S. 387.

63 Ebd., S. 391 f.

64 Ebd., S. 384.

65 Ebd., S. 393 ff.

66 Ebd., S. 387.

67 Ebd., S. 384.

68 Ebd., S. 385 f.

69 Ebd., S. 386.

70 Ebd., S. 387 f.

71 Gestapo Würzburg an Amtsleiter ..., 9. 12. 1938; Himmler-Archiv, LBI, New York, Mikrofilm 133 f.

72 Frick an Reichsstatthalter, Innenminister der Länder, ..., 4. 12. 1938; Reichsministerium für Wissenschaft und Erziehung, Mikrofilm MA–103/1, IfZ, München.

73 Amt Osten, Denkschrift, 13. 12. 1938; Amt Osten, Mikrofilm MA–128/3, IfZ, München.

74 Eine zusammenfassende Darstellung der Besprechung, die im Hamburger Stadtarchiv aufgefunden wurde, ist erstmals 1991 veröffentlicht worden. Siehe Susanne Heim, Götz Aly (Hrsg.), *Beiträge zur nationalsozialistischen Gesundheits- und Sozialpolitik*, Bd. 9, *Bevölkerungsstruktur und Massenmord: Neue Dokumente zur deutschen Politik der Jahre 1938–1945*, Berlin 1991, S. 15 ff.

75 Zu der Verordnung Görings siehe Michaelis, Schraepler, *Ursachen*, Bd. 12, S. 615 f.; siehe auch Ursula Büttner, «The Persecution of Christian-Jewish Families in the Third Reich», in: *LBIY* 34 (1989), S. 284.

76 Klepper, *Unter dem Schatten deiner Flügel*, S. 726. Vgl. auch Büttner, «The Persecution of Christian-Jewish Families», S. 284.

77 Sauer, *Dokumente*, Bd. 2, S. 84.

78 Walk, *Das Sonderrecht*, S. 292.

79 Alexander Kirk an Außenminister, 11. Mai 1939, in: Mendelsohn, *The Holocaust*, Bd. 1, S. 189 f.

80 Walk, *Das Sonderrecht*, S. 275.

81 Justizminister, 15.12.1939; Reichsjustizministerium, Fa 195/1939, IfZ, München.

82 Justizminister an den Präsidenten des Obersten Reichsgerichts, 7. 3. 1939, ebd.

83 Heinrich Himmler, *Geheimreden 1933 bis 1945 und andere Ansprachen*, hrsg. v. Bradley F. Smith u. Agnes F. Peterson, Berlin 1974, S. 37 f.

84 Walk, *Das Sonderrecht*, S. 137.

85 *Akten der Parteikanzlei der NSDAP* (Regesten), T. 1, Bd. 2, S. 247.
86 Schmitthenner an den Minister des Kultus und Unterrichts, Karlsruhe, 10.11.1938; Reichsministerium für Wissenschaft und Erziehung, Mikrofilm MA–103/1, IfZ, München.
87 Minister des Kultus und Unterrichts, Karlsruhe, an Reichserziehungsministerium, 24.11.1938, ebd.
88 Pätzold, *Verfolgung, Vertreibung, Vernichtung*, S. 222.
89 Sauer, *Dokumente*, Bd. 1, S. 246.
90 Kreisleiter Neustadt a. d. Aisch an Fritz Kestler, Ühlfeld, 21.11.1938; Himmler-Archiv, Berlin Document Center, Mikrofilm No. 270, Rolle 2 (LBI, New York, Mikrofilm 133g).
91 Ogilvie-Forbes an Halifax, 16. November 1938; *Documents on British Foreign Policy 1919–1938*, Third Series, Bd. 3, *1938–39*, London 1950, S. 275 f.
92 De Montbas an Bonnet, 15.11.38; *Documents Diplomatiques Français 1932–1939*, 2e Série, *1936–1939*, Bd. 12, *3 Octobre – 30 Novembre 1938*, Paris 1978, S. 570.
93 Kulka, «Public Opinion in Nazi Germany», S. 138.
94 SOPADE, *Deutschland-Berichte* 5 (1938), S. 1352 ff. Vgl. Detlev Peukert, *Volksgenossen und Gemeinschaftsfremde: Anpassung, Ausmerze und Aufbegehren unter dem Nationalsozialismus*, Köln 1982, S. 65 ff.
95 Albert Speer, *Erinnerungen*, Berlin 1969, S. 125.
96 Sereny, *Das Ringen mit der Wahrheit*, S. 197.
97 Ebd.
98 Ebd., S. 199.
99 Gutteridge, *Open Thy Mouth for the Dumb!*, S. 188 ff.
100 Bericht vom 8. 12. 1938, in: *Die kirchliche Lage in Bayern*, Bd. 2, S. 301.
101 Saul Friedländer, *Pius XII. und das Dritte Reich*, Hamburg 1965, S. 70.
102 Ludwig Volk, «Kardinal Faulhabers Stellung zur Weimarer Republik und zum NS-Staat», in: *Stimmen der Zeit* 177 (1966); vgl. Helmreich, *The German Churches under Hitler*, S. 294.
103 Klaus Schwabe, Rolf Reichardt, Reinhard Hauf (Hrsg.), *Gerhard Ritter: Ein politischer Historiker in seinen Briefen*, Boppard a. Rh. 1984, S. 339.
104 Ebd., Anm. 1.
105 Ebd., S. 769 ff.
106 Hugo Ott, «Der Freiburger Kreis», in: Rudolf Lill, Michael Kissener (Hrsg.), *20. Juli 1944 in Baden und Württemberg*, Konstanz 1994, S. 147; Klaus Schwabe, «Der Weg in die Opposition», in: John, Martin, Mück, Ott, *Die Freiburger Universität*, S. 201.
107 Der Text lautet folgendermaßen: «Um der Liebe zum eigenen Volke willen muß jedoch der Christ die Augen offen halten, ob enge Berührung oder gar Vermischung mit anderen Rassen sich nicht schädlich auswirken kann für Leib und Seele» (Schwabe, Reichardt, Hauf, *Gerhard Ritter*, S. 769).
108 Schwabe, «Der Weg in die Opposition ...», S. 201. Ob die anderen Mitglieder des Freiburger Kreises sowie andere verwandte Oppositionsgruppen von Dietzes Text Kenntnis hatten, ist nicht völlig klar, aber wie Christoph Dipper gezeigt hat, dachte Carl Goerdeler nicht anders; seine Vorstellungen waren Ende 1942 in Freiburg präsentiert worden. Alles in allem sprach Dietze die Themen eines konservativen Antisemitismus aus, der vom deutschen Widerstand gegen Hitler – und von der großen Mehrheit der deutschen Akademiker – größtenteils akzeptiert wurde. Zum Antisemitismus des deutschen konservativen Widerstands siehe Christoph Dipper, «Der deutsche Widerstand und die Juden», in: *Geschichte und Gesellschaft* 9 (1983), No. 3, besonders S. 367 ff.
109 Bertram an Rust, 16. 11. 1938; *Akten deutscher Bischöfe*, Bd. 4, *1936–1939*, hrsg. v. Ludwig Volk, Mainz 1981, S. 592 f.

110 Goebbels, *Tagebücher*, T. 1, Bd. 3, S. 532.
111 Mendelsohn, *The Holocaust*, Bd. 3, S. 241.
112 Lipstadt, *Beyond Belief*, S. 99.
113 Martin Gilbert, «British Government Policy towards Jewish Refugees (November 1938 – September 1939)», in: *Yad Vashem Studies* 13 (1979), S. 150.
114 Wyman, *Paper Walls*, S. 221.
115 Ebd., S. 75 ff.
116 Haskel Lookstein, *Were We Our Brothers' Keepers? The Public Response of American Jews to the Holocaust, 1938–1944*, New York 1985, S. 82.
117 Zu den Einzelheiten siehe unter anderem Arthur Morse, *While Six Million Died: A Chronicle of American Apathy*, New York 1968, S. 270 ff.
118 Thomas Mann, *The Letters*, Bd. 1, S. 297. [Das Original des Briefes ist auf englisch geschrieben. A. d.Ü.]
119 Vicki Caron, «Prelude to Vichy: France and the Jewish Refugees in the Era of Appeasement», in: *Journal of Contemporary History* 20 (1985), S. 161. Nach einem Rundschreiben vom 20. Dezember 1938, das vom Sonderreferat Deutschland verschickt wurde, protestierten die folgenden Länder gegen den Pogrom, gewöhnlich in Zusammenhang mit Schäden, die ihren in Deutschland ansässigen jüdischen Bürgern zugefügt worden waren: Italien, Großbritannnien, die Niederlande, Ungarn, Brasilien, Litauen, die UdSSR, Guatemala, Lettland, Finnland, Polen, die Vereinigten Staaten von Amerika. Vgl. *Akten zur deutschen auswärtigen Politik*, Serie D, *1937–1945*, Bd. 5, *Polen ..., Juni 1937 – März 1939*, Baden-Baden 1953, S. 769–773.
120 Caron, «Prelude to Vichy», S. 163.
121 *Akten zur deutschen auswärtigen Politik*, Serie D, Bd. 4, *Okt. 1938 – März 1939*, Baden-Baden 1951, S. 420. Die Kriegsfurcht bei der großen Mehrheit der französischen Bevölkerung wurde ebenso wie die weitverbreitete Überzeugung, die Juden seien die Anstifter einer militärischen Konfrontation mit dem nationalsozialistischen Deutschland, durch die Sudetenkrise verschärft. Im September 1938 kam es in Paris und in einer Reihe anderer französischer Städte zu antijüdischen Ausschreitungen. Die herrschende Spannung veranlaßte Julien Weill, den Großrabbiner von Paris, zu der Warnung an seine Glaubensgenossen, sie sollten während der hohen Festtage Ansammlungen vor Synagogen vermeiden. Einige Persönlichkeiten unter den französischen Juden erklärten erneut ihre Feindseligkeit gegenüber den unter ihnen lebenden ausländischen Juden, die angeblich für antideutsche Hetze verantwortlich waren (Michael R. Marrus, Robert O. Paxton, *Vichy France and the Jews*, New York 1981, S. 40). Der Pogrom vom 9.–10. November änderte nichts an einigen dieser Einstellungen und Verlautbarungen. So erklärte Großrabbiner Weill am 19. November der Tageszeitung *Le Matin*, das Consistoire sehe sich außerstande, «den mindesten Beitrag» zur Flüchtlingsfrage zu leisten; das Problem war nur in internationalem Rahmen zu lösen, und Frankreich konnte keine Flüchtlinge mehr aufnehmen. Überdies wollte der Großrabbiner, wie er erklärte, keine Initiative ergreifen, «die in irgendeiner Weise die gegenwärtig unternommenen Versuche zu einer französisch-deutschen Annäherung behindern könnte». Auf der anderen Seite hob der Graf von Paris, der französische Thronanwärter, in einem Interview vom Dezember 1938 hervor, die französischen Juden seien Franzosen wie alle anderen auch, und «ihre Ausschließung bedeutete ... eine Schwächung des Landes». Beide Zitate finden sich bei Ralph Schor, *L'Antisémitisme en France pendant les années trente*, Brüssel 1992, S. 215, 221.
122 Jean-Baptiste Duroselle, *La Décadence 1932–1939*, Paris 1979, S. 385.
123 Marrus, «The Strange Story», S. 73.
124 Ebd., S. 74–78.

125 Bericht vom 6. Februar 1939, in: SOPADE, *Deutschland-Berichte* 6 (1939), S. 219.
126 Pätzold, *Verfolgung, Vertreibung, Vernichtung*, S. 207, 225; Toury, «Judenaustreibung», S. 180.
127 Stefan Keller, *Grüningers Fall: Geschichten von Flucht und Hilfe*, Zürich 1993.
128 Grüninger wurde 1941 verurteilt. Er starb 1972 und wurde im Herbst 1995 von den Schweizer Kantons- und Bundesbehörden rehabilitiert.
129 David Kranzler, «The Jewish Refugee Community of Shanghai, 1938–1945», in: *Wiener Library Bulletin* 16 (1972/73), S. 28 ff.
130 Ebd.
131 *Akten zur deutschen auswärtigen Politik*, Serie D, Bd. 5, S. 788.
132 Dalia Ofer, *Escaping the Holocaust: Illegal Immigration to the Land of Israel, 1939–1944*, New York 1990, Kap. 1; Yehuda Bauer, *Freikauf von Juden? Verhandlungen zwischen dem nationalsozialistischen Deutschland und jüdischen Repräsentanten von 1933 bis 1945*, Frankfurt a. M. 1996, Kap. 3.
133 Bernard Wasserstein, *Britain and the Jews of Europe, 1939–1945*, Oxford 1988, S. 40.
134 Eichmann wurde in Wien durch SS-Hauptsturmführer Rolf Günther und Hauptsturmführer Alois Brunner abgelöst.
135 George F. Kennan, *Diplomat in Prag, 1938–1940*, Frankfurt a. M. 1972, S. 100 f.

10. Ein gebrochener Rest

1 National Socialism/1939 (Div.), LBI, New York. Auf deutschen Schiffen, die überwiegend deutsche Passagiere beförderten, wurden jüdische Auswanderer ebenso abgesondert wie im Reich. In den Speisesälen beispielsweise wurden ihre Tische in der «Judenecke» gedeckt (Benz, *Das Tagebuch der Hertha Nathorff*, S. 163).
2 Noam, Kropat, *Juden vor Gericht*, S. 41–45.
3 Reichsjustizminister an Oberlandesgerichtspräsidenten, 23. 6. 1939; Reichsjustizministerium, Fa 195/1939, IfZ, München.
4 Hitler, *Reden und Proklamationen*, Bd. 1, T. 2, S. 955.
5 Ebd., S. 1055.
6 Ebd., S. 1056–58.
7 Dargestellt und analysiert sind diese verschiedenen Aussagen Hitlers in Burrin, *Hitler und die Juden*, S. 63 f.
8 Hitler, *Reden und Proklamationen*, Bd. 1, T. 2, S. 955.
9 Michaelis, Schraepler, *Ursachen*, Bd. 12, S. 616 ff.
10 *Das Schwarze Korps*, 3. 11. 1938, S. 2; vgl. Saul Friedländer, *L'Antisemitisme Nazi: Histoire d'une psychose collective*, Paris 1971, S. 197.
11 *Das Schwarze Korps*, 24. 11. 1938, S. 1; vgl. Friedländer, *L'Antisémitisme Nazi*, S. 198.
12 Richard Breitman, *The Architect of Genocide: Himmler and the Final Solution*, New York 1991, S. 58.
13 Ebd., S. 59.
14 II 112 an II, 19. 1. 39; SD-Hauptamt, MA-554, IfZ, München.
15 Wildt, *Die Judenpolitik des SD*, S. 48.
16 Pätzold, *Verfolgung, Vertreibung, Vernichtung*, S. 212 f.
17 Diese Verhandlungen sind häufig beschrieben worden. Ausgezeichnete Zusammenfassungen bieten unter anderem Ben-Elissar, *La Diplomatie*, S. 378–415, 434–56, und Bauer, *Freikauf von Juden?*, S. 52–74.
18 Vogel, *Ein Stempel*, S. 194.
19 Ben-Elissar, *La Diplomatie*, S. 377.
20 Strauss, «Jewish Emigration from Germany», I, S. 326.
21 Die neueste Berechnung, die von Arndt und Boberach, gibt die folgende Aufschlüsselung: Zwischen der Volkszählung von Juni 1933 und der von Mai 1939

emigrierten 177 000 Volljuden; der Sterbeüberschuß bis Ende 1939 betrug 47 500; zwischen 15 000 und 17 000 Juden wurden im Oktober 1938 vertrieben. Die Verfasser schätzen die Zahl der Volljuden, die Ende 1939 im Reich lebten, auf etwa 190 000; das würde bedeuten, daß sich die Emigration zwischen Mai 1939 und Dezember 1939 auf etwa 30 000 belief (Arndt, Boberach, «Deutsches Reich», S. 34).

22 II 112, 15. 6. 1939; SD-Hauptamt, Mikrofilm MA-554, IfZ, München.

23 Ebd.

24 Gruner, «Die Reichshauptstadt», S. 239.

25 Friedlander, Milton, *Archives of the Holocaust*, Bd. 3, S. 93 f.

26 Pätzold, *Verfolgung, Vertreibung, Vernichtung*, S. 225.

27 Ebd., S. 222.

28 Arad, Gutman, Margalioth, *Documents on the Holocaust*, S. 140.

29 Ebd., S. 141 f.

30 Wolfgang Benz, *Die Juden in Deutschland 1933–1945: Leben unter nationalsozialistischer Herrschaft*, München 1988, S. 429.

31 Himmler-Archiv (Div.); Berlin Document Center, Mikrofilm 270, Rolle 2 (LBI, New York, Mikrofilm 133g).

32 Konrad Kwiet, «Forced Labor of German Jews in Nazi Germany», in: *LBIY* 36 (1991), S. 392.

33 Pätzold, *Verfolgung, Vertreibung, Vernichtung*, S. 228; siehe auch Sauer, *Dokumente*, Bd. 2, S. 77.

34 Ebd., Bd. 2, S. 75.

35 Ebd.

36 Ebd., S. 76.

37 Regierungspräsident Hildesheim an die Landräte und Oberbürgermeister des Bezirks, 29. 8. 1939; Ortspolizeibehörde Göttingen, Mikrofilm MA-172, IfZ, München.

38 Gruner, «Die Reichshauptstadt», S. 241 f.

39 Ebd., S. 242.

40 Ebd.

41 Zu den früheren Etappen dieser Geschichte siehe Kapitel 1, S. 43 ff., und Kapitel 5, S. 173. Zu Ada Bertholds Brief siehe Mommsen, «Die Geschichte», S. 357.

42 Ebd., S. 358.

43 Ebd., S. 361.

44 Ebd., S. 362 f.

45 Ebd., S. 365.

46 Valentin Senger, *Kaiserhofstraße 12*, Darmstadt, Neuwied 1978.

47 Kreisleitung Bernburg an Kreisleitung Rosenheim, 6. 2. 39; Himmler-Archiv (Div.); Berlin Document Center, Mikrofilm 270, Rolle 2 (LBI, New York, Mikrofilm 133g).

48 Gendarmeriestation Fischbach an Arbeitsamt Augsburg, 6.5.39, ebd.

49 Monatsbericht vom 8. 2. 39, in: *Die kirchliche Lage*, Bd. 2, S. 305 f. Im März 1937 hatte die Gestapo alle Exemplare des neuen Katechismus beschlagnahmt, der unter der Verantwortung von Kardinal Bertram vom Generalvikar von Breslau veröffentlicht worden war. Frage und Antwort No. 17, die diese Worte Jesu über die Juden zitierten, wurden als «eine Verherrlichung der jüdischen Rasse» angesehen. Siehe zu dieser ganzen Angelegenheit Bertrams Protestbrief vom 20. März 1937 an Kirchenminister Kerrl und an die Gestapo in Berlin. Das Argument Bertrams war, dieser Satz sei in rein religiösem Sinne zu lesen: Jesus, der Heiland, kam aus dem jüdischen Stamm. Siehe *Akten deutscher Bischöfe*, Bd. 4, *1936–1939*, hrsg. v. Ludwig Volk, Mainz 1981, S. 184 ff.

50 Monatsbericht vom 7. 1. 1939, in: *Die kirchliche Lage*, Bd. 2, S. 303.

51 Hans Donald Cramer, *Das Schicksal der Goslarer Juden 1933–45*, Goslar 1986, S. 42.

52 Klemperer, *Ich will Zeugnis ablegen*, Bd. 1, S. 447.

53 Eine Interpretation der Ereignisse, welche annimmt, es sei in der deutschen Gesellschaft als ganzer während der gesamten modernen Periode ein «eliminatorischer Antisemitismus», der nach der physischen Vernichtung der Juden verlangte, weit verbreitet gewesen, ist auf der Basis des in der vorliegenden Untersuchung präsentierten Materials nicht überzeugend. Siehe zu einer derartigen Interpretation Goldhagen, *Hitlers willige Vollstrecker*.

54 Frick an Reichsstatthalter, Reichskommissare usw. ..., 10. 1. 1939; Reichsministerium für Wissenschaft und Erziehung, Mikrofilm MA–103/1, IfZ, München.

55 Karl Schué an Ortsgruppenführer Dornbusch (Frankfurt a. M.), 14. 1. 39; Max Kreuzberger Research Papers, AR 7183, Karton 8, Mappe 9, LBI, New York.

56 Gendarmerie-Station Theilheim an die Staatsanwaltschaft bei dem Landgerichte Schweinfurt, 12. Juli 1939; Würzburger Gestapo-Akten 1933–1945 (Stadtarchiv Würzburg), Fa 168/4, IfZ, München.

57 Gestapo Würzburg, 20. Juli 1939, ebd.

58 Kriminalpolizeistelle Würzburg an Gestapo Würzburg, 20. März 1941, ebd.

59 J. S. Conway, *Die nationalsozialistische Kirchenpolitik 1933–1945*, München 1969, S. 245.

60 Helmreich, *The German Churches Under Hitler*, S. 233 f. Auf der Wartburg übersetzte Martin Luther das Neue Testament ins Deutsche.

61 Hauptschulungsamt der NSDAP an Sicherheitshauptamt, 17.3.39; II 112 an Hauptschulungsamt, 26. 4. 39; SD-Hauptamt, Mikrofilm MA–554, IfZ, München.

62 Klee, *«Die SA Jesu Christi»*, S. 137 f.

63 Zum Briefwechsel zwischen Krebs, Rust und Heß in dieser Angelegenheit siehe Max Kreuzberger Research Papers, AR 7183, Karton 8, Mappe 9, LBI, New York.

64 Zu der Liste von 1937 siehe Oliver Rathkolb, *Führertreu und gottbegnadet: Künstlereliten im Dritten Reich*, Wien 1991, S. 25 ff.

65 Von 1937 an übernahm Hinkel immer mehr die Forderungen, die im Namen des Ministers erhoben wurden. Siehe die Akten der Reichskulturkammer Fa 224/1, Fa 224/2, Fa 224/3 und Fa 224/4, IfZ, München.

66 Präsident der Reichsmusikkammer an Reichspropagandaminister, 25. 2. 1939; Reichskulturkammer-Akte Fa 224/4, IfZ, München.

67 Liste jüdischer Autoren («Vorläufige Zusammenstellung des Amtes Schrifttumspflege bei dem Beauftragten des Führers für die Überwachung der gesamten geistigen und weltanschaulichen Schulung und Erziehung der NSDAP und der Reichsstelle für Förderung des deutschen Schrifttums, Teil VI, S-V»), MA–535, IfZ, München. Nach Angaben der U. S. National Archives ist die Herkunft dieses Schriftstücks unbekannt.

68 Christiane Hoss, «Die jüdischen Patienten in rheinischen Anstalten zur Zeit des Nationalsozialismus», in: Mathias Leipert, Rudolf Styrnal, Winfried Schwarzer (Hrsg.), *Verlegt nach unbekannt: Sterilisation und Euthanasie in Galkhausen 1933–1945*, Köln 1987, S. 68.

69 Klee, *«Die SA Jesu Christi»*, S. 132.

70 Walk, *Das Sonderrecht*, S. 230.

71 Verwaltung des Städtischen Krankenhauses Offenburg an Städtisches Krankenhaus Singen, 29. 12. 38; Städtisches Krankenhaus Singen an Verwaltung des Städtischen Krankenhauses Offenburg, 5.1.39; Unterlagen betr. Entrechtung der Juden in Baden 1933–1940, ED–303, IfZ, München.

72 Klee, *«Die SA Jesu Christi»*, S. 132.

73 Friedlander, Milton, *Archives of the Holocaust*, Bd. 20, S. 202 f.

74 Ebd., S. 204.

75 Burleigh, *Death and Deliverance*, S. 99 ff. Siehe auch Friedlander, *The Origins of Nazi Genocide*, S. 39 ff.

76 Burleigh, *Death and Deliverance*, S. 98, 111 f. Siehe auch Friedlander, *The Origins of Nazi Genocide*, S. 40 ff.

77 Norbert Frei, *Der Führerstaat: Nationalsozialistische Herrschaft 1933 bis 1945*, München 1987, S. 86.

78 Hilmar Hoffmann, «*Und die Fahne führt uns in die* Ewigkeit»: *Propaganda im NS-Film*, Frankfurt a. M. 1988, S. 197.

79 Max Kreuzberger Research Papers, AR 7183, Karton 8, Mappe 9, LBI, New York. Die Uraufführung des Stückes fand im November 1937 in London statt. Siehe *The Plays of J. B. Priestley*, Bd. 3, London 1950, S. 69 ff. (Der Bericht Lochners ist geringfügig überarbeitet.)

Bibliographie

Unveröffentlichte Quellen

Institut für Zeitgeschichte, München

Adjutantur des Führers, 1934–1937, MA–287, MA–13/2.
Aktenstücke zur Judenverfolgung 1933–1945, Ortspolizeibehörde Göttingen, MA–172.
Geheime Staatspolizeistelle Würzburg, Fa 168/4.
Heinrich Himmler, Reden, 1936–1939, F 37/3.
Historischer Ordner No. 431-Zuwachs, Fa 506/14.
Landeshauptstadt Düsseldorf 1933–1945, Einzelschicksale von Bürgern, die im Bereich des heutigen Stadtbezirks 3 wohnten, Ms 456.
Monatsberichte des Stadtrats Ingolstadt 1929–1939, Fa 411.
NSDAP: Außenpolitisches Amt/Amt Osten, MA–128/3.
NSDAP: Hauptamt Wissenschaft, MA–205.
NSDAP: Parteikanzlei (Microfiches).
Nationalsozialistischer Deutscher Studentenbund (NSDStB), MA–228.
Polizeipräsident München (Lageberichte/Monatsberichte) (Div.), Fa 427/2.
Reichsführer SS: persönlicher Stab, MA–290.
Reichsführer SS: SS-Standort Berlin, MA–333.
Reichsjustizministerium (1933–1939), Fa 195/1933 ... 1939.
Reichskanzlei (24. 1. 1935–5. 2. 1938), Seriennr. 859.
Reichskommissar für die Wiedervereinigung Österreichs mit dem Deutschen Reich, MA–145/1.
Reichskulturkammer, Fa 224/1–4.
Reichsministerium für Wissenschaft und Erziehung, MA–103/1.
Reichswehrministerium, Chef der Heeresleitung, MA–260.
Rosenberg-Akten, MA–697 und MA–596.
Sicherheitsdienst des Reichsführers SS (Lageberichte/Monatsberichte, Div.), MA–557.
Sicherheitsdienst des Reichsführers SS, SD-Hauptamt/Abt. II 112, MA–554.
Sicherheitsdienst des Reichsführers SS, SD-Oberabschnitt Rhein, MA–392.
Stellvertreter des Führers (Anordnungen ...), Db 15.02.
Unterlagen betr. Entrechtung der Juden in Baden 1933–1940, ED-303.
Schriftstück unbekannter Herkunft, MA–535.

Leo Baeck Institute, New York

Himmler-Archive (Div.), 133 f., 133g.
Kulturbund (Div.).
Max Kreuzberger Research Papers (Div.), AR 7183, Kartons 3–8, Mappen 1–9.
Nationalsozialismus (Div.) 1933–1939.

Privatarchiv Abraham Heller, Ramat Gan, Israel

Veröffentlichte dokumentarische Quellen

Dokumentensammlungen

Akten der Parteikanzlei der NSDAP (Regesten), T. 1, Bd. 1–2, hrsg. v. Helmut Heiber, München 1983; T. 2, Bd. 3, hrsg. v. Peter Longerich, München 1992.
Akten der Reichskanzlei: Die Regierung Hitler 1933–1938, hrsg. v. Karl-Heinz Minuth, T. 1, *1933–1934*, Bd. 1, *30. Januar bis 31. August 1933*, Bd. 2, *12. September 1933 bis 27. August 1934*, Boppard a. Rh. 1983.
Akten deutscher Bischöfe über die Lage der Kirche 1933–1945, Bd. 1, *1933–1934*, hrsg. v. Bernhard Stasiewski, Mainz 1968; Bd. 2, *1934–1935*, hrsg. v. Bernhard Stasiewski, Mainz 1976; Bd. 3, *1935–1936*, hrsg. v. Bernhard Stasiewski, Mainz 1979; Bd. 4, *1936–1939*, hrsg. v. Ludwig Volk, Mainz 1981.
Akten zur deutschen auswärtigen Politik, 1918–1945, Serie C, *1933–1937*, Göttingen 1971–81; Serie D, *1937–1945*, Bd. 4, Baden-Baden 1951, Bd. 5, Baden-Baden 1953.
Archives of the Holocaust: An International Collection of Selected Documents, Bd. 1–22, ed. Henry Friedlander, Sybil Milton, New York 1990–93.
Ausgewählte Dokumente zur Geschichte des Nationalsozialismus 1933–1945, hrsg. v. Hans-Adolf Jacobsen u. Werner Jochmann, Bielefeld 1961.
Beiträge zur nationalsozialistischen Gesundheits- und Sozialpolitik, hrsg. v. Götz Aly u. Susanne Heim, Bd. 9, *Bevölkerungsstruktur und Massenmord: Neue Dokumente zur deutschen Politik der Jahre 1938–1945*, Berlin 1991.
Berichte des SD und der Gestapo über Kirchen und Kirchenvolk, hrsg. v. Heinz Boberach, Mainz 1971.
Blau, Bruno, *Das Ausnahmerecht für die Juden in Deutschland 1933–1945*, Düsseldorf [2]1954.
Deutschlandberichte der Sozialdemokratischen Partei Deutschlands (SOPADE) 1934–1940, Bd. 1–7, Frankfurt a. M. 1980.
Documents Diplomatiques Français 1932–1939, 1re Série, *1932–1935*, Bd. 3, *17 Mars – 15 Juillet 1933*, Paris 1967; Bd. 4, *16 Juillet – 12 Novembre 1933*, Paris 1968; 2e Série, *1936–1939*, Bd. 12, *3 Octobre – 30 Novembre 1938*, Paris 1978.
Documents Diplomatiques Suisses 1848–1945, Bd. 12, *1. 1. 1937–31.12.1938*, préparé sous la direction d'Oscar Gauye par Gabriel Imboden et David Bourgeois, Bern 1994.
Documents on British Foreign Policy 1919–1939, Second Series, Bd. 5, *1933*, London 1953, Third Series, Bd. 3, *1938–39*, London 1950.
Documents on the Holocaust: Selected Sources on the Destruction of the Jews of Germany, Austria, Poland, and the Soviet Union, ed. Yitzhak Arad, Yisrael Guttman, Abraham Margalioth, Jerusalem 1981.
Dokumente des Verbrechens: Aus Akten des Dritten Reiches 1933–1945, Bd. 1–3, Berlin 1993.
Dokumente über die Verfolgung der jüdischen Bürger in Baden-Württemberg durch das nationalsozialistische Regime 1933–1945, hrsg. v. Paul Sauer, Bd. 1–2, Stuttgart 1966.
Dokumente zur «Euthanasie», hrsg. v. Ernst Klee, Frankfurt a. M. 1985.
Dokumente zur Geschichte der Frankfurter Juden 1933–1945, hrsg. v. d. Kommission zur Erforschung der Geschichte der Frankfurter Juden, Frankfurt a. M. 1963.
Das Dritte Reich, hrsg. v. Wolfgang Michalka, Bd. 1–2, München 1985.
Foreign Relations of the United States, 1933, Bd. 2, Washington, D. C. 1948.
Foreign Relations of the United States, 1938, Bd. 1, Washington, D. C. 1950.
Herrschaftsalltag im Dritten Reich: Studien und Texte, hrsg. v. Hans Mommsen u. Susanne Willems, Düsseldorf 1988.
The Holocaust: Selected Documents, Bd. 1–18, ed. John Mendelsohn, New York 1982.
Inside Hitler's Germany: A Documentary History of Life in the Third Reich, ed. Benjamin C. Sax, Dieter Kuntz, Lexington, Ky. 1992.

Juden vor Gericht, 1933–1945: Dokumente aus hessischen Justizakten, hrsg. v. Ernst Noam u. Wolf-Arno Kropat, Wiesbaden 1975.

Kennan, George F., *Diplomat in Prag, 1938–1940*, Frankfurt a. M. 1972.

Kirchen- und Theologiegeschichte in Quellen, Bd. 4, *Neuzeit*, T. 2, *1870–1975*, hrsg. v. Heiko A. Oberman, Adolf Martin Ritter u. Hans-Walter Krumwiede, Neukirchen-Vluyn [3]1989.

Kirchliche Akten über die Reichskonkordatsverhandlungen, 1933, hrsg. v. Ludwig Volk, Mainz 1969.

Die kirchliche Lage in Bayern nach den Regierungspräsidentenberichten 1933–1943, Bd. 2, *Regierungsbezirk Ober- und Mittelfranken*, hrsg. v. Helmut Witeschek, Mainz 1967.

Kleinstadt und Nationalsozialismus: Ausgewählte Dokumente zur Geschichte von Eutin 1918–1945, hrsg. v. Lawrence D. Stokes, Neumünster 1984.

Die Lageberichte der Geheimen Staatspolizei über die Provinz Hessen-Nassau 1933–1936, hrsg. v. Thomas Klein, Bd. 1–2, Wien 1986.

Meldungen aus dem Reich: Die geheimen Lageberichte des Sicherheitsdienstes der SS 1938–1945, hrsg. v. Heinz Boberach, Bd. 1–17, Herrsching 1984.

Nationalsozialismus im Alltag: Quellen zur Geschichte der NS-Herrschaft im Gebiete des Landes Rheinland-Pfalz, hrsg. v. Anton Doll, Speyer 1983.

Nationalsozialismus im Alltag: Quellen zur Geschichte des Nationalsozialismus vornehmlich im Raum Mainz-Koblenz-Trier, hrsg. v. Franz Josef Heyen, Boppard a. Rh. 1967.

Der Nationalsozialismus: Dokumente 1933–1945, hrsg. v. Walter Hofer, Frankfurt a. M. 1957.

Nazi Conspiracy and Aggression, Bd. 1–10, Washington, D. C. 1947.

Nazism 1919–1945: A Documentary Reader, ed. Jeremy Noakes, Geoffrey Pridham, Bd. 1–3, Exeter 1983.

Le Phénomène Nazi: Documents Nazis commentés, éd. Michel Mazor, Paris 1957.

Pommern 1934/1935 im Spiegel von Gestapo-Lageberichten und Sachakten, hrsg. v. Robert Thevoz, Hans Branig u. Cécile Löwenthal-Hensel, Bd. 1–2, Köln 1974.

Der Prozeß gegen die Hauptkriegsverbrecher vor dem Internationalen Militärgerichtshof, Bd. 1–42, Nürnberg 1947–49.

Der Regierungsbezirk Kassel 1933–1936: Die Berichte der Regierungspräsidenten und der Landräte, hrsg. v. Thomas Klein, Bd. 1–2, Darmstadt 1985.

Das Sonderrecht für die Juden im NS-Staat, hrsg. v. Joseph Walk, Heidelberg 1981.

Ein Stempel hat gefehlt: Dokumentation zur Emigration deutscher Juden, hrsg. v. Rolf Vogel, München 1977.

Strecker, Reinhard-Maria, *Dr. Hans Globke: Aktenauszüge, Dokumente*, Hamburg 1961.

Treue, Wilhelm, «Hitlers Denkschrift zum Vierjahresplan», in: *VfZ* 3 (1955).

Ursachen und Folgen – Vom deutschen Zusammenbruch 1918 und 1945 bis zur staatlichen Neuordnung Deutschlands in der Gegenwart: Eine Urkunden- und Dokumentensammlung zur Zeitgeschichte, hrsg. v. Herbert Michaelis u. Ernst Schraepler, Bd. 9–23, Berlin 1964–75.

Verfolgung, Vertreibung, Vernichtung: Dokumente des faschistischen Antisemitismus 1933 bis 1942, hrsg. v. Kurt Pätzold, Frankfurt a. M. 1984.

Versuche des Verstehens: Dokumente jüdisch-christlicher Begegnung aus den Jahren 1918–1933, hrsg. v. Robert Raphael Geis, München 1966.

Weimarer Republik: Manifeste und Dokumente zur deutschen Literatur, 1918–1933, hrsg. v. Anton Kaes, Stuttgart 1983.

Wulf, Joseph, *Die bildenden Künste im Dritten Reich: Eine Dokumentation*, Reinbek 1966.

–, *Theater und Film im Dritten Reich: Eine Dokumentation*, Reinbek 1966.

Reden, Tagebücher, Briefe und alle andere vor 1945 erschienene Literatur

Die Greuel-Propaganda ist eine Lügenpropaganda, sagen die deutschen Juden selbst, Berlin: «Jakov Trachtenberg», 1933.

Avenarius, Ferdinand, «Aussprachen mit Juden», in: *Kunstwart* 25, No. 22 (Aug. 1912).

Benjamin, Walter, *Briefe*, hrsg. v. Gershom Scholem u. Theodor W. Adorno, Bd. 1–2, Frankfurt a. M. 1966.

Bernanos, Georges, «La grande peur des bien-pensants», in: *Essais et écrits de combat*, Bd. 1, Paris 1971.

Bonhoeffer, Dietrich, *Gesammelte Schriften*, Bd. 2, *Kirchenkampf und Finkenwalde*, München 1959.

Buber, Martin, *Briefwechsel aus sieben Jahrzehnten*, hrsg. v. Grete Schaeder, Bd. 2, *1918–1938*, Heidelberg 1973.

Chamberlain, Houston Stewart, *Die Grundlagen des neunzehnten Jahrhunderts*, Bd. 1–2, München 1912.

–, *Briefe*, Bd. 1–2, München 1928.

Comité des Délégations Juives (Hrsg.), *Das Schwarzbuch. Tatsachen und Dokumente: Die Lage der Juden in Deutschland 1933*, Paris 1934. Nachdruck: Berlin 1983.

Eckart, Dietrich, *Der Bolschewismus von Moses bis Lenin: Zwiegespräch zwischen Adolf Hitler und mir*, München 1924. Nachdruck: Liverpool, W. Va. 1978.

Faulhaber, Michael, *Judentum, Christentum, Germanentum: Adventspredigten gehalten in St. Michael zu München 1933*, München 1933.

Feuchtwanger, Lion; Zweig, Arnold, *Briefwechsel 1933–1958*, Bd. 1–3, Berlin 1984.

Freud, Sigmund; Zweig, Arnold, *Briefwechsel*, hrsg. v. Ernst L. Freud, Frankfurt a. M. 1968.

Fromm, Bella, *Blood and Banquets: A Berlin Social Diary*, London 1943; Nachdruck: New York 1990. Gekürzte deutsche Ausgabe: *Als Hitler mir die Hand küßte*, Berlin 1993.

Frymann, Daniel, *Das Kaiserbuch: Politische Wahrheiten und Notwendigkeiten*, Leipzig 1925.

Gercke, Achim, «Die Lösung der Judenfrage», in: *Nationalsozialistische Monatshefte* 38 (Mai 1933).

Gide, André, «Les Juifs, Céline et Maritain», in: *Nouvelle Revue Française*, April 1938.

Goebbels, Joseph, *Goebbels-Reden*, hrsg. v. Helmut Heiber, Bd. 1, *1932–1939*, Düsseldorf 1971.

–, *Die Tagebücher von Joseph Goebbels: Sämtliche Fragmente*, hrsg. v. Elke Fröhlich, T. 1, *Aufzeichnungen 1924–1941*, Bd. 1, *27.6. 1924–31.12. 1930*; Bd. 2, *1.1. 1931–31.12. 1936*, Bd. 3, *1.1. 1937–31.12. 1939*, München 1987.

–, «‹50, dann 75 Synagogen brennen›: Tagebuchschreiber Goebbels über die ‹Reichskristallnacht›», in: *Der Spiegel*, 13. Juli 1992.

Göring, Hermann, «Staatliche Ordnung und ‹organische Lösung›: Die Rede Hermann Görings ‹über die Judenfrage› vom 6. Dezember 1938», hrsg. v. Götz Aly u. Susanne Heim, in: *Jahrbuch für Antisemitismusforschung* 2 (1993).

Goldstein, Moritz, «Deutsch-jüdischer Parnass», in: *Kunstwart* 25, No. 11 (März 1912).

Grau, Wilhelm, «Um den jüdischen Anteil am Bolschewismus», in: *Historische Zeitschrift* 153 (1936), No. 2.

Hassell, Ulrich von, *Die Hassell-Tagebücher 1938–1944*, Berlin 1988.

Heydrich, Reinhard, *Wandlungen unseres Kampfes*, München 1935.

Himmler, Heinrich, *Geheimreden 1933 bis 1945 und andere Ansprachen*, hrsg. v. Bradley F. Smith u. Agnes F. Peterson, Berlin 1974.

–, *Reichsführer! ... Briefe an und von Himmler*, hrsg. v. Helmut Heiber, Stuttgart 1968.

–, *Die Schutzstaffel als antibolschewistische Kampforganisation*, München 1936.

Hitler, Adolf, «Die deutsche Kunst als stolzeste Verteidigung des deutschen Volkes», in: *Nationalsozialistische Monatshefte* 4, No. 34 (Okt. 1933).

–, *Hitlers zweites Buch: Ein Dokument aus dem Jahre 1928*, eingel. u. komm. v. G. L. Weinberg, Stuttgart 1961.
–, *Es spricht der Führer: Sieben exemplarische Hitler-Reden*, hrsg. v. Helmut Krausnick u. Hildegard von Kotze, Gütersloh 1966.
–, *Adolf Hitler, Monologe im Führerhauptquartier: Die Aufzeichnungen Heinrich Heims*, hrsg. v. Werner Jochmann, Hamburg 1980.
–, «Hitlers Rede zur Eröffnung der ‹Großen Deutschen Kunstausstellung› 1937», in: Peter-Klaus Schuster (Hrsg.), *Nationalsozialismus und ‹Entartete Kunst›: Die ‹Kunststadt› München 1937*, München 1987.
–, *Mein Kampf*, München [259/260]1937.
–, *Reden, Schriften, Anordnungen, Februar 1925 bis Januar 1933:*
Bd. 1, *Die Wiedergründung der NSDAP, Februar 1925 – Juni 1926*, hrsg. v. Clemens Vollnhals, München 1992.
Bd. 2, *Vom Weimarer Parteitag bis zur Reichstagswahl, Juli 1926 – Mai 1928*, T. 1, *Juli 1926 – August 1927*; T. 2, *August 1927 – Mai 1928*, hrsg. v. Bärbel Dusik, München 1992.
Bd. 3, *Zwischen den Reichstagswahlen, Juli 1928 – September 1930*, T. 1, *Juli 1928 – Februar 1929*, hrsg. v. Bärbel Dusik u. Klaus A. Lankheit, München 1994.
Bd. 4, *Von der Reichstagswahl bis zur Reichspräsidentenwahl, Oktober 1930 – März 1932*, T. 1, *Oktober 1930–Juni 1931*, hrsg. v. Constantin Goschler, München 1994.
–, *Reden und Proklamationen, 1932–1945: Kommentiert von einem deutschen Zeitgenossen*, hrsg. v. Max Domarus, Bd. 1–4, München 1965.
–, *Sämtliche Aufzeichnungen 1905–1924*, hrsg. v. Eberhard Jäckel u. Axel Kuhn, Stuttgart 1980.
Jung, Carl G., «Zur gegenwärtigen Lage der Psychotherapie», in: *Gesammelte Werke*, Bd. 10, *Zivilisation im Übergang*, Zürich, Stuttgart 1974.
Klemperer, Victor, *Ich will Zeugnis ablegen bis zum letzten: Tagebücher 1933–1945*, Bd. 1–2, Berlin 1995.
Klepper, Jochen, *Unter dem Schatten deiner Flügel: Aus den Tagebüchern der Jahre 1932–1942*, Stuttgart 1983.
Leibbrandt, Georg, «Juden über das Judentum», in: *Nationalsozialistische Monatshefte* 94, 95 (Januar, Februar 1938).
Lösener, Bernhard; Knost, Friedrich A., *Die Nürnberger Gesetze*, Berlin 1936.
Mann, Klaus, *The Turning Point: Thirty-five Years in This Century*, New York 1942. Nachdruck: New York 1975. Deutsche Ausgabe: *Der Wendepunkt*, München 1969.
–, *Mephisto*, Amsterdam 1936. Nachdruck: München 1965.
Mann, Thomas, *Briefe 1889–1936*, hrsg. v. Erika Mann, Frankfurt a. M. 1961.
–, *The Letters of Thomas Mann 1889–1955*, Bd. 1–2, ed. Richard and Clara Winston, New York 1975.
–, *Tagebücher 1918–1921*, hrsg. v. Peter de Mendelssohn, Frankfurt a. M. 1979.
–, *Tagebücher 1933–1934*, hrsg. v. Peter de Mendelssohn, Frankfurt a. M. 1977.
Mrugowsky, Joachim, «Jüdisches und deutsches Soldatentum: Ein Beitrag zur Rassenseelenforschung», in: *Nationalsozialistische Monatshefte* 76 (Juli 1936).
Müller, Karl Alexander von, «Zum Geleit», in: *Historische Zeitschrift* 153 (1936), No. 1.
Nathorff, Hertha, *Das Tagebuch der Hertha Nathorff: Berlin–New York; Aufzeichnungen 1933 bis 1945*, hrsg. v. Wolfgang Benz, München 1987.
Oppenheimer, Franz, *Die Judenstatistik des Preußischen Kriegsministeriums*, München 1922.
Der Parteitag der Arbeit vom 6. bis 13. September 1937: Offizieller Bericht über den Verlauf des Reichsparteitages mit sämtlichen Kongreßreden, München 1938.
Der Parteitag der Ehre vom 8. bis 14. September 1936, München 1936.
Phelps, Reginald H., «Hitlers ‹grundlegende› Rede über den Antisemitismus», in: *Vierteljahrshefte für Zeitgeschichte* [im folgenden: *VfZ*] 16 (1968), No. 30.
Priestley, J. B., «People at Sea [1937]», in: *The Plays of J. B. Priestley*, Bd. 3, London 1950.

The Protocols and the World Revolution including a Translation and Analysis of the «Protocols of the Meetings of the Zionist Men of Wisdom», Boston 1920.
R----x, E., «Die nichtjüdischen Nichtarier in Deutschland», in: *C.-V.-Zeitung* 20, No. 1 (Beiblatt), 16. Mai 1935.
Rosenberg, Alfred, *An die Dunkelmänner unserer Zeit*, München 1935.
Schmitt, Carl, *Der Leviathan in der Staatslehre des Thomas Hobbes*, Hamburg 1938.
–, «Eröffnung der wissenschaftlichen Vorträge» und «Schlußwort», in: *Das Judentum in der Rechtswissenschaft*, Heft 1, *Die deutsche Rechtswissenschaft im Kampf gegen den jüdischen Geist*, Berlin 1936.
Schulthess' Europäischer Geschichtskalender, hrsg. v. Ulrich Thürauf, 74 (1933), München 1934.
Senger, Valentin, *Kaiserhofstraße 12*, Darmstadt, Neuwied 1978.
Seraphim, Peter-Heinz, *Das Judentum im osteuropäischen Raum*, Essen 1938.
Shirer, William L., *Berliner Tagebuch: Aufzeichnungen 1934–1941*, Leipzig 1991.
Spitzemberg, Hildegard von, *Das Tagebuch der Baronin Spitzemberg*, Göttingen 1960–63.
Strauss, Richard; Zweig, Stefan, *Briefwechsel*, hrsg. v. Willi Schuh, Frankfurt a. M. 1957.
Stuckart, Wilhelm; Globke, Hans, *Kommentare zur deutschen Rassengesetzgebung*, Bd. 1, München 1936.
Stuckart, Wilhelm; Schiedermair, Rolf, *Rassen- und Erbpflege in der Gesetzgebung des Dritten Reiches*, Leipzig 1938.
Tharaud, Jérôme; Tharaud, Jean, *When Israel Is King*, New York 1924.
Tucholsky, Kurt, *Politische Briefe*, Reinbek 1969.
–, *Briefe aus dem Schweigen 1932–1935*, Reinbek 1977.
Wagener, Otto, *Otto Wagener, Hitler aus nächster Nähe: Aufzeichnungen eines Vertrauten 1929–1932*, hrsg. v. Henry A. Turner, Frankfurt a. M. 1978.
Wagner, Cosima, *Die Tagebücher 1869–1883*, Bd. 1–4, München 1982.
Wagner, Gerhard, *Reden und Aufrufe*, hrsg. v. Leonardo Conti, Berlin 1943.
Wagner, Richard, *Gesammelte Schriften und Dichtungen*, Bd. 1–10, Leipzig ^{4}1907.
Wassermann, Jakob, *Jakob Wassermann, Deutscher und Jude: Reden und Schriften 1904–1933*, Heidelberg 1984.
Webster, Nesta H., *World Revolution: The Plot Against Civilization*, London 1921.
Zöberlein, Hans, *Der Befehl des Gewissens*, München ^{6}1938.

Sekundärliteratur

Ackermann, Josef, *Heinrich Himmler als Ideologe*, Göttingen 1970.
Adam, Uwe Dietrich, «An Overall Plan for Anti-Jewish Legislation in the Third Reich?», in: *Yad Vashem Studies* 11 (1976).
–, *Hochschule und Nationalsozialismus: Die Universität Tübingen im Dritten Reich*, Tübingen 1977.
–, *Judenpolitik im Dritten Reich*, Düsseldorf 1972.
–, «Wie spontan war der Pogrom?», in: *Der Judenpogrom 1938: Von der «Reichskristallnacht» zum Völkermord*, hrsg. v. Walter Pehle, Frankfurt a. M. 1987.
Adler, Jacques, *Face à la persécution: Les organisations juives à Paris de 1940 à 1944*, Paris 1985.
Adler-Rudel, Shalom, *Ostjuden in Deutschland 1880–1940*, Tübingen 1959.
Alexander, Gabriel, «Die Entwicklung der jüdischen Bevölkerung in Berlin zwischen 1871 und 1945», in: *Tel Aviver Jahrbuch für Deutsche Geschichte* 20 (1991).
Allen, William Sheridan, *«Das haben wir nicht gewollt!» Die nationalsozialistische Machtergreifung in einer Kleinstadt 1930–1935*, Gütersloh 1966.
Aly, Götz; Heim, Susanne, *Vordenker der Vernichtung: Auschwitz und die deutschen Pläne für eine neue europäische Ordnung*, Hamburg 1991.

Aly, Götz; Roth, Karl-Heinz, *Die restlose Erfassung: Volkszählen, Identifizieren, Aussondern im Nationalsozialismus*, Berlin 1984.

Andreski, S., «Poland», in: *European Fascism*, ed. S. J. Woolf, London 1968.

Angress, Werner T., «The German Army's ‹Judenzählung› of 1916: Genesis – Consequences – Significance», in: *LBIY* 23 (1978).

–, «The Impact of the Judenwahlen of 1912 on the Jewish Question: A Synthesis», in: *LBIY* 28 (1983).

–, «Juden im politischen Leben der Revolutionszeit», in: *Deutsches Judentum in Krieg und Revolution 1916–1923*, hrsg. v. Werner E. Mosse, Tübingen 1971.

–, «Die ‹Judenfrage› im Spiegel amtlicher Berichte 1935», in: *Das Unrechtsregime: Internationale Forschung über den Nationalsozialismus*, hrsg. v. Ursula Büttner, Werner Johe u. Angelika Voss, Bd. 1–2, Hamburg 1986.

–, «Revolution und Demokratie: Jüdische Politiker in Berlin 1918/19», in: *Jüdische Geschichte in Berlin: Essays und Studien*, hrsg. v. Reinhard Rürup, Berlin 1995.

Arendt, Hannah, *Elemente und Ursprünge totaler Herrschaft*, Frankfurt a. M. 1955.

–, *Eichmann in Jerusalem: Ein Bericht von der Banalität des Bösen*, München 1964.

Arndt, Ino; Boberach, Heinz, «Deutsches Reich», in: *Dimension des Völkermords: Die Zahl der jüdischen Opfer des Nationalsozialismus*, hrsg. v. Wolfgang Benz, München 1991.

Aronson, Shlomo, *Reinhard Heydrich und die Frühgeschichte von Gestapo und SD*, Stuttgart 1971.

Aschheim, Steven E., *Culture and Catastrophe: German and Jewish Confrontations with National Socialism and Other Crises*, New York 1996.

Baldwin, Peter (Hrsg.), *Reworking the Past: Hitler, the Holocaust and the Historians*, Boston 1990.

Ball-Kaduri, Kurt Jacob, *Das Leben der Juden in Deutschland im Jahre 1933: Ein Zeitbericht*, Frankfurt a. M. 1963.

Bankier, David, «The German Communist Party and Nazi Antisemitism, 1933–1938», in: *LBIY* 32 (1987).

–, *Die öffentliche Meinung im Hitler-Staat: Die Endlösung und die Deutschen; eine Berichtigung*, Berlin 1995.

–, «Hitler and the Policy-Making Process on the Jewish Question», in: *Holocaust and Genocide Studies* 3 (1988), No. 1.

–, «Jewish Society through Nazi Eyes 1933–1936», in: *Holocaust and Genocide Studies* 6 (1991), No. 2.

Barkai, Avraham, *Vom Boykott zur «Entjudung»: Der wirtschaftliche Existenzkampf der Juden im Dritten Reich 1933–1943*, Frankfurt a. M. 1988.

–, «German Interests in the Haavarah-Transfer Agreement 1933–1939», in: *LBIY* 35 (1990).

Bartov, Omer, *Hitlers Wehrmacht: Soldaten, Fanatismus und die Brutalisierung des Krieges*, Reinbek 1995.

–, *Murder in our Midst: The Holocaust, Industrial Killing, and Representation*, New York 1996.

Bauer, Yehuda, *Freikauf von Juden? Verhandlungen zwischen dem nationalsozialistischen Deutschland und jüdischen Repräsentanten von 1933 bis 1945*, Frankfurt a. M. 1996.

–, *My Brother's Keeper: A History of the American Joint Distribution Committee 1929–1939*, Philadelphia 1974.

Bauman, Zygmunt, *Dialektik der Ordnung: Die Moderne und der Holocaust*, Hamburg 1992.

Beller, Steven, *Wien und die Juden 1867–1938*, Wien, Köln, Weimar 1993.

Ben-Elissar, Eliahu, *La Diplomatie du IIIe Reich et les Juifs, 1933–1939*, Paris 1969.

Bennathan, Esra, «Die demographische und wirtschaftliche Struktur der Juden», in: *Entscheidungsjahr 1932: Zur Judenfrage in der Endphase der Weimarer Republik*, hrsg. v. Werner E. Mosse, Tübingen 1965.

Benoist-Méchin, Jacques, *Geschichte der deutschen Militärmacht,* 1918–1946, Bd. 1–6, Oldenburg, Hamburg 1965–1967.

Benz, Wolfgang (Hrsg.), *Das Exil der kleinen Leute: Alltagserfahrung deutscher Juden in der Emigration,* München 1991.

–, *Die Juden in Deutschland 1933–1945: Leben unter nationalsozialistischer Herrschaft,* München 1996.

Beradt, Charlotte, *Das Dritte Reich des Traums,* Frankfurt a. M. 1981.

Bergen, Doris L., *Twisted Cross: The German Christian Movement in the Third Reich,* Chapel Hill, N. C. 1996.

Berghahn, Volker R., *Modern Germany: Society, Economy and Politics in the Twentieth Century,* Cambridge 1982.

–, *Der Stahlhelm: Bund der Frontsoldaten 1918–1935,* Düsseldorf 1966.

Berkow, Ira, «An Olympic Invitation That Is Sixty Years Late», in: *New York Times,* 18. Juni 1996.

Bernhard, Thomas, *Heldenplatz,* Frankfurt a. M. 1988.

Bernheimer, Otto, «Kunde Göring», in: *Von Juden in München,* hrsg. v. Hans Lamm, München 1959.

Bessel, Richard, *Political Violence and the Rise of Nazism: The Storm Troopers in Eastern Germany 1925–1934,* New Haven, Conn. 1984.

Betz, Albrecht, «Céline im Dritten Reich», in: Hans Manfred Bock et al. (Hrsg.), *Entre Locarno et Vichy: les relations culturelles franco-allemandes dans les années 1930,* Paris 1993.

Beyerchen, Alan D., *Wissenschaftler unter Hitler: Physiker im Dritten Reich,* Köln 1980.

Binion, Rudolph, *« ... daß ihr mich gefunden habt» – Hitler und die Deutschen: Eine Psychohistorie,* Stuttgart 1978.

Birnbaum, Pierre, «Nationalismes: La comparaison France-Allemagne», in: *La France aux Français: Histoire des haines nationalistes,* Paris 1993.

–, *Le Peuple et les gros: Histoire d'un mythe,* Paris 1979.

Blasius, Dirk, «Zwischen Rechtsvertrauen und Rechtszerstörung: Deutsche Juden 1933–1935», in: *Zerbrochene Geschichte: Leben und Selbstverständnis der Juden in Deutschland,* hrsg. v. Dirk Blasius u. Dan Diner, Frankfurt a. M. 1991.

–, «Psychiatrischer Alltag im Nationalsozialismus», in: *Die Reihen fast geschlosen: Beiträge zur Geschichte des Alltags unterm Nationalsozialismus,* hrsg. v. Detlev Peukert u. Jürgen Reulecke, Wuppertal 1981.

Boas, Jacob, «German Jewish Internal Politics under Hitler 1933–1938», in: *LBIY* 29 (1984).

–, «Germany or Diaspora? German Jewry's Shifting Perceptions in the Nazi Era 1933–1938», in: *LBIY* 27 (1982).

Bock, Gisela, «Krankenmord, Judenmord und nationalsozialistische Rassenpolitik», in: *Zivilisation und Barbarei: Die widersprüchlichen Potentiale der Moderne,* hrsg. v. Frank Bajohr et al., Hamburg 1991.

–, *Zwangssterilisation im Nationalsozialismus: Studien zur Rassenpolitik und Frauenpolitik,* Opladen 1986.

Bollmus, Reinhard, *Das Amt Rosenberg und seine Gegner: Zum Machtkampf im nationalsozialistischen Herrschaftssystem,* Stuttgart 1970.

Botz, Gerhard, *Wohnungspolitik und Judendeportation in Wien, 1938 bis 1945: Zur Funktion des Antisemitismus als Ersatz nationalsozialistischer Sozialpolitik,* Wien 1975.

Bracher, Karl-Dietrich, et al., *Die nationalsozialistische Machtergreifung,* Köln 1962.

Braham, Randolph L., *The Politics of Genocide: The Holocaust in Hungary,* Bd. 1–2, New York 1981.

Breitman, Richard, *The Architect of Genocide: Himmler and the Final Solution,* New York 1991.

Brenner, Michael, *The Renaissance of Jewish Culture in Weimar Germany,* New Haven, Conn. 1996.

Broszat, Martin, *Die Machtergreifung*, München 1984.

–, *Der Staat Hitlers*, München 1981.

–, «Nationalsozialistische Konzentrationslager 1933–1945», in: Hans Buchheim et al., *Anatomie des SS-Staates*, Bd. 1–2, Olten 1965.

–, «Plädoyer für eine Historisierung des Nationalsozialismus», in: Hermann Graml, Klaus-Dietmar Henke (Hrsg.), *Nach Hitler: Der schwierige Umgang mit unserer Geschichte;* Beiträge von Martin Broszat, München 1986.

Broszat, Martin; Friedländer, Saul, «Dokumentation: Ein Briefwechsel zwischen Martin Broszat und Saul Friedländer um die Historisierung des Nationalsozialismus», in: *VfZ* 36 (1988).

Broszat, Martin; Fröhlich, Elke; Wiesemann, Falk (Hrsg.), *Bayern in der NS-Zeit: Soziale Lage und politisches Verhalten der Bevölkerung im Spiegel vertraulicher Berichte*, München 1977.

Broszat, Martin; Fröhlich, Elke, *Alltag und Widerstand: Bayern im Nationalsozialismus*, München 1987.

Browder, George C., *Foundations of the Nazi Police State: The Formation of Sipo and SD*, Lexington, Ky. 1990.

Browning, Christopher R., *The Final Solution and the German Foreign Office*, New York 1978.

–, *Ganz normale Männer: Das Reserve-Polizeibataillon 101 und die «Endlösung» in Polen*, Reinbek 1993.

Buchheim, Hans, «Die SS – das Herrschaftsinstrument», in: Hans Buchheim et al., *Anatomie des SS-Staates*, Bd. 1–2, Olten 1965.

Buchheim, Hans (Hrsg.), «Ein NS-Funktionär zum Niemöller-Prozeß», in: *VfZ* 4 (1956).

Bullock, Alan, *Hitler: Eine Studie über Tyrannei*, Düsseldorf 1953.

Burleigh, Michael R., *Germany Turns Eastwards: A Study of Ostforschung in the Third Reich*, Cambridge 1988.

–, *Death and Deliverance: «Euthanasia» in Germany 1900–1945*, Cambridge 1994.

Burleigh, Michael (Hrsg.), *Confronting the Nazi Past: New Debates on Modern German History*, London 1996.

Burleigh, Michael R. ; Wippermann, Wolfgang, *The Racial State*, Cambridge 1991.

Burrin, Philippe, *La Dérive fasciste: Doriot, Déat, Bergery 1933–1945*, Paris 1986.

–, *Hitler und die Juden: Die Entscheidung für den Völkermord*, Frankfurt a. M. 1993.

Büttner, Ursula, «The Persecution of Christian-Jewish Families in the Third Reich», in: *LBIY* 34 (1989).

Büttner, Ursula; Johe, Werner; Voss, Angelika (Hrsg.), *Das Unrechtsregime: Internationale Forschung über den Nationalsozialismus*, Bd. 1–2, Hamburg 1986.

Caron, Vicki, «Loyalties in Conflict: French Jewry and the Refugee Crisis, 1933–1935», in: *LBIY* 36 (1991).

–, «Prelude to Vichy: France and the Jewish Refugees in the Era of Appeasement», in: *Journal of Contemporary History* 20 (1985).

Carsten, Francis L., *Faschismus in Österreich: Von Schönerer zu Hitler*, München 1978.

Cecil, Lamar, *Albert Ballin: Wirtschaft und Politik im deutschen Kaiserreich 1888–1918*, Hamburg 1969.

Chernow, Ron, *Die Warburgs: Odyssee einer Familie*, Berlin 1994.

Chickering, Roger, *We Men Who Feel Most German: A Cultural Study of the Pan-German League, 1886–1914*, Boston 1984.

Chronik der Stadt Stuttgart 1933–1945, Stuttgart 1982.

Clare, George, *Last Waltz in Vienna: The Rise and Destruction of a Family, 1842–1942*, New York 1981.

Cocks, Geoffrey, *Psychotherapy in the Third Reich: The Göring Institute*, New York 1985.

Cohn, Norman, *Das Ringen um das Tausendjährige Reich: Revolutionärer Messianismus im Mittelalter und sein Fortleben in den modernen totalitären Bewegungen*, Bern, München 1961.

–, *Die Protokolle der Weisen von Zion: Der Mythos von der jüdischen Weltverschwörung*, Köln, Berlin 1969.

Cohn, Werner, «Bearers of a Common Fate? The ‹Non-Aryan› Christian ‹Fate-Comrades› of the Paulus-Bund, 1933–1939», in: *LBIY* 33 (1988).

Conway, John S., *Die nationalsozialistische Kirchenpolitik 1933–1945*, München 1969.

Cramer, Hans Donald, *Das Schicksal der Goslarer Juden 1933–1945*, Goslar 1986.

Dahm, Volker, «Anfänge und Ideologie der Reichskulturkammer», in: *VfZ* 34 (1986), No. 1.

–, in: Benz, Wolfgang, *Die Juden in Deutschland 1933–1945*, München 1996.

Dahms, Hans-Joachim, «Einleitung», in: *Die Universität Göttingen unter dem Nationalsozialismus: Das verdrängte Kapitel ihrer 250jährigen Geschichte*, hrsg. v. Heinrich Bekker, Hans-Joachim Dahms u. Cornelia Wegeler, München 1987.

Dawidowicz, Lucy, *Der Krieg gegen die Juden, 1933–1945*, München 1979.

Deak, Istvan, *Weimar Germany's Left-Wing Intellectuals: A Political History of the Weltbühne and Its Circle*, Berkeley, Calif. 1968.

Deichmann, Ute, *Biologen unter Hitler: Vertreibung, Karrieren, Forschung*, Frankfurt a. M. 1992.

Deutscher, Isaac, *Die ungelöste Judenfrage: Zur Dialektik von Antisemitismus und Zionismus*, Berlin 1977.

Diamant, Adolf, *Gestapo Frankfurt am Main*, Frankfurt a. M. 1988.

Diner, Dan, «Constitutional Theory and State of Emergency in the Weimar Republic: The Case of Carl Schmitt», in: *Tel Aviver Jahrbuch für Deutsche Geschichte* 17 (1988).

–, «Grundbuch des Planeten: Zur Geopolitik Karl Haushofers», in: *Weltordnungen: Über Geschichte und Wirkung von Recht und Macht*, Frankfurt a. M. 1993.

Dioudonnat, Pierre-Marie, *Je suis partout, 1930–1944: Les Maurassiens devant la tentation fasciste*, Paris 1973.

Dippel, John V. H., *Die große Illusion*, Weinheim 1997.

Dipper, Christoph, «Der deutsche Widerstand und die Juden», in: *Geschichte und Gesellschaft* 9 (1983).

Donn, Linda, *Freud und Jung: Biographie einer Auseinandersetzung*, Hamburg 1990.

Drobisch, Klaus, «Die Judenreferate des Geheimen Staatspolizeiamtes und des Sicherheitsdienstes der SS 1933 bis 1939», in: *Jahrbuch für Antisemitismusforschung* 2 (1993).

Drobisch, Klaus, et al., *Juden unterm Hakenkreuz: Verfolgung und Ausrottung der deutschen Juden, 1933–1945*, Frankfurt a. M. 1973.

Dunker, Ulrich, *Der Reichsbund jüdischer Frontsoldaten, 1919–1938*, Düsseldorf 1977.

Duroselle, Jean-Baptiste, *La Décadence 1932–1939*, Paris 1979.

Duwell, Kurt, «Jewish Cultural Centers in Nazi Germany: Expectations and Accomplishments», in: *The Jewish Response to German Culture: From the Enlightenment to the Second World War*, ed. Yehuda Reinharz, Walter Schatzberg, Hanover, N. H. 1985.

Dwork, Deborah, *Kinder mit dem gelben Stern: Europa 1933–1945*, München 1994.

Edelheim-Mühsam, Margarete T., «Die Haltung der jüdischen Presse gegenüber der nationalsozialistischen Bedrohung», in: *Deutsches Judentum: Aufstieg und Krise*, hrsg. v. Robert Weltsch, Stuttgart 1963.

Esh, Shaul, «Eine neue literarische Quelle Hitlers? Eine methodologische Überlegung», in: *Geschichte in Wissenschaft und Unterricht* 15 (1964).

Ettinger, Elżbieta, *Hannah Arendt, Martin Heidegger: Eine Geschichte*, München, Zürich 1995.

Evans, Richard J., *Im Schatten Hitlers? Historikerstreit und Vergangenheitsbewältigung in der Bundesrepublik*, Frankfurt a. M. 1991.

Eyck, Erich, *Geschichte der Weimarer Republik*, Bd. 1–2, Erlenbach 1962.

Farías, Victor, *Heidegger und der Nationalsozialismus*, Frankfurt a. M. 1989.

Feingold, Henry L., *Bearing Witness: How America and its Jews Responded to the Holocaust*, Syracuse, N. Y. 1995.

Ferk, Gabriele, «Judenverfolgung in Norddeutschland», in: *Norddeutschland im Nationalsozialismus*, hrsg. v. Frank Bajohr, Hamburg 1993.

Fest, Joachim C., *Hitler: Eine Biographie*, Frankfurt a. M., Berlin 1973.

Field, Geoffrey G., *Evangelist of Race: The Germanic Vision of Houston Stewart Chamberlain*, New York 1981.

Fischer, Albert, *Hjalmar Schacht und Deutschlands «Judenfrage»: Der «Wirtschaftsdiktator» und die Vertreibung der Juden aus der deutschen Wirtschaft*, Köln 1995.

Flade, Roland, *Die Würzburger Juden: Ihre Geschichte vom Mittelalter bis zur Gegenwart*, Würzburg 1987.

Fleming, Gerald, *Hitler und die Endlösung: «Es ist des Führers Wunsch»*, Wiesbaden, München 1982.

Franz-Willing, Georg, *Die Hitlerbewegung*, Bd. 1, *Der Ursprung 1919–1922*, Hamburg 1962.

Freeden, Herbert, «Das Ende der jüdischen Presse in Nazideutschland», in: *Bulletin des Leo Baeck Instituts* 65 (1983).

Frei, Norbert, *Der Führerstaat: Nationalsozialistische Herrschaft 1933 bis 1945*, München 1987.

–, *Nationalsozialistische Eroberung der Provinzpresse: Gleichschaltung, Selbstanpassung und Resistenz in Bayern*, Stuttgart 1980.

Friedländer, Saul, «Vom Antisemitismus zur Judenvernichtung: Eine historiographische Studie zur nationalsozialistischen Judenpolitik und Versuch einer Interpretation», in: Eberhard Jäckel, Jürgen Rohwer (Hrsg.), *Der Mord an den Juden im Zweiten Weltkrieg*, Stuttgart 1985.

–, «The Demise of the German Mandarins: The German University and the Jews, 1933–1939», in: *Von der Aufgabe der Freiheit: Politische Verantwortung und bürgerliche Gesellschaft im 19. und 20. Jahrhundert*, hrsg. v. Christian Jansen et al., Berlin 1995.

–, *L'Antisémitisme Nazi: Histoire d'une psychose collective*, Paris 1971.

–, *History and Psychoanalysis: An Inquiry into the Possibilities and the Limits of Psychohistory*, New York 1978.

–, *Pius XII. und das Dritte Reich: Eine Dokumentation*, Reinbek 1965.

–, «Die politischen Veränderungen der Kriegszeit und ihre Auswirkung auf die Judenfrage», in: Werner E. Mosse (Hrsg.), *Deutsches Judentum in Krieg und Revolution 1916–1923*, Tübingen 1971.

–, «Überlegungen zur Historisierung des Nationalsozialismus», in: Dan Diner (Hrsg.), *Ist der Nationalsozialismus Geschichte? Zu Historisierung und Historikerstreit*, Frankfurt a. M. 1987.

Friedländer, Saul (Hrsg.), *Probing the Limits of Representation: Nazism and the «Final Solution»*, Cambridge, Mass. 1992.

Friedlander, Henry, *The Origins of Nazi Genocide: From Euthanasia to the Final Solution*, Chapel Hill, N. C. 1995.

Frye, Bruce B., «The German Democratic Party and the ‹Jewish Problem› in the Weimar Republic», in: *LBIY* 21 (1976).

Funkenstein, Amos, «Anti-Jewish Propaganda: Pagan, Christian and Modern», in: *Jerusalem Quarterly* 19 (1981).

–, «Changes in the Christian anti-Jewish Polemics in the Twelfth Century», in: *Perceptions of Jewish History*, Berkeley, Calif. 1993.

Gay, Peter, *Freud: Eine Biographie für unsere Zeit*, Frankfurt a. M. [2]1989.

–, *Freud, Juden und andere Deutsche: Herren und Opfer in der modernen Kultur*, Hbg. 1986.

–, *Die Republik der Außenseiter: Geist und Kultur in der Weimarer Zeit, 1918–1933*, Frankfurt a. M. 1970.

Gehler, Michael, «Murder on Command: The Anti-Jewish Pogrom in Innsbruck, 9–10 November, 1938», in: *LBIY* 38 (1993).
Geisel, Eike, «Premiere und Pogrom», in: *Premiere und Pogrom: Der jüdische Kulturbund 1933–1941*, hrsg. v. Eike Geisel u. Heinrich M. Broder, Berlin 1992.
–, «Ein Reich, ein Ghetto ...», in: *Premiere und Pogrom: Der jüdische Kulturbund 1933–1941*, hrsg. v. Eike Geisel u. Heinrich M. Broder, Berlin 1992.
Gelber, Yoav, «The Reactions of the Zionist Movement and the Yishuv to the Nazis' Rise to Power», in: *Yad Vashem Studies* 18 (1987).
–, «Die Reaktion der zionistischen Führung auf die Nürnberger Gesetze», in: *Studies in the Holocaust Period* 6 (1988) (Hebräisch).
Gellately, Robert, *Die Gestapo und die deutsche Gesellschaft: Die Durchsetzung der Rassenpolitik 1933–1945*, Paderborn 1993.
–, «The Gestapo and German Society: Political Denunciations in the Gestapo Case Files», in: *Journal of Modern History* 60 (1988), No. 4.
Genschel, Helmut, *Die Verdrängung der Juden aus der Wirtschaft im Dritten Reich*, Göttingen 1966.
Gerlach, Wolfgang, *Als die Zeugen schwiegen: Bekennende Kirche und die Juden*, Berlin 1987.
Gilbert, Martin, «British Government Policy towards Jewish Refugees (November 1938–September 1939)», in: *Yad Vashem Studies* 13 (1979).
Giles, Geoffrey J., «Professor und Partei: Der Hamburger Lehrkörper und der Nationalsozialismus», in: *Hochschulalltag im Dritten Reich: Die Hamburger Universität 1933–1945*, hrsg. v. Eckart Krause, Ludwig Huber u. Holger Fischer, Berlin 1991.
–, *Students and National Socialism in Germany*, Princeton, N. J. 1985.
Gilman, Sander L., *The Jew's Body*, New York 1991.
Götz von Olenhusen, Albrecht, «Die ‹nichtarischen› Studenten an den deutschen Hochschulen: Zur nationalsozialistischen Rassenpolitik 1933–1945», in: *VfZ* 14 (1966).
Goldhagen, Daniel Jonah, *Hitlers willige Vollstrecker: Ganz gewöhnliche Deutsche und der Holocaust*, Berlin 1996.
Goldhagen, Erich, «Weltanschauung und Endlösung: Zum Antisemitismus der nationalsozialistischen Führungsschicht», in: *VfZ* 24 (1976).
Gordon, Sarah, *Hitler, Germans, and the Jewish Question*, Princeton, N. J. 1984.
Gottlieb, Moshe R., *American Anti-Nazi Resistance, 1933–1941: An Historical Analysis*, New York 1982.
Graml, Hermann, *Reichskristallnacht: Antisemitismus und Judenverfolgung im Dritten Reich*, München 1988.
Gruchmann, Lothar, *Justiz im Dritten Reich 1933–1940: Anpassung und Unterwerfung in der Ära Gürtner*, München 1988.
–, «Blutschutzgesetz und Justiz: Zur Entstehung und Auswirkung des Nürnberger Gesetzes vom 15. September 1935», in: *VfZ* 31 (1983).
Grüttner, Michael, *Studenten im Dritten Reich*, Paderborn 1995.
Gruner, Wolf, «‹Lesen brauchen sie nicht zu können›: Die ‹Denkschrift über die Behandlung der Juden in der Reichshauptstadt auf allen Gebieten des öffentlichen Lebens› von Mai 1938», in: *Jahrbuch für Antisemitismusforschung* 4 (1995).
–, «Die Reichshauptstadt und die Verfolgung der Berliner Juden 1933–1945», in: *Jüdische Geschichte in Berlin: Essays und Studien*, hrsg. v. Reinhard Rürup, Berlin 1995.
Grunewald, Max, «The Beginning of the ‹Reichsvertretung›», in: *LBIY* 1 (1956).
Gutman, Robert W., *Richard Wagner: Der Mensch, sein Werk, seine Zeit*, München 1970.
Gutteridge, Richard, «German Protestantism and the Jews in the Third Reich», in: *Judaism and Christianity Under the Impact of National Socialism 1919–1945*, ed. Otto Dov Kulka, Paul R. Mendes-Flohr, Jerusalem 1987.
–, *Open Thy Mouth for the Dumb! The German Evangelical Church and the Jews 1879–1950*, Oxford 1976.

Hamburger, Ernest; Pulzer, Peter, «Jews as Voters in the Weimar Republic», in: *LBIY* 30 (1985).
Hamilton, Nigel, *The Brothers Mann: The Lives of Heinrich and Thomas Mann, 1871–1950 and 1875–1955*, London 1978.
Hanke, Peter, *Zur Geschichte der Juden in München zwischen 1933 und 1945*, München 1967.
Hass, Gerhart, «Zum Rußlandbild der SS», in: *Das Rußlandbild im Dritten Reich*, hrsg. v. Hans-Erich Volkmann, Köln 1994.
Hayes, Peter, «Big Business and ‹Aryanization› in Germany 1933- 1939», in: *Jahrbuch für Antisemitismusforschung* 3 (1994).
–, *Industry and Ideology: IG Farben in the Nazi Era*, Cambridge 1987.
Hayman, Ronald, *Thomas Mann: A Biography*, New York 1995.
Heck, Alfons, *The Burden of Hitlers Legacy*, Frederick, Colo. 1988.
Heiber, Helmut, *Universität unterm Hakenkreuz*, T. 1, *Der Professor im Dritten Reich: Bilder aus der akademischen Provinz*, München 1991. T. 2, *Die Kapitulation der Hohen Schulen: Das Jahr 1933 und seine Themen*, München 1992.
–, *Walter Frank und sein Reichsinstitut für Geschichte des neuen Deutschlands*, Stuttgart 1966.
Heilbron, John L., *The Dilemmas of an Upright Man: Max Planck as Spokesman for German Science*, Berkeley, Calif. 1986.
Heim, Susanne, «Deutschland muß ihnen ein Land ohne Zukunft sein: Die Zwangsemigration der Juden 1933 bis 1938», in: *Arbeitsmigration und Flucht: Beiträge zur nationalsozialistischen Gesundheits- und Sozialpolitik*, hrsg. v. Eberhard Jungfer et al., Bd. 11, Berlin 1993.
Helmreich, Ernst Christian, *The German Churches under Hitler: Background, Struggle and Epilogue*, Detroit 1979.
Herbert, Ulrich, *Best: Biographische Studien über Radikalismus, Weltanschauung und Vernunft 1903–1989*, Bonn 1996.
Herf, Jeffrey, *Reactionary Modernism: Technology, Culture and Politics in Weimar and the Third Reich*, Cambridge 1984.
Hermand, Jost, «‹Bürger zweier Welten?› Arnold Zweigs Einstellung zur deutschen Kultur», in: *Juden als Träger bürgerlicher Kultur in Deutschland*, hrsg. v. Julius Schoeps, Bonn 1988.
Heuer, Wolfgang, *Hannah Arendt: Mit Selbstzeugnissen und Bilddokumenten*, Reinbek 1987.
Hilberg, Raul, *The Destruction of the European Jews*, Chicago 1961.
–, *Die Vernichtung der europäischen Juden*, Bd. 1–3, Frankfurt a. M. 1990.
–, *Täter, Opfer, Zuschauer: Die Vernichtung der Juden 1933–1945*, Frankfurt a. M. 1992.
Höhne, Heinz, *Der Orden unter dem Totenkopf: Die Geschichte der SS*, Gütersloh 1967.
–, *Die Zeit der Illusionen: Hitler und die Anfänge des Dritten Reiches 1933–1936*, Düsseldorf 1991.
Höllen, Martin, «Episkopat und T4», in: *Aktion T4 1939–1945: Die «Euthanasie»-Zentrale in der Tiergartenstraße 4*, hrsg. v. Götz Aly, Berlin 1987.
Hoelzel, Alfred, «Thomas Mann's Attitudes toward Jews and Judaism: An Investigation of Biography and Oeuvre», in: *Studies in Contemporary Jewry* 6 (1990).
Hoffmann, Hilmar, *«Und die Fahne führt uns in die Ewigkeit»: Propaganda im NS-Film*, Frankfurt a. M. 1988.
Hofstadter, Richard, *The Paranoid Style in American Politics and Other Essays*, Chicago 1979.
Hollstein, Dorothea, *«Jud Süß» und die Deutschen: Antisemitische Vorurteile im nationalsozialistischen Spielfilm*, Frankfurt a. M. 1971.
Horwitz, Gordon J., *In the Shadow of Death: Living Outside the Gates of Mauthausen*, London 1991.

Hoss, Christiane, «Die jüdischen Patienten in rheinischen Anstalten zur Zeit des Nationalsozialismus», in: *Verlegt nach Unbekannt: Sterilisation und Euthanasie in Galkhausen 1933–1945*, hrsg. v. Mathias Leipert, Rudolf Styrnal u. Winfried Schwarzer, Köln 1987.

Hyman, Paula, *From Dreyfus to Vichy: The Remaking of French Jewry, 1906–1939*, New York 1979.

Jacobsen, Hans-Adolf, *Karl Haushofer: Leben und Werke*, Bd. 1–2, Boppard a. Rh. 1979.

Jäckel, Eberhard, *Hitler in History*, Hanover, N. H. 1984.

–, *Hitlers Weltanschauung: Entwurf einer Herrschaft*, Stuttgart 1981.

James, Harold, «Die Deutsche Bank und die Diktatur 1933–1945», in: Lothar Gall et al., *Die Deutsche Bank 1870–1995*, München 1995.

Jansen, Christian, *Professoren und Politik: Politisches Denken und Handeln der Heidelberger Hochschullehrer 1914–1935*, Göttingen 1992.

Jansen, Hans, «Anti-Semitism in the Amiable Guise of Theological Philo-Semitism in Karl Barth's Israel Theology Before and After Auschwitz», in: *Remembering for the Future: Jews and Christians During and After the Holocaust*, Bd. 1, Oxford 1988.

Jarausch, Konrad H., «Jewish Lawyers in Germany, 1848–1938: The Disintegration of a Profession», in: *LBIY* 36 (1991).

Jelavich, Peter, *Munich and Theatrical Modernism: Politics, Playwriting and Performance 1890–1914*, Cambridge, Mass. 1985.

Joachimsthaler, Anton, *Korrektur einer Biographie: Adolf Hitler, 1908–1920*, München 1989.

Jochmann, Werner, «Die Ausbreitung des Antisemitismus», in: *Deutsches Judentum in Krieg und Revolution 1916–1923*, hrsg. v. Werner E. Mosse, Tübingen 1971.

Jones, Larry E., *German Liberalism and the Dissolution of the Weimar Party System, 1918–1933*, Chapel Hill, N. C. 1988.

Jungk, Peter Stephan, *Franz Werfel: Eine Lebensgeschichte*, Frankfurt a. M. 1987.

Kaplan, Marion, «Sisterhood Under Siege: Feminism and Antisemitism in Germany, 1904–38», in: *When Biology Became Destiny: Women in Weimar and Nazi Germany*, ed. Renate Bridenthal, Atina Grossmann, Marion Kaplan, New York 1984.

Kater, Michael H., *Gewagtes Spiel: Jazz im Nationalsozialismus*, Köln 1995.

–, «Everyday Anti-Semitism in Prewar Nazi Germany: The Popular Bases», in: *Yad Vashem Studies* 16 (1984).

–, *The Nazi Party: A Social Profile of Members and Leaders, 1919–1945*, Oxford 1983.

–, *Studentenschaft und Rechtsradikalismus in Deutschland 1918–1933*, Hamburg 1975.

Katz, Jacob, *Jews and Freemasons in Europe 1723–1939*, Cambridge, Mass. 1970.

–, *Aus dem bürgerlichen Ghetto in die bürgerliche Gesellschaft: Jüdische Emanzipation 1770–1870*, Frankfurt a. M. 1986.

–, *Vom Vorurteil bis zur Vernichtung: Der Antisemitismus 1700–1933*, München 1989.

Katz, Shlomo Z., «Public Opinion in Western Europe and the Evian Conference of July 1938», in: *Yad Vashem Studies* 9 (1973).

Katzburg, Nathaniel, *Hungary and the Jews: Policy and Legislation*, Ramat-Gan, Israel 1981.

Keller, Stefan, *Grüningers Fall: Geschichten von Flucht und Hilfe*, Zürich 1993.

Kershaw, Ian, *Der Hitler-Mythos: Volksmeinung und Propaganda im Dritten Reich*, Stuttgart 1980. (Erweiterte englische Fassung: *The «Hitler Myth»: Image and Reality in the Third Reich*, Oxford 1987.)

–, *Hitlers Macht: Das Profil der NS-Herrschaft*, München 1992.

–, *The Nazi Dictatorship: Problems and Perspectives of Interpretation*, London 1993. (Überarbeitete und erweiterte deutsche Neuausgabe: *Der NS-Staat: Geschichtsinterpretationen und Kontroversen im Überblick*, Reinbek 1994.)

–, «The Persecution of the Jews and German Popular Opinion in the Third Reich», in: *LBIY* 26 (1981).

–, «‹Working Toward the Führer›: Reflections on the Nature of the Hitler Dictatorship», in: *Contemporary European History* 2 (1993), No. 2.

Klee, Ernst, *«Euthanasie» im NS-Staat: Die «Vernichtung lebensunwerten Lebens»*, Frankfurt a. M. 1985.

–, *«Die SA Jesu Christi»: Die Kirche im Banne Hitlers*, Frankfurt a. M. 1989.

Knipping, Ulrich, *Die Geschichte der Juden in Dortmund während der Zeit des Dritten Reiches*, Dortmund 1977.

Knütter, Hans-Helmuth, *Die Juden und die deutsche Linke in der Weimarer Republik, 1918–1933*, Düsseldorf 1971.

Koehl, Robert L., *The Black Corps: The Structure and Power Struggles of the Nazi SS*, Madison, Wis. 1983.

Koonz, Claudia, *Mütter im Vaterland*, Freiburg i. Br. 1991.

Korzec, Pawel, *Juifs en Pologne: La Question juive pendant l'entre-deux-guerres*, Paris 1980.

Kranzler, David, «The Jewish Refugee Community of Shanghai, 1938–1945», in: *Wiener Library Bulletin* 36 (1972/73).

Krausnick, Helmut, «Judenverfolgung», in: *Anatomie des SS-Staates*, hrsg. v. Hans Buchheim et al., Bd. 1–2, München 1967.

Krüger, Arnd, *Die Olympischen Spiele 1936 und die Weltmeinung*, Berlin 1972.

Kudlien, Fridolf, *Ärzte im Nationalsozialismus*, Köln 1985.

Kulka, Otto Dov, «Public Opinion in Nazi Germany and the ‹Jewish Question›», in: *Jerusalem Quarterly* 25 (Herbst 1982).

–, «Die Nürnberger Rassengesetze und die deutsche Bevölkerung im Lichte geheimer NS-Lage- und Stimmungsberichte», in: *VfZ* 32 (1984).

Kwiet, Konrad, «Forced Labor of German Jews in Nazi Germany», in: *LBIY* 36 (1991).

Kwiet, Konrad; Eschwege, Helmut, *Selbstbehauptung und Widerstand: Deutsche Juden im Kampf um Existenz und Menschenwürde 1933–1945*, Hamburg 1984.

Laak-Michael, Ursula, *Albrecht Haushofer und der Nationalsozialismus*, Stuttgart 1974.

LaCapra, Dominick, *Representing the Holocaust: History, Theory, Trauma*, Ithaca, N. Y. 1994.

Lacouture, Jean, *Léon Blum*, Paris 1977.

Lamberti, Marjorie, *Jewish Activism in Imperial Germany: The Struggle for Civil Equality*, New Haven, Conn. 1978.

Lang, Jochen von (Hrsg.), *Das Eichmann-Protokoll: Tonbandaufzeichnungen der israelischen Verhöre*, Berlin 1982.

Langer, Walter C., *Das Adolf-Hitler-Psychogramm: Eine Analyse seiner Person und seines Verhaltens, verfaßt 1943 für die psychologische Kriegsführung der USA*, Wien, München, Zürich 1973.

Lauber, Heinz, *Judenpogrom «Reichskristallnacht»: November 1938 in Großdeutschland*, Gerlingen 1981.

Laval, Michel, *Brasillach ou la trahison du clerc*, Paris 1992.

Lemmons, Russel, *Goebbels and «Der Angriff»*, Lexington, Ky. 1994.

Lenger, Friedrich, *Werner Sombart 1863–1941: Eine Biographie*, München 1994.

Levi, Erik, *Music in the Third Reich*, New York 1994.

–, «Music and National Socialism: The Politicisation of Criticism and Performance», in: *The Nazification of Art: Art, Design, Music, Architecture and Film in the Third Reich*, ed. Brandon Taylor, Wilfried van der Will, Winchester, England 1990.

Levy, Richard S. (trans., ed.), Introduction to: Binjamin W. Segel, *A Lie and a Libel: The History of the Protocols of the Elders of Zion*, Lincoln, Nebr. 1995. (Übersetzung von: Segel, Binjamin, *Die Protokolle der Weisen von Zion kritisch beleuchtet: Eine Erledigung*, Berlin 1924.)

Lewy, Guenter, *Die katholische Kirche und das Dritte Reich*, München 1965.

Lill, Rudolf; Kissener, Michael (Hrsg.), *20. Juli 1944 in Baden und Württemberg*, Konstanz 1994.

Lipstadt, Deborah E., *Beyond Belief: The American Press and the Coming of the Holocaust 1933–1945*, New York 1986.
Lösener, Bernhard, «Als Rassereferent im Innenministerium», in: *VfZ* 3 (1961).
Loewenberg, Peter, «The Kristallnacht as a Public Degradation Ritual», in: *LBIY* 32 (1987).
Loewenstein, Kurt, «Die innere jüdische Reaktion auf die Krise der deutschen Demokratie», in: *Entscheidungsjahr 1932: Zur Judenfrage in der Endphase der Weimarer Republik*, hrsg. v. Werner E. Mosse, Tübingen 1965.
Lohalm, Uwe, *Völkischer Radikalismus: Die Geschichte des Deutschvölkischen Schutz- und Trutzbundes 1919–1923*, Hamburg 1970.
Longerich, Peter, *Hitlers Stellvertreter: Führung der Partei und Kontrolle des Staatsapparates durch den Stab Heß und die Parteikanzlei Bormanns*, München 1992.
Lookstein, Haskel, *Were We Our Brothers' Keepers? The Public Response of American Jews to the Holocaust, 1938–1944*, New York 1985.
Lowenstein, Steven M., «The Struggle for Survival of Rural Jews in Germany 1933–1938: The Case of Bezirksamt Weissenburg, Mittelfranken», in: *The Jews in Nazi Germany 1933–1943*, hrsg. v. Arnold Paucker, Tübingen 1986.
Ludwig, Carl, *Die Flüchtlingspolitik der Schweiz in den Jahren 1933 bis 1955: Bericht an den Bundesrat zuhanden der Eidgenössischen Räte*, Bern 1957.
Mahler, Raphael, *Die Juden Polens zwischen den beiden Weltkriegen*, Tel Aviv 1968 (Hebräisch).
Maier, Charles S., *Die Gegenwart der Vergangenheit: Geschichte und die nationale Identität der Deutschen*, Frankfurt a. M. 1992.
Mann, Golo, *Erinnerungen und Gedanken. Eine Jugend in Deutschland*, Frankfurt a. M. 1986.
Marcus, Joseph, *Social and Political History of the Jews in Poland 1919–1939*, Berlin 1983.
Margalioth, Abraham, «The Problem of the Rescue of German Jewry during the Years 1933–1939: The Reasons for the Delay in their Emigration from the Third Reich», in: *Rescue Attempts During the Holocaust*, ed. Yisrael Guttman, Efraim Zuroff, Jerusalem 1977.
–, *Zwischen Rettung und Vernichtung: Studien zur Geschichte des deutschen Judentums 1932–1938*, Jerusalem 1990 (Hebräisch).
–, «The Reaction of the Jewish Public in Germany to the Nuremberg Laws», in: *Yad Vashem Studies* 12 (1977).
Marrus, Michael R., «Vichy Before Vichy: Antisemitic Currents in France during the 1930s», in: *Wiener Library Bulletin* 33 (1980).
–, *The Holocaust in History*, Hanover, N. H. 1987.
–, «The Strange Story of Herschel Grynszpan», in: *American Scholar* 57 (1987/88), No. 1.
Marrus, Michael R.; Paxton, Robert O., *Vichy France and the Jews*, New York 1981.
Maser, Werner, *Adolf Hitler: Legende, Mythos, Wirklichkeit*, München 1971.
Maurer, Trude, *Ostjuden in Deutschland 1918–1933*, Hamburg 1986.
–, «Abschiebung und Attentat: Die Ausweisung der polnischen Juden und der Vorwand für die ‹Kristallnacht›», in: *Der Judenpogrom 1938: Von der «Reichskristallnacht» zum Völkermord*, hrsg. v. Walter Pehle, Frankfurt a. M. 1987.
–, «Die Juden in der Weimarer Republik», in: *Zerbrochene Geschichte: Leben und Selbstverständnis der Juden in Deutschland*, hrsg. v. Dirk Blasius u. Dan Diner, Frankfurt a. M. 1991.
Mayer, Arno J., *Der Krieg als Kreuzzug: Das Deutsche Reich, Hitlers Wehrmacht und die «Endlösung»*, Reinbek 1989.
McKale, Donald M., «From Weimar to Nazism: Abteilung III of the German Foreign Office and the Support of Antisemitism, 1931–1935», in: *LBIY* 32 (1987).
Mehrtens, H.; Richter, S. (Hrsg.), *Naturwissenschaft, Technik und NS-Ideologie*, Frankfurt a. M. 1980.

Meier, Heinrich, *Carl Schmitt, Leo Strauss und «Der Begriff des Politischen»: Dialog unter Abwesenden*, Stuttgart 1988.
Mendelsohn, Ezra, *The Jews of East Central Europe Between the World Wars*, Bloomington, Ind. 1983.
Mendes-Flohr, Paul R., «Ambivalent Dialogue: Jewish-Christian Theological Encounter in the Weimar Republic», in: *Judaism and Christianity Under the Impact of National Socialism 1919–1945*, ed. Otto Dov Kulka, Paul R. Mendes-Flohr, Jerusalem 1987.
Merkl, Peter, *Political Violence Under the Swastika: 581 Early Nazis*, Princeton, N. J. 1975.
Meyer, Michael A., *Von Moses Mendelssohn zu Leopold Zunz*, München 1994.
Michael, Robert, «Theological Myth, German Anti-Semitism and the Holocaust: The Case of Martin Niemöller», in: *Holocaust and Genocide Studies* 2 (1987).
Michaelis, Meir, *Mussolini and the Jews: German-Italian Relations and the Jewish Question in Italy 1922–1945*, London 1978.
Michel, Bernard, *Banques et banquiers en Autriche au début du XXe siècle*, Paris 1976.
Milton, Sybil, «Menschen zwischen Grenzen: Die Polenausweisung 1938», in: *Menora: Jahrbuch für deutsch-jüdische Geschichte* 1990.
–, «Vorstufe zur Vernichtung: Die Zigeunerlager nach 1933», in: *VfZ* 43 (1995), No. 1.
Mommsen, Hans, *Beamtentum im Dritten Reich*, Stuttgart 1966.
–, «Die Geschichte des Chemnitzer Kanzleigehilfen K. B.», in: *Die Reihen fast geschlossen: Beiträge zur Geschichte des Alltags unterm Nationalsozialismus*, hrsg. v. Detlev Peukert u. Jürgen Reulecke, Wuppertal 1981.
–, «Der nationalsozialistische Staat und die Judenverfolgung vor 1938», in: *VfZ* 1 (1962).
–, «The Realization of the Unthinkable», in: Hans Mommsen, *From Weimar to Auschwitz*, Princeton, N. J. 1991.
–, «Reflections on the Position of Hitler and Göring in the Third Reich», in: *Reevaluating the Third Reich*, ed. Thomas Childers, Jane Caplan, New York 1993.
Monier, Frédéric, «Les Obsessions d'Henri Béraud», in: *Vingtième Siècle: Revue d'Histoire* (Okt.-Dez. 1993).
Morse, Arthur, *Die Wasser teilten sich nicht*, Bern, München, Wien 1968.
Moser, Jonny, «Österreich», in: *Dimension des Völkermords: Die Zahl der jüdischen Opfer des Nationalsozialismus*, hrsg. v. Wolfgang Benz, München 1991.
Mosse, George L., «Die Bildungsbürger verbrennen ihre eigenen Bücher», in: *«Das war ein Vorspiel nur»: Berliner Colloquium zur Literaturpolitik im «Dritten Reich»*, hrsg. v. Horst Denkler u. Eberhard Lämmert, Berlin 1985.
–, *Ein Volk, ein Reich, ein Führer: Die völkischen Ursprünge des Nationalsozialismus*, Königstein/Ts. 1979.
–, «Die deutsche Rechte und die Juden», in: *Entscheidungsjahr 1932: Zur Judenfrage in der Endphase der Weimarer Republik*, hrsg. v. Werner E. Mosse, Tübingen 1965.
–, «German Socialists and the Jewish Question in the Weimar Republic», in: *LBIY* 16 (1971).
–, «The Influence of the Völkisch Idea on German Jewry», in: *Germans and Jews: The Right, the Left and the Search for a «Third Force» in Pre-Nazi Germany*, New York 1970.
–, «Jewish Emancipation: Between *Bildung* and Respectability», in: *The Jewish Response to German Culture: From the Enlightenment to the Second World War*, ed. Yehuda Reinharz, Walter Schatzberg, Hanover, N. H. 1985.
Mosse, Werner E., *Jews in the German Economy: The German-Jewish Economic Elite 1820–1935*, Oxford 1987.
–, «Die Juden in Wirtschaft und Gesellschaft», in: *Juden im wilhelminischen Deutschland 1890–1914*, hrsg. v. Werner E. Mosse, Tübingen 1976.
Müller, Ingo, *Furchtbare Juristen: Die unbewältigte Vergangenheit unserer Justiz*, München 1987.
Müller, Roland, *Stuttgart zur Zeit des Nationalsozialismus*, Stuttgart 1988.

Müller-Hill, Benno, *Tödliche Wissenschaft: Die Aussonderung von Juden, Zigeunern und Geisteskranken 1933–1945*, Reinbek 1984.

Ne'eman Arad, Gulie, *The American Jewish Leadership and the Nazi Menace*, Bloomington, Ind., im Druck [1997].

Neliba, Günter, *Wilhelm Frick, der Legalist des Unrechtsstaates: Eine politische Biographie*, Paderborn 1992.

Nettl, J. Peter, *Rosa Luxemburg*, Bd. 1–2, Oxford 1966.

Nicholas, Lynn H., *Der Raub der Europa: Das Schicksal europäischer Kunstschätze im Dritten Reich*, München 1995.

Nicosia, Francis R., «Ein nützlicher Feind: Zionismus im nationalsozialistischen Deutschland 1933–1939», in: *VfZ* 37 (1989), No. 3.

–, «Revisionist Zionism in Germany (II): Georg Kareski and the Staatszionistische Organisation, 1933–1938», in: *LBIY* 32 (1987).

–, *Hitler und der Zionismus: Das 3. Reich und die Palästina-Frage 1933–1939*, Leoni am Starnberger See 1989.

Niederland, Doron, «The Emigration of Jewish Academics and Professionals from Germany in the First Years of Nazi Rule», in: *LBIY* 33 (1988).

Niewyk, Donald L., *The Jews in Weimar Germany*, Baton Rouge, La. 1980.

Nipperdey, Thomas, *Deutsche Geschichte 1866–1918*, Bd. 2, *Machtstaat vor der Demokratie*, München 1992.

Noakes, Jeremy, «The Development of Nazi Policy Towards the German-Jewish ‹Mischlinge› 1933–1945», in: *LBIY* 34 (1989).

–, «Nazism and Eugenics: The Background to the Nazi Sterilization Law of 14 July 1933», in: *Ideas into Politics: Aspects of European History 1880–1950*, ed. R. J. Bullen, H. Pogge von Strandmann, A. B. Polonsky, London 1984.

–, «Wohin gehören die ‹Judenmischlinge›? Die Entstehung der ersten Durchführungsverordnungen zu den Nürnberger Gesetzen», in: *Das Unrechtsregime: Internationale Forschung über den Nationalsozialismus*, hrsg. v. Ursula Büttner, Werner Johe u. Angelika Voss, Bd. 1–2, Hamburg 1986.

Nolte, Ernst, «Eine frühe Quelle zu Hitlers Antisemitismus», in: *Historische Zeitschrift* 192 (1961).

Norden, Günther van, «Die Barmer Theologische Erklärung und die ‹Judenfrage›», in: *Das Unrechtsregime: Internationale Forschung über den Nationalsozialismus*, hrsg. v. Ursula Büttner, Werner Johe u. Angelika Voss, Bd. 1–2, Hamburg 1986.

Obst, Dieter, *«Reichskristallnacht»: Ursachen und Verlauf des antisemitischen Pogroms vom November 1938*, Frankfurt a. M. 1991.

–, «Die ‹Reichskristallnacht› im Spiegel deutscher Nachkriegsprozeßakten und als Gegenstand der Strafverfolgung», in: *Geschichte in Wissenschaft und Unterricht* 44 (1993), No. 4.

Östreich, Carl, «Die letzten Stunden eines Gotteshauses», in: *Von Juden in München*, hrsg. v. Hans Lamm, München 1959.

Ofer, Dalia, *Escaping the Holocaust: Illegal Immigration to the Land of Israel 1939–1944*, New York 1990.

Orlow, Dietrich, *The History of the Nazi Party: 1933–1945*, Bd. 1–2, Pittsburgh 1969–73.

Ott, Hugo, *Laubhüttenfest 1940: Warum Therese Löwy einsam sterben mußte*, Freiburg 1994.

–, *Martin Heidegger: Unterwegs zu seiner Biographie*, Frankfurt a. M. 1988.

Pätzold, Kurt, *Faschismus, Rassenwahn, Judenverfolgung: Eine Studie zur politischen Strategie und Taktik des faschistischen deutschen Imperialismus (1933–1945)*, Berlin (Ost) 1975.

Passelecq, Georges; Suchecky, Bernard, *Die unterschlagene Enzyklika: Der Vatikan und die Judenverfolgung*, München, Wien 1997.

Pauley, Bruce F., *Eine Geschichte des österreichischen Antisemitismus: Von der Ausgrenzung zur Auslöschung*, Wien 1993.

Pehle, Walter (Hrsg.), *Der Judenpogrom 1938: Von der «Reichskristallnacht» zum Völkermord*, Frankfurt a. M. 1988.
Perutz, M. F. «The Cabinet of Dr. Haber», in: *New York Review of Books*, 20. Juni 1996.
Peukert, Detlev J. K., *Volksgenossen und Gemeinschaftsfremde: Anpassung, Ausmerze und Aufbegehren unter dem Nationalsozialismus*, Köln 1982.
–, «The Genesis of the ‹Final Solution› from the Spirit of Science», in: *Reevaluating the Third Reich*, ed. Thomas Childers, Jane Caplan, New York 1993.
Phelps, Reginald H., «Before Hitler Came: Thule Society and Germanenorden», in: *Journal of Modern History* 35 (1963).
Plewnia, Margarete, *Auf dem Weg zu Hitler: Der ‹völkische› Publizist Dietrich Eckart*, Bremen 1970.
Poliakov, Léon, *Histoire de l'Antisémitisme*, Bd. 4, *L'Europe suicidaire 1870–1933*, Paris 1977.
Pommerin, Reiner, *Sterilisierung der «Rheinlandbastarde»: Das Schicksal einer farbigen deutschen Minderheit 1918–1937*, Düsseldorf 1979.
Prieberg, Fred K., *Musik im NS-Staat*, Frankfurt a. M. 1982.
Proctor, Robert N., *Racial Hygiene: Medicine under the Nazis*, Cambridge, Mass. 1988.
Pulzer, Peter, *Die Entstehung des politischen Antisemitismus in Deutschland und Österreich 1867–1914*, Gütersloh 1966.
Rathkolb, Oliver, *Führertreu und gottbegnadet: Künstlereliten im Dritten Reich*, Wien 1991.
Reichmann, Eva G., «Diskussionen über die Judenfrage 1930–1932», in: *Entscheidungsjahr 1932: Zur Judenfrage in der Endphase der Weimarer Republik*, hrsg. v. Werner E. Mosse, Tübingen 1965.
Reuth, Ralf Georg, *Goebbels*, München 1990.
Richarz, Monika (Hrsg.), *Jüdisches Leben in Deutschland*, Bd. 3, *Selbstzeugnisse zur Sozialgeschichte 1918–1945*, Stuttgart 1982.
Ritchie, James M., *German Literature Under National Socialism*, London 1983.
Röhl, John C. G., «Das Beste wäre Gas!», in: *Die Zeit*, 25. Nov. 1994.
Röhm, Eberhard; Thierfelder, Jörg, *Juden – Christen – Deutsche*, Bd. 1, *1933–1935*, Stuttgart 1990.
Rose, Paul Lawrence, *Revolutionary Antisemitism in Germany from Kant to Wagner*, Princeton, N. J. 1990.
–, *Wagner, Race and Revolution*, London 1992.
Rosenkranz, Herbert, «Austrian Jewry: Between Forced Emigration and Deportation», in: *Patterns of Jewish Leadership in Nazi Europe 1933–1945*, ed. Yisrael Guttman, Cynthia J. Haft, Jerusalem 1979.
Rosenstock, Werner, «Exodus 1933–1939: A Survey of Jewish Emigration from Germany», in: *LBIY* 1 (1956).
Rürup, Reinhard, *Emanzipation und Antisemitismus: Studien zur «Judenfrage» der bürgerlichen Gesellschaft*, Göttingen 1975.
Rüthers, Bernd, *Carl Schmitt im Dritten Reich: Wissenschaft als Zeitgeist-Bestärkung?*, München 1990.
Sabrow, Martin, *Der Rathenaumord: Rekonstruktion einer Verschwörung gegen die Republik von Weimar*, München 1994.
Safranski, Rüdiger, *Ein Meister aus Deutschland: Heidegger und seine Zeit*, München 1994.
Safrian, Hans, *Die Eichmann-Männer*, Wien 1993.
Sauder, Gerhard (Hrsg.), *Die Bücherverbrennung*, München 1983.
Sauer, Paul, «Otto Hirsch (1885–1941), Director of the ‹Reichsvertretung›», in: *LBIY* 32 (1987).
Schäfer, Hans Dieter, «Die nichtfaschistische Literatur der ‹jungen Generation› im nationalsozialistischen Deutschland», in: *Die deutsche Literatur im Dritten Reich*, hrsg. v. Horst Denkler u. Karl Prumm, Stuttgart 1976.

Schleunes, Karl A., *The Twisted Road to Auschwitz: Nazi Policy Toward German Jews 1933–1939*, Urbana, Ill. 1970.

Schmuhl, Hans-Walter, *Rassenhygiene, Nationalsozialismus, Euthanasie*, Göttingen 1987.

–, «Reformpsychiatrie und Massenmord», in: *Nationalsozialismus und Modernisierung*, hrsg. v. Michael Prinz u. Rainer Zitelmann, Darmstadt 1991.

Schoenberner, Gerhard, *Der gelbe Stern: Die Judenverfolgung in Europa 1933–1945*, Frankfurt a. M. 1982.

Schönwälder, Karen, *Historiker und Politik: Geschichtswissenschaft im Nationalsozialismus*, Frankfurt a. M. 1992.

Scholder, Klaus, *Die Kirchen und das Dritte Reich*, Bd. 1, *Vorgeschichte und Zeit der Illusionen 1918–1934*, Frankfurt a. M. 1977.

–, «Judaism and Christianity in the Ideology and Politics of National Socialism», in: *Judaism and Christianity Under the Impact of National Socialism 1919–1945*, ed. Otto Dov Kulka, Paul R. Mendes-Flohr, Jerusalem 1987.

Schonauer, Franz, «Zu Hans Dieter Schäfer: ‹Bücherverbrennung, staatsfreie Sphäre und Scheinkultur›», in: *«Das war ein Vorspiel nur»: Berliner Colloquium zur Literaturpolitik im Dritten Reich*, hrsg. v. Horst Denkler u. Eberhard Lämmert, Berlin 1985.

Schor, Ralph, *L'Antisémitisme en France pendant les années trente*, Brüssel 1992.

Schorcht, Claudia, *Philosophie an den bayerischen Universitäten 1933–1945*, Erlangen 1990.

Schorske, Carl E., *Wien: Geist und Gesellschaft im Fin de Siècle*, Frankfurt a. M. ²1982.

Schottländer, Rudolf, «Antisemitische Hochschulpolitik: Zur Lage an der Technischen Hochschule Berlin 1933/1934», in: *Wissenschaft und Gesellschaft: Beiträge zur Geschichte der Technischen Universität Berlin 1879–1979*, hrsg. v. Reinhard Rurup, Bd. 1–2, Berlin 1979.

Schüler, Winfried, *Der Bayreuther Kreis von seiner Entstehung bis zum Ausgang der wilhelminischen Ära*, Münster 1971.

Schuker, Stephen A., «Origins of the ‹Jewish Problem› in the Later Third Republic», in: *The Jews in Modern France*, ed. Frances Malino, Bernard Wasserstein, Hanover, N. H. 1985.

Schulin, Ernst, *Walther Rathenau: Repräsentant, Kritiker und Opfer seiner Zeit*, Göttingen 1979.

Schwabe, Klaus, «Der Weg in die Opposition: Der Historiker Gerhard Ritter und der Freiburger Kreis», in: *Die Freiburger Universität in der Zeit des Nationalsozialismus*, hrsg. v. Eckhard John et al., Freiburg 1991.

Schwabe, Klaus; Reichardt, Rolf; Hauf, Reinhard (Hrsg.), *Gerhard Ritter: Ein politischer Historiker in seinen Briefen*, Boppard a. Rh. 1984.

Segev, Tom, *Die siebte Million: Der Holocaust und Israels Politik der Erinnerung*, Reinbek 1995.

Seidler, Edward, «Die medizinische Fakultät zwischen 1926 und 1948», in: *Die Freiburger Universität in der Zeit des Nationalsozialismus*, hrsg. v. Eckhard John et al., Freiburg 1991.

Sereny, Gitta, *Das Ringen mit der Wahrheit: Albert Speer und das deutsche Trauma*, München 1995.

–, *Am Abgrund: Eine Gewissensforschung; Gespräche mit Franz Stangl, Kommandant von Treblinka, u. a.*, Frankfurt a. M., Berlin, Wien 1979.

Sheehan, Thomas, «Heidegger and the Nazis», in: *New York Review of Books*, 16. Juni 1988.

Shell, Susan, «Taking Evil Seriously: Schmitt's Concept of the Political and Strauss's True Politics», in: *Leo Strauss: Political Philosopher and Jewish Thinker*, ed. Kenneth L. Deutsch, Walter Nigorski, Lanham, Md. 1994.

Shirakawa, Sam H., *The Devil's Music Master: The Controversial Life and Career of Wilhelm Furtwängler*, New York 1992.

Sösemann, Bernd, «Liberaler Journalismus in der politischen Kultur der Weimarer Republik», in: *Juden als Träger bürgerlicher Kultur in Deutschland*, hrsg. v. Julius H. Schoeps, Bonn 1989.
Solmssen, Arthur R. G., *Berliner Reigen*, Frankfurt a. M. 1981.
Sorkin, David, *The Transformation of German Jewry, 1780–1840*, New York 1987.
Soucy, Robert, *French Fascism: The Second Wave, 1933–1939*, New Haven, Conn. 1995.
Speer, Albert, *Erinnerungen*, Berlin 1969.
Spotts, Frederic, *Bayreuth: Eine Geschichte der Wagner Festspiele*, München 1994.
Steel, Ronald, *Walter Lippmann and the American Century*, Boston 1980.
Steinberg, Jonathan, *Deutsche, Italiener und Juden: Der italienische Widerstand gegen den Holocaust*, Göttingen 1992.
Steinberg, Michael P., *The Meaning of the Salzburg Festival: Austria as Theater and Ideology, 1890–1938*, Ithaca, N. Y. 1990.
Steinert, Marlis, *Hitlers Krieg und die Deutschen: Stimmung und Haltung der deutschen Bevölkerung im Zweiten Weltkrieg*, Düsseldorf 1970.
Steinweis, Alan E., *Art, Ideology and Economics in Nazi Germany: The Reich Chamber of Culture and the Regulation of the Culture Professions in Nazi Germany*, Chapel Hill, N. C. 1988.
–, «Hans Hinkel and German Jewry, 1933–1941», in: *LBIY* 38 (1993).
Stern, Fritz, *Gold und Eisen: Bismarck und sein Bankier Bleichröder*, Frankfurt a. M. etc. [4]1980.
–, *Kulturpessimismus als politische Gefahr: Eine Analyse nationaler Ideologie in Deutschland*, Bern, Stuttgart, Wien 1963.
–, *Der Traum vom Frieden und die Versuchung der Macht: Deutsche Geschichte im 20. Jahrhundert*, Berlin 1988.
Stern, Joseph P., *Hitler: Der Führer und das Volk*, München 1978.
Sternhell, Zeev, *Ni droite, ni gauche: L'idéologie fasciste en France*, Paris 1983.
Stolzenberg, Dietrich, *Fritz Haber: Chemiker, Nobelpreisträger, Deutscher, Jude*, Weinheim 1994.
Strauss, Herbert A., «Jewish Emigration from Germany: Nazi Policies and Jewish Responses (I)», in: *LBIY* 25 (1980).
Stümke, Hans-Georg, *Homosexuelle in Deutschland: Eine politische Geschichte*, München 1989.
Suchy, Barbara, «The Verein zur Abwehr des Antisemitismus (II): From the First World War to its Dissolution in 1933», in: *LBIY* 30 (1985).
Tal, Uriel, *Christians and Jews in Germany: Religion, Politics and Ideology in the Second Reich, 1870–1914*, Ithaca, N. Y. 1975.
–, «Recht und Theologie: Zum Status des deutschen Judentums zu Beginn des Dritten Reiches», in: *Politische Theologie und das Dritte Reich*, Tel Aviv 1989 (Hebräisch).
–, «On Structures of Political Theology and Myth in Germany Prior to the Holocaust», in: *The Holocaust as Historical Experience*, ed. Yehuda Bauer, Nathan Rotenstreich, New York 1981.
Thalmann, Rita, «Du Cercle Sohlberg au Comité France-Allemagne: Une évolution ambigüe de la coopération franco-allemande», in: Hans Manfred Bock et al. (éd.), *Entre Locarno et Vichy: les relations culturelles franco-allemandes dans les années 1930*, Paris 1993.
Theweleit, Klaus, *Männerphantasien*, Bd. 1–2, Frankfurt a. M. 1977–78.
Tökés, Rudolf L., *Béla Kun and the Hungarian Soviet Republic*, New York 1967.
Toury, Jacob, *Die politischen Orientierungen der Juden in Deutschland: Von Jena bis Weimar*, Tübingen 1966.
–, «Ein Auftakt zur Endlösung: Judenaustreibungen über nichtslawische Grenzen, 1933 bis 1939», in: *Das Unrechtsregime: Internationale Forschung über den Nationalsozialismus*, hrsg. v. Ursula Büttner, Werner Johe u. Angelika Voss, Bd. 1–2, Hamburg 1986.

Tuchel, Johannes; Schattenfroh, Reinhold, *Zentrale des Terrors: Prinz-Albrecht-Straße 8, Hauptquartier der Gestapo*, Berlin 1987.
Vago, Béla, *The Shadow of the Swastika: The Rise of Fascism and Anti-Semitism in the Danube Basin, 1936–1939*, London 1975.
Volk, Ludwig, «Kardinal Faulhabers Stellung zur Weimarer Republik und zum NS-Staat», in: *Stimmen der Zeit* 177 (1966).
Volkov, Shulamith, «Die Verbürgerlichung der Juden in Deutschland als Paradigma», in: *Jüdisches Leben und Antisemitismus im 19. und 20. Jahrhundert*, München 1990.
Vondung, Klaus, «Der literarische Nationalsozialismus», in: *Die deutsche Literatur im Dritten Reich*, hrsg. v. Horst Denkler u. Karl Prumm, Stuttgart 1976.
–, *Magie und Manipulation: Ideologischer Kult und politische Religion des Nationalsozialismus*, Göttingen 1971.
Waite, Robert G. L., *The Psychopathic God: A Biography of Adolf Hitler*, New York 1976.
Wasserstein, Bernard, *Britain and the Jews of Europe 1939–1945*, Oxford 1988.
Weber, Eugen, *Action Française: Royalism and Reaction in Twentieth-Century France*, Stanford, Calif. 1962.
Weckbecker, Arno, *Die Judenverfolgung in Heidelberg 1933–1945*, Heidelberg 1985.
Weinberg, David H., *A Community on Trial: The Jews of Paris in the 1930s*, Chicago 1977.
Weindling, Paul, *Health, Race and German Politics between National Unification and Nazism, 1870–1945*, Cambridge 1989.
–, «Mustergau Thüringen: Rassenhygiene zwischen Ideologie und Machtpolitik», in: *Medizin und Gesundheitspolitik in der NS-Zeit*, hrsg. v. Norbert Frei, München 1991.
Weiner, Marc A., *Richard Wagner and the Anti-Semitic Imagination*, Lincoln, Nebr. 1995.
Weltsch, Robert, «A Goebbels Speech and a Goebbels Letter», in: *LBIY* 10 (1965).
–, «Vorbemerkung zur zweiten Ausgabe (1959)», in: Siegmund Kaznelson, *Juden im deutschen Kulturbereich: Ein Sammelwerk*, Berlin 1962.
Wiesemann, Falk, «Juden auf dem Lande: Die wirtschaftliche Ausgrenzung der jüdischen Viehhändler in Bayern», in: *Die Reihen fast geschlossen: Beiträge zur Geschichte des Alltags unterm Nationalsozialismus*, hrsg. v. Detlev Peukert u. Jürgen Reulecke, Wuppertal 1981.
Wildt, Michael, *Die Judenpolitik des SD 1935 bis 1938*, München 1995.
Winkler, Heinrich-August, *Weimar 1918–1933: Die Geschichte der ersten deutschen Demokratie*, München 1993.
Winter, Jay M., *Sites of Memory, Sites of Mourning: The Great War in European Cultural History*, Cambridge 1995
Wippermann, Wolfgang, *Das Leben in Frankfurt zur NS-Zeit*, Bd. 1, *Die nationalsozialistische Judenverfolgung*, Frankfurt a. M. 1986.
Wistrich, Robert S., *The Jews of Vienna in the Age of Franz Josef*, Oxford 1989.
Wyman, David S., *Paper Walls: America and the Refugee Crisis 1938–1941*, New York 1985
Yahil, Leni, «Madagascar – Phantom of a Solution for the Jewish Question», in: *Jews and Non-Jews in Eastern Europe*, ed. Béla Vago, George L. Mosse, New York 1974.
–, *The Holocaust: The Fate of European Jewry*, New York 1990.
Yuval, Israel J., «Rache und Verdammung, Blut und Verleumdung: Vom jüdischen Martyrium zu Blut-Verleumdungsklagen», in: *Zion* 58 (1993), No. 1, 59 (1994), No. 2–3 (Hebräisch).
Zapf, Lilli, *Die Tübinger Juden: Eine Dokumentation*, Tübingen 1974.
Zechlin, Egmont, *Die deutsche Politik und die Juden im Ersten Weltkrieg*, Göttingen 1969.
Zelinsky, Hartmut, *Richard Wagner: Ein deutsches Thema 1876–1976*, Wien 1983.
Zimmerman, Moshe, «Die aussichtslose Republik – Zukunftsperspektiven der deutschen Juden vor 1933», in: *Menora: Jahrbuch für deutsch-jüdische Geschichte* 1990.
Zimmermann, Michael, *Verfolgt, vertrieben, vernichtet: Die nationalsozialistische Vernichtungspolitik gegen Sinti und Roma*, Essen 1989.

Zitelmann, Rainer, *Hitler: Selbstverständnis eines Revolutionärs*, Stuttgart 1990.
Zuccotti, Susan, *The Italians and the Holocaust: Persecution, Rescue and Survival*, New York 1987.

Dissertationen

Combs, William L., *The Voice of the SS: A History of the SS Journal «Das Schwarze Korps»*, Bd. 1–2, Ann Arbor, Mich. 1985.
Engelman, Ralph Max, *Dietrich Eckart and the Genesis of Nazism*, Ann Arbor, Mich. 1971.
Maron, Ephraim, «Die Pressepolitik des Dritten Reiches zur Judenfrage und ihre Widerspiegelung in der NS-Presse», Universität Tel Aviv 1992 (Hebräisch).
Pierson, R. L., *German Jewish Identity in the Weimar Republic*, Ann Arbor, Mich. 1972.

Register

Buchanzeigen

Deutsch-Jüdische Geschichte

Deutsch-Jüdische Geschichte in der Neuzeit

Herausgegeben im Auftrag des Leo Baeck Instituts
von Michael A. Meyer unter Mitwirkung von Michael Brenner

Band 1: Tradition und Aufklärung 1600–1780

Von Mordechai Breuer und Michael Graetz
1996. 390 Seiten mit 53 Abbildungen und 6 Karten. Leinen

Band 2: Emanzipation und Akkulturation 1780–1871

Von Michael Brenner, Stefi Jersch-Wenzel und Michael A. Meyer
1996. 402 Seiten mit 46 Abbildungen und 3 Karten. Leinen

Band 3: Umstrittene Integration 1871–1918

Von Steven M. Lowenstein, Paul Mendes-Flohr,
Peter Pulzer und Monika Richarz
1997. 428 Seiten mit 50 Abbildungen und 4 Karten. Leinen

Band 4: Aufbruch und Zerstörung 1918–1945

Von Avraham Barkai und Paul Mendes-Flohr
Mit einem Epilog von Steven M. Lowenstein
1997. 429 Seiten mit 48 Abbildungen und 3 Karten. Leinen

Verlag C. H. Beck München

Deutsche Geschichte im 20. Jahrhundert

Gordon Alexander Craig
Deutsche Geschichte 1866–1945
Vom Norddeutschen Bund bis zum Ende des Dritten Reiches
Aus dem Englischen von Karl Heinz Siber
77. Tausend. 1993. 806 Seiten. Leinen
Beck's Historische Bibliothek

Norbert Frei
Vergangenheitspolitik
Die Anfänge der Bundesrepublik und die NS-Vergangenheit
2., durchgesehene Auflage. 1997. 464 Seiten. Leinen

Fritz Stern
Verspielte Größe
Essays zur deutschen Geschichte des 20. Jahrhunderts
1996. 317 Seiten. Leinen

Heinrich August Winkler
Streitfragen der deutschen Geschichte
Essays zum 19. und 20. Jahrhundert
1997. 170 Seiten. Gebunden

Heinrich August Winkler
Weimar 1918–1933
Die Geschichte der ersten deutschen Demokratie
2., durchgesehene Auflage. 1994. 709 Seiten. Leinen